◎本书出版得到龙岩星辉房地产有限公司董事长林景荣先生发起并出资设立的"龙岩学院'邱月娥奖教奖学基金'"的资助。

◎本书系福建省委统战部、龙岩市委统战部委托项目——闽商发展史（龙岩卷）的研究成果，也是福建省软科学项目——福建革命老区内源性可持续发展研究（2011R0072）、福建省教育厅 A 类研究项目——海峡西岸经济区多中心城市形成与发展趋势研究（JA09254S）、海西重点项目——龙岩市经济增长源泉与质量研究（JBS10206）、龙岩市科技局项目——龙岩市水土流失治理的技术与制度支持研究（2013LY64）的阶段性成果。

闽西商史

◎ 蔡立雄 主编

课题指导：黄晓炎　江子华　阮开森
　　　　　陈建寿　黄海英　李金莲　李泽彧

主　　编：蔡立雄
副主编：张　强　杨玉凤　张雪英　赖蔚英　刘　吴
　　　　俞如先　董雨城　丁培荣　侯明亮　张　胆
　　　　林秋柏　黄建劲

编　　委：王咸柜　蔡金旺　朱彪仁　张剑锋
　　　　　简志年　邝接源　苏俊才　刘公懿
　　　　　游友荣　曾汉辉　孙国亮　张胜本
　　　　　李贵海　江春祥

序 一

　　加快龙岩发展的前提是了解龙岩,尤其是要了解龙岩人民在这块土地上创业发展的历史,闽西商人是社会财富重要创造者,他们在不同时期的创业文化和创业精神,是新时代闽西经济发展的重要精神资源,是一种不可多得的社会财富,充分展现这些文化和精神,有助于激发龙岩人民创业建乡的热情,有助于更好地凝聚海内外乡贤力量,有助于丰富闽西经济的文化内涵。

　　闽西商业与商人集团是福建商业和商帮的重要组成部分,闽西依托闽江、汀江、九龙江水系沟通海外,是历代沿海贸易发展的重要腹地,是海上丝绸之路的重要组成部分,闽西商人地处山区却面向海洋,其行为方式深受多种形式互相兼容的山海交融文化影响,其商业模式别具一格:

　　首先,商路开辟与移民潮密切相关。闽西居民主要来自中原的移民,他们在迁徙过程中一方面与当地原住民开展商品交换;另一方面增加了当地人口数量,扩大了市场容量,同时也带来先进的中原商业经营模式与理念;再者,随着不同时期人口的膨胀和基于对更美好生活的向往,闽西人口自明朝以后大量向外迁移,并通过人口迁移开辟出面向各省与海外的商路。

　　其次,商业发展遵循比较优势原则,这主要又表现为两个方面,第一是依交通节点发展商业并形成区域经济中心,闽西是福建三大河系的发源地,也是闽、粤、赣三省交通要冲,在古代社会主要是海盐北运和北粮南运的主要枢纽,在现代社会则是三省边界重要的物流通道,由此长汀与龙岩城也成为闽、粤、赣重要的经济中心;第二是依托山区物产发展商贸,闽西山区盛产木竹、矿产、烟草等,在闽西流通的商品中,造纸、印刷、冶金、烟草、染料、松香等占了很大比重。

　　最后,根据地商业刺激闽西商业多次出现短暂的繁荣,这在中国商业史上是比较罕见的。在宋代以前,闽西多山地貌是中原移民的乐土,出现了"阛阓繁阜,不减江浙中州"的盛况;宋元与明清之交,闽西则成为宋、明王朝反抗侵略的最后或重要据点,使大量的人员与物资向此集聚;20世纪二三十年代的红色商业是闽西商业发展中的重要一页,在中央苏区时期,长汀是红色根据地的主要商业中心,号称"红色小上海",工商业一度非常繁荣;此后的20世纪40年代,闽西又成为抗战的重要据点,大量沿海工商业、人口向此集中,带来了战时繁荣。

历史上,闽西商人及商业沟通了闽西山区与内陆、沿海的物资、人员、信息交流,推动闽西经济的开发和社会分工的发展,他们是所处时代民营经济的代表,是区域文化的重要体现者和参与者,也是体现当时经济发展水平与特征的最鲜明符号。在长期的商业活动与本土文化的熏陶下所凝练出的吃苦耐劳、艰苦奋斗、勇于开拓、崇尚文化、聪明好学、友爱互助、怀国爱乡、乐于奉献的闽西商人精神是推进区域发展的重要源泉。

改革开放以来,龙岩人民将传承闽西先人的商业文化、发扬老区的光荣传统与弘扬新时期的创业精神结合起来,先行先试、扩大开放,坚持以发展为第一要务,不断推进经济发展和民生改善,加快构建产业、基础设施、城市"三大体系",发展新农村、民生"两大经济",建设产业龙岩、创新龙岩、生态龙岩、文化龙岩、民生龙岩,提升农业现代化、新型工业化和城镇化水平,提升人民群众幸福指数,扎实推进生态型经济枢纽和海西重要增长极建设。近年来,龙岩市着力推进外向型经济发展,"引进来,走出去"是当代龙岩商业发展的重要内容。2010—2011年,龙岩入选国家海关总署公布的"2010—2011年中国外贸100强城市";2005年后多年在福建省投资环境评价中名列前茅,使闽西商人精神得以发扬光大。

商业发展史或商人史是一个历史学与经济学的交叉学科,是以商业发展为主线涵盖政治学、经济学、历史学、人类学等专业知识的学科。商业以研究流通为对象,流通不仅限于专业商人的流通活动,也包含生产者自售商品的活动以及土地、房地产买卖等。此外,还要研究政府对市场与商业的管理活动和态度以及相应管理机构设置等;各种商业的组织如商会、行会、商帮等;流通的媒介如货币形式、物价波动以及资本来源等;商业的市场规模与形态,如城市、集市以及各种中介机构等;商业与农业、工业等行业的关系等;自然地理条件、资源分布、经济重心变化和人口流动对商业活动的影响;官商关系、士绅与商业关系、地区文化与商业关系等;商业对当时当地经济、民生等方面的影响等。所要研究内容极其复杂,历史跨度极大,写作组的专家历时三年,克服了诸多困难,完成了本书的写作,这是闽西历史学界的一件大事,也是献给龙岩工商界的一件大礼。

本书的写作从学术价值看至少有四点:一是闽西商史是闽商史的重要组成部分,因其特殊的地理位置、物产、人文等而发展出独具特色的商业模式与商业文化,对此进行系统研究,对于充实闽商内涵具有重要意义;二是由于龙岩地区由于条件限制,龙岩地区在现当代没有做过系统的地方史的编撰工作,除苏区历史外,其他史料严重不足,少量的地方古志和族谱因历史上轻商传统对商人、商业活动记录甚少,编撰这样一本通史性质的专门史,具有填补空白的意义;三是自闽西走出的客家人足迹遍全球,他们胸怀故土,他们因商而离家、因商而发家、商有所成而反哺故土,编撰这一部史书,对于回顾客家人、河洛人的创业历程、提炼创业与回报故土之精神,对于团结海内外乡亲共建家乡具有重要意义;四是本课题将红色商业作为本书的重要部分来研究,新中国的社会主义金融业、税收业、工商业、土地政策等都是从这里起步,本研究的深入将有助于进一步推进中央苏区史学术探索。

当然,此书的写作对丰富多彩、波澜壮阔的闽西商业与商人活动研究来说,仅是开了个头,未来的研究任务将更加艰巨,可谓"路漫漫其修远兮"。期待更多的理论工作者参与到其中来,挖掘出更多的史料,总结出更好的商人精神和商人文化,发展出更丰富的商人发展理论,为龙岩经济实现更快更好的发展提供精神与经验支持。

阮开森

2013 年 10 月 5 日

序 二

蔡立雄博士等青年才俊主编的《闽西商史》即将出版了，我谨代表龙岩学院学术同仁对此表示热烈和诚挚的祝贺。

随着中国社会主义市场经济体制改革的深化与经济实力的不断增强、中国商人阶层的兴起与壮大，中国各地区兴起了挖掘、编撰商人史的热潮，如晋商史、徽商史、浙商史、盐商史、商帮史等，这些研究成果一方面有利于繁荣地方文化，提升区域文化品位和软竞争力；另一方面也有利于鼓励地方民众创造财富、合理利用财富，增强地方经济增长内源性动力，提高经济增长质量。

闽西地处山区，自古以来就是闽、粤、赣三省交通要冲，是中国海洋文明与内陆文明重要的交汇点，在长期的历史发展过程中，形成了独具特色的商业发展模式。这种特色主要体现在五个方面：

一是民办、民营的突出特点。这一点与中国其他地区对官府依赖性较强、进而常常官商不分有较大不同，哈佛大学的费正清先生曾在《中国与美国》一书中写道："一个西方人对于全部中国历史所要问的最迫切问题之一是，中国商人阶级为什么不能摆脱对官场的依赖，而建立一支工业的或民营企业的独立力量？"这主要是由于政府对社会资源的过度垄断和对商业的歧视，由此形成了中国社会浓烈的轻商的制度环境，官商之间在传统社会中从未有过对等契约关系，法国的布罗代尔在《世界史纲》中说："中国社会，政府的权力太大了，使富有的非统治者不能享有任何真正的安全。对任意征收的恐惧始终挥之不去。"由此，王亚南、傅衣凌先生指出，"秦汉以后的历代中国商人都把钻营附庸政治权力作为自己存身和发财的门径"。费正清也认为，"中国商人具有一种与西方企业家完全不同的想法：中国的传统不是制造一个更好的捕鼠机，而是从官方取得捕鼠的特权"。日本的增井经夫在《广州的十三行》中对官商一体的现象写得更是直白："官僚不仅只是压迫商人，商人自己也是官僚。中国官僚自己是一种商人，中国的富豪全部是一种官僚。"而避处东南一隅的闽西山区，由于高山阻隔、远离中央权力中心、经济也不发达，纳入中央统一政权体系的时间较晚，官府的统治较为薄弱，且居民经商之初非为发财，而是为改善生计，商业规模以小型化为主，因而官员对商业活动进行干预的利益不大，但成本却较高，因为极易引起商人的反抗，史书载本地"去治远"、"山僻人顽"、"地险民悍"。本地商业以民办、民营为主，与官府相勾结的情况较少的另外一个原因是，由于本地经济规模较小，粮棉等生活必需品产出也少，所以稍大一点规模的商业活动主要是面向区域之外，当地政府所能提供的保护或利益有限，商人对官府依附需求不高。

二是面向海洋的特色。《山海经》载："闽在海中。"龙岩虽地处山区，但由于其是福建省三大主要河流——汀江、闽江、九龙江的主要发源地或上游地区，以这三大河为主要通道，龙岩由此与广东、福建沿海乃至东南亚地区物资交换频繁、商业联系紧密，闽西商业因此也纳入了海洋商业体系，成为海洋经济的重要腹地。自宋代以来，福盐、潮盐、漳盐以及海外的工业品溯江而来，而本地区的竹木、土纸、松香、香菇等以及来自江西等内陆省份的土产则顺流而下进而扬帆出海，各地沿江而建的妈祖庙就是本地区与沿海联系的重要证据，史书中描绘的"上河八百、下河三千"更是描述了这一海陆交流的盛况。

三是山区商业的特色。闽西多山，宜耕土地较少，粮、棉、盐等生活必需品产出不足；而自宋代以后，本地区人口膨胀，百姓多开发山区以补不足，而山区的产业天然具有较强的商业性特点，再加上山区产出的经济价值远比粮食高，由此发展出了商品性农业和加工业，矿产品采掘及加工业在北宋时期即已闻名天下，蓝靛则在明清时期成为江南地区纺织业发展的重要染料来源，木材则成为沿海地区造船、建房的主要材料，烟草制品在清代市场占有率极高、更获得"烟魁"的美誉，土纸直到改革开放前一直是福建省出口东南亚市场的主要商品，龙岩连城县四堡的印书业则赢得"中国四大印书中心"的美誉……

四是移民商业的特色。在汉代南海国灭亡后，原住民百越族被迫北迁，少量遗民避居山野而成为蛮獠，在晋代永嘉之乱后，经过多次移民，本地居民为自北方迁入的汉人（由江西等地迁入的居住于古汀州府的称为客家人，由广东、浙江沿海迁入居住于古龙岩州地域的称为河洛人）。汉民的迁入不仅带来了先进的生产力，而且增加了本地区的产出，使商品交易的经常化有了可能，而人口的机械性膨胀则使商业发展有了必要性；同时由于本地区四周大山环绕，成为民众躲避战乱的场所和反抗各种压迫的军事根据地，人员与物资流动规模大、频率高，商业较为繁荣，地区首府汀州在宋代即有"不减中州"之称，在新中国成立前，还是福建省主要商业中心。而由于本地多山，市场狭小，商业发展的主要方向是向外，商路的开辟和本地区人口压力推动本地居民向外移民，移民反过来又促进各地区间的商品交流，自明代起，本地区因经商而外流的居民就日益增加，到了晚清和民国时期，移居国外谋生、经商逐步成为一种浪潮，近年央视播出的电视剧《下南洋》就反映了这一过程。

五是家族商业特色。闽西的土堡建筑——土楼曾引来了世界关注并被联合教科文组织列为世界文化遗产，但人们在惊异于其建筑上的奇思妙想之时，往往忽略了其经济功能。土楼的建设一开始是出于聚族而居以提高族人生存与发展能力的考虑，而明清后的土楼建设则多是经商致富后的产物，楼中的居民守望相助，结成一个较为完整的农、工、读、商经济体系。闽西居民因多是外来移民，团结与对家族的责任意识深深地融于本地居民的血脉之中，进而成为一种文化基因，上千年记叙不断的族谱与土楼门联上的郡望名称是本地居民敬祖先重于拜神明传统的重要写照，带领同族共同发展成为先行者的一种自主意识，由此，一人或一家的事业最终往往成为一族共同的事业，主要代表有创造四堡的印刷业辉煌的邹氏、马氏家族，引领闽西烟草业繁荣的江氏家族等。

演化经济学认为"习惯是制度演化的基因",制度经济学的重要观点之一是"历史重要",闽西古代的商业发展史、商人创业史构成当代本地区商品经济发展的重要基础和思想源泉。新中国成立尤其是改革开放以来,龙岩市人民在党和政府的领导下,弘扬本地区重商、重工的传统,积极投身于社会主义市场经济浪潮,工商业日益繁荣,现在已成为海峡西岸经济区重要的能源、矿产资源和先进装备制造业基地,成为闽、粤、赣地区重要的经济中心,成为连接沿海、扩展内地和沟通长三角与珠三角地区的重要经济枢纽,人民生活水平不断提高,经济竞争力日益增强,在海峡西岸经济区的地位持续提升,国际贸易与国际投资发展迅速,已名列"中国外贸竞争力百强市"。

闽西是一块古老的土地,人类活动的足迹非常丰富,但有关闽西商业、商人史的论述则只散见于部分论文、部分书籍的少数章节和族谱之中,各方面都希望有一部闽西商业通史的专著问世。有鉴于此,蔡立雄博士从2011年受命担任福建省委统战部与福建省工商联组织的福建省社会科学重点项目"闽商发展史"子课题组负责人以来,怀着对闽西人民的挚爱之情,对党和政府交办任务的崇高责任感,以及对经济科学的不懈追求,阅读了大量典籍史料,并对一些历史遗迹和出土文物进行了实地考察,从中去粗取精、去伪存真,客观平实而又不乏生动地记述了闽西商业发展的历史进程,夜以继日,历时三载,数易其稿,终于完成了呈献在读者面前的这部《闽西商史》。本书史料丰富,立论严谨,条理清楚,文笔流畅。这部专著在时间跨度、资料广度和理论深度方面,都尽可能符合详尽、真实、客观、准确的原则,可谓第一部闽西经济通史专著。这样,作者就初步完成了在这一领域首次全方位的探索,这是本书开拓创新之处,也是它的价值所在。我相信,在今后的理论研究和经济活动实践中,本书都将发挥应有的作用。当然,闽西商业的历史和现实都是极为绚丽多彩而又错综复杂的,未来又面临着许多新的机遇和挑战,不可能在一两本书里全部阐述清楚。因此我希望本地区的学者进一步加强对闽西经济领域的研究,我期待着更多的优秀著作问世。

龙岩学院是根植并成长于闽西红土地的唯一一所本科院校,学校秉承"厚于德、敏于学"的校训,坚持"根植红土、致力应用、彰显特色、服务发展"的办学理念,坚持立足龙岩、服务海西、面向基层、紧贴行业,与地方政府、经济开发区、企业等建立了校地、校产、校企合作战略联盟,融入海西区域经济发展,为闽西提供技术服务和智力支持。近年来,我校的畜牧兽医学、新材料科学、机械科学、客家学等方面的研究在服务地方经济社会发展方面取得了显著的成果,得到地方政府和社会各界的广泛称赞。《闽西商史》一书的出版发行是我校坚持"接地气"办学思路,提高为地方发展的服务能力的又一重要成果。可以预见,随着我校高等教育改革的深入,我校的科学研究与社会服务方面必将迎来一个快速发展周期,同时也期待蔡立雄等同仁马不停蹄,"学士东肖道穰下,院亭杏李报华章",不断攀登,取得更好更多的学术成就。

是之序。

李泽彧

2013年11月7日于奇迈山下

目 录
Contents

第一章　总　论 /1

第一节　地理方位与辖区的历史沿革 /1
第二节　资源、物产与经济开发 /4
第三节　闽西人口、交通与经济发展 /24
第四节　闽西的商业与商人 /36

第二章　唐、宋、元、明时期龙岩商业与商人 /75

第一节　南方开发与龙岩商业的发展 /75
第二节　清代以前闽西的商品性工农业 /78
第三节　清代以前的龙岩城市、集市 /80
第四节　清以前沿海贸易发展对闽西商业的影响 /83
第五节　清朝以前龙岩的赋税与交通 /85
第六节　闽西的商人与商人组织 /96

第三章　清代的闽西商业与商人 /99

第一节　商业性农业的发展与手工业的繁盛 /100
第二节　清代闽西的商品流通与城乡市场 /110
第三节　清代闽西商帮的商贸之路 /121
第四节　清代闽西商人阶层的崛起 /124
第五节　商业经营组织方式 /132
第六节　商人与地方社会 /138

第四章　民国时期龙岩商人与商业 /142

第一节　动荡的社会与商业的曲折发展 /142
第二节　国民政府时期的商法、税制、币制改革与龙岩商业发展 /152

    第三节　手工业与商业发展/160
    第四节　民国时期龙岩金融业的发展/166
    第五节　龙岩交通、商路与贸易/171
    第六节　商人、商人组织与商业网络/181
    第七节　商人的价值取向与地方公益事业发展/194

第五章　1928—1934年龙岩苏区工商业与商人/204

    第一节　苏区工商业的产生、特点和作用/204
    第二节　苏区商业组织、商人活动与商业中心/208
    第三节　苏区经济政策的原则和苏区商业的方针/211
    第四节　苏区金融业的发展/213
    第五节　苏区公营商业发展/215
    第六节　苏区合作社商业发展/217
    第七节　苏区私营商业发展/219
    第八节　苏区与其他区域间商业交流与商业活动/222

第六章　社会主义改造与建设时期的龙岩商人与商业/224

    第一节　国民经济的恢复及其对商业发展的影响/224
    第二节　国民经济恢复时期国家对私营商业的调整政策与商业发展/234
    第三节　社会主义改造与计划经济时期商业发展/238
    第四节　闽西现代工业的兴起与发展/246
    第五节　计划经济时代城乡公办工商企业的发展/254
    第六节　民间商人与商业活动/264
    第七节　对外经济联系/272

第七章　社会转型与市场经济时期的龙岩商业/278

    第一节　改革开放与龙岩商业的繁荣/278
    第二节　对外资的利用与对外贸易发展/298
    第三节　龙岩商业组织和社团/303
    第四节　海外商人与工商企业的社会义举/311
    第五节　新时期著名工商企业/319

第八章　历史以来闽西大宗物产、特色出产、风味美食/328

    第一节　新罗区大宗物产、特色出产、风味美食/328
    第二节　永定县大宗物产、特色出产、风味美食/334
    第三节　上杭县大宗物产、特色出产、风味美食/343

第四节　武平县大宗物产、特色出产、风味美食/350

第五节　长汀县大宗物产、特色出产、风味美食/357

第六节　连城县大宗物产、特色出产、风味美食/366

第七节　漳平市大宗物产、特色出产、风味美食/374

跋/384

第一章 总 论

第一节 地理方位与辖区的历史沿革[①]

一、地理方位

闽西是一区位的名称,古指八闽最西端的州郡——汀州,今指福建最西边的地区——龙岩市全境及三明市的部分辖区。闽西是一块历史悠久、文化厚重的土地,从已发现的旧石器时期到新石器时期的文化遗存来看,早在一万年前,闽西就有人类生息繁衍。它是福建省最重要的三条大江——闽江、九龙江、汀江的发源地与主要流经区。这里曾经是远古时代"古闽人"的天堂,是"闽越人"的祖籍地和"南海国"的国都所在地,是河洛人(闽西称祖居住于新罗区和漳平市两地的、语言属闽南方言的居民为河洛人)的祖居地之一,也是享誉海内外的客家人的聚居地,闽南文化、客家文化和土著文化在这里相互融合。

现继承闽西名称的龙岩市由古龙岩州和部分古汀州辖地组成,位于北纬24°23′—26°02′,东经115°51′—117°45′。东与福建省泉州、漳州两市接壤,西与江西省赣州市交界,南与广东省梅州市毗邻,北与福建省三明市相接。龙岩是全国唯一一个以"龙"字命名的地级市,龙岩地名来源有一个传说:距龙岩市区城东2公里的翠屏山麓,有一处喀斯特溶洞,此洞因岩纹似龙而得名"龙岩洞",由此得地名,但这一说法并未得到当地史家承认,大部分地方史专家认为,龙岩的"龙"字体现了中央政府或汉民族对当地土著的征服与同化。

龙岩地理特征:东西长约192公里,南北宽约182公里,总面积19050平方公里,约为福建全省陆地面积的15.7%。全境地质构造复杂、地貌类型多样,山地面积14964平方公里,丘陵面积3101平方公里,平原面积985平方公里,山地与丘陵面积占全区土地总面积的比例为94.83%,有"八山半水一分田,半分道路和庄园"之称。全市平均海拔652米,千米以上山峰571座,最高峰为玳瑁山区的狗子脑主峰,海拔1811米;最低点位于永定县峰市镇芦下坝永定河口,海拔69米,地势东高西低、北高南低,境内的武夷山

[①] 本节内容根据《龙岩地区志》有关内容改写。

脉南段、玳瑁山、博平岭等山岭沿东北—西南走向,大体呈平行分布。境内溪河众多,分别属于汀江、九龙江北溪、闽江沙溪、梅江水系,集水面积达到或超过50平方公里的溪河共有129条。

表1-1　龙岩市土地结构与森林资源情况

土　地	单　位	数　量	森　林	单　位	数　量
土地面积	平方公里	19052	林业用地	公顷	1595000
山　地	平方公里	14964	森林覆盖率	％	78.0
丘　陵	平方公里	3101	森林储积量	万立方米	8200
平　原	平方公里	985	毛竹储积量	万株	34750

资料来源：《龙岩地区志》,上海：上海人民出版社,1992年。

二、辖区的历史沿革

在夏、商年代,龙岩地区按地域属扬州,西周属"七闽"地,东周为越国地,秦属闽中郡。汉初,汉高祖将闽中郡划为3个王国,浙东温州、台州等地封给东海王摇,闽中故地封给闽越王无诸,把闽粤交界的漳、汀、潮地封给南海王织(南海国都位于现武平县境内)。汉文帝时,南海王反,国亡,龙岩地隶闽越国。汉武帝时,闽越国亡,龙岩地属会稽郡南部冶县,东汉时冶县改名为东侯官。三国时属吴。吴永安三年(260年)改立建安郡,龙岩地属建安郡。在三国以前,此地未有县以上行政建置。

晋太康三年(282年),析建安郡置晋安郡,辖地包括闽西和闽东南沿海一带,领原丰、侯官、温麻、晋安、新罗、宛平、同安、罗江八县。新罗县(又称什罗县)治所在今长汀县境内,为闽西有史可查最早设置的县。

南朝宋泰始四年(468年),改晋安郡为晋平郡,废新罗、宛平、同安三县,原新罗县地仍属晋平郡。

南朝梁天监年间(502—519年),析晋平郡地置南安郡(辖今莆田、泉州、漳州、龙岩地域)。梁大同六年(540年),南安郡增置龙溪县,闽西隶属该县。

隋平陈后,把丰州(原晋安郡)改名泉州,废建安、南安两郡为县,划归泉州管辖。隋大业二年(606年),泉州改名闽州,次年又改名建安郡,闽西地属建安郡龙溪县。

唐开元二十一年(733年),福州长史唐循忠上表朝廷,建议于闽西置州。开元二十四年(736年),正式建州。因境内有长汀溪,而取名汀州,这是闽西历史上最早出现的州。汀州的治所,初在长汀村(今上杭旧县)。唐天宝年间(742—756年),迁至东坊口大丘头。唐大历四年(769年),陈剑接任汀州刺史,因东坊口为"烟瘴之地",又将州治迁至长汀卧龙山南之白石村。此后,白石村一直是汀州州治和长汀县县治所在地。唐大历十二年(777年),皇甫政奏改龙岩县隶漳州,原属龙岩县之上杭场改隶汀州。龙岩县改隶漳州的原因,据《闽中沿革表》称,是"从郡往来所便"。龙岩与汀州间无水路可通,道路限阻。龙岩与州间却有九龙江可通,故龙岩改隶漳州,从唐至清雍正年间设立龙岩州止,一直不变。

天宝元年(742年),汀州曾改称临汀郡,唐乾元元年(758年),临汀郡复称汀州。

唐王朝解体后,形成五代十国的割据局面,王潮、王审知兄弟在福建建立闽国,共辖7州36县。汀州是其中的一州。南唐保大三年(945年),闽国分别为南唐和吴越所分割,汀州归于南唐,仍设汀州。两宋时,汀州建置沿袭未变。

元至元十五年(1278年),汀州升为路,隶福建行中书省,至元十八年汀州路所属6县为元世祖忽必烈的女儿鲁国公主囊加真的封地,隶福建行中书省。至元二十八年(1291年),福建改置宣慰使司,汀州路隶江西行中书省。至元二十九年,复隶福建行中书省。大德三年(1299年),立福建道宣慰使司都元帅府,汀州路隶江西行中书省。至正十六年(1356年),汀州路复隶福建行中书省。

明洪武元年(1368年),改路为府,称汀州府。清雍正十二年(1734年),福建省督抚酌定海疆,以漳州府龙岩县距府治僻远,鞭长莫及,奏升龙岩县为直隶州,下辖原属漳州府的漳平、宁洋2县。这是龙岩置州之始,直至清末,龙岩直隶州建置不变。

清王朝覆灭后,民国2年(1913年),废除清府州制,福建省实行省、道、县三级地方政制,原汀州府、漳州府、龙岩直隶州所辖各县,均隶福建西路道(翌年改为汀漳道)管辖,治所设在龙岩。民国15年(1926年)北伐后,废除路道制,实行省、县两级政制,汀漳道下辖各县,直属福建省。

1930年3月,中国共产党在福建省西部建立工农割据政权——闽西苏维埃政府;9月以后,赣南、闽西两块根据地连成一片;11月,在江西省瑞金县成立中华苏维埃共和国中央临时政府,闽西成为中央根据地重要组成部分。1932年3月,在长汀成立福建省苏维埃政府,闽西苏区各县直属省苏维埃政府管辖,直至1934年10月红军北上长征,撤出中央根据地,前后历时近5年。

民国21年(1932年)7月,十九路军进驻龙岩、漳平、永定3县,撤销县建制,成立闽西善后委员会。民国22年(1933年)11月—民国23年(1934年)2月,十九路军发动反蒋"闽变",成立人民革命政府,将原福建省分为4省,闽西7县为龙汀省管辖。民国23年(1934年)2月,"闽变"失败后,福建省政府下设10个行政督察区,闽西分属第七、第八行政督察区。翌年,全省改为7个行政督察区,闽西分属第六、第七两个行政督察区。第六行政督察专员公署设在龙岩,第七行政督察专员公署设在长汀。民国36年(1947年)4月,全省行政督察区作较大调整,闽西各县均属第七行政督察区。督察专员公署设在龙岩。1949年5月22日,第七行政督察专员李汉冲、练惕生宣布闽西起义,通电脱离中华民国政府,接受中国共产党领导,成立闽西义勇军临时行动委员会,权理闽西地方政权。

1949年6月,中国人民解放军闽粤赣边区纵队闽西南临时联合司令部进入闽西,先后解放闽西各县,其日期为:上杭8月27日;龙岩、永定9月1日;漳平9月13日;武平10月17日;连城11月6日;长汀11月16日。解放后,各县均相继成立中国人民解放军军事管制委员会或军事代表团。1949年8月至11月各县相继解放,为第八行政督察区。1950年3月改称龙岩专区。1956年7月划入永安、宁化、清流3县,1961年3县划归三明专区。1970年改称龙岩地区。1981年撤销龙岩县,设省辖县级龙岩市。1990年漳平撤县设市。1997年3月,县级龙岩市改为新罗区。同年5月1日,经国务院批准龙岩撤地设市,市人民政府驻新罗区。龙岩市遂辖五县一市一区,即长汀县、永定县、上杭县、武平县、连城县、漳平市和新罗区。

第二节 资源、物产与经济开发

一、资源与物产[①]

龙岩市矿产资源丰富,素有"金山银水"的美称,是福建省的主要矿产地。目前已发现的矿产资源有64种,其中能源矿产3种、金属矿产18种、非金属矿产40种、其他矿产3种。煤、铁、锰、铜、金、银、稀土、石灰岩、白云岩、高岭土、膨润土、花岗石材等12种矿产是龙岩市的优势矿产。全市已探明资源储量的矿产地有300多处,其中大型矿床11处,中型矿床44处,小型矿床71处,探明资源储量的潜在价值超千亿元。在大型矿床中:上杭紫金山铜金矿的铜金属资源储量预测超过200万吨,金金属资源储量预测超过200吨;马坑铁矿的铁矿石资源储量达4.62亿吨;东宫下高岭土矿的高岭土质地优良,保有资源储量尚有4700万吨;此外还有永定的昌福山、高陂(黄田),新罗的北山、坑炳、苏邦等地的无烟煤也驰名省内外。

表1-2 龙岩主要矿产资源储量及占福建省的比重

项目	单位	储量	占全省比重%
无烟煤	万吨	53508	47.9
铁	万吨	50579	78.1
锰	万吨	238	46.6
金	吨	118	83.4
石灰岩	亿吨	8.5	40
白云岩	万吨	6824	85.3
耐火黏土	万吨	206	93.1
膨润土	万吨	1533	100
高岭土	万吨	7000	45

资料来源:《龙岩地区志》,上海:上海人民出版社,1992年。

---

① 根据龙岩市政府网站——"龙岩市情"栏目内容改写。

龙岩境内多丘陵,土地资源较少,现有耕地约200万亩,林地2360万亩,古有"山多地瘠"之名,农地产出有限,为使有限产出支持人口增长,当地百姓善于从事农产品加工和家畜养殖,出现了以连城地瓜干、长汀豆腐干、永定菜干、武平猪胆干、上杭萝卜干等为代表的享誉海内外的"闽西八大干",以及全国三大名鸡之一的"长汀河田鸡"和鸭中珍宝的"连城白鹜鸭"等当地土特产;同时,他们还重视经济作物的种植,蓝靛的种植与加工是古代当地居民重要的收入来源;当地还盛产烤烟,为全国优质烤烟基地,永定的"南湖瑞草"为全国清香型烤烟代表。

水力资源丰富,河川年径流量190亿立方米,水力资源理论蕴藏量245.85万千瓦,可供开发的水能蕴藏量209.56万千瓦,是福建省最重要的三条大江——闽江、九龙江、汀江的发源地或主要流经地,汀江是古代龙岩地区的经济大动脉。

森林覆盖率77.9%,居全省首位,是福建三大林区之一,野生动植物资源丰富,有森林兽类70多种,鸟类300多种;有维管束植物231科、868属、2543种,竹木采伐及加工业自古昌盛,土纸、松香、香菇是闽西地区20世纪80年代以前的主要出口产品。

二、经济开发历史

(一)唐代以前的闽西经济开发

闽西开发较晚,4亿至5亿年前,龙岩曾是沧海一片,根据考古发现,至少从新石器时代起,闽西就有古人类在这块树木繁茂、水流充沛、自然食物丰富的地区繁衍生息。1937年6月,厦门大学教授、人类学家林惠祥等考古工作者在龙岩溪南、东宝山等地发现了新石器时代遗址,发掘出大量印纹陶片和陶器。① 此外,武平、长汀等地也相继发现多处新石器时代遗址和大量文物。古闽西人在此从事捕鱼狩猎、农业园艺以及纺织等生产劳动,代表性工具是石锛石斧等,② 他们辛勤劳作,创造了闽西原始手工业和古

---

① 林惠祥:《福建龙岩新石器时代遗址的发现》,《厦门大学学报》(社科版)1960年第2期。
② 从20世纪50年代以来,闽西各地出土了大量文物,石器有:刀、戈、矛、镞、锛、钻、斧、环、块、砺石,陶器有:缸、盂、釜、豆、杯、钵、碗、碟、瓮、罐、鼎足等。

老的文明。① 留居在闽西丛林中的古人类,后来发展为南方百越②中闽越人的一支,古越人在这里过着"随陆陵而耕种,或逐禽鹿而给食"的生活。据《尚书·禹贡》载,闽西在夏商年代属九州之一的扬州地域。据《周礼·夏官·职方氏》载,西周时属"七闽"地,战国时为越国领地。秦始皇统一中国,把天下划分为36郡,公元前214年前后,又取得广东、广西、福建等地,增设4郡,福建地区是4郡之一,名闽中郡,闽西地属闽中郡。西汉初期,出现闽西史载最早的政权——南海国,国王名叫织,是百越族人,③原为闽越国的南武侯,公元前195年,被汉高祖册封为南海王。后来刘织发兵反叛汉朝,淮南王刘长遣兵攻打南海国,织投降,刘长将南海国的臣民全部迁往上淦(今江西省清江县附近),南海国灭亡。④ 从南海国故地武平出土的文物编钟与青铜剑⑤看,当时手工业已有一定发展。

闽西真正纳入中央政府统治范围是在西晋统一中国后的第三年即公元282年,中央政府在此设新罗县,下设苦草镇(现龙岩市区),辖今龙岩、漳平、永定、上杭县地。东

---

① 考古学界一般认为,代表中国南方的印纹陶在粤东、岭南区可分为六个时期,即第一期新石器晚期为产生期,第二期新石器末期为初步发展期,第三期商代、西周以及第四期西周晚期至春秋时代为发展兴盛期,第五、第六期在春秋末期至战国时代为衰退期,汉代以后则为釉陶及原始青瓷所逐渐替代。据此对照武平出土的陶器可以明分辨出三个不同的历史年代。早期即商代以前的陶器,由于烧制温度较低,多为软陶,印纹陶拍印工艺比较原始,印纹粗糙模糊,以阳纹为主,纹饰多为方格纹、绳纹、编织纹。这类陶片数量很少。中期即西周至春秋时代的陶器由于烧制窑温提高,烧出的以印纹硬陶为主;其纹饰受中原青铜时代青铜器的强烈影响,出现了较多的夔纹、云雷纹、米字纹、方格组合纹,这类陶片在武平占73%。后期即春秋末年以后随着拍印技艺的提高,纹饰出现波纹、苣点纹、深方格纹,且胎质较厚,这类陶片在武平数量不多。专家鉴定意见认为武平的文化遗存稍迟于本省的昙石山文化层,大量的是属于春秋战国以后的陶片,并伴有釉陶即原始瓷的出现。郭启熹:《武平出土文物与闽西的百越文化》,《闽西职业技术学院学报》2010年01期。

② 百越之称始于战国《吕氏春秋·恃君》,所谓"扬汉之南,百越之际"。"百"者言其多,即当时中国许多南方少数民族的总称;之所以用"越"称之,因在春秋战国时南方以"越"族势力最为强大,征服了南方许多少数民族。郭启熹:《武平出土文物与闽西的百越文化》,《闽西职业技术学院学报》2010年第1期。

③ 明代全祖望《鲒崎亭集·经史问答》称:"诏语以织为无诸之族,知南武近于今之汀;以其所封为南海,知其近十今之潮;以其辻十庐江之上淦,知其近于今之赣。"

④ 《汉书·高帝纪第一》:"(高祖十二年十二月)诏曰:'南武侯织亦粤之世也,立以为南海王。'"在《汉书·严助传》中,淮南王刘安上表汉文帝时提到:"前时南海王反,陛下先臣使将军间忌将兵击之,以其军降,处之上淦。"

⑤ 1984年,距武平县城18公里的十方镇集贤村社墩上自然村农民在盖房挖屋基时偶然发现了一把青铜古剑,有关部门经专家鉴定为春秋战国时代的文化遗存,该剑长49.5厘米、宽4.5厘米、重700克,剑锋、锷残,剑首稍损,作喇叭状,内饰同心圆箅点纹,剑茎圆形,上有二凸箍,箍上饰细勾连幡虺纹。剑格较宽,两面各饰不同的饕餮纹。剑身隆脊起棱,两刃间距离不等,后段宽4.5厘米、前段略有收缩。20世纪80年代,武平县干部群众在平川河疏通河道劳动时,在五里村下游五里左右的城关平川河南门桥下发现了一个甬钟,属一组编钟的一个,该钟高22.5厘米、口径13厘米×9.2厘米、重1.855公斤,1989年6月专家初步鉴定为春秋时代的文化遗存。

晋五胡乱华时(304—349年),大批汉人从中原南下入闽,史称永嘉南渡,把中原汉民族文化带到闽西并与闽越族文化实现初步融合,同时也带来了较先进的耕种技术,这在一定程度上促进了闽西山区的发展。但当时福建仍未受中央政府重视,少量的开发也主要限于闽北和闽中地区,经济落后,"福建僻处海隅,褊浅迫隘,用以争雄天下,则甲兵糗粮,不足供也。用以固守一隅,则山川间阻,不足恃也"。① 一直到唐代,随着中央权力强大与疆域扩张,地处重重山岭中的闽西才迎来春风扣关的有序开发时期。

(二)唐代的闽西经济开发

唐高宗总章二年(669年),因泉潮间"蛮獠啸乱",居民苦之,诏命陈政、陈元光父子领兵入闽平定闽地少数民族,带来了中原地区先进的生产技术、文化与政治文明,从此开始了闽西历史上有政府管理和引导的真正开发;这批将士基本是中原人(河南人),由此也奠定了龙岩的方言和文化的河洛性质(与闽南属同一文化区)。龙岩是陈元光北向征服汀州地区蛮獠的前线,也是重点开发地区,他开辟了从漳州到龙岩的九龙江航道和陆路,同时坚持劝农重本,主张"善政在于养民,养民在于宽赋",亲自"率众辟地置屯田,招徕流亡,营农积粟,通商惠工",提倡"明王慎德,以徕四夷"②以促进民族融合,把愿意归附的"蛮獠"集中择居,教给先进农耕技术,允许"输庸代役"、"平均摇赋",努力"化蛮獠之俗为冠带之伦"。③ 陈元光所带7000将士中可考有64姓,其中在岩的有44姓。在此后的100多年,陈氏家族持续开发龙岩,陈元光之孙、陈鄂之子陈泳戍守龙岩龙门里。陈泳有五个儿子,除长子陈章甫受父命,回居光州固始,恢兴家业,并在那里做官外,其余四子都落居龙岩(三子陈三甫,四子陈嘉甫,一个当医生,一个在本县儒学当教授;五子陈秀甫,也住龙岩,任漳州司仓④)。龙岩自此走上文明发展之路。

龙岩县以北的汀州的设置则与唐政府为实现对逃避战乱和赋税而避居于此的"逃户"的管理与控制有关。唐玄宗开元二十一年(733年),福州都督府长史唐循忠于潮州北、广州(疑为虔州,今赣州)东、福州西光九龙洞一带(即闽西地)招抚"避役百姓共三千户",为了加强对这些百姓的管理,唐循忠即上奏中央,建议辟福州、抚州山洞置州。唐开元二十二年(734年)获准,开元二十四年(736年),朝廷在闽西地正式置汀州⑤(因境内有长汀溪以为名。或谓境内有江,水向南流入广东,天下之水皆东,惟此水独南,按八卦图示,南方属丁位,古时乃名丁水,以水合丁为汀,故名汀州),汀州由此成为福建"五

---

① (清)顾祖禹:《读史方舆纪要·福建方舆纪要叙》,北京:中华书局,2005年。
② 嘉庆《云霄厅志》卷十一,《宦迹·陈元光》,1935年雷寿彭铅印本。
③ (唐)陈元光:《谢准请表》,载光绪《漳州府志》卷二十四《宦迹》,清光绪三年(1877年)芝山书院刻本。
④ 陈永安:《陈元光入漳的人口播迁活动初析》,载《陈元光国际学术讨论会论文集》,厦门:厦门大学出版社,1993年,第387页。
⑤ 《唐书·地理志·汀州》载:"开元二十四年(736年),开福、抚二州山洞,置汀州。天宝元年(742年),改为临汀郡。乾元元年(758年),复为汀州。"

州"之一,领长汀、宁化、杂罗①(史家多认为杂罗是新罗误写)三县。汀州是新罗设县454年后闽西设立的第一个州级行政建置,治所初在长汀村(今属上杭),天宝年间(742—756年)迁晋新罗县故城东坊口。大历四年(769年),陈剑任汀州刺史,因东坊口为烟瘴之乡,居民多病死,故将州治迁至长汀卧龙山之南的白石村。此后白石村一直是汀州州治和长汀县治的所在地。②"汀州设置以后,原来的逃户就可以合法地取得户籍,他们开垦荒地,种植粮食作物,发展农业生产。也有的从事手工业和商业活动……汀州的设置安顿了当地的逃户,促进了闽西的开发和社会经济的发展。"③

汀州的设置是唐代江南地区得到进一步开发的结果,自此后,本地区的行政建置开始系统化、正规化,生产力也不断发展,但当时闽西粮棉也不能自给,所需粮棉多由赣南贩售。但由于矿产丰富,汀州采冶业后来居上,尤其是金、铜开采名列八闽前茅,"汀州临汀郡,下……户四千六百八十,口万三千七百二。县三:长汀,(中下。有铜,有铁。)宁化,(中下。本黄连,天宝元年更名。有银,有铁。)沙。(中下。本隶建州,武德四年置,后省入建安,永徽六年复置,大历十二年来属。有铜,有铁。)"④另有《宋会要辑稿》记载,上杭平安里的金山,即紫金山,有三池可供炼铜的胆水,唐时长汀的银、铜、铁等矿已设场冶炼。唐末,王审知曾在汀州设场铸铅钱;同时蜡烛也是本地区重要的手工业制品,"杜佑《通典》贡蜡烛二十条。唐《地理志》亦贡蜡烛。《九域志》贡蜡烛二百条。"⑤人口在唐代有进一步增长,到建中时期(780—785年),据唐杜佑《通典》记载:汀州有5330户,15995人。

(三)五代时期的闽西经济开发

唐王朝解体后,中原战乱,王绪、王潮、王审知兄弟率领河南光州、寿州农民军约5000人和两州吏民一起南渡,建立了闽国。王审知任职期间,全力开发和治理福建,为以后的发展打下了牢固的基础。王审知对闽西的汀州等地的山区开发,侧重于粮、茶、桐、木、竹、矿等的种植管理和开采,其主要做法:修梯田以耕种农作物,使粮食生产得以增加,不但供民众自身食用,还可发展酿酒业;不但供应山区人口,并可支援沿海居民。种茶树发展茶叶生产,除了福建民众自己饮用,还可进贡朝廷,也用于出口贸易。种植桐树,生产桐油,以供制作雨伞、雨衣、竹笠等工业品。种植并管理好杉木、楠木、松木、樟木、榕木等以提取木材,以供应建筑和各种用具制作的材料。种植和管理好竹子,除

---

① 《元和郡县志》卷二九《汀州》载:"先置在汀州界杂罗口,名杂罗县,属汀州。天宝元年(742年),改为龙岩县,大历十二年(777年),皇甫政奏,改隶漳州。"

② 《太平寰宇记》卷一〇二《汀州》:"州初治在杂罗,以其地瘴,居民多死。大历十四年(779年),移理长汀白石村,去旧州理三百里,福州观察使昭所奏移也。"

③ 胡沧泽:《唐朝前期对逃户政策的改变与福建州县的新建置》,《福建师范大学学报》(哲学社会科学版)1992年第1期,第100~106页。

④ 《新唐书》卷四十一《地理五》,北京:中华书局,1975年。

⑤ (宋)胡太初修,赵与沐纂:《临汀志·供贡》,福州:福建人民出版社,1990年。

提供食用竹笋外，更主要在于供应制作日用品和造纸原料。开掘矿产，以铁矿为主，促进冶炼业和铁器制造业的发展。王审知还注意尽量减轻民众的负担。《十国春秋》卷九一载，早在王潮主政时，已注意减轻租税，劝课农桑，保境息民，人皆安焉。王审知继承王潮政策，轻徭薄赋，使民归于农，以发展生产。当时闽西山区粮食产出有限而衣食不足，乾宁元年（894年），闽西黄连洞饥民2万余人围长汀，王审知严禁官兵诛杀，并安慰饥民说："吏实为虐，尔复何辜？！"经过王审知"感之以恩，绥之以德"的抚慰，得以干戈息而定民心。因此，不论原来的福建人还是新来的移民，都能安居乐业，山区草莱尽辟，"至数千里无旷土"，"三十年间，一境晏然"。劳动积极性得到激发，加上环境比较安定，所以生产力提高很快，从而经济得到繁荣发展，福建境内一时出现了家给富足、"公私富实"的局面，人口也迅速增加，此间汀州新置了归化县。在重视福建经济的同时，王审知也重视福建文化教育事业，"广设庠序"，除在福建建"四门学"，还大兴府学、县学和乡村私塾，以教学子，在短时间内培养出了大批人才。① 由于王审知对闽西发展的重大贡献，他在闽西有"各府公太"之称（长汀称白马公王），至今有以祭祀开闽王王审知为主题的进公太民俗。②

（四）宋元时期的闽西经济开发

王审知死后，闽国内乱，后晋开运二年即南唐保大三年（945），闽国为南唐和吴越所灭，闽西地属南唐。宋开宝八年（975年），南唐灭亡，汀州归宋。宋代，由于中国经济重心和政治中心的进一步南移，福建成为"近里"③，加上唐末与五代时期人口大量迁入，改变了汀州的经济结构和生产方式（闽西先民闽越人"或火耕水耨，民食鱼稻，以渔猎山伐为业，果蔬蠃蛤，食物常足。故呰窳偷生，而亡积聚。饮食还给，不忧冻饿，亦亡千金之家"。④ 另一支先民山都木客则"能祈杉仿，聚于高峻之上，与人交市，以木易人刀斧"⑤。后来迁入的武陵蛮则"年年研罢仍再锄，千秋终是难复初。又道今年种不多，来年更研向阳坡"⑥。可见当时的生产方式主要是渔猎、伐木和游耕，生产方式落后，生活水平低下），闽西经济迎来了大发展时期。到南宋时，由于宋室南迁，福建由偏远边疆一

---

① 林其泉、陈慰锭：《王审知与福建的进一步开发》，http://dspace.xmu.edu.cn/dspace/bitstream/2288/5274/1/%E6%9E%97%E5%85%B6%E6%B3%89.pdf。

② 进公太由闽西的连城、长汀十三个区域集体（基于族谱、姓氏基础上而形成的区域，大都以村庄为单位）开展，每个区域集体举办一年，以十三年为一个轮回，故活动相当盛大，而举办的十三个区域集体有"河源十三坊"之说。

③ （宋）刘克庄：《后村先生大全集》，四部丛刊本，上海：上海书店，1989年。

④ 《汉书》卷二八下《地理志下》，北京：中华书局，1962年。

⑤ （宋）李昉等编撰：《太平御览》卷四八《地部十三》，北京：中华书局，1985年。

⑥ 《五灯会元》卷六《南岳玄泰禅师》。此文记载的是唐代衡山一带山区以研山烧舍为生的山民生活，其时衡山遍布莫瑶，此即为南迁武陵蛮的一支。详见谢重光：《客家文化述论》，北京：中国社会科学出版社，2008年，第63页。

跃而成为重要经济中心,经济社会进步迅速,闽西进入了历史上少有的繁荣时代。

在农业方面,宋代汀州的主要成绩:一是水利的兴修,二是新作物的引进。① 水利设施是改变农业靠天吃饭的重要保障,也是保护生态、提高土地承载力的基本手段。宋时"先民殚精农业,随水势之高下引以灌田,其法约有数端,最普遍者为陂圳,棒车次之,塘又次之。横截溪流遏水而入圳者曰陂,或用石或用松,随地所宜而为之。承破水而引之田者曰圳,或绕山麓,或逸路旁,有长数里者。破圳之制不同,圳承陂水"②。有些陂的规模相当大,长汀的中陂"横截郫坑水,下灌民田,广裹数十里";何田大陂"抱山数曲。三水合流出何田市心,疏为数十圳,分溉民田,皆成膏沃,不减白渠之利";南拔桥陂是石陂,"以石障堤,引水入官壕东流";宁化县的大陂"居民协力障溪以成,至今为利";吴陂"有居民吴氏出力为之,灌溉甚广";上杭县的梁陂"有田数百亩顷,荒旱相仍,乡民梁姓者募众为石陂,方广数十丈,为经久利";高陂,"其长寻余,其高倍徒,浸灌甚广"③。在农作物品种方面,《临汀志·土产》记载有帛之属的作物 6 种,花之属 33 种,药之属 54 种,竹之属 11 种,果之属 32 种,木之属 28 种,"谷之属,杭、糯、粟、麻、豆、寂"6 种,表明随着北方移民的迁入,粟、豆、寂等北方作物已随北方汉民的迁入而引种到汀州,经济作物如甘蔗、蓝等也已开始大量种植。两季稻也广为种植,"粳稻,国税再熟之稻,闽南独多。早稻春种夏收,晚稻则早稻既获再插,至十月收者,米皆有赤、白二色。宋马益诗'两熟潮田天下无',盖谓此也。一大冬稻,春种冬收,有寄种,与早稻同种,与晚稻同收,则岁只一熟矣。一占城稻,《湘山野录》云:宋真宗自占城国移来者,性耐旱,与高田相宜。考《宋会要》:大中祥符五年,遣使福建,取占城禾,分给江淮、两浙。则种入中国,又似更前。"④除种粮外,汀州还植茶、产蓝靛、栽油茶、种油桐等作物,据《宋会要辑稿》记载:"宋绍兴三十二年(1162 年)汀州六县,奉官茶 1.01 万斤",林木也"开始采伐,浮筏于吴"。由于农业生产的发展,汀州民生得到极大改善,有"汀在闽而南,山樵谷汲,稻食布衣,故民之丰约不大相远;巢不出境,故谷价常贱;比屋而绩,故其布多品;地接潮、梅,率多旷野,故有虎、豹、熊、象之属;其气候多暖,故花果之种类时序,或似岭南"⑤之说。

闽西工业在宋代也获得较大发展。⑥ 闽西矿产资源的开采与加工在唐末的基础上有了新发展,此时政府对手工业的促进政策起了重要作用,葛金芳在《宋辽夏金经济研析》中将宋代官府手工业的管理体制概括为"国有、官监、民营、专卖"八个字,并指出其间存在着逐步下放经营权的趋势,而民营手工业占据主导地位,客观上促进了工业的快

---

① 谢重光:《客家文化述论》,北京:中国社会科学出版社,2008 年,第 97 页。
② (民国)丘复纂:《上杭县志·水利志》。
③ (宋)胡太初修,赵与沐纂:《临汀志·山川》,福州:福建人民出版社,1990 年。至今龙岩市依然有西陂、高陂、陈陂、何家陂等以"陂"为名的地名。
④ (清)曾曰瑛修,李绂纂:《汀州府志》卷之八《物产·谷之属》,北京:方志出版社,2004 年。
⑤ (宋)胡太初修,赵与沐纂:《临汀志·土产》,福州:福建人民出版社,1990 年。
⑥ "货之属,金、银、铜、铁、蜡、蜜、糖、覃、靛、纸、红椒。"(宋)胡太初修,赵与沐纂:《临汀志·土产》,福州:福建人民出版社,1990 年。

速发展。矿冶业在北宋时期达到鼎盛,闽西成为当时重要的矿业中心,宋神宗元丰年间(1078—1085年),各种矿产的产量:"金一百六十七两"①,银"元额四千七十五两,元年收二千三百二十两",②铜"元额三万五千四百九十五斤,元年收一万六千四百七十二斤"③,铅"元额一百六斤,元年收四十九斤"④。另有元马端临撰的《文献通考》载:"天禧二年(1018年),全国四监十二冶二十务二十五场,汀州有四务:汀州营溪、古田、龙兴、罗村。治平中(1064—1067年),铁产登、莱、徐、兖、凤翔、陕、仪、虢、邢、磁、虔、吉、袁、信、澄、汀、泉、建、南剑、英、韶、渠、合、资二十四州,兴国、邵武二军,冶七十七。"可见,北宋时期汀州金、银、铜、铁、铅的产量较大,"各种矿业机构共有安丰场、钟寮场、龙门场、归禾务、龙门新场、税口务、张源坑、宝安场、永丰场、凤凰场、连源场、上宝场、长永坑、赤水场、大庾坑、宝应坑、太平场、黄焙、宝胜坑、金山场、漂村坑、上宝、营溪务、古田务、龙兴务、罗村务、长水坑、赤水坑等28处,其中大部分属于富矿,一经开发,产量提升很快"。⑤已成为当时朝廷税赋与人民收入的重要来源,"祖宗旧制,以汀州地有坑场,银货易得;不宜蚕桑,衣赐难办,令本州岁出银六千六十五两,为建昌、抚州代输上供银;令建昌岁出绢四千五百三十七走,䌷三百三十五走,绵二千两,抚州岁出绵七千五十两,应副本州官衣赐,通融相济,及本州代输二郡上供朝廷,籍为定额"。⑥但到南宋时,由于过度开采导致的矿脉枯竭和官府的压迫及剥削,"夫以天造地设,显界坑冶,而属吏贪残,积成蠹弊。诸处检踏官吏大为民殃,有力之家悉从辞避,遂致坑源废绝,矿条湮闭。间有出备工本为官开浚,元佃之家已施工力,及自用财本起创,未享其利,而哗徒诬胁,检踏官吏方且如追重囚,黥配估籍,冤无所诉。此坑冶所以失陷"。⑦汀州矿业衰败,已无力为建昌、抚州代输上供银,"为建昌、抚州岁出绵绢,只到本州,一更兵火,乘此失约。本州既无本色绵绢可给衣赐,不免纽折价钱支给,而代输二郡上供之银,常自若也。乞将汀州每岁见发上供银数内豁除代输建昌、抚州银六千六十五两,下江西运司径行督责逐州起发,仍于本州岁发数内销熔。其本州合用官兵春冬衣赐,管认自行措置支给"。⑧汀州在北宋时矿业的兴旺除先天矿产资源丰富外,还有三个原因:一是移民大量迁入,人口的大量增加使土地不堪其负,剩余劳动力转向当地丰富的自然资源中寻求生活来源;二是矿冶技术的进步,在采掘方面,已采用了"烧爆法",即利用热胀冷缩的原理对矿石火烧、水泼而使其剥落,其效率数倍于人工挖掘,在冶炼方面,炼银的"吹灰法"、炼钢的

---

① (元)马端临撰:《文献通考》卷十八,北京:中华书局,1986年。
② (清)徐松:《宋会要辑稿·食货三三之九》,北京:中华书局,1957年。
③ (清)徐松:《宋会要辑稿·食货三三之十二》,北京:中华书局,1957年。
④ (清)徐松:《宋会要辑稿·食货三三之十五》,北京:中华书局,1957年。
⑤ 靳阳春:《宋元汀州经济社会发展与变迁》,福建师范大学博士学位论文,2011年,第127页。
⑥ (宋)胡太初修、赵与沐撰:《临汀志》,福州:福建人民出版社,1990年,第31页。
⑦ (元)马端临撰:《文献通考》卷十八《坑冶》,北京:中华书局,1986年。
⑧ (宋)胡太初修、赵与沐撰:《临汀志》,福州:福建人民出版社,1990年,第31页。

"灌钢法"和炼铜的"胆水浸铜法"等也得到了应用;①三是政策激励,政府为实现富国强兵,对矿产采掘业进行鼓励,宋神宗时期,矿冶业以劳役制代替招募制,以二八抽分制代替了课役制,"依熙宁法,以金银坑冶召百姓采取,自备物料烹炼,十分为率,官收二分,其八分许坑户自便货卖"。② 同时也将矿山开采绩效纳入所在地方政府官员考核内容,规定了奖惩制度,鼓励社会大办矿业。其他手工业如纺织业、印染业、造纸业与印刷业、陶瓷业也有了较大发展。造纸可就地取材,故六县均有,《长汀县志》载元丰七年(1084年),秘书省选用长汀毛边纸刊印《算经十书》刻本。清人杨澜《临汀汇考》云:"长汀四堡乡,皆以书籍为业,家有藏版,岁一刷印,贩行远近。……宋陈日华《经验方》云:方夷吾所编《集要方》,予刻之临汀,后在鄂诸得九江守王南强书云,一、老人久苦淋疾,百药不效,偶见临汀《集要方》中用牛膝者,服之而愈。按宋时闽版推麻沙,四堡刻本近始盛行,阅此知汀版自宋已有。"③"唐宋时期,闽西的大多数地方都有生产陶瓷产品。目前已发现的窑址多达 50 余处,有的窑场规模范围达数华里。如三明市宁化县淮土乡的宋代黄家山窑场,该窑场面积有几十万平方米,盆地中各个小山丘都建有窑炉,窑址规模宏大,当地村民称为'百窑村'。窑炉以馒头式窑为主,兼见不太长的龙窑,废弃的窑床、窑具(支座、垫饼、支钉等)俯身可见可得,所生产的陶瓷器有:各式碗、盘、碟、杯、壶、罐、缸、盆、坛、盏、托等。在一个村落的陶瓷遗址中,出土遗迹和遗物之多、品种之全、数量之大,绝非仅供给当地人使用,这充分说明了当时的'客家瓷'窑业已发展迅速,他们除了自己使用,还将更多的产品外销周边的外省地区甚至远销海外。"④

宋末元初,汀州成为文天祥、许夫人、陈吊眼等人抗元的主要根据地,动荡的社会环境使汀州的经济社会发展受到毁灭性打击;有元一代,由于汀州居民属于最末等的南人,在元政府的残酷剥削和压迫下,民生凋敝。元至元十八年(1281年),汀州路长汀、宁化、清流、武平、上杭、连城六县被赐为囊加真公主的封地,汀州"四万户,丝以斤计者,岁二千二百有奇,钞以锭计者,岁一千六百有奇,谓之岁赐"⑤。政烦赋重导致民不堪其负而为盗,"政烦赋重,盗又数起"。⑥ 再加上天灾时有发生,长汀县志载"后至元五年(1339年)六月,大雨暴降,平地水深 3 丈余,漂没民房 800 余幢,民田 200 余顷,溺死 8 千余人"。如此又进一步加剧民生困难。蒙古人又实行毁城而非建城政策,经济受到巨

---

① 陈衍德:《宋代福建矿冶业》,《福建论坛》(社科教育版)1983 年 2 月,第 67~74 页。
② 洪咨夔:《大冶赋》,载《平斋文集》,文渊阁四库全书本。
③ (清)杨澜:《临汀汇考》卷四《物产》,光绪四年刊本。
④ 林梓波:《闽西客家瓷的发展生态与审美特性》,福建社科院网,http://fass.net.cn/index.php/page-33-937.html。
⑤ (明)宋镰等撰:《元史》卷一一八《特薛禅传》,北京:中华书局,1976。
⑥ (清)杨澜:《临汀汇考》卷一《方域考》,光绪四年刊本。

大破坏,商品流通较宋时大大后退。汀州由北宋时的"平生所闻陈汀州,蝗不入境年屡丰"①和"居人不记瓯越事,遗迹空传福抚山。地有铜盐家自给,岁无兵盗戍长闲。一川远汇三溪水,千嶂深围四面城。花继腊梅长不歇,鸟啼春谷半无名"②的世外桃源般的美丽与繁荣变为"七闽穷处古汀州,万壑千岩草木稠。岚气满林晴亦雨,溪声近铎夜如秋。云中僧舍时闻犬,兵后人家尽卖牛。但得龚黄为太守,边方从此永无忧"③如鬼域般的景象,人民对实现社会变革要求极为迫切,农民起义时常爆发,较著名的是罗天麟、陈积万以经商县内外之便联络民众的反元的起义。④

(五)明代的闽西经济开发

元至正二十七年(1367年),明军入闽,迅速统一了福建,改汀州路为汀州府。明清时期,长汀社会较为稳定,人口进一步增加,交通条件得到更大改善,汀潮与汀漳之间的山海互动更加紧密,对江西及内陆地区的经济辐射有所增强,是闽西经济社会又一个大发展的时代,资本主义的生产方式也于此时开始萌芽。

---

① (宋)黄庭坚:《戏答陈元舆》。诗中陈汀州为宋汀州太守陈轩。全诗为:"平生所闻陈汀州,蝗不入境年屡丰。东门拜书始识面,鬓发幸未成老翁。官饔同盘厌腥腻,茶瓯破睡秋堂空。自言不复娥眉梦,枯淡颇与小人同。但忧迎笑花枝红,夜窗冷雨打斜风,秋衣沈水换薰笼。银屏宛转复宛转,意根难拔如蘺本。"

② (宋)陈轩:《汀州诗》。

③ (元)卢琦:《汀州道中》,诗中龚黄为汉名臣龚遂和黄霸。又有《宁化县作》诗云:"触热来宁化,居人已卖瓜。田园优五邑,市井近千家。孤塔凌空耸,青山对县斜。萧条兵火后,抚景重咨嗟。"

④ 据《元史·明帝本纪》载:罗天麟,连城县文亨乡人。家贫,世代佃耕为生。元初蒙人入主中原,世祖女儿囊佳真公主下嫁斡罗陈为妻,即将汀属六县(长汀、连城、上杭、武平、宁化、清流)划为公主赐地,地方官吏由公主委其陪臣担任,六县税收作为公主岁赐,由是苛敛无度。而派驻各乡村民众供养的蒙古官员(俗称"长上爹"者),残暴尤烈,除供其衣食挥霍外,为防止群众反抗,竟限令十户共用一把菜刀;为让荒淫的"长上爹"安享"初夜权",而规定各户闺门夜不能闭,群众恨之入骨。元至正四年(1344)夏,连城疫病流行,农田荒芜,百姓饥困,民不聊生。是年冬,天麟应募入伍,为连城军士。入军后,积极联络汉籍士卒,借茶楼酒馆针砭时弊,抨击元朝官员苛残暴虐行径,以激发士卒民族意识,并常借例行公事深入乡村联络准备,以其表弟隔川乡人陈积万家为驻地,进行联络活动,以图举义。陈积万,连城隔川乡人。家资颇丰,养马十余匹,驮运食盐,往来经营于清流、宁化、归化(今明溪)、将乐各县。积万性豪爽任侠,轻才重义,喜结交,而名重四方。罗天麟以积万经商县内外之便,令其暗中联络各方反元志士,发动群众利用山区石竹劈制成刀、矛,浸以便溺,烤干,作为武器准备举义。至正六年六月,事泄,统治当局欲以谋叛罪下令捕杀罗天麟、陈积万。罗天麟闻讯,立即派人飞奔城外隔川乡,告知陈积万,下令各乡、村同时举义,诛杀村中蒙古管家"长上爹"后,迅即组织武装群众前来围城策应。罗天麟则在城军营驻地号召汉军竖起义旗,手持利刃,直奔内衙,诛杀达鲁花赤等蒙古官吏,一举攻占县城。

明政府极为重视农业,在立朝之初,为迅速恢复生产、巩固统治,就大量召集流亡,①劝农兴学,丈量土地,兴修水利,减轻赋税。在水利方面,官府和民间均积极组织兴修水利,"乾隆《汀州府志》记载汀州8县有100余处陂,明嘉靖三十三年(1554年)龙岩知县汤相组织修建了30多里长渠,百姓称为'汤堤',上杭稔田干田村因稻田干旱而名,明初举人刘秀实率众筑大陂灌'干田',由此村名'官田'"。② 此外,一些作物新品种也开始引入或进一步得到推广,首先是来自北方的小麦的引种,"明以前汀州无麦,明初连城知县、山西平阳府(今临汾)人刘雍,亲自传授种麦技术"。③ 此外玉米④、花生⑤、烟草、红薯⑥等海外作物也开始引入,由于闽西山地很适宜这些作物生长,因此迅速得到推广。

表1-3 明代各种经济作物传入中国时间

品　种	传入中国的时间	备　注
玉米	16世纪中叶	明后期引进,清初普及
马铃薯	16世纪末	成书于清初的福建松溪县志上已有种植马铃薯的记载
番薯	16世纪末	1593年,福建长乐人陈振龙自菲律宾引入,在福州城外种植
烟草	17世纪初	自菲律宾传入福建漳州、泉州一带

对于烟草何时传入闽西在历史上有一定争议,涂僧认为:"明朝万历年间,烟草引进永定。"⑦翁鼎山亦说:"明代万历年间,烟草传入永定。"⑧明张介宾指出"烟草自古未闻,近自我明万历时,始出于闽、广之间,自后吴、楚地土皆种植之。然总不若闽中者色微

---

① 乾隆《汀州府志·名宦》载"朱仲恭,兴国人,洪武元年令清流。邑当元季乱后,仲恭招徕流亡,劝课农桑";"刘亨,郑州人,洪武间令上杭,新学校,建坛壝。在任五年,逃亡悉集";"宋忠,崇阳人,洪武间知清流,兴学劝农,剔奸厘蠹。群盗啸聚,忠抵巢谕降之"。

② 林汉扬:《沧桑闽西》,北京:中央文献出版社,2007年,第129页。乾隆《汀州府志·名宦》载"刘雍,平阳人,洪武间为连城令。先是,邑民不知种麦,雍躬教之,比岁大稔。"

③ 林汉扬:《沧桑闽西》,北京:中央文献出版社,2007年,第131页。

④ 《金瓶梅》一书中介绍:"一碟玉米玫瑰果馅蒸饼儿","两大盘玉米面鹅油蒸饼儿"。

⑤ 闽西关于花生山歌曰:"麻竹搭桥肚里空,两人相好莫通风。燕子衔泥口要稳,化生结籽在泥中。"

⑥ 陈振龙,福建长乐人,时在吕宋岛经商,看到甘薯产量高,易种植,抗灾能力强。陈振龙通过将红薯的藤条编在箩筐里(一说绞在一根绳子里)带上船来绕过西班牙殖民者的检查。回国后,他跟他的儿子一起给当时的福建巡抚金学曾上了一份帖子,建议在福州试种培育这种红薯。陈家率先在自家的农田里种植这种东西,四个月以后引种成功。成功后他们再次游说金学曾,恰逢此时福建大旱,马上面临粮食短缺,金学曾立刻晓谕福建各地立刻开始推广红薯,由此红薯在福建得以普及,使得福建渡过了当时的粮食危机。到了清朝年间,陈家后代把家族推广红薯的经历写成了一本书叫《金薯传习录》。

⑦ 涂僧:《永定客家土楼的兴建高潮和传播》,《永定文史资料》第10辑。

⑧ 翁鼎山:《漫说大溪乡土楼》,《永定文史资料》第14辑。

黄、质细,名为金丝烟,力强气盛为优。"①清人王简庵则说:"汀(州)属八邑,僻处深山,本无沃野平原。所有田土,即使尽栽稻谷,不足民间日给。康熙年间,漳(州)民流寓于汀州,以种烟为业。因其所获之利,数倍于稼穑,汀民亦皆效尤。迩年以来,八邑之膏腴田土,种烟者十之三四,以致本地无谷可买,米价倍增。"②综合各方面的证据,烟草应为明末清初引入,而由于永定水土宜烟,加上烟草获利远大于其他作物,故发展迅速,以致影响了粮食作物的种植。说明由于生产力的提高,农业已从单一的粮食生产转向经营经济作物(农业生产已摆脱了简单的满足直接温饱目标,而是专为获利发家致富而生产),出现了商业性农业,此时山区蓝靛种植、经济林木采伐和油茶种植很发达,据《闽书》载:"又有茶油之茶,建剑汀邵多有之,而连城为第一。"③蓝靛种植自宋即有之,明代由于江南纺织业发达,对蓝靛的需求大量增长,刺激汀江流域大面积地种植,上杭、永定、连城等山区的农民,有相当部分以此为生,开山建寮种蓝,由于蓝草培植容易,"折其茎以土拥之辄生",成本较低且收益较高,"耕山种蓝,颇获利"④,因而蓝草种植在明清时期已大大超出了闽西范围,弘治《泰和县志》记载,"成化末年,有自福汀贩卖蓝子至者,于是州居之民,皆得而种之,不数年,蓝靛之出与汀州无异,商贩亦皆集焉"。在浙江南部"括婺大木间……山林深阻,人迹罕至,惟汀之菁民刀耕火耨,艺蓝为生,遍至各邑,结寮而居"⑤。

由于商品化农业提供的原料支持,明代闽西手工业也有了进一步发展,政府对此也持支持态度,"允许匠户除在规定时间为政府服役外,其余都归自己支配。嘉靖八年(1529年),废除工匠轮班制,改行折收代金,由政府雇工替代,工匠徭役制基本废除。"第一是纺织业较为发达,当时的主要产品有"绸、绢、绫、苎布、麻布、蕉布、葛布"⑥。第二是造纸业与印刷业,汀州造纸始于唐末宋初,宋元以后,用嫩竹造纸已很普遍,其中以连城最为有名,清康熙时"知县杜士晋曰:闽,古之荒服,而连则荒服中僻壤也。山居其九,田居其一,地不通商,男不负贩,女不蚕纺,区区数锺田,家给不足矣。姑田、河源殖纸为业"⑦。正因为家给不足,连城人靠山吃山,在明嘉靖(1552—1566年)就有利用萱草、榆树皮制作皮纸的记载,崇祯二年(1692年)姑田人蒋少林利用竹丝天然漂白工艺,成功制作出漂料纸——手本纸,开创了连城宣纸的生产史。⑧ 纸业的兴盛为印刷业的兴起与

---

① (明)张介宾:《景岳全书》。
② (清)王简庵:《临汀考言》卷六。
③ (明)何乔远:《闽书》卷一五〇《南产志上》,《四库全书存目丛书》史部地理类,第207册,第700页。
④ 乾隆《汀州府志》卷八《物产》,北京:方志出版社,2004年。
⑤ (明)熊人霖:《南荣集文选》卷一二《防菁议上》,据日本内阁文库藏崇祯十六年刊本影印,台北:"中央研究院"傅斯年图书馆藏。
⑥ (明)黄仲昭:《八闽通志》,福州:福建人民出版社,1990年。
⑦ 康熙《连城县志·物产》,北京:方志出版社,1997年。
⑧ 邓金坤:《连城宣纸》,北京:经济科学出版社,2008年,第4页。

繁荣奠定了基础,《范阳邹氏族谱》称:明万历八年(1580年),邹学圣辞官回雾阁,带回了苏杭的雕版印刷术,创办书坊,"镌经史以利后人",由此开创了以邹家和马家为代表长达300多年四堡印书业的历史。第三是兵器制作业,《八闽通志·土贡》记载,汀州八县上贡有弓2120张、箭15506支、弦12482根、翎毛24820根。第四是矿山开采与冶炼,《八闽通志》载:"上杭县,铁冶在县东胜运里湖洋,山名铁嶂。""永定县,铁冶在县西南溪南里桃杭嶂。""龙岩县,银坑在县铁石洋东宝山……铁场在龙门、兴善、节惠、永福、感化、万安六里。"①又曰:"金,上杭县出。银,长汀、宁化二县出。铜、锡,俱长汀县出。铁,长汀、上杭、宁化三县出。"②可见当时闽西矿冶仍有一定规模。第五是建筑业,闽西人拥有精湛的土木建筑工艺,产生了一批专业建筑工匠,史称:"连城土瘠民贫,工务勤劳,女安俭朴。民入他郡治版筑修砌,累壁坚土,名执技。"③第六是日用品和食品加工。《八闽通志》载明时闽汀州主要日用物产有"糖、蜜、蜡、蓝靛、茶、油麻油、茶油、桐油、稞子油(以上八县俱出)。薯、纸、降真香(以上俱连城县出)。漆(清流、归化二县出)。"④另外,著名的闽西八大干生产也主要于此时开始。

在经济发展的同时,明代的闽西建制也出现了较大变化。由于客家人口的增加,人多地少的矛盾也日益严重,向外迁移以拓展生存空间成为必然选择。南宋以前,客家人的主要活动区域在武夷山脉南段,随后由于抗元斗争和族群的融合,东边盘亘于永安、漳平、新罗、永定和漳州境内的华安、平和、南靖之间的博平岭也进入闽西人的活动范围,同时中部的玳瑁山也得到进一步开发。这些后开发的山区与以往不同的是,由于较大的平地已被河洛人占据,新来的客家人只能在群山的小块平地上与畲族人共处,再建家园,条件艰苦,产出极低。明中期以后,由于土地兼并严重,吏治腐朽,加上自然灾害时有发生,许多农民为逃役避税入山成流民,民变频繁,多次暴发农民起义,⑤较有名的有钟子仁、李宗政、钟山、张文政等人领导的起义,王守仁、俞大猷等均曾在此平乱。为加强对地方的管理,闽西新设多处县级机构,"明成化六年,同知程熙以地当将乐、沙县、宁化、清流之交,民梗难治,请于巡抚滕昭奏析四县地为归化县","明成化十四年,巡抚高明以其地险民悍,去县绝远,草寇屡发,遂奏析上杭胜运、溪南、金丰、太平、丰田等地置永定县。"⑥同时设立的还有时属漳州的漳平[明成化七年(1471年)析原龙岩县居仁、聚贤、感化、和睦、永福五里而设,县名为祈平安之意]和宁洋县[明隆庆元年(1567年)析永安、龙岩地而设,县名取宁东西洋地之意]。新县的设立,推进了闽西山区开发的步伐。

---

① (明)黄仲昭:《八闽通志·坑冶》,福州:福建人民出版社,1990年。
② (明)黄仲昭:《八闽通志·物产》,福州:福建人民出版社,1990年。
③ (明)何乔远:《闽书》卷三八《风俗》,福州:福建人民出版社,1996年,第945页。
④ (明)黄仲昭:《八闽通志·物产》,福州:福建人民出版社,1990年。
⑤ 自南宋至明代,闽西农民起义就多次爆发,这固然与闽西"地狭民稠"有关,天灾、封建盘剥、族群矛盾等都是重要诱因。
⑥ 乾隆《汀州府志》卷之二《建置》。

(六)清代的闽西经济开发

1646年,清军入闽,明隆武帝朱聿键于汀州被俘,明亡。清代闽西延续了明以来的发展路径,达到封建时代的鼎盛时期,集中表现在两个方面,商业性农业的进一步发展和手工业的专业化程度的进一步提高。在农业方面,首先是汀州府成为著名的烟草集中地,康熙年间府属八县"膏腴田土,种烟者十居三四",其中又以"上杭、永定为盛"①。在宁化县则是"人竞莳之"②。在龙岩"其与农夫争土而物力者已十之五矣"③。咸丰《长汀县志》载:"福烟独著名天下,而汀(州)烟以(上)杭、永(定)为盛,长邑所制,品有生熟之殊,色有黄黑之别,名有金丝、盖路之称。"④闽西烟叶的种植为客家人带来了丰厚的利润,而且随着闽西客家人向粤赣流动,带动了赣南石城、瑞金和粤东镇平、平远、大埔等地烟叶种植的热潮。其次是茶叶生产,茶树性喜温暖湿润气候,对光照要求特殊,在一定高度的丘陵地区(雨量充沛、云雾多、空气湿度大、漫射光强)特别适合种茶,有高山出好茶之说。闽西山区是最适合茶树生产的地区之一,其茶叶生产历史可溯及宋代,由于种茶的经济效益较高,不仅高于粮食品种,甚至高于其他一些经济作物,从而为当地人带来了较高的经济利益。到明清时,闽西种茶已很普遍,上杭"凡山皆种茶,多而且佳者,惟金山为最。至精细者,如莲子心,香味逾于松萝"⑤。据县志载,"往时古田、下隔、湖梓里等处出产甚巨",乾嘉年间"汉口镇有悬下隔名茶牌者"。古田产茶之乡如大坪、上磜、洋尾、长坑里、分水岭、金谷岩、石坪一带,"年可产茶数万斤"⑥。永定茶"各乡有之,气味皆平常。惟金丰茶颇著名,溪南赤竹坪茶尤佳,惜不能多"⑦。再次是经济林木的生产,汀属各县"崇山复岭,树林蓊郁","杉竹参天"⑧,明清时期居山的客家人发挥当地优势,大力种植杉木、松木和竹子等,获利匪浅。杉木作为一种很好的建材,销路很大。杉木长成后,或以圆木的形式,由水路运往山外,⑨或者在当地进行加工,制成各种木器销往外乡。《闽产录异》载,杉树,"福州、兴化不及延、津,延、津不及汀州。汀属七县产者尤以宁化为最,清流永堡里者次之"⑩。作为一种重要商品,杉木已经成为客家人的一项重要副业,"则潮州商来计山论值,运至水滨,泛筏而下,县中沿流乡村多以此

---

① 乾隆《汀州府志》卷八《物产》,北京:方志出版社,2004年。
② 康熙《宁化县志》卷二《土产志》,福州:福建人民出版社出版,1992年。
③ 康熙《龙岩县志》卷二《土产志》。
④ (清)方履篯:道光《永定县志》卷十《物产》,道光十年(1830)刊本。
⑤ (清)赵宁静:乾隆《上杭县志》卷一之九《物产》,乾隆十八年(1753)刻本。
⑥ 丘复:民国《上杭县志》卷十《实业志》,上杭县地方志编纂委员会重印,2004年;(清)方履篯:道光《永定县志》卷十《物产》,道光十年(1830年)刊本。
⑦ (清)方履篯:道光《永定县志》卷十《物产》,道光十年(1830)刊本。
⑧ (清)杨澜:《临汀汇考》卷四《物产考》,光绪四年(1878)刊本。
⑨ (清)周硕勋:乾隆《潮州府志》卷三十九《物产》载:潮州属县所产杉木皆土杉,而"凡作栋梁之用者皆取于闽",中国方志丛书(46),台北:成文出版社,1967年。
⑩ (清)郭柏苍:《闽产录异》,续修四库全书本。

致富。"①"宁土之食此者多矣。"②由于大量外运,杉木价格上涨很快,乾隆《永定县志·土产》载:"杉……先年甚多,三十年来,连筏捆载,运入漳潮,今本邑亦价贵难求矣。"由此人工造林大为盛行,"沙插枝生者,方可大数围,为宫室之奉,为棺椁之奉,胥取材焉,即以作器皿,亦坚韧久耐,胜于萌蘖之生。""初栽插时跨山弥谷,栉比相属,动辄数十里,十年后…止以谷量也,以故素封之家不窥市井,不行异邑,坐而待收,利贻数世,胥以此为富给之资。"③此外闽西还种植乌桕、甘蔗、漆和辣椒,《宁化县志》载:"凡田傍有臼木者,其田价必增,以臼叶可肥田,子又可采蒸取脂,浇烛货远,于人甚有利也。"④清流,"明清时期县内已有乌桕种植,以灵地、邓家、田源、李家等地的种植更为普遍,为福建省乌桕重点产地县之一,质量居全省首位,产量居全省第二"。⑤ 甘蔗是古代主要的制糖原料,也是一种获利较大的经济作物,明清时期,甘蔗已普及闽粤赣边地区,成为当地主要的经济作物之一。闽西汀州府属长汀、上杭、宁化、清流等县广为种蔗。⑥ 汀州的漆主要产自闽江流域上游清流、宁化、归化三县。"宁漆多产龙上、下诸里,民多食其利。"⑦宁化牛角椒属全国"八大名椒"之一。主要产地在水茜、安远、河龙、禾口、淮土等乡。加工制成的辣椒干,以鲜红、皮薄、透明、味香、脂多、辣度适中等特色闻名中外。⑧

商品性农业的发展优化了山区农业种植结构,改善了山区农民经济,使得原本贫瘠、细碎而分散,耕作条件差,在种粮方面具有绝对劣势的山区坡地,变成了农民赖以致富的具有比较优势的优质土地,"首先,经济作物种植开发主要是利用占山区大部分的空闲山地,这样土地利用率提高了。其次,经济作物和粮食作物收获季节不一,农民可以利用农闲时间发展经济作物,农民的劳动力利用率自然就提高了。再次,种植经济作物的经济效益超过粮食作物,像种烟,其利润数倍于谷,农民获利较大,在山区农民经济中占有重要地位,从而改善了农民经济,提高了山区农民生活水平,在有些地方农民富裕程度甚至不减江南地区。"⑨同时也推动了本地区手工业的进一步发展。

清代闽西的手工业主要有造纸业、印刷业、制烟业、纺织业、冶铁业等。造纸业是闽西最发达的手工业之一,各县皆有且以纸为业者多达数万家。⑩ 乾隆《汀州府志》记载:"竹穰、楮皮、薄藤、厚藤,凡柔韧者皆可造(纸)。而竹纸多出连城、归化。"⑪连城造纸以

---

① (清)杨澜:《临汀汇考》卷四《物产考》,光绪四年(1878)刊本。
② 康熙《宁化县志》卷一《物产》。
③ (清)杨澜:《临汀汇考》卷四《物产考》,光绪四年(1878)刊本。
④ (清)李世熊:康熙《宁化县志》卷二《土产志》,福州:福建人民出版社,1989年。
⑤ 清流县地方志编纂委员会:《清流县志》,北京:中华书局,1994年,第162页。
⑥ 郑淤昌:《明清农村商品经济》,北京:中国人民大学出版社,1989年。
⑦ (清)李世熊:康熙《宁化县志》卷二《土产志》,福州:福建人民出版社,1989年。
⑧ 宁化县地方志编纂委员会:《宁化县志》,福州:福建人民出版社,1992年,第178页。
⑨ 周智武:《明清时期客家山区商业性农业的发展及其影响以闽粤赣边区为中心》,《农业考古》2010年04期,第355页。
⑩ 周雪香:《清代汀州两江流域区域经济比较》,《赣南师范学院学报》2012年第1期。
⑪ (清)曾曰瑛,李绂:乾隆《汀州府志》卷八《物产》,北京:方志出版社,2004年。

姑田(包括曲溪、赖源)、莒溪为中心,有"金姑田、银莒溪"的美誉。长汀"邑人赁山栽竹,设槽造纸"①,高产时年产 4166.67 吨,产量居全省之冠。② 而且各县所产的纸张品种繁多,"各邑制造不同,长邑有官边、花笺、麦子、黄独等,色纸则有黄丹、木红。若市间所鬻竹纸、贡纸则来自归、连两邑,长邑无之。归邑红纸最佳,其金银纸则以锡箔刷黏纸面或染以黄为冥帛。连邑纸有连史、官边、烟纸、高帘、夹板等名。"③清末民初,清流仅沙芜乡洞口村,有纸厂 27 个,生产改良纸、玉扣纸、长行纸、毛边纸、五色纸、火纸、卫生纸等 7 种纸,年产达 15000 余担,在洞口、沙芜圹、长汀、连城、永安、南平、福州等地均设有洞口人的纸行,可见产销之盛。④ 连城宣纸、宁化玉扣纸因质地优良,纸色白净,不易硬化,不易变色,不受虫蛀,历来是档案文书印刷古籍和写奏折的最佳用纸。"清顺治年间(1644—1661 年),连城的京庄奏本纸进了京城。清末,长汀的玉扣纸也远销日本、印度等国,手工土纸曾兴盛一时。"⑤造纸业的发展还带动了当地种竹业、石灰开采业尤其是印刷业的发展。

长汀四堡(今属连城)印书业在清乾嘉年间进入全盛时期。据《范阳邹氏族谱》载:"吾乡在乾、嘉时,书业甚盛";"乡多书肆,雕梨刻枣,古籍几于汗牛,不胫而走四方。"⑥据四堡雕版印刷展览馆数据显示,有明确创建人及堂号楼号明确的古书坊共有 103 家,其中邹姓 77 家,马姓 26 家。这些书坊均是一个个小家族世代相传的家庭作坊,产量较大,种类繁多,从经、史、子、集等考试用书和四库全书等经典,到医学、小说如《金瓶梅》等,门类齐全;作坊内部分工细密,从版面设计、底本考据、刨制胚版、雕刻印版到裁纸、调墨、印刷、装订、包装、打捆等二十多道工序,每道工序及最后发运、布点联络等,均有专人负责。⑦ 成为当时全国四大印书中心之一。

乾隆至光绪的 100 余年间是清代闽西制烟业最兴盛的年代,其中永定条丝烟最为著名,所产烟丝"其味清香和平,本省他处及各省虽有其产制成丝,色、味皆不能及。国朝充饷后,永地种烟愈多,制造亦愈精洁。"⑧"夙有烟魁之称","宣统二年(1910 年),南洋劝业会商人选送超庄,均获优奖。民国三年参加巴拿马赛会,又得奖"。⑨ 由于烟草收益较高,到 19 世纪末"永定全县制烟厂,几乎每一个稍大乡村即有几家厂,大厂雇工

---

① 邓光瀛:民国《长汀县志》卷十《物产志》,《中国地方志集成·福建府县志辑》,上海:上海书店,2000 年,第 444 页。
② 黄马金:《长汀纸史》,北京:中国轻工业出版社,1992 年,第 35 页。
③ (清)杨澜:《临汀汇考》卷四《物产考》,光绪四年(1878)刊本。
④ 黄有清:《洞口毛边纸的兴衰》,《清流文史资料》,1993 年。
⑤ 《龙岩地区志》卷四《经济综述》,上海:上海人民出版社,1992 年。
⑥ 邹日升:《中国四大雕版印刷业基地之一——四堡》,《连城文史资料》,1985 年。
⑦ 邹日升:《中国四大雕版印刷业基地之一——四堡》,《连城文史资料》,1985 年。
⑧ (清)方履籛:道光《永定县志》卷十《物产》、卷十六《风俗》,道光十年(1830)刊本。
⑨ 张超南:民国《永定县志》卷十九《实业志》,《中国地方志集成·福建府县志专辑》(36),上海:上海书店,2000 年。

数十名,小厂则不过三四人,完全是手工制造",全县烟厂"不下千余家"①。永定由此形成了烟草业的规模优势和竞争优势,民国5年所修《龙岩县志》云:龙岩"烟夙昔驰名,长江南北,所在有岩人烟铺,今其利为永邑人所夺"。② 条丝烟的兴盛带动了烟刀、烟笼、烟筐、烟纸等相关行业的发展。清乾隆年间,永定的湖坑乡洪坑村和高陂黄田村,皆以制造烟刀驰名。洪坑烟刀厂后来发展到15家,所产烟刀以其不崩锋、不卷刃、锋利轻快、好使耐用、减轻劳动强度、提高工作效率而闻名于世,其中以日升牌烟刀营业额最大,也最为著名。洪坑成了制造烟刀的专业村,几乎垄断了全国的烟刀市场,当地以制造烟刀而致富者不乏其人,洪坑的高楼大厦绝大部分是那时兴建的,如福裕楼、振成楼(号称"土楼王子")、日新学堂等壮丽堂皇的楼房。③

清代闽西基本不产棉花,但当地富有麻、蕉、葛、苎等植物,以此为原料生产夏布。道光《永定县志·物产志》载:"永无蚕桑棉花,女工藉此(指夏布)为业,然不敷用。"咸丰《长汀县志·物产志》云:所产"麻布,外省珍之,呼为辟汗绸"。康熙《宁化县志·物产志》记载:"苎布四乡皆有,乡无不绩之妇故也。惟泉上有细等纱縠者,其贩行甚广,岁以千万计";"桐布,练苎为之,色白如雪。细者值亦等绢。亦制为帨,暑月用为手拭,惟泉上里数家为之。"康熙《清流县志·物产志》亦载:"苎布、线,清俗四乡皆有,乡无不绩之妇故耳。"

冶铁业在清代也有一定发展,但规模有限。乾隆《上杭县志》卷一之九《物产》云:"杭山多林木,樵苏甚便,价亦不昂,今射利开炉者多,柴炭遂倍其值。商获无涯之利,而杭尽受无穷之损矣。"民国《上杭县志》卷十《实业志》亦载:"旧有铁炉七座,每座火夫、炭工、运矿、担沙、制铁不下数百人,计工人数千,产铁甚盛。"康熙《连城县志·籍产志》载,连城姑田里有铁炉三座。归化,"离城四十里之朱坊有铁矿山一嶂,产量颇旺,清季有胡长春号在该地设炉开采。"④冶铁业的发展也带动了铁制工具制造业的发展,康熙《永定县志·土产志》载,当地制造铁锅及锄头等,作为货物出售。除了烟刀"行销广,获利丰"外,永定所产的锁头、剪刀及其他常用铁器"运售杭、岩、漳、潮"⑤。长汀县出产铁锅等器具也大多销往江西。

晚清时期,由于西方资本主义的入侵和封建盘剥,闽西经济走向衰败。列强一方面大量倾销洋铁、洋钉、洋油等洋货,使之充斥了闽西市场,另一方面又大肆掠夺闽西的烟

---

① 温锐:《劳动力的流动与农村经济结构的更新》北京:中国社会科学出版社,2001年,第217页。

② 马龢鸣等:民国《龙岩县志》卷十七《实业志》,《中国地方志集成·福建府县志专辑》(34),上海:上海书店,2000年。

③ 周雪香:《清代汀州两江流域区域经济比较》,《赣南师范学院学报》2012年第1期,第81~87页.

④ 王维梁、刘孜治:民国《明溪县志》卷三《物产志》,厦门:厦门大学出版社,2008年。

⑤ 张超南:民国《永定县志》卷十九《实业志》,《中国地方志集成·福建府县志专辑》(36),上海:上海书店,2000年。

叶、粮食、木材、桐油、茶叶和矿砂等原料,严重地冲击了小农经济和手工业。同时清政府把每次对外战争的经费和赔款转嫁到劳动人民身上,据各县县志载:《辛丑条约》签订后,清政府支付了巨额赔款,为赔此款收随粮捐每丁银一两,粮米一石各加钱四百文;后来又多次捐加税,光绪三十年(1904年),陈宝琛办福建漳(州)厦(门)铁路,请收铁路捐,丁银每两、粮米每石各加二百文。闽西人民在外国资本主义和本国封建主义的双重压榨下,陷入水深火热之中。

(七)民国时期的闽西经济开发

民国时期的闽西先有军阀战乱,①后有红色工农政权与国民党政府的战争,经济的破坏与恢复交替成为这一时期的重要特征,虽然有1929—1934年红色工农政权在此大力发展经济,使长汀成为"红色经济首都";以及抗战时期厦门等地区企业与民众内迁使得经济出现战时繁荣的经历,但从整体上看,此时闽西经济基本处于停滞状态。

农业方面,"由于山区交通闭塞,科技落后,丰富的森林资源和矿产资源未被人们重视和开发,没有开展多种经营,因而农村经济萧条,农业总产值一直很低"。"粮食平均亩产仅88公斤,农民只能维持简单再生产,粮食尚难满足自给温饱,林、牧、副、渔诸业更无法发展。"②

工业方面,闽西继续坚持传统的造纸、制烟等产业生产的同时,陆续发展起铸造、木器、织布、编织等手工业。但"全区工业生产基本处于手工业生产阶段,称得上机器工业的,全区仅有4个私营电厂和龙岩卷烟厂。1949年,全区有小型工业企业34个,工业产值1591万元,人均产值仅14.6元。手工业比较发达的上杭、长汀两县,其工业产值分别列全区第一、二位。当时,龙岩县位于全区第4位。全区较大宗的工业产品为生铁0.18万吨,原煤0.67万吨,木材4.16万立方米,土纸1.04万吨,发电量23万千瓦时,卷烟0.04万箱。"③

工农业生产组织方面,为解决资金与生产资料的不足,出现了合作社的生产组织方式,农业合作社主要出现在原中央苏区辖区;工业方面则主要是"抗日战争时期,长汀爱国进步人士刘广沛、李千里、孟用潜、陈翰生、梁士纯、卢广锦、吴去非等,与新西兰友人路易·艾黎在长汀、连城组建手工业合作社38个,社员500余人,使长汀县的手工业生产得到相应的发展"。④ "至1949年底,全区工农业总产值1.55亿元,人均产值仅143元(其中1949年全区农业总产值仅1.39亿元,人均产值才128元。笔者注)。全区经济状况,不仅工农业生产水平很低,商业、交通邮电、建筑诸业也很落后,经济基础相当薄弱;1949年底,全区国民生产总值共1.16亿元,人均国民总值108元;全区国民收入

---

① 这时的闽西,"匪盗遍地,暴敛横生,农辍于耕,工失与业,商罢与市,百业凋零,金融混乱"。
② 《龙岩地区志》卷四《经济综述》,上海:上海人民出版社,1992年。
③ 《龙岩地区志》卷四《经济综述》,上海:上海人民出版社,1992年。
④ 《龙岩地区志》卷十一《工业》,上海:上海人民出版社,1992年。

1.13亿元,人均国民收入105元。"①

(八)新中国时期的闽西经济发展

"为有牺牲多壮志,敢教日月换新天。"新中国成立后,闽西人民在共产党和人民政府领导下,医治多年的战争创伤,重建家园。经过3年恢复时期,从1953年开始,中间虽有"三年自然灾害"和"文化大革命""十年浩劫"的破坏,但经过十一个五年计划的经济建设,龙岩市综合实力大大增强,经济结构不断优化,民生条件持续改善。

农业方面,从1950年冬起,农村进行土地改革,推翻了封建土地制度(在旧中国,由于农业经济制度是封建私人土地所有制,占农业人口不到10%的地主和富农占有全部耕地的70%以上,而占有农业人口90%的广大贫下中农占有耕地却不到30%),解放了农村生产力,1952年龙岩市粮食产量36.38万吨,比1949年增长35.4%,年均增长10.6%。同时逐步改善了生产条件,国家先后投资1.9亿元,大兴水利建设和积极开荒,使耕地有效灌溉面积提高到70.6%。至1957年,全区耕地面积扩大至239.43万亩,比1949年扩大了12.3万亩,粮食平均亩产也上升至114公斤,比1949年增长29.5%,全区粮食总产达41.9万吨,比1949年增长56%。农业生产水平得以不断提高,但是,由于农村生产关系变革过多,人们未能从狭隘的"小农业"的思想桎梏中解放出来,在较长期间内一直坚持"以粮为纲",忽视甚至限制"全面发展",山区经济的优势得不到充分发挥,农、林、牧、副、渔难以协调地发展,因而农业总产值增长缓慢,农村生产资金积累不足,农业投入少,后劲乏力,粮食生产水平的升降也处于起伏不定的状态。至1977年,全区粮食总产量仅达63.63万吨,全区人均占有粮仅302公斤,仍未全面解决温饱问题。1978年后的农村改革扭转了农业生产长期徘徊的局面,农村家庭联产承包责任制极大地解放和发展了农村生产力,广大农民的主动性、积极性和创造性空前高涨,农业机械化水平与技术水平持续提高,龙岩市农村经济的总体规模和水平有了明显提高,农村经济综合实力日益增强,逐步形成了以"五大"重点产业(畜牧、蔬菜、林竹、果茶、烟草)和"五大"特色产品(红心地瓜干、咸酥花生、河田鸡、连城白鸭、福建黄兔)为重心的农业生产布局。2008年全市农林牧渔业总产值194.0亿元,按可比价格计算,比1949年增长15.8倍,年均增长4.9%,其中,改革开放后三十年年均增长6.7%,比改革开放前三十年的3.2%快3.5个百分点。2008年全市油料产量1.6万吨,是1949年的13.3倍,年均增长4.5%,其中,1978—2008年,年均增长7.6%;烟叶产量3.3万吨,是1949年的41.0倍,年均增长6.5%,其中,1978—2008年,年均增长8.3%;茶叶产量1.1万吨,是1949年的16.9倍,年均增长4.9%,其中,1978—2008年,年均增长11.5%;水果产量35.3万吨,是1949年的55.2倍,年均增长7.0%,其中,1978—2008年,年均增长17.8%。

工业方面,从恢复时期到1953年起的第一个五年计划时期,兴建了一批工业项目,

---

① 《龙岩地区志》卷四《经济综述》,上海:上海人民出版社,1992年。

工业产品增加了机制纸、松香、松节油、竹、火柴、酒、锰、钨、水泥、棉布、铁锅、皮革、陶瓷、雨伞等品种,工业产值在1950—1957年间以每年18.59%的速度增长。1957年,全区工业总产值6224万元,比1949年增长2.91倍。二十世纪七十年代后,由于经济建设发展形势的需要,国家重点投资煤炭、钢铁等重工业项目,省、地先后投资兴办一批厂矿,加以林产工业的普遍发展,以及1958年国家投资的骨干企业龙岩风动工具厂(即今龙华机械厂)投产后发挥效益,卷烟厂等大型企业的陆续扩建,一些外地内迁厂也恢复和增强生产能力,因而1970年全区工业产值达1.34亿元。1971—1975年,在"全民办工业"的推动下,全区工业以每年递增16.17%的速度发展,工业总产值上升至2.85亿元,其中,重工业占57.17%,轻工业占42.83%,开始发挥区内矿产资源多的生产优势。1978年后,龙岩工业走上了快速发展的通道,主要工业产品产量迅速增长,一些主要产品产量占据全省主要位置,其中原煤、水泥、卷烟产量分别由1949年的0.67万吨、0.01万吨、0.41万箱上升为2008年的1421.56万吨、2225.01万吨、76.54万箱,占全省的比重分别为63.3%、49.1%和51.0%;黄金、环境保护专用设备从无到有,2008年分别达为18492.24千克和734台(套),产量连续多年位居全省第一;烟草、机械、钢铁、铜、建材、纺织、电力、煤炭、农副产品加工业、医药化工、电子信息已成为龙岩的支柱产业。私营工业企业成为龙岩工业经济发展前景看好的新生力量,龙岩工程机械有限公司、福建赣闽铁合金有限公司、福建闽泰环保设备有限公司等一批私营工业企业发展迅速。外资企业从无到有,从小到大,1984年3月,长汀县标准件厂与香港长城国际贸易公司签订了"汀港企业有限公司"的合同,报经国家经贸部批准后,领取工商营业执照,成为全区首家合资企业,到2008年底,全市累计实际利用外资外商直接投资19.96亿美元。乡镇工业和劳务经济已成为农民增长的重要途径,古田镇坚持镇办、村办、个体、联产等"四轮驱动"的方针,大办乡镇企业,涌现了"十里山沟百家厂"的繁荣景象,1991年,工农业总产值超亿元,成为中国老区的第一个亿元乡镇,改革开放以来,才溪乡人民"三千榔头八百斧",走出大山闯特区,专攻建筑业,成为名副其实的"建筑之乡"。

纵观历史上闽西经济发展,基本处于自然自发的增长过程之中,但因发展进程多次被王朝更替时期的兵灾打断,呈现出波浪式开发状态。闽西经济从远古到汉初,闽西百越族与中原交往甚少,农业生产水平落后,基本处于食山自给状态,工业也主要是为解决生产生活困难而发展的原始手工业,这是第一波浪潮。汉初中原王朝的征服行动使得闽西改变了自然发展的轨迹;汉晋两代,闽西人口稀少,工农业不兴,处于休养生息阶段;唐宋时期,中国经济中心逐步南移,闽西被正式纳入中央帝国的版图,与中原地区实现了较正常的交流,而且由于其高山阻隔而远离兵灾,迎来了第一次深度开发时期,于是有了"民安土乐业,川原浸灌,田畴膏沃,无凶年之忧。"①人口大幅度增加,农工业发展迅速,总量也达到历史上的高峰,这是第二波浪潮。元代是一个破坏重于建设的年代,汀州经济极度萧条。明清两代是第三波浪潮,这一波浪潮的重要特征是商品性农业

---

① 《宋史·地理五》。

和资本主义方式的手工业的发展,生产的目的不再限于满足自己生存需要,产品的流通范围也大大突破了地域界限,生产规模也大大扩张,大量的商品通过陆路流向江淮、两湖地区,也通过水运经漳州月港和潮汕流向海外,人口扩张使得本地区人地矛盾更加凸显,大量人口为扩展生活空间和改善生存状态而出现逆向流动或走向海外。晚清后,本地区因太平天国运动和洋货入侵的原因,经济开始出现衰败,民国时期本地区战争频发,中间虽出现过短暂的繁荣,也发展出了一些近代工业,但从整体上看,经济基本是不发展的。新中国成立后,由于长期的社会安定以及良好的制度保障,闽西经济走上持续发展的快车道,这第四波浪潮目前正方兴未艾。

第三节　闽西人口、交通与经济发展

人口集聚是商业发展的基本条件,闽西经济发展的兴衰与人口数量高度相关;人口的交流、融合扩展了地方族群的经济活动内容,促进了生产技术的进步,由不同族群间的融合而形成新的区域文化深刻地影响着人们的经济活动方式与取向;交通条件的改善则有利于节约流通成本,加速商品周转,促进产业分工与专业化,扩大商品的流通范围和流通内容。

一、闽西历史上人口变化[①]

唐以前,闽西的具体人口数无明确的史料记载,古代世居本地的闽越人于汉武帝元封元年(公元前110年)被强行迁徙到江淮之间的区域,此后的几百年间,除部分人避居入山外,闽西基本成为荒无人烟的化外之地。西晋永嘉(307—313年)之乱后,北方汉族人民为逃避战乱和民族冲突,纷纷举族南迁,大量人口从中原迁往长江中下游地区,出现了规模空前的民族大迁徙浪潮,史称"永嘉南渡",中原民户渡淮南而下者超过百万。南迁时间持续了两个世纪之久,其中有部分汉人开始越过武夷山脉,进入闽北、闽西,据长汀历史博物馆展出资料记载,晋代迁入的姓氏有"管、邓、钟、丘"四姓,南北朝有"巫"姓,隋代有"罗"姓。

唐宋期间是闽西大量接纳北方汉民并形成地方特色民系的时代。唐开元年间,闽西约有居民3000户,到天宝元年(742年),临汀郡(原称汀州,辖长汀、龙岩、宁化)计有4682户、15720人。由于受安史之乱的影响,闽西人口出现了短暂减少,到元和年间(806—820年),长汀、宁化(属汀州)有2618户,龙岩(属漳州)有440余户,3县合计为3000多户。在元和以后,由于国力恢复和闽西高山对中原地区战乱的隔离,中原地区人口进一步迁入,人口出现恢复性增长。在唐代,北方迁入的姓氏有"王、朱、李"等共约40

[①] 本部分主要数据来自《龙岩地区志》卷三《人口》,上海:上海人民出版社,1992年。

个,在唐末五代,又有"徐、姚、范"等45姓迁入。这些迁入的汉民与当地的闽越人和畲人开始互相融合,约在南宋时形成了两支各有特色的民系,一是由沿海入闽西者,主要居住在九龙江流域的现漳平、新罗区境内,成为福佬人(河洛人,其文化特质上应属闽南);另一支是由江西、闽北入闽西者,定居于汀江流域而形成客家民系。①

宋代是闽西人口急剧增加的年代。北宋元丰年间(1078—1085年),汀州辖的长汀、宁化、上杭、武平4县计有81456户(其中主户66157户,客户15299户);漳州所辖的龙岩约有25117户,合计106573户。与唐元和时期的户数相比,200多年间,户数增加了200多倍。其中有由于百姓为逃避赋税负担而父子兄弟各自立户所造成;也有由于长期承平,农业生产力迅速提高和矿冶业的发展使得生活水平提高带来了人口的自然增长;还有北方汉民迁入的机械性增长因素。其后,一因南宋高宗南渡后,人口大量南迁,宋代新迁入的姓氏有"陈、王、谢"等共43姓;二因绍兴五年(1135年),闽西婴儿死亡率高,地方官吏奖励多生,各地建"举子仓"(生1个男孩奖米1石)。因此,到庆元年间(1195—1200年),出现第一次人口高峰。当时,汀州所辖长汀、宁化、上杭、武平、清流、连城6县有218570户,计453230丁(16岁以上男子为"丁")。至宝祐年间(1253—1258年),汀州6县共有223432户,计534890丁,可见当时的人口在100万人以上,加上龙岩县(现新罗和漳平),人口应在200万人左右。宝祐到宋亡的20多年间,由于土地兼并、盐贩与官府矛盾导致社会动荡时有发生,再加上汀州为当时文天祥组织抗元的中心区域,闽西人口趋于减少。

追至元代,由于元朝统治者歧视汉族,将人分为四等,南人被列为末等,常遭滥杀;元初各地纷纷发生抗元兵事,匪盗也多,肆意掠杀百姓;至正十四年(1354年),长汀、连城、武平饥荒,竟至"人相食"等原因,闽西人口锐减。据至正十六年(1356年)统计,汀州6县只有41423户,共238127口;龙岩县约为4300户,20272口,两地相加户数仅为宋宝祐时1/4弱。

明代初年,闽西人口略有回升,但因当时政策实行按人丁征收"丁税"②,百姓为了逃避负担,对人口数均以多报少,以至于官府建立的"黄册"所统计的户丁数字都低于实际数字。据洪武二十四年(1391年)对汀州的属县及漳州的龙岩、漳平县所做的统计,计有73364户,372821人。到隆庆六年(1572年),只存47155户,267680人。在181年里,减少了26209户、105141人,分别减少了35.7%和28.2%。此时人口统计是极不规范的,我们认为,明代闽西人口应是正增长的,原因有二,一是明代闽西经济较为繁荣,虽有部分人口已出现机械性流出,但总人口量应比元时为多;二是清康熙年间有"移湖广填四川"的人口大迁徙运动,迁出人口主要为客家人,闽西位列其中,若仅20余万的

---

① 唐代的闽西还主要是"苗人散处之乡",汀州为"七闽穷处也,蕞尔一城,孑然于蛮风蜑雨中"。见(清)杨澜:《临汀汇考》卷一《方域考》。

② "明役法,括之户口,以籍为定,丁成而役,六十一免,妇女及不成丁不役。"见乾隆《汀州府志》卷之九《户役》。

人口存量,很难有富余人口迁出。

清代中央政府加强了人口统计,从顺治十五年(1658年)起,每隔10年各县清点境内钱粮户口一次,每隔3年(后改为5年)清点人丁一次,以此作为负担赋税的依据。康熙时规定以康熙五十一年(1712年)丁册为准,作定额征税,以后续增人丁,永不加赋;雍正二年(1724年),又改将丁税匀入田赋。这两次赋税的改革,加上商品经济的发展,极大地促进了人口增长的速度。到道光九年(1829年),出现了闽西第二次人口高峰,现龙岩市辖7个县域总计1258683人。从元到清代,闽西人口改变了宋及以前的人口净流入的趋势,迫于人地矛盾压力,①出现了人口净流出,这一趋势在元代发端。"元代及明初,汀、赣人民大量移入梅州,清《嘉应州志》谓:来自汀者十之七八,来自赣者十之二。"②到晚清时期人口流出已形成潮流,大量的闽西人开始向省内闽北,国内的西南③、江西④、两广、港台地区⑤和国外的东南亚流动。明代开始有个别商人出国侨居,如汀州人谢文彬因"贩盐下海,为大风漂入暹罗"⑥,清代的永定胡、游、吴、马姓,连城邹姓先后出国到南洋。闽西流出人口在他乡的经济活动与闽西本地优势行业密切相关,主要从事种蓝、植茶、造纸、采矿等工作,部分人是举家迁徙,而更多的人则是孤身闯天下。一出国门路八千,对家的向往是永远的命题,闽西山歌唱道:柑子跌落古井心,半身沉来半身浮;回头只有寻死路,过番又让妹心愁。他们在回乡无望的情况下在他乡重建故土的风俗、信仰。

民国初期,闽西人口量较为稳定。1927—1936年第二次国内革命战争时期,国民党对共产党创建的苏维埃地区接连发动了五次反革命围剿,闽西苏区人民在共产党领导下,开展武装斗争。在此期间,牺牲的烈士2.36万人,被迫害和饥饿致死的有16.7万人,造成人口下降,当时龙岩地区7县,共有1057770人,比清道光九年(1829年)时的人口减少16%。1937年7月,抗日战争爆发,在8年抗战中,全区人口状况是:一方面,居民为了逃避国民党征兵而外逃;另一方面,则因福州、厦门沦陷,一些机关、学校内迁,外地人口流入闽西。因此,形成了抗战初期本区人口数量下降,中后期略有回升的形势,如龙岩县的人口1938年(119780人)比1936年减少18238人,而1945年比1938年增加22176人。

1949年,现属龙岩地区的人口共有273966户,1088738人。其中,龙岩县152885

---

① 据估算:闽西人均耕地由康熙年间的10.67亩下降到道光年间仅约0.87亩。

② 邱权政主编:《中国客家民系研究》,转引自马先富:《客家祖地经济史论》,福州:福建教育出版社,2000年,第28页。

③ 朱德、刘光第、郭沫若等人祖上均约于清初入川。

④ 《闽西沧桑》第167页引用清初魏礼的话说,宁都六乡中,下三乡佃耕者均主要是来自宁化、上杭等地的闽西人。此外邹韬奋的祖上也来自闽西四堡。

⑤ 漳平王景弘是有记载最早登台的闽西人,后来又有刘国轩等人随郑成功入台。清代则有大量闽西人入台垦殖,其中以永定中川人胡焯猷最为有名。

⑥ 谢文彬即明成化十三年(1477年)代表暹罗(今泰国)出使大明朝的使者美亚。

人,长汀县185026人,永定县170160人,上杭县218120人,武平县151724人,漳平县82000人,连城县128823人。到中华人民共和国成立后的1950年,全区人口为1112250人,比1949年增长2.16%。此后的人口演变,可以从6次人口普查中反映出来。自1953年开始,由于社会安定与经济恢复,到1990年龙岩人口增长为2682683人。进入21世纪,由于计划生育政策的效应显现,特别是市场经济条件下人口流动的增加,中心城市人口集聚能力提高,新罗区及6个县的人口分布出现了较大变化,其中新罗区成为10年间人口变动唯一为正的县域,而其余6县域人口变动为负。

表1-4 龙岩市1～6次人口普查户数、人口数

普查年份	总人口数(人)	净增人数(人)	比上次普查增长(%)
1953年(第一次普查)	1162859		
1964年(第二次普查)	1381536	218677	18.8
1982年(第三次普查)	2257062	875526	63.37
1990年(第四次普查)	2682683	425621	18.86
2000年(第五次普查)	2684310	1627	0.06
2010年(第六次普查)	2559545	−124765	−4.65

表1-5 龙岩市人口地区分布情况

地区	2000年 人口数(人)	2010年 人口数(人)	比重(%) 2000年	比重(%) 2010年	与2000年相比,2010年人口变动数
全市	2684310	2559545	100	100	−124765
新罗区	543841	662429	20.26	25.88	118588
长汀县	403183	393390	15.02	15.37	−9793
永定县	411505	362658	15.33	14.17	−48847
上杭县	433784	374047	16.16	14.61	−59737
武平县	329902	278182	12.29	10.87	−51720
连城县	297422	248645	11.08	9.71	−48777
漳平市	264673	240194	9.86	9.38	−24479

闽西经济的兴衰与人口涨落有密切关系。唐以前,闽西人口稀少,经济基本处于未开发状态。自唐代开始,由于北方汉民的涌入,人口迅速增加,不同民系间生产技术、思想观念有了交流,促进了本地区的初步开发,但由于人口基数仍较少,社会仍处于较原始的分工阶段,经济发展水平远落后于其他州。到了宋代,闽西人口自然增长与机械增加同步进行,客户的数量到南宋时与主户已基本相当,人口的大量增长促进了城市的形

成与市场的发育,社会分工规模扩大,领域扩张,出现了"十万人家溪两岸,绿杨烟锁济川桥"、"闤阓繁阜,不减江浙中州"的繁华景象,此时闽西人口达到第一个高峰,同时也是第一个经济繁荣年代。到了元代,人口与经济同时处于凋敝状态。到了明代,人口出现恢复性增长并于清代中期达到第二次人口高峰,此时的闽西经济得到了更大程度上的开发,商品性农业与工业迅速发展,社会分工进一步深化,出现了印刷、烟草等具有全国性影响的产业,商品流动也带动了人口流动,闽西人口机械性外流加速,人口流动又进一步加强了区域间技术、信息交流,同时也带回了更多财富,使得闽西地区族群重商理念普遍化。晚清时期的社会腐败、动荡导致闽西人口数趋于减少,这一趋势基本持续到新中国成立,加上外国商品的冲击,闽西的印刷等手工业受到沉重打击,虽然中间出现了零星的近代工业和短暂的战时繁荣,但经济整体是下滑的。新中国成立后,经济与人口出现了双增长的局面,可分为两个阶段,改革开放之前,人口增长快于经济增长,而在 1978 年改革开放之后,则经济增长快于人口增长,而且随着市场化的发展,人口质量提高所获得的回报远高于人口数量增加的回报,再加上大城市的集聚效应。进入二十一世纪,闽西人口规模出现下降趋势,此时经济增长与人口增长才改变了传统的正相关性质,出现了背离。

二、闽西交通与经济发展[①]

交通条件决定着经济流通的规模和流通效率。闽西多山,历史上陆路交通不便,但江河众多,水路交通发达,故物资流通主要通过水运来进行;民国以后,闽西才有因战争需要而建设的少量公路,新中国成立后尤其是进入 21 世纪,闽西出现了交通大发展局面,建成了以公路、铁路为骨干的水、陆、空兼具的立体交通网络,从而使闽西经济有了跨越式发展的条件。

(一)陆路交通

汀州虽然在地理位置上居于要冲,"西邻赣吉,南接潮海,实江西二广往来之冲"[②],但"峭险壁立,砂砾崎岖,行者病焉"[③]。闽西最早的陆路通道主要是驿道和乡村道,史载西汉中叶,东越王余善反汉,中尉王温舒率兵从虔化(今江西宁都境)进入闽西平叛,开辟了历史上第一条从中原至闽西的军事交通线;随后汉武帝迫迁闽越人入江、淮,又开辟了从闽西经闽北至江浙的通路。晋代闽西通中原的道路主要有两条:一是从新罗县西出隘岭或西北出篁竹岭,至江西瑞金,再沿赣江经虔州(赣州)、洪州(南昌),达长江流域;二是从新罗县北出九龙滩(清流境)入沙溪,沿沙村(沙县)、延平(南平)、建安(建

[①] 本部分主要数据来自《龙岩地区志》卷十三《交通》,上海:上海人民出版社,1992年。

[②] (宋)王象之:《舆地纪胜》卷一三二《汀州》,北京:中华书局,2003年。

[③] (宋)胡太初修,赵与沐撰:《临汀志》,福州:福建人民出版社,1990年,第7页。

瓯），通江浙。唐垂拱三年(687年)，漳州刺史陈元光开辟了西出京元(今茶圃)、月岭(今天宝)、龙平(今龙山)、和溪、越夫人妈岭(林田岭)抵苦草镇(即龙岩)进而通向闽西各地的道路。唐开元初，左拾遗张九龄奉诏重修虔州至大庾的岭南古道，闽西便前接豫章(江西)，后连东粤(两广)。唐末黄巢起义后，河南寿州王绪率王审知等进兵闽西，转漳、泉而至福州。宋末右丞相文天祥率勤王兵抗元，退入闽西而转粤东。元至元二十一年(1284年)，江西行省广东道宣慰使月的迷失开辟自隆兴(今江西省南昌市)，经抚州(今江西省临川市)，入邵武(今福建省邵武县)，下汀州(今福建省长汀县)，然后顺汀江直下潮州(今广东省潮州市)的通道。清代太平天国部将石国宗等在闽西持续转战，均推动了闽西交通的发展。明清后，随着人口的增加和经济的发展，为商品流通和生活方便而开辟的道路也日益增加，出现了由官绅倡募、群众集资大举修路筑桥的行动，使得官方驿道和民间乡村道交叉衔接，纵横城乡的闽西交通网络也主要于此时形成。到清末，龙岩地区境内有驿道1698公里、乡村道4193公里。但闽西古道多依崖堑或临溪谷，蜿蜒起伏，崎岖不平，又因历久失修，所以绝大部分"依山多崩，旁溪多缺"。交通不便的状况并未根本改变。

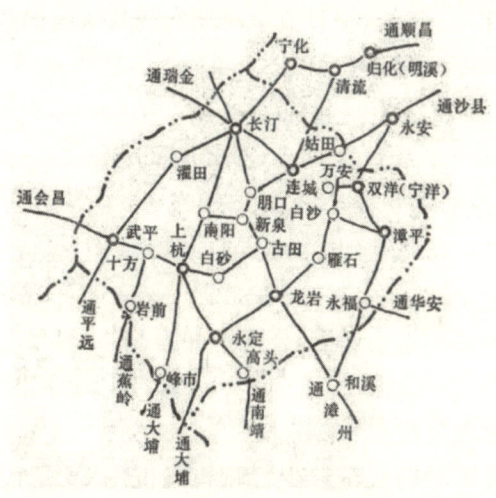

图1-1　清末龙岩主要驿道

驿道运输主要靠人肩挑。货物的主要流向是闽西至闽南之间，清代漳州设有各种转运行栈，主要有文和馆、兴隆馆、半溪馆等，在闽西各地设其分栈或联栈，控制闽西南的货物运输业务。根据永定县古竹乡高头村在抗战前后的调查：公路通车前，每天通过高头往返闽南的货物达四五百担(每担约50公斤)，抗战时因公路遭到破坏，而汀江航运繁荣，这里的肩运通过量每天竟增至两三千担，连轿舆行业也随之兴起，全村拥有轿子70多顶，从业人员达200余人；抗战胜利后，交通中心转移，漳龙公路恢复通行，这里的肩运急遽衰落。到公路畅通时，肩运行业几将绝迹。此外是清末发展起来的独轮车运输，抗战时期，由于公路被破坏，福建省驿运管理处为了调运军用物资和粮食，曾由龙汀驿运总段发展独轮车队，参加陆路与水路的衔接运输；抗战胜利后，驿运取消，独轮车归私人所有，到1949年底，全区共有140余辆，到1958年对民间运输业进行社会主义改造时,全区共有538辆,此后,随着公路运输的发展,这种古老的运输工具就基本消失了。

民国以后,闽西公路交通开始出现,国民政府修路主要是为进攻中央苏区的需要而建设,因而均比较简陋而且通车里程短;新中国成立后,为加强闽西与周边地区的经济交流,提高人民出行的便捷性,闽西的公路交通持续改善,公路等级不断提高。全区公路分高速公路、国道、省道、县道、乡道、专用道6种,高速公路有4条,分别为漳龙(漳州到龙岩,于2006年建成通车)、龙长(龙岩到长汀,于2007年建成通车)、永武(永安到武平,2010年建成通车)和双永(永春到永定,2012年建成通车)。国道有2条,分别是厦(门)成(都)线(序号:国319线,原称厦隘线)和山(海关)广(州)线(序号:国205线,原称建朋线和新杭岩线),319线原于民国时期修通,1949年后分期、分段作了多次整修、拓宽、改线,为闽、赣、湘的交通干线;205线也是20世纪30年代国民党当局为了"剿共"而赶筑的军事公路,质量低劣,1949年后分期、分段作了整修、拓宽、改建,为闽粤的交通干线。省道主要有6条,分别为福(州)三(层岭)线(序号:13—103线,原称凤三线,为闽粤西片的交通干线,漳平至龙岩段于1956年修通);洋万线(将乐洋布至武平万安,序号:13—206线,原为汀宁、汀武线,抗日战争时期已修筑该线的长汀至馆前段路基,后来大部分被毁为农田,1958年后经多次修建,于1982年建成全线通车,是长汀、武平两县的主要物资运输线);建(宁)文(亨)线(序号:13—207线,原线文宁线);岭和线(永安岭头至南靖和溪,序号:13—208线);抚(市)石(市)线(序号:13—304线);围禾线(晋江围头至武平与江西会昌交界的禾仓坑,序号:13—306线)。专用道主要是自1958年起,林区、矿区修筑的专用公路。在此基础上,地方政府加强了县道建设和村道建设,使本地区公路连线成网,并于1997年,龙岩率先在全省山区地市实现村村通公路。到2010年底,龙岩市公路总里程为12161.3公里,公路密度为63.8公里/百平方公里,其中:高速公路329.1公里,国道393.4公里,省道768.0公里,县道1772.7公里,乡道6715.8公里,村道1887.4公里,专用公路294.9公里。

公路修通后,由于民国时期汽车较少,闽西20世纪30年代发展起了以畜力拖引、由人驾驭的畜力运输车和人力手推车、三轮车和自行车等交通工具,新中国成立后,随着汽车、摩托车的增加,机械动力交通工具就逐渐取代了人力交通工具,成为主要运输手段。

龙岩市境内于1958年始有铁路,第一条铁路是鹰厦线,从城口至梅水坑过境铁路73.9公里,该线由中国人民解放军铁道兵团8503部队承建,1955年3月开始施工,1956年12月完成铺轨,1959年1月由福州铁路局验收后正式营运;鹰厦铁路通车后,本区、粤东、赣南与全国各地的物资交流,都从漳平火车站中转输送。1961年建成漳(平)—龙(岩)铁路,全长56公里,该线于1958年3月动工,1961年11月竣工后,由筑路部队试办营运。因配套工程的原因,到1973年2月才交付福州铁路分局正式营运,该线的建成通车,使龙岩市成为闽西、粤东、赣南3省区的公路、铁路交通枢纽。1970年建成梅(水坑)—剑(斗)铁路,龙岩市境内漳平至大深13公里;1972年底又先后建成龙

(岩)—马(坑)支线5公里、龙(岩)—坎(市)铁路36公里。2001年3月建成的梅(州)—坎(市)铁路正式投入营运。2005年4月1日赣(州)—龙(岩)铁路正式投入营运,2006年1月12日始发开行了龙岩至北京的"海西号"快速旅客列车。2012年6月29日龙(岩)—厦(门)铁路正式通车,这是本地区第一条开行动车的快速铁路,使龙岩到厦门的通车时间缩短到1小时级别。

陆路交通的改善在古代加强了闽西内部及其同粤、赣两省的经济合作,促进了历史上闽、粤、赣边经济协作区的形成;在现代则有利于增强沿海较发达地区向闽西内陆腹地的经济辐射能力,进一步促进沿海与内地的"山海协作"及经济发展,提升了闽西在海峡西岸经济区的地位,进一步提升龙岩在人流、物流、资金流、信息流方面的集聚能力和枢纽功能,使闽西成为南连珠江三角洲、北接长江三角洲、西接大京九的桥头堡。

(二)空中交通

龙岩地区最早的机场是长汀机场。1934年冬,国民党东路军第三纵队指挥李延年奉命开始修建长汀飞机场,并分别于1936年、1939年、1943年进行了三次改扩建。在抗战时期,长汀机场曾发挥过重要作用,1945年1—2月,国民政府南昌空军十二总站,军事委员会东南运输队,十九工程处和美国空军十四航空队某支队的地勤、航空人员移驻长汀(著名飞虎队及陈纳德将军均在此战斗过),长汀就成了我国东南各省与西南、西北大后方联系的战略要地。1945年7月1日,中华邮政总局和航委会还决定开辟渝(重庆)、汀航空邮运专线,于是东南各地与西南、西北各地的邮件和电报都由长汀转寄转发,此时长汀成为航空邮运的枢纽。抗战结束后,长汀机场军事功能基本丧失,1949年春,国民政府中央民航公司及电台由上海迁来长汀(不久又迁往云南昆明),在汀期间有不定期的班机来往厦门、广州等地,兼办载客业务,同年秋天,基督教牧师张伦租来一架四座位小型游览飞机,停放机场,售票载运2人/次的乘客,飞往福州、厦门等地。新中国成立后,1950年长汀县人民修复了国民党撤离时被破坏的机场,但由于跑道较短,喷气式飞机不能起落,故只作为后备机场,仅降落过安-2型飞机和直升机;到20世纪80年代,长汀机场还作为荒山绿化飞播起降飞机的场地。到21世纪,长汀机场因工业建设的需要变为开发区用地。

龙岩现有的机场是连城冠豸山机场,起初作为军用机场于1956年12月动工兴建,1958年7月投入使用,2000年6月经国务院和中央军事委员会批准,同意空军连城机场实行军民合用,由地方政府按4C级标准建立民用航站,机场扩建工程于2002年5月1日正式动工,按2010年旅客吞吐量为14万人次、货邮800吨的规模进行设计,其中飞行区工程由地方政府与空军共同投资改造跑道,跑道长2400米,宽60米,设计起降能力为3架次/小时;新建航站楼、航管楼建筑面积6500平方米;新建停机坪28000平方米,设有三个停机位。机场于2004年4月14日通过民航华东地区管理局行业验收,2004年4月25日正式通航,成为华东地区第36个民用运输机场,开通"连城—深圳"航线、"连城—厦门"航线、"连城—福州"航线、"深圳—连城—武夷山"航线,成为闽西地区唯一的空中客运、货运枢纽。

(三)水上交通

龙岩地处亚热带季风区,森林密布,河流众多,是福建省内汀江、闽江、九龙江三大主要水系的源头或主要流经区,有河道干支流1211公里,经历代开拓,水运成为闽西古代的主要物资流通方式;但由于山区流急滩险,再加上战争、拦河筑坝等人为破坏,至1960年,经普查统计能通航的只有854公里,占70%。其中,汀江水系702公里,可通航的有467.5公里;九龙江(北溪)水系471公里,可通航的有328.5公里;下坝河水系38公里,仅可通排筏。进入20世纪80年代后,由于陆路交通条件的大幅度改善和河流水量的下降,水上运输大幅度萎缩,目前仅微量存在于极少数偏远地区和旅游景区。

图1-2 龙岩市主要航道

【汀江水系】汀江源于宁化县西部邻近长汀县的赖家山,汇濯田溪、桃澜溪、旧县河(首段称连南河)、黄潭河、永定河等支流,于永定峰市入广东后汇入韩江,在闽西境内组成总长702公里的水系,是福建省4大河流之一。区内可通船的仅长汀、武平、上杭、连城、永定等县境,长467.5公里,占全长的66.6%。

汀江流域因处于武夷山南麓与玳瑁山之间,沿岸多山,地形复杂,河道滩礁交错,水流湍急,全线有大小急滩144处,下游峰市至石市段的棉花滩,水流穿越礁岩直泻,流态紊乱,被航行者视为禁区。

汀江航道是分段开辟的。南宋嘉定六年(1213年),汀州知府赵崇模为改陆运漳盐为水运潮盐,开辟了上杭至峰市段航道。南宋端平三年(1236年),长汀知县宋慈又辟长汀至回龙段航道,使潮盐从回龙驳运至长汀。明嘉靖三十年(1551年),汀州知府陈洪范治理回龙滩后,汀江水运得到进一步改善。但因下游的棉花滩尚未治理,而使船运阻隔,客货运输必须在峰市至石市之间陆运转驳。自宋代开创汀江与韩江联运,直至20世纪50年代的800年间,汀江水运十分繁荣,长盛不衰。江西赣南平原和汀江流域盛产的粮食、竹木、纸品及其他土特产品源源汇集到长汀、上杭两县城,通过汀江、韩江水运至潮汕地区,再转口销往国内外。而海盐、布匹、煤油、日用百货等又从潮汕等地经韩江、汀江运销汀江流域及赣南各地。据《漳州府志》载,由汀州登舟沿汀江南下,经上杭、永定,而后舍舟沿山道至南靖船场,再沿西溪(即九龙江西溪)登舟经山城抵漳郡;宋元时,闽西汀州属地土特产品出口,有相当部分由该线水陆兼程运至漳州再转销国内外。由此可见,汀江是闽粤交通的大动脉,是闽、粤、赣客家地区人民赖以生存和繁衍的"水上运输线",是海上丝路的重要延伸和组成部分。

20世纪50年代开始,由于上游汀江航运迅速减少,至20世纪60年代,"为发电灌溉需要,在汀江上游筑起策武红江、河田东方红拦河坝2座,未设航道,船上下不通,中间断航7公里。同时,汀江沿河两岸森林多次被乱砍滥伐,造成水土流失,河床升高,河道淤塞。另外,由于公路运输比水路运输较为安全方便,为此只抓公路建设,而忽略了船筏通航设施的修造,致使航道逐年缩短。至1987年,县内汀江通船航道仅剩水口至回龙一段,航线长30公里,枯水期水深0.5至0.7米,航道宽6至8米,可通3至5吨机动船"①,航运基本停顿。长汀失去了一千多年来的交通运输优势,货物不再在长汀县城集散,原来以转口贸易为重点的长河商业也就失去了昔日的繁荣和地位。人民政府虽多次对汀江航道进行整治,但时代的变迁与交通方式的变革,使得汀江水运的繁荣只能成为昨日黄花。如自1956年起,国家先后拨款77.57万元,治理汀江航道;1980年,福建省航管局再拨专款27万元,治理棉花滩。通过4年枯水期的炸巨礁、筑船筏道,1986年3月12日以12匹马力机动船试航成功,整治棉花滩初见成效,但因水流落差过大,1998年4月棉花滩水库开工建设,大江被截为两段。

对于闽西人民来说,汀江不仅是货运通道,更是生命与文化通道。南宋末年,汀州人口膨胀,汀州客家人迫于内忧外患,一部分外出谋生,他们沿着汀江向广东大埔、梅县、惠州、揭西等地流迁,进而播迁海外五大洲,汀江水运还带来了妈祖的信仰。宋时长汀天后宫名"三圣妃庙","嘉熙间创。今州县吏运盐纲必祷焉"。② 恰在宋慈离任的端平年(1234—1236年)之后,是依潮州妈祖庙的"三圣妃庙"仿造。而后随着人口外迁又将这一信仰带往全国及世界各地。汀江两岸数百座天后宫是闽西地区融入海洋文明的重要标志。

【九龙江水系】九龙江也是福建省4大河流之一,分西、北两溪,西溪源于龙岩市适中,但不能通航。北溪源于龙岩市小池,首段称"龙川"(也称雁石溪),汇藿溪、双洋溪、新桥溪、拱桥溪、溪南溪等支流,组成总长471公里的水系。但龙岩境内可通航河段仅龙岩、漳平两地部分河道共328.5公里,占全长的69.75%。

北溪穿流于玳瑁山与博平岭山脉之间,沿途多峡谷,河床沙石冲积,暗礁错落。从发源地至雁石段的50公里中,仅龙岩至津头的10公里可通行小木船。从雁石起才可

---

① 《长汀县志》卷十一《交通·运输卷》,1993年。
② 《临汀志·祠庙》。

通船，但经华安的岭兜时，又因水流落差过大，客货运输必须对驳。

该水系开拓于唐垂拱三年(687年)建漳州时，刺史陈元光遣部属刘珠华、刘珠成、刘珠福三兄弟，沿北溪上溯，疏浚河道，兴修水利，从此可通舟楫。后人为纪念他们的功绩，建"三公庙"祭祀。

【下坝河水系】下坝河水系在武平县西南部，由下坝、中赤两河汇合而成，流至广东蕉岭石窟河后，汇入梅江，在武平境内共38公里。

该河古时可通航至潮汕，但在明正德十二年(1517年)，南赣韶汀巡抚王守仁为平闽、粤、赣边境农民起义，拦堵下坝河子口以上河道7处，从此船运中断，只能流放排筏。

水上航运是以码头为基本支点的，龙岩历史上设航运码头的，主要有汀江水系的长汀水东桥、五通桥、赤岭、水口、羊牯，上杭的回龙、石下、东门(潭头)、南门(临江)、南蛇渡，永定的坎市、抚市、湖雷、凤城(城关)、芦下坝、峰市，武平的店下、亭头，连城的朋口、新泉等；九龙江水系的龙岩雁石、涂潭、万安、白沙，漳平的西园、菁城(城关)、芦芝、梅水坑；下坝河水系的武平下坝。由于各地码头均依岸坡地的地形而设，货场狭小，设施简陋，也不便于船舶停靠。新中国成立后，政府虽然根据各地的具体情况，拨款整修或改建码头，但随着航运的衰退，多数码头未能发挥作用。因此，有些码头形同虚设。到1987年，全区的主要码头有：

【长汀水东桥码头】位于长汀城区水东桥南岸，是汀江航线上的第一个码头，历史悠久。码头的岸上是商业区，1965年以前的航运货物多在此集散。

【长汀五通桥码头】位于长汀城区五通桥南岸，也是原来的航运社、航管站所在地，来往船只都必须在此报到和听凭调度，也是汀江上游的货物中转地。1966年新建长8.9米、高3米的新码头，可同时泊船6艘。1982年因重建五通桥，该码头被拆除。

【长汀水口码头】位于濯田乡水口村。这里是汀江与濯田溪汇合处，江面宽约200米，水流湍急，是汀江上中游的货物中转地。还是1929年红四军入闽时"红旗跃过汀江"的地方。

【长汀羊牯码头】位于宣成乡羊牯村，与上杭的回龙乡仅相距5公里，是汀江上游的木材中转和集散地。

【上杭回龙码头】位于上杭县官庄乡，是汀江上中游的分界点，东、西两岸各有货场。古代回龙滩治理前，这里是汀、杭两地的航运接驳点。第二次国内革命战争时期，国民党当局对中央苏区实行经济封锁，长汀船舶只能航行到此为止。该码头也是汀江上游的木材和上下行货物的中转地。

【上杭东门码头(又名潭头码头)】位于上杭县东门外。新中国成立前，凡是长汀与广东交流的土特产品和日用商品等，都在这里中转。1949年后，因公路运输快捷，这里改为木材的中转地。

【上杭南门码头(又称临江码头)】位于上杭县南门。新中国成立前，这里是汀江上下游航运货物中转与集散的枢纽地，日吞吐量达60吨以上。新中国成立后，开办水陆联运，1976年，国家投资在码头对岸新建混凝土货场，1977年，地区交通局再拨款开筑码头至山广线的公路 500 米,供汀江上游流放的竹木在此中转汽车外调。

【永定峰市码头】位于永定县峰市乡,是汀江下游最大的码头。由于其下段棉花滩不能通航,这里成为闽粤赣三省区十余县物资中转韩江的唯一口岸。抗日战争时期,汀江航运发达,民国政府在这里设立"特种区",商贾云集,码头年作业量达万吨以上,有"小香港"之称。但这里地势高峻,江岸地形狭窄,街道傍山,高于江面百米以上,码头沿江设货场达 11 处之多,而且都是梯形石阶,货物装卸很不方便,船舶也只能沿江停泊。1949 年后,由于公路运输发展迅速,汀江航运衰退,因此对码头的设施没有进行改进。

【漳平菁城码头】位于漳平城关南门,是九龙江上游最大的码头。自鹰厦铁路通车后,这里是竹木中转火车外运的口岸。1965 年,建有拖引竹木上岸的绞盘机货场,日作业量达 200 吨。1968—1972 年,又将原 1 米宽的货场加宽为 3 米,同时增建船舶停靠的堤岸,日可吞吐货物达 50 吨。

水路运输的主要工具是排筏和船舶。在船舶运输尚未兴起的古代,民间多以竹、木结扎的排筏为运输工具,船舶兴起后,一般都不再使用排筏进行运输,现仅有为捕鱼所用的鸬鹚竹排尚存的;但是山区大量竹、木的运输,仍采取结排筏流放的方法,流放下山后,再转运至各地。到 20 世纪 80 年代汀江的水口、洋牯、上杭和九龙江的漳平码头,仍是竹、木排筏的集散地,全区年产毛竹 50 万余支,木材 70 余万立方米,有 2/3 通过排筏运到这些地方,再转陆路运销至各地。

自唐、宋开始,闽西已陆续开辟船舶运输。汀江船运繁忙,极盛时船只有"上河三千、下河八百"之说(上河指上杭以上的干支流,一般通小木船;下河是指上杭以下的河段,可通较大的木船);20 世纪 30 年代初,中央苏区政府也以汀江为对外的主要通道,其时沿江有大小木船 4700 余艘;抗战时期,福建省驿运管理处的龙汀总段,曾组织木船 700 余艘,编成船队专运食盐,另外开办长汀经上杭到峰市往返客货船班;1958 年组织合作社时,参加合作社的木船有 671 艘(其中长汀 299 艘,上杭 228 艘,永定 76 艘,武平 38 艘,连城 30 艘),运输生产量为:客运 4.29 万人和 180.92 万人公里,货运 1.54 万吨和 59.09 万吨公里;20 世纪 60 年代后,公路畅通,航运开始衰退,到 1987 年,干支流船只只剩 585 艘(其中专业船 5 艘,副业船 290 艘,其余为渡船、施工船),专业船的货运生产量仅 0.11 万吨和 11.72 万吨公里。九龙江(北溪)沿江船只均为农村自备,以自运生产资料和生活必需品为主,副业船不多,船型也比较小,到 1958 年,参加合作化的民船 203 艘(龙岩 86 艘,漳平 117 艘),到 1987 年,干支流仅存各类木船 322 艘(副业船 277 艘,其余为渡船、施工船等)。

交通条件与交通地位的变化对闽西经济的发展有至关重要的影响。在南宋以前,闽西水路交通尚未通畅,陆路又为高山峡谷所隔,对外交流极其不便,经济活动的规模小,商品经济不兴。以盐业为例,当时闽西按规定食福盐,福盐从福州起运,"搬运到汀州的食盐,在沿海起运后,溯闽江而上至南剑州……而另一路至汀州各邑,则搬运极为艰难,需自南剑州另行装船从沙溪溯流西行至归化县境,再从陆路肩挑人驮至汀州。经这一路运输的盐货,沿途搬载损失很大,以至盐包破败,混入沙石杂草,汀州各邑食用者,怨声载道,并且因运费高昂,盐价偏高,消费者负担不起"①,而且"经年方至"。当时产自本地矿产、土产也主要自九龙溪②经闽江外运,因商品经济发展有限,所以百姓生活水平较为平均,"经界未行而赋役偏,舟车不通而商贾窒,农罕以耕稼自力,未免有旷土游民;妇不以蚕丝自工,惟事乎治麻缉苎,是以积贮有限,服用无华"。③又云:"汀在闽而南,山樵谷汲,稻食布衣,故民之丰约不大相远;粟不出境,故谷价常贱。"④南宋汀江航道的开辟和元代隆兴至潮州驿道的开通,使得本区经济与广东联系紧密起来,到明清时期,随着汀江、九龙江航路的进一步疏通以及驿道的进一步完善,改善了汀州交通落后的局面,"改变了'汀州于福建为绝区。''汀为州,南邻百粤,深林茅竹之间。''闽部所隶八州,而汀为绝区'的闭塞面貌,使其真正'南通交广,西(北)达江右,实欧闽之奥壤也',充分展现了汀州'西邻赣吉,南接潮海,实江西二广往来之冲'的地理优势,成为赣闽粤三省交界区的重镇和交通枢纽,促进了以汀州为中心的闽粤赣边经济区的形成"⑤,闽西的经济活动范围进一步扩展,汀州也一跃成为重要经济中心。自晚清时起,汀江水量开始减少,到20世纪50年代,随着公路交通的发展,汀江水运逐渐失去了航运价值,长汀也就丧失了经济中心的地位而为龙岩(新罗区)所取代;但龙岩境内山多地险的地理形势也使本区陆路交通开辟困难较大、成本较高,因此,到20世纪末,闽西各种经济指标在福建排名中均处于较落后位次。为追赶现代化,龙岩地区自20世纪90年代起下决心发展大交通,闽西资源优势才转变为经济优势,并在21世纪出现井喷式发展,经济排名不断提升,成为本省山区地市中最具活力、经济规模最大的地区。

第四节　闽西的商业与商人

宋代以前,闽西人口稀少而分散,经济也不发达,加上山岭纵横、交通不便,所谓"境旷山辽,聚落星散"⑥,所以商业活动较少,当时商品交易对象主要为农产品,也有少量加工业,但由于汀州地处闽粤赣交通要冲,自建州时起"北行有建安大道,东至龙岩、漳

---

① 郑学檬:《中国古代经济中心南移和唐宋江南经济研究》,长沙:岳麓书社,2003年,第335页。《临汀志》对改运潮盐后盐价有一对比,"旧额运福盐每年八中纲,实搬到盐四中纲,多至六中纲。后以涉历艰难,动经年岁不到,多欲更革"。"本州从来盐价,每斤一百六十钱重,卖钱一百八十文足。自后逐次裁减,每两卖钱六文足,每斤卖钱九十六文足。"

② "清流船谣:九龙滩畔清流船,上如上天下沈渊。船真作纸躺为铁(闽有纸船铁硝公之谚),差黍有时还触石。船触石兮可奈何,磋尔客游一何多。"引自《学余堂文集·诗集》卷二十,文渊阁四库全书本。

③ (宋)胡太初:《临汀志·风俗形势》。

④ (宋)胡太初:《临汀志·土产》。

⑤ 靳阳春:《宋元汀州经济社会发展与变迁》,福建师范大学博士学位论文,2011年,第96页。

⑥ (宋)胡太初:《临汀志·坊里墟市》。

州,西通赣南虔州,南顺韩江可通广东大埔、潮州,是闽、粤、赣边界的货运走廊"①。张九龄《登谢公楼》有诗云:"谢公楼上好醇酒,二百青蚨买一斗,红泥乍辟绿蚁浮,玉碗馋倾黄蜜剖。"可见当时酒店业、酿酒业已兴起。同时由于人口增长且耕地较少,大部分时间汀州"粮棉也不能自给"。"由于东北多山,南面汀江礁多流急,所需粮、棉多由赣南贩售。"②当农业生产不能自给时,充分利用当地资源发展原始工业便成为重要选择,"闽中诸郡,非负嵎濒海,则被山带溪,岛居者安鱼盐之利,山居者任耕织之劳,大率地狭民稠,大半他业。而田多依山,无甚旱涝。汀在闽而南,山樵谷汲,稻食布衣,故民之丰约不大相远;巢不出境,故谷价常贱;比屋而绩,故其布多品。"③"唐时长汀的银、铜、铁等矿已设场冶炼。唐末,王审知曾在汀州设场铸铅钱。"④总之,唐与五代长汀工商业已开始发展,但由于地理条件较差、人口规模较小与交通不便等原因,工商业仍处于较原始阶段。

入宋之后尤其是南宋时期,汀州的农业、手工业有了较大发展,人口大量增加,城镇也发展起来。农副产品和手工业产品的增加导致了交换需求的产生;北宋矿冶业与城市发展集聚了大量的非农业人口,这些人群的日常生活需求依赖与外界的交换;另外,食盐的昂贵导致走私与黑市交易盛行,这些因素在客观上使闽西的市场交换发展了起来,此时的商业发展主要是区域内部的交换。到了明清时期,随着交通条件的改善、交易成本的下降和交易效率的提高,与区外经济联系多了起来,形成了区内、区外市场共同繁荣的局面。到了明末清初,沿海地区海外贸易的发达也促使闽西商品借船走向海外,使闽西融入沿海经济圈,成为海洋经济的重要组成部分。清末民初,外国商品大量流入闽西,部分外商企业也初次进入本区,在破坏本区商品经济自然发展的同时,也带来了新的商业形态和更丰富的商品。民国时期,闽西商业在动荡中发展,一些近代商业企业和服务业在这段时间发展了起来。新中国成立后的最初三十年,由于社会主义改造和随后的集体化运动与"文化大革命",私人商业受到打击,民间交易活动只在边缘存在,只余下一些国有工商业和合作商业;1978年后的市场化改革,使得市场经济逐渐普遍化并成为占主体地位的经济形态,商业开始全面繁荣,交易的对象与范围不断扩展,交易形式日益多样,交易制度持续完善,交易规模不断扩大。

一、闽西社会的商品交换

闽西进入商业社会的时代是从宋代开始的,赵俪生将中国古代中世纪的社会经济史的发展高度概括为三个拐弯:"第一个拐弯发生在公元前第6、第5世纪,它是由'工商

---

① 《福建省志·商业志》。
② 《福建省志·商业志》。
③ (宋)胡太初:《临汀志·土产》。
④ 《福建省志·商业志》。

食官'向自由商业手工业发展的一个转折点";"第二个拐弯发生在公元后第1、第2世纪之交,它是由商业、货币、交换比较频繁、比较发达到其相对衰落、自然经济代之而占统治地位的一个转折点";"第三个拐弯,它发生在公元8世纪之末,绵延至第9、第10世纪。它是冲破自然经济的锢闭、货币交流逐渐增多、商业手工业逐渐发达的一个转折点"①。闽西恰好赶上了第三个拐弯点。此时政府由重视专卖权利转向注重征收商税,商税制度比较规范化,实施扶商政策,在市场设置、商品价格和商人队伍等方面实行开放政策,在打击垄断、维护合同和商业经营、统一度量衡和打击假冒伪劣等方面实行维护市场秩序的政策,并加强了对行会、商人和牙人的监控。这些政策与早期工业化进程的启动,因市场的扩展而提高的经济开放度,以及交换手段(纸币和白银)、商业信用发展和市镇网络的形成一道促成了农商并重的社会形态。

(一)集市

古代闽西地方市场主要是墟市,墟市也叫草市,一般有固定的日期。② 墟市主要设立于人口集中地和交通要道上。在汀州,据《临汀志》记载,南宋汀州共有集市31处(8市23墟),其中长汀10处,宁化6处,清流7处,连城3处,上杭2处,武平3处。长汀因开发较早、地处赣南入闽之要冲和是汀州政治文化中心,宁化则是因开发较早、人口较多,清流因地处汀州向闽北通道中且又有汀州入闽江水运的关键九龙滩,所以此三处墟市较多,其余三县墟市少是因开发晚、人口少。元代对汀州而言是个动荡的时代,经济不兴、民生凋零,"六县皆为残破"③,因而墟市也就必然不能正常交易。明代的汀州有墟32处,其中长汀县有市五墟一,宁化县有市一墟八,清流县有市四墟十三会一,上杭县有市一,武平县有市一墟二,连城县有市一墟二会一,归化县有市二墟六,永定县则因开县甚迟,当时尚无墟市。④ 可见,明代与南宋墟数有少量增长,但以市、会等交易场所大大增加,这在一定程度上说明人口在市镇的集中度的提高。据《汀州府志》载:清代中叶,汀州有墟不少于75处,其中长汀县有市五墟八,宁化县有市一墟十二,清流县有市四墟十一,归化县有市三墟十一,连城县有市一墟五,上杭县有市一,武平县有市一墟三,永定县无墟市,⑤(这一记载是不准确的,因乾隆十八年《上杭县志》卷一《区域志》载:上杭一县墟市有25个)表明清代汀州经济已较为繁荣。晚清至民国时期,汀州有墟173处,长汀县墟市25个,清流县墟市16个,连城墟市14个,上杭墟市45个,武平墟市

---

① 《赵俪生史学论著自选集》,济南:山东大学出版社,1996年。
② 民国《连城县志》卷六《城市志》之"附里图乡集"条载:"山下墟旧市六日,今以一、七日为墟期;朋口墟旧以八日,今以二、六日为墟期;新泉墟旧以三日,今以三、七日为墟期;姑田墟旧以十日,今以五、十日为墟期。"
③ 光绪五年《长汀县志》卷十五《武功》,第12页下。
④ 嘉靖六年《汀州府志》卷三《坊街巷市·墟会附》,上海:上海古籍出版社,据天一阁藏明刻本影印,第15页上~27页上。
⑤ 乾隆十七年、同治六年《汀州府志》卷五《城池·街市》,第8页下~13页上。

27个,永定墟市25个,宁化墟市12个,归化墟市9个。①

在龙岩三邑中,龙岩县的墟市自清代起,记录较多,乾隆《龙岩州志》卷二《规建志·街市》载乾隆初年有墟市五,分别为龙门墟、鸡鸣墟、雁石镇、水口镇、上坪镇;道光《龙岩州志》载时有墟市十一,分别为龙门墟、鸡鸣墟、雁石镇、溪口墟、上坪墟、曹溪墟、白土墟、小池墟、大池墟、白沙墟;民国九年《龙岩县志》记录当时的墟市有龙门墟、雁石墟、溪口墟、上坪墟、曹溪墟、白土墟、小池墟、大池墟、白沙墟、松洋墟、村美墟、天马墟、绿岭墟、石牌前墟、铁石洋墟、南阳墟、西山墟、船巷墟,计18个。

到民国时期,市场数量不仅多,而且交易更频繁,"民国期间,除龙岩、长汀、上杭3县的城关农贸市场为天天圩、连城的城关是三天(逢农历的二、五、八)圩外,其余的城关市场多属五天圩。毗邻乡镇的圩期均为错开的插花圩,如龙岩县的龙门为一、六圩,小池为五、十圩,白土为二、七圩。1931年,7个县的区政府所在地和较大的乡镇共有大小圩场134个。1931—1934年间,在闽西苏维埃地区的长汀、上杭、永定、龙岩和连城的主要集镇多设有圩集,称'红色圩场'。"②表明到民国时期,闽西乡村自然经济已基本解体,市场交换已成为人们生产、生活的重要方面。新中国成立后之初,墟市交易的习惯得到延续,但在1958年后,集体化运动实行生产资料、生活资料公有,使得集市贸易没有存在的必要,农贸市场被限制和取消,1960年农贸市场有所恢复,但在随后的"文化大革命"期间,在"堵住资本主义的路"和"割资本主义尾巴"错误做法的影响下,墟市交易开展极不正常,到1978年后,本地区的农贸市才得到全面恢复并获得不断发展,并逐步形成了一个城乡联动的大市场。

(二)街市及其他市场

1. 街市

墟主要是面向乡村,而在城市,城门周围以及城下街区往往是该地区商品交易的重要市场。宋代汀州"郡枕山临溪为城,周袤才五里,市廛居民,多在关外营垒亦有在关外者,故城内坊才三,而城外余二十(坊是居民区,其间必有商业经营者为之提供日常生活便利,笔者注)。阛阓繁阜,不减江、浙、中州"。③ 城东济川桥处乃汀州商业中心之所在,"'架二楼其上,列肆两旁',郡守陈轩有诗云:'十万人家溪两岸,绿杨烟锁济川桥。'"④明嘉靖三十年(1551年),汀州知府陈洪范组织凿平汀江上游两处险滩(即回滩、龙滩)后,汀江长汀到永定峰市段的航运全线贯通,自此后汀、潮之间"转输百货,士商往来也有恃无恐"⑤,使得汀、杭之间与粤、赣之间的联系更加紧密,长汀成为粤赣两省互

---

① 根据各县民国县志统计。
② 《龙岩地区志》卷二十《工商行政管理·市场管理·农贸集市》。
③ (宋)胡太初:《临汀志·坊里墟市》。
④ (宋)胡太初:《临汀志·桥梁》。
⑤ 翁襄敏:《汀郡宋华山、陈群两处险滩碑》。

通有无的主要基地和货运流通的枢纽,商业繁荣,有商号店铺近千家,本地生产的雕版印刷品、玉扣纸、竹木、烟叶、土茶、皮枕、纸伞等物资由此运到广东潮州、汕头及东南亚各地市场,又从外地运回食盐、煤油、海味、药材、布匹、百货等紧缺物资。那时,每日从江西赣南、闽西各县运集长汀的物产达 2000 余担。各地都在汀州城设立会馆,先后有广东会馆、湖南会馆、江西会馆、吉安会馆、龙岩会馆、杭永会馆、连城会馆、武平会馆等。当时汀州城有店头市、县前街、射圃前街、朱紫坊街、一通庙街、水东街、半边街、桥头街、营背街、官店背街、东官营街等重要商业区和专业市场,店头市临近惠吉门码头,位于镇南外直街河侧,店头在客家语中是最好的集市商铺的意思。唐代在旧镇南门外有小规模的零星物品交换,北宋时在此设店头市,到明代,店头街更是万商云集并逐步发展成街市,"盐铁、蓝靛、杂货于此贸易";五通庙前市,在丽春门外,"四方货物辏集于此";水东街市,在济川桥左侧,"江广货物贸易于此"。① 表明当时商业市场已有一定分工。

　　清代康熙年间,厦门设关通航后,闽西赣南山区的货物经龙岩顺九龙江输出,其实早在明中后期,由于明政府实行"片板不许下海"的海禁政策,潮州的海外贸易受到一定影响,但是,漳州月港的走私贸易却十分发达,由此长汀的货物已借道龙岩到漳州下海,海外商品也部分由此运往长汀,烟草就是此时由漳州传到长汀的。

　　清末,社会动荡、洋货入侵与汀江航运条件的恶化,使得长汀的经济地位下降了。据《长汀县志》记载,1857—1864 年间,太平军 4 次进入长汀。鸦片战争后,随着洋货大量倾销至闽西市场,地产土布、土纸、条丝烟便为舶来品所替代,经营国货和地产品的商店纷纷倒闭。如长汀的河田,在洋货未侵入前有 500 多间商店,到 20 世纪初,只剩下 20～30 间了。② 1993 年县志记载:清末,汀江水量开始逐渐减少,货物运输量下降,商业开始衰退。

　　清代龙岩州经济地位上升,城市市场也较为繁荣,州前市"厥肆多旅寓;厥货朱(石旁)、墨、纸、笔、竹器;亦有庖人售饮食;厥饮惟白酒、红酒、烧酒;厥食鱼、肉、米粉、面线之类;"南门市"四方之果多萃,厥货、蔬、果、牧畜、鲜、鱼盐、布帛、笠帽、鞋袜、纸笔、漆器、京货、药材之类;"东门市"货惟蔬、薪、油、盐、酒、烛、糖、饼之类,四方之货未聚;"西门市"货惟蔬、薪、畜、油、盐、酒、腐、糕、饼之类。"③ 到民国后,各县县城已发展为本县货物集散地和商品交易中心。1950 年前,长汀是闽西最主要的商业中心,但随后由于陆路交通取代水运成为主要物流手段后,商品流通的方向发生了重大变化,龙岩(新罗区)代汀州成为商业中心,但这一中心地位是到 20 世纪 80 年代后才巩固下来。

　　2. 庙会

　　庙会又称"庙市"或"节场",是指在寺庙附近聚会,进行祭神、娱乐和购物等活动,是中华文化传统的节日风俗。明代"清流的樊公会,成为华南数省具有一定重要性的一个

---

① 嘉靖六年《汀州府志》卷三《坊街巷市・墟会附》,第 15 页。
② 《福建省志・商业志》。
③ 乾隆三年《龙岩州志》卷二《规建志・街市》,福州:福建地图出版社,1987 年,第 76 页。

贸易中心:每岁八月二十八日,相传樊公诞辰,邑人每岁于是日迎神赛会。先期八月初,直隶、江、浙、闽、广各处客商,俱赍其土所有货物集于县中。至期,各以财货互相贸易。四方人欲市货者,俱如期至会。至九月间,方散。① 继樊公会之后,九月重阳日四保里有转水会,十月初一日梦溪里有余朋会,均交易数日"。② 这种庙会至今仍常见于闽西村镇。③

3. 边界市场

主要有三个,一是长汀县古城边界市场,"古城与江西省瑞金县毗邻,相距23公里,在清代便是闽西通往赣南的要道。新中国成立前,赣南盛产的大米、黄豆、植物油及小猪、农禽蛋品等,均由商贩贩运到古城市场再转运到长汀县城区进行销售。福建的食盐亦多由此转销到赣南各县,古城市场设在古城河旁"。二是武平县岩前边界市场,"岩前离武平县城40公里,与广东省蕉岭县广福乡相邻,是武平通往广东省的一条交通要道。新中国成立前,上杭、武平2县的农副产品由此运至广东的蕉岭和梅县。1941年,岩前有商店200余间。1942年以集股形式,建造砖木结构的棚顶市场约500平方米,供米行和卖鲜肉者使用。当时三天一圩,以农历的二、五、八日为圩日(后改为农历的三、五为圩),贸易以盐、米、布匹和土纸为大宗。广东省蕉岭县广福乡群众,多来岩前赶集"。三是永定县下洋边界市场,"下洋是永定通往广东大埔县的要道。龙岩和永定县的煤矿多经此运入广东,广东的工业品和其他商品经此运进闽西,两省边区人民,历史上便在下洋市场购销物品,互通有无,圩期为农历的三、八"。④ 改革开放后,随着交通、通讯越来越便捷,边界贸易市场逐渐为城镇市场所取代,区域性特征越来越淡化了。

4. 交易所或专业市场

"民国期间,全区7县城区和较大的农村集镇有粮食和仔猪交易场所,主要产纸区则有纸业交易场所。这些场所多由各业牙人管理。各县城镇买卖粮食的地点通称'粮栈'或'米行'。龙岩县有8处,长汀县城区有7处,永定有城关、下洋和湖雷等9处,武

---

① 嘉靖二十四年《清流县志》卷一《圩市》,第14页。

② 刘永华:《墟市、宗族与地方政治——以明代至民国时期闽西四保为中心》,《中国社会科学》2004年06期。

③ 《龙岩地区志》卷二十《工商行政管理·市场管理·专业市场》载:长汀县城关、古城和新桥,历史上有庙会兼有买卖交易。城关的会期为农历九月十四日。1951年起,县人民政府利用庙会举行物资交流会,参加交流会的除本县各区群众和基层供销社外,连城、上杭、武平、清流、宁化、永安和江西省的瑞金、石城、会昌、宁都等县的商业、供销部门也来参加。古城庙会为农历二月初一,名为"花朝",江西省瑞金县参加的特别多。新桥的传统会期为农历的二月初五,方圆二三十公里的群众多来此购销竹木农具和家具。漳平县永福"花圩"传统日期是农历正月初六日,当地人民挑鲜花果品上市,供人观赏选购。1987年,永福原拟开辟为花卉专业市场,后因花卉滞销而停建。龙岩市东肖镇每年农历正月十二日是传统的庙会,新中国成立后改造为竹木农具交流会,有永定、上杭等邻县群众参与交流。

④ 《龙岩地区志》卷二十《工商行政管理·市场管理·边界市场》。

平县城乡有8处,上杭县城郊驷马桥有粮栈1个,漳平县城乡有4处,连城县有6处……全区城乡主要集镇设有仔猪交易所的圩场共80个,其中龙岩11个、长汀14个、上杭16个、武平12个、永定14个、连城9个、漳平4个……长汀、连城、上杭、漳平等县,历史上均设有耕牛市场。连城县耕牛市场设在城区,以农历的二、五、八为圩。上杭县寨背耕牛市场为农历的四、九。漳平县耕牛市场始自清朝道光年间,一年两次,以农历的二月初五和七月十八日为圩。1920年起改按当地农贸圩期(农历的一、六)交易。牛市场设在县城板尾。"①改革开放后,这些传统的交易所基本被专业商店取代,同时一些新交易所如证券交易所、土特产品交易中心、商品交易城等纷纷出现,商品交易的业态越来越多样化。

5. 无形市场或黑市

这是一种不被政府许可的民间交易市场,历朝历代均有,较具代表性的是宋代的私盐贩卖。宋代食盐实行政府专卖制度,北宋时期的汀州,食盐主要来自福州起运,经南剑溯流至汀州,实行钞引专卖制度,路迢、山高、水险,要一年的时间才能运抵长汀,而质劣且贵,百姓多不愿接受、怨声载道,而民间从临近的潮州运盐则物美价廉但又不为政府所允许,由此私盐买卖就成为风险大而获利高的行业,宋人李焘对此作了深入的分析:"初,江、湖潜盐既杂恶,又官估高,故百姓利食私盐,而并海民以鱼盐为业,用工省而得利厚,由是盗贩者众。又贩者皆不逞无赖,捕之急则起为盗贼。而江、淮间虽衣冠士人,扭于厚利,或以贩盐为事。江西则虔州地连广南,而福建之汀州亦与虔接,盐既弗善,汀故不产盐,二州民多盗贩广南盐以射利。每岁秋冬,田事既毕,往往数十百为众,持甲兵、旗鼓,往来皮、汀、漳、潮、循、梅、惠、广八州之地。所至劫人谷帛,掠人妇女,与巡捕吏卒斗格,至杀伤吏卒,则起为盗,依阻险要,捕不能得,或赦其罪招之。岁月浸淫滋多。"②到南宋初期,江西、广东地区的私盐贩子规模更大,破坏性更强,李纲说:"广东盗贼,一项犯南雄、英、韶等州,一项犯循、梅、惠等州,动以万计,残破诸县,杀害平民,皆是虔州诸县平时贩贩私盐之人。"③县志载绍兴元年(1131年)二月,虔州李敦仁已聚集盐贩起义,与同党陈颙、周十隆等先后率义军连年进攻汀州,另外,当时豪强地主大量兼并土地,"官吏无所忌惮,科敷刻剥,民不聊生,以致逃移,抛荒田土,其良田则为富家侵耕冒占,其瘠土则官司摊配亲邻,是致税役不均。小民僬见狼狈,逃亡日众。"④1192年任提点福建路刑狱公事,为治理这制约汀州发展的两个问题,1194年夏,辛弃疾到达汀州,重新清理丈量土地,编制户籍和田册,实施新的赋税政策,并行文招抚逃亡在外的流民,以政府的名义给予器具、粮种,允许他们开垦荒地;同时改变食盐官府专卖制度,规定盐商缴纳一定盐税后,可获得卖盐许可。两法的实行使得汀州社会趋于稳定,流民大

---

① 《龙岩地区志》卷二十《工商行政管理·市场管理·专业市场》。
② (宋)李焘撰:《续资治通鉴长编》卷一九六,北京:中华书局,1995年。
③ 李纲:《梁溪集》卷六六《乞措置招捕虔州盐贼奏状》。
④ 朱熹:《晦庵集》卷二十七《与张定叟书》,《影印文渊阁四库全书》1143册,第596页。

量回迁,为汀州的发展创造了稳定的社会环境,奠定了良好的经济基础。私盐既不容于当局,其零售也只能采取黑市的形式。在"文化大革命"期间,老百姓为防范"割资本主义尾巴"错误做法的干预,也对一些农畜产品交易采取过黑市交易方式(1990年价格双轨制时期也有黑市的称呼,不过这是相对于实行计划价格的公营商业商品买卖的说法),改革开放以后,随着政府不断放开市场限制,黑市交易已基本消亡了。

二、闽西与区外的商品交流

正如自然经济中家庭生产的自给性质不能完全排斥商品交换存在一样,小区域内部资源与技术等方面的约束也使其不能生产出内部所需要的一切,必须与外部发生经济交流,而人口规模、交易成本与交易效益的对比等因素则制约着交易的规模和频率。

闽西资源丰富,气候宜人,在古代社会的很长时间里"闽西诸郡人,皆食山自足。"[①]但到了宋代,首先由于北方汉民的大量涌入,闽西人口急剧膨胀,土地能耕尽耕,然而由于山多民稠,可耕地少,山区粮食产出率低,赋役过重,且土地兼并严重,失地与无地农民不断增加,因而粮食不能自给;其次是闽西地处内陆山区,不产食盐,百姓深受其苦,私盐商贩起义曾是宋代闽西社会动荡的主要原因;最后是闽西不产棉花,百姓多衣苎、麻、蕉、葛,服饰无华,纺织业一向不发达,到了清代则"野无抱布之氓,巷熄同工之火"[②],家庭纺织业已完全衰落。粮食、棉布、食盐三种生活必需品的短缺,使得闽西在较早的时代就参与区域经济分工,走出一条外向型经济道路,主要采取两种方式:一是发展商业中心,二是地方经济作物外销以获利。

(一)发展商业中心

闽西充分利用其地处赣南、潮汕、漳州三个平原过渡地带的地理位置优势,经过历朝历代的经营,逐渐发展成为闽粤赣三省边贸中心,这种中心在历史上曾有两个,此外还有一些次中心。

1. 长汀

在南宋时期,汀州人民就利用了错位竞争优势通过食盐贸易从赣南地区获得粮食和布匹。赣南平原土地肥沃,雨水较少,是盛产粮食和布匹的农业区,一向自给有余;而南边的潮州地区早在唐代,已是一个著名的产盐区。据《新唐书·地理志》载,至唐乾元元年(758年),"天下有盐之称一百五",其中罗列了"广州新会有盐,潮州海阳有盐,琼州琼山有盐,振州宁远有盐。近海百姓,取海水为盐,远近取给"。在互通有无的商业规则下,赣南与闽粤边区间的米盐贸易得以发展,商业利润的刺激使得米盐贸易兴盛起

---

① (明)王世懋:《闽部疏》。
② (清)杨澜:《临汀汇考》卷四《物产考》。

来。① 宋嘉定六年（1213年），汀州知事赵崇模奏请漳盐改潮盐，整治汀江航道，潮盐经峰市转汀江航运至上杭；宋绍定五年（公元1232年），长汀县令宋慈组织汀江两岸百姓开辟汀江航道，经过几年的奋斗，炸石辟七滩，汀江上游可通至回龙，海盐改由潮州起运，经韩江、梅江、汀江直抵汀州。汀江水路交通的开辟，缩短了运盐路线，减少了运费，降低了盐价。食潮盐之后，两地之间产生了盐粮流通，杨澜在《临汀汇考》卷四《物产》中说道："迨至绍定间郡守李华始申请汀州更运潮盐，自后汀人不复食福盐，盐寇乃绝，惟虔州患苦盐法如故，而汀境食米不敷，半仰给于邻境之肩贩，常有遏籴之恐，于是乃许虔民担米来汀，贸盐而返，以有易无，二州民青赖之。"潮盐运抵汀州后，一部分供应汀属县，还有一部分则销往邻近的赣南："汀商踰岭过赣州、袁、临等府瑞金、会昌、石城等七县，从东关而下，谓之汀盐。"②根据当时的榷盐法，这种交易是非法的，因为赣州按规定食淮盐，而汀先食福盐后食潮盐，直到明代，为了缓和社会矛盾，③食盐产地和销区各自逐步弛禁，洪武年间，即有"贫难军民肩挑背负私盐易米度日不予禁捕"的法令，盐法由严转宽，才逐步使这一交易合法化。潮盐北销，主要是沿江西赣州经福建汀州至潮州的商路，有水陆二程，穿三省近十个府县，明代徽州商人黄汴编撰的《天下水陆路程》对此有详细的记录："赣州府。水，六十里雩都县。百二十里会昌县。八十里瑞金县，十担小船。四十里古城。陆路，五十里汀州府。下水，九十里三洲驿。九十里蓝屋驿。七十里上杭县。四十里大孤市。七十里峰头。遇山。一十里石上，属潮州。六十里大埔县。四十里河驿，百里产溪驿。七十里潮州府。陆路自赣州六十里，岑口冈又六十里，沉香村宿。又六十里瑞金县，四十里古城，五十里汀州下船。"④潮盐运赣州是当时一个大宗商品交易，具体数已无法详考，清刘绎的光绪《江西通志》卷八六《经政略》载，运到赣州府的盐达四万二千四十九引（按清初规定，每引以200斤计算，达8409800斤）。总之，宋代汀江航运的开辟，促进了汀、潮、赣的物资交流，带来了经济繁荣，赣南，甚至中原各地的土特产源源不断涌入汀州、上杭二城，装船运往广东，而广东货物则溯江而上，运到汀州上岸，再转往江西各地。

而且在明中叶以后，汀江流域和粤东地区随着商业性农业和手工业的发展，对粮食、布匹需求越来越大，就形成了粮食市场，活跃了一批布商。对于粮食运输，据《长汀县志》载：汀郡"汀运潮盐，以给民食，余则发卖江贩裕如是也。惟米食仲给于江右之赣宁，而杭永及潮又往往资贩籴于郡，销留滞乏继，市侩踊腾"。"（长汀）岁只一熟无两收也，米谷豆麦无产无多，不敷需求，须藉宁瑞挑运源源接济。"而另一部分粮食则从汀州

---

① 周琍：《明清时期闽粤赣边区的"盐粮流通"》，《盐业史研究》2006年3期。
② （清）顾炎武：《天下郡国利病书》原编第廿八册《广东中·潮州府》；原编第廿六册，《福建》，《续修四库全书》第597册，上海：上海古籍出版社，1995年，第350页。
③ 王阳明说："江西南安赣州地方，与福建汀漳二府，广东南韶潮惠四府，及湖广郴州桂阳县，壤地相接，山岭相连，其间盗贼，不时生发，东追则西窜，南悍则北奔。"引自刘淼：《明代盐业经济研究》，汕头：汕头大学出版社，1996年。
④ 杨正泰校注：《天下水陆路程（三种）》，太原：山西人民出版社，1992年。

改水运,顺汀江下达广东嘉应州以及潮州一带。《上杭县志》云:"(瑞金)米虽自至汀,而实藉杭(上杭)为之委,不则粟累死于汀矣。故杭岁□则高贩以金、昌之粟下程乡、大埔、江广、江西和广东流通,实为利薮。"除此之外,还有若干交界地点可资江西米粮贩运,如《雍正朱批谕旨》记载:"南、赣二府,⋯⋯向有潮州及附近汀、赣各府人们挑负米谷豆赴平远(嘉应州北部)易盐过岭,在各乡分卖。"《上杭县志》云:"查未行禁以前,每月江(西)贩来米八九百担。⋯⋯江贩之米连日运至下坝、罗塘、新铺一带河道直达嘉应大埔,每日千余担或数百担不等。"赣南之米由贡水一路运至汀州后转运粤东的数量每日可达千余担,以此推算,一年之间便是三四十万担,再加上汀州销售的数量,那么赣南的粮食单从贡水一路而来就可达五六十万石以上。除贡水一路外,还有章水、杉关等路。因此,清代赣南运销闽西、粤东的粮食数量每年至少一百万石。① 到民国时期,据估算,长汀城每天粮食交易量达十万公斤,上杭、连城城关也在一万公斤以上,赣南等地来的粮豆、生猪、布匹还销往潮汕。汀州布匹则主要由江淮地区经赣南运入,而汀州所产靛蓝等染料则经赣南销往江淮,清代汀州市场土布吞吐量年大十万匹,据长汀文史资料记载:"江西各地运销长汀的棉布、夏布,大都经长汀染成色布、花布后,返销赣南,行销汀属各县。"当时长汀印染业非常兴旺,为长汀的经济建设做出了重大贡献,解决了因山地少而剩余大量劳动力的问题,与酒缸、酱缸并称为"发财三缸",染坊有泰和号、范步兴、李懋昌、蓝正兴隆等。

可见赣南、闽西南、粤东诸州府之间的经济联系在宋代即已有之,不过因为当时交通、官府管制和自然经济的原因导致区域间商品流通规模较小,各区域间的经济基本上仍处于自给自足的状态,尚未形成一个有分工合作、彼此依存的经济区。到了明代,由于盐、粮交易的大规模进行以及汀江水运的进一步贯通,闽粤赣边经济区才初步形成,发展到成熟阶段则是在清乾隆之后,其中心就在汀州,当时的长汀店头街、五通街、水东街南北客商云集,清初就有广东大浦、潮汕、赣川等地商人开庄设号,到民国初有500多间行店,其中水东街纸栈即达四十多家,汀州作为区域间经济中心的地位在中央苏区时期和抗战时期得到进一步凸显,长汀是当时中央革命根据地的经济中心(有说法认为:苏区的政治首都在瑞金,而经济首都则在长汀);抗战时期的长汀接纳了大批由沿海地区迁来的居民和客商,同时长汀还作为当时面向华东、华南地区的重要抗战据点,大量的军事物资也在此集散,汀州经济发展出现了战时繁荣的景象,然而随着抗战的结束,汀州的战略地位与经济中心地位双双下降。

2. 龙岩县

闽西的另一个商业中心是在龙岩州所在的龙岩县(今新罗区),龙岩的地理地貌与汀州相近,农业出产也基本相同,龙岩与漳州有九龙江水路可通,但相较而言,陆路交通更为方便。唐初,陈政、陈元光在平定漳州"蛮獠啸乱"的同时,溯九龙江而上也平定了龙岩境内的"蛮獠之乱",龙岩县就与漳州一起在唐初完成了汉化进程,比汀州完成汉化

---

① 周琍:《明清时期闽粤赣边区的"盐粮流通"》,《盐业史研究》2006年第3期。

时间早（南宋），因此龙岩与汀州虽同属闽西，但居民族源不同、语言不同、习俗也有差异，龙岩居民的族源、语言、习俗与漳州颇为相似，同属闽南文化圈。龙岩经济因九龙江航运的发展而纳入了闽南经济圈，但是随着交通的改善和几次移民潮，漳州与汀州的联系也逐渐紧密起来，龙岩成为汀漳联系的主要节点。随着明清时期商品经济的发展和沿海海外贸易的繁荣，客观上需要加强沿海与内地的联系，此时由于明代永定的设置与开发，龙岩连接宁洋和漳平官路的改善以及万历元年（1573年）龙岩县令黎绍洗凿开了龙岩到雁石到津头之间横亘的观音座石使水运上溯到龙岩城区，龙岩成为内地江西、汀州、延平和建宁通往漳州的重要枢纽，龙岩地理位置的重要性越来越得以体现，故而清初龙岩升县为州。龙岩与汀州相同，均缺盐、粮，顾炎武在《盐法考》中曾说："惟是漳所属县，若龙岩、漳平、宁洋皆山邑穷僻，民间不能致食盐，而语民餐盐者，用海舟载至海澄，歇泊埠头，转剥小舟，溯西北二溪出华封，往龙岩诸邑散卖；又自宁洋而上，达马家山；越永安，蔓延（平）、建（宁）、邵（武）所属行盐地，其橄利什倍，以故漳民射利者往往垂涎于此。"①漳盐北运闽西不仅供应龙岩三邑，而且供应汀州的上杭、连城、武平三县。龙岩所需盐、糖、布匹、海味等日用消费品纷纷从漳州等沿海地区运入。而汀州地区的土烟、山货等物产也多由龙岩运往漳州，由此，龙岩城中街市客商云集。新中国成立后，龙岩县不仅成为闽西政治中心，也成为闽西经济中心，进入21世纪，随着国家实施海西经济发展战略，新罗区进一步成为海峡西岸地区的经济枢纽。

3. 转口贸易的次中心

随着中心城市贸易量的增大，在城市周边、州边界的墟市以及一些重要码头也成为重要的商品集散地，形成区域次经济中心。

龙岩州的次中心，郭飞燕在其论文中总结道：②

龙门墟，龙门墟是龙岩最大的商品集散地，以纸的交易为特色，其盛况设置超过县城。龙门有大路东南通往永定、粤东，西北通往上杭、连城、赣南，是龙岩与粤、赣商业交会的要冲。乾隆《龙岩州志》记载龙门墟时云："龙门墟，去州十里，一六为限。自知县王有容革私税，禁幕奸党，贸易充市。"清末民初时，龙门墟"商贾辐接，为各墟冠"。"脚力"都在龙门集散，来回皆挑货物，没有空路。当时龙门有三家大纸行，堆积的纸担，数以千计，各纸行皆附设客铺，让远道来的客商歇宿，墟上还另有客栈多家。因此，龙门墟有"老虎墟"之美称。

溪口墟，万安的溪口墟是藿溪区域纸和木材的主要集散地，逢二、七为墟期。由于罗姓生产的白料纸在墟场交易中占据要位，故有"无罗不开圩"之称；木材也是在这里集中后扎成巨型木排，沿水漂往闽南沿海。

---

① （清）顾炎武：《天下郡国利病书·福建篇》，《四部丛刊三编》本，上海：上海书店，1985年，第675页。

② 郭飞燕：《试论明清汀、漳山海互动及龙岩经济地位的提升》，厦门大学硕士学位论文，2009年，第40～41页。

适中墟,该墟是龙岩东南部最繁盛的墟场,交易除纸、粮食等大宗商品外,烟的交易也颇为引人注目。清中叶这里设有宗成楼、益美、碧云、万山、长隆、下行、得月楼、银吉行等三十多家烟铺,他们所生产的水草烟丝供应省内外地区,而皮丝烟还销往菲律宾等地。

汀江流域的次中心有长汀的赤岭、水口、羊牯、三洲,①武平的店下、亭头,上杭的回龙、石下、东门、南门②、南蛇渡,永定的坎市、抚市、湖雷、凤城、芦下坝、峰市;连城的朋口、新泉、培田③等,主要集散土纸、油盐米豆、生猪、布匹、香菇、笋干、枯柴、香烟等,常年以船为业的汀江船户有两千多户。这一阶段次经济中心的繁荣可以从商品过境税收中反映出来。清初定上杭河税为三千两,到雍正年间,可收列近万两,比税额多三倍,到民国初峰市商捐局年入 154557 银元,上杭局 22483 银元。转口贸易之繁荣可见一斑。在各码头中,峰市发展最具代表性。

峰市,位于汀江下游河畔,紧临广东大埔县,以集市贸易在双歧峰崟山峰下而得名,据载:"汀州府,下水,九十里,三洲驿,九十里,蓝屋驿,七十里上杭县,四十里,大孤市,七十里峰头。"宋时归上杭兴化乡,明代归溪南里,清初是汀州府八县的重镇,曾设分县,县衙设在河头城。民国属第一区。民国 25 年(1936 年)为福建省直属特区,1940 年划归永定县。据《福建航道志》:"峰市至石市是闽粤两省交界地,全长仅 7 公里,谷名'半山',两岸石壁如削,河床最为狭窄,狼牙巨礁,林立棋布,流态紊乱,回旋飞溅,水雾蒙蒙,白浪翻滚,其声如雷,数里可闻,船行至此裹足不前,为千百年来的航运禁区。"详细描述了峰市的险恶地形,凡汀江河上游船舶到此,因受棉花滩的影响,货物须卸船改由

---

① 长汀县志上说,未有汀州,先有三洲。依着汀江水,三洲在宋朝以前便是繁忙的商埠码头,明代设立了古驿站,形成了早期的汀杭大道——集镇。作为汀南一个重要的码头重镇,在发达的航运推动下,三洲一度商贾云集,商旅不绝,"日见船帆不断,夜泊船桅成排",描述的就是当年的繁华景象。到了明清时期,三洲更成为汀州府三大驿站之一,俨然是汀州水陆交通的枢纽和货物集散中心。据传清代乾隆皇帝下江南曾停舟驻马,留下御书赞三洲为"古进贤乡"。

② 上杭县城临江东门至西门,有一条约三里长的古街,旧称登俊街,"登俊坊,宋绍定间毁,后重立"。紧靠汀江,宽不足三米,店铺有五百多间,西侧主要是一层,每户门前有两间店铺,东侧则更多的是骑楼建筑。1925 年前,南门是商业中心,货栈林立,加上小摊便贩,致使交通堵塞,有的店铺前还砌了货架,用以陈列货物,街道就更是拥挤不堪了。东门外却是行栈林立,营业极旺盛,所有油盐米豆纸张方面的生意都在那里设庄开栈。其营业额与南大街不差上下,西门外还有二百多家。当时这些地方商业繁荣主要是靠近码头、渡口,从调查过程中也可看出,东门、西门、南门均在汀江沿岸,其商业的兴盛与航运地点的远近有直接关系。

③ 培田因为有古驿道经过,是"通长、连往来要津",士民官商都要经过此地,又是汀州、龙岩等地竹、木、纸、盐及油等日用品的水陆中转站,其得天独厚的经济地位客观上促进了当地经济的发展。培田商品经济的繁荣,集中体现在墟场的设立和千米长街的形成上,墟场逢四、九开墟,便于省内外商贩推销和购买货物。千米长街是河源地区上游的商品集散地,据载当年此街不仅经营油盐酱醋、铁银器皿、药材食品等日常用品,还有银库当铺、客栈赌场等娱乐场所。鼎盛时期的培田仅百十户人家,却已有了百余座豪宅大院,店铺近五十家,其中有织布厂、印染厂、造纸厂、火药厂、枪厂,甚至有了钱庄、银库等金融行业,还有赌场和当铺,明清时期曾经是车水马龙的大都市的缩影。

陆路搬运至广东大埔石市,再由船运至潮汕,而由潮汕运上来的海产品和盐等物品,至峰市也是如此,然后再通过水路、陆路,销往江西等内陆地区,因此,成为闽、粤、赣三省十余县的货物转运枢纽,它是闽、粤、赣3省10余县航运转驳的关口。

葛文清将峰市的发展分为三个阶段:①

从明中叶起到清初是形成阶段。这一阶段的重要标志就是峰市建立的"两城"(抚民馆城,河头城)由军事性质转为商业性质。从明初到中叶实行海禁政策达两百年之久,但是对外贸易的潮流毕竟不是刀枪所能阻挡的,民间贸易遂以不正常的方式进行,前期主要是倭寇肆掠江浙闽粤沿海,中期以后则有武装的海上私人贸易集团开展大规模的走私贸易,他们被称为"海寇",常以沿海港口为据点,通过勾结内地的山商("山寇"),将沿海和内地的土特产如丝绸、瓷器、蓝靛、茶叶、烟草等输往海外,换回香料和手工业品,牟取高额的国际贸易利润。在闽粤交界处的峰市地区就成为"山寇"、"海寇"重要的货物集散地。他们在这里"每每朋合为乱,上杭、武平乃其出没之区,福建、江西则其流毒之地也"。据乾隆《潮州府志》记载,明末清初,出没于这一地区的"山寇"就有26起,正因为这样,汀州府遂于嘉靖三十七年(1558年)在峰市中心坪筑"抚民馆城",派一通判常年驻兵把守,随后仅十八年即万历四年(1567年)又将峰市升为上杭分县,并在峰市的河头坪筑另一座城——河头城,而当时峰市仅辖有上水、下水、河头三"图",不过弹丸之地竟设分县筑"两城",可见当时武装走私的山海贸易之活跃。随着明中叶以后"海禁"的解除,峰市"两城"就转为商业性质,峰市街上,潮汕和内地商人纷至沓来,不仅"盐馆林立",而且其他类型的过载行也大量出现。到清初,由于战乱影响,使"行台渐废,城垣垛口间亦倾圮,惟民居如故"。

清初至民国初年是发展繁荣阶段。清初设有潮州人的"义安会馆",连城人的"连城会馆",长汀人的"长汀会馆",湘赣人的"湘赣会馆",以及纸业的组织如长汀安澜纲、连城篓纸纲,木材的组织则有峰市的"不顺纲"、潮州的"三益木纲"、连城的"连城纲"。到民国初年,峰市有行店三百多间。

从民国初期开始进入衰退阶段。这一阶段主要是以洋货逐步打倒土特产和手工业品为标志。第一次世界大战结束以后,各资本主义国家加紧对中国的商品倾销。许多过载行开始转向经营洋杂货,而且进入汀江流域的洋货还有其他渠道,如从厦门进口的洋货经龙岩进入也成为一大渠道。"洋布战胜土布,洋烟排挤土烟,洋纸打倒土纸",这在汀江流域是一大巨变,这一阶段外地商号纷纷迁出。抗日战争期间,汀江航运盛极一时,峰市又在短时间内恢复荣光,当时闽西各县均在此设立贸易转运行栈,来往客商多,仅峰市街人口就达1万多;中央银行、中国银行、交通银行、农民银行、福建省银行、广东省银行均在此设分支机构。从事装卸搬运人员除当地农民外,还有广东、湖南以及本省3省18县的搬运工共计1000余人,他们每年要负担1万多吨的码头搬运作业,是闽粤赣三省10余县的土特产集散地,时被称为"小香港"。抗战结束后,峰市的地位就一落千丈了。

---

① 葛文清:《汀江流域外向型客家经济演变初探》,《龙岩师专学报》(社会科学版)1996年第2期。

可见,在明清时期,长汀、龙岩不仅是本州的经济中心和商业中心,而且还是区域间经济联系的重要节点和中心。新中国成立后,龙岩成为本地区主要物资集散地,同时还取代长汀成为闽、粤、赣经济联系的枢纽,改革开放后,随着市场经济的发展,山海联动更加密切,闽西各类市场蓬勃发展,逐步形成了以龙岩中心城市为核心,以县城为中心,以批发市场、边贸市场、乡镇集贸市场为依托的具有多种经济成分、多种流通渠道、多种流通业态、多种经营方式互补的商品市场体系。市场主体形式多样,商品日益丰富,设施日臻完善,市场规模和容量不断扩大,形成了以大中型百货店为主,购物中心、仓储式商店、连锁店、专卖店、便利店、平价店等新兴业态为辅的商品流通模式,不断满足人们日益变化的多样化的消费需求;同时会计师事务所、公证仲裁机构、信息咨询机构、消费者协会等在内的市场中介组织不断健全完善,为市场环境的改善与市场升级提供服务。至 2008 年底,全市社会消费品零售总额 208.36 亿元,是 1978 年的 94.7 倍,年均增长 16.4%。年成交额亿元以上的商品交易市场 7 个,其中闽西交易城已成为全省乃至全国重要市场,在闽粤赣结合部商贸中心、物流中心、信息中心中的地位日益显现。2009年,国务院通过《关于支持福建省加快建设海峡西岸经济区的若干意见》,其中赋予龙岩的任务是连接沿海、拓展内地,龙岩借此发展成为国家级可持续发展示范区和可持续发展产业示范基地,经济地位日趋重要。

(二)发展外向型工农业,借船出海

在发展商业中心和区域内市场网络同时,闽西山多的性质决定了其产出物品的商品性较强,①为本地区发展区外贸易提供了必要的原料和产品支持。自宋代开始,闽西积极发展商品性工农业,以从外部换取必要的物资来提高生活水平,而这种面向区外的贸易在古代社会主要是通过水运面向沿海地区的,由此,闽西经济也就成为中国沿海经济体系的重要组成部分。

福建四大河流中(闽江、晋江、九龙江、汀江),唯汀江是南流跨省入海的。汀江流域区内,汀江六大支流即濯田河、桃澜河、旧县河、黄潭河、永定河、金丰溪呈树权状分布于汀州各县,且均可通航,最后经峰市进广东汇入韩江南流入海,汀江民谣唱道"盈盈江水向南流,铁铸艄公纸作舟。三百滩头风浪恶,鹧鸪声里到潮州";而九龙江北溪及其支流小池溪、小溪、雁石溪、丰城溪、新桥溪、宁洋河、新安溪、溪南河、坑子口溪、至溪、赤溪、西江溪、温水溪、仙溪、南房溪、坪溪、竹溪、林墩溪、龙津溪、马洋溪、仙都溪等连接着龙岩三县,于漳平汇聚后经漳州入海,水运交通便利,便于把各县的土特产和手工业品组

---

① 刘永华在探讨社会经济对闽西的民间文化的影响中提到:粮食作物的种植在山区村落生产中地位较低,山区的生计是以经济作物和手工业为特色的。有的山区村落甚至开始时根本没有田地,他们靠手工业维持生计。刘永华:《明清时期闽西的民间文化与社会经济变迁》,厦门大学硕士学位论文,1994 年。

织起来输送出口。闽西生产的外向型工农业产品主要有①：

矿产。两宋时期，汀州的矿冶业很是发达，当时主要开采的品种包括金、银、铜、铁，铅五种。银还作为汀州上解朝廷的贡品，每年解银1.6万两，宋真宗年间，长汀的炼金奇士王捷在赣浙边界山中炼出"鸭觜金"以及少量黄金，得到皇帝的赏识，王捷一生冶金巨万，缓解了宋真宗年间的经济危机，被人称为"富国先生"。明清时期，铁矿采冶业依然发达，除了汀州上杭、连城等地出产外，龙岩州铁矿储量更为丰富，冶铁业也颇盛，"州邑俱产，各招商纳课开矿煽炉"。②漳平县在明代曾"先因得利，诸客商据之，乃竭山利，人众有乱者，今禁止"。③到清代，又"招商开矿，煽炉纳课"。④宁洋县志也载"宁邑旧有（铁）炉五所，宁兴、大瑶、许家山、西坑、口溪而已。口编者则请贴输税，炉废则课止，因叠遭躁啕。……康熙年间，知县沈莹招商开冶。"⑤清雍正末年，宁洋县中坂乡绅陈震章在洪砂三溪口炉道有召集矿夫冶铁，至今该处还留有炼铁炉遗址及废铁渣。到近代以后，煤炭和石灰开采也是本地区的重要产业，在现代，福建省的金、锰、铜、铁、稀土等矿产的主要产地仍是闽西，这也是龙岩成为福建省装备制造业基地的基本条件。

蓝靛。闽西境内种植的是马蓝和槐蓝两种，均属优质品种。宋代即有种植，明清时期由于江南和华南地区手工业、棉纺业出现大规模生产，对蓝靛的需求迅速增长，汀江流域大面积的种植蓝靛。明中叶以后，汀州有许多人到闽东、闽北、浙南以及赣南等地垦荒种靛，与种蓝业发达相伴而生的，是蓝靛运销业和染布业，江西、浙江、广东、上海、佛山及汉口等处都有上杭会馆，这些地方的染布业都被上杭等汀属各县人垄断，每一埠都有好几百人，乾隆以前，因此而致富的人很多，"邑人以靛青业致富者甚众，而在外作染工业者如浙、赣、粤等省亦伙。在昔，粤之羊城、佛山皆为邑人专利，每一埠俱数百人。"⑥鸦片战争后，这一行业因洋靛运入而衰落。

竹木。闽西是福建主要林区之一。据说，早在隋唐之际，宁化巫罗俊即"开山伐木，泛筏于吴，居奇获赢"。⑦从明代开始，汀江流域各县都把竹木作为大宗输出产品，绝大部分是编成木排，顺汀江漂流而下运抵潮汕，再由潮汕分销到各地，甚至远销香港、台湾、菲律宾、日本、印度等地；地处于闽江上游的宁化、清流、归化三县的木材大多沿沙溪—闽江而下，运抵福州，"福建延、汀、邵、建四府，出产杉木。其地木商将木沿溪放至

---

① 参考周雪香：《清代汀州两江流域区域经济比较》，《赣南师范学院学报》2012年第1期；周雪香：《明清闽粤边客家地区的社会经济变迁》，福州：福建人民出版社，2007年。
② 乾隆《龙岩州志》卷九《风土志》，乾隆三年镌，龙岩市地方志编纂委员会整理本，福州：福建省地图出版社，1987年，第228～229页。
③ 嘉靖《漳平县志》卷四《物产》，明嘉靖刻本。
④ 道光《漳平县志》卷一《舆地志·物产》，清道光十年刻本。
⑤ 同治《宁洋县志》卷二《舆地志·物产》，民国二十四年铅印本。
⑥ 丘复：民国《上杭县志》卷十《实业志》，上杭县地方志编纂委员会重印，2004年，第262页。
⑦ （清）李世熊：《康熙宁化县志》卷一《风俗志》、《建邑志》、《山川志》，福州：福建人民出版社，1989年。

洪塘、南台、宁波等处发卖。外载杉木，内装丝绵，驾海出洋，每赁兴化大海船一只，价至八十两。其取利不赀。"①明代时，著名侨领胡文虎的祖先胡海隆，就是利用金丰溪流放木材毛竹赴潮州，成为"父创三千，自创十八万"的富户。康熙《宁化县志》载："初时徽贾买山，连筏数千为捆，运入瓜步，其价不赀，近皆本邑木商自运，价大减于前，然宁土之食此利者多矣。"②据统计，清末"仅长汀一县而言，杉木一项已达二三千展之巨，至连城、武平木材之输出，年值亦各在百万元以上，而永定、上杭、平和各县亦各有巨量木材之输出；此外，从事木业经营之山户与木商等，为数亦至夥也。"③直到民国时期，这种情形仍未改变。据有关资料统计，长汀、上杭、连城、武平、永定五县中以武平一县产量最高，该县产木材曾达四十万元，五县抗战前产量达九十余万株，价值一百余万元。战后稍微减退，1939年产量为五十三万四千余株，价值五十三万元左右。竹木的出口为潮州、广州、澳门、香港、菲律宾等地的造船业和建筑业提供了充足的原材料。④ 到现代，龙岩各县依然是福建省的主要林区和木竹产品输出区，但由于过度砍伐，龙岩境内原汀州所属各县木材贮积已大不如前，且造成水土流失严重，近年来，部分地区已实行封山复林。

烟草及烟刀。烟丝是永定、上杭、连城、龙岩等县向外输出的又一重要商品。传说，乾隆皇帝巡视江南时，在长沙（一说杭州）品尝"永定条丝"后，因吸味醇和，大加赞赏，赐名"烟魁"，此后列为朝廷贡品并独占了烟叶市场鳌头，产生了一批专业商人，"乾隆四十年（1775年，笔者注）以后，生齿日繁，产烟亦渐多，少壮贸易他省，或间一岁或三五岁一回里，或旅寄成室如家，永民之财多积于贸易、捐监贡及职衔者，人以千数，外地置产者，所在多有，千金之赀，固不乏人。"⑤据称，清代永定商人在长江以南各大中城市开设的烟庄、烟行达数百家，分布在14个省39个城市。⑥《大中华福建地理志》载，民国初年永

---

① （明）张延登：《请申海禁疏》，见（清）计六奇：《明季北略》卷五，《台湾文献丛刊》第275册。
② （清）李世熊：《康熙宁化县志》卷二《土产志》，福州：福建人民出版社，1989年。
③ 《福建汀江流域之木材业》，《福建统计月刊》1936年第2期第4卷。
④ 葛文清：《汀江流域外向型客家经济演变初探》，《龙岩师专学报》（社会科学版）1996年第2期。
⑤ （清）方履篯：《道光永定县志》卷十六《风俗》，道光十年（1830年）刊本。
⑥ 以永定高头为例，当地条丝烟的起步较其他乡迟些，但发展迅速。从其数量看自清咸丰初年起，至20世纪30年代，是高头条丝烟兴起到鼎盛时期。大小近百家烟厂，大的有四五十名雇员，也有父子兄弟合作进行生产。在高头开办最早的是万顺仁烟厂，厂主原是屠户，眼看烟叶获利甚大，家里又劳动力众多，遂投资建厂，几年间获利巨大，后遂扩大规模，远销省内外，自此富甲一方。至万顺仁发财之后，村民纷纷挂牌办厂，形成一股热潮，据统计，当时有九十多家，其中较有名的有：高东村，由江建岩、江国柱、江初传的公义昌，江树锦、江树声、江树棠的广隆昌，江慨民的太华，江赐章的新华，江权三的新华权记，江汝舟、江汝耆的有源，江万分、江益添的永天香；高北村，江寿礼的万有田，江景星的丰泰景，江顺可的万裕晋，江宣言等五兄弟的福茂仁，江祥海的泰裕祥；高南村，江桂宗的万信得，江契生的金兰业。高头对外销售的路线主要有两条，一是经广东大埔的三河，溯汀江转入江西、湖南、湖北等内陆各地；另一路经漳州到厦门，出海抵上海、江苏一带以及南洋各地。后者是主要渠道，古竹乡各地各主要烟厂都在省内外都市开设了专营店，如万有谦在上海的大昌烟店，万顺仁在苏州的同名烟店，等等。这些烟店的经理人和帮手留下不少后裔在设专营店处，足见当时高头条丝烟在各地推销的盛况。据统计，当时高头由种植到制造每年有20万到30万银元。

定县烟草产量价值三百万元,"该县烟叶最盛时,全县种烟叶者十居八九",每年销诸外省达五百万元。闽西烟草除内销外,还有部分销售到南洋群岛和俄罗斯等地,据《永定县志》记载,全县每年条丝烟出口达五六万笼(箱),值200多万银元,依抚市烟笼重量每笼90市斤计,那么每年永定出口销售的条丝烟就有450万~540万市斤,这之中光抚市条丝烟产量就占五分之一,经济收入每年达40万~50多万银元。① 至清末民初,永定条丝烟还在南洋劝业会和巴拿马万国博览会上领回了优胜奖状。烟草销售为永定商人带来了巨额财富,《永定土楼志初稿》记载:"从明代至清代及至民国,外出经营'条丝'烟业者很多,操纵长江中下游的金融,竟达三四百年之久。这样一大部分经营者(包括本地烟刀商、烟刀石生产者)大发其财,买官衔、进大学、置田地,有钱有势,大摆派头阔气,兴建富丽堂皇的楼房,这样形成了永定县建筑的全盛时期,一直延至清末民初。"②20世纪初,日本三井洋行在龙岩开设代办处,用高于一倍甚至五倍的价格收购烟叶,运回日本制成"洋烟",当地的烟叶商无力与之竞争,濒临破产;加上天灾人祸,烟厂及其经营的烟店相继倒闭,如万顺仁设在苏州的烟店失火,致使破产,建到一半的环形土楼就停止了,后虽到南洋发迹,但终难力挽狂澜。民国3年至13年的十年间,土匪猖獗,屡遭抢劫,损失惨重,大多烟厂元气大伤。民国14年,驻漳州的张毅部队将高东烟厂全部烧毁,从此一蹶不振,但烟叶种植收入至今仍是闽西农民重要的生活来源。永定制烟业的发展也带动了烟刀制造业的繁荣与扩大,永定烟刀始产于明万历年间(1573—1619年),是与条丝烟一道发展起来的产业,③最早出现的厂家在高陂乡的黄田村,清乾隆年间(1736—1795年),洪坑烟刀开始生产,④并迅速崛起,行销全国,洪坑也因此获得"烟刀之乡"的称誉,烟刀业的发展给洪坑村带来了巨大的经济效益,村里的大土楼绝大部分建于乾隆至道光年间,其中有代表性的便是福裕楼和振成楼。民国30年前后,洪坑烟刀败于日本仿日升牌制造并对中国实行倾销的朝日牌烟刀,永定烟刀业走向衰落,新中国成立后,永定烟刀生产有所恢复,1974年,永定城关成立利器厂,主产烟刀、菜刀,远销

---

① 黄慕农、黄刚:《清朝民国时期抚市条丝烟的制作和经济效益》,载《永定文史资料》第20辑。

② 方拥:《永定土楼二题》,载《永定文史资料》第14辑。

③ 条丝烟促进了其他经济行业的发达,表现最明显的是金融业,开钱庄的日益增多,其次是运输业,包括航运和脚力搬运,同时也起了其他产业的兴起和繁荣,如烟刀的打造、烟笼烟筐的竹篾业、包烟用纸的土纸业、走南闯北也促进了饮食业的发展,从九江引进鲮鱼,扩大了渔业生产,还有其他许多服务业。在以制烟业为龙头产业的带动下,产品远销长江南北各大城市,甚至南洋,操纵着长江中下游的金融,村民富足。

④ 清同治年间,林在亭为躲避太平军残部的骚扰,带领林德山、林仲山、林仁山三个儿子到抚市亲戚家,学习打烟刀的技艺。待太平军开拔漳平永福时,德山三兄弟技艺学成,另立门户,开炉办厂,所产烟刀牌号初定为"盖本真",后改为"日升"。建厂当年盈利2000多银元。以后又陆续开办了几个新厂。产品除在当地销售外,主要在上海、武汉等各大城市推销。一时洪坑"日升牌"烟刀名闻遐迩,所向无敌,几乎垄断了全国的烟刀市场。到光绪六年(1880年),林家顿成豪富。国联:《振成楼的兴建及其建筑业师傅》,载《永定文史资料》第13辑。

华南各省区,并列为省名牌产品之一,改革开放后,由于烟草工业的发展,烟刀制造业就消失了。

纸业。汀州和龙岩一带盛产苗竹,是造纸的上乘原料,各县产纸各有特色。连城主要生产质地优良的漂染纸,汀州生产的玉扣纸、毛边纸,上杭、武平主要出产迷信用的海纸,漳平生产连四纸、大边纸。明清时期是汀州造纸业的全盛期间,纸是各县向外输出的重要商品。史载"汀境竹山,繁林翳荟,蔽日参天。制纸远贩,其利兼赢。"①雍正癸丑年(1733年),长汀、连城两县纸商在广东佛山建莲峰会馆,"销行内地四乡、外埠及广、肇各属"②。乾隆二十八年(1763年),汀州和龙岩在潮州的商人共同倡建"汀龙会馆",以经营纸业为主。除了当地纸商外出经营外,外地商人亦来到闽西设立纸庄,如乾隆四十五年(1780年),广东行商黄洋华、朱广菊等来到连城土纸产地,先后在姑田、莒溪设立泰安、鸿安、义生、永昌等纸庄,收购土纸,运回广东佛山、香港、澳门等地销售。③连城生产的中高连纸、玉扣、玉版、漂贡纸等还远销安南(越南)、暹罗(泰国)、缅甸、菲律宾等国,销往国内外的各种纸产品达7.8万担,每担值光洋60元,总值468万余银元。④据统计,民国二十八年打江流域五县产纸达316000余担,产价4506000元,均占全省量值三分之一以上。龙岩是九龙江上游地区最为重要的造纸中心,志载:"岩邑天产颇富,其可制造之原料甚多。……今工业品之销售于北溪。湖邦、龙门、大小池、适中等社出品,则运售于西溪。西溪多粗料,北溪则兼运白料。白料纸质极良,销路远及南洋。虽年计售不及百万,而贫民资以为生。其乡出纸者,虽妇孺皆有生计,则甚矣,工业之亟宜振兴也。"⑤闽江上游的明溪主产五色纸,民国《明溪县志》记载:"五色纸为明溪(即归化)出产大宗,系行销湖广、广东、江西、福州各地。运往湖广销售者有汉口帮,运往福州销售者有榕城帮。两帮皆利市三倍,从前巨商富室,多由此发迹。在嘉、道以前,设厂制造,出产甚富。业五色纸之店铺凡二百余家。迄咸、同以后,生产锐减。现营此业者寥若晨星。锡纸亦为明溪出产大宗,行销江西、邵武、泰宁、福州等处。皆由女工造成,女人藉此营生者达数千家。以行销江西为最大,每年有赣客数十家派员驻县,采办出口。"⑥清流所产的长行、玉扣、大广、高连纸,除了运往邻近的宁化、长汀、连城等县销售外,还行销永安、福州、江西、汉口、潮州、香港、越南等地。⑦抗战胜利后,外国机制纸大量进口,使闽西纸业生产受到较大打击,但闽西手工造纸毕竟历史悠久、基础雄厚,因而在1949

---

① (清)赵宁静:《乾隆上杭县志》卷四之八《风俗》,乾隆十八年(1753年)刻本。
② 《明清佛山碑刻文献经济资料》,广州:广东人民出版社,1987年。
③ 周雪香:《清代汀州两江流域区域经济比较》,《赣南师范学院学报》2012年第1期。
④ 周雪香:《明清闽粤边客家地区的社会经济变迁》,福州:福建人民出版社,2007年,第246页。
⑤ 民国九年《龙岩县志》卷十七《实业志》,上海:商务印书馆,1920年。
⑥ 王维梁、刘孜治:《民国明溪县志》卷十五《杂录·杂记》,厦门:厦门大学出版社,2008年。
⑦ 林善庆、王琼:《民国清流县志》卷十三《实业志》,《中国地方志集成·福建府县志辑》(38),上海:上海书店,2000年。

年后,纸仍是本地区主要出口创汇产品。

书籍。印书业以四堡为代表。四堡的雕版印刷业始于宋、兴于明、盛于清。这一产业以家族血缘为纽带,绝大多数人在家中负责刻印书籍,销售印刷的图书则由家庭内部的一少部分人担当,他们带着刻好的书籍沿着水陆通道一路贩卖,逐步做大,赚取了可观的利润。杨澜的《临汀汇考》物产篇称:"长汀四堡乡,皆以书籍为业,家有藏版,岁一刷印,贩行远近。虽未必及建安之盛行,而经生应用典籍以及课艺应试之文,一一皆备。城市有店,乡以肩担,不但便于艺林,抑且家为恒产。"据《连城风物志》载:"在这弹丸之地,印坊栉比,刻凿横飞,从事印书业的男女老少不下1200人,约占总人口数的60%,分布在雾阁和马屋二村世代相传的大书坊至少有100家,而充作书坊的房屋更是星罗棋布不下300间,并逐渐向刻版、印刷、包装、销售一条龙规范化发展。"自清初开始,四堡每年农历正月十五之后,在马屋与雾阁交界地的官地蜞(即洋坑尾)设定书市,届时粤、赣、浙、桂、湘和本省书商云集,进行新一年的贸易,除现货批发外,还订期货合同,成交额甚大。同时,邹、马两族的族商们还以肩挑贩卖、开设书店和自办批发业务等多种形式,建立起了庞大的书籍销售网络,有力地推动了四堡坊刻业的发展。其主要售书地区以客家人分布区域为主,但也突出范围,据邹、马两姓族谱的不完全统计,有清一代从顺治至光绪,邹姓在外售书有252人,马氏在外售书有377人,总共629人,足迹遍及福建、广东、广西、江西、湖南、湖北、江苏、浙江、山东、河南、云南、贵州、四川等13个省,至少120个县市。故有"垄断江南,行销全国"之说。[①] 有的书还远销南洋诸国,如交趾、暹罗、三宝垄、六昆等。书籍销售使四堡印书商的财富迅速积累,敦本堂范阳邹氏族谱载:吾乡在乾隆时,书业甚盛,致富者累相望,各书坊广镌古今遗编,布诸海内,锱铢所积,饶若素封。孝思堂长汀四堡里马氏族谱载:吾乡在乾嘉时,书业甚盛,致富者累累相望,乡多书肆,雕梨刻枣,古籍几于汗牛,不胫而走四方。晚清太平天国运动的毁坏、浒湾雕版印刷基地的竞争,使四堡的雕版印刷逐渐走向衰弱,而石印与铅印技术的相继出现,终使四堡印刷业一蹶不振,书坊大多停业倒闭,只有残存的几家苦苦支撑,惨淡经营至民国三十一年(1942年),终于落下最后的帷幕。

改革开放以前,其他外销产品还有香菇、松香、笋干、茶叶、地瓜干等。改革开放后,随着龙岩市工农业生产能力的增强,产品的出口竞争力不断增强,参与国际分工和交换的深度与广度有了显著的提高,机电、服装等工业制成品取代初级产品占主体地位,根据中国海关总署公布"2010—2011年中国外贸100强城市"名单,龙岩市位居第77位,跻身全国外贸百强城市之列。

三、闽西商人与商人组织

在明代以前,虽然闽西工商业已有一定发展,但有两个原因造成当时商人较少,其

[①] 邹日升:《中国四大雕版印刷业基地之——四堡》,《连城文史资料》第4辑,1985年。

一是地理环境闭塞、交通不便,市场网络不发达,流通的主要商品矿产、盐、粮食等主要为官卖;其二是当时社会主流思想是轻商而重农,闽西客家与河洛两族主要皆举族由北方迁来,可以想象,在当时恶劣的交通与动荡的社会环境下,想举族实现千里乃至数千里的大迁徙,非较富有的家族不能完成,而这些家族一般比较重视教育,他们想在新居重现祖上荣光也需依靠教育,故极其注重儒家思想的传承(宋明两代,客家首府长汀的文教就很发达),明代的《闽书》称:"汀州府士知读书进取,民安稼穑,少营商贾。"清《汀州府志》卷之六《风俗》亦载云:"汀邻江、广,壤僻而多山,地灵之所融结,地气之所熏蒸,人多刚果朴直,惟在上之君子,有以率作而整齐之。"长汀县"明志云:人安朴素,士乐诗书,乡甲半于郡封,闾阎全无机巧"。宁化县"旧志云:男力稼穑,不为商贾;女业麻苧,少事蚕桑"。清流县"明志云:山水独秀,人物颇清,士励诗书,而科甲有人。民务耕种,而言动知谨"。归化县"明志云:质直好俭,不务浮靡"。连城县"明旧志云:土壤瘠硗,人民贫啬,士知读书尚礼,俗重登科取名。男务勤劳,女安俭朴"。上杭县"明志云:士勤学问,女守贞烈;衣冠文物,颇类大邦;礼乐诗书,实多济美"。武平县"邑旧志云:勤劳稼穑,不事商贾"。永定县"男勤生业,市无赌博之风;女务织纴,乡服耘耔之劳。取仕登科者不乏,读书传业者恒多"。清乾隆《龙岩州志》卷之九风俗引旧志载:"龙岩斗僻,介于两粤之间,俗固穷陋;其民务本,鲜事末作……商贾不行。"由此,即便有少量商人也多因他事而被记录下来,如清《汀州府志》载有:"王跃鳞,宁化人。以卖油为业,喜攻诗。"更多则埋没于历史长河之中。

在明代中叶以后,闽西地区商业活跃,《闽书》载,"上杭衣冠文物,颇类大邦,竹可以贾";归化"民直而无华,舟楫不通,无大商巨贩,率多市贩,以治生业";永定"民田耕种之外,辄商贾";《汀州府志》卷之六《风俗》亦载:"不通舟楫,而财货甚少;各务生理,而商贾为多。"墟市遍布各地农村,而且形成网络,商贩可根据各地不同墟期穿插进行商贸活动,使地方性专业商人得以大量存在;商业对民生改善产生了重要影响,从事专业商品生产的家庭和村镇极为富足,民风由俭朴向奢侈转变,"多贾治生……若岁时无丰,食饮被服报纸自通,虽贵宦巨室,闾里耻之。"①康熙《宁化县志》的作者也感慨:"岁时鲜竞乎汰侈,服饰弗流于奢僭,冠婚丧祭间用古礼。噫!吾闻其语而已……启祯之交,游娼以宁为钱窟,倚门数十,不给佐觞,孟夏龙舟水过,多以小舟代园馆,鱼缕清醪,必水滨是问,二五一艇,歌笑隈渚,不以妨眉桎足为苦,而以溪风暂拂为乐……岁十二辰,而迎神之会有五,饰戏放灯,煎沸昼夜,五十年来,灯则随月更变,剪缯劈彩,撰意肖物,俨如图画,即谓甲天下可也。"②与此同时,由于当时白银的广泛使用,经济的商品化倾向明显增强,社会各阶层在货币化浪潮中被白银货币裹胁着进入市场,商业性行为普遍出现在社会各阶层,社会价值观念已经发生了重大改变,如清康熙时的永定,"廖冀亨曾训子曰:'生意为求财之路,财为养命之源。行货曰商,居货曰贾,皆以为财也。礼义生于富

---

① 张瀚:《松窗梦语》卷四《商贾纪》,北京,中华书局,1985年。
② 康熙《宁化县志》卷一《风俗》,同治八年刊本。

足,财也要可少者。'(《李可堂两世遗书》)清代,士大夫与其子弟弃儒就贾者不乏其人。"由此,清代闽西本土商人大量出现,其中以永定、上杭、龙岩、连城、长汀等县为多,他们凭借闽西山区丰富的土特产资源和刻苦耐劳的奋斗精神,从无到有,从小到大,从而成为福建商帮较有影响力的一支队伍。乾隆《连城县志》载:"行货商,居货贾,熙来攘往,天下胥然,连之民岂能株守一隅哉?从乡生计,虽逊从前,然纸贩木商,浮梁买茶者犹是,游武夷,入百粤,而赣旅尤多。"《龙岩县志》载:"本邑行商几遍全国,清乾嘉以来,凡商于大河南北者,均有会馆之建筑与设备。"

(一)闽西商人及其经营范围

闽西本地市场规模较小,商人资本规模有限,因此有影响力的大商家主要在埠外从商,依主要经营地可分为国内商人、海外商人和本埠商人(含外地在闽西经营的商人)三种:

国内商人的经营项目包括以林木资源为主的土特产品,以及与此相关的手工业产品,如纸、书籍、茶叶等,还有烟草、蓝靛等经济作物的制成品,也有部分从事外埠跨地商品贩运,他们的足迹遍布省内各地,主要集中在粤、赣等邻省地区和长江中下游地区,有部分人还因经商定居他乡,如浙南《龙游县志》载:"三元戴冯氏,原籍上杭,清康熙间商于龙游。"龙游大纸商黄静斋,其祖自闽之上杭,贸易龙游,后住不归。林品茂,原籍闽之汀州,乾隆间商游龙游,偕其兄弟三人,"来县南经营纸业,后定居龙游。"清康熙十年(1671年),福建汀州府商人看到四川气候类似福建,将蔗种、制糖工具和技术工人带到四川,从事制糖业,从而带动了四川制糖业的再发展。当时在嘉定府、叙州府、泸州、重庆、资州、内江等地的闽籍商人为数不少,他们相互之间还"声气响应",传递商业信息。① 晚清时期,外国资本和鸦片的侵入对闽西商人资本影响极大,如"在连城,纸业兴旺,清同治十三年至光绪二十年(1874—1894年),全县经营纸业和其他行业发家成为百万(银元)富翁的有5户,近百万元的有13户。其后,外国鸦片输入,毒害中国人民,有些商人如该县洪纪号罗生元、万达号谢长德、祥兴号罗命三、立成号陈老六、隆贵号沈隆贵等,抽走大量资金转营鸦片。"《龙岩县志》亦载:"咸同以后,各货既成强弩之末,富源遂如池竭。自中兼以洪党叠至,焚掠一空,闾里益形萧瑟之现状,数十年来资历本亏而倒闭多,食用失而金融阻滞,商场中实莫大痛苦。"也就是说,闽西商人在社会转型过程中饱受打击,走向衰落。民国时期的动荡使闽西商人经营困难,其时,纸是长汀最大宗的外销商品,成立了有色纸业同业公会和纸业同业公会(1935年共有会员101家),产品主要销往江西、两广、两湖等地和香港、澳门、泰国、越南、南洋群岛等国家和地区,清末至民国时期,纸的出口金额占全县出口总金额80%以上,商人李奇勋在潮州、广州设长安行、长兴行,郑云松在香港设汀州行等,成为外贸大商行,汀籍商人在广州、潮汕、佛山、上海、香港等地设立纸行约29家。新中国成立后,1954年1月,龙岩专区开始对私营商业进行社会主义改造,商业经营开始纳入计划经营范围。改革开放后,市场经济体

---

① 甘满堂:《清代闽西的客家商人》,http://www.bjhakka.com/Html/? 724.html。

制开始逐步建立,龙岩商人迎来了大创业的机遇,大量商人资本在初期进入矿业和日用品与土特产品经营业并获取利润,实现了原始积累,随后大量进入制造业、建筑业和矿产加工业等部门扩大经营规模,如上杭才溪乡在广东的建筑业极为有名,长汀的日用品调味业则在北京市场有重要地位。

海外商人出现较晚,散布于南洋各地。最早出海的商人是汀人谢文彬,《殊域周咨录》载:明成化十三年(1477年),王遣使英必、美亚二人来贡方物,美亚本福建汀州士人谢文彬也。昔年因贩盐下海,为大风飘入暹罗,遂仕其国,官至岳坤,岳坤犹华言学士之类。至南京,其从子瓒相遇识之……始吐实焉。又有《明史·暹罗传》载:谢文彬以贩盐下海,飘至其国,位至岳坤,犹天朝学士也。其他的闽西早期出国商人还有明成化年间出国的上杭溪南里芦竹坝卢氏,明弘治年间充任暹罗贡使的奈罗等①。闽西人大量外出经商发生在清末鸦片战争后,由于海禁开放,永定、龙岩、上杭、漳平的百姓大量出国,《永定县志》载:"商之远贩吴楚滇粤,不管寄旅,金丰、丰田、太平之民渡海入诸番,如游门庭。"还出现了专门为华侨及出国者服务的水客;出国的闽西人艰苦创业,涌现了一批有影响的商人,《永定县志》列传中载:"胡厥典,字诒远,觉坑人。幼失怙恃,能刻苦自立,年未及冠即渡海经商贸易于兹能埠,积资巨万,遂归娶贤内助,事业蒸蒸日上。"胡梦青,"字竹园,忠川人。幼习举子业试不利,弃儒经商,南渡吡另经营矿业,积资巨万,好施与,重然诺,济人之急,拯人之危。"《连城县志》载:"邹秉均,年十七,年先贾于江南樟树镇,未果。转往咬留巴,孑然一身,驰策于异域,虽人情风土迥殊,语言服食各异,然克已以恭,等人以信,巴国人皆敬爱之,乐与其结纳,往返多年,所获赢余无数。"先期出国者的成功带动了更多人外出寻求幸福生活的热潮,20世纪20—30年代,由于东南亚经济繁荣,吸引了一大批闽西人出国创业、务工,当时武平岩前王大森1923年一次带50余人出国,长汀等地的商界名流如许慰堂、吴建基等也分别前往新加坡等地开办企业,而永定下洋中川村18岁以上青年男子则几乎全部出国投奔亲友,因旅居地不同和地缘亲缘的因素,闽西各地的华侨、华人在业务经营中各具特色,永定籍的偏重药材、五金、矿业等,如胡子春在马来亚开矿,有"锡矿大王"之称,胡文虎兄弟创办"永安堂"以及"星岛报业";连城籍以经营土纸为主,如周仰云、罗孝敏等将连城、汀州出产的玉扣纸、山贝纸销往国外;长汀籍的以生产体育用品为最多,如长汀籍旅泰国华侨黄永宁与同乡一道制造"鹰标"羽毛球,成为泰国著名的羽毛球制造商;龙岩籍的早期以日杂为主(见表1-7),后偏重于商业会计、文教等,有"龙岩帐匠"之称。据估计,现在旅居海外的闽西籍华人华侨约449300人,是龙岩市籍人口的十倍。这些华人华侨经过历代创业经营,产生了一些有世界影响力的商业巨子,对所在国经济社会产生了重要影响,2000年11月19日至21日世界客属第十六届恳亲大会在客家祖地——闽西龙岩市举行,来自22个国家和地区的近103个客属社团的代表参加了该会,其中境外代表1700多人,这进一步加强了闽西华商的凝聚力,为他们加强相互联系与交流、发展世界各地区商贸关系,特

---

① 《明孝宗实录》卷二十一。

别是发展广大海外华商与其祖籍国的经济关系与文化交流发挥了重要作用。

表1-6 民国时期龙岩县籍南洋侨商概况

侨居地	人口数	经营业务
英属新加坡	1500	土产杂货
英属槟榔屿	2500	土产杂质
英属大小霹雳	600	杂货
英属吉打、加央埠	200	杂货
英属北婆罗洲	850	杂货
英属沙罗越、答株巴辖、麻坡	300	杂货
英属仰光	300	土产杂货
暹罗	500	杂货
荷属苏北	300	杂货
荷属苏西	300	杂货
荷属苏东	350	杂货
荷属苏南	400	杂货
荷属爪哇	350	土产布匹杂货
合计	7450	

资料来源:民国《龙岩县志》卷17《实业志》。

此外,还有本埠市场,清代以前,本区主要商品以土纸、土烟、木材为大宗,茶叶次之。本地人以农为本,从事商贾者以江西人居多。在汀州(今长汀),经营纸业、木材的商号一般都是就地设行采办,广收长汀、宁化、清流、石城、瑞金等地土纸,运销于潮州、广州、长沙、江西和香港等地。木材则就地收购,运销于潮州、汕头、广州及长江流域诸城市。农民自食自用有余的大米、黄豆、小麦、食油、竹木制品等农副土特产品,在城乡圩集上进行交易。百货、布匹、京果、烟酒等多是外地人设店营业。其中,京果商多是江西人,药材商大部分是樟树、建昌人。在永定城关,私营商业33户,其中:食杂店11户、酒店4户、棉布店6户、日用品店2户、中西药店5户、粮食店1户、饭店4户。在上杭,出外经商者以靛青(漂染)业为多,本地烟、药材商多为江西人,纸商多为潮州人。在漳平,最早是江西信丰县商人集聚在原"江西街"(现八一路西段),开设土纱布、京果、土烟丝等店铺。继后,本省永春、华安、长泰等县和本地商人,陆续在原水门城外(现江边巷)一带,开设木器店、南货店和百货店。在龙岩,商人在本地设店经营的很少,出外经营的多,所需货物大都自行贩运。在武平,据《汀州府志》记载:"勤劳稼种,不事商贾……"因此,经商的极少。

民国初期,连年战祸,生产遭受破坏,闽西市场冷落,一般小本生意人连日常生活都难以维持。特别是国外资本主义入侵之后,洋货充斥市场,洋布打倒了土布,洋纸挤垮了土纸,洋烟埋没了土烟丝。各地店家原向江西进货的国产布匹、百货、药材等商品,都改由汕头、厦门等地采办洋货,致使闽西的商店、饭店、客栈相继倒闭,失业3万多人。仅长汀的河田,原有数百间商店,只剩下30余间。中国共产党领导土地革命初期,由于"左"倾错误的影响,苏区有些地方对工商业者侵犯过多、打击过重。如永定溪南里暴动时,焚烧商人账簿,没收丰稔市商店,造成了商人的敌对情绪。1929年3月,中国工农红军第四军攻克汀州,颁发《告商人及知识分子》书,明确规定:"保护商人贸易。在革命时候对大商人酌情筹款供给军需,但不准派到小商人身上……至于普通商人及一般小资产阶级的财物,一般不没收。"同年7月,中共闽西第一次代表大会明确提出,"对大小商店应采取一般的保护政策,对反动商人宁可杀人罚款,不可没收商店"。1930年3月,闽西第一次工农兵代表大会通过《商人条例》,规定"商人自由贸易,政府不予限制其价格"等政策。这些政策对于纠正各地打击商人的倾向、活跃闽西苏区和白区的贸易交往、调动广大商人的积极性起了重要作用,闽西的私营商业得以逐渐发展。1929年6月,对辖区内龙岩、永定、上杭、连城4县的雁石、龙门、坎市、湖雷、白沙、南阳、芷溪、新泉等19个集镇的私营商店进行统计,有11个集镇增加10%~40%,有4个集镇持平,只有4个集镇分别减少10%~50%。有"红色小上海"之称的汀州市,每天来自上杭、瑞金的流动商人有七八百人,多时达千余人,其中不乏白区商人。

在共产党保护商人政策的感召下,许多躲到乡下去的商人也纷纷回城营业。汀州私营商业由土地革命前的几十家,发展到1934年的367家、10多种行业,以京果、布匹、药材、杂货、纸张等行业较为发达。如纸业的"泗昌行"、"悦昌行",京果业的"玉山"、"泉顺海"商号,均雇员10多人,中等商店雇员二三人,小店多是夫妻店、连户店。当时,王俊丰经营的京果店规模较大,资金雄厚,经营品种较为齐全,有鱿鱼、白糖、海带、酱油等,每天从早营业至深夜,上门顾客数百人,连乡村消费合作社也常来该店进货,月营业额达1万~2万银元。棉布业以"裕和泰"、"广源"布店为最大,每店月售土布600~1000余匹(每匹为33.33米)。龙岩为闽西重镇,1935年,城区私营商业有227户,其中:棉布业17户,百货业16户,纸业18户,京果业48户,糕饼糖果业21户,酒、酱油业20户,土烟丝业3户,屠宰业23户,药材业31户,杂货业30户。资本雄厚的"土货帮"(批、零兼营)有30多户,均在上海、厦门、汕头、广州等地设有分支店,负责采购。抗日战争初期,沿海机关、学校、商贾纷纷内迁来龙岩、长汀等地,货物来源畅通,闽西成为抗战的后方之一,市场一度繁荣,湘赣各地商人都来此采货。1938年5月,厦门沦陷,公路遭到破坏,运输困难,货源流向改由广东兴宁、梅县、大埔等地运进,加上物价暴涨,销售不易,市场景况低落。抗战前,龙岩县县城店铺有400余家,以经营布匹、京果、百货业为主,纸业、药业为次。输出物资以土纸、木材为大宗,香菇次之,每年输出货物总值200万银元。输入货物以食糖、布匹、海产为大宗,食盐、煤油等次之,总值300万银元。抗战时,因海口被封锁,纸类输出的数量不及抗战前的5%。长汀县比较有名的布店只剩下7户,京果店10户。1949年9月,全区6县(缺上杭)城关共有私营商业1494户。

新中国成立后,在国营商业和供销合作社建立和发展的同时,私营(个体)商业也有所发展。1952年,全区7个县城乡私营商业5506户,9097人,资本总额231.76万元;其中坐商3525户,6954人,资本总额215.75万元;行商1148户,1183人,资本总额12.46万元;摊贩833户,960人,资本总额3.55万元。全年销售额6560.34万元,占社会商业销售额的64.15%。1954年1月,龙岩专区开始对私营商业进行社会主义改造。到1956年12月底,全区基本完成了对私营(个体)商业、饮食业、服务业的社会主义改造,消灭了剥削阶级,全面确立了社会主义商业体系和市场,国营商业和供销合作社在城乡市场占主导地位。全区7个县的私营(个体)商业、饮食业、服务业仅保留978户、1099人,分别占原私营(个体)商业、饮食业、服务业总户数的15.68%,总人数的12.79%,销售额的比重下降为2.26%。1979年后,改革商品流通体制,坚持以国营商业为主导,发挥多种所有制商业有益的、必要的补充作用,从信贷、税收、货源、场所、审批营业执照等方面给予方便,私营商业发展较快。1980年底,全区城乡私营商业(含饮食、服务、修理业)共2363户、2515人,资金总额48.10万元。其中城区1197户、1240人,资金总额16万元;乡镇1166户、1275人,资金总额32.10万元。1982年,全区城乡私营商业、饮食业、服务业、修理业增加到4867户、5611人。1985年,又发展到21468户、28620人。①2011年,龙岩全市社会消费零售总额374亿元,出现以服饰、珠宝、通信产品为主的中山街商业圈,以购物、酒店、娱乐为主的西安商业圈,零售业为主的凤凰阁商业圈,以批发业为主的交易城商业圈,社区服务型的溪南商业圈以及新兴龙腾路、体育中心等商业圈,还有各县城和市中心城市周边镇商圈。

(二)龙岩商人组织

闽西商人主要是通过地缘、业缘、血缘来组织的,分别包括族商和商会(古代社会为会馆)。

1. 族商

族商这一概念为厦门大学陈支平教授所提倡并研究,陈支平教授认为:"族商,应该是一个方法论上的概念,而不应当是一个有着十分严格空间和时间界限的概念。简单地说,就是那些与本土家族、乡族保持比较密切关系的商人,可以称之为族商。这种所谓的比较密切的关系也有两重的含义:一是同家族、乡族的族人、乡人外出到某地经商或从工,大家可以利用家族、乡族的关系,相互扶持、相互协作,形成某种形式的内部运作机制;二是工商业者们虽然离家千里,甚至远涉重洋,但是他们的经营范围,基本上是以本土的家族、乡族为核心据点的,外出的工商业者不仅与故乡保持着紧密的家族组织、乡族组织的关系,而且在经济经营方面也有不可分割的联系。"②族商是乡土士绅与

---

① 《龙岩地区志·商业志·私营》。
② 陈支平:《明清族商研究的倡言与思考》,《厦门大学学报》(哲学社会科学版)2009年第4期。

商人的结合体,商人既受商品经济规则的约束,也受乡土道德或族规的约束;他们不仅从事商业活动,而且参与乡土社会事务管理。闽西的族商众多,主要包括永定的烟草商人、烟刀商人,永定下洋中川的胡氏家族,连城的纸业商人等,他们基本是举族从商。

　　清代咸丰初年(1851年)起至20世纪30年代,是高头条丝烟业(包括制造业和销售业)从兴起到鼎盛的时期,当时,这个人口不到四千的村庄,居然同时办起大小近百家的烟厂:规模大的,雇佣工人四五十人;规模小的,不雇工,由父子或兄弟几个人合作进行生产。高头开办最早、也是规模最大的烟厂数高北村的万顺仁烟厂,厂主江开仁组织兄弟子侄,于清咸丰初年办起高头的第一家烟厂,成为富甲一方的烟商。接万顺仁之后,开办的烟厂是高东村的"万有谦"烟厂。它是由"万利"(老板为江颂三、江华昌兄弟)、"有源"(江大有、江大金、江大晋兄弟)、"谦益"(江大田)三家京果食杂店联合创办的。由于资金雄厚,初时三家老板既通力合作,又在漳州、上海等地自设烟店推销产品。万顺仁、万有谦发财之后,高头条丝烟的制造有如雨后春笋,大家都纷纷挂牌办厂,形成一股热潮,蔚为大观。据统计,当时高头大小烟厂有九十余家,其中较有名气的如:高东村的公义昌(江建岩、江国柱、江初传),广隆昌(江树锦、红树声、江树棠),太华(江慨民),新华(江赐章)、新华权记(江权三),有源(江汝舟、江汝者),永天香(江万芬、江益添);高北村的万有田(江寿礼),丰泰景(江景星),万裕晋(江顺可),福茂仁(江宣炎等五兄弟),泰裕祥(江祥海),太和香(江祥彩);高南村的万信得(江桂宗),金兰业(江契生)等。高头烟厂生产出来的条丝烟除部分在当地销售外,大部分产品外销。外销渠道有两条:一是经广东大埔的三河,利用汀江船运溯江而上转入江西乃至湖南、湖北各地;二是经漳州到厦门,利用海运直抵上海、江苏一带以及南洋各地。后者是主渠道。为了销售顺畅,当年高头各主要烟厂纷纷在省内外繁华都市开设经营条丝烟的商店,如万顺仁在江苏常熟的永隆烟店,万有谦在上海的大昌烟店,万利在上海的万昌烟店,广隆昌在江苏常熟的烟店,福茂仁在厦门的得昌隆烟店,万有田丰泰锦在漳州、厦门的泰裕祥烟店,以及米昌、永昌组成的连昌烟行。据统计,当时高头群众由于种植烟草和制造条丝烟而带来的收入,每年可达20万~30万银元。若按一户五口人计算,这4000人口的村庄只是八百户而已,年收入烟业钱按平均25万银元计算,每户每年平均烟业收入就可达300银元。清中后期,湖雷罗陂村也是生产条丝烟的大村庄,不足500人的村子竟有30多家烟棚,以一家五口计算,该村只有百户人家,平均每三户就拥有一个烟棚(厂)。全村老幼都撕烟叶,刨烟师傅、打烟叶工人有200余人。这些师傅、工人大多来自邻近的莲塘、藩坑等村,也有些来自堂堡、抚市等地。生产的条丝烟远销湖广、江浙、南洋等地,不少人在湖南长沙、攸县、醴陵,湖北汉口、武昌,云南昆明,江苏南京、扬州和上海等地办烟庄、开烟店。①

---

① 《永定烟草志》。

闽西族商最典型的代表要数四堡的印书商人。① 四堡龙足乡（雾阁）、马屋村分别为邹、马两姓族人的聚居地（今属连城县四堡乡），也是坊刻的场所。《连城风物志》载：在这弹丸之地，印坊栉比，刻凿横飞，从事印书业的男女老少不下1200人，约占总人口的60％，分布在雾阁和马屋二村世代相传的大书坊至少有100家，而充作书坊的房屋更是星罗棋布不下300间，并逐渐向刻版、印刷、包装、销售一条龙规范化发展。四堡坊刻是在家族内组织进行的，以家族为基础构成一个个庞大的经济单位，一代代的坊刻族人之间也建立起了普遍的商业关系。

邹、马两家均十分重视文化教育，世代以儒商自居，其创始者马孟吉是"幼业儒不售，弃而业贾"，邹学圣是学儒出身的官员，随后，他们将重学传统作为家训传递下去，如邹氏家训云："人不学，不知道，逸居而无教，则近于禽兽。学之于道，盖可忽乎哉！吾家人醇俗朴，半读半耕，一脉书香，绳绳相继者，其来久矣。继自今为父兄者，必于嬉嬉童稚中，择其不甚顽钝者，束之于党塾，聘名师，招益友，俾之磨砻砥砺，相与以有成。将来出为名臣，处为名儒，大为深山邃谷间生色。即不然，知书识字之人，纵置身农工商贾之途，亦有儒者气象，庶不辱我诗书礼义之乡。"

邹氏和马氏二族盛行大家庭制度，往往数代人同居共财，构成一个庞大的经济单位，商人经商所得需支持本族子弟，甚至不惜耗尽心血，如族谱载：邹歧山，"诸弟屠幼，皆赖扶持于君。君则手口交瘁，左提右挚，为娶妻授室，傅之乐业安生。二十年来，心血用尽"。邹述文，"年十九即失怙……追诸兄即世，公以一身撑持其间，早作夜思，不辞劳瘁。有所获，悉为诸侄经其衣食，周其婚配。虽析著后，此志犹不少衰"。族人在经商有成、积累了庞大资本后，按儒家传统对子孙实行均分的析产制，如邹继云"弃儒经商……凡构造书板，继置田庄，悉本公之勤劳以致之。……厥后丁口浩繁，兄弟分籍，其所五之业，条分缕析，无此厚彼薄之虞"；马文澳"兄弟四人，公居长……牵车服贾，因而家益殷实。及析著，凡物悉与诸弟均之，而囊无一私钱"。家产析分后，产生了更多商人，从而使得经商传统持久不衰。

邹氏和马氏宗族内部的商业联系，第一表现为同族商人之间的相互帮助和相互提携。互相通报商业信息是二族内部最有效的互助方式。据说，书商在贩书的过程中，如果自己不能满足客户的要求，就必须把有关信息通报同族商人，以免被其他商帮夺走市场。在刻书、贩书等一系列活动中，为了避免族人之间的不良竞争，邹、马两大家族还制定了一些族法、族规，以此来协调家族内各个作坊之间的生产运作。如岁一刷新，指在来年正月之前，各书坊需将明年出版销售的所有图书品种全部刷印出清样（版样），贴在

---

① 有关四堡族商的考证主要资料来源于：陈支平、郑振满：《清代闽西四堡族商研究》，《中国经济史研究》1988年第3期；陈微：《清代闽西四堡坊刻"族商"市场理念》，《东南学术》2009年第2期；陈支平：《明清族商研究的倡言与思考》，《厦门大学学报》（哲学社会科学版）2009年第4期；马例文：《闽西四堡坊刻的兴衰及其原因》，《福建学刊》1992年第8期；魏德毓、李华珍：《四堡雕版印刷业与商品经济关系初探》，《福建商业高等专科学校学报》2002年第2期；李艳华：《历史文化视野中的福建坊刻本》，福建师范大学硕士论文，2005年；连城四堡坊刻陈列馆的有关陈列资料。

各自书坊门墙之上,如遇品种重复,由家族中的族长或有威望的长者出面调解,尽可能在族内解决供求矛盾,避免族人之间的商业竞争。这种以交流商业信息为基础的同族联系,是两族商人垄断市场的重要手段之一。前辈商业提携后进,更是族人责无旁贷的义务。如邹南峰,"诸侄扶如己子,予以本,教以贸易,终身不息"。对于初学经商的族人来说,与前辈商人结伴同行,是他们获得成功的必由之路。如邹子龙,"谢去章句,随先伯祖龙川公。服贾于江右之樟树镇,越后复游于苏杭、汉川、湖广诸地,经营筹画"。邹子华,"比壮,随父祖龙川公往江右之樟镇,经营数载"。邹子瑶,"与伯兄龄轩公同贸易于豫章之樟镇,筹画经营,屡获重利"。在两族内部,商业经验的传承不以家庭为限,这就大大加强了族人之间的商业联系。

第二,由于合本经营及领本制、托本制的盛行,在宗族内部形成了某些初级的商业信用关系。试见下引谱传:

马怀川,"采樵度日,或佣枚营生。……后王伯与瀚父踌躇,自思如此作为,终非策,随恳平素交好相知及亲友者十人,掇银会一蓬,且作生理。其年开张,获利数十金,不经年出权子母,皆如愿而偿,设策皆称心屡中。……渐积盈余,连颇小康"。

马龙晰,"弟又领本于公,召俊荣合贾,未几败去数百金,公终怜之,而不之计也。……弟自为贾,因归家,付同堂弟代经纪之,无如不善于贾,遂至蚀资七百,缺偿于商者五百有余。肆无存货,囊无存钱,商人索之,急,计无所出,公复出己资佐其贫易。获其利偿商人外,所余者悉与弟以为贾资焉。"

这种族人之间的商业信用关系,对族商的发展有着不可低估的作用。当然,这种信用关系具有明显的互助性质和宗法色彩,与近代的商业信贷是不可同日而语的。

第三,二族商人利用宗族组织建立各种商业设施,实现了对市场的垄断和控制。这方面的典型例证是邹氏族墟的创设。据《邹氏族谱》记载:"先辈早有以旧墟稍远,每思自辟一区,便于交易,然托诸空言,未果举行,至乾隆戊戌岁之十一月十八日始议,一唱百和,众心齐一,而十九日即起一抒,赴集如云。"邹氏族墟之设,反映了族人对于商业利益的普遍关心,而宗族组织则使族人的意志得以实施。试引邹氏各房建墟《合同》如下:

> 立合同人胜公子孙同曾侄孙礼崇公子孙御祖、洪生、熊云、中彦、雄彦、一彦、圣乾、微榷等,为本乡之水口新起公平墟,老少欢悦,但各齐心踊跃,各出自己粮田以作墟场,其建造店宇并小庄皆照八股均派。胜公房墟基使用俱出祠内公项,礼崇公、雄公、希孟公、承生公四公合成一半,胜公一半。自后每年将公平墟税当作八股收税,胜公房收墟税四股,礼崇公众房亦收四股。其年二房每收一半。至递年收墟税,公议胜公房择知事者四人,礼崇公房择知事者四人。至临收租之期,务要知会八人,同往均收均分,毋得越议一二人专搜,空口无凭,立合同字,各付一纸,永远为照。
>
> 乾隆四十年六月二十三日立合同人胜公、崇公子孙同立。

族墟之设,既便利于族人的商业活动,也加强了宗族组织对于商业的控制。邹氏商人在外省的主要经商据点也有类似的商业设施。如邹联梓,"远游于粤之灵山,张设书肆。……获有盈余,与犹子新城兄弟,协心区画,置田租于灵山,以作父兄祀产,立房店,以树后人之永基"。此外,邹氏和马氏商人还在许多地区建立祠堂,实际上也具有同业组织的性质。

第四,二族商人利用家族组织进行分工合作。他们除经营刻印之外,一般也兼营销售,首先在小家内部进行分工。如《马氏族谱》记载:"公讳谋……兄弟三人,尝扶资售书江西,囊渐盈,大启尔宇。……复构别野贮书板,命儿孙远贾两粤。……今蕃衍繁昌,拼读服贾外,无游民。公讳权亨……既而开坊举刻《四书集注备旨》等板,颇获利。后四年……以书板与三弟,而自贸易于粤……(兄弟)皆能货易以裕家,及其老也,遂等于素封。这是一种以家内分工为基础的工商联营。不过,由家人直接销售的数量是很有限的,大多数产品仍需假手于人,转贩外地,因此,邹氏和马氏族内分化出了一批专营贩书的商人,形成以族内分工为基础的工商联营。谱传:(邹朝佛),因家传清白,世路崎岖,随弃儒而就商焉。……由是束装随诸父辈,携经史书籍,游于东西两粤之区。……经纪数年,获利常倍。(邹建保),弱冠随伯兄售书两粤,广集经史子集,布诸海内,信誉日著,家业因以兴隆。……缥囊细帙,遍历两广名城。(马叔峰兄弟),则祯公以贫书往来于粤,四弟则忠公往来于吴……公(叔峰)间往来于吴、粤间。"经过长期不断的努力,四堡书商与各地客户建立了密切的联系,逐渐由行商转化为坐贾,到处开设书肆,设置商业网点,建立了比较稳定的书籍销售网。

由于宗族组织对于族人的商业活动至关重要,遂使商人无不热心于宗族事务,力争在族内树立自己的权威。邹氏和马氏均有大量的族田,又有各种总谱和支谱、总祠和支祠,其创置者大多是族内巨商。如马怡庵,"集族人捐资建祠,祠成遂及族谱。此皆敬宗睦族之大事,先生不惮劳费而经营之"。马澹庵,因族谱残缺,"爰集族众而序其世系,搜其遗文,申劝戒,奖之、惩之,无饰词亦无苛谕;善善、恶恶,人咸服之"。二族商人平常也乐于济困扶贫,以存恤族人为己任。如马则升,"子姓不给于食者授之,不能婚嫁者助之,疾病无治疗、死无棺椁者资之,老而无告者怜悯而周之,称贷无可偿及佃人不足于岁入者,捐其负取焉"。邹胜才,"岁遇丰歉,减价平粜,望门投渴,持赠必周。广祭田,敦宗族,建桥梁,施茶汤,种种善行,尤难枚举"。在邹氏和马氏族谱中,有关商人的传记不下数百种,而他们又总是"敬宗睦族"、"德行可风"。这虽是捉笔文人的一种偏好,但也真实地反映了商人阶层的价值取向。

在某种意义上说,邹氏和马氏族人的商业活动自始至终都是整个家庭乃至宗族的共同事业。① 宗族的存续与发展对他们来说是最重要的。他们的乡土观念极强,四堡商人在长期的经商活动中,也有少数族人随遇而安,定居于外地。然而,绝大多数的四堡商人未能切断自己与乡土之间的联系,总是生于斯、长于斯、娶于斯、老于斯。这种根深蒂固的乡土观念,使四堡商人的主要经营对象始终局限于运销本地的土特产品,而他

---

① 陈支平、郑振满:《清代闽西四堡族商研究》,《中国经济史研究》1988年第2期。

们所得到的商业利润又大量被耗费于乡族内部。因此,就四堡商人的作用及影响而言,只能是一个内地型的地方性商帮。

据说,清代四堡书商有三条主要的运销路线,即北线、西线和南线。"当时,北线经清流入沙溪下闽江,或由宁化到建宁、泰宁,进入江西丰城、临川、南昌、樟树、九江等地,再由长江向上游进发到武汉、长沙、成都和重庆,下游抵安庆、芜湖、宣城、南京、湖州、无锡、苏州和杭州。西线至长汀后,也分水陆两路,一路沿汀江乘舟南下,入上杭、潮州、汕头,经海运入珠江、进广州,散入粤西各地,或沿珠江上溯至广西梧州、贵县、灵山、横县、南宁、北色,直抵云南各地,或于潮州陆路转入粤东北各地;另一路由长汀向西入赣南和湘南诸县市。南线至连城后分东、南两路,东路入永安经沙溪发行至南平、建欧、崇安、浦城各地,或沿闽江东下至福州,转海运入温州、浙东各地,伸而入杭州,散于全浙,南路经朋口溪入韩江至广东,或陆路至龙岩、漳州、厦门、泉州等地。"在上述运销路线所经的主要城镇,邹氏和马氏商人大多设有书肆,并以此为中心,向当地的塾馆、书院及其他客户推销书籍,接受订货,形成了相对独立的销售网。从邹氏和马氏刊刻的书目来看,他们联系的读者群是相当庞杂的。其中或以文人学士为对象,如《唐诗三百首》、《四书集注》、《康熙字典》、《说文解字》、《佩文韵府》、《楚辞》,以及十三经、二十四史、历代名家诗文集、宋词、元曲、明清小说等;或以平民童蒙为对象,如《人家日用》、《三字经》、《弟子规》、《增广贤文》、《幼学故事琼林》、《千家诗》,以及农书、通书、巫术星相及堪舆青鸟诸书。因而,邹氏和马氏商人能够不断适应市场需求,巩固和扩大其销售市场。

据清乾隆《长汀县志》和邹、马氏族谱记载,明末至清雍正之前,在四堡创办的世代相传的大书坊约有29家,其书坊主和牌号分别是:邹葆初(崇德堂)、邹洪夏(碧清堂)、邹圣耀(瑞文堂)、邹圣脉(寄傲山房)、马维翰(万竹楼)、马权亨(经纶堂)、马权文(本立堂)、马宽裕(文汇楼)、马定邦(文萃楼)等。清乾隆至咸丰年间是四堡坊刻的兴盛时期,前后开办的书坊多达73家,其中邹氏53家,马氏20家。如以上族谱所记:邹孟纯(字葆初)的崇德堂延续了八世,长达150年;邹尚忠(字洪夏)创办的碧清堂,子孙相继,前后近200年。马权亨创办的经纶堂,相传六代,堂名先后有文萃楼、湘山堂、务本堂、同文堂、鹤山堂、在兹堂、念兹堂、文兹堂、文林堂、枕松堂等,长达100多年;其弟马权文(字周群)、长子马定邦(字则桢)、长子之侄马烈(字斯扬)都是其中的佼佼者。

四堡族商重视家庭内部分工与收益共享,商人与其他家族成员相互依存,商业从属于整个家族经济,阻碍了商人及商业资本的独立发展,使资产始终陷于膨胀与收缩的循环之中,影响了经营规模的扩张和更有效分工形式的建立;家族内部士、农、工、商的结合,对于其他各业的发展同样也有不良的影响,儒商结合导致了弃儒经商和弃商业儒的周期性循环,结果使科举事业成效甚微;工商结合使手工业的发展依赖于商业的扩张,结果忽视了工艺技术及生产关系的改良;商人买田收租以满足家族成员的粮食需求,可以说是家族内部的农商结合,其结果也会阻碍农业生产的进步。这种亦儒、亦商、亦农、亦工的家族经济结构,不利于职业的分化及社会分工的发展,因而仍是自然经济的一种表现形式,这也是四堡族商最终走向没落的原因所在。

族商在当代社会的表现形式是家族企业,在改革开放初期,家族或新族对构建企业最初的信用网络、获取商业资本以及扩大经营规模曾起了很大作用,不过随着市场经济的发育成熟、社会信用体系的建立,宗族反过来成为企业发展的障碍,自1990年末期以来,家族企业越来越少并逐步为现代企业制度所取代。

2. 商会或会馆

随着清代闽西商人在外埠经商的增加,为联络乡谊和方便商业,闽西商人们在一些大的商业城市都建有会馆(或称纲)或会馆性质的天后馆,这些会馆基本都是由旅居商人建设的,从一开始就带有商人组织的特点。他们通过制定主要行业的行规和度量标准、管理市场秩序、调处商事纠纷,联合采取市场行动,为市场发展营造了一个相对稳定的社会制度环境。清代闽西商人的主要会馆有:上杭商人在靛业贸易中业绩突出,曾一度控制全国的靛业贸易,乾嘉年间"江西、浙江、广东及上海、佛山、汉口等处,于省郡总会馆外,还有上杭会馆"。在广东佛山有长汀与连城商人共建的莲峰会馆。在江西的河口、景德镇有以闽西商人为骨干而建立的福建会馆,在汉口也是如此。在浙江的杭州、嵊县、衢县、乍浦等处则有闽西商人修建的会馆或天后宫形式的会馆。至于北京、上海、苏州等商贾必据之地,闽西商人更是不落在其他地方商人之后,也都建有本府商人会馆,如北京汀州会馆位于崇文区西北部,前门外长巷二条,始建于明代弘治年间(1488—1505年),系汀属八县在京同乡集资修建的北京独一无二的福建风格的民间建筑;在上海,有建于清道光五年的建汀会馆,为汀州与建宁两府商人合建;在苏州,有建于康熙五十七年的汀州会馆,为上杭纸商与永定烟商合建。在道光初年,汀州洋货商还与本省的泉州、漳州洋货商在苏州合建点春常公所,其中最著名的是潮州的汀龙会馆,陈支平先生在《中国社会经济史研究》1996年第2期发表的《清代闽西商纲零拾》对此有专门研究。

汀龙会馆是汀龙两地各县商人在潮州的组织,上杭县唐史标在《潮州汀龙会馆志·叙》中说:

> 自乙丑(同治四年,1865年)之春抵潮谬膺乡馆司事,越七载于兹矣。每当馆中岁时报赛,少长咸集,皆以乡馆之建百有余年,分纲置业,以修祀事,将垂久远,而独缺馆志。闻自京都迄直省府镇,凡建乡馆,馆各有志,盍仿照为之非创也。……维时董斯事者各纲总理:姜纸(纲)赖志峰、童宝贤、郑廷封、罗秉盛、罗庆鸿,福纸(纲)邱中荣、刘阶汉、江兆纯、饶恩赐、许普堂、仁开斌,龙岩(纲)连用周,履泰(纲)卢步书、卢正和,九洲(纲)黄进毅,运河(纲)张希善,武平(纲)钟舰圣,本立(纲)黄新发,上杭(纲)王锡三,莲峰(纲)张良宝。

从这《叙》中可知,潮州汀龙会馆所属各纲的组织形式主要有行业与地缘两种,姜纸纲、福纸纲、履泰(杂货)纲等是以行业组成纲,而龙岩、上杭、武平、莲峰(连城)、九洲等纲则是以地缘商人所组成的纲。其中以纸纲实力最强,会馆日常运行费用也主要由纸纲支付,约占 2/3。

会馆主要有三方面的功能。其一是联络汀州、龙岩各属在潮州的乡谊,该会馆有匾额镌刻会馆创造宗旨云:

> 汀龙二州密迩毗连,据闽之上游,下与潮属为邻,地壤相接。且称鄞汀一水,南流直通潮郡,舟楫往来,众皆称便,凡商贾贩运,托业于斯者,歌乐土焉。盖时当承平清晏日久,海国江乡无复向时鲲波瘴雨矣。由是议建会馆,将上以妥神灵,下以通乡谊,岁时祭赛,搏酒言欢,联一堂桑梓弟兄,甚盛事也。

福纸纲的《纲薄》亦云:

> 纸之有纲,以答神庥而联乡谊也,祭与宴一岁数举。前之人置资产计长久,设施可不谓善乎?……岁时祭祀宾客燕饮,诸度支使,夫商于此者皆得周知。其出入多寡之数,盖记明而斟酌善,桑梓之情益洽,祖祀之举弥长也。

会馆的第二个功能,是筹集经费并且代替商人完纳国税。公馆及商纲举行联络乡谊等活动需要资金。会馆所需资金由各商纲分摊,而各商纲则向商人们抽取。如履泰纲,"杂货帮,按货抽厘置买业产,为会馆香灯祭祀之费"。篓纸纲,"从前各字号所抽厘金及各房店租息向交篓纸行主收存办理"。上杭、九洲、运河诸纲,"各字号按抽纸厘共立为馆中每年祭祀庆祝之资,所有章程俱载"。福纸纲和篓纸纲的经济实力最为雄厚,故对各商抽厘之外多有盈余,在潮州府内购置了多处地房产,出租收息,积蓄经费。会馆对于经费的管理和使用先是由各商纲轮流执掌,至道光十七年(1873 年)以后,实行聘请经理制,每任三年为期,商纲在对商户抽取经费的同时,亦制定了为商户代完国课的条规,如篓纸纲的"饷规"云:

> 各项纸庄由上山采办装篓记明字号刀数,船运至东关揭挥完饷,高□纸每刀正饷银一分五厘柒,毛边纸每刀正饷银二分二厘零柒,书纸每担六分九厘。每饷银百两加费补平在外,由行代完,纹、佛银各半。

福纸纲的《饷规》规定:

> 各庄福纸由上山来办,盖用各字号戳记,所有双合纸黄纸每四十二张为一刀,每五十刀为一片,合二片为一百刀为一捆。船运至东关,每抽完正饷银四分六厘……各字号纸张由客批定行收,揭挥到东关,按挥先代垫完清正饷,并代发船脚,俟纸货售卖后,总共与客结算订记行单薄内。

交纳商税和应付官府往来是商人们感到困扰的一件事,商纲组织委托商行代完税饷,对商人起到了一定的庇护作用。

会馆的第三个主要功能,是制定一些同业行规,协调同业之间的行为。篓纸纲行规、脚规规定:各项篓纸批行收入售卖,俱作钱价,每钱六百八十二文伸花边一元,每花边一百元现用佛边,该补贴花水边十元。纸张售卖,行用九七扣,每百元扣用三元,行内与客结算,每钱六百九十文伸花边一元。……其各字号客到行,便饭一次,席请一次,供照旧章。船户到峰馆领载,高连纸每担批钱八十元,毛边纸每担批钱一百六十文,书纸每担批钱一百六十文,轻次书纸每担批钱八十文。运至东关交稽夫检按各字号发筹担入行内,每担钱一十一文,俱行内代垫,发后与客结算,每四鉴为一担。各行售卖纸张,务先向客说明市价,庶免以后争论。其纸货批入各行,倘有润张湿角,亦须通知各字号到行面验看过,提出结价,可免争多论寡。

闽西各商纲虽然各自制定有通行于本纲内的各种条规,但因商纲之上又有以汀州、龙岩地缘为组织的会馆,故在纲与纲之间,有时也有一些共同协作的条规,如福纸纲与武平纲,就曾合股购买店屋,"兹有武平纲付有七兑洋银三百元,即日交付众公等收入记薄,其银归与众福纸纲凑买长养坊三家巷行屋兑价,其行店租银众纲内收入。递年三月二十七日众纲内应办武平纲戏金一本庆祝,其武平纲内人等演戏之二十七日应向众纲内收回租钱一千文,以办香纸油烛串爆等费。其戏金戏班递年俱照众纲所雇的以垂久远,永无违议"。再如上杭、永定等以地缘而组成的纲,则委托福纸纲代为抽取本纲客人有经营贩纸者的份厘,"上杭纲同治元年合同九洲纲内上杭各字号,与运河纲本立纲各字号,按抽纸厘……附入福纸纲","本立纲纲内向抽杂货厘金,后抽纸厘,入福纸纲一体抽厘,所有章程俱载本纲薄内,照旧办理"。

毫无疑问,闽西的商纲组织及其会馆对闽西商人在潮州粤东一带的商业活动起到了一定的促进作用。直至新中国成立前,闽西商人仍然是潮州地区最主要的外籍商人集团。

会馆在民国时期又有较大发展,如民国《龙岩县志》载有国内外会馆或同乡会24个,国内有北平龙岩会馆、北平龙岩旧馆、北平漳州东西馆、长汀龙岩会馆、龙溪龙岩会馆、汉口福建会馆、九江龙岩会馆、江西市槎龙岩会馆、建瓯龙岩会馆、泰宁龙岩会馆;国外有新加坡龙岩会馆与石山别墅、巨港龙岩同乡会、亚庇他山俱乐部、槟城龙岩会馆、红土坎龙岩会馆、吉打龙岩同乡会等。

改革开放后,龙岩商会组织从20世纪90年代开始起步,伴随着市场经济体制的不断完善和民营经济的迅猛发展,商会组织日益壮大,功能日趋完善,影响逐渐扩大。至2009年底,全市先后组建行业商会19个、异地商会22个、乡镇(社区)商会72个,各级各类商会会员总数达9000余个。异地商会主要分布在北京、上海、广州、深圳、广西、福州、厦门等地。各地商会组织充分发挥商会的人脉、资金等社会资源优势,以乡情、亲情、友情为纽带,"请进来、走出去",积极开展对外交流合作,主动参与"6·18"、"9·8"、"11·18"等经贸、投资洽谈活动,在激活民资、招商引资、促进项目生成等方面发挥了应有作用,逐步成为吸引民间投资、搞活民间招商的重要力量。

四、商人的社会贡献与义举

闽西商人的辛苦经营给闽西地区注入了大量的货币资金,促进了闽西地区社会经济的繁荣。道光《永定县志》载:"旧志云艺不求工,前志又云居服器用但求坚利,不尚奇淫。殆数十年如此,今俗渐繁华,由贸易他省人夥,各罗致所有以相耀,竞尚工巧矣。""捐监贡及职衔者以千数,处地置产者所在多有,千金之固不乏人。"民国《龙岩县志》说:"昔者商人长补贴善舞,多钱善贾。出则长驾远驭,执商场之牛耳;处则慷慨施与,驰社会之声誉。三江五岭之间茶烟捆载而往,厚获而归,金银吸收百万,素封之家,村巷相望。"闽西土楼在一定程度上就是闽西商人成功的标志。

闽西商人一旦发迹或有所成就后,总是不忘报答曾经养育过自己或先辈的故国家乡。他们这方面的慷慨义举,不仅有力地支持了我国经济建设及有关社会事业的发展,同时也赢得了海内外中华儿女的尊敬与爱戴。清代的永定商人吴来瞻,"湖雷人,例贡,少孤,行贾致富,乐善好施。曾捐田五十桶为凤山书院膏火,又创乡中文会,本族家课,就修桥砌路赈贷等事皆不惜费……晚年于本乡铜鼓山筑高岗书院三十余间,馆旁石壁峭耸处筑魁星阁,购书万卷,岁延名师以课孙曾子。"邹氏和马氏聚居的雾阁、马屋属于全乡的公共设施,如桥、亭、墟及各种庙宇,大多是由邹氏和马氏商人修建的。例如:"邹子岳,尝游延、建、邵等处贸迁,获厚利,归而构华厦、置田园。所最难得者,助学宫、修祖祠、建桥梁、创亭宇,凡人所吝为者,皆乐为之。""马怡庵,五十岁,与族叔高吉首倡,造石桥于吾乡东郊大佛庵背;五十三岁,中丞坊将颓,爰为兴工修之;五十六岁,倡首垒石桥龙头坊桥,捐金百数,以为利济。又如邹鸣盛,于闽北崇安县(今武夷山市)经商致富之后,入户籍以取功名,购名岩以治产业,寿逾花甲之时,毅然还乡,以求造福乡里,先有三乡众存微项,交公权子母,公经纪数年,出百金买田数处,分与三乡,为历年祭祀之需。本乡开创新墟,公又慨然共襄乐助,后人盛赞之。"有的商人还积极参与县级以上的公共事务,如"邹兆敏,累赀百万,邑人新建朱子祠,而昆季六人,亦各捐金效绩,采入题名录,一时荣之"。

闽西商人在外地也有一些义举,《长汀县志》载:"刘文端,邑之平原慈坑人。乾隆十一年常贾于浙江处州,适遇火灾,延烧民居行店数百余户,端罄其货本雇夫挑水救火,所费甚巨,处州知府郑功赠以'轻财重义'匾额。"《培田吴氏族谱·一亭公牌坊呈稿》载:"据呈已故善士吴昌同独捐巨款在省垣建立试馆,并捐资倡办一切善举,洵属仗义疏财,深堪嘉尚,候即据情申详请旌。福建汀州府胡批:'……查有已故四品封职吴昌同仗义轻财,敦宗睦族捐赀设馆,本支之赴试者,咸乐安居,置业收租,合族之与考者,并蒙分惠。'如输军米、育遗婴、创建桥梁、捐修书院、积谷以备歉岁、施茶以利行人,均属有益于地方,不独见称于宗族。所捐较巨,核例既符,洵为里党之善人,宜沐褒扬之盛典,应详请照例旌奖给予'乐善好施'字样,令其自行建坊,以资激劝。"

新中国成立前,闽西商人从事社会义举最著名的当属胡文虎。① 胡文虎"本诸'以社会之财,还诸社会'之义,致力于救国、救灾、慈善、文化事业"(胡文虎语),用经商所得

---

① 胡文虎家族的有关史料改编自永定下洋虎豹别墅的陈列资料。

利润的25%,以后逐年递增至60%,作为慈善事业专款,在海内外捐建大中小学校、华侨职业学校、医院、孤儿院、体育馆、游泳池、公路、码头等,还有赈济灾民,资助垦荒等各种善举。他在侨居地和华侨社会捐资兴办公益事业达3000多万元。1931年"九一八"事变,他首捐2万银元和大量药品支持抗日将士,另捐1万银元支持宋庆龄、何香凝领导的香港红十字会组织的战地军民救护工作。1932年,汇捐3万银元和大量药品,支持十九路军淞沪抗战,十九路军的副总指挥蔡廷锴赞扬说:"本军在沪抗日,胡君援助最力,急难同仇,令人感奋。"国民政府军事委员会致电胡文虎"情殷爱国,迥异寻常",国民政府财政部特授予他一等奖章,军政部向他颁发了海陆空一等褒奖。1934年,国民政府颁给他"益在民生"、"仁心义举"匾额和采玉勋章。1935年,他宣布捐献350万大洋,在全国各地兴办1000所小学,钱款汇到上海、昆明、香港等地的中国银行,到1938年已建成300余所,因抗日战争爆发,建校计划未能如愿,余款购买了"抗日救国公债"。在国内,他还捐巨款兴建数十座医院、养老院、孤儿院等。据有关资料载,胡文虎生前捐献慈善事业达2000多万美元。1937年,抗战全面爆发,胡文虎提出,"爱国是华侨的天职","忠于国家为先,爱国观念不敢后人",捐献了大批纱布、药棉和药品,交宋庆龄转给何香凝领导的抗日救护队,组织香港红十字救护科毕业生500余人回国抗战。他办的星系报纸著文:"国家兴亡,人各有责,际此全面抗战之时,正吾人报国之日,有钱者出钱,有力者出力,毁家纾难,亦份所宜。"民国政府发行救国公债,他率先认购国币300万元,并通过南洋客属总会及其所属的53个分布在各地的分会,大力动员侨胞踊跃认购和捐献,经努力,仅新加坡、槟城等12个地区就义购公债1300万元,捐献近2000万元。以后,又相继捐助了大批药品、财物等支持抗战。他的抗日救国义举受到世界和全国各党派各阶层人民的赞扬和崇敬。1938年,英皇乔治六世也赐他大英帝国O.B.E勋章。1941年2月,他到重庆出席国民参政会议,受到各人民团体的热烈欢迎,蒋介石等政要亲自到机场迎接,周恩来、叶剑英等特地到他下榻的嘉陵新村拜会。《新华日报》发表专文赞扬他:"二十年来,慷慨输将,或办公益,或作善举,或助建设,或资抗战达千余万元之巨。"抗日战争胜利后,胡文虎发起闽侨集资建设福建的"经建运动",成立了"福建经济建设股份有限公司",计划募集300亿元,他自己投资13亿元,制订了开设银行、修建铁路、开办矿山、建设工业、开发海产等项目,由于国民政府下令禁止开设"福建建设银行",使得福建"经建运动"夭折。

新中国成立后,他三次致函中南军政委员会,表示拥护人民政府。1950年,广州永安堂认购中国人民胜利折实公债2亿元(旧人民币),1951年,又特派胡梦洲回国购买公债3亿元(旧人民币)。① 胡文虎的慈善义举为他女儿胡仙所继承,《星岛日报》在她的领导下参与了不少社会公益活动和项目,每年年末举办星岛虎报济贫运动。1976年成立了"星岛基金会",以统筹及分配济贫运动所筹得的善款。对于大陆归还的胡家产业,胡

---

① 陈星南:《马来西亚华人历史与人物》,http://www.malaysian-chinese.net/publication/articlesreports/articles/1474.html。

仙或赠予当地用作文化活动场所，或把发展这些产业所得的一切收益用在国内的慈善及教育事业。1993年，胡仙独资捐赠基金，成立了以"兴办资助公益事业，造福社会，造福人民"为宗旨的"胡文虎基金会"，到2005年冬，胡文虎基金会已经在福建、广东、江苏等地兴办社会公益事业金额达3000多万元。1998年，福建省人民政府立碑表彰胡仙爱国爱乡、热心社会公益的精神，并向胡仙颁发了金质奖章及证书。

新中国成立后，闽西商人依然热心爱国爱乡行动，抗美援朝时代，闽西商人和百姓捐献了"闽西号"和"龙岩号"两架战斗机。改革开放后，龙岩商人在各级各类商会的组织鼓励、引导和支持下，积极参与扶贫济困、赈灾捐赠、捐资助学等活动，赢得了社会各界的广泛好评。据不完全统计，2005—2009年间，龙岩市民营企业家为公益事业捐资超过2.3亿元，2008年，四川地震后，全市非公经济人士累计捐赠2700多万元。2007年，中国龙工控股有限公司董事局主席李新炎先生在龙岩第一个以个人名义捐资3000万元，成立了"龙岩市李新炎慈善基金会"，先后设立了"中小学贫困生助学金"、"高中贫困生助学金"、"高校贫困生助学金"、"硕博连读学生成长基金"，至2011年，李新炎慈善基金会已资助龙岩市7个县（市、区），龙岩一中、龙岩高中、龙岩学院以及江西高安市的贫困生868人，助学金共计176万元。基金会成立五年来，先后资助贫困学生共计4810人次，资助总额达1152万元，李新炎先生于2008年荣获国家民政部"中华慈善奖"，被评为"全国最具爱心慈善先进个人"。福建恒亿建设集团从2007年开始，捐资1000万元投入100个文化村建设。大豪实业、春驰集团、龙麟集团、环闽投资有限公司、永兴房地产有限公司、福建森宝食品集团等一批企业捐赠成立的新罗区慈善基金会共计人民币5000多万元。2006年后，龙岩市委统战部、市工商联以"海西春雨行动"为载体，引导广大会员企业积极参与新农村建设。全市共组织了50家民营企业组成"服务新农村建设志愿团"，与10个试点村结对帮助发展经济。包括争取省光彩事业促进会的支持，2006年以来，共投入240多万元，扶持800个贫困户发展种植、养殖、加工业，充分调动了贫困户发展经济的积极性和主动性，为贫困户增加收入、脱贫致富创造了良好条件，其中紫金矿业积极支持社区发展及新农村建设，主动支持项目所在地特别是周边社区的教育、医疗、道路、饮用水等基础设施和社会主义新农村建设。2011年，紫金矿业参与兴建的上杭城区新水源工程竣工，开始为城区居民稳定供水；在公司所在地附近积极投身公益事业及抢险救灾，开展志愿者和献爱心活动；继续执行"上杭县80周岁以上老人生活津贴及孤儿生活补助项目"，为近万名老人及孤儿提供定期帮扶。于2012年荣获中华慈善奖"最具爱心捐赠企业"奖杯。这是紫金矿业继2008年获得第三届中华慈善奖"最具爱心内资企业"称号、2011年获评第六届中华慈善奖"最具影响力的公益项目"荣誉称号之后，第三次获得中华慈善奖。

本章结语

  闽西是一个相对独立的山区经济区域,通过考察宋代以来龙岩地方社会的变迁,可以发现,交通的改善和人口的增加是闽西商业发展的重要条件,而通过经济发展以改善生活则是闽西商业发展的内在原因。经济发展的要求带动了交通的改善,交通的改善又进一步为闽西经济的发展和商帮的凝聚壮大创造了条件;特殊的地理条件与北方民族迁移造成本地区人口的大量集聚,人口的集聚带来了大市场条件,人地矛盾又使本地区居民有从事农业之外行业来获取收入的要求;①沿海、山区、平原的不同产出结构使得不同地区有商品交流的要求,这是闽西商业发展的基本经济条件。

  明代中叶以后,随着沿海开埠经商热潮的带动,山区在发展粮食作物生产的同时,商品经济作物种植以及因地制宜的手工业、林牧业也日益发展,最终在山区形成了自有特色的商人集团和社会组织,这是一支经海洋经济气息孕育而成的新型商人群体,最终带来了汀潮、漳龙经济的一体化发展,山海经济交流使官方与民间都存在改善当地交通运输条件的迫切要求,由此带来了当时的修路高潮,交通条件的改善使交易成本下降,商路得以进一步延伸并在此之后形成龙岩和长汀两个有重要影响力的经济中心。商品经济的发展与当时社会治理结构发生冲突,进而爆发了"山海交讧"的地方叛乱行为。官方力图通过加强对地方的行政管理以应对社会动乱的局面,因此在明代的汀漳地方出现了大规模设县的高潮,这在一定程度上表明闽西经济地位的上升。

  清代以后,闽西出现了移居海外的浪潮,这一方面是闽西人地矛盾的结果,是一种为了谋生的被动迁移;另一方面也是受海洋贸易巨额利润诱导的结果,是一种主动迁移。为更好地开展异地贸易和创业,闽西商人大力发展起了族商、商会等经济组织形式,借此对商业发展进行规范并提供有效支持。

  闽西商人的成功,除了得天独厚的地理条件和丰富的可商品化的物产之外,独特的地方文化也是重要原因,闽西地区多山,山高水激,路险道滑,其族群又是由外地迁移而来的,非有刻苦耐苦耐劳的精神不足以克服异乡异土所遇到的困难,这使闽西商人能在陌生的环境中从容地应对各种困难,具有较强的生命力。本地居民重视儒家传统教育,

---

  ① 如连城芷溪人多地少,为了谋生,自古就有许多人走上经商之路,康熙年间,朋口至新泉,新泉至上杭、潮州的航运开通之后,芷溪从事商业的人就越来越多,其中开店经商的较多,挑箩摆摊的也不少,范围涵盖百姓日常所需,每月逢二逢七庙前墟,逢三新泉墟,逢八杨家坊墟,逢五逢十芷溪墟,逢一逢六西山墟,也就是说除逢四、九不用赶墟之外,每个月其他天都要赶,加上相隔有一定距离,路上也要花费不少时间,可谓非常辛苦。部分人经过艰苦的原始积累后成为商业巨子,如杨云岩和杨峻亭、杨西林,两代出现了三个百万富翁,富甲一方,杨云岩和杨峻亭两父子通过经营木材而发财,而杨西林则是靠纸品,经营有方,不久建立了从原料、生产加工到运输、销售一条龙的纸业经营模式,而且垄断了连南及古田一带的所有纸业。

一贯待人诚恳,经商时也不例外,较少留下"奸商"的骂名,《临汀汇考》说:"其质鲁者(指商人)出远方贸易皆机敏善筹划,与人交易亦和蔼,以帮动辄致富。"他们重视社会慈善,较容易为当地社会所认同;闽西人崇尚文化、聪明好学①也是重要原因,这使得他们善于发现商机和解决经营中的困难。闽西人在长期的迁徙过程中,特别重视团结,使其在经营过程中能互相帮助,共同致富。闽西商人重视创业,虽然他们特别地热爱故土,但迁徙与在异乡创造新生活已成为其血脉的重要组成部分,他们善于从无到有、从小到大地开展商业活动,他们异地经商不是为掠夺,也不是为短暂的利润获取,而是希望能在异乡持久地开始新生活,这才使其商业活动能持久不衰并使商路在交通与信息交流极其不便时代就得以不断延伸到世界各地。闽西人重故土、敬祖宗,许多海外客家人虽身在异邦,但始终不忘自己是炎黄子孙,时刻想念故土,教导子女溯本思源,永远不忘祖籍国与列祖列宗,龙岩东肖仙宫公园有一副对联说出了海外华人的心声,"四海可为家,祖国山河常在念;五洲虽寄迹,故乡风物总关情",这使得闽西商人在外出经商时可得到家乡的支持,即使经商失败也可返乡重新来过,风险较小。

  封建时代的闽西商人在重农思想的影响下,在经商有成之后,强调回归故乡购地建房,"以本守之",在某种程度上更加稳固了小农经济结构,稳定了传统的社会结构,缺乏使资本持续扩大和技术变革的能力和动力(这也是那个时代大部分商人的共性),在社会变革过程中转型困难,晚清时期,闽西商人的经营明显地受到西方资本主义入侵及国内动荡时局的影响,快速步入衰落时期,《龙岩县志》说:"咸同以后,各货既成强弩之末,富源遂如池竭。自中兼以洪党叠至,焚掠一空,间里益形萧瑟之现状,数十年来资历本亏而倒闭多,食用失而金融阻滞,商场中实莫大痛苦。"而现代的闽西商业则在市场经济大潮中不断发展壮大,不断冲击传统社会结构,使闽西社会急剧进入现代工业化社会,2011年,龙岩市的三次产业结构为12.34∶56.51∶31.15。当代闽西商人群体的大量出现与商业的大发展,一方面得益于良好的市场化的制度环境,另一方面得益于地方政

---

① 闽西汉民在长期迁徙过程中,将子弟读书作为重振家声的根本,自宋代起就重视修建书院学舍,如长汀县治所汀州镇在明代就建有新罗书院、正谊书院、鄞江书院、觉觉书院、龙山书院、龙江学舍等,清代增设正音书院、紫阳书院、丽泽书院、南山书院、龙山书院、道南书院、森玉书院,还有东山、喻义、广陵、文明、观文等书院等。学校之多,教育之盛,为八闽之最。由此,他们在经商过程中,经常是亦儒亦商或亦官亦商,如明嘉靖、万历年间,培田吴氏第九代族人东溪、石泉兄弟开始外出谋生,他们的儿子乐庵、毅吾则完全是弃儒经商。而乐庵之孙翼明则是亦官亦商,虽然他临终之时对诸子一再强调"子孙必读书为贵",但实际上为了生存和发展的需要,大都还是经商致富或亦官亦商。在清代留守培田的吴氏族人中最为兴盛的是在敬房,亦官亦商,进入家族发展的鼎盛时期。明清之际,人丁衰微,第十三代男丁只有五人,此后在敬房崛起,第十六代就有男丁六十二人,其之所以能兴起就是因为十四代日炎公"年方十八,遂弃笔砚而理牙筹",一生累积财富巨万,建了七座大屋,正是有了经济基础,才人丁兴旺,教育才有保障,故日炎生六子,二十九孙,生员三人,贡生三,此后培田商人和士绅大都出自该派。以十七世"南顿公"为例,其六子,昌同、昌剑、昌启、昌乾、昌风五子在道光至同治年间均为商业巨子。

府持续地改善地方经济发展条件的努力,改革开放尤其是 20 世纪 90 年代以后,闽西加大了交通建设的力度,使龙岩逐渐发展成为闽、粤、赣边的交通枢纽,同时也成为闽、粤沿海地区扩展内地市场的桥头堡;同时地方政府着力实施重商、重工主义的政策,持续提高当地经济发展的集聚力和吸引力,投资环境评价连续多年名列福建省前茅,城市新罗区被评为全国民营企业最佳投资区,全市被确立为全国可持续发展试验区、可持续发展产业示范基地、全国外贸百强市。

第二章 唐、宋、元、明时期龙岩商业与商人

古代商业是生产力发展到一定阶段的产物,它的发展与地方农业、手工业的发展水平,人口规模及集中程度,政府政策及外部商业的带动等有很大关联性。

第一节 南方开发与龙岩商业的发展

我国南方开发较晚。秦汉时南方经济还很落后,《史记·货殖列传》载:"楚越之地,地广人稀,饭稻羹鱼,或火耕水耨,果隋蠃蛤,不待贾而足,地势饶食,无饥馑之患,以故呰窳偷生,无积聚而多贫。是故江淮以南,无冻饿之人,亦无千金之家。"《汉书·地理志》亦载:"楚有江汉川泽山林之饶,江南地广,或火耕水耨,民食鱼稻,以渔猎山伐为业,果蓏蠃蛤,食物常足。故呰窳偷生,而无积聚,饮食还给,不忧冻饿,亦亡千金之家。"史书的记载表明,当时江南广大地区农业还很不发达,其生产方式基本上还停留在火耕水耨的较原始阶段,地处更偏远的、三面环山一面临水、与中原隔绝的福建地区则更是落后。古代闽西的发展与人口的迁入有很大关系。

战国以前,福建经济社会基本处于原始时代,当时福建地区的"原始人"被称为闽族。在闽侯县石山、平潭、三明、漳平等地都已发现这些土著人种的生活遗迹。战国时期,公元前339年,越国被楚国灭后,越国后裔无疆带着越人来到闽地,逐渐与闽族人融合,形成了闽越族。这一时期,福建人口由于融合,大幅增长,长江下游地区较先进的耕作方式和发达的手工业也由此传入福建,但这一影响主要在闽中、闽北地区。秦末汉初,闽越族的无诸、刘织等帮助汉高祖刘邦打败了项羽,因有功被分别封为闽越王、南海王(时闽西处于南海国境内),班固《汉书·高帝纪》载:十二年三月,"诏曰:南武侯织亦粤之世也,立以为南海王。"闽越国与南海国等异姓诸侯国的存在与汉中央集权的要求不一致,汉室政权稳定后,中央政府加快了对诸侯国的控制与清理步伐,汉文帝时,南海国被除,由于交通不便和防止反叛等方面的原因,汉武帝执行了民族同化政策,把这里的闽越人都迁到江淮一带,《汉书·严助传》载,淮南王刘安上书文帝称:"前时,南海王反,陛下先臣(指淮南王刘长)使将军间忌将兵击之,以其军降,处之上淦。"说明南海王因反叛汉廷,受汉军攻击而降,被迁徙安置到上淦(今江西省清江县一带)。至汉文帝时,作为一个王国的南海国消亡。一时之间,福建又成荒凉之地,人口甚少,经济社会又回到闽荒时期,少量的闽越人只能蜗居山野、海岛,后来成为蛮獠的一部分。

闽西融入中央一统的文明社会是从三国两晋南北朝时期开始的,唐宋时得到进一步发展,到南宋时,中国经济重心确立于南方,这一进程才基本完成。

晋太康三年(282年),闽西出现了第一个中央政府命名的县——新罗县,当时经济社会发展如何,现已不可考,到了两晋之交,中国出现了越人南迁之后的第二次人口入闽高峰。当时,因为中原地区战乱不断,晋元帝司马睿渡江在建业建立东晋(今江苏南京),中原士族相随南逃,史称"衣冠南渡"。从西晋永嘉(307—313年)年间到南朝刘宋(420—479年)末年,北方人民陆续南下到巴蜀和长江中下游一带的就有70多万人。其中,定居江苏的约26万,安徽的有17万,四川等地的有15万,湖北6万,江西、湖南各1万,另有一部分流迁到两广地区。对福建地区而言,从永嘉二年(308年)起,中原汉人开始大规模进入,南渡的汉人有的长途跋涉入闽,有的辗转而迁入福建,先移居江浙、江西一带,由于南迁人数不断增加,许多人就越过闽浙、闽赣边界入闽。到达闽西的汉人主要是从江西边界过来的,部分又迁到闽南九龙江流域。根据乾隆《福州府志》引宋人路振《九国志》载:"晋永嘉二年(308年)中州板荡,衣冠入闽者八族,林、黄、陈、郑、詹、丘、何、胡是也。以中原多事,畏难怀居,无复北向,故六朝间仕宦名迹,鲜有闻者。"这是中原汉人第一次大规模南迁,也是北方汉人与闽人的一次大融合。

唐代,陈政、陈元光父子率兵入闽平叛,由中原来的官兵及家属部分定居龙岩(今新罗区境)。但当时闽西境内人口依然稀少,汀州故地还是化外之地,到唐开元年间,天下大治,中央政府加强了人口统计与境内秩序的建设,唐开元二十一年(733年),福州长史唐循忠在此发现避役百姓共3000余户,开元二十四年(736年),中央政府决定在此正式建州,称汀州,由此,闽西由分散式的自发发展进入由中央政府统一主导下的文明社会。唐天宝元年(742年),汀州改称临汀郡,黄连县改称宁化县,新罗县因县治南有翠屏山,山有龙岩洞,因此改称龙岩县。唐大历十二年(777年),皇甫政奏改龙岩县隶漳州。原属龙岩县之上杭场改隶汀州。漳州于唐武后垂拱二年(686年)采纳陈元光奏议建置,原辖漳浦、龙溪二县,增龙岩县而为三。龙岩县改隶漳州的原因,据《闽中沿革表》称,是"从郡往来所便"。龙岩与汀州间无水路可通,道路险阻。龙岩与漳浦间却有九龙江可通。故龙岩改隶漳州,从唐至清雍正年间自立龙岩州止,一直不变。闽西人口在唐代有一定增长,唐天宝元年(742年),临汀郡(原称汀州,辖长汀、龙岩、宁化)计有4682·户,15720人。元和年间(806—820年),长汀、宁化(属汀州)有2618户,龙岩(属漳州)约440余户,3县合计为3000多户。由于社会稳定,此时闽西农业、手工业均获得了一定发展,但受制于人口规模和交通条件,交易成本极高,产品商品化水平低,工农业布局上分散,生产方式也较原始。

五代王审知时期,中原避难百姓大规模入闽,出现了北方汉民与当地居民的第三次融合,并形成客家族群。当时王审知一家三兄弟卷入了唐末农民起义的大潮流之中,投身行伍,随军入闽。经过一系列斗争后,王审知成为闽王。他们起义的部队从河南固始一路南下,最后定居福建省。王审知与当时诸多割据政权不同的地方在于,他将福建视为长期发展根据地,特别重视建设,他制定了一系列政策措施,大规模地进行山海开发,从而使闽西山区经济社会出现了飞跃性的发展。到北宋时期,闽西人口进一步增长,达到10万户规模,官府重视农田水利建设,农业生产条件的改善和生产技术的进步,使农业产出能支撑起较大人口规模;同时社会分工进一步发展,闽西矿产资源得到较有效开发,山区商品性农业也有了一定发展。宋室南渡后,南方一跃成为经济重心,在工农业进一步发展和汀江水运改善的基础上,商业有了较大发展,初步形成了闽粤赣经济区。由于经济发展和政府鼓励生育,宋代闽西人口大幅度增长,北宋元丰年间(1078—1085年),汀州所辖的长汀、宁化、上杭、武平4县,计有81456户;漳州所辖的龙岩约有25117户,合计106573户。200多年间,户数增加了205倍。其中有百姓为逃避赋税负担而父子兄弟各自立户所致。其后,一因南宋高宗南渡后,人口大量南迁;二因绍兴五年(1135年),闽西婴儿死亡率高,地方官吏奖励多生,各地建"举子仓",生1个男孩奖米1石,到庆元年间(1195—1200年),出现了第一次人口高峰。当时,汀州所辖长汀、宁化、上杭、武平、清流、连城6县有218570户,计453230丁(16岁以上男子为"丁")。迨宝祐年间(1253—1258年),汀州6县共有223432户,计534890丁。

宋末,元军入侵,文天祥等组织人马在闽粤赣山区力抗入侵外族,三省交界处成为双方攻守的重地,为躲避异族统治和兵灾,先至闽赣的中原氏族再分迁至粤东、粤北。元代,蒙古贵族对闽西的掠夺与此起彼伏的农民起义,从根本上破坏了闽西的经济、社会基础,百业萧条,人口大量减少,当时的元朝统治者歧视汉族,将人分为四等,南人被列为末等,常遭滥杀;战乱频繁;元初各地纷纷发生抗元兵事;匪盗也多,肆意掠杀。自然灾害严重;至正十四年(1354年),长汀、连城、武平饥荒,竟至"人相食",因此造成人口锐减。据至正十六年(1356年)统计,汀州6县只有41423户,共238127口。龙岩约为4300户,20272口,还不及宋末宝祐年间人口数的25%。

明代元后,中央政府对农业发展高度重视,采取了轻徭薄赋政策,经济恢复了增长的势头,同时由于海洋经济的发展尤其是漳州月港的开放,闽西山区商品性农业得到突破性发展,清代以后在中国经济占有重要地位的造纸、印刷、染料制造等手工业也于此时得到初步发展,并奠定了未来大发展的技术与组织基础。明代初年,人口略有回升,但因按人丁征收"丁税",百姓为了逃避负担,均以多报少,以致官府建立的"黄册"所统计的户丁数字都低于实际数字。据洪武二十四年(1391年)对汀州的属县及漳州的龙岩、漳平县所做的统计,计有73364户,372821人。到隆庆六年(1572年),只存47155户,267680人。在181年里,减少了26209户,105141人,分别减少了35.7%和28.2%。事实上,当时客家人口已出现膨胀现象,宜居宜耕的土地也被开发完毕,部分人口迁往粤东、赣南,其他过剩人口则向地理条件更差、居住条件更恶劣的东部与南部山区转移,此时闽西永定、漳平等县的设置即为明证。

总之,闽西历史上是个典型且比较偏僻的山区,境内山地起伏,丘陵相连,更有武夷山支脉,玳瑁山、彩眉岭山脉,博平岭山脉和松毛岭山脉等崇山峻岭纵横其间。在古代,闽西客家地区与外界沟通的途径主要是一条纵贯南北而入粤东并最终流向南海的汀江。据考古发掘与史籍表明,闽西在客家先民未大量流入以前,是一片林荫深郁、瘴气弥漫、猛兽肆行的区域,自然环境十分恶劣,居于其中的人类只是少数刀耕火种的畲瑶土著。正因为如此,历史上中原北地战乱不断,甚至唐末黄巢起义军横扫中原至华南以东,闽西仍是一"世外桃源"般的乐土,因而成为中原移民逃避战乱重建家园直至形成客家民系的理想与现实场所。闽西的开发因而与中原移民潮密切相关,中原战乱恰是闽西发展的契机,其文化的活动表现,除因顺应和改造新的环境而需吸纳土著文化之长外,更多的还是客观上促使了对中原文化传统的固守与承袭。

第二节　清代以前闽西的商品性工农业

商业的发展最初总是起源于区域内部,由于区域内部生产力的发展,必有剩余产生,社会分工的深化,进而出现以交换为目的的商品性工农业,经常性的商品交换才有必要的基础,而这种基础随着北方汉民的到来直到宋代才最终形成。北宋及以前,汀州"舟楫不通,米不直钱",漳州"僻在一隅,无番舶来往","汀在闽而南,山樵谷汲,稻食布衣,故民之丰约不大相远。粜不出境,故谷价常贱"①,与外地几乎断绝了物资交流。因为米谷既不外流,也没有从外地流入,所以,既没有客商们的往来,也没有本地域的商人。故而当时汀州百姓贫富差别不大,绝大部分农民基本上都过着非常贫穷的生活,"独汀之民,力无高下,家无贫富"②,"民之丰约,不大相远"③,"窃维汀郡实闽陬,土旷而民贫"④,可以看出汀州的农民大都贫穷。

唐代,闽西首府长汀已成为连接中原与岭南、闽南的重要驿站,出现了一批商户,并成立了商业行会性质的组织,史书中记载的本地米酒与蜂蜡较为有名(米酒写入张九龄诗歌,蜂蜡则成为贡品),但商店的数量与规模仍较小。自北宋起,中原移民源源入汀,使汀州人口从建隆初(960年)的2.4万户增至元丰初(1078年)的8.15万户;经济开发速度加快,除种粮外,植茶、蓝靛,栽油茶、油桐,发展矿冶、伐木、造纸等业,并开始外销,据《宋会要辑稿·食货二九》记载:"宋绍兴三十二年(1162年)汀州六县,奉官茶1.01万斤。"林木"开始采伐,浮筏于吴";元丰初,汀州已有金、银、铜、铁、矿场23个⑤。

唐时,长汀的银、铜、铁等矿已设场冶炼。唐末,王审知曾在汀州设场铸铅钱。《古今图书集成》称:"天下产金六,闽唯汀有之。"冶炼业在北宋时即已比较发达,到明代时,冶铁业在福建经济中仍有重要地位,汀州府在弘治年间有铁场3所,在明代后期,汀州境内的清流、连城、上杭、武平、永定等五县均曾有铁冶,其中清流、武平各有铁场1座,连城铁炉4座,上杭铁炉5座,永定铁炉7座,共有铁场2座,铁炉16座。龙岩县的铁冶

---

① 《临汀志》卷二《土产》,第37页。
② 《临汀志》卷七《总录》,第44页。
③ 《临汀志》卷二《土产》,第37页。
④ 《临汀志》卷七《总录》,第45页。
⑤ 《宋会要辑稿·食货三三》。

分布于"万安、集贤、龙门、表政、节惠,在在有之。迁移无定。每炉岁课银五钱"①。

宋代时,闽西各地有许多陶器窑、砖瓦窑、缸窑。到明代,制陶业已有较大发展,以汀州府8县来说,长汀县有土瓦窑2座、碗碟窑3座,宁化县有瓦缸瓷窑2座、瓷碟器窑3座,清流县有瓦窑5座,归化县有土瓦窑2座、缸瓦窑2座,连城县有瓦缸瓷器窑2座、瓦碗碟窑2座、砖瓦窑1座,永定县有陶冶4座,②共有陶瓷窑28座。

传统农业是男耕女织,但福建"少桑,无蚕丝之利,地不产木棉,皆仰给他处,妇女勤麻织,作布,贫富资以贸易"。这里虽说是归化一县的情况,但在很大程度上反映了明中叶以前闽西纺织业大势——以苎麻纺织为主,蚕桑与棉纺织业都不发达;可见,明以前闽西纺织主要用于自给和进行区内交易,规模较小。

明代,福建印刷业有三个中心:建阳、汀州、福州。明代胡应麟评论天下印书业时说:"其多闽为最。"福建人说:"四部巨帙,自吾乡锓板以达四方,盖十之五六。"闽西规模化的专业印刷工业正是从明代起步的。

造纸是闽西的传统产业,自唐代起就有造纸工艺流传,由于可就地取材,闽西各县均有,这一商品一向是闽西居民与外部区域交换的重要内容。闽西所产的纸张品种繁多,"各邑制造不同,长邑有官边、花笺、麦子、黄独等,色纸则有黄丹、木红。若市间所鬻竹纸、贡纸则来自归、连两邑,长邑无之。归邑红纸最佳,其金银纸则以锡箔黏纸面或染以黄为冥帛。连邑纸有连史、官边、烟纸、高帘、夹板等名"。南宋《临汀志》就有关于纸的记载。清杨澜《临汀江考》卷四《物产考》载:"汀境竹山,繁林翳荟,蔽日参天。制纸远贩,其利兼赢。"崇祯《汀州府志》注曰"纸出归化"。乾隆《汀州府志》亦载:"竹穰、楮皮、薄藤、厚藤,凡柔韧者皆可造(纸)。而竹纸多出连城、归化。"连城造纸以姑田(包括曲溪、赖源)、莒溪为中心。根据记载,明嘉靖年间,莒溪铁山罗地罗李崇从浙江学习了造熟料纸技术后,开始建厂生产京庄纸,之后还生产福贡、川贡、加重、行重、色纸等。③ 姑田漂料纸的创始人蒋少林(又名正春),生于明万历二十三年(1595年),自幼随父从文亨乡蒋坊迁到姑田元甲定居。天启六年(1626年),蒋少林到邵武县禾坪乡,向当地人学习造纸技术,掌握了蒸煮竹丝、天然漂白、打浆方法以及造纸、烘干等工艺全过程。崇祯二年(1629年),蒋少林从邵武回到姑田,经过苦心琢磨,反复试验,终于成功试制天然漂白的纸张——手本纸,称为"元甲纸"④。

山区农业由于其适合发展的品种与平原地带差别较大,商品性较高。南宋开庆元年(1259年)《临汀志辑稿》中有关于桃、李、枇杷、杏、梅、梨、柿、枣、栗、柑、橘、橙等果树的文字记载,至今已有700多年历史。元天历二年(1329年),漳平县双洋乡中村、吾祠乡厚德村就开始种茶。明中叶以后,福建的武夷茶、半岩茶、清源茶等名茶在市场上非

---

① 汤相:嘉靖《龙岩县志》卷上《铁冶》,第49页。
② 唐世涵:崇祯《汀州府志》卷七《窑冶》,第24~27页。
③ 《福建省连城县莒溪镇志》,1996年,第7页。
④ 《连城县姑田镇志》,1998年,第93页。

常有名。王应大《闽大记》说:"茶出武夷,其品最佳……延平半岩次之。福、兴、漳、泉、建、汀,在在有之,然茗奴也。"《闽部疏》称:"闽西诸郡,人皆食山自给。"

闽西本土的食品性农作物品种较少,但由于地近沿海,海外作物品种引入较多。各种作物传入闽西的时间:宋代种有秔(粳)糯稻,并引进"占城"稻,明代有籼稻,有早、晚两熟之分。明万历年间(1573—1620年),甘薯由菲律宾吕宋一带引种入闽,不久即传入闽西。小麦始种于明洪武年间(1368—1398年)。宋朝已有大豆种植,有黄豆、黑豆、青豆3种。春、秋两季均有栽培,种植方式有单种、间套种,有的还利用田埂种豆。油菜历史悠久,明朝《永乐大典》就有文字记载。花生始种于明万历年间(1573—1620年),主要分布在今龙岩市和永定、长汀等县。种植晒烟始于明万历年间(1573—1620年),迄今已有400多年历史,当时永定一带农户在种植外地传入烟草的同时,利用晒烟具有色、香、味俱佳的特色,凭简单工具进行手工操作,制作"条丝烟",在本县和毗邻地区行销。甘蔗有果蔗和糖蔗,栽培历史有700多年,历史上以栽培糖蔗较多,但发展缓慢。种植西瓜有400多年历史,由于一直沿用农家老品种,产量低,品质差,生产长期得不到发展。

在明代及以前,木材、生铁、茶叶、麻布、蔗糖、药材、书籍、瓷器、干鲜水果、海货、香料、药物、宝货等是市场上流通的主要商品。宋朝,长汀县府设有盐、茶、矾、酒等专卖机构,元、明时期,政府均设有食盐专卖机构。闽西粮食作为商品在市场上交易,直至唐宋时期经济重心逐渐南移后才开始逐步发展起来,但其规模和交易量很有限,由于缺粮,故外地输入商品以大米为主。

第三节 清代以前的龙岩城市、集市

城市作为非农业产业和非农业人口在地理上的空间集聚区,其发展一般有两种途径:一是内生性的因"市"而"城"的路径,即是先有市场后有城市,这类城市一开始就是商品交易和非农产业集聚区,其发展的经济机理是因为市场交易和产品生产的集中而产生保护生命财产安全的要求,进而把城的建设作为一种公共品而提供出来;另一类则是外生性的因"城"而"市",就是先有城后有市,其形成的经济机理则是由于城的保护功能和人口集中功能,保护功能使得商品生产与交易的非经济风险下降,人口集中,为商品的集中生产与流通提供市场。宋朝以前,县治以上的城市,一般都在特定的位置设市,市与民居严格分开。官府设市令或市长,对市场交易进行严格的管理。宋朝时,城市中坊和市的界限被打破,市分散在城中,城郊和乡村的"草市"也更加普遍。福建农村市场包括县城墟市、镇、墟、集、街、场以及贸易性庙会等,多定期进行交易。历史上福建开发较迟,直至唐宋时期,农村市场才随着生产的发展开始出现,主要是农村小生产者之间的产品交换。农民以粮食等农产品,到墟市上交换布帛、食盐和铁器等杂货,或换取货币,用以缴纳赋税或购买一些必需品。唐宋时期,福建农村墟市数量很少,交易数量十分有限。延续到明弘治年间,农村墟市数量仍然不多,全省八府一州只有186个墟市。① 随着明嘉靖、万历年间社会风俗和经济的变化,福建农村市场有了较快的发展,墟市数量不断增加。

虽然汀州境内山岭纵横,地理条件十分复杂,很早就有了商业萌芽,但城市的发展水平均低于同时期福建的其他地区。到宋代,闽西首府长汀的城市经济才有了较大发展,长汀地处汀江上游,为闽粤赣交通要道,长汀扼闽赣两省咽喉,地理形势十分重要。长汀又是汀江、闽江支流的上游,又有陆路通往归化、清流二县的码头,三条贸易路线相连,成就了长汀闽粤赣货物集散地的地位。史载其"虽非产盐之区,而实为通盐之路,亦江广之咽喉,为闽之外府也"。② "寰阓繁阜,不减江、浙、中州。"③

宋代,闽西地方市场有三个层次,即墟市、镇市和县市。墟市也叫草市,是商品交换过程中最原始的低级市场,一般有固定的日期,"岭南村墟聚落,间日会集神贩,谓之墟市。"镇市是比墟市高一级的市场建制。北宋开国后,于建隆三年(962年)十二月癸巳诏置县尉,削夺镇将干涉地方政权,接着,"诸镇省罢略尽,所以存者特曰监镇,主烟火兼征商。"由朝廷正式确认其为县市与草市之间的市场建制。宋代,镇是以拥有一定人口的聚落和一定的税收额作为设置依据的,宋人高承所谓:"民聚不成县而有税课者,则为镇,或以官监之。"一般以聚落人口达到100户作为允许在该聚落建镇的最低人口限度,人口在千户左右的镇市即有可能升置为县。县市是以县治设市,或在县城之内,或在县城之外。不论县城大小,一般都有一个县市。

汀州的集市层次非常完整,见之于文献记载最早的是汀州的镇市。至迟在北宋太平兴国年间(976—984年),汀州就已经有了镇市。《太平寰宇记》载:"(潮州)东北至汀州鱼矶镇,六百五十里。元无陆路。"鱼矶镇位于上杭境内的汀江边,因汀江中有鱼矶石壁横亘水中,来往船只需在此卸载,转陆行过岭,因而形成集市,故名。鱼矶镇是汀潮间往来的必经之处。因此从鱼矶镇的设立,我们可以认为,北宋初汀江上往来的人口和商业已经有了相当程度的发展,这就为汀州和潮州间的贸易往来提供了基础。

北宋元丰年间(1078—1085年),汀州的镇市有所发展,"望,长汀,三乡,留村一镇。"留村镇也称留镇,"河田市,在长汀县南四十五里,旧名留镇","宋时为商旅辏集处",位于赣汀潮间的要道上。交通是商业发展的基本条件之一,留镇所处位置使其在汀州商业发展的过程中一直存留,直到清乾隆年间仍在汀州商业中占有一席之地。

宋代汀州的墟市和县市发展得非常快。《临汀志·坊里墟市》记载:

长汀县墟市十:县市,在长汀县水东。杉岭市,在长汀县西五里。何田市,在长汀县南四十五里,旧名留镇。成功墟,在长汀县西南百里。谬屋墟,在长汀县西南八十五里。

---

① 据弘治黄仲昭:《八闽通志》卷十四、卷十五统计而得。
② (明)郭造卿:《闽中兵食议》,载(明)顾炎武:《天下郡国利病书》,济南:齐鲁书社影印本,第26册,第427页。
③ 《临汀志·坊里墟市》。

南温墟,在长汀县西南百二十里。归仁墟,在长汀县东七十里。三州墟,在长汀县南六十五里。单溪墟,在长汀县南百二十里。蓑荷墟,在长汀县南百四十里。(表明此时长汀县集市的密度相当大,吞吐量也很大,县治有县市,县西五里又设杉岭市,在县治以南设置了7个墟市,物资交换则主要是针对长汀以南的汀江流域和赣南。)

宁化县墟市六:县市,在宁化县南。中沙墟,在宁化县北三十里。石壁墟,在宁化县西四十里。乌村墟,在宁化县东北五十里。安乐墟,在宁化县西南九十里。滑石墟,在宁化县西南七十里。

清流县墟市七:县市,在清流县南。白石墟,在清流县北五里。吴地墟,在清流县东北四十里。廖源墟,在清流县东南五十里。清口墟,在清流县东北四十里。浮竹墟,在清流县东北八十里。长切墟,在清流县东北三十里。

莲城县墟市三:县市,在莲城县南。吕(营)溪墟,在莲城县南六十里。北团墟,在莲城县北三十五里寨前。

上杭县墟市二:县市,在上杭县南。浊石墟,在上杭县北八十里。

武平县墟市三:县市,在武平县南。东坑墟,在武平县东三十五里。大洋墟,在武平县西四十五里。

由于宋代经济的繁荣发展和人口的集聚,宋代汀州的墟市比福建其他各州军的都更为完整。南宋汀州共有集市31处,大部分位于长汀以北地区,其中长汀10处,宁化6处,清流7处,而长汀以南的莲城、上杭、武平三县总共才7处,表明汀州的大部分人口集中在汀州北部。

长汀县是州治所在地,是汀州的政治文化中心,地当赣南进入汀州的要道上,又由水路沿汀江直达潮州,因而又成为汀州的经济中心,所以境内的集市最多。宁化则是汀州最早开发的县,"未有汀州府,先有宁化县",人口和税收历来是汀州辖县中最多的,所以境内墟市也较多。

比较特殊的是清流县。在宋代,闽西通往闽北的骚道开通,由此线路进入汀州的移民开始大量增加,并聚集在汀州北部,使得汀州北部的人口激增,因而增置清流县。清流县是汀州辖县中设置较晚的,元符元年(1098年)析宁化、长汀二县地置,比设置上杭、武平晚了几达110年。但是到了南宋,清流境内的墟市却有7处之多,甚至超过了宁化。我们认为这与汀州的交通发展有直接的关系。由于汀州隶属于福州,京都又在北方,因而汀州往北过清流,顺九龙滩而下入闽江是其主要的交通需求。这就决定了清流必然会成为汀州主要贸易线路上的要点。清流境内除县市外的6个墟市,有5个位于清流县城以北,其中白石墟仅在清流县北五里,表明清流墟市的物资交换主要面向闽北,而且物资吞吐量非常大。而清流县墟市的设置,证明了自宋代以后由清流往闽北的驿道一直在使用,这也是元代隆兴至潮州的驿道沿此线路开辟的重要原因。

元代,汀州不仅人口大量减少,而且市场交易大为萎缩,正常的市场交易基本被破坏。在明朝,经济逐步从战争废墟中复苏,明中叶以前,闽西"士则崇儒重道,民则尚义奉公,男耕女织,各安其业,婚姻丧葬,邻保相助"。到明中晚期,闽西经济于此时出现较大发展,出现了一些巨富阶层,受当时商品经济风潮的影响,闽西地主大多入城从事商业,从而进一步促进了本地区的商业发展。明人谢弼《王侯政绩碑》(作于天顺三年,1459年)称:"杭民多富,田产连阡陌,出入公门者甚,吾民佃其田者,常苦其横敛,司檄府牌,交征相取。"陆稳在《俯顺民情添设县治以绝盗源疏》中也指出:"且如上杭来苏之田,非必即来苏之人之田也。永定溪南之田,非必即溪南之人之田也。或有在城之人,而买田在彼都者;或有别都之民,而买田在彼都者。"至于宁化,"宁邑田主多在城居"。地主经商获利之后,多重视自身势力的增长,由此兴起了众多地方社团,诸如宗族、寺庙、义学、义庄,这些社团大都热衷于置办田地。据1950年福建农民协会的调查,闽西约有50%以上的田地控制在以宗族组织为主体的地方社团手中。比较富有的宗族(比如县城的富有宗族和市镇周围的强宗大族)一般能控制更多的土地,而僻远山村或者县郊的小族小姓则很可能失去土地,沦为佃农(如上杭郭氏宗族在苦竹乡的田产,原来很可能就是游屋塅游氏宗族所有的)。王简葊认为:"盖因汀属八邑,尽系高山叠嶂,间有平原,不及十分之一,而山僻乡愚,专以土耕为事,豪强业主,遂将田土居奇。"地主因同时从事工商业活动而移居市镇或县城,这就造成了县城经济的繁荣和乡村社会的凋敝,也导致贫富的严重对立,贫户抗租风潮此起彼伏,志称"景泰以来,岁频饥馑,俗渐浇漓,讦讼繁兴,踰越法度,乡俗顽梗,弗率教化"。政府为了加强控制,在明后期加强了县级政权建设,最终于清初形成了闽西地区的古汀州八县:长汀、宁化、武平、上杭、永定、连城、清流、明溪,龙岩三邑:漳平、龙岩、宁洋。

第四节 清以前沿海贸易发展对闽西商业的影响

西汉时,由于开通了陆地和海上两条丝绸之路,中外贸易逐渐发展起来。唐朝时,广州成为重要的外贸港口,政府在这里设有市舶使,专管对外贸易。海外贸易税收成为南宋国库的重要财源。元朝时,泉州是重要的对外贸易港口,被誉为当时世界第一大港。在官府控制下的中国古代对外贸易中,朝贡贸易占有重要地位,其目的不在于获取最大的经济效益,而是要宣扬国威,加强与海外各国的联系,满足统治者对异域珍宝特产的需求。明清时期,统治者实施海禁和"闭关锁国"政策,中国对外贸易渐趋萎缩。我国海外贸易在宋代有较大发展,通商五十余国,进出口商品数百种。明代,丝织、瓷器、棉布、漆器、糖等出口品的生产都有发展,造船和航海技术在宋代基础上也有改进,正是发展海外贸易的良好时机。但是,明开国之初,即严海禁,"敢有私下诸蕃互市者,必置之重法"[①]。虽设广州、宁波、泉州等市舶司,但实行所谓的朝贡贸易,对外使横加限制,两三年甚至八年十年始准来华一次。永乐后,弛禁之仪屡起,但总是以禁为主。到隆庆初(1567年),始"除贩夷之律",而仍有不少限制。所幸这种政策不能阻止经济发展的需

---

① 《太祖实录》卷二三一。

求,私人海上贸易并未断绝,但未能得到应有的发展则是肯定的的。①

明代的海外市场主要是南洋,次为日本。南洋有二商路,称大西洋和东洋。大西洋以越南(安南)、柬埔寨(占城)、暹罗为主,进口主要是苏木、胡椒、犀角、象牙等天然产物,而中国出口则以工艺品为主,以及铜、汞等矿产品,这又是贸易上的一个有利条件。东洋指吕宋(佛郎机),进口品种有限,多是以银换取中国物产。外贸利润很厚,"湖丝百觔,价值百两者,至彼得价二倍"。②输往日本者,更多系日用工艺品,丝绸、瓷器之外,棉布、布席、扇、脂粉等都能畅销。明庭禁通日本又甚于南洋,因而在贸易上"东之利倍蓰于西"。③

明代的海外贸易,由于正德至嘉靖间一度严格海禁,到万历以后才有较大发展。这对广东、福建两地经济颇有影响。明代经济作物最发达的地区是福建,又接近江、浙手工业产区,外贸中心也由南宋时的广州移到了福建。万历时,有人说:"福之绸丝,漳之纱绢,泉之蓝,延之铁,福兴之荔枝,泉、漳之糖,顺昌之纸……其航大海而去者尤不可计。"④话虽如此,福建的商品性生产,运销海外的毕竟只是一小部分,大部分是运销售内陆以换取粮食。福建的关税收入万历初年只有两万两,崇祯最高时也不过五六万两,而南宋绍兴时广州市舶司的税收曾年达110万贯。⑤

沿海贸易的发展对闽西发展的影响是巨大的,它成为拉动闽西经济社会发展的重要力量。早期沿海对外贸易的中心在广东南部沿海,闽西由于汀江航道的开辟,土纸、木材等物资顺江而下,到潮汕地区出口到东南亚一带;赣南等地的物资也经此外运,同时外国的产品也由汀江而上,对汀州发育为区域经济中心起到了重要作用。到明晚期,中央政府实施海禁,漳州月港成为沿海主要贸易中心,这使得九龙江航道得以贯通,同时漳龙、汀龙之间的陆路交通得到进一步改善。中央政府的海禁使得部分依靠沿海贸易为生的汀江沿岸百姓生计受损,部分山民与广东的海商相勾结,发展起了走私行业。沿海贸易还带来了诸多新型农作物,使得山区经济找到了因地制宜的发展方式,山区经济作物种植业以及与此关联的加工产业的发展又保证了沿海贸易的货物供应,使闽西山区的商品性农业出现了繁荣发展的景象。

明中叶以后,漳州沿海私人海上贸易的繁荣发展还使汀龙、汀漳之间存在一个强烈的经济一体化的趋向。龙岩处于汀漳之间,历史上曾与汀州关系密切,但明清以来,汀漳间因为海洋经济的牵引连成了一体,龙岩在汀漳交通中处于要冲地位,龙岩的经济便迅速实现了由单纯地与汀州连接转变为连接汀漳,甚至与漳州沿海的关系更加密切的转变,乃至影响到龙岩民系均呈现出更倾向于福佬人的现象,龙岩更融入到了闽南沿海经济圈。由于经济作物在汀龙两地的推广种植,经济作物成为汀江流域和九龙江流域

---

① 吴承明:《论明代国内市场和商人资本》,百度文库,http://wenku.baidu.c,2012-11-24。
② 傅元初:《清开洋禁疏》,载顾炎武:《天下郡国利病书》,济南:齐鲁书社影印本,第26册。
③ 王胜时:《漫游记略》卷一《闽游》。
④ 王世懋:《闽部疏》。
⑤ 吴承明:《论明代国内市场和商人资本》,百度文库,http://wenku.baidu.c,2012-11-24。

沿海贸易的重要出口产品。同时，冲破明政府海禁的漳州沿海繁盛一时的海外走私贸易，又大大刺激了两地经济作物的种植以及与此相关的加工产业的发展，且勃兴的海外贸易强烈要求汀漳经济一体化。在经济一体化的要求下，官方与民间都存在着改善两地运输条件的迫切需求，特别是成化十四年（1478年）永定县设立之后，永定路的开辟缩短了汀州与漳州的交通路线，不仅如此，汀州府和龙岩境内的交通也有很好的改善，汀、漳交通改善后，通过韩江还打开了漳州溯九龙江上行再通过一段陆路沿着韩江到潮州的交通线，密切了九龙江流域和韩江流域经济区域的联系，除此之外，经由龙岩境内的溪水，使龙岩还可与延平和邵武相接。因此，整个汀、漳、潮州形成了一个经济圈，地处汀、漳交界地带的龙岩在地理位置上的重要性就凸显出来。

处于如此交通要道，龙岩境内的商业贸易活跃起来，成为九龙江上游一个重要商业重镇。到了清乾、嘉时期，在龙岩人口激增的情况下，以及明中叶后形成与广东潮州、汀州、漳州三地较为便利的水路交通的条件下，龙岩从商人数颇多，成为一股重要的山区商人集团。尽管这些商人资本不多，多无巨富，但是对龙岩经济社会却有很大影响，商人外出经商使得龙岩风气并不闭塞，经商成为龙岩人除农业之外的另一产业。龙岩经济这一发展历程昭示着明清海洋经济已呈现出巨大的发展潜力和生机勃勃的活力，进而龙岩又带动汀州进入海洋经济圈，山居的客家人亦投入到海洋经济商海中搏击，由此，海洋经济的腹地进一步向内陆延伸。①

第五节　清朝以前龙岩的赋税与交通

一、政区与赋税

晋太康三年（282年）置新罗县，属晋安郡，这是闽西第一个县治。唐开元二十四年（736年）置汀州，这是闽西的第一个直隶州，领原新罗地分置的长汀、黄连、什罗3县。天宝元年（742年），汀州改为临汀郡，什罗（新罗）县改名龙岩县，黄连县改名宁化县。乾元元年（758年）复为汀州，领长汀、宁化、龙岩、沙县4县。大历十二年（777年），龙岩县改属漳州。五代南唐保大六年（948年），划沙县归剑州。宋淳化五年（994年），上杭、武平升场为县。元符元年（1098年）置清流县。绍兴三年（1133年）置莲城县，时汀州辖长汀、宁化、上杭、武平、清流、莲城6县。元至元十五年（1278年）为汀州路。明洪武元年（1368年）为汀州府。成化六年（1470年）置归化县，七年（1417年）置漳平县，十四年（1478年）置永定县，时长汀、上杭、武平、清流、连城、归化、漳平、永定通称"汀属八县"。

---

① 郭飞燕：《试论明清汀、漳山海互动及龙岩经济地位的提升》，厦门大学硕士学位论文，2009年。

中国古代重农抑商，士农工商"四民"之中，商人被排在末位。一旦从商，则不得仕官为吏。但福建由于远离中原文化区，受中原风气影响相对弱些，再加上商人的势力和影响，商人的地位不仅未受到挑战，反而使中原那种贬抑商人的传统制度和观念受到强有力的冲击。早在商代，统治者就对商人刮目相看，正如唐文基主编的《福建古代经济史》中所言："'闽商'借雄厚实力，参与和介入闽国的政治活动和政治斗争。闽国统治者常有借助闽商之力，媾沟与五代中原王朝的往来，甚至以'闽商'作为闽国的使者而'奉表称蕃'于五代。闽商人林仁翰、林灵仙曾孙，后事闽王王延曦，曾谋求市舶司之官。"闽南一带更是推崇"商能政富"、"商胜于工，商胜于农"、"以商为荣"的观念深入人心。宋泉州莆氏家族长于海外贸易，拥有大量船舶，甚至有私人军队，南宋朝廷干脆任命莆寿庚为举市舶，掌握泉州财政大权。元初，莆寿庚投降元朝，又被授官闽广都兵马招讨使并参知政事，累官直至泉州行省平章政事。莆氏亦官亦商，进一步扩大其商业领域，直至拥有80艘海船，成为地方第一大势力。至明清时期，一些大商人集团由于得到地方势力和乡族势力的有力支持，成为左右地方的不可忽视的力量。①

税赋的高低一方面影响地方居民从事商业性活动的能力与积极性，另一方面也从侧面反映了本地区经济活动水平的高低。古代百姓的税赋负担包括户役（含土贡和四差）和田赋（主要春秋粮税、杂税、盐课等），今列举历代与商业活动关系较大的土贡与杂税（商税）如下：

乾隆《汀州府志》之《户役·土贡》篇载：

唐：

本州蜡烛二十条。

宋：

本州蜡烛二十条。

上供银，七千九百四十五两八钱三分五厘。

圣节钱，每岁二千两，送行在右藏西库。

大礼银，每遇大礼年份，解银二千两，送行在左藏西库。

上供铅，本钱三千贯银，会中半银四百二十八两五钱七分二厘，会一千五百贯。

明：

岁派本府土物照里分俵八县均出，岁进上下半年。肥猪一百二十七口，银二百一十七两六钱；鹅一百八只，银三十二两四钱；鸡二十三只，银一两六钱一分。合银二百五十一两六钱一分（长、宁各四十一两九钱一分，清四十六两四钱一分，归三十六两五钱五分，连二十四两七钱六分，上三十一两九钱七分，武、永各一十四两七分）。

荔枝一千五百九十一斤（长、宁、清各二百六十五斤，归二百三十五斤，连

---

① 何绵山：《论福建商人》，《福建师大福清分校学报》2002年第2期。

二百六十三斤,上二百九斤,武、永各九十九斤)。

龙眼一千八百二十二斤(长、宁、清各三百二斤,归二百六十六斤,连一百九十斤,上二百三十六斤,武、永各一百一十二斤)。

香蕈八十七斤(长、宁、清各一十三斤,归十一斤,连七斤,上一十斤,武、永各五斤)。

白砂糖五千一百三十八斤(长、宁、清各八百五十一斤,归七百五十斤,连五百三十四斤,上六百六十七斤,武、永各三百一十七斤)。

黑糖一千八百三斤(长、宁、清各一百九十九斤,归二百六十三斤,连一百八十七斤,上二百三十四斤,武、永各一百一十一斤)。

黄蜡一千一十九斤(长、宁各一百六十六斤,清一百八十三斤,归一百四十七斤,连一百五斤,上一百三十斤,武、永各六十一斤)。

茶叶三百一十七斤(长、清各五十九斤,宁三十二斤,连二十二斤,归四十六斤,上四十一斤,武、永各一十九斤)。

银硃一百六十五斤(长、清各二十九斤,宁二十六斤,归二十三斤,连十七斤,上二十一斤,武、永各一十斤)。

土硃九十八斤(长、宁各十六斤,清十七斤,归四十斤,连十斤,上十三斤,武、永各六斤)。

靛花青七十三斤(长、宁各十二斤,清十三斤,归十斤,连八斤,上九斤,武、永各四斤)。

乌梅二百六十斤(长、宁各二十一斤,清二十斤,归、上各十五斤,连十三斤,武、永各六斤)。

五倍子一百四十斤(长、宁、清各二十八斤,归二十五斤,连十七斤,上二十二斤,武、永各十斤)。

黄熟铜九十一斤(长、宁各十六斤,归十四斤,连十斤,上三斤,武、永各六斤)。

红熟铜九十一斤(长、宁各十六斤,归十四斤,连十斤,上二十三斤,武、永各六斤)。

生铜六百七十九斤(长、宁各一百十四斤,清一百二十一斤,归九十九斤,连六十斤,上八十七斤,武、永各四十二斤)。

锡五百六十八斤(长、宁各九十八斤,清一百十五斤,归八十六斤,连六十一斤,上七十八斤,武、永各三十二斤)。

生漆一千一百九十八斤(长、宁各一百九十五斤,清二百十四斤,归一百七十二斤,连一百二十三斤,上一百五十三斤,武、永各七十三斤)。

桐油八百五十五斤(长、宁各一百三十九斤,清一百五十三斤,归一百二十三斤,连八十八斤,上一百九斤,武、永各五十二斤)。

密陀僧二十六斤(长、宁、清、归各四斤,连、永各二斤,上、武各三斤)。

黄牛皮十四张(长、宁、清、归、上武各二张,连、永各一张)。

弓一千八百三十张(长四百十二张,宁百九十一张,清三百十四张,归二百一十八张,连二百十五张,上三百七张,武一百十八张,永一百四十三张)。

箭一万五千一百四十四枝(长三千二十四枝,宁二千七百枝,清二千二百二枝,归一千五百五枝,连一千五百六十二枝,上二千二百四十枝,武八百五十四枝,永一千五十七枝)。

弦一万一千八百七十条(长二千六十条,宁一千八百五十五条,清二千二百二条,归一千九条,连一千五百六十二条,上一千五百三十五条,武五百九十条,永一千五十七条)。

翎毛三万七千六十根(长一万,宁九千一百,清二千五百,连六千,上六千七百八十,武五千五百,永三千一百二十)。

翠毛九十六个(长、宁、清、归各十六个,上二十个,武、永各六个)。

杂色皮一千七百四张(长二百九十张,宁三百六十三张,清一百九十五张,归一百四十二张,连二百五十张,上一百九十七张,武一百七十张,永九十三张)。

课铁九万九千七百九十三斤三两二钱,商税课钞折银六十九两七钱三厘(上杭九万六千六百九十三斤三两二钱,清流三千一百斤)。

农桑绢十六匹二丈八尺,丝九两四钱(长二匹、丝二两,清四匹,归七匹,连二匹二丈八尺,上一匹、余丝五两二钱,永丝二两二钱)。

带办商税课钞四千九百四十八锭五贯六百一十四文(长七百二十六锭一贯三百七十四文,宁一千八锭九百文,清八百五锭二贯六百文,归三十一锭一贯一十二文,连五百六锭四贯五百文,上一千一十三锭三贯七百三十八文,武三百九十八锭一贯四百九十文,永四百六十锭一贯)。

官房官地赁钞二十七锭一贯九百九十文七分(长五锭八贯七百八十八文,宁一十二锭一贯八百一十五文七分,永一锭一贯八百六十七文)。

酒醋茶课钞(长一百五十七锭三贯一百五十二文,宁三十七锭三贯八百一十文,清四十七锭八贯三百一十四文,归四十锭一贯三百一十六文,连二十九锭二贯二百七十文,上二十九锭四贯九百九十文,武五十四锭一贯六百九十文,永二十七锭一贯七百七十五文)。

窑冶课钞九十一锭九贯九百三十二文(长四十三锭六百一十文,宁一十二锭四贯五百七十文,连一十五锭二贯六十文,上一锭二贯六百九十二文)。

门摊课钞一百七十六锭一贯五百五十四文(宁三十九锭六百文,清一十七锭七百八十五文,连二十锭二贯,上一十一锭四贯六十九文,武三锭四贯一百文,永八十五锭)。

军务犁耙钞一百六十文(宁出)。

契本钞一千五百二十七文(上七百二十七文,连八百文)。

桃李柿树钞五贯九百七十二文(上三贯九百八十二文,永一贯九百九十文)。

茶子油树租钞二百五十文(武出)。

樊公会税钞三百六锭三贯五百文(清出)。

鱼课钞六十九锭七十二文(连出)。

鱼课米六十七石八斗二合(归出)。

粮料,起运金花价槓银八千五百七十三两(长二千四百四十三两一钱四分八厘,宁一千五百零五两六钱八分九厘,清五百二十一两六钱八分七厘,归九百八十六两三钱七分一厘,连七百八十两二钱二分六厘,上九百二十二两一钱六分三厘,武七百一十七两五钱五分九厘,永六百九十六两一钱零七厘)。

折料价脚银三百七十六两二钱五分一厘(长一百零七两二钱二分二厘,宁六十六两零八分一厘,清二十二两八钱七分七厘,归四十三两二钱九分,连三十四两二钱四分九厘,上四十两四钱七分二厘,武三十一两五钱一分,永三十两零五钱五分)。

黄白蜡茶价脚银九百二十二两二钱三分八厘(长六百四十三两九钱七分三厘,上二百七十八两二钱六分五厘)。

厨料果品价脚银六百九十二两四钱四分六厘(上杭)。

抵解农桑夏税绢价脚银一十四两零八分三厘(上一两四钱六分,宁一两四钱六分,清二两九钱二分,归四两五钱九分三厘,连二两一钱九分,上七钱三分,武七钱三分)。

段匹柜袱价脚有闰银一千一百一十七两七钱五分一厘(长二百三十九两九钱八分,宁六百五十二两四钱二分五厘,清二百二十五两三钱四分六厘)。

牲口料价脚银三百零一两四钱九分八厘(长汀)。

京库盐钞价脚有闰银一千三百一十八两九钱一分(长二百三十六两四钱七分五厘,宁二百三十七两六钱八分四厘,清一百八十七两零九分二厘,归一百七十两九钱五分六厘,连一百七十四两四钱五分五厘,上一百四十四两六钱二分九厘,武八十九两四钱二分四厘,永七十八两二钱零三厘)。

三司料价脚银三千四百二十三两五钱三分四厘(长七百五十七两六钱,宁四百七十八两零五分三厘,清五百五十二两三钱六分六厘,归四百零七两四钱六分九厘,连五百零八两三钱二分八厘,上二百八十一两二钱七分五厘,武二百七十一两六钱零三厘,永一百六十六两八钱四分)。

课铁价脚有闰银四百零八两三钱五分(连城)。

翠毛价脚银二百四两六钱(宁化)。

民弓弦箭价脚银一千五百零六两九钱二分(归七百五十三两三钱九分六厘,武三百七十六两七钱六分二厘,永三百七十六两七钱六分二厘)。

军器民办价脚银五百六十三两八钱六分三厘(清流)。

胖袄裤鞋价脚银三百四十两一钱一分一厘（宁化）。

皮张价脚银四十九两六钱一分三厘（连城）。

协济昌平州马价银二十两（武平）。

存留抵解无征司库钞银一十九两一钱一分五厘（长五两三钱五分五厘，宁三两四钱九分八厘，清一两一钱四分一厘，归二两二钱六分九厘，连一两七钱八分二厘，上二两一钱九分五厘，武一两三钱九分九厘，永一两四钱七分六厘）。

抵补无零丝棉银二钱七分六厘（长六分，永二钱一分六厘）。

科举进士碑坊银六百九十二两七钱九分五厘（长一百二十二两二钱五分，清九十六两，归一百一十二两五钱，连一百四十两二钱五分，上五十二两五钱，武六十四两二钱九分五厘，永一百零五两）。

历日楦索纸张银七十二两零七分（武平）。

司库盐钞有闰银五百五十九两五钱八分（长一百零六两七钱五分九厘，宁八十八两零七分六厘，清七十九两五钱一分四厘，归七十五两零二分五厘，连七十九两零二分七厘，上五十八两八钱零一厘，武四十两零五分五厘，永三十二两三钱二分三厘）。

料剩有闰银一千九十八两八钱八分一厘（长二百零一两九分一厘，宁一百五十四两二钱七分四厘，清一百二十七两零三分四厘，归六十两九钱九分六厘，连二百五十五两八钱九分四厘，上一百一十五两九钱零九厘，武七十七两二钱九分八厘，永一百零六两三钱六分五厘）。

备欵银九百四十一两五钱六分三厘（宁三百九十两七钱七分，归二百六十三两五钱九分四厘，连五十五两七钱，上五十二两九钱四分一厘，永一百七十八两五钱五分八厘）。

粮剩有闰银五千二百四十五两一钱六分六厘（长一千六百二十三两七钱七分三厘，宁九百七十七两七钱七分五厘，清四百一十八两一钱一分八厘，归七百一十两八钱七分二厘，连三十九两一钱三分二厘，上七百六十三两二钱二分五厘，武一百五两五钱二分一厘，永五百五十六两七钱五分一厘）。

溢出丁口银五两二钱四分三厘（清流）。

原额升科米银一百五十五两三钱七分（长一十两二钱零四厘，宁二十八两零二分八厘，归一百零五两七分三厘，上八钱九分一厘，永一十一两一钱七分四厘）。

仓剩解司银三千五百九十两八钱三分六厘（长七百二十三两九钱四分九厘，宁八百一十五两零三分八厘，清一千四十一两五钱四分三厘，归六百九两四钱二分五厘，连一百一十四两五钱九分九厘，上二十两六钱零六厘，武一百三十六两四钱四分，永一百二十九两二钱三分六厘）。

仓剩凑给儒学闰月银六十两零六分（宁二十两零九分，归一十九两零四分,连二十两九钱三分)。

仓剩给武平营兵银二千三百八十四两七钱零七厘(长一千二百一十六两三钱七分一厘,归六百一十四两五钱,上三百六十九两二分一厘,永一百八十四两八钱一分五厘)。

府仓折价给军银四千三百二十六两八钱八分九厘(长三百三十七两八钱八分四厘,宁三千三百三十三两五钱,清二百八十五两五钱,归三百七十两零五厘)。

上杭仓折价给军银一千五百七十八两五钱七分(归一千零三十五两,连二百七十八两五钱,上二百六十五两零七分)。

武平仓折价给军银三千九百一十四两九钱三分五厘(连一千五百六十二两,上五百一十八两零七分四厘,武七百七十七两五钱八分五厘,永一千零五十七两二钱七分六厘)。

府库盐钞有闰银一千七百二十三两三钱七分(长二百五十一两零七分,宁二百七十一两八钱六分六厘,清二百零三两八钱零三厘,归二百二十九两零四厘,连二百三十一两八钱三分五厘,上二百七十七两三钱二分七厘,武七十六两六钱三分五厘,永一百六十九两九钱三分)。

府学仓银五百零一两七钱零四厘(长汀)。

县学仓银一千九百五十五两四钱(长二百五十一两一钱六分,宁二百六十二两八钱,清二百五十一两一钱六分,归二百二十五两九钱六分,连二百五十一两一钱六分,上二百四十五两,武二百三十二两九钱六分,永二百三十五两二钱)。

县际留仓银八百零七两八钱二分七厘(宁二百零一两五钱七分一厘,清一百八十八两八钱六分四厘,归一百五十四两五钱,连一百二十六两四钱一分九厘,永一百三十六两四钱七分三厘)。

际留仓改折修仓银一十八两三钱四分二厘(上杭,一半解司充饷,一半听候修仓)。

本色运仓米一万四千九百五十一石六斗零二合九勺三抄(府仓八千三百零四石三斗四升一合七勺三抄,上仓三千六百六十八石四斗七升八合八勺二抄,武仓二千八百一十六石七斗八升二合三勺八抄,武平所屯粮米一百六十二石)。

在商业税赋方面,《临汀志》税赋篇载:

州城商税务,祖额收钱一千三百五十九贯一百八十三文。政和八年,收钱一千四百一十六贯五百六十四文。新额收钱四千九百九十九贯一百六十七文。绍兴二十二年九月十六日,准运司牒文准都省付下汀州奏,城下务自绍兴十六年至二十年所收商税比祖额并增,依法取酌中一年收钱。遂取绍兴十八年收钱数立为新额,计上项递年收钱六千二百六十三贯八百三十八文,每日遇晚随所收多寡以十分为率,解赴知通衙交纳,州库六分,通判衙四分。

宁化县商税务,祖额收钱二千七十一贯一百二十七文。今收钱二千四百七贯六百三十四文。

明代的商业性税收我们主要据《八闽通志》卷二十《食货》的记载:

汀州府(明)铁课九万九千七百九十三斤。

长汀县　农桑绢二匹余,丝二两。官房官地赁钞五锭八贯七百八十八文。酒醋茶课钞一百五十七锭三贯一百五十二文。窑冶钞四十三锭六百一十文。商税课钞七百二十六锭一贯三百七十四文。

宁化县　周岁该办酒醋课钞三十六锭二贯六百四十文。窑冶课钞一十二锭四贯五百七十文。系官房屋赁租钞一十二锭一贯八百一十文。茶课钞三贯三百八十文。军务犁耙钞一百六十文。带办税课局商税课钞一千八锭九百文。门摊课钞三十九锭六百文。

上杭县　农桑绢一匹。桃李柿树钞三贯九百八十二文。官房官地赁钞二锭四贯七百三十六文。窑冶门摊契本税契钞七十三锭九贯二百七十五文。商税钞一千一十三锭二贯七百三十八文。酒醋茶课钞二十九锭四贯九百九十文。

武平县　周岁该办酒醋课钞五十二锭四贯八百一十文。茶课钞一锭一贯八百八十文。茶子油树租钞二百五十文。房地赁钞一锭二贯八百五十文。系官房屋赁钞一贯一百九十文。带办税课局商税课钞三百九十八锭一贯四百九十文。门摊钞三锭四贯一百文。

清流县　农桑绢四匹。酒醋课钞四十七锭八贯三百一十四文。门摊钞一十七锭七百八十五文。商税课钞八百五锭二贯六百文。樊公会税钞二百六十三贯五百文。

连城县　农桑绢二匹二丈八尺。鱼课钞六十九锭七十二文。周岁该办酒醋课钞二十七锭三贯七百二十文。窑冶课钞三十五锭二贯六十文。房地赁钞一锭八百八十文。系官房屋赁钞二贯四百八十六十二文。茶课钞一锭三贯五百五十文。带管税课局商税课钞五百六锭四贯五百文。门摊课钞二十锭二贯。契本工墨钞八百文。

归化县　农桑绢七匹。酒醋等课钞四十锭一贯三百一十六文。商税课钞三十一锭一贯一十二文。

永定县　农桑丝七两二钱。官房地赁钞六贯八百六十七文。酒醋茶课钞二十七锭一贯七百七十五文。门摊契本税契钞八十五锭。商税钞四百六十锭一贯。桃李柿树钞一贯九百九十二文。

漳州府　龙岩县　农桑绢五尺余,丝五两六钱五分。

漳平县　农桑绢四匹余,丝四两五钱一分。

史书记载表明,闽西物产品种与规模自唐代以后增长迅速,唐代仅有1种贡品,宋代有4种,至明代则多达数十种,各种果品、糖、茶等均已成为贡品,表明这些物产不仅产出达到一定规模,质量也有一定竞争力。商业税收方面,明朝相对于宋代也有显著增加,各种矿冶、食品零售、茶叶交易、房产交易、中介交易等方面的税种大量增加,反映出当时市井已比较繁荣。

二、交通与商路

道路的密度与交通条件的好坏决定着交易成本的高低,进而影响地区经济的发展,"要想富、先修路"即清楚地说明了这一道理。汀州始终处于国家权力扩展的边缘,直到唐宋以降,随着中国经济重心的逐步南移,国家财政越来越依赖于东南地区,中央政权对南方地区的控制也渐次强化,在国家权力及认同意识的不断扩展过程中,闽西山区才逐步得到开发,五代末期至北宋初年是汀州第一次接受大批北方移民的时期,两宋之际是汀州第二次接受大批北方移民的时期。其地理位置的重要性渐次显现出来,交通也随之发展。

汀州山多地瘠,开发较晚。其交通一开始多为军事需要而开辟,闽西通向外埠的陆路通道开始于西汉中叶,东越王余善反汉,汉武帝于元封元年(前110年)四路发兵征讨,其中第三路兵马由中尉王温舒率领,从虔化(今江西宁都境)进入闽西,开辟了历史上第一条从中原至闽西的军事交通线。平东越王后,武帝迫迁闽越人到江、淮一带,于是又开辟了从闽西经闽北至江浙的通路。西晋永嘉二至五年(308—311年),黄河流域兵荒马乱,中原人民纷纷南迁,民间道路又进一步发展。这时闽西通中原的道路主要有两条:一从新罗县西出隘岭或西北出筼筜岭,至江西瑞金,再沿赣江经虔州(赣州)、洪州(南昌),达长江流域;二从新罗县北出九龙滩(清流境)入沙溪,沿沙村(沙县)、延平(南平)、建安(建瓯),通江浙。唐垂拱三年(687年),漳州刺史陈元光重视发展交通,其中陆路西出京元(今茶園)、月岭(今天宝)、龙平(今龙山)、和溪、越夫人妈岭(林田岭)抵苦草镇(即龙岩),而通闽西各地。唐开元初,左拾遗张九龄奉诏重修虔州至大庾的岭南古道,闽西便前接豫章(江西),后连东粤(两广)。唐末黄巢起义后,河南寿州王绪率王审知等进兵闽西,转漳、泉而至福州;宋末,右丞相文天祥帅勤王兵抗元,退入闽西而转粤东;明代以后,又出现了由官绅倡募、群众集资修路筑桥的义举,更使官方的驿道和民间的乡村道交叉衔接。① 但是闽西古道多依崖壑或临溪谷,蜿蜒起伏,崎岖不平,又因历久失修,所以绝大部分"依山多崩,旁溪多缺"。

古代闽西主要驿道有:②

---

① 靳阳春:《宋元汀州经济社会发展与变迁》,福建师范大学博士学位论文,2011年。
② 《龙岩地区志·交通》,上海:上海人民出版社,1992年。

汀州府六条：

东路：出长汀，经十里铺、任屋、新桥、馆前，从恩坊出境，再经宁化、清流、明溪、将乐至顺昌，从顺昌南折经南平至福州；北折经光泽至江西南城。另从南平北折经建瓯，至浙江江山。这条路在长汀境内40公里。

东南路：从长汀任屋东南折，经龟岭、童坊、马罗、北团、连城、姑田至永安。从连城北团东北折经李家至清流，从连城南折经新泉、矶头至上杭。这几条路从长汀任屋起，在长汀境内42公里，在连城境内128公里，在上杭境内40公里。

南路：出长汀，经黄馆、河田、三洲、水口、回龙至上杭；从上杭东折经石灰岭、将军桥、白砂、丰年桥、吊钟岩、大池至龙岩；南折经安乡、庐丰至永定；西南折经洪山、峰市至广东大埔；西折经高梧、十方至武平。这几条路在长汀境内65公里，在上杭境内230公里，在龙岩境内32公里，在永定境内15公里，在武平境内25公里。

西南路：出长汀，经濯田、湘店、桃溪、永平抵武平。从武平十方南折，经岩前通广东蕉岭；西南折经中山通广东平远；西折经东留、桂坑，通江西会昌。这几条路在长汀境内75公里，在武平境内170公里。

西路：出长汀，经古城、隘岭，至江西瑞金。再从瑞金西折至赣州后，顺赣江至南昌，而通长江流域；另从赣州西南折经大庾，可通粤东。这条路在长汀境内32公里。

北路：出长汀经郑坊、七古，从镇平、篁竺岭入江西瑞金。这条路是汉元封元年（公元前110年）汉武帝刘彻征讨东越王时，开拓的由中原至闽西的古道，在长汀境内20公里。

龙岩州四条：

东路：出龙岩，经雁石、白沙、基太至漳平。从漳平南折经永福、清源，接南靖和溪；从永福东折经和丰、梅营、官田，通华安；另从白沙北折经小溪、吕凤至双洋（原宁洋县治）；再南折经南洋至漳平。从小溪西折经万安梅村，可通连城姑田。这几条路在龙岩境内136公里，在漳平境内205公里。

南路：出龙岩，经马坑、三井、新祠、盂头、前林、夫人妈岭（林田岭）、和溪至漳州。这条路是1300年前由漳州郡开拓的，在龙岩境内40公里，从漳州分别北通福州和南通广东潮州。

西南路：出龙岩，经西陂、牛厄岭、南阳、船巷、富岭、坎市、湖雷至永定。从永定湖雷东折，经抚市、龙潭、适中、坂寮、永溪至和溪通漳州；从永定东南折，经岐岭、湖坑、高头至南靖；另从永定西南折，经古镇、兰地至广东大埔。这几条路在龙岩境内44公里，在永定境内140公里。

西路：除汀州府已列入吊钟岩通路外，另从龙岩小池经黄斜，越采眉岭至古田，从古田西折，经蛟洋至白砂，接上杭；西北折，经庙前至新泉；再西折，经南阳、才溪、旧县，也通上杭；另从新泉北折，经朋口后，分别通连城和长汀。这几条路在龙岩境内15公里，在上杭境内120公里，在连城境内56公里，在长汀境内28公里。

水路交通方面，九龙溪航道在唐代就已经开发利用，其开辟要早于汀江，在唐宋时期其重要性要高于汀江。南宋绍定以前,汀江处于自然开发状态,其开发的主要原因是私盐贩卖。南宋后期,国家力量是汀江开发的主力,汀江航道得到改善,成为通向省外的漕运通道,为元代隆兴至潮州驿道的开通奠定了基础。水运主要由三大水系交通构成:

汀江水系。汀江源于宁化县西部邻近长汀县的赖家山,汇濯田溪、桃澜溪、旧县河(首段称连南河)、黄潭河、永定河等支流,组成总长702公里的水系,是福建省4大河流之一。汀江流域因处于武夷山南麓与玳瑁山之间,沿岸多山,地形复杂,河道滩礁交错,水流湍急,全线有大小急滩144处,下游峰市至石市段的棉花滩,水流穿越礁岩直泻,流态紊乱,被航行者视为禁区。

汀江航道是分段开辟的。南宋嘉定六年(1213年),汀州知府赵崇模为改陆运漳盐为水运潮盐,开辟了上杭至峰市段航道。南宋端平三年(1236年),长汀知县宋慈又辟长汀至回龙段航道,使潮盐从回龙驳运至长汀。明嘉靖三十年(1551年),汀州知府陈洪范治理回龙滩后,汀江全线贯通。但因下游的棉花滩尚未治理,而使船运阻隔,客货运输必须在峰市至石市之间陆运转驳。

九龙江水系。九龙江也是本省4大河流之一,分西、北两溪,西溪源于龙岩市适中,但不能通航;北溪源于龙岩市小池。首段称"龙川"(也称雁石溪),汇藿溪、双洋溪、新桥溪、拱桥溪、溪南溪等支流组成了总长471公里的水系。

北溪穿流于玳瑁山与博平岭山脉之间,沿岸多峡谷,河床沙石冲积,暗礁错落。从发源地至雁石段的50公里中,仅龙岩至津头的10公里可通行小木船。所以从雁石起才可通船,但经华安的岭兜时,又以水流落差过大,客货运输必须对驳。

该水系开拓于唐垂拱三年(687年)建漳州时,刺史陈元光遣部属刘珠华、刘珠成、刘珠福三兄弟,沿北溪上溯,疏浚河道,兴修水利,从此可通舟楫。后人为纪念他们的功绩,建"三公庙"祭祀。

下坝河水系。下坝河水系在武平县西南部,由下坝、中赤两河汇合而成,流至广东蕉岭石窟河后,汇入梅江。在武平境内共38公里。

该河古时可以通航至潮汕,但在明正德十二年(1517年),南赣韶汀巡抚王守仁为平闽粤赣边境农民革命,拦堵下坝河子口以上河道7处,从此船运中断,只能流放排筏。

宋代以前,汀州经济落后于省内各州,汀州与江西的交通主要从长汀的新路岭翻越武夷山进入瑞金,交通条件较恶劣。到了宋代,汀州的交通条件才有所改善。闽江上游险滩治理后,福州的海盐经南剑溯流至汀州;随后宋慈又开拓了韩江盐路,引入潮汕盐,运费大大节约。宋淳化五年(994年),武平设县后,西通江西会昌,南通广东平远、蕉岭,使汀州与粤、赣两省增加了交通与经济联系。时汀、杭两县"民人稠密,所出谷米不足供岁需"①而相邻的赣州府粮食丰足,加上由于东北多山,南面汀江礁多流急,所需粮、棉多由赣南贩售;但赣南乏盐供应,所需盐主要由潮州经汀州供给,于是潮、汀、赣三州之

---

① 《古今图书集成·职方典》。

间粮、盐流通频繁。这种格局对汀州府的商品经济产生了重大影响。元代,隆兴至潮州驿道的开通改善了汀州交通落后的局面,充分展现了汀州的地理区位优势,成为赣闽粤三省交界中的重镇和交通枢纽,促进了以汀州为中心的闽粤赣边经济区的形成。

明嘉靖年间,汀州府凿平汀江两处险滩,自是汀、潮之间"转输百货,士商往来也有恃无恐"①。这也加强了汀、杭之间与粤、赣之间的联系。汀州货物辐射到粤东、赣南各县,粤盐、赣粮除接济汀州外,粤赣两省也在汀州互通有无,汀州成为闽、粤、赣三省货运流通的枢纽,商业繁荣,有商号店铺近千家。

明中叶后,汀州府到漳州之间陆路交通改善最为明显的有两次。一次是永定路的开辟,另外则是龙岩州牧对原有连接龙岩与漳平、宁洋官路的修缮。同时,汀江和九龙江流域的水陆交通已经基本形成规模,两地的交通线通过于明成化年间设立的永定连接了起来,并且取道龙岩或者永定,漳州与广东潮、汕,只要步行一小段山路,九龙江流域与韩江流域的水路连接了起来,同时,在官方和民间的共同努力下,由漳州沿海通过永定与广东相接的新驿道得以建成。这样就形成了一整个粤、汀、漳的交通网络。

第六节　闽西的商人与商人组织

经济作物种植的发展和手工业的发展,自然刺激了商业的发展。尽管闽西地处深山,交通艰难,但却早在明清时期就有了繁荣的商业景观。如长汀"县境连江接广,客贩络绎"。而汀州府属内,"徽贾买山,连筏数千为捆"。至于龙岩县,则县志称"昔者商人长袖善舞,多钱善贾,出则长驾远驭执商场之牛耳。处则慷慨施与驰社会之声誉。三江五岭之间,茶茹细载而往,厚利而归,金银吸收百万。素封之家,村巷相望"。

由于史料遗失以及史书记载的轻商传统,大部分商人名姓已多不可考,今只列部分商人名录如下:

王命球,"号在璞,性恺挚……尝贸易荆湘"。②

饶文试,"壮年服贾于外,江湖皆推长者。客瑞金时,有嫠人子鬻为僧,问其人,仅一子也。恻然曰,若一了而又鬻子,如后嗣何,赎还之"。③

童永,字守仁,号南洋,"勤俭治生,力田服贾……产甲连邑"。④

姑田漂料纸的创始人蒋少林(又名正春),生于明万历二十三年(1595年),自幼随父从文亨乡蒋坊迁到姑田元甲定居。天启六年(1626年),蒋少林到邵武县禾坪乡,向当地人学习造纸技术,掌握了蒸煮竹丝、天然漂白、打浆方法以及造纸、烘干等工艺全过程。

---

① 翁襄敏:《汀郡宋华山、陈群两处险滩碑》。
② 郑丰稔:《龙岩县志》卷二十四《孝友》。
③ 郑丰稔:《龙岩县志》卷二十四《孝友》。
④ 童文禧等:《连城童氏族谱》卷二《纪传·南洋公传》。

崇祯二年(1629年),蒋少林从邵武回到姑田,经过苦心琢磨,反复试验,终于成功试制天然漂白的纸张——手本纸,称为"元甲纸"①。

蒋正春(1595—1662年),生于明万历二十三年,元甲人。性刚强,且行孝和正义。其母吴氏死于匪寇,他知情后奋不顾身,拦匪于鹅婆岭,亲手杀匪徒数人,生擒匪首官旭贞,夺回被掳去的永安、沙县等地男女50余人,并送其回家。因此,孝义之名大振。清顺治初,匪寇攻打连城,正春率赖源等山背群众抵抗。正春还捐资修启圣祠,砌赖源至永安湖口石路,修文川、牛栏各桥。明崇祯二年(1629年),他从邵武学回造纸技术后,经过多年的辛苦琢磨,多次试验,终于成功试制用毛竹原料,经过蒸煮竹丝、天然漂白、水碓打浆等工序生产出漂料纸——手本纸,又称元甲纸,为姑田的纸业发展奠定了坚实基础。

另据考证:赖源黄宗人曾仕实于崇祯初年到曲溪大东溪开基造纸;由于纸质优良而妇孺皆知,当时凡印有"大东溪"字号的纸,一到广东潮州、汕头、漳州一带,都被抢购一空。各地的纸商、纸行云集大东溪,纷纷预付定金、贷款给村民,设厂建槽,纸业生产随之大发展,同治年间,每年产纸高达8400余担,几乎户户堆纸料,处处有纸槽。② 连城生产的纸种类繁多,乾隆《连城县志》称:"纸以竹穰为之,粗者名火纸,稍细而厚者名古纸,土人用以事鬼,又有连史、官边、烟纸、高连、夹板等纸。"光绪二十年以前,连城全县纸产品销售国内外年达7.8万担,每担值光洋60元,总值468万余银元。光绪末年至民国初的十余年,年销售有所下降,为6.63万担,但在民国八年至民国十年,连城土纸产量大幅度增长,全县纸商每年购销纸品达13万担,是土纸产销量最高峰的三年,也是连城纸业史上的黄金时代。当时姑田的纸商有50个万元户,莒溪的纸商有18个万元户,城关的"四大金刚"(北门的"祥兴号"、南门的"桂兰灏"、东门的"义泰号"、西门的"万源茂")都是以开设纸行而致富万元以上的大户。姑田和莒溪因而赢得了"金姑田、银莒溪"的美誉。

邹学圣(1523—1598年),字宗道,号清泉,明嘉靖二年(1523年)十月出生于连城四堡雾阁一户世代书香之家,是南方邹应龙家族之邹应龙的第12世裔孙。据清人杨澜考证,闽西刻书始于宋代。宋代汀州刻书,以官刻本为主,私刻仅见于陈日华刻印的《集要方》,坊刻未见流传。明清时期,随着造纸业的兴盛,闽西的印刷业得到迅速发展,四堡成为清代雕版印刷的四大基地之一。明清时期的四堡地跨长汀、连城、清流、宁化四县,雕版印刷业集中在长汀四堡时的雾阁、马屋两村(1951年后划归连城县)。学圣少年聪敏,在家庭教育的影响下,为人厚重耿介,通晓经史,文章出众。跟随其父往来闽粤沿海各地,熟谙不同方言,并在与外商外侨接触过程中,学会日语、英语会话。20岁经乡试后入太学。嘉靖二十六年(1547年),授户部广积库大使,三十年(1551年)外放扬州,继调苏州,后迁杭州仓大使。他对朝政世风的腐败、外族的侵凌,深感愤愤不平而又忧心忡

---

① 《连城县姑田镇志》,1998年,第93页。
② 朱喜钦:《大东溪纸业生产史》,载《连城文史资料》第13辑。

忡。在任廉洁为民，解民饥困。任杭嘉湖督粮道时，重征豪富粮饷，充国库、赈民困，深得民心。万历八年（1580年），时朝廷欲迁其湖广任职，然学圣以政局严峻、官场污浊，不愿合流，且父年迈多病，遂决心辞官归里。为了动员苏州籍妻子邵妙正同返闽西山区，解除其顾虑，令家人将苏杭的灯艺、图书及部分古籍雕版携回，以便创办印刷业，教育儿孙。回乡后，决心"镌经史以利后人"，在雾阁村首开书坊，创办雕版印刷古籍，课读儿孙。稚子不负期望，长大皆考入府县学为生员。学圣痛疾官场污秽，嘱儿孙莫入仕途为官，以终身力耕书田为上，借以传先哲之言，行圣贤之德，发扬民族传统文化，匡正时弊。于是扩展印刷业，"列书肆以镌经史"，从而开启四堡古籍印刷之先河，"芸编广布"大江南北，饮誉全国，逐步发展成为明清时期中国古籍雕版印刷四大基地之一。万历十五年（1587年），邹学圣在鳌峰山麓建书屋专心著述，兼作课子孙学业处。书院建于离雾阁村约1公里的鳌峰山麓的峡谷中，占地近两亩，山谷开阔平旷，绿树成荫，构成了一个安静的读书环境。后书屋更名为清泉书院，清初再易名为鳌峰书院。连城理学大师童能灵等曾来此讲学，宁化名士雷鋐曾来此求学访师，四方士子慕名云集，享誉一时，汀、连、清、宁来此士人络绎不绝，为明清代远近闻名的书院之一。

由于商业的发展，唐宋时，长汀县城就有"商行"组织，商人不参加商行，不得在市上经商。在明清时期则形成了以地域为基础的商帮如龙岩帮、长汀帮、连城帮、上杭帮等，以及以行业为基础的商帮如木材帮、纸帮和烟帮等。并且在全国许多地方，如河南的中州，广东的广州、汕头、潮州、兴宁、南雄、始兴，江西的南昌、大余、赣州、信丰、广昌，湖北的汉口、九江，江苏的南京，北京等，都建有会馆。其中最著名的是北京汀州会馆。北京汀州会馆位于崇文区西北部，前门外长巷两条。始建于明代弘治年间（1488—1505年），系福建省在京同乡集资修建的北京独一无二的福建风格的民间建筑。汀州会馆分北馆和南馆两部分，隔街相望。北馆先建，有大小6个院落，房屋共50多间。中院为主院，有一座五开间的大殿，原为会馆的祠堂，供奉天后娘娘和会馆创建先辈的牌位。祠堂建筑相当考究，并具有南方建筑的特点：梁、柱、门、窗全部用江南的杉木制作，屋顶起坡平缓，前廊后庑，廊内装修为一色花格子卷帘雕花门窗，廊顶露明天花，雕刻出象鼻形椽子，挑尖梁上有双象形蜀柱，梁头镂雕出天马、神牛等多种动物纹饰。整体建筑形制独特，雕工精湛，淡施彩绘，色调素雅。其他各院落也都各成一体，可谓院中有院。南馆建筑年代在后，为清代乾隆年间建成，其中也有大殿，内祀奉一尊硬木雕刻的文魁星像，其建筑不如北馆精湛，规模也较小。会馆里原存匾额、石刻碑记及雕塑等文物。

第三章 清代的闽西商业与商人

民国三十四年(1945年),郑丰稔所编的《龙岩县志》中有一段关于龙岩商人的描述:本邑处万山中,山多田少,耕地不敷分配,人民多向外发展。清乾嘉时,行商特盛,一肩行李,跋涉江湖。以故交通虽感困难,而风气并不闭塞。① 这也可以说是对清代整个闽西地区商业发展的一种诠释。

闽西地区山多田少,交通较闭塞,明代以前是福建社会经济较为落后的地区,居民过着相对封闭的经济生活,外出经商者少。明代《闽书》说:"汀州府士知读书进取,民安稼穑,少营商贾。"《闽都疏》亦称:"闽西诸郡人皆食山自足。"但到了清代,闽西诸县人口增长很快,大部分县的粮食不能自给,需要从外地输入。长汀县"惟米食仰给予江右之赣宁,而(上)杭,永(定)及潮往资贩籴于郡"。连城县"岁收不敷民食"。人多地少的境况使处于河谷和山间盆地的闽西人民的生计变得困难,这势必要打破以前相对封闭的社会经济环境。山区人民缓解人口压力、解决生计问题的主要做法一是向外移民和经商,更为重要的是将注意力从传统的粮食作物生产转向利润更加丰厚的经济作物生产,并开发山林等丰富的天然资源。明清以来,山区开发普遍,时称"江西、浙江、福建三省,各山县内向有民人搭鹏(棚)居住,种麻种菁,开炉煽铁,造纸做菇为业,谓之棚民"②。闽西山区的经济是以经济作物的种植和手工业为特色的,各县土特产品丰富,人民很早就注意到利用它们与外界展开物资交流,以换取本土难以自给的粮食和食盐等生活必需品。

随着闽西人口压力的增加,并在全国商品经济发展的影响下,清代闽西山区人民因地制宜,广泛种植适宜山区的经济作物,商品性农业和手工业得到进一步发展,出现了大量从事造纸、伐木、种菁和贩烟等的手工业者和商人。闽西地区经济发展的商业化倾向和市场化趋势明显,商品流通活跃,城乡市场繁荣,新兴市镇崛起,涌现出了大批商人。他们凭借山区人刻苦耐劳的奋斗精神,依托闽西山区丰富的土特产资源,活跃在海内外商品流通的大舞台上,与泉州、漳州、福州等地商人并驾齐驱,成为福建商帮中的一支劲旅,为繁荣商品经济、推动区域社会经济的发展做出了贡献。

---

① 民国三十四年《龙岩县志》卷七《社会志》。
② 《清朝文献通考》卷十九《户口》。

第一节　商业性农业的发展与手工业的繁盛

中国传统的小农经济是个体农业与家庭手工业的有机结合,但其结合的形态与特点因地而异。闽西不适宜植棉,这里主要的织布业是苎布和麻布的生产,但数量有限。农家衣被大多仰给于江浙。在闽西,与个体农业相结合的家庭手工业主要是利用当地自然资源而从事的造纸、制茶、木材加工等。与纺织业不同,这一类手工业一开始就主要面向市场,商品化程度较高。

明清时期,闽西地区的经济结构以农产品、经济作物和手工业制品为主,农产品以米、谷为大宗,经济作物以竹、木、烟叶、茶叶、香菇等为大宗,手工业制品以纸、烟、茶油、糖、夏布、酒等为大宗。

清代,在商品经济发展的影响下,烟草、蓝靛、茶叶、杉木等经济作物和经济林在闽西地区广泛种植,闽西地区的经济发展出现明显的市场化趋势。造纸、印刷、制烟、冶炼等手工业也普遍发展。

一、商业性农业的发展

（一）蓝靛种植

靛蓝是染布的基本原料。明清以来,随着江南和华南地区棉、麻纺织业的发展,对染料的需求迅速增加,蓝靛成为一种重要的经济作物。

靛蓝系从一种叫"蓝"或"菁"的植物中提取出来的,全国皆产,福建靛蓝以色彩光润而名闻全国,号称"福建之蓝甲天下"。明清以来,闽西地区广泛种植蓝靛,汀州人成为名闻东南的种蓝高手,所谓"种菁之业,善其事者,汀民也"。"业此者甚夥,多获厚利"。上杭、永定山区的农民,有相当部分以此为生,在闽西山区形成了一大批专业种蓝户,其不仅在本地大量种蓝,且远到他乡种蓝,如闽东宁德县"西乡几郡,菁客盈千,种菁之业,善其事者汀民也"①,而临近闽西的江西宁都、石城、瑞金、兴国等赣南客家地区,则早已是闽西客家人的乐土,"粤闽流寓种蓝栽苎,亦多获利。"②闽西客家人远到他乡种蓝,不仅自己获利匪浅,也推动了当地种蓝业的发展,对当地农业经济的发展和商品经济的繁荣起了一定的作用。

（二）烟草种植面积广,质量上乘

烟草自明万历年间由福建商人从菲律宾传入中国后,先在闽南一带种植,很快传播

---

① 乾隆《汀州府志》卷八《物产》。
② 康熙《兴国县志》卷一《物产》。

到各地,清代,闽西各县已广泛种植烟草。上杭"可种之地甚少,人情射利,弃本逐末,向皆以良田种烟"①。永定县"山多田少,种烟之利数倍于禾稻,惟此土产货于他省,财用资焉"②。长汀县"民亦皆效尤。迩年以来,八邑之膏腴田土,种烟者十之三四"③。宁化县则是"人竞莳之"。龙岩县的情况也类似,"其(烟草)与农夫争土分物者已十之五矣"。

因土质与气候因素,闽西所产之烟成为福烟中的上品,志书记载说:福烟独著天下,而汀烟以上杭、永定为盛。清代永定所产的条丝烟,"色金黄,气味芬芳而醇厚,吸之驱瘴秽,夙有烟魁之称",在长江南北广有销路,永定之民多因此而致富。道光《永定县志》载:"膏田地种菸(烟)利倍于谷,十居其四,国朝充饷后,地效其灵,菸产独佳,永民多藉此以致厚实焉。"④

闽西烟叶的种植为闽西山区人民带来了丰厚的利润,随着闽西人口向粤赣的流动,进而带动了江西、广东山区种烟的热潮。

清末以来,由于外国卷烟传入中国,闽西各县的烟丝销路受到影响,晒烟种植随之减少。

(三)闽西各县的茶叶种植已有一定规模

茶树向来为我国传统的经济作物,性喜阴,一般多种于多雨且排水良好的丘陵山地。闽西境内气候温暖,雨量充沛,山间云雾缭绕,正是适宜栽茶的好地方。

清代,闽西各县的茶种植已有相当规模。县志载上杭"凡山皆种茶,多而且佳者,惟金山为最"⑤;永定,茶"各乡有之","著名者有灌洋许家山之茶"⑥;武平产茶之地有"岩前、石湖溪、石径岭下数处"⑦;光绪《宁洋县志》有"茶,春夏秋冬皆有嫩叶可采。近来所产极多"、"茶,种名甚多,唯有小种最佳"的记载,说明当时宁洋县的南洋、双洋产茶多且好。

据调查,在19世纪50至70年代,闽西茶叶生产达到高潮,形成一个"民竞业茶"、"茶户不知凡几"⑧的局面。种茶的经济效益不仅高于粮食品种,甚至高于其他一些经济作物,从而为闽西人民创造了可观的利润。

(四)杉木等经济林的种植

闽西地区"崇山复岭,树林蓊郁","杉竹参天"⑨,是杉木的重要产地。明代,汀州已

---

① 乾隆《上杭县志》卷一《物产·货类》。
② 道光《永定县志》卷一〇《物产》。
③ 王廷抡:《临汀考言》卷六《诹访利弊八条议》。
④ 道光《永定县志》卷十六《风俗》。
⑤ 乾隆《上杭县志》卷一《物产·果类》。
⑥ 民国《永定县志》卷一九《实业志》。
⑦ 民国《武平县志》卷八《物产志》。
⑧ 唐永基等:《福建之茶》,福建省政府印行,1947年,第36~57页。
⑨ 杨澜:《临汀汇考》卷六《物产》。

有大面积的杉木,至清代汀州已经形成了杉木的种植基地,《闽产录异》载,杉树,"福州、兴化不及延、津,延、津不及汀州。"①作为一种重要商品,杉木已经成为闽西山区人民的一项重要副业收入,可谓是靠山吃山。

乾隆《永定县志·土产》载"杉……先年甚多,三十年来,连筏捆载,运入漳潮,今本邑亦价贵难求矣";长汀"则潮州商来计山论值,运至水滨,泛筏而下,县中沿流乡村多以此致富"②。杨澜在《临汀汇考》卷四《物产考》中谈及闽西种杉业的规模:"初栽插时跨山弥谷,栉比相属,动辄数十里……以故素封之家不窥市井,不行异邑,坐而待收,利贻数世,胥以此为富给之资。"

杉木之外,闽西地区种植的经济林木还有油茶树、漆树、乌桕等。

20世纪初期,由于市场需求的刺激,闽西木材业发展迅速。到20年代进入其鼎盛时期。其时,闽西盛产木材之地,长汀有18个乡,连城有68个乡,武平有92个乡,上杭有42个乡,永定有46个乡,龙岩有43个乡,漳平有16个乡,宁化有16个乡,清流有29个乡,明溪有47个乡,分布十分广泛。其每年所产木材约计15余万株。然而,30年代起,由于闽西地区政局动荡不宁,"旧日葱茏之林区,尽为匪众啸聚之所",加上木材海外市场的丧失,国内市场又受到洋木和洋灰筋等进口建筑材料的排挤,销路紧缩。木材业进入衰落期,但年产木材仍有近百万株。③

二、发达的造纸业

在闽西手工业中,造纸业是最具代表性,也是最发达的手工业之一。《临汀汇考》载:"汀地货物惟纸行四方。"闽西山青水秀,竹木丰茂,由此造就了家族式手工造纸业的兴盛。地方文献记载其兴起的原因时称:"区区数种田,家给不足金,殖纸为业。"④闽西造纸业一开始就作为辅助农业经济的重要补充手段而获得快速发展。

闽西各县均产纸。总类多、销量大,史载:"汀境竹山,繁林翳荟,蔽日参天。制纸远贩,其利兼赢。"⑤清代以来,闽西的手工纸畅销省内、粤东及东南亚、日本、印度等地。《长汀县志》称:"邑人赁山栽竹,设槽造纸,为汀产之最"⑥。上杭县,"县内山村竹林遍布,农户利用毛竹资源制造土纸的历史已久","造纸业是农村主要副业。土纸作坊700余处,全部分布在水源充足的深山幽谷之中。土纸成为大宗物产,产品远销东南业各

---

① 郭柏苍:《闽产录异》,《续修四库全书》本。
② 杨澜:《临汀汇考》卷四《物产考》。
③ 戴一峰:《环境与发展:二十世纪上半期闽西农村的社会经济》,《中国社会经济史研究》2000年第4期,第6页。
④ 民国《连城县志》卷十一《物产》。
⑤ (清)杨澜:《临汀汇考》卷四《物产考》。
⑥ 民国《县志》卷十《物产志》。

国,年收入不下百万银元。"①永定"地多竹,原料颇丰","产额以包纸为最多,销场亦广,从前出口年在十万担以上"②,"竹浆土纸是永定县的传统产品","私人的纸寮生产包纸、粗纸、贴头纸和调和纸等,调和纸是文化用纸"③。武平的造纸业为该县"最大之手工","在昔盛时纸槽数百处,产额年达七十余万。"④龙岩的纸业兴起于清初,嘉庆年间,龙岩万安纸商已和宁洋商人在浦南合建"万宁居"地缘组织。"本县出品,向以此为大宗。大别为白料、粗纸两种。白料产地为溪口、梧新两乡镇。其余如白沙、雁石、内山、铜江、龙门等处,惟产粗料。在民国十七年以前,年可产三十余万担。"⑤

长汀"清道光二十二年(1842年)后,汀产土纸大量外销,年产十余万担,产值为银元200万~300万元。土纸产品以玉扣、毛边为大宗,兼产熟料毛边、山贝、大色、双合和斗方等十余种品种"。⑥ 20世纪初,连城纸业的发展进入鼎盛时期。"年产各种纸共达9万担,有3大类(漂料、熟料、生料纸)、26个品种。其中大连纸色泽洁白、光滑透明,用作卷烟既清洁卫生又消瘴解毒,远销越南、缅甸和南洋等地。宣纸、玉版纸,纸质柔软洁白、拉力强、吸墨性能好,用于书写绘画,字迹、纸色经久不变。宣纸远销日本及东南亚各国,玉版纸、漂贡纸远销菲律宾、吕宋等地。京庄、奏本纸、黄榜纸主销北京、上海、天津等地,是奏章御用纸。"⑦民国8年(1919年)至民国10年(1921年),连城土纸生产大幅度增长,全县纸商每年购销纸品达13万多担,是纸业史上的黄金时代。当时纸商资产达万元者姑田就有50个,莒溪18个,连城城关则有被百姓称为"四大金刚"的著名财团(东门义泰号钱洪九、西门万源茂李介人、南门桂兰号沈景臣、北门祥兴号罗命三)。连城姑田和莒溪因此赢得"金姑田、银莒溪"的美誉。⑧ 姑田、莒溪等乡所产的宣纸、连史纸、玉板纸、玉扣纸等是印刷珍本古籍、名家著作的高档纸张,两地离雕版印刷基地四堡较近,为古籍的出版提供了便利,同时也大大节省了成本。

20世纪30年代后,由于受地方不靖之影响,加上洋纸进口数量激增,市场受排挤,而南洋的海纸市场也不断萎缩,闽西造纸业大受困挫。但据30年代末的调查显示,闽西仍有造纸农户(俗称槽户)近5000家。其中汀江流域的长汀、连城、上杭、武平等县,均有百余个乡设厂造纸,其年产量可达35万~40万担。

连城土纸运输路线主要有三条:一条由产地肩挑到连城朋口,再用木船水运经矶头,峰市至潮汕起岸,再由潮汕"连城纸行"转销国内各地以及安南(今越南)、泰国、菲律宾等东南亚国家;一条由产地肩挑到溪口,从水路船运,经漳平、浦南到漳州,转销厦门、

---

① 新编《上杭县志》卷七《工业》,福州:福建人民出版社,1993年。
② 民国《永定县志》卷十九《实业志》。
③ 新编《永定县志》卷九《工业》,北京:中国科学技术出版社,1994年。
④ 民国《武平县志》卷十《实业志》。
⑤ 民国三十四年《龙岩县志》卷十七《实业志》。
⑥ 新编《长汀县志》卷八《工业》,北京:三联书店,1993年。
⑦ 新编《连城县志》卷七《工业》,北京:群众出版社,1993年。
⑧ 新编《连城县志》卷十二《商业》,北京:群众出版社,1993年。

泉州等地；一条由产地肩挑到小陶，水运到永安起岸，转闽江船运到福州，转销广州、上海、天津、东北等地。① 其他各县土纸的运销路线亦大抵如此。

三、四堡印刷业的兴盛与衰落

地处闽西莽莽苍苍的大山间，在连城、长汀、宁化、清流四县交界处的四堡小镇在清代成就了一段传奇。1956年，郑振铎先生在厦门大学的一次演讲中，谈起中国印刷术对世界的影响。他列举了从唐至清享誉全国、传播海外的雕版印刷基地，列出清代最著名的四大基地：北京、汉口、四堡、浒湾。四堡成为清代雕版印刷的四大基地之一是个奇迹。全盛时期的四堡雕版印刷呈现出这么一幅画卷：沿鳌峰山脚，近10里的官道边，铺开若干村落，印坊栉比，书楼林立，在兹堂、万竹楼、五美轩、文香阁、素位山房……40余家大书坊招贴高悬，中小书坊星罗棋布，小镇从事印刷业的男女老少不下1200人，占当时四堡总人口的60%强，可谓是家家无闲人，户户有书香。肩挑车驮，船装水运，沿四堡通往外埠的北线、西线、南线3条水陆通道……各方到四堡订购书籍的书商络绎不绝。南中国的印书业一时竟为四堡这样一个并非通衢的山乡所垄断。

（一）四堡雕版印刷业兴起的背景

四堡的印书业究竟肇始于何时，史册并没有记载，学界一般认为至迟在明代后期。

四堡两大族姓邹、马二族的族谱都把四堡雕版印刷业的起源归功于本族的官宦，马氏说，起源于明朝成化年间，奠基人是马驯；邹氏说，起源于明朝万历八年，创始者是邹学圣。声名显赫的马驯官至都察院右都御史，二品。成化年间，任过四川布政使，巡抚过湖广。据说马驯在66岁的一天，起而饮茶，忽然想起母亲"所烹粥味甚美"，怅然久之，于是告老还乡。他回乡后，自号"乐丘先生"，倡建书院、建宗祠、修族谱、辟扶风十景，日与文人墨客唱和，作《谕俗歌》《扶风十景歌》，"悠然潇洒身无拘，拍掌临风歌一曲"，让人追慕其卓然风采。马屋村的印刷业据说就是马驯为刊刻族谱、印刷诗文而从汉口等地引进的。邹学圣生活的年代比马驯略迟一些，官职也小——杭州仓大使。传说他于明万历八年辞官归里，其夫人本杭州人氏，留恋故乡风情，更担心子女的教育，迟迟不愿随夫归四堡。邹学圣便倾囊购置了杭州的元宵灯艺和全套雕版印刷设备，深深地打动了夫人，于是夫妻双双把家还，在雾阁村首开书坊，"镌经史以利后人"，雾阁村的印刷业从此崛起。

其实，四堡雕版印刷工艺的崛起和发展有其特殊的历史、地理和人文因素。首先，清康熙乾隆统治时期，组织学者对古籍进行了大规模的整理、考据、纂辑、汇编、出版，四堡刻印业的发展有客观条件。其次，四堡物产丰富，经济繁荣活跃，雾阁、马屋四周盛产枣木、梓木、梨木和小叶樟，能够提供雕版印刷所需的原材料——纸张、烟墨和木材。再

---

① 《龙岩地区志·运输》，上海：上海人民出版社，1992年，第665页。

者,闽西客家人崇尚教育,热衷于科举仕进。据统计,从明中叶至清末,四堡邹氏家族共有169人获得科举功名,其中仅有2人考上举人,其余均为生员、监生和贡生,这些既获得科举功名又不能入仕的读书人"业儒不就",往往转而"弃儒经商",以刻书、印书为业。而且,福建在宋代印刷业就颇兴旺了。建阳是当时全国三大印书中心之一,距四堡不过五六百里,而四堡所在的汀州也已有数家书坊。四堡距汀州只有一日的徒步行程。四堡雕版印刷业的起源,正如四堡马氏后人马卡丹先生所论及,"翻开邹、马二族的族谱,有关'弃儒经商'的记载比比皆是……正是这些落榜学子的转型,转出了四堡雕版印刷业的黄金时代","或许,正是某一个落榜的文人,为着生计勉为其难到州府经商,而读书人的面子又让他耻于抬着秤杆锱铢必较,于是印书贩书就成了他最好的选择……正是落榜的文人成了成功的书商,四堡才有了第一家书坊。"①

(二)鼎盛时期的四堡雕版印刷业

四堡的雕版印刷业经历了明万历至清康熙150多年的草创和发展后,进入到乾隆、嘉庆和道光三代110多年的鼎盛时期。在此期间,印刷业遍及雾阁与马屋两大村庄,上枧、严屋的吴、严两姓也有书坊。各种资料显示,有清一代的四堡书坊至少在100家以上,比较著名的书坊有雾阁的碧清堂、文海楼、文香阁、翰宝楼、五经堂、崇文楼、素位堂等;马屋的林兰堂、万竹楼、翼经堂、德文堂等。这些作坊都是家族家庭作坊,各家书坊以家族为纽带,以家庭为单位,一家几代四五十口,甚至七八十口人,按体力强弱能力不同进行周密的组织分工,并安排到各个工序中。版面设计、底本考据、书写成形、雕刻、印刷、订线、包装等20多道工序到最后的发运、布点联络等,均有专人负责。

四堡所印书籍种类繁多,从族谱、账册及现存书版中统计,四堡刻书见到实物或有文献记载的有667种,除各种重复外,共489种,其中有《四库全书》《四书集注》等儒家经典105种;有《千金翼方》等医药类58种;有《人家日用》《弟子规》等日常实用类65种;有《文心雕龙》《楚辞》等文学类80种;有历代文人诗文、宋词、元曲、小说等51种;有地理勘测、占卜、星算等42种;有启蒙读物41种,可谓种类繁多、五花八门。甚至明、清的禁书如《金瓶梅》等亦有刊本。四堡雕版印刷纸张质地好,装帧考究,精致大方;字体多为宋体,笔画齐整,字形清秀;校核精细,讹错甚少。而且书页天头高,便于读者批注,因而信誉高、销量大,拥有广泛的读者群,如文人举子、收藏家、儿童及从事医学、风水等各行业的人。四堡刻书拥有广大的市场,鼎盛时期的四堡刻书"垄断江南,行销全国"②。

四堡商人有敏锐的市场经济意识,为协调家族内各作坊间的正常生产运作,邹、马

---

① 马卡丹:《千年回望》,上海:东方出版中心,2007年,第153~157页。
② 邹日升:《中国四大雕版印刷基地之一——四堡》,《连城文史资料》第4辑,第107~110页;陈微:《清代闽西四堡坊刻"族商"市场理念》,《东南学术》2009年第4期,第166页;周雪香:《明清闽粤边客家地区的社会经济变迁》,福州:福建人民出版社,2007年,第212页。

两大家族制定了一项族规,即"岁一刷新"。正月之前,各书坊需将来年出版销售的所有图书品种全部刷印出清样,贴在各自书坊门墙上,以便正月初一各家各户互相串门之际能了解各书坊的出书情况。如遇图书品种重复,则由族长或有权威的长者出面调解,避免重复,然后各书坊方可正式安排当年的生产任务。这说明四堡有较先进的经营理念,已经考虑到了销售和版权问题。

四堡刻书行销线路四通八达,四堡籍书商单是有案可查的就有629人,经营于广东、湖南、湖北、四川、广西、江西、云南、山东等13省100余个县市。当时长江以南各省都有四堡的书肆(书店)存在,故有四堡刻书"刷就发贩几半天下"之说。

四堡书商贩运书籍奔赴各地走乡串村,深入私馆、书院推销,经过长期不断的努力,逐渐由行商转化为坐贾,到处开设书肆,设置商业网点,接受订货,建立了比较稳定的书籍销售网。据四堡邹氏后人邹日升先生研究,四堡刻书发行运销路线有三条:北线、西线和南线。"北线经清流入沙溪下闽江或由宁化到建宁、泰宁进入江西丰城、临川、南昌、樟树、九江等地,再沿长江向上游进发到武汉、长沙和重庆、成都;下游抵安庆、芜湖、宣城、南京、湖州、无锡、苏州和杭州。西线至长汀后,也分水陆两路,一路沿汀江乘舟南下入上杭、潮州、汕头,经海运入珠江,进广州,散入粤西各地;或沿珠江上溯至广西梧州、贵县、灵山、横县、南宁、百色,直抵云南各地;或于潮州陆路转入粤东北各地。另一路由长汀向西入赣南和湘南诸县市。南线至连城后分东、南两路:东路入永安经沙溪发行至南平建瓯、崇安、浦城各地,或沿闽江东下至福州,转海运入温州、浙东各地,伸而入杭州,散于全浙;南路经朋口溪入韩江至广东或陆路至龙岩、漳州、厦门、泉州等地。"①

(三)四堡雕版印刷业的衰落

在经历了110多年的辉煌以后,到了清咸丰、同治时期,四堡雕版印刷工艺开始衰落。四堡雕版印刷业的衰落有各种主客观因素。

1860年,太平军石达开的部队在汀州和连城与当地清军和地主武装进行激战,毁坏了四堡大量的印书房。更致命的一击来自近代出版机构的迅速发展,伴随着石印和铅印技术的出现,上海点石斋、广西拜石山房、广东同文书局等近代出版机构开始崛起。近代印刷技术所产生的刻书质量、效率是传统雕版印刷技术望尘莫及的。四堡刻书的市场逐渐萎缩。1906年科举制度的废止也使大量四书五经等方面的刻书无人问津。四堡雕版印刷业从此一蹶不振,逐渐走向衰落,结束了其作为四大雕版印刷基地之一的辉煌。

宗族的力量使四堡雕版印刷业迅猛发展,但宗族本身的局限又束缚着四堡雕版印刷业的进一步发展。和闽西其他地区一样,在四堡,商业始终从属于整个宗族经济,商业利润用于满足家族、宗族成员的日常消费与各种礼仪活动,用于置田、造屋、子弟入

---

① 邹日升:《中国四大雕版印刷基地之一——四堡》,《连城文史资料》第4辑,第110~111页。

学。商人难以有更多的资本积累。当需要转型、引进新设备新技术时,族商无法拿出充足的资本去购置昂贵的新机器。而且,客家地区"耕读传家"、"学而优则仕"的理念根深蒂固,当时代发展、科举已废,印书内容从应试所需的儒家经典大量转为自然科学、社会科学读物时,四堡族商的价值观使得他们内心产生抵触情绪,不容易跟上时代前进的步伐。经济条件不具备,观念上又不易接受新事物,四堡雕版印刷业的衰落便不可避免。

闽西地区的商品经济曾有过兴盛,却始终不够发达,其中的宗族因素值得探究和深思。

四、烟草业的繁荣

(一) 永定烟草业的繁盛

1. 繁荣原因

清初,朝廷虽大力禁烟,但却抵挡不住烟草向各个区域传播。由于传统中医认为烟草对人体有益,加上文人士大夫把烟草吸食作为文人的雅好时尚大力推动,在清代,烟草已和柴米油盐一样成为生活的必需品了。"普天之下,好饮烟者无分贵贱,无分男妇,用以代茗代酒,刻不能少,终身不厌。"① 永定烟草业的繁荣有其客观基础。

质地优良是永定条丝烟获得大发展的关键因素。清乾隆至光绪的100余年是永定条丝烟的鼎盛时期,所产烟丝"其味清香和平。本省他处及各省虽有,其产翻成丝,色味皆不能及。国朝充饷后,永地种菸愈多,制造亦愈精洁"②,或说"气味芬芳而醇厚,吸之驱除瘴秽",因而,"夙有烟魁之称","运销全国及南洋。民国十五年以前,每年出口达五六万箱,约值二百余万元。宣统二年,南洋劝业会商人选送超庄,均获优奖。民国三年,参加巴拿马赛会又获奖"。③ 永定烟草业的繁盛与永定所处地理位置优良、水陆交通较发达、烟草外销方便亦有很大关系。永定的河流沟通着汀江、梅江水系,航运便利,明嘉靖年间上杭—永定—湖雷—抚溪(今抚市)—龙潭—漳州的驿道的修通,更增强了永定交通地理位置的重要性。围绕着永定形成了一个辐射粤、汀、漳,连接沿海的水陆交通网络。

2. 繁盛时概况

在清代,产制"条丝烟"的手工业坊遍布永定全县各城乡,随着规模扩大,永定烟商纷纷在外县、外省开设制烟作坊,或开设烟庄烟行。条丝烟的鼎盛促进了与制造条丝烟相关的烟刀、烟笼、烟纸等行业的兴盛,如永定湖坑洪坑村几乎垄断了全国的烟刀市场。

---

① 沈李龙:《食物本草会纂》,刊于1691年,藏厦门大学古籍库,第15页,转引自钟毅锋:《烟草的流动——永定烟草历史及其文化》,厦门大学博士学位论文,2008年。
② 道光《永定县志》卷十《物产志》。
③ 民国《永定县志》卷十九《实业志》。

从19世纪初到19世纪末是永定条丝烟发展的巅峰时代。其标志是大量代表永定烟商经济实力的宏伟土楼的兴建。

史载,"远贩吴楚滇蜀,不乏寄旅,金丰、丰田、太平之民,渡海入诸番,如游门庭……乾隆四十年(1775年)以后,生齿日繁,产烟亦渐多,少壮贸易他省,或间一岁或三五岁一回里,或旅寄成室如家,永民之财多积于贸易"。① 据不完全统计,清代永定商人在长江以南各大中城市开设的烟庄、烟行达数百家,分布在14个省39个城市,其中资金雄厚、营业额较大的有:上海的"怡和成"、"天生德"、"永隆昌"、"江万昌"、"万有谦"、"松万茂"、"苏太昌"、"苏德康"等20余家,广州的"阙志隆"、"黄禄隆"、"卢万隆"、"卢万安"等30余家,南京的"龙兴贵"、"万清泉"、"戴福昌"等,武汉的"卢恒茂"、"苏德兴"、"苏德茂"、"广益庄"、"三益衡"等10余家,长沙的"怡茂源"、"怡永龙"等17家,杭州的"大有鼎",苏州的"万顺仁",扬州的"大丰"、"大昌"等,厦门的"长春"、"益泰"、"泰裕祥"、"德昌隆"等10余家,漳州8家,湘潭的"德隆建"等6家,昆明、香港各4家,重庆、瑞金、芜湖、贵州、柳州等地多家。② 其中仅抚市(旧称抚溪)一乡自乾隆年间至民国时期在国内开设的资本在10万银元以上的大烟号就有31家。③ 当时资金雄厚的烟商多是产销合一经营,烟行、烟庄一般系由作坊老板开设,本身不加工成品,其条丝烟绝大部分由自家作坊直接供应。如果自家作坊的货不够供应,则向别家作坊进货。有些并非作坊老板开设的烟行,则全部销售别家作坊的烟丝。有些设在沿海城市的烟行,往往在供不应求时到海外购回一部分永定条丝烟。这些原本出口的条丝烟转为内销后质量更佳。据行家分析,其原因有二:一是条丝烟经出口又运回来,费时较长,使烟丝得到充分发酵;二是船舱内的温度适合烟丝发酵,加之烟箱内四周的白叶经较长时间后吸收的香料又被烟丝吸收。④

至民国初期,永定条丝烟运往国内各区域有三条路线。一是由陆路运到漳州、厦门、泉州,再转运台北乃至南洋各地;二是顺永定河而下,经大埔石上埠,沿汀江、韩江而下至大埔、潮州、汕头,转运至广州、昆明、桂林、梧州、柳州、香港等地;三是沿永定河经峰市逆汀江而上,到长汀后由陆路转运江西九江,再运往南昌、武汉、长沙、杭州、苏州、南京、上海等地。沿着三条主要运销路线,各商埠、码头都有永定人开设的条丝烟行、烟庄。民国初期,外国卷烟传入中国并逐渐风行,但永定条丝烟仍历久不衰。民国十五年以前,每年出口达五六万箱(1562.5～1875吨),约值200余万元。

---

① 道光《永定县志》卷十六《风俗》。
② 《福建省龙岩地区烟草志》,福州:福建科学技术出版社,1994年,第146页;胡大新:《永定县烟草业的历史考察》,载杨彦杰主编:《汀州府的宗族庙会与经济》,国际客家学会,1998年;劳格文主编:《客家传统社会丛书》(6),国际客家学会、海外华人研究社、法国远东学院,1998年,第480页。
③ 周雪香:《明清闽粤边客家地区的社会经济变迁》,福州:福建人民出版社,2007年,第277～279页。
④ 胡大新:《永定县烟草业的历史考察》,载杨彦杰主编:《汀州府的宗族庙会与经济》,国际客家学会,1998年。

(二)龙岩适中烟草业的发展

龙岩也多烟商,"岩烟凤驰名长江南北,所在皆有岩人烟铺"。龙岩适中同样为经营条丝烟的重镇,其鼎盛时期的经营规模也相当大。适中经营条丝烟的商人主要分布在陕西、河南、河北、山东、山西、江苏、浙江、江西、广东各省,到南洋经商的人也不少。因适中商人盈利丰厚,有"适中银"之称,他们发财还乡以后,竞相建造高大的土楼。清代雍正、乾隆、嘉庆为最盛时期,建土楼 300 余座。①

据调查,明清时期至民国年间,适中人在省内外经商办厂有商号的就有 120 家,分布的地方:河南开封 6 家,湖北汉口、宜昌 5 家,甘肃兰州 2 家,台湾 1 家,上海 1 家,江西玉山、瑞金等地 28 家,漳州、南靖、厦门 50 家,长汀 21 家,广东忠信 4 家,河北 2 家。适中商人以经营条丝烟为主,也经营棉布、纸行、银庄等。

适中谢姓家族是适中条丝烟经营中赫赫有名的家族,雍正、乾隆、嘉庆三朝,适中谢氏家族生意遍及台湾、湖北、江西、甘肃诸省,烟号达 25 家之多。② 江西瑞金清代经营烟草生意的商人甚多,"至烟熟,四方收烟之商及锉烟者,动盈万人聚食于弹丸之邑"③,而控制江西瑞金烟草生产的正是适中谢姓家族。

五、其他

前文已提到,清代闽西各县的茶种植有相当规模。因茶利"十倍于业农",闽西形成过一个"民竞业茶"、"茶户不知凡几"的局面。

龙岩县茶业生产和出口的高峰期在清同治光绪年间,其时"茶山遍全境。焙制之法,有明火、乌龙两种,明火销于本县,乌龙则经潮州,行销于南洋群岛"④。

作为宁洋县城所在地的漳平双洋,在清康熙到道光年间,茶叶生产曾有过一段繁盛时期。现双洋城外新街一带,曾是经营茶叶的茶庄、茶行集市,住房为收购、储藏、加工茶叶的场所,沿街盖有瓦房,为女工拣茶、装茶的工场,茶叶多销潮州,转运海外。据调查,东洋村赖姓、吴姓,温坑村余姓的大房子都是经营茶叶生意发财后建造的。上杭人在双洋经营的泰昌号茶叶曾在上海博览会被评为优质茶而获奖。⑤

苎麻种植在闽粤赣边区相当广泛,它可用于织绳,但主要还是绩麻织布,即制作苎布,又称夏布。闽粤赣边区苎麻的广泛种植为夏布的制作提供了充足的原料,由此带动了苎布的发展。苎布的发展反过来又扩大了对苎麻的需求,促进了苎麻的种植和品质的改善。

---

① 《方形土楼》,载适中镇志编撰委员会编:《适中镇志》,2007 年,第 87 页。
② 林伟:《福建烟丝行销天下》,《海峡烟草》2006 年第 5 期。
③ 康熙四十八年《续修瑞金县志》卷二《地舆志·物产》,瑞金县方志办重刊,1995 年。
④ 民国三十四年《龙岩县志》卷十七《实业志》。
⑤ 参见吕沁:《原宁洋县城区市场贸易综述》,《漳平文史资料》第 28 辑,2005 年。

根据方志记载,福建除少数的几个县外,几乎所有的州县皆产夏布,其中苎布居多,麻布次之,葛布较少。闽西长汀县妇女"不业蚕织,乡多绩业纺(苎麻)"。长汀遗留有清时的染坊泰和号、范步兴、李懋昌、蓝正兴隆等。从侧面印证了其印染业曾有过的繁荣。

进入二十世纪后,闽西已有长久历史的经济作物种植业发展的显著特点之一,是在中国经济日益被卷入世界市场的背景下,其兴衰更迭在很大程度上受世界市场和外国资本的影响。蓝靛种植业由于"洋靛灌输"而大大衰落,几至绝迹。茶业也由于世界市场上印度、锡兰和日本茶的竞争而由盛入衰。

第二节 清代闽西的商品流通与城乡市场

一、商品流通

随着经济作物的广泛种植、手工业的发展以及人口压力的日益加重,商业逐渐成为闽西人民生活的重要手段。有清一代,闽西商品经济颇为活跃。

这一时期,闽西输出的商品主要是当地的土特产,如木材、纸张、蓝靛、烟丝及书籍等,输入的商品则以粮食、食盐为主。

(一)向外输出的商品

1. 木材

闽西各县都把竹木作为大宗输出产品。闽西的木材大部分是编成木排,顺汀江、梅江—韩江漂流而下,运抵潮汕,再由潮汕分销到全国各地,甚至远销港、台、菲律宾、日本、印度等地。也有一部分顺九龙江而下,运抵漳州沿海。另有一部分木材沿沙溪—闽江而下,运抵福州。据统计,清末闽西各县输出的木材,"仅长汀一县而言,杉木一项已达二三千屐之巨,至连城、武平木材之输出,年值亦各在百万元以上,而永定、上杭、平和各县亦各有巨量木材之输出;此外,从事木业经营之山户与木商等,为数亦至夥也"。[①]

至迟到清乾隆初年,龙岩境内的木材商就利用九龙江水流将木材扎成捆运送到漳州沿海。龙岩万安境内重峦叠嶂,松、杉、杂木郁郁葱葱,林涛起伏,连绵百里。万安的木材商人在采购木材后,即将几百根木头扎成巨型木排,从溪口出发,沿霍溪顺流东下,经白沙入漳平,至华安。华安至新好一段,河道曲折,河流急湍,原装巨型木排,必须改装成短小轻便木筏。出了新好,河面宽阔平坦,直达浦南靠岸,所有木材就在此集中交易,成交后再由木材客商起运广、漳。[②]《宁洋县志》也称:"宁邑所产之木,无甚奇材,独

[①]《福建汀江流域之木材业》,福建《统计月刊》,1936年第2卷第4期,第1页。
[②] 参见杨登氏:《万安林业今昔谈》,《龙岩文史资料》第12辑。

杉为营造常需。康熙年间。近地采买已尽。商人复从永定辖界贩运,路由宁属翠峰、新村、西塔、石坑、山谷一带地方,陡辟新径而出,至河放运。"①

2. 纸

上杭"本邑出产以纸为大宗,每年运售潮、汕各属及漳州者,旧时价值不下百余万"②。永定,纸"出口年在十万担以上"。长汀,史载"汀境竹山,繁林翳荟,蔽日参天。制纸远贩,其利兼赢"③。长汀纸远销东北、鲁、豫、苏、浙、皖、粤、赣各省及台湾、香港等地,五口通商后,长汀玉扣纸畅销新加坡、马来西亚、印尼、暹罗、菲律宾、日本等国家和地区。④

雍正癸丑年(1733年),长汀、连城两县纸商在广东佛山建莲峰会馆,纸来自汀州各属山场,"有玉扣、山贝、官边、贡信、手本、高帘等名目,销行内地四乡、外埠及广、肇各属"⑤。乾隆二十八年(1763年),汀州和龙岩在潮州的商人共同倡建了"汀龙会馆",分立各纲,其中,以经营连史纸、毛边纸、京庄纸的联合组织篓纸纲和经营草纸的联合组织福纸纲实力最为雄厚。

除了闽西纸商外出经营外,外地商人亦来到闽西设立纸庄,如乾隆四十五年(1780年),广东行商黄洋华、朱广菊等来到连城土纸产地,先后在姑田、莒溪设立泰安、鸿安、义生、永昌等纸庄,收购土纸,运回佛山、香港、澳门等地销售。连城生产的中高连纸、玉扣、玉版、漂贡纸等远销安南(越南)、暹罗(泰国)、缅甸、菲律宾等国,销往国内外的各种纸产品年达七八万担,每担值光洋60元,总值468万余银元。⑥

3. 烟丝

在永定条丝烟运往国内各区域的三条主要路线中,第一条是由人力运至南靖船场溪,由船场溪通过河运至漳州和厦门。第二条是逆汀江而上,由南到北,经上杭、连城,运至长汀,由长汀起船,运至江西、湖南等省。这条路线的运输量较少,因为在没有机械动力的年代船只逆流而上十分困难,且长汀起船以后需要靠人力运输,成本巨大。第三条运输路线是最主要的路线,即顺汀江而下,进入韩江,经韩江运至汕头。汕头的海运十分发达,往北可运输至天津,往南至东南亚各国。这其中上海又是非常重要的一站,许多条丝烟运至上海后,由上海逆长江而上,运至长江流域的各个港口。

需要赘述的是第三条路线即由汕头发往全国的运输路线。永定大部分货物依靠汕

---

① 翁礼馨:《福建之木材》,《福建调查统计丛书》之三,福建省政府秘书统计室,1940年。
② 民国《上杭县志》卷十《实业志》,第128页。
③ (清)杨澜:《临汀汇考》卷四《物产考》。
④ 黄马金主编:《长汀纸史》,北京:中国轻工业出版社,1992年,第35页。
⑤ 民国《佛山忠义乡志》卷六《实业》,《明清佛山碑刻文献经济资料》,广州:广东人民出版社,1987年,第340、350页。
⑥ 参见马奔、李卉:《连城宣纸的源流和发展》,《连城文史资料》第2辑,1984年;新编《连城县志》卷十二《商业》,北京:群众出版社,1993年。

头的航运。汀江由南至北贯穿整个永定境内,在要流出永定县的最后一站为永定峰市镇。峰市段峰市至石市,流经棉花滩,礁石棋布,水流湍急,自古以来就有"十里棉花瀑,江水自天来"的说法,历来是汀江航道的禁区。峰市的芦下坝是永定河船运的终点,出口物资至此要上岸,用人力搬运5公里过半山凹至虎头砂再上船转入大埔航运。从潮汕方面运来的盐糖和其他零杂货,亦从大埔经虎头砂用人力运至芦下坝码头才能转为永定河水运。①

4. 书籍

闽西四堡为清代雕版印刷的四大基地之一,其书坊刻印的各类书籍,销量大,发行地区广。当时,除了一些外地客商前来坐地采购转运外,四堡本地的书商经年累月地往外贩运书籍,经过长期不断的努力,在长江以南各省建立了比较稳定的书籍销售网。"从四堡向西、向南、向北三线出发后,再分水、陆各支线往四周扩散,步步延伸,如网状叶脉一般,分散到长江以南各省",故有"垄断江南,行销全国"之说。②

除上述特色物品外,清时闽西向外输出的商品还有蓝靛、苎麻、夏布、茶叶等。

(二)输入的商品

1. 食盐

潮盐沿韩江—汀江航线逆流而上,运抵汀州后,一部分供应汀属各县,另有一部分销往邻近的赣南。

闽西诸县地属山区,均不产盐。闽西的汀州,按宋代的盐区划分,长汀、宁化、清流食福盐,上杭、武平、连城食漳盐。南宋宁宗嘉定六年(1213年),汀州知州赵崇模请改运潮盐。直到绍定五年(1232年),"准尚书省札,从本路郑转运之请,许本州及诸县艰于运福盐者改运潮盐"。③ 自此以后汀州各县改食潮盐。潮盐运抵汀州后,一部分供应汀属各县,还有一部分则销往邻近的赣南。史载:"潮自三河至武平所,而陆由羊角水可百里,入会昌下赣,此间道也。由潮而至上杭,经税至汀为正道。陆有二道,一由古城下赣,一由白水入抚,过此则多淮盐矣。是汀虽非产盐之区,而实为通盐之路,亦江广之咽喉,为闽西外府也……凡入汀境,往会昌者,武平榷之;往瑞金者,上杭榷之;或往抚者,长汀而薄榷之。固商至愿也。"④事实上,汀州府永定县的金丰、太平、丰田里等地因挨近漳州府辖地,漳州盐价钱比潮州盐便宜,因而运输交易的多是漳州私盐,清乾隆时,漳州私盐大量进入永定。

---

① 钟毅锋:《烟草的流动——永定烟草历史及其文化》,厦门大学博士学位论文,2008年,第87~88页。
② 邹日升:《中国四大雕版印刷基地之一——四堡》,《连城文史资料》第4辑。
③ (宋)胡太初修,赵与沐纂:《临汀志》,福州:福建人民出版社,1990年,第28页。
④ 郭造卿:《闽中兵食议》,顾炎武:《天下郡国利病书》原编第26册《福建》,《续修四库全书》第597册,第251页。

2. 粮食

明中叶以后,随着人口日益增加,闽西大部分地区粮食渐不敷供应。闽西的长汀"山多田少,产谷不敷民食,江右人肩挑背负,以米易盐,汀民赖以接济";连城"瘠壤也,男力耕不足于食,女力纺不足于衣","赖江西及清、宁等县贩米接济";永定,"山多田少",加上"民间种蔗利多于谷,故米麦不敷民食","丰年常仰给于江、粤"①。

南宋绍定间,汀州改食潮盐后,"惟虔州患苦盐法如故。而汀境食米不敷,半仰给于邻境之肩贩,常有遏籴之恐。于是乃许虔民担米来汀,贸盐而返,以有易无,二州民胥赖之"。②

可见,汀州与赣南之间的盐粮贸易早在南宋即已开始。到明清时期,这种盐粮贸易继续发展,清人郑光策《闽政领要》叙述道:"汀州府属之八邑,产谷俱属有限。惟长汀系附郭首县,汀镇驻扎斯地,兵民杂处,食口颇众……素藉江西米谷接济。并因汀郡与江西均食粤盐,从前定有江西米贩挑米来汀者准其买回盐斤,委汀州府经历、长汀县典史稽查,给与小票放行。以江西有余之米谷,而易汀郡官运之粤盐,洵称两有裨益。"③

从赣南运到汀州的粮食,一部分供应长汀、上杭、永定诸县的需要,另一部分则顺汀江运达嘉应州以及潮州一带。乾隆《上杭县志》云:"(瑞)金米虽曰至汀,而实藉杭为之委,不则粟死于汀矣。故杭岁稔则商贩以(瑞)金、(会)昌之粟下程乡、大埔,江、广流通,实为利薮。"④

3. 棉布

清代,闽粤边客家地区的纺织业以夏布生产为主。苎布、蕉布、葛布等夏布,夏天穿着凉爽,但不能抵御寒冷,因此夏布生产区的农民也要出卖夏布换取棉布。闽粤边区农民已出现耕织分离的倾向,如长汀妇女"止主中馈,不事纺织"⑤。

道光年间,连城人童荣南撰文指出:"闻之故老,数十年前,犹有阖户而织苎麻之布者,今则生长闽中,岂复识机杼为何物哉?"⑥故"衣被日用,全仰给于潮、赣"。

此外,清时闽西地区要输入的商品还有植物油(包括茶油、花生油、桐油)、果品、糖、药材、海产品等。

---

① (清)卞宝第:《闽峤轩录》卷二,清刻本;康熙《连城县志》卷四《籍产志·叙》;康熙《永定县志》。
② (清)杨澜:《临汀汇考》卷三《盐法》。
③ 道光《重纂福建通志》卷五十二《蠲赈》,台北:华文书局股份有限公司,1968 年,第 1065 页。
④ (清)陈于阶:《郡司马大竹沈公疏贩荒碑记》,载(清)顾人骥等修,沈成国纂:乾隆《上杭县志》卷十《艺文》。
⑤ (明)蔡芳:《耕织论》,乾隆《长汀县志》卷七《风俗》。
⑥ (清)童荣南:《风俗志》,民国《连城县志》卷十七《礼俗》。

二、城乡市场

(一)城市

闽西地区的城市以汀州府城最有名。长汀南与潮州相通,西接江西瑞金,北望邵武与南平,是闽粤赣边区的交通枢纽。早在明嘉靖年间,郡城内即有 3 条街:府前街、十字街、上东门街,其中府前街,"袤可百余丈,广丈余,砌以小石,街心纵布石版一带"①,这在当时已经是繁荣的街道了。但其城区的街道远不止此 3 条,分布在郡城外的街道尚有 11 条:县前街、射圃前街、朱紫坊街、店头街、五通庙街、水东街、半边街、桥头街、营背街、官店北街、东关营街。正由于郡城外有这么多街道存在,崇祯九年(1636 年),郡守唐世涵下令:"街坊扼要处各设栅门,启闭以时,比屋安枕。"②

在长汀农村也出现了街道,如"何田街,在青太里;馆前街,在归阳里馆前驿"③,农村街道的出现,是商品经济发展到一定程度的标志。长汀城关的市,在嘉靖年间即有 4 个:"店头市,在镇南门外直街,下通河边,盐、铁、蓝靛、杂货,于此贸易;五通庙前市,在丽春门外,沿濠直下,接店头街,四方货物,辏集于此;河边市,在五通庙前,临河,市竹木;水东街市,在济川桥左,直抵太平桥,江广货物贸易于此。"④4 个市中,店头市、河边市都是专业市场,而五通庙前市、水东街市都已相当繁荣。

龙岩州城里中的市也是相当繁华的。乾隆时期,也即《龙岩州志》成书时期,龙岩城中有州前市、南门市、东门市和西门市,这些市中有旅馆、饮食店等多种服务业,如州前市,"厥肆多旅寓;厥货殊,墨、纸、笔、竹器亦有疤人售饮食;厥饮惟白酒、红酒、烧酒,厥食鱼、肉、米粉、面线之类"。南门市"由南门之左达于武安街之右,西方之货多萃,厥货蔬果、牲畜、鱼盐、布帛、笠帽、鞋袜、纸笔、漆器、京货、药材之类"⑤。

(二)转运贸易与新兴市镇的崛起

1. 汀江航道的开辟与转运贸易的启动

长汀是汀江、闽江支流的上游,且有陆路通往归化、清流二县的码头,三条贸易路线相连,成就了长汀闽粤赣货物集散地的地位。汀江发源于宁化县木马山北坡,流经长汀、武平、上杭、永定,在永定峰市镇进入广东省,南流至广东大埔县三河坝与梅江相汇

---

① 嘉靖《汀州府志》卷三《坊街巷市》。
② 崇祯《汀州府志》卷一《方舆志·街市》。
③ 嘉靖《汀州府志》卷三《坊街巷市》。
④ 嘉靖《汀州府志》卷三《坊街巷市》。
⑤ 乾隆《龙岩州志》卷二《规建志·街市》,乾隆三年镌,龙岩市地方志编纂委员会整理本,福州:福建地图出版社,1987 年。

成韩江,而后从汕头出口注入南海。其支流众多,主要有濯田河、桃兰溪、旧县河、黄潭河、永定河、金丰溪等。在现代公路开通之前,汀江是闽西客家地区的经济命脉和闽粤赣边的主要航道。宋绍定五年(1232年),长汀县令宋慈组织汀江两岸百姓开辟汀江航道,海盐改由潮州起运,经韩江、梅江、汀江直抵汀州,解决了长期困扰汀州客家人的大难题。史载汀州府"虽非产盐之区,而实为通盐之路,亦江广之咽喉,为闽之外府也"①,"寰阓繁阜,不减江、浙、中州"②。"江西各地运销长汀的棉布、夏布,大都经长汀染成色布、花布后,返销赣南,行销汀属各县。"③

赣南,甚至中原各地的土特产等货物经汀江航道源源不断地涌入汀州、上杭二城,再装船运往广东,而广东货物则溯江而上,运到上杭、汀州上岸,再转往闽西各县及江西各地。清代汀江水运日益发展,货物吞吐辐射闽西、赣南各县,有"上河三千,下河八百"之说,汀州、上杭成为赣闽粤边货物集散地和经济贸易中心,闽西地区商品经济也因汀江航运逐步走向兴盛。

临江镇(今上杭县城),是闽西的一座山城。东西长,南北短,成椭圆形,地势平坦,交通主要靠水路,有汀江、旧县河以及黄潭河,上通长汀、连城,下达潮汕地区,南宋嘉定六年(1213年),汀州改用潮盐后,汀江水运日渐发展。明嘉靖三十年(1551年),汀州知州陈洪范召集石匠炸开回龙滩后,汀杭之间始通舟楫。上杭处于汀江航运的"黄金水段",清代,汀江上杭段水运已很发达,"上河三千,下河八百"意思是指上杭以上为上河,有船数千艘,县城以下为下河,有船数百艘,汀江上杭段吞吐量较大的码头有5处:回龙、石下、东门潭头、南门、南蛇渡。汀州航运使上杭成为商贾云集之地,县城聚集了粮行、纸行、药材行、京果行、木材等各类转运商行,有本地商人,也有闽西各县及潮汕商人,他们与周边地区各商号都有联系。据载,民国初年,上杭城区有店铺700余家,由汀江航运带来的商业繁荣凸显。现在的临江古城还依稀可见当年的繁华:东门至西门,有一条约三里长的古街,旧称登俊街,"登俊坊,宋绍定间毁,后重立。"其紧靠汀江,宽不足三米,店铺却有五百多间,西侧一层每户门前有两间店铺,东侧则更多的是骑楼建筑。1925年前,南门是商业中心,货栈林立,加上小摊便贩,致使交通堵塞,有的店铺前还砌了货架,用以陈列货物。东门外却是行栈林立,营业极旺盛,所有油盐米豆纸张方面的生意,都在那里设庄开栈,其营业额与南大街不差上下。西门外还有二百多家店铺。这些地方的商业区都靠近码头、渡口,东门、西门、南门均在汀江沿岸。

2. 峰市、下坝等转口贸易的繁盛

转运贸易的发展,促进了新兴市镇的崛起,永定摺滩街、峰市和武平下坝等颇具代表性。

---

① (明)郭造卿《闽中兵食议》,载(明)顾炎武:《天下郡国利病书》,济南:齐鲁书社影印本,第26册,第427页。

② 《临汀志·坊里墟市》。

③ 《长汀文史资料》第19辑,第66页。

摺滩街　在永定峰市转口贸易崛起之前,永定仙师的摺滩街长期以来是汀江下游繁盛的河埠,它由于临汀江著名险滩"摺滩"而得名,摺滩街又名"摺市",清雍正时,为求安全,摺滩以下一般不通船只。汀州、上杭、连城等地出产的货物由木船运到摺滩街起岸,再用人力肩挑陆运十华里至仙师宫,然后分两路运销,一路利用永定河船运,上溯经永定城、湖雷至坎市青溪,再肩挑陆运到龙岩或南靖的水潮,由水潮顺流而下漳州。漳货入汀,也由此路线运回。另外一路,从仙师芦下坝肩挑陆运十里,运到广东虎市,下船顺韩江水运到潮汕。如此,摺滩街就成为汀江流域与闽粤沿海地区货物交流的中转码头。闽西、赣南商人云集于此开行设店,经营转运业务的"过载行"兴盛起来,大批码头装卸工、运输工应运而生。据考证,盛时的摺滩街分上、下街,全长220米,街道宽6米,两旁有店铺80多间,经营油、米、豆、纸、烟、食盐、布匹、百货、海产等,著名商号有"茂记店"、"万兴隆"等。

　　峰市　峰市在明万历四年(1576年)以前属上杭县。万历四年,辖于河头城,直属汀州府。入清,复归上杭县。民国二十五年,改为"特种区",直辖于福建省及第六行政督察区,民国二十九年,划归永定县。它位于汀江下游有"十里棉花滩,江水自天来"之称的棉花滩的上端(下端为大埔的石上埠),汀船至此不能通行,货物必起岸肩挑过山至石上埠,然后登舟。船由韩江上驶亦然。随着潮汀水道盐运路线的开辟,这一"向为盗薮"的险远之地,逐渐成为关系闽赣边区民生的食盐集散口岸。明嘉靖三十七年(1558年)和万历四年(1576年),先后修建了抚民馆城和河头城。清初,河头城建置撤销,但雍正十二年(1734年),上杭县丞奉令移驻河头城,次年上杭县丞署移建到峰市街上。峰市街依山傍水而筑,包括上街、横街、三角坪、中街、九坎石、鱼湖街、拐子石面上、下街等八个部分,全程六七百米。由于特殊的地理条件,加上其他因素,峰市的转口贸易日益发达。清初厦门开港后,峰市的发展更为迅速,汀州的纸、条丝烟、木材等土特产沿汀江—韩江顺流而下,有一部分由潮汕航海到厦门,由厦门进口的商品亦由此线逆流而上,峰市成为厦门、潮汕进出口商品的转运枢纽。由龙岩至汀州,亦以行经峰市为最便,①峰市也成为龙岩、汀州间的重要市镇。清末民初,峰市街上从事转口贸易即"过载行"的"行店"达320多间,7个木船靠岸码头每天共停泊近200只船,码头搬运工人多达400余人。往来于峰市、石上埠之间的挑夫,鼎盛时期不下3000人,峰市街常住人口最多时达1.8万多人。税收的丰厚亦从一个侧面反映了峰市街的繁荣。民国初,峰市商捐局年收入15457银元,而上杭局也不过22483元,区区一隅的峰市商捐收入相当于上杭县的68.7%。20世纪30年代初,峰市税收竟高达每日大洋1000余元。正因为峰市商业的繁荣,其在近现代被称为"小香港"②。

　　下坝　位于武平县西南边陲,南与粤东北平远县仅一溪之隔,东南与镇平县广福镇

---

① 参见张兴权译:《述野田氏福建省南西部之调查报告》,《地学杂志》1915年第5期。
② 葛文清:《话说"小香港"峰市》、《"抚馆城"与"河头城"》,陈友槐:《峰市街说旧》,廖寿祺:《摺滩街盛衰谈》,载《永定文史资料》第3辑《峰市》,2001年。

接壤,西与赣东南长宁(寻乌)相邻。中赤河、中山河在下坝境内的河子口汇合后,进入镇平,称石窟河,直通梅江。史载,万历十一年(1583年),开凿平远县城"东门青云桥至石窟会镰子渡入三河"的河道后,该河"往来如织,一切货贿俱从舟载,虔汀商贾络绎凑合"①。据《钦定大清会典则例》载:康熙三十二年(1693年),"覆准江西赣州府属向食广盐,著就近改食潮盐"。潮盐运销赣南,其路线或经峰市、汀州,或由平远坝头至会昌筠门岭,后渐改由水路运至下坝,"雇夫挑运过山,至安远、会昌二县交界之罗塘地方运馆交卸"②,来往于下坝到罗塘间的挑夫日益增多,下坝的商业从此进入发展时期。来此经商之客越来越多,尤其是江西宁都、于都、兴国、信丰等县的盐商、米商都来这里建筑盐馆、米馆,作储盐、粮之用。于是广东的盐大量地水运到下坝,由下坝肩挑到罗塘后转运赣南各县;赣南各地的米和其他山货也大量地肩挑至下坝,由下坝水运到广东。五口通商后,各种洋货由汕头进口,水运至镇平,驳运到下坝。来往于下坝河的木船,最多时每天有600多只,每船载重量上水3000斤,下水8000斤。仅盐一项,下坝每天的库存量就达60万包,约80万斤,形成了"盐上米下"的繁盛局面。民国年间,下坝的商业进入繁荣时期,上杭、永定、连城以及粤东北、赣南等地的客商纷纷到下坝投资,开设盐店、米店、杂货店、百货店、五金店、药材店及过驳转运站等,其中正式的商店就有300多间。③

朋口　朋口河(新泉河)发源于连城县曲溪乡黄胜村,流经文亨乡的湖峰,到朋口直下新泉,经矾头与上杭旧县河相会,而后注入汀江,朋口以下河面宽、水流深,可以通航,航程21.6公里,是连城县主要的水运航线。由于朋口地处清流、宁化、永安、长汀通往龙岩、漳州、泉州、汕头及潮州的交通要道,加之有船运通航,朋口便成了水陆交通的重要集镇和商品流通的重要码头。明清时期是朋口船运的繁盛时期,逢朋口墟期,停泊于朋口河中待装起运的木船多时达170多条,每条船载重1至2吨。连城县出产的大宗土纸、杉木等土特产品,以及清流、宁化等邻县盛产的大米、黄豆等物品挑运到朋口装船,运往上杭矾头起货过驳运往上杭、永定、广东大埔及潮、汕出售或转运至东南亚各国。食盐、食糖、布匹、煤油、药材、百货则从广东潮汕、龙岩、漳州、泉州经过矾头过驳从河道运至朋口后,再转运至各地。在朋口有众多的货栈式的转运行,专门替姑田、城区、莒溪等地商店转运货物,从中收取手续费。矾头同样也有转运行,替各商号转运货物。

漳平转运行栈　漳平县城在清代始有私人开办的行栈,收储、转运各种商品,当地方言叫"收行仔"。至新中国成立前,漳平县城从南门到西门沿江岸开办的行栈有7家,分别是夏春栈、坤记栈、友达栈、三春栈、广泰栈、三益栈、丰记栈。这些行栈经营收储、转运来往于九龙江上下游的各种商品。当时,宁洋,龙岩白沙、溪口(万安)以及漳平新

---

① (明)郭子章:《开新河碑记》,见嘉庆《平远县志》卷五《艺文》,第643～646页。
② 道光《宁都直隶州志》卷十六《驿盐志》,赣州地区志编纂委员会办公室1987年重印本,第319～324页。
③ 王增能:《当年武平的商业重镇——下坝》,《武平文史资料》第5辑1985年;钟德彪:《论明清以来下坝经济的盛衰》,《龙岩师专学报》1997年第1期。

桥、新安（拱桥）一带的土特产如土纸、白料纸、笋干、茶叶等，从水路运至漳平县城，托各行栈收储并转运华安，然后经新圩、浦南等地中转至漳厦出售。永安、连城也有一部分土特产，用肩挑至宁洋、溪口，再由水路运到漳平中转。而从漳厦购进的海产、布匹、食盐、煤油等物品，也由水路通过沿途的行栈中转到上述各地销售。

（三）墟（圩）市

1. 概况

墟（圩）市的主要功能在于调节由数个自然村落形成的区域内各农户间的互通有无，以维持小农经济的正常运作。墟市是商品交易的初级市场。

随着闽西山区的开发、商品性农业和经济作物加工业的发展，闽西各地的墟、市随之发展起来。

清代，墟市已散布闽西各县。各县从城镇到乡村的墟市，形成了一个庞大的商品交易网络，呈现出繁荣的景象。

清乾隆时，闽西墟市分布情况如下：长汀 10 处；宁化 11 处；清流 15 处；归化（明溪）13 处；连城 14 处；上杭 25 处。① 其余各县情况不详。

到了民国时期，闽西各县墟市分布情况变化为：长汀 16 处；宁化 31 处；清流 13 处；归化（明溪）15 处；连城 16 处；上杭 18 处；武平 29 处；永定 22 处；龙岩 19 处；漳平 13 处。②

清代，闽西墟市以每旬两至三天为主，赶墟人数多者 2000～3000 人，甚至上万人，少者数百人。其交易的货物包括米、油、盐、菜、牲畜（如鸡、鸭、猪、牛等）、烟、纸和杂货等。

形成墟市的首要因素是位置适中，交通便利。有较集中的人口数量、经济地位、广阔的市场和货源也是形成墟市的重要条件。同时，各地墟市往往还有各自的特色。

2. 各县墟市举隅

永定墟市　纵贯永定南北的永定河孕育了主航道上的大码头坎市、湖雷、县城、仙师宫，它们均成为永定县境的著名墟市。明嘉靖年间修通的上杭—永定—湖雷—抚溪（今抚市）—龙潭　漳州驿道同样造就了抚溪、龙潭两个大驿站，成为重要墟市。而兼有水陆交通便利，又具备人口数量、市场、货源条件的湖雷则成了永定县的"墟王"，"全县五分之二地区的土特产和入境海产品、工业品的集散地，全县的一个商业中心"③。龙潭墟市的特色是牛行、猪仔行、米市交易量大。

连城墟场　连城的主要墟场除县城外，还有姑田、朋口、莒溪、新泉、北团等墟场。

---

① 周雪香：《明清闽粤边客家地区的社会经济变迁》，福州：福建人民出版社，2007 年，第 258 页。

② 钟德彪：《闽西近代客家研究》，北京：北京燕山出版社，2000 年，第 220～223 页。

③ 张鸣、张佑铭：《建国前永定"圩王"——湖雷圩》，载《永定文史资料》第 18 辑。

这些较大的墟市前来赶集的除了县境商人外,还吸引了不少邻县商人甚至外省商人前来,赶墟人数可达5000～10000人,开墟时间也较长。集市交易的主要是日杂百货和各类农副土特产品。此外,连城还有四堡、庙前、塘前、宣和、文亨墟场,规模稍小。而芷溪、罗坊、乐江等小墟大多是所在地商人和农民赶集,贸易物品大多是农副产品和副食品,开墟时间较短。

由于纸业发达,大量的白银输入姑田,姑田一度成为闽西北商贾云集的物货集散地。这里有来自苏浙、粤东、上海地区的商人,他们把宣纸和土特产贩运到北京、天津、武汉、广州和海外。大米主要来自邻县清流,老酒靠永安和宁化商人提供,其他服务性的手艺活来自县城和长汀。自从乾隆年间以来,每逢农历每月五、十日为墟期,逢五为小墟,逢十为大墟,一月六墟。墟天时,永安县小陶,龙岩县万安、梅村、竹贯,清流县以及连城县城关、李屋、赖源、曲溪一带村民及商贩都纷纷进入市场交易。赶墟的人数多达五六千人,人来人往,川流不息,从早上八时起至午后三四点,长达七八个小时,熙熙攘攘,热闹非凡。

龙岩墟镇　龙岩墟市从乾隆初期只有五个发展到道光时期的十一个,再到民国初年的十八个,①在不到两百年的时间内,增加了近三倍,说明了这一时期商品经济的迅速发展。其较有代表性的墟镇有:

龙门墟:龙门墟是龙岩最大的商品集散地,以纸的交易为特色,其盛况甚至超过县城。龙门有大路东南通往永定、粤东、西北通往上杭、连城、赣南,是龙岩与粤、赣商业交会的要冲。乾隆《龙岩州志》记载龙门墟时云:"龙门墟,去州十里,一六为限。自知县王有容革私税,禁暴奸党,贸易充市。"清末民初,龙门墟"商贾辐辏,为各墟冠",有"老虎墟"之美称。

溪口墟:万安的溪口墟是藿溪区域纸和木材的主要集散地,逢二、七为墟期。由于罗姓生产的白料纸在墟场交易中占据要位,故有"无罗不开圩"之称;木材也是在这里集中后扎成巨型木排,沿水漂往闽南沿海。

适中墟:该墟是龙岩东南部最繁盛的墟场,交易除纸、粮食等大宗商品外,烟的交易颇为引人注目。清中叶,这里设有宗成楼、益美、碧云、万山、长隆、下行、得月楼、银吉行等三十多家烟铺,他们所生产的水草烟丝供应省内外地区,而皮丝烟还销往菲律宾等地。

漳平"江西街"　漳平置县后,县城墟场设在西门外—校场圩(今漳平一中),圩期农历逢二、七。在漳平经商的多数是外地人,最早的是江西人,"江西街"据说是江西信丰人来漳平经营棉织土布、京果、条丝烟等业,因几乎整条街的店铺均为江西人开设而得名,同治光绪年间,漳平县城的商业操纵在江西人手里。后来又有不少九龙江下游华安、长泰等地来的"下面人"取代了江西人的商业地位。到民国初年,龙岩商人逐渐主宰了漳

---

① 乾隆《龙岩州志》卷二《规建置·街市》;道光《龙岩州志》卷二《规建置·墟场》;民国九年《龙岩县志》卷六《建置志·墟镇》。

平县城的商业。

3. 专门市场的出现

武平的牛纲墟每月逢六日为墟期,牛只除来自本县外,赣南各县及吉安、泰和等地的牛,都会由牛贩或牛主赶集于此,墟上卖出的牛只、货物大多运往大埔、镇平、梅县、平远等地出卖。①

连城芷溪历史上也有不少牛贩子,经常从宁化安远、连城北团、江西石城等地买回耕牛,经过一段时间调养后在当地出售,从中牟利。20世纪初,芷溪村头神树山的墟牛市场每墟卖出的耕牛少则四五十头,多则一百余头。

永定湖雷,龙潭墟市的牛、米市交易量都颇大,龙潭墟市的一圩销售猪仔行猪仔可达250~300只。

永定峰市出现了以经销木材为主的专业市场"木纲":潮州人的"三益纲"、峰市人的"怀顺纲"和连城人的"连需纲"。

4. 庙会

庙会活动成为各地招徕四方客商、活跃商品流通的有效途径。

闽西各地定期举办庙会,借庙会人众之机招揽顾客。如明洪武年间,秦斌任上杭令,由于"县僻在一隅,货贿不集。斌为五显会,招徕远近商旅,百货至,民资利用"②。有些庙会逐渐变成墟市,如连城会、归化的六月市和五月市、清流的樊公会等。连城,"每岁四月初八日,为连城会。先期三月下旬,直隶、江浙、闽广各处客商,俱赍土货集于县前,至四月朔日各以财货互相贸易,十日而散。"③归化的六月市源于六月十一日惠利大人华诞,"每年是月,两广并江浙各处客商大聚于此,各贮所货。而邑人无贫富,亦各储货以待其来,与之交易,至七八月罢"④;五月市,"康熙十八年七月七日,城隍庙遭回禄之变,城市荒凉。邑王国脉捐资倡建庙宇维新,召客商从五月初六日起至十六日止,集货贸易,远近辐辏,创为城隍胜会,始于康熙二十年"⑤。清流的樊公会,"每岁八月二十八日,相传樊公诞辰,邑人每岁于是日迎神赛会。先期八月初,直隶、江浙、闽广各处客商,俱赍其土所有货物集于县中,至期各以财货互相贸易。四方人欲市货者,俱如期至会市之。至九月间,方散。"⑥

此外,清流还有"转水会,四保里,九月重阳清流会客携余货在此发卖;余朋会,梦溪里,以十月初一日起"。

---

① 参见王汝林:《武城牛纲圩史话》,《武平文史资料》第4辑,1984年。
② 乾隆《汀州府志》卷二十《名宦》。
③ 嘉靖《汀州府志》卷三《坊街巷市附墟会》。
④ 正德《归化县志》卷三;另,弘治《八闽通志》及万历《归化县志》均载"十八日散"。
⑤ 康熙《归化县志》卷二《建置·街市》。
⑥ 嘉靖《清流县志》卷一《圩市》。

第三节 清代闽西商帮的商贸之路

一、龙岩、汀州与漳州山海互动

（一）汀漳交通的改善

明中叶以后，在福建沿海强盛的海外贸易的推动下，汀、漳的水、陆交通状况得以进一步发展，并最终形成了一整个粤、汀、漳的交通网络。大历十二年（777年），龙岩由原先隶属汀州改隶漳州，此后龙岩一直隶属漳州，直到清雍正十二年（1734年），龙岩独立成州，龙岩与漳州的历史关联甚为亲密。南宋时，汀江航运已分段开通，南宋景定元年（1260年），汀州的上杭、连城、武平三县改食漳（州）盐。食盐供应路线的变更使汀州与漳州的联系加强，龙岩的地理位置对汀、漳两地的交通重要性显现出来，九龙江航运也更为活跃。明中叶之后，福建省内商品经济发展起来，同样为福建西部山区的汀州和龙岩境内的农业不再单纯地种植粮食作物，经济作物在两地推广种植。同时，漳州海外贸易繁盛一时，明中叶以后到清初，漳州沿海的月港是我国东南地区一大重要港口，万商云集，驰誉中外，是东南沿海与东西二洋的一个贸易中心，这大大刺激了漳、汀两地经济作物的种植以及与此相关的加工产业的发展，勃兴的海外贸易强烈要求汀、漳经济一体化。

在经济一体化的要求下，汀漳两地的交通改善不少。在政区建置上，汀州新增的永定、漳平、宁洋三县对两地交通的改善起着不容忽视的作用。明中叶后，汀州府到漳州之间陆路交通改善最为明显的有两次：一次是永定路的开辟，明嘉靖年间修通了上杭—永定—湖雷—抚溪（今抚市）—龙潭—漳州的驿道，另外一次则是龙岩州牧对原有连接龙岩与漳平、宁洋官路的修缮。这样，明中叶之后，汀江和九龙江流域的水、陆交通已经基本形成规模，两地的交通线之间通过永定县连接了起来，并且，取道龙岩或者永定，可连接九龙江流域与韩江流域的水路，这样就形成了一整个粤、汀、漳的交通网络，整个汀、漳、潮州形成了一个经济圈。

（二）山海互动

交通的改善，有利于汀州和龙岩山区将其境内的土特产品运送到漳州和广东韩江沿海，保证沿海贸易的货物供应，使得沿海贸易更为繁荣，沿海贸易的繁荣又大大刺激了闽西山区的商品化生产，两者之间存在着互动的关系。而原先作为漳州一个属县的龙岩，清雍正时升为与汀州和漳州平起平坐的直隶州，亦说明了龙岩地理位置以及其在山海互动中的重要性。

至迟在清乾隆初年,龙岩境内的木材商就利用九龙江水流将木材扎成捆运到漳州沿海地区。汀、漳交通条件的改善也使得汀州府的土特产大量输往漳、厦福建沿海,除了木材,汀州和龙岩山区售往沿海的大宗产品还有土纸、土烟等。另一方面,盐、糖、布匹、海味等日用消费品纷纷从闽南和粤东等沿海地区运进龙岩、汀州。

清时九龙江上的航运已呈繁荣景观,在九龙江上形成了专业性的航运人员,专靠航运为生。在九龙江沿岸的重要埠头,如漳平桂林坂、华口等兴起了许多专门从事上下游货物驳运的行栈。光桂林坂就有夏春栈、坤记栈、友达栈、广泰栈、三益栈、丰记栈等行栈。①

二、清代闽西商帮的商贸之路

闽西处在闽粤赣三省交界处,通往境外有汀江、九龙江、闽江的水路及陆路,出省贸易是闽西商帮发展的必然趋势。随着商品性农产品和手工业品的不断发展,闽西与外界的交流日益频繁,明清以来,闽西商帮的商贸交通之路主要有:

1. 水运航道

闽西境内通汀江、九龙江、闽江三大水系,清代,闽西最主要的水运航道是汀江。汀江源于宁化,流经长汀县城(汀州镇)、河田镇、上杭县城(临江镇)、永定之峰市入粤。中途纳濯田河(沿途流经长汀四都、濯田等墟镇)、南山河(属长汀)、旧县河(沿途流经连城新泉、旧县等墟镇)、黄潭河(沿途经上杭太拔、兰溪、稔田等墟镇)、永定河(沿途经永定坎市、湖雷、凤城镇等墟镇)等,南流至广东大埔县三河坝与梅江相汇成韩江,而后从汕头出口注入南海。汀江是福建省唯一跨省的河流,地处潮汕地区经济腹地的汀江流域为海上贸易提供了丰富的物资和广阔的市场,汀江航运成为海上交通商贸之路的延续和深入,汀江航道上的汀州、上杭城及永定峰市等成为赣闽粤边的货物集散地和经济贸易中心。

2. 闽赣省际通道

主要有四条陆路:一条是由江西石城县的高田圩东达福建宁化县安远司的山路,它是闽西经宁化通赣省石城、广昌、南丰至南昌、武汉的"闽赣通衢","自元及清初的近三百年间,高田圩成了闽赣两省过往客商的常顾之地","挑夫日有三五百人";一条由石城或宁都乡经瑞金篁竹岭至长汀;一条由瑞金县城经隘岭、古城(长汀属)到长汀县城,这条大路是赣县通往闽西最早的交通运输线,明清时,江西赣州府至闽长汀、粤潮州的水陆交通线即是由贡水上溯瑞金入闽汀再顺汀江至潮州,这条大路也是赣东南通闽最便捷的交通运输线,明清以降,"往来者靡绝";一条由筠门岭越武夷山,经武平县东留直达

---

① 邓善火、邓寿福:《菁城中转行栈简介》,《漳平文史资料》第10辑;詹柏山:《怡成号行栈开设始末》,《漳平文史资料》第15辑。

武平县城,再经武平十方通上杭县城。①

3. 闽粤省际通道

主要有四条:一为水路线,"由长汀顺汀江,经上杭、永定等县,入广东大埔,以迄潮汕……为闽粤交通的孔道","汀江流域之人入粤外出的,都取这条路",该水路即前述之汀江水运,是闽西和粤东最主要的交通运输线。二由梅县或松口至蕉岭,入武平岩前、十方至上杭县城,再达长汀或连城的陆路,这一路货运"以纸盐米等为主",是闽西与粤东北陆路交通的大动脉。三由武平县城经武所(今中山镇)到下坝,再顺石窟河至蕉岭县城、新铺的水陆联运线。四由兴(宁)梅(县)经大埔入永定达龙岩、南靖或入平和达漳州一带,"这一线货运频繁,终日肩挑脚夫,络绎于途"②。

如上所述,明清时期,闽西外部商业网络主要是经由内地陆路和河流,通过江西、广东,向湖南、湖北、浙江、江苏以及华北扩散。鸦片战争后,随着沿海通商口岸的开放、海外贸易的发展以及新式航运业的兴起,闽西外部商业网络转向以海路扩散为主。其商道大致有二:一是经汀江下广东,从汕头出海;一是经九龙江下厦门出海。

在此基础上形成了一个由三级市场构成的向外扩散的网络,即从内地初级市场到内地中心市场,再到口岸集散中心市场,最后输送到国内及海外各地。清代闽西商人在外经商的区域主要有:

1. 韩江流域

清代的潮州、汕头是经济繁荣、万商云集的大商埠。成就潮汕繁荣的不仅有它们地理环境方面的优势,还有人文环境的特点。清代,潮汕有几十万人到东南亚国家谋生,这些侨民中又有许多人回到潮汕经商,贸易往来。清代,闽西商人"走广东"成为一股潮流、一种时尚,汀江航运有"上河三千,下河八百"之说,潮汕地区成为闽西诸县及江西各地的货物集散地。

2. 九龙江流域

自明隆庆年间起,福建漳州府海澄开港"准贩东西二洋"。从那以后就有西班牙、吕宋人到漳州贸易往来,购买生丝和土特产品。而厦门自鸦片战争后开放海口,成为东西洋进出口货物的集散地。漳厦成为东南亚进出口贸易的重要港口。闽西商人利用九龙江水运优势,将货物在龙岩万安下船,经华安至漳州石码、海澄码头,在厦门、漳州开行设店,直接与福建沿海贸易相连接。

3. 吴越京津

闽西通往吴越的商道有两条,一是由闽江顺流而下,到南平转浦城至浙江江山、衢

---

① 游海华:《清末至民国赣闽粤边区市场网络的传承与嬗变》,《中国社会经济史研究》2006年第4期,第63~64页。

② 游海华:《清末至民国赣闽粤边区市场网络的传承与嬗变》,《中国社会经济史研究》2006年第4期,第64页。

州后,沿钱塘江而下抵杭州、上海、乍浦、苏州等地贸易;二是由水路经永安、南平至福州后,转大商船运到上海、杭州、苏州、天津、北京等地。

4. 江右汉口

由闽西过闽赣交界的武夷山脉入赣南,利用赣江之水陆联通,可北上湖广至四川等长江流域各省。或从汕头、厦门出海,到上海后沿长江抵长江沿岸各省。

第四节　清代闽西商人阶层的崛起

随着商品经济的发展,闽西区域的商人阶层不断发展壮大,逐渐形成了地方性的商人集团,主要有永定烟商、上杭蓝靛商、连城商人、四堡书商、龙岩商人及各县纸商等。

一、永定烟商

永定条丝烟经济的繁盛概况已在前文述及,不再赘述。

永定烟商是永定几百年来重要的一支社会变革力量,他们使永定这个山区县在经济、教育、社会事业等方面发生了巨大的变化。

(一)永定烟商与永定土楼

从19世纪初到19世纪末,是永定烟草发展的鼎盛时期。

在这近一百年的时间里,代表永定烟商经济实力的大量宏伟的土楼如雨后春笋般地在永定各乡村崛起。

乾隆中期以后,永定烟商发财者比比皆是。道光《永定县志》载,烟商致富后,"捐监贡及职衔者,人以千数,外地置产者,所在多有,千金之贵,固不乏人"。[①] 这些人发财致富后,大量的财富首先投于买田建房,安家立业,满足物质生活需要。在此基础上,则是买官职以光宗耀祖。从买官者"人以千数"来看,永定商人当时积累的财富十分丰厚。或曰"从明代至清代及至民国,外出经营'条丝'烟业者很多,操纵长江中下游的金融,竟达三四百年之久。这样一大部分经营者(包括本地烟刀商、烟刀石生产者)大发其财,买官衔,进大学,置田地,有钱有势,大摆派头阔气,兴建富丽堂皇的楼房,这样形成了我县建筑的全盛时期,一直延至清末民初"。[②] 据统计,在永定全县共有1882个主要以自然村落为空间单位的土楼群体,这些土楼的建设大多与烟业的发展有关。[③]

---

① (清)方履籛等纂:道光《永定县志》卷十六《风俗》。
② 转引自方拥:《永定土楼二题》,《永定文史资料》第14辑,1995年,第13页。
③ 参见江太新、苏金玉:《永定烟业与土楼》,载周雪香主编:《多学科视野中的客家文化》,福州:福建人民出版社,2007年,第257页。

永定的大型土楼大多是在1800年以后修建的,即建造于永定条丝烟的鼎盛时代。这些土楼的建造除了有烟商夸富的需求外,也有其实际的用途,即作为烟丝加工的生产基地,几乎每座大楼都有烟草加工的场所。这些土楼是条丝烟生产作坊和烟商、烟农、烟工生产和居住的寝屋。

山谷地带建造土楼,需要大量的资金。在永定地区,只有烟草及其相关配套的产业经济方能支撑众多大型土楼建造所需的巨大财力。

永隆昌楼是由福盛楼、福善楼两座大楼组成的楼群,永隆昌即黄万鹏开创的烟号。在条丝烟繁盛时期,建造的土楼往往是当时烟厂的代号,人们通过称呼烟号来辨别这些土楼。

修建永隆昌楼的永定抚市黄氏家族是永定的巨富,鼎盛时期曾经号称家产百万。据说浩大的建楼工程用了28年的时间,耗费了60万两白银。永隆昌整栋大楼有92个厅,746个房间,144架楼梯。据说建楼时,工匠中很多是从潮州、饶平请来的打石、砌石师傅。

永豪楼的建筑规模也颇为巨大,共计有10个单元楼,31个厅,232个房间。永豪楼是永定抚市十三世黄宠斋的五个儿子在湖南、云南、广西等地经营条丝烟生意发财后建造起来的。其中老二黄永豪在家收购烟叶、加工烟丝,并主持家族建楼事务。大楼自开工到建成迁入居住再到装修完工,前后历时18年。黄永豪因为在家十几年主持建楼事务,人们便把建成的土楼称作永豪楼。

位于湖坑的福裕楼,是由经营烟刀的林德山、林仲山、林仁山三兄弟共同建造的。虽然福裕楼规模和占地面积相对较小,但从建楼到落成也历经了十年的时间,花费了20万光洋。

建楼耗费时间最久的当属永定高陂镇上洋村的遗经楼,据说工程从嘉庆年间开工,咸丰年间建成,历时70年之久,可见工程之浩大。楼主陈华兴是富甲一方的巨富。遗经楼是目前所知永定方形土楼中最为庞大者,其外墙东西宽136米,南北长76米,占地10336平方米。其后座主楼高17米5层,当地人都称它为"大楼厦"。

中国多元化的古民居和中国传统主流建筑差异很大,原因之一就是建造这些民居的商人社会地位不高,他们无法僭越建造中国主流传统建筑所需要的身份地位,而只能根据当地的实际情况独创一种建筑风格来完成自己建造豪宅的夙愿。于是,在永定山区,富有的烟商们发展出了大型土楼这样一种独特的建筑模式。

(二)永定烟商与教育

永定建县于明成化十四年(1478年),是闽西地区建县最晚的县。建县之时,永定还是一个匪患之地,然而进入清代以后,永定人才辈出,"科第之蝉联,人文之鹊起,士吐金燕琳琅之句,家藏玉杯繁露之章"[①]。永定的教育水准在新中国成立前一直居闽西各县

---

① 民国《永定县志》,萧熙祯《重修县志序》。

的前茅,甚至和福建其他区域相比也不逊色。这对于一个建县于明代中期的县级行政区域来说,实为不易。作为永定历史上重要产业的条丝烟经济在这个变化中扮演了重要角色。

陈支平教授认为"一个地区的文风兴盛与否,与这个地区的民系性格并没有必然的联系,而是与这个地区的社会经济发展水平有着直接的关系"①。

永定条丝烟经济的高度繁荣,使烟商们过上了富足的生活,但是在传统的乡民社会里,士农工商,商人居于社会的末流。烟商们希望通过自己经济资源的变换来获得自己的社会地位。捐钱买官衔是一个常用的途径。在永定乡间,有许多通过捐献进贡而获得官衔的事例、牌匾,这当中最有名的事例是下洋的胡子春捐献一百万两白银给清王朝海军而获得"诰赠荣禄大夫"的衔职。但在民间许多重大仪式中,只有真正获取科举功名的人才有特殊地位。推崇普及教育,进而通过科举来获得可能的社会阶层流动,这是烟商们重视教育最直接的目的。永定绝大多数的文馆、私塾都建于条丝烟高度发达的清代乾隆末期以后,修建的资金依赖于条丝烟推动的高度发达的经济,烟商是创办这些学堂的主力。民国以后,这些文馆和私塾都成了新式的小学,烟商们对教育继续支持。

据胡大新调查:在永定县,经营条丝烟发迹的人士兴办有洪坑村小学、古竹乡高头的高东小学、古竹乡的求新小学、坎市镇中心小学和大丰中学等,还有抚市镇永隆昌烟厂兴建的崇志馆、凌江馆,湖坑镇永泰烟厂兴建的培丰小学,湖雷镇德隆烟厂兴建的德隆教学楼,南国烟厂兴建的下湖小学茂源教室等。当时,永定村村有学堂,每座大型土楼都设有书斋。②

学而优则仕。在封建时代,科举考试是人们学习的最高阶段,也是烟商们推动教育的重要目的。在家族子弟学成之后,如何保障他们顺利地参加科举考试是一个重要的问题。抚市烟商黄永豪捐资修建永定科举考棚成为永定教育史上的一段佳话。在永定,大的烟草家族往往在科举考试地购买公产,以保障子弟在科举期间的食住等后勤事务。如抚市赖氏家族在长汀和福州都购有房产,方便其子弟考试之用。

永定条丝烟经济推动了永定基础教育事业的长足发展。有了如此扎实的教育普及基础,科举考试题名的数量自然也就大增。据周雪香统计,明代,永定进士和举人的数量分别为5位和21位,在汀州府中属下游水平。而到了清代,永定进士和举人的数量为17位和152位,一下跃居汀州府首席。③ 这当中的变化,应是永定民间教育大量普及的结果,而清代永定条丝烟经济的发展,无疑是促使永定民间教育普及的一支重要的力量。

---

① 陈支平:《推展客家民系与其他民系的比较研究》,《第四届国际客家学研讨会论文集·历史与社会经济》,台北"中央研究院"民族学研究所。

② 胡大新:《永定县烟草业的历史考察》,《汀州府的宗族庙会与经济》,香港国际客家学会,1998年,第468页。

③ 周雪香:《客家教育的时空差异——以三江流域为考察中心》,《厦门大学学报》(哲学社会科学版)2004年第6期。

二、龙岩商人

有清以来,出于生计考虑,越来越多的龙岩人将眼光投向商业经营。仕途的艰难也使不少学子弃儒经商,在龙岩出现了"人多逐末"的情形,形成了一股较浓厚的经商风气,不同时期的龙岩方志对此皆有描述。"迩来贩烟四出,商贾渐繁矣"①,"国朝升平日久,生齿益繁,田价数倍于昔,佃耕俱有流顶,于是逐末者多矣"②,"本邑处万山中,山多田少,耕地不敷分配,人民多向外发展。清乾、嘉间,行商特盛,一肩行李,跋涉江湖"③。

如章耿熙,"是时家道寒微,生齿日众,翁不得已舍儒就贾,以求身家之安。往广东,奔漳郡,险阻备尝。不数年而家业颇俗"。④ 林清儒生于乾隆二十八年,"志笃诗书……行年二十二,奋然曰:'大丈夫岂终于亩亩?'遂航海由浙入燕,历山左右、河南北经营"。⑤

乾、嘉之际,龙岩商人大量产生,除了人口大量增长、出于生计考虑而经商这一主要原因外,地理位置优越、交通便利也是龙岩商人兴盛的重要因素。明中叶后,在漳州沿海繁荣的海外贸易刺激下,汀州、漳州、潮州之间的交通有了很好的改善,而身处这三地之交的龙岩的交通相对便利,龙岩商人在与闽南和粤东等沿海地区的物资交流中起着重要作用。龙岩商人的足迹虽然遍及大江南北,但聚集最多的地方还是以与其临近的汀州、广东潮州、漳州为主,形成了三大帮派:漳帮、汀帮、广帮。⑥

龙岩商人外出经商主要有以下三条路线:

(1)从龙岩出发,肩挑货物至永定坎市,再沿永定河—汀江水运到潮州。这条路主要以运送龙门圩为中心的龙川区域的商品为主。

(2)从龙岩出发,肩挑货物到南靖水潮,再船运至漳州。以运送龙川区域和适中区域的商品为主,历史上有名的"水潮担"即源于此。

(3)雁溪区域的商品外运自成一路,以溪口为出发点,货物沿雁溪、九龙江南下至漳州浦南、石码等地。⑦

在清代,龙岩商人的足迹遍及省内闽西、闽南、闽北各地,尤以南靖的水潮、浦南,漳

---

① 康熙《龙岩县志》卷二《封域志·风俗》。
② 乾隆《龙岩州志》卷九《风土志·风俗》。
③ 民国三十四年《龙岩县志》卷七《社会志》。
④ 光绪龙岩《章氏芳谱》卷一《艺文·十四世祖耿熙翁行实》,转引自陈滨:《龙岩商人研究》,厦门大学硕士学位论文,1995年,第10~11页。
⑤ 民国龙岩适中《长林世谱》,《列传·新公房鸷公派下》,转引自陈滨:《龙岩商人研究》,厦门大学硕士学位论文,1995年,第11页。
⑥ 民国九年《龙岩县志》卷十七《实业志》。
⑦ 陈滨:《龙岩商人研究》,厦门大学硕士学位论文,1995年,第14页。

州、厦门等地最为集中,省外则以赣南的赣州、瑞金、南雄,粤东的潮州、梅州居多。长江中下游地区的四川、湖北、湖南、江西北部、安徽及江浙等地也是龙岩商人的活动区域。他们经营纸类、木材、皮枕、中西药房、百货、京果等业。

广东潮州是龙岩土产的重要集散地。许多岩商在这里开设栈行,收购从龙岩和汀州各地运来的土产,向粤东南和南洋各地销售;同时大量购进盐、糖、海产等日用品,运回龙、汀各地销售,他们和龙、汀各地的商号保持着密切联系。随着龙、汀商人间联系的不断加强,两地商人于乾隆年间合建"潮州汀龙会馆"。

在龙岩商人的经营项目中具有举足轻重地位的是烟业和百货业。

龙岩商人热衷于将其经营所得用于建祠堂、修族谱、买祀产等敬宗收族活动。如,"(林俊明)年十五,往玉(江西玉山)谋生。……上及高曾祖,下及子而孙,筑坟婿配,逐一完全,又置有尝田,以作列祖祭资。归就有楼间以遗苗裔"。"(章耿熙)翁之一生自少至老勤以创业,俭以持身,而充蒸尝、建屋宇与夫赈济、修路诸大端亦毅然为之。"①

龙岩商人有较强的地缘观念,集中表现于众多商业会馆的建设上。省内有福州、漳州、建瓯、泰宁等地的龙岩会馆、龙岩厦门同乡会。省外则北京,河南,江苏,广东的广州、汕头、潮州、兴宁、始兴,江西九江、大余、赣州、南雄、信丰、广昌等地都建有龙岩会馆,这些会馆大都是清乾隆以后兴建的。

在龙岩商人中,适中商人是主体。适中人在全国各地设立的烟店、烟行,仅清代就达53家,他们分布于全国各地,其中江西31家,河南7家,湖北、广东各4家,本省3家,甘肃2家,上海1家,②适中烟商多成巨富。适中商人因经营条丝烟大发其财而在家乡竞相建造高大土楼的事迹已如前文所述。适中商人除经营烟业外,还经营棉布业、布庄染房、制香业、神面业、京果业等,其足迹遍及赣、粤、冀、豫、沪、黔、台、甘、鄂、湘及省内汀、漳、厦等地。

清乾、嘉之后,龙岩商人成为闽西山区商人中颇为重要的一支。龙岩商人等闽西山区商人是保证粤东、闽南沿海海外贸易所需货物供应的重要力量。

三、上杭商人

上杭早在明代即因"山多田少"而出现"农稀商众"的境况。据志书记载,"商贾善权子母,贸迁有无,东西南朔无不游走,颇能虚往实归"③,故"人物富赡甲于诸邑"④。清嘉庆道光以前,上杭人出外经商"以靛青业最著",史载:"杭人往南浙作靛,获利难以枚数。"⑤

---

① 转引自陈滨:《龙岩商人研究》,厦门大学硕士学位论文,1995年,第41、42页。
② 林宪曾:《适中人在省内外市场之商业概况》,《适中文史通讯》第6期,第1~25页。
③ (清)赵成修、赵宁静纂:乾隆《上杭县志》卷十八《风俗》。
④ (清)杨澜:《临汀汇考》卷三《风俗考》。
⑤ 乾隆《上杭县志》卷一《物产·货类》。

上杭商人曾一度控制了全国的靛业贸易。清乾嘉年间,在江西、浙江、广东及上海、佛山、汉口等处,于省郡总会馆外,皆设有上杭会馆,均为蓝靛商人醵资所建,上杭蓝靛商人势力之盛由此可见一斑。以上海建汀会馆的创建为例:嘉庆初年,上杭曾古卿、王耀光、傅晋三、杨学祥醵金置上海南郊田创立义冢,复于城南董家渡购屋数椽,以为春秋祭祀天后之所,取名同庆堂。道光乙酉(1825年),永定苏子明、建宁张镜秋商议,各就所业抽厘,以扩充善举。时曾古卿"老且病",命子辛叔与之商议,购南郭翠微庵西南田数亩,创建会馆,供奉天后于中楹,名之曰建汀会馆,取建宁、汀州两郡公举之义。以余地为新冢,以同庆堂旧址为祀产。咸丰癸丑(1853年),上海小刀会在刘丽川领导下起义,杀死县官,占领上海县城。苏子明航海回故乡,曾辛叔"捐巨资团义勇于此,与官军相犄角,会馆得无恙"。1861年"辛酉政变"后,李鸿章到上海镇压太平军,假会馆作帅府,"辟西之隙地筑数椽",苏子明与曾辛叔之弟爱仁、子竹坡"酬款偿之"(时曾辛叔已殁)。太平天国起义被镇压后,清军次第撤防,建汀会馆"栋宇虽存",然"堂庑已多损坏"。修葺之事经苏子明创捐,同乡乐助,由上杭杨南枝、葛其龙经理。会馆修缮后,杨南枝、苏子明相继去世,葛其龙"又以他务未遑兼顾",复由曾辛叔之子兰坪、葛其龙兄友樵董其役。① 可见,上杭商人对于建汀会馆不仅有草创之功,在建汀会馆的日常管理中也起着重要作用。

上杭商人除经营靛业之外,还经营纸业等。如苏州的汀州会馆,康熙五十七年(1718),由上杭六串纸帮集资创建,"取名汀州,意示大公,其实为上杭纸业之一部分"②。

四、连城商人

连城商人主要经营纸、书、木材、茶叶等。

连城商人早在明代即有经商的风气,"士知向学,民多末作","不通舟楫而行客少,各务生理而商贾多"③,"贸迁远为服商"④。

清代,"土瘠民贫,男耕妇织,户多贾贩,利尽锱铢。"⑤童荣南(1792—1850年)云:"行货商,居货贾,熙来攘往,天下胥然。连之民能株守一隅哉?比年生计,虽逊从前,然纸贩木商,浮梁买茶者,亦犹是游武夷、入百粤,而赣旅尤多。"⑥见于康熙《连城县志·

---

① 转引自周雪香:《明清闽粤边客家地区的社会经济变迁》,福州:福建人民出版社,2007年,第282页。
② 《重建汀州会馆碑记》,收入《明清苏州工商业碑刻集》,南京:江苏人民出版社,1981年,第369页。
③ 康熙《连城县志》卷二《舆地志·风俗》。
④ 崇祯《汀州府志》卷四《风土志·风俗》。
⑤ 乾隆《汀州府志》卷六《风俗》。
⑥ 民国《连城县志》卷十七《礼俗》。

人物志》记载的商人就有：林羽宏，"稍长，母命服贾于外。比至殷富"。谢超，"初艰嗣，商于潮……又商于吴"。王道，"父早丧，远贾粤丰"。沈庠，"初贫，携弟康贸商三山"。伍文蔚，"续因家贫，父命往外贸易"。至于乾隆志、民国志及族谱记载的连城商人，更是数不胜数。

清代四堡是雕版印刷的四大基地之一。杨澜《临汀汇考》云："长汀四堡乡（1951年后划归连城县）皆以书籍为业，家有藏版，岁一刷印，贩行远近。虽未必及建安之盛行，而经生应用典籍以及课艺应试之文，一一皆备。城市有店，乡以肩担，不但便于艺林，抑且家为恒产，富埒多藏。食旧德，服先畴，莫大乎是，胜牵车服贾多矣。"①其发行运销的三条路线已在前文述及。

清末民初是连城漂料纸的鼎盛时期，纸槽由原来的二百槽猛增到四百槽，年产量由原有的二万担增至四万担，纸号如雨后春笋般崛起，竟达五十多家，其中著名的有姑田上堡的洪春号、中堡广泰号、下堡吉兴号等。洪春号系合资经营，每年每股可分纯利白银一千两，折合光洋一千四百元，名噪一时，人们称该号是一颗摇钱树。后来又有旗鼓相当、实力雄厚的新纸号出现，如南美庄、荫昌号、永和祥、义盛祥、元茂、义隆、肇春号等。至20世纪40年代后，姑田又有一批新的纸号出现，如振东号、振春号、集祥记、裕源、谦吉、集昌庄、春和成、蒋三益、明茂、恒升、周兴祥、玉华庄、李步苏、蒋述先、建国庄、建兴庄、建贞庄、建祥庄、建华庄等。这个时期较为有名的宣纸商标有"双龙"、"双鹤"、"飞凤"、"声振全球"、"虎牌"、"福爵"、"禄爵"、"丝球"、"金鼎"、"美玉堂"、"风行环球"等。是时曲溪、赖源的手工纸几乎都由姑田纸号收购，收购之时各自带上纸号的商标、等级、品名印章到纸槽户中确认纸质数量，并分为甲超、乙超、甲特、乙特、丙超、丙特三等六级，这种活动叫"开印"。宣纸出售外运时应缴纳10%左右的纸捐，完税后在纸篓上帖印花税票，如此运到渡口方可下船。②

连城县宣和乡（1956年前属长汀县管辖）吴家坊的吴昌同是连城商人的杰出代表。吴昌同少时学徒于湖南衡阳，"尝挟薄赀泛五湖，登衡岳"，在两湖开钱庄，后在长汀开设店铺，包揽了赣南、闽西山茶油、生漆的收购和批发生意，同时经营纸业和木材，其商业已拓展到福州、厦门、漳州、泉州，还到潮州经营宣纸，在潮汕一带开设了9间"昌同号"。吴昌同资产最多时，拥有20多家纸厂和3座笋干厂，还有自己的运输船队和转运货栈，其资产约值160万银元。由于吴昌同"拓祀田，立社学及一切桥梁茶亭有裨于人者，无不竭力"，汀州八县文人逐级上呈，光绪帝准由吴昌同后人自建"乐善好施"牌坊。③

清末民初，随着商业往来的日益频繁，业务量不断增大，为了解决货币结算运送银钱的麻烦，连城姑田的永吉昌、南美庄、荫昌号、茂昌等商号开始利用钱庄的汇票，如上

---

① （清）杨澜：《临汀汇考》卷四《物产考》。
② 邓金坤：《连城宣纸》，北京：经济科学出版社，2008年，第80页。
③ 参见张侃：《晚清客家地区精英与地方社会的整合——以闽西培田村为例》；载陈支平、周雪香主编：《华南客家族群追寻与文化印象》，合肥：黄山书社，2005年，第287～288、292页。

海票(申票)、潮州票(潮票)、福州票、邑票等,当地人称这种汇兑手段为"飞钱"。连城莒溪的纸商义生庄、裕生源、福利行、大安庄、益美庄等都利用汇兑票来完成银钱的往来,在当时的社会条件下,汇票对纸业和土产的贸易起了很大的帮助作用。

五、各县纸商

造纸业是闽西最发达的手工业之一,各县皆有。史载:"汀境竹山,繁林翳荟,蔽日参天。制纸远贩,其利兼赢。"①

随着各县造纸业的兴起,雍正癸丑年(1733年),长汀、连城两县纸商在广东佛山建莲峰会馆,纸来自汀州各属山场,"有玉扣、山贝、官边、贡信、手本、高帘等名目,销行内地四乡、外埠及广、肇各属"②。乾隆二十八年(1763年),汀州和龙岩在潮州的商人共同倡建"汀龙会馆",分立各纲,有以行业组成的篓纸纲、福纸纲、履泰(杂货)纲等,以地缘组成的龙岩纲、武平纲、上杭纲、莲峰纲(即连城纲)、永定纲、九洲纲、白沙纲等。③

在这些商纲中,以纸业的实力最为雄厚。上述的篓纸纲主要是经营连史纸、毛边纸、京庄纸的联合组织,而福纸纲主要是经营草纸的联合组织。当汀、龙商人准备在潮州建立会馆时,实力雄厚的纸业商人便成了主要的倡导者,即所谓"篓纸纲为倡建会馆之首"④。会馆建成后的日常开支亦主要由篓纸纲和福纸纲二纲承担:

> 汀龙众帮未经抽厘并无公项,其馆中神前香灯每月额定一千五百文,守馆工食每月额定边银一两零五分,均照向规以三分派:龙岩纲、本立纲、履泰纲共派缴四月,篓纸纲派缴四月,福纸纲派缴四月,闰月匀派。汀龙众帮春秋庆祝公祭香蜡戏金及主与祭执事二席用费,照向规以九分派,篓纸纲派缴三分,福纸纲派缴四分,龙岩纲派缴一分,履泰纲派缴一分。倘有修葺馆宇,亦同。⑤

据新中国成立初期华东军政委员会所编的《福建省农村调查》一书,汀州商人在福建省城福州市内组成的会馆,也是以纸业商人为主。该会馆原是长汀、上杭二县经营纸、靛的商人组织的"纸靛纲",后由"纸靛纲"扩充为"四县纲",再进而为汀州会馆。⑥

闽西纸商不仅把本地出产的纸向外输出,还到外地从事纸的贩卖。如浙江龙游县在清初至民国初年大量生产竹纸,有许多商帮前来收购经销,"清初以前有闽汀帮,销至

---

① (清)杨澜:《临汀汇考》卷四《物产考》。
② 民国《佛山忠义乡志》卷六《实业》;《明清佛山碑刻文献经济资料》,广州:广东人民出版社,1987年,第340、350页。
③ 同治《潮州汀龙会馆志》,第20页。
④ 同治《潮州汀龙会馆志》,第30页。
⑤ 同治《潮州汀龙会馆志》,第21页。
⑥ 参见陈支平:《清代闽西商纲零拾》,《中国社会经济史研究》1996年第2期,第74页。

江苏一带,至清中叶改由宁波、绍兴销售"①。据福建上杭白砂、浙江龙游《清河傅氏宗谱》载:"浙邻于闽,懋迁有无,负笈担签,商贾称便。冈公讳鹏鸣,有清嘉庆间,以纸商于浙,开基龙邑南乡溪口镇,手创承启堂祠。"②

第五节 商业经营组织方式

一、经营组织方式

我们以四堡族商和永定烟商为例,概要了解清代闽西商人的经营组织模式。

（一）四堡族商

四堡坊刻是在家族内组织进行的,以家族构成一个个庞大的经济单位,一代代的坊刻族人之间建立起了普遍的商业关系。据清乾隆《长汀县志》和邹、马氏族谱记载,明末至清雍正之前,在四堡创办的世代相传的大书坊约有 29 家,其书坊主和牌号分别是：邹葆初（崇德堂）、邹洪夏（碧清堂）、邹圣耀（瑞文堂）、邹圣脉（寄傲山房）、马维翰（万竹楼）、马权亨（经纶堂）、马权文（本立堂）、马宽裕（文汇楼）、马定邦（文萃楼）等。清乾隆至咸丰年间是四堡坊刻的兴盛时期,前后开办的书坊多达 73 家,其中邹氏 53 家,马氏 20 家。如以上族谱所记：邹孟纯（字葆初）的崇德堂延续了八世,长达 150 年；邹尚忠（字洪夏）创办的碧清堂,子孙相继,前后近 200 年。马权亨创办的经纶堂,相传六代,堂名先后有文萃楼、湘山堂、务本堂、同文堂、鹤山堂、在兹堂、念兹堂、文兹堂、文林堂、枕松堂等,长达 100 多年；其弟马权文（字周群）、长子马定邦（字则桢）、长子之侄马烈（字斯扬）都是其中的佼佼者。③

陈支平、郑振满两位教授对四堡族商的组织、经营方式及其思想观念和文化传统进行了深入的调查研究,相关述论如下：④

族商的发展道路表明商人集团未能摆脱自然经济体系的羁绊,具有明显的地域性和宗法性特征。

清初,邹氏和马氏已初步形成族商的特色。其共同特征有二：一是商业成为家族经济结构中的有机组成部分,二是族人之间建立了普遍的商业联系。商业活动的成败影

---

① 民国《龙游县志》卷一《风俗》,转引自刘秀生：《清代闽浙赣皖的棚民经济》,《中国社会经济史研究》1988 年第 1 期,第 58 页。

② 转引自周雪香：《明清闽粤边客家地区的社会经济变迁》,福州：福建人民出版社,2007 年,第 285 页。

③ 参见陈微：《清代闽西四堡坊刻"族商"市场理念》,《东南学术》2009 年第 2 期。

④ 参见陈支平、郑振满：《清代闽西四堡族商研究》,《中国经济史研究》1988 年第 2 期。

响及于每个族人的命运,邹氏和马氏二族盛行大家庭制度,往往数代人同居共财,构成了一个庞大的经济单位。在这种大家庭中,职业构成是相当复杂的,经商只是其组成部分之一。

这种包容士农工商为一体的家庭经济结构,实际上是自然经济的一种表现形式,而商业只能作为满足家庭消费需求的一种手段,很难谋求自身的独立发展。在邹氏和马氏宗族中,有许多商人为了维持庞大的家庭消费而耗尽心血,最终一事无成。

代代均分家产的结果,使商人的大家庭不断地分化为小家庭,同时也使经商的"基因"不断地被复制和继承,就某个具体的商人而言,可能因均分家产而缩小其经营规模,或者因此转而从事其他职业,然而,就整个家族而言,均分家产却使经商的"基因"为全部家族成员所继承,并在适当的条件下造就出更多的新商人。这也许正是形成族商的内在原因。

邹氏和马氏宗族内部的商业联系,首先表现为同族商人之间的相互帮助和提携。互相通报商业信息是二族内部最有效的互助方式。书商在贩书的过程中,如果自己不能满足客户的要求,就必须把有关信息通报给同族商人,以免被其他商人夺走市场。二族商人还建立了定期交换商业信息的制度,如逢年过节在族内公布自己的货源及已接受的订货,尽可能在族内解决供求矛盾,避免族人之间的商业竞争。这种以交流商业信息为基础的同族联系,是二族商人垄断市场的重要手段之一。前辈商业提携后进,更是族人责无旁贷的义务。

其次,由于合本经营及领本制、托本制的盛行,在宗族内部形成了某些初级的商业信用关系。这种族人之间的商业信用关系对族商的发展有着不可低估的作用。当然,这种信用关系具有明显的互助性质和宗法色彩,与近代的商业信贷不可同日而语。

再次,二族商人利用宗族组织建立各种商业设施,实现对市场的垄断和控制。邹氏族墟的创设,是这方面的典型例证。

这是一种以家内分工为基础的工商联营。不过,由家人直接销售的数量是很有限的,大多数产品仍需假手于人,转贩外地,因此,邹氏和马氏族内分化出了一批专营贩书的商人,形成了以族内分工为基础的工商联营。

清代四堡书坊的生产规模颇为可观,其内部分工也相当细密。在大书坊中,从版面设计、底本考据、书写成形等二十多道工序,到最后发运、布点联络等,均有专人负责。

这些雇工数十人的刻书作坊具有资本主义萌芽的性质。四堡书坊雇佣的刻书工匠,主要来自于邻近的宁化、清流一带,其中尤以巫姓工匠为多。由于刻书需要一定的文化水平和专业技术,其报酬也较高,遂由巫姓族人世代相传,渐成世业。在邹氏和马氏族谱中,有许多传记、寿文之类都是由巫姓文人撰写的,可见他们和四堡书商之间的关系不仅是一般的雇佣关系,也有着相当深厚的感情联系。

四堡刻书业中出现的雇佣劳动是在商品货币经济促动下形成的新的生产关系的萌芽。这种雇佣劳动在明清两代闽浙赣边区的造纸业、制茶业、苎烟业、种蓝业及林木业生产中都时有所见,反映了明清时期山区经济发展的新动向,不过,由于清代仍然深受旧的社会经济结构的压制，这种新生产关系的萌芽未能顺利成长。在四堡地区，由于大书坊都是以家族为单位经营的，许多工序都由家庭成员或族人自行操作，从而排斥了自由雇佣关系的发展。更有甚者，有不少商人家族蓄有仆人，他们的社会地位是十分卑下的，这就必然使工商业经济带有奴隶制的残余色彩。

四堡商人是内地型的地方性商帮。在四堡商人的商业活动中，家乡是他们的出发点，也是他们的归宿。因此，四堡商人的经营内容、资本流向及活动范围都与本地的社会经济及文化传统有着密切的联系，从而也就使之形成了根深蒂固的乡土观念。四堡商人在长期的经商活动中，也有少数族人随遇而安，定居于外地。然而，绝大多数的四堡商人未能切断自己与乡土之间的联系，总是生于斯、长于斯、娶于斯、老于斯。这种根深蒂固的乡土观念，使四堡商人的主要经营对象始终局限于运销本地的土特产品，而他们所得到的商业利润又大量被耗费于乡族内部。因此，就四堡商人的作用及影响而言，只能是一个内地型的地方性商帮。

在人文环境方面，四堡地区属于客家文化系统。由于各种历史原因，客家人有自己的语言、习俗等文化传统。这种文化传统对于四堡商人的经商活动有着不可忽视的影响。据说，四堡地区有这种谚语："求发展，去南片，若去北，焦头烂额。"其理由是往南客家人多，谋生容易，往北则无此便利。四堡商人虽然号称"足迹几遍天下"，实际上，其活动范围只限于南方各省，一般不进入长江以北。

这种士、农、工、商四位一体的大家庭实际上是一种家族公社。在这种家族公社中，商业利润首先用于满足家族成员的日常消费需求及各种礼仪活动开支，其次则用于"置买腴田，构大厦，援例入雍"，而商人则不得有私财。

这种家族组织及财产继承制度无疑不利于商人财富的积累，使商业资本的发展始终处于一波三折之中。工商结合使手工业的发展依赖于商业的扩张，结果是忽视了工艺技术及生产关系的改良。商人买田收租以满足家族成员的粮食需求，可以说是家族内部的农商结合，其结果也会阻碍农业生产的进步。总之，这种亦儒、亦商、亦农、亦工的家族经济结构，不利于职业的分化及社会分工的发展，因而仍是自然经济的一种表现形式。

商人为了利用宗族组织以加强商业联系，必须热心于宗族事务，"不惮劳费而经营之"，从而也使他们无法摆脱宗法关系的制约。又如，商人利用同族关系谋求商业利益，往往具有排斥同业竞争、垄断地方市场的倾向，这样也就阻碍了国内统一市场的形成。

四堡商人总是热衷于科举功名、热衷于求田问舍、热衷于"睦渊任恤"、热衷于数代同居而又故土难离、热衷于往南发展而不愿往北，这些无疑是其保守的一面，限制了其发展前景，但四堡商人又有许多传统的美德，如精明、机智、勤劳、俭朴、诚实、守信、团结、宽厚及儒雅大度等，无疑也有助于其商业上的发展。

（二）永定烟商

清代，永定的条丝烟业同样具备新生产模式的某些特征：商品经济高度活跃，有雇佣和被雇佣关系。在从事烟叶加工的烟铺或作坊中具有一定的规模，它们购进原料，出售成品，发生新的交换关系，而且已经开始使用较多的雇佣工人，这与原来意义上的家庭手工业有所不同。这些反映资本主义生产关系的新因素增强了永定烟业抗击外来竞争的能力。

每个大型的土楼里都有一个大型的烟丝加工厂，全楼的劳力都在烟丝加工厂从事生产。以一个土楼居住两百人来计算，大型土楼的烟丝加工厂的雇工可达上百人。

在烟丝制作至销售的各个程序中，都有独立的分工和专门化生产。这种特征不但体现在烟丝业，也体现在高度依存烟草的其他行业当中。同样，依靠家庭血缘关系组成的烟号也是永定烟商最基本的经营组织形式。几乎所有的烟号合作者都是兄弟或父子关系，至多到达第三代，第四代则少见。

永隆昌作为永定最大的烟行，由黄万斗、黄万才、黄万鹏三兄弟进行分工协作经营——老大万斗在家购烟叶，开"烟棚"，把一批批优质条丝烟源源不断地运往长江中游和云南、广西一带的"好价"地区；二弟万才、三弟万鹏则相应地分别在湖南长沙、湘潭、浏阳，江西九江以及广西、云南等地开设"永隆昌"分号，不断扩展销售业务。①

经营日升烟刀垄断全国的洪坑林姓家族，生意和永隆昌一样由三兄弟分工经营：德山管质量检查，奔忙于各厂之间；仲山管外采原料，专跑南靖、漳州及广东，甚至买通官府，包揽永定官铁，曾因此引起同行和其他打铁厂的公愤；仁山管推销，活跃在上海、武汉、广州各大城市。"日升烟刀"远近驰名，企业蒸蒸日上，几乎垄断了全国的烟刀市场。②

在永定近两百年的烟丝历史中，曾经出现了无数的烟号，而不少著名烟号往往只能辉煌存在几十年甚至只维持了一代人。钟毅锋认为，永定历史上未产生巨鳄式的烟业商业资本集团，其原因主要来自三个方面：烟号品牌价值的流失；烟号所获得的利润，往往用来购置田产、购买虚闲官职和建造土楼等大型建筑；经营商业的人才断代。"传统的农耕社会文化模式，导致了烟号的品牌价值、资金、人才都不可能延续以扩大企业的规模。"③

二、商帮（纲）的形成与会馆的兴起

由于商业的发展，闽西在清代形成了地域性质的商帮，如龙岩帮、永定帮、长汀帮、连城帮、上杭帮等。到民国时期，单龙岩县在全国许多地方如河南，江西的南昌、九江，

---

① 参见钟毅锋：《烟草的流动——永定烟草历史及其文化》，厦门大学博士学位论文，2008年，第94～95页。
② 余德辉主编：《永定客家土楼故事风情集》，北京：作家出版社，2001年，第14页。
③ 钟毅锋：《烟草的流动——永定烟草历史及其文化》，厦门大学博士学位论文，2008年，第99～101页。

湖北的汉口,江苏的南京,北平(北京)等地均建有会馆。①

清代闽西地区的汀州府和龙岩州与福建其他府县的交通不便,而与广东东部潮州一带,因有汀江、韩江相连,故汀州府和龙岩州的商人与粤东潮州一带的商业联系比较密切。清代闽西的商纲便主要出现在汀州、龙岩与粤东潮州一带的商业活动中。

清代闽西商人为联络乡谊和方便商业,在潮州府城内共建"汀龙会馆",并于同治十年(1871年)编纂了《潮州汀龙会馆志》,陈支平教授对该《会馆志》进行了细致深入的研究,②从中我们可了解清代闽西商帮(纲)、会馆的概貌。

潮州汀龙会馆所属的各纲,其组织形式主要有行业与地缘两种,篓纸纲、福纸纲、履泰(杂货)纲等,是以行业组成的纲,而龙岩、上杭、武平、莲峰(连城)、九洲等纲,则是以地缘商人组成的纲。

清代闽西商纲及其所组成的会馆,主要有三方面的功能。

其一是联络汀州、龙岩各属在潮州的乡谊。

该会馆有匾额镌刻会馆创造宗旨云:

> 汀龙二州密迩毗连,据闽之上游,下与潮属为郡,地壤相接。且鄞汀一水,南流直通潮郡,舟楫往来,众皆称便,凡商贾贩运,托业于斯者,歌乐土焉。盖时当承平清晏日久……由是议建会馆,将上以妥神灵,下以通乡谊,岁时祭赛,樽酒言欢,联一堂桑梓弟兄,甚盛事也。

会馆于每年中重要的活动是祭祀天后妈祖,分春秋二祭,三月为天后圣母诞辰,九月为天后圣母飞升。春祭自三月十八日开始,直至三月二十八日,或由各纲转流演戏饮福分祭,或由会馆众帮公祭庆祝。秋祭则从九月六日开始,至九月二十三日止,亦由各纲分祭和会馆公祭。据称,"每年三月二十三日,天后娘娘诞辰,祭祀极为隆重。天后神前有一对大蜡烛,烛身高大,可接连燃整个月,正中香案上置一大馨塔,也可焚点一月久。……从三月十八日各纲开始分祭天后圣母诞辰,在戏台演戏,邀请地方官员、士绅、知名人士、商界巨子饮宴、观戏,极为热闹"。据《会馆志》记载,会馆各纲每年于祝神日饮福演戏达二十五日之多,闽西各地商人在这频繁的祝神饮福演戏活动中,联络了乡谊,并且解决了会馆及各纲内的诸种事务。

为了进一步联络乡谊,会馆及各纲对于往来于潮州的桑梓士绅予以特别优待,福纸纲的章程规定:

> 自道光二十四年经众议额津贴花红程仪,文武乡榜四元,文武甲榜八元,恩拔副岁优各贡二元,钦赐二元,举人副榜俱同。钦点翰林主事一十六元,鼎甲加倍。倘有州县候补现任者至馆行香,奉程仪八元,同知通判俱同。府道以上临时酌议。若非本纲及外籍者未议额。

---

① 民国三十四年《龙岩县志》卷十七《实业志》。
② 参见陈支平:《清代闽西商纲零拾》,《中国社会经济史研究》1996年第2期。

闽西各商纲及会馆的第二个功能,是筹集经费并且代替商人完纳国税。

公馆及商纲举行联络乡谊等活动需要资金。会馆所需资金由各商纲分摊,而各商纲则向商人们抽取。如履泰纲,"杂货帮,按货抽厘置买业产,为会馆香灯祭祀之费"。篓纸纲,"从前各字号所抽厘金及各房店租息向交篓纸行主收存办理"。上杭、九洲、运河诸纲,"各字号按抽纸厘共立为馆中每年祭祀庆祝之资,所有章程俱载"。福纸纲和篓纸纲的经济实力最为雄厚,故对各商抽厘之外多有盈余,在潮州府内购置了多处地房产,出租收息,积蓄经费。

会馆对于经费的管理和使用,先是由各商纲轮流执掌,至道光十七年(1873年)以后,实行聘请经理制,每任三年为期,商纲在对商户抽取经费的同时,亦制定了为商户代完国课的条规,如篓纸纲的《饷规》云:

> 各项纸庄由上山采办装篓记明字号刀数,船运至东关揭挥完饷,高□纸每刀正饷银一分五厘柒,毛边纸每刀正饷银二分二厘零柒,书纸每担六分九厘。每饷银百两加费补平在外,由行代完,纹、佛银各半。

福纸纲的《饷规》规定:

> 各庄福纸由上山采办,盖用各字号戳记,所有双合纸黄纸每四十二张为一刀,每五十刀为一片,合二片为一百刀为一捆。船运至东关,每捆完正饷银四分六厘。大包各庄纸每八十四把为一球,每球完正饷银三分八厘。向规每饷银一百两加耗银解费三两,补库平银三钱。至道光十六年再议每百两加费银四两,合前共加银七两三钱,纹、佛各半。……各字号纸张由客批定行收,揭挥到东关,按挥先代垫完清正饷,并代发船脚,侯纸货售卖后,总共与客结算订记行单簿内。

交纳商税和应付官府往来是商人们感到困扰的一件事,商纲组织委托商行代完税饷,对商人起到了一定的庇护作用。

闽西商纲的第三个主要功能,是制定一些同业行规,协调同业之间的行为。

篓纸纲行规、脚规规定:

> 各项篓纸批行收入售卖,俱作钱价,每钱六百八十二文伸花边一元,每花边一百元现用佛边,该补贴花水边十元。纸张售卖,行用九七扣,每百元扣用三元,行内与客结算,每钱六百九十文伸花边一元。……其各字号客到行,便饭一次,席请一次,俱照旧章。

> 船户到峰馆领载,高连纸每担批钱八十元,毛边纸每担批钱一百六十文,书纸每担批钱一百六十文,轻次书纸每担批钱八十文。运至东关交稽夫检按各字号发筹担入行内,每担钱一十一文,俱行内代垫,发后与客结算,每四篓为一担。……各行售卖纸张,务先向客说明市价,庶免以后争论。其纸货批入各行,倘有润张湿角,亦须通知各字号到行面验看过,提出结价,可免争多论寡。

这种行规、脚规在本纲之内具有法律般的效力，纲内的商人都应当遵守执行。福纸纲所制定的行规等，更呈请地方官府批准勒碑督行，该规条除了与篓纸纲规条有相同之处外，还有一些较详细的规定：

> 各纸客由蔡家围搭小船到郡，每人约略给钱一十六文，其各纸客回家由东关搭小船至大船，每人并行李一担，共给钱一十六文，若另有货物，每担给钱六文。……纲内有与他省之客合伙字号者，向章推照字号一体抽厘，凡馆中祭祀宴饮，倘纲内字号应当与席，许同与席。但日后不得籍称已共抽厘，为伊同籍绅士科甲花红程仪争论津贴，及择经理，混争纲业为公共。

闽西各商纲虽然各自制定有通行于本纲内的各种条规，但因商纲之上又有以汀州、龙岩地缘为组织的会馆，故在纲与纲之间，有时也有一些共同协作的条规，如福纸纲与武平纲就曾合股购买店屋，"兹有武平纲付有七兑洋银三百元，即日交付众公等收入记簿，其银归与众福纸纲凑买长养坊三家巷行屋兑价，其行店租银众纲内收入。递年三月二十七日众纲内应办武平纲戏金一本庆祝，其武平纲内人等演戏之二十七日应向众纲内收回租钱一千文，以办香纸油烛串爆等费。其戏金戏班递年俱照众纲所雇的以垂久远，永无违议"。再如上杭、永定等以地缘而组成的纲，则委托福纸纲代为抽取本纲客人有经营贩纸者的份厘，"上杭纲同治元年合同九洲纲内上杭各字号，与运河纲本立纲各字号，按抽纸厘……附入福纸纲"，"本立纲纲内向抽杂货厘金，后抽纸厘，入福纸纲一体抽厘，所有章程俱载本纲簿内，照旧办理。"

无疑，闽西的商纲组织及其会馆对闽西商人在潮州粤东一带的商业活动起到了一定的促进作用。直至新中国成立前，闽西商人仍然是潮州地区最主要的外籍商人集团。

闽西商人在外地组成"纲"的组织，应不只潮州一地，据新中国成立初期华东军政委员会所编的《福建省农村调查》一书，汀州商人也在福建省城福州市内组成商纲的会馆，这个会馆原是长汀、上杭二县经营纸靛的商人组织的"纸靛纲"，后由"纸靛纲"扩充为"四县纲"，再进而变为汀州会馆。

第六节　商人与地方社会

清朝定鼎之后，社会趋向稳定，经济逐渐恢复，闽西各宗族致力于恢复宗族组织的活动，各大宗族的族谱大都于康熙雍正年间重修，修建祠堂也在此时进入高潮。

随着商人阶层的发展壮大，闽西商人们"出则长驾远驶，执商场之牛耳，处则慷慨与驰社会之声誉"①，他们积极参与家族、宗族事务和社会公益事业，表达自己的权势、财力和人力，追求社会声望与地位，在地方乡族社会中扮演着重要的角色。

---

① 民国九年《龙岩县志》卷二十一《礼俗志》。

首先，商人们积极参与家族、宗族组织的建构和管理，热衷于将其经营所得用于修祠宇、造坟墓、编族谱、置祭田等，在家族或宗族事务中发挥越来越重要的作用。

其次，商人们积极主持、参与地方公益事业的建设，在修桥、铺路、建亭、赈灾、济贫、浚河、修渠以及兴建义仓、义冢等各项社会公益事业中，扮演着重要的角色。

最后，商人们建义学、修书院、办文会、设卯金、捐膏火、助科举资费，积极扶持和资助乡、族的教育和科举，有力地促进了闽西各县教育和科举的发展。

关于以上几点，清代以来，各县的方志以及各宗族谱牒中的记载举不胜举。权举几例：

连城县李德恩，"经商赣州，值（太平天国）乱后，亲族多失所者，收集而养赡之。宗堂被寇拆毁者修葺之。助创义仓局，倡设宏仁堂，经理各祖祠，增置祀产数百桶。建亭、修路诸善举，莫不乐为。助戚族婚葬不责偿。典卖田产，赔偿、代认亲族债务"。①

黄祖翰，"咸丰丁巳、戊午间，粤盗蹂闽，岁大歉，孑遗困甚。公倾囷䊋之，贷不取息，亲旧不责偿，所全活无算。……又以其余力，饮修书院、祠庙、会馆暨义冢、义仓诸善举，独力建桥三，皆斥田为善后计，未尝勒石署名，人尤以为难"。②

吴庆浩，"设典肆瑞金。甲午大饥。闻讯星驰，出资平粜数月。文明、豸山书院、义仓及省贡院，皆力捐以襄义举。行不倦"。③

永定县赖奎旺，"字庚兴，号长照……贾于江右分宁……每行贾所获，岁有捐造，亦竟如其愿。嘉庆五年，独建抚溪乡洽溪茶亭，并置田税四十二桶。十一年，独造金沙乡园坝里拱篷石桥并茶亭，费金一千八百有奇，又以二百余金，置田税四十二桶。十三年，独建东关外崇圣殿，修天后宫拜亭，并购香灯田税四十桶，费金一千有奇；东城外重修义冢，西城外砌修官路数十丈，改修三层岭崎岖山路二十余里，共费金八百有奇。初，赖氏祖百二郎公众敛悉仅六十千，付长照经理，辛酉迄己巳，八年内增拓千金，置祭田，又捐修东华山关帝殿一百五十金。他如鸣歧岭石桥，以及施棺济急诸义举，不能缕述"。④

江巨源，"字厚斋。以怙恃早亡，携弱弟服贾于外。……所交多儒雅名彦，每届乡会试，其无力具资者，必多方为赆给，其借以成名者甚众"。

吴来瞻，"湖雷人，例贡。少孤，行贾致富，乐善好施，曾捐田五十桶为凤山书院膏火。又创乡中文会、本族家课。凡修桥砌路赈贷等事，皆不惜费。……晚年，于本乡铜鼓山筑'高冈书馆'三十余间，馆旁石壁峭耸处筑魁星阁，购书万卷，岁延名师以课孙曾。子五，皆成名；孙绍祁，登贤书；在庠者四人；曾玄成名者十余人"。

戴晴山，"字岳昭，登仕郎，抚溪人。言行不苟，乐善好施，独修铁炉坑长坳百余丈。凡书院考棚、桥梁道路、培养斯文诸义举，皆踊跃乐为。服贾于江南金坛县"。

---

① 民国《连城县志》卷二十三《乡行列传下》。
② 民国《连城县志》卷三十二《杂录》。
③ 民国《连城县志》卷二十三《乡行列传下》，转引自陈滨：《龙岩商人研究》，厦门大学硕士学位论文，1995年，第41、42页。
④ 道光《永定县志》卷十九《艺文志下·传》。

赖麟亭,"字集祥,抚市人。乐善不倦。凡修族谱,置书田,设保安堂、育婴社,立义冢诸善举,皆踊跃为之。服贾楚中"。①

龙岩林俊明,"年十五,往玉谋生。……上及高曾祖,下及子而孙,筑坟婚配,逐一完全,又置有尝田,以作列祖祭资。归就有楼间以遗苗裔"。

章耿熙,"一生自少至老勤以创业,俭以持身,而充蒸尝、建屋宇与夫赈济、修路诸大端亦毅然为之"。②

长汀县王凤仪,"清国学生,业商,运木潮(州)峰(市)间,恒获赢余。辄倡置祭田,兴义塾"。③

武平县熊荐,"尝客吴楚,捐金构寺,以祈亲寿焉。其居乡睦恤,族里尤称之。侍御史特为表扬"。④

上杭县陈英,"父璧山,营商业,跋涉汀潮。英稍长……遂辍读服贾,以分父劳……承先志,置义渡,立文会、建桥梁、修道路,乡里称孝"。⑤ 俞孚薪,"溪南里峰市人……营醝致富。性好施,凡修路建亭,造桥施渡,创卫生堂,设升平局,地方公益无不首倡"。⑥

地方志的《人物志》或《列传》中出现了不少有经商背景的传主,说明了商人社会地位的提高。许多商人还屡屡受到褒奖和崇祀,如连城的伍文蔚,"续因家贫,父命往外贸易……至于父念先人营葬未毕、祠宇未建,即体其志而捐资首倡,竭力襄事;且推类以及族中无祀孤骸、房内无依嫂侄,俾各得其所。……前任县主段曾给匾以旌其行。康熙五十二年冬,合邑人士述其事于邑侯程,详其由于郡宪吴,见在申请抚宪,照例旌题,以励风俗"。⑦ 谢献民,"经商以供二亲。后家稍裕,乐施济。康熙丁丑、丙戌,水旱之灾,民饥,煮粥以赈。修理学宫,复竭力资助焉。雍正六年崇祀。"黄廷高,"因丧乱弃儒服贾,勤俭成家。康熙丙戌,溪尾水灾,漂没官骸盈岸,廷高竭力收埋不下数百,乡人至今怀其德。至育才以建义学,造桥以济行人,义举良多。邑令屡旌之,举宾筵"。⑧ 谢恩庸、谢进盛父子在道光九年,旌表"孝友"。罗炤致,"光绪间,旌奖'乐善好施',建坊"。邓讴畴,"督学王奖以'见义勇为'额"。

又如永定的赖奎旺,"邑侯霍大光《记金沙亭》勒石,并旌'龙冈硕望'匾。……后,道光五年,制宪赵慎畛阅兵过永,廉得实赠,以'为善最乐'匾额,题曰:'庚兴明经,力行善事。'书此四字奖之。邑侯张维甲并赠联句云:'司马阴功,脚踏实地;大程襟度,人坐春

---

① 民国《永定县志》卷三十《惇行传》。
② 转引自陈滨:《龙岩商人研究》,厦门大学硕士学位论文,1995年,第41、42页。
③ 民国《长汀县志》卷二十六《义行传》。
④ 康熙《武平县志》卷八《人物志》。
⑤ 民国《上杭县志》卷二十八《孝友传》。
⑥ 民国《上杭县志》卷三十《义行传》。
⑦ 康熙《连城县志》卷七《人物志·孝友》。
⑧ 乾隆《连城县志》卷八《人物志·尚义》,第183、184页。

风。'"①

如上所述,清代闽西商人在宗族组织的建构和管理、地方公益事业、乡族的教育和科举等方面,逐渐取代了原先地方士绅的部分社会功能,在地方乡族社会中发挥着越来越重要的作用。商人与士绅相互结合,二者共同在地方基层社会事务中发挥主导作用,这是清代中后期以来中国基层社会乃至地方社会控制管理体制转变的一个趋势。②

本章结语

有清一代,由于全国商品经济发展的影响和闽粤海洋经济的推动,闽西的商品性农业和手工业得到进一步发展,市场化趋势明显,闽西山区呈现出商品经济繁荣的境况,闽西商人活跃于海内外商贸舞台。同时,在闽西,商业从属于宗族经济的现象普遍存在,具有明显的地域性和宗法性特征,商人们"耕读传家"、"学而优则仕"的理念根深蒂固。商业利润大量被耗费于乡族内部的各类需求,用于教育科举,用于置田构厦,不利于商业资本的发展,商人与商人集团未能摆脱自然经济体系的羁绊。而这样一种小农经济是极不稳固的,社会的任何一个变化,如国内外市场价格的变动、苛捐杂税的摊派、政局的动荡、盗匪的兴起以及自然灾害的打击等都会使它受到致命打击。因而,进入二十世纪,伴随着闽西由于其地理位置而成为各种军事力量的拉锯争战之地,政局长期动乱不宁;地方匪徒又乘机兴风作浪,肆意敲诈勒索;在华外国经济势力的渗透和洋货的冲击日益加深;时而发生的自然灾害等种种因素的轮番冲击,闽西的农村经济趋于衰败。③

---

① 道光《永定县志》卷十九《艺文志下·传》。
② 参见陈支平:《民间文书与明清东南族商研究》,北京:中华书局,2009年,第26页。
③ 参见戴一峰:《环境与发展:二十世纪上半期闽西农村的社会经济》,《中国社会经济史研究》2000年第4期,第9~10页。

第四章 民国时期龙岩商人与商业

第一节 动荡的社会与商业的曲折发展

民国时期是指从清朝灭亡至中华人民共和国建立这一历史时期,是中国历史上大动荡大转变的时期,也是中国半殖民地半封建社会的终结阶段。这一时期,闽西历经了20世纪初的地方军阀混战、农民暴动以及30年代的国共内战,再加上国民政府的横征暴敛、盗匪横行、战乱,国民党的反动统治和日本帝国主义的侵华战争交织在一起,社会的动荡不安导致商路受阻、商旅裹足不前,物价波动,闽西的商业在曲折中发展。

一、战争频发与商业动荡

（一）民国初创到土地革命时期的社会动荡

19世纪中叶,帝国主义列强开始瓜分中国。他们依仗不平等条约赋予的特权,掠夺经济资源,推行殖民文化。日本帝国主义多次派员到闽西进行地质矿产调查,窥探中国资源,以开办洋行、设立教堂等手段,掠夺我国的经济资源,进行文化侵略。随着帝国主义工业品的侵入,闽西手工业逐步破产,流氓、无产者占全区总人口的25%,闽西经济破产已到了极其严重的程度。

20世纪初期,中国社会处在剧烈动荡之中,城乡群众自发的反抗斗争如波涛汹涌般一浪高过一浪。1911—1929年,闽西受军阀混战波及,社会秩序混乱,工商业发展受阻,给闽西人民带来了无穷无尽的灾难。如:1924年5月,福建陆军第一师师长臧致平、第二十四混成旅旅长杨化昭绕道县城退师回浙江,王献臣移兵退避古城,臧、杨进城提取公款供军饷,三天后大肆拉夫装运辎重,城内秩序大乱,街市商店一日数次关门。1924年8月31日,赣军赖世璜血洗适中,50多座楼房被焚,数百群众惨死,8000余人无家可归。反动军阀横征暴敛,达到了"无人不捐,无物不税"的地步。仅龙岩一县,捐税就多达40多种。再加上天灾人祸,广大农民难以为生,濒临绝境。闽西人民在遭受帝国主义、军阀官僚掠夺与摧残的同时,还深受封建地主阶级的残酷压迫和剥削。从当时闽西阶级、土地统计数据可以看出,当时占闽西总人口仅8%的地主、富农却占有85%的土地,地主豪绅大量兼并土地,以致地权高度集中,封建的土地关系成为近代闽西地区贫穷祸乱的根源。"清末民初,人口渐增,给商业发展提供了条件,但由于盗匪蜂起、水旱灾害频繁以及瘟疫的困扰,人民生活窘困,市场贸易萧条。"①龙岩地处闽西要冲,为汀漳交通孔道,商业原来甚是发达。"县城商铺约四百余家,以经营布匹、京果、百货业者,资本较多,获利亦较厚。其次则为纸业与药业。县内重要市镇,计有龙门、白土、适中、雁石、白沙、溪口、梅村等处。其中商店较多者,首推龙门、白土、适中,均有铺户八十余家。次雁石、白沙,各有铺户六十余家。惟该两镇,交通便利,水道可通漳平、华安、浦南。本县纸类、木材等土产大部由此输出。溪口、梅村,商店虽较少,但均为土产生产区,市况亦不落后。"②

二十世纪初期,闽西造纸业进入黄金时期。据日本人在清末民初的调查,当时长汀县年产纸高达5万余担,值80余万元(银元)。连城年产亦有3万余担,值近20万元。③但进入民国后,战争频仍,土匪猖獗,社会动荡不安。如永定县,在1922年到1925年,军阀战争达三十余次之多,④导致商店关门、经济萧条,给永定人民带来了无尽的痛苦。如长汀县,"民国初年,军阀混战,导致民间手工业萧条。纸价低落,纸商畏缩,经营不力。纸业生产的下降,威胁着'纸行通,百货畅'的长汀"⑤。

二十世纪初期,由于市场需求的刺激,闽西木材业发展迅速。到20年代进入鼎盛时期。其时,闽西盛产木材之地,长汀有18个乡,连城有68个乡,武平有92个乡,上杭有42个乡,永定有46个乡,龙岩有43个乡,漳平有16个乡,宁化有16个乡,清流有29个乡,明溪有47个乡,分布十分广泛。其每年所产木材计150余万株。⑥然30年代起,由于闽西地区政局动荡不宁,"旧日葱茏之林区,尽为匪众啸聚之所",加上海外木材市场的丧失,国内市场又受到洋木和洋灰筋等进口建筑材料的排挤,销路紧缩,木材业进入衰落期,但年产木材仍有近百万株。⑦

闽西丰富的矿产资源为闽西农户提供了另一项重要的手工业——采矿业。闽西的采矿业在明清时期就有一定发展。开采的主要是银矿、铁矿、煤矿和石灰石矿。但直至20世纪初期,铁矿开采的规模一般不大,20年代末,由于地方动荡不宁而大多衰落了。

民国前期,闽西土匪极为猖獗,如永定县与龙岩交界的乡村因土匪横行,百姓几乎寸步难行,"永定县土匪兹盛,全省有名,接近龙岩的太平里、丰田里,土匪掳人勒索成为

---

① 清流县地方志编纂委员会编:《清流县志》,第275页。
② 福建省龙岩市新罗区地方志编纂委员会:民国三十四年《龙岩县志·实业志》,第345页。
③ 东亚同文会编:《支那省别全志》(日文)第十四卷,福建省,第770~773页。
④ 中共永定县委党史工作委员会编:《永定人民革命史》,第7页。
⑤ 黄马金主编:《长汀纸史》,北京:中国轻工业出版社,1992年,第44页。
⑥ 翁礼馨:《福建之木材》,福建省政府1941年印行,第18~28页。
⑦ 翁礼馨:《福建之木材》,福建省政府1941年印行,第7~28页。

常事,往往仅有数里之路,本地人亦行不得。"①因土匪出没,闽西主商道不通。

此时学生运动频发,一些现代思潮也进入闽西,工商业人才培养与部分现代产业开始萌发,1915年元月,长汀设置汀州电报局,1922年,创办汀州甲种商业学校;1928年,军阀郭凤鸣驻长汀,曾开办"公立平民职业学校",设藤、竹、木、漆三科;创办《新汀日报》,官商合办汀州电灯公司;设汀州公路局,筑县城通往古城公路。此时的工业以规模较小的造纸、印刷、纺织、陶瓷、制糖、榨油、炼铁、农具制造等手工业为主。

1926年,在共产党人的组织发动下,闽西人民投入国民革命运动,有力地配合国民革命军东路军驱赶盘踞在闽西的北洋军阀的斗争。1927年,由于蒋介石背叛革命,闽西又处于血雨腥风之中,由于国民党军队的剿杀,闽西社会经济遭受严重破坏。大革命失败后,在中国共产党"八七"会议精神的指引下,闽西党组织确定了"争取群众,武装暴动,土地革命斗争,建立苏维埃"的行动方针,于1928年先后领导农民举行了声震福建全省的闽西"四大暴动",揭开了闽西土地革命斗争的序幕,继而建立起了苏维埃政权。农民得到了赖以生存的土地,生产积极性空前提高。1929年3月,中国工农红军在长汀建立苏维埃政府,为保持闽西纸业的生产与外销,于1931年冬在长汀组织纸业合作社。1933年,在长汀县水东街71号建立中华纸业公司。作为中共福建省委、省苏维埃政府所在地的长汀县成了闽西的政治、经济中心,手工业、商业、航运业尤其发达,由于经济发展、社会安定、商贾云集、市井繁荣,被誉为"红色小上海"。但是蒋介石妄图把红军困死在中央苏区,提出"封锁匪区"的口号,实行计口授盐,大部分物资进不来,还要抽丁派款,当时光洋一元只能买米价1升或2两食盐。1934年11月,长汀县各地"物质缺乏,无处可寻买盐、油、铁钉、火柴、药材;一切日用必需品全靠龙岩陆路运往,昂贵异常"②。闽西土纸主产区的连城等地的纸业生产受到很大的影响,产量急剧下降,山区纸农多饿死。作为武平县水陆交通枢纽的下坝,因为离广东军阀严应鱼旅长的家乡平远很近,下坝西边的溪头(今民主)又有红军活动,因此严应鱼便组织了一个"建筑炮楼委员会",向群众派丁、派款,在下坝建筑了五座炮楼,其结果极大地削弱了作为"盐上米下"的下坝的商业地位。1934年,红军长征后,由于战争破坏,民不聊生,市场萧条,长汀人口出现下降,由1935年的210756人下降到1937年的186719人,民国25年(1937年),长汀城关登记的商店仅有452家。但由于国民党逐步恢复了对闽西的统治,边区区域市场重归统一,政府也采取了一些有利于发展的政策,如国民政府为恢复战后边区工农业生产,在赣闽边区实行农村合作与"金融下乡"政策,边区工农业生产逐步恢复,为市场和商业的复苏打下了一定的基础。当时的龙岩、长汀等县也获得了数万至10万元贷款不等,闽西经济的支柱产业——纸业也获得转机,1936年,长汀纸业产量达到

---

① 中共龙岩地委党史资料征集领导小组、龙岩地区行政公署文物管理委员会:《闽西革命史文献资料》第1辑,第190页。
② 《长汀劫后景象》,《申报》1934年11月15日,第9版。

25000余担,恢复到战前的1/5。① 1934年以后,连城纸业呈现出发展趋势,姑田一地就有纸庄商号40多家,开办400多纸槽,年产纸40000多担。1935年并开拓了越南等海外市场。②

(二)抗日战争爆发与沿海商业内迁

民国26年(1937年),抗日战争爆发。"抗战初期,厦门未陷,货物来源旺盛,湘赣各地商人多向本县(龙岩)采货,无形中成为抗战后方一重要市场,商业繁盛,前所未有。"③民国27年(1938年)5—6月,厦门、汕头、潮州等港口城市相继沦陷,海口被封锁,海运货源断绝,"自厦门沦陷,漳嵩交通断绝,而漳龙公路,亦以军事关系,全线破坏,货源锐减,运输困难,所有货物,悉由粤兴宁、梅县、大埔等地运进。益以物价暴涨,销售不易,市面情况,一落千丈。至民国32年以后,各大商业营业日减,捐税日增,相继停业,市况更见萧条"。④ 闽西各地物价上涨,其中粮食价格上涨尤其利害,稻谷由1937年每百斤2.32元上涨到1942年的74.50元;运来龙岩销售的洋卷烟日渐减少,少量的卷烟价格日益高昂;海运的断绝还对闽西商品的出口造成了巨大影响,土纸等外销商品只能通过赣州、梅州等地往江西、两湖及西南地区销售。在此期间,由于厦门、漳州等沿海城市和江西南昌的学校、商店内迁龙岩、长汀,城镇人口剧增,消费需求增加,商业出现了暂时的繁荣,长汀城关人口一度达10万人左右,在长汀商会注册登记的各类商户达1000多家,比抗战前一年增加30%;加上未参加商会的小行业、临时商、行商、小摊贩、手工业,总数超过2000户,从业人员近万人,此时城区的店头市、五通庙前市早已冷落,水东街、十字街、棋盘街、半片街、营背街为热闹市区,乡间圩场增加到23个,出现了一些新兴行业,"如五金、电料业、汽车运输业、西药业、西装店、皮鞋店、洗染店、烫发店、茶馆、澡堂等。抗战后期,赣州等处迁来一批大商号,如嘉禾饼家、嘉德西药房、皇后酒家、天成银楼、友谊商行,还有一间美国人开设的维克多利西餐馆,汀城市面呈现一片空前畸形的繁荣景象,这种现象维持到1945年抗战胜利。"⑤

民国31—33年(1942—1944年),民国政府在闽西各地先后成立火柴、食糖、盐务等公司和商店,对火柴、糖、盐等实行专卖的统制。在战时商业环境恶化的情况下,闽西人民通过自力更生,努力发展替代经济,如在龙岩"抗战军兴,便知海口必被封锁,舶来卷烟,不易进口,乃多方研究,代以土制卷烟。原料采自南雄、赣州,加工卷制,出品日优,销售省内外,为本县输出之大宗,每年总值约四千余万元。至输入货物,因价格暴涨,每

---

① 《闽纸业衰落》,《江西民国日报》1936年11月19日,第10版。
② 《连城手工造纸业的起源、发展和展望》,载《连城文史资料》第8辑,第102~103页。
③ 福建省龙岩市新罗区地方志编纂委员会:民国三十四年《龙岩县志·实业志》,第345页。
④ 福建省龙岩市新罗区地方志编纂委员会:民国三十四年《龙岩县志·实业志》,第345~346页。
⑤ 《长汀县志》卷十三《商业》,1993年。

年总值约一万四千万元,入超过一万万元,数目殊为可惊"①。卷烟厂如雨后春笋,突然勃发,从而迎来了从1942年至1945年抗日战争胜利初期的龙岩卷烟业的黄金时代。

抗日战争时期,由于边区"三横两纵"公路交通网和邮电通信网的形成与完善,赣闽粤边区成为东南抗战的大本营,也是大西南和东南诸省联系的大动脉,是抗战时期南部中国的政治、经济与交通中心。赣闽粤边区凭借着原来良好的市场网络和自然环境,接纳东南各省军政机关、工商企业、学校、避战逃难人员,这使得昔日较为偏僻的赣闽粤边区在历经资本主义生产方式的激励和近代市场的冲刷后,其近代农业、工商产业、传统与近代新型的服务产业、墟镇与商品经济等都呈现出时快时慢但总体递进的发展趋势,与此同时,国民政府为巩固东南地区的抗日后方,还在边区创办了一批以纺织、印刷、电力为主的现代工业企业,另外,当时各沦陷区也内迁了不少工厂到边区安家落户,使得边区社会经济发展到近代历史的最高峰。闽西工业中心长汀县,20世纪20年代就建立了一批近代工业,可惜大部分毁于30年代国共内战的战火。

抗战爆发后,一些福建沿海的工厂先后迁入长汀,比如1943年,湖北汉阳兵工厂1000多人内迁长汀河田镇设厂。同时,在"东南工合"的指导扶持下,也成立了一批工业企业。例如,1939年,"工合"长汀事务所建立"汀州城区机械社",生产切面机、火锅、熨斗等;"工合"于城区成立了4个纺织合作社,机织土布供不应求;1939—1945年间,"工合"长汀事务所组建合作社50多个,就业人数几千人。1944年,官商合办的"长汀县光明电灯股份有限公司"成立;另外,化工、冶炼、印刷、服装、粮食加工等工业企业也相继创办,工业门类渐趋齐全。上杭和武平县也创办了几家工业,1939年,上杭商家合办"丰记布庄",为木机织布企业;同年,武平县城创立"开文印务局",1945年,此局迁至上杭;由地方乡财投资兴办的"上杭复兴书店",梅县买来两台旧机器,承印《上杭精诚报》,兼印表格。② 福州、厦门沦陷后,省会迁至永安县。漳平商业随之发展起来,本地经商之风气颇盛。这一时期,本地商人开办的棉布行业有五家,京果行业有六家,百货行业有五家,中药铺九家,西药诊所四家,糕饼行业六家,酿酒业四家,屠宰业十一家,米店九家,土纸行业八家,打铁铺五家,木排行栈业八家,饮食服务行业十七家,还有茶叶行等等,漳平县呈现出短暂的繁华景象。③ 抗战爆发后,潮汕沦陷,商贸歇业,百姓逃亡,潮汕纸行纷纷转移到大埔茶阳和永定高陂两地,闽西大宗的竹木土产出口无路,但因洋纸中断,福建手工纸又呈复兴势头。闽西历史上形成的经由汀江、韩江水道与广东沿海物资交流的传统贸易格局被打破,所有的客货都改道潮汕水运来峰市转运闽西。龙峰线的运输业务又繁忙起来,峰市也被推上了繁荣的高峰。20世纪30至40年代,峰市码头林立,各地商贾纷拥而至,相应的会馆、银行以及文化、娱乐等行业也得到迅速发展。这块弹丸之地的常住人口竟达两万余人,如此众多的常住人口和流动人口,自然刺激着日

---

① 福建省龙岩市新罗区地方志编纂委员会:民国三十四年《龙岩县志·实业志》,第346页。
② 《上杭县志》,1993年,第240页;《上杭文史资料》总第5辑,第41页。
③ 参见《漳平文史资料》第9辑,1986年,第10页。

用、食品和服务行业的勃兴,酒楼饭店、旅店客栈、歌楼妓院、"花会"赌场,一应俱全,所以被誉为"小香港"。1936年,福建省政府曾把峰市改为特种区,由省府直辖。

抗战后期,为了支持抗战,闽西各地的工商税负负担进一步加重。如上杭县,"二十六年后,因抗战军兴人民负担甚重"①。连城县,"税收浩繁,民负沉重,百姓在水火中挣扎"②。清流县,"世益多事,度支日益烦,人民负荷亦日益重,或倍蓰,或什百,或千万"③。民国29年以后,福建省政府规定开征房捐、房铺宅地税、自治捐等,这些苛捐杂税最终被转嫁到部分商人、自耕农和广大贫农的头上,压得部分商人、自耕农和贫农无喘息之机。如宁化县,"伪政府征收营业税、所得税、利得税、国难防务捐,另外还有义卖、捐献、公债、前方将士医药费、后方壮丁出征慰问品等,都要商人负担。过境军队补贴差价,监狱犯人的棉衣被,也出在商人头上。这些款项有的由机关直接收缴,有的由商会总缴,多的上万元。宁化商人资本不多,负此巨款,痛苦难言。抗战时期,宁化商人除负担捐税外,还组织消防队、义务警、晨呼队"④。赋税沉重导致自耕农纷纷破产,物价不断上涨,商品销售量锐减,商店资金周转困难,商户负债经营,不少作坊关门倒闭。

(三)解放战争时期的商业困局

抗日战争胜利后,蒋介石在美帝国主义的怂恿下,悍然撕毁《停战协议》,挑起大规模的内战。由于国民年收入不足以维持战事所需,国民政府转而依靠印钞作为弥补赤字的主要手段,导致全国通货膨胀严重。国民党为了内战的需要,在各地大规模征召服役人员,在农村地区,大量农田成为战场,劳动力被成批成批地征兵入伍,粮食产量持续下滑,农村生产力被破坏到了极点,工厂的原料供应紧张。为了支持战争,国民经济仍以重工业为主,民生领域百业萧条,全国工商业凋敝。福建国民党地方当局按照蒋介石的旨意,残酷"清剿"闽西共产党组织和革命据点,加上原由漳、厦内迁的单位陆续回迁,洋纸、洋烟大量涌入,国民政府横征暴敛,苛捐杂税多如牛毛,兵荒马乱,物价一日几涨(1948年国民政府以金圆券代替丧失信用的法币,但金圆券上涨更快,到1949年不得不恢复使用银元),商业陷入困境,商店纷纷倒闭,大批人员失业,街市冷落,社会经济濒临崩溃。因此,解放战争时期,因为战乱匪劫,通货膨胀,加上连年自然灾害,商旅绝迹,闽西商业陷入困顿、濒临崩溃边缘,长汀由此也丧失了福建省重要商业中心的地位,此后再也没有恢复过。

闽西出口的大宗产品——土纸,在抗战结束后,由于内战使东北与中原销路受阻,又面临洋纸进口倾销的冲击,加上社会动荡和通货膨胀,法币、金圆券贬值,"今日一斗米,明日一斗糠",商业损失惨重,濒临崩溃。如长汀县,"抗日战争胜利后,最初几个月

---

① 民国档案《上杭县三十四年度概况》卷,全宗号2,案卷号219-1,龙岩市档案馆藏。
② 连城县《姑田镇志》编辑委员会编:《连城县姑田镇志》,1998年,第160页。
③ 民国《清流县志》卷六《赋税志》。
④ 政协宁化县委员会文史组编:《宁化文史资料》第2辑,1982年,第38页。

物价下降,币制稳定;但随之内战发生,全国工商业凋敝,长汀造纸业亦受到影响,加之洋纸冲击,毛边纸销路转窄,其困难较之抗战时期尤甚……这几年纸产逐年下降至1666.67～2083.33余吨"。① 抗战期间,连城县纸业稍有起色,主要是因为洋纸没有进口,国内各种用纸紧缺。但"抗日战争胜利后,'工合'等土纸机构撤走。这时土纸在国外也有了销路,但接踵而来的是通货膨胀,货币贬值。加上连年水灾,水陂、水碓被洪水冲走,到新中国成立前夕,姑田仅有20个漂料纸槽维持生产,其余全部停顿"②。明溪县,"民国34年,发展到150户,后因战乱匪劫,不少纸厂破产倒闭,至新中国成立前夕,明溪造纸业已濒临崩溃。1949年,全县造纸业只剩7户"③。又如长汀县,"40年代末,由于高利贷盘剥,苛捐杂税及自然灾害等原因,1949年产量剧减到1232吨,减产70%多"④。闽西其他各县纸业的命运也无不如此。1948年,福建省全省手工纸产量下降至仅5000吨,同年四月,福建省造纸股份有限公司厂房修复投产,亏损严重。

二、商路受阻、洋货冲击、赋税高涨,手工业濒临崩溃边缘

(一)商路受阻与物价波动

日本帝国主义发动的侵略战争导致民不聊生,商路受阻。"九一八"事变后,东北三省沦陷,民国26年7月,卢沟桥事变又起,而后,沿海城市上海、厦门、汕头相继失守,福州也因川石失陷。首先受到冲击的是闽西纸业,生产与销售每况愈下。战前,长江流域各纸品销售区均告断塞,于是福建的纸品一部分不得不改从陆路运往浙江之丽水及江西之赣州,在此地集中后,再转销湖南、广西、贵州等西南地区;另一部分则经三都、涵江、泉州、漳州,搭运外轮,运往香港及南洋各地。纸品是闽西外销之大宗商品,民国26年7月,"正当新纸初出之时,卢沟桥事变又起,华北市场已告停顿,继之沪战爆发,轮运全停,即有一、二外国轮船出口,而水脚加昂一二倍,故已出之货,停滞于市,不能运往各国销售,既无款接济,上海纸槽自不能支,相继闭歇,坐令已洗出之纸料,发生腐烂,工人无可工作,散居山林"。⑤ 龙岩纸品的输出受到了极大的影响,"抗战以后,纸类输出,因海口封锁,外销路断,以值计算,每年固有三四百万之收入。若以量计,则不及战前百分之五,衰落情形,不言而喻。"⑥据民国二十七年《福建民报》报道:"海纸输出东北,去年度销路锐减,仅有十五万余块,售价跌落,每块仅值一元五角零,销额比前年只有半数,

---

① 黄马金主编:《长汀纸史》,第52～53页。
② 连城县《姑田镇志》编辑委员会编:《连城县姑田镇志》,1998年,第95页。
③ 明溪县地方志编纂委员会编:《明溪县志》,第307页。
④ 黄马金主编:《长汀纸史》,第126页。
⑤ 《非常时期纸业之情况一斑》,《闽北日报》1938年1月15日。
⑥ 福建省龙岩市新罗区地方志编纂委员会:民国三十四年《龙岩县志·实业志》,第346页。

价格较前年跌十分之四,各纸行皆告亏蚀,货均积滞。"①作为纸业重镇的连城县,"连城土纸赖以出口之饶平、黄岗、神犬、甲子、汕尾相继沦陷,港口被封锁,海运一度中断,使连城土纸业遭到严重打击"②。以纸业为支柱的连城县经济也因此遭到重创,"国民经济随而衰落"③。由于物资交流渠道中断,导致物资匮乏,闽西物价暴涨,严重影响老百姓的生活(如宁化县,商人也无法谋生)。"从抗日战争开始到解放战争结束的十余年间,商人受损失最重的是通货膨胀,货币日趋贬值,弄得商人买卖难做,无法糊口度日。"④

(二)洋货冲击,手工业濒临崩溃边缘

帝国主义侵华之后,利用其本国机器生产的烟卷,纸品大量运来我国贩卖,继而到中国上海等大都市开设公司,利用我国的廉价原料与劳动力进行加工生产,然后又以我国为市场进行发售,牟取暴利,洋货大量涌入我国市场,导致闽西手工业的衰落。"因为手工业出品不好,成本又贵,比不上机器出品的又好看又便宜。所以,自帝国主义的工业品侵入后,闽西的手工业便逐步破产,洋布战胜土布,洋纸打倒土纸,卷烟打倒了条丝。……烟厂倒闭,刨烟工人失业……纸没有销路,纸业工人失业。"⑤洋纸的大量输入,严重影响了闽西纸业的生产与销售,纸业生产和销售商濒临破产边缘。正如《建国日报》指出:"土纸产于闽西者,多由潮汕出口,产于闽北者,则由福州输出,以连史、毛边、贡川为大宗,年来因受洋纸之打击,日行衰落,销路锐减,又因轮船载货腾贵,及内地转口税完纳后,改装出口,又须纳关税,负担繁重,闽北纸槽停顿者多。"⑥此时,洋纸大量进口,民国十九年,全省输入各种洋纸(主要指印书纸、蜡光纸、油光纸、扫光纸、图画纸、机制纸浆等)84.9万余元。民国二十年,突破百万大关,多达128.3万余元。漂料纸在菲律宾被日本纸占去了市场,其他国外销路日渐萎缩。到1935年,连城县外销的高连纸、手本纸等的数量已从最盛时期的99000担降为27650担。销量的下降根本上是因为受到了机器纸业强有力的竞争。⑦各产地纸庄除几家大户外,小户纸庄纷纷倒闭,纸槽减少大半。以至于民国后期由有识之士递交的"复兴纸业意见"中极力呼吁:"利用合作事业,并设法购置造纸机器,借以减低成本。"⑧民国后期,其他各县的纸业也日趋衰落。永定县纸业惨淡经营,"永地多竹,原料颇丰,惜槽工沿用旧法,出品粗松,不合印

---

① 《海纸输出东北,去年度销路锐减》,《福建民报》1938年1月29日。
② 政协连城县委员会文史委编:《连城文史资料》第14辑,1990年,第47页。
③ 民国档案《连城县概况》卷,全宗号2,龙案卷号219-1,岩市档案馆藏。
④ 政协宁化县委员会文史组编:《宁化文史资料》第2辑,1982年,第38~39页。
⑤ 中共龙岩地委党史资料征集领导小组、龙岩地区行政公署文物管理委员会:《闽西革命史文献资料》第3辑,第372页。
⑥ 《洋纸漏厄,月减十五万元》,《建国日报》1938年9月21日。
⑦ 民国档案《关于机械手工业调查》卷,全宗号3,案卷号15,连城县档案馆藏。
⑧ 民国档案《关于机械手工业调查》卷,全宗号3,案卷号15,连城县档案馆藏。

刷书报之用。产额以包纸为最多,销场亦广,从前出口年在十万担以上,嗣受环境影响,歇业者多矣"①。其他各县情形大同小异。"民国24年(1935年),连城纸商为争夺市场,更好地了解纸业信息,连城永和祥的老板吴嘉谋到越南西贡堤岸波乃街开设南成纸行,从此开辟了海外销售基地。"②

民国时期龙岩卷烟业经历了一段浮沉以及短暂的黄金时代。据前人的研究成果,明清时期,赣闽粤边区就已大量种植烟草、蓝靛、甘蔗等经济作物,并成为全国重要的经济作物种植中心。清末民初,闽西烟叶种植仍"随处有之","其最著名者,则首推南靖、龙岩、永定、上杭四县及其邻县之平和"③。其中,永定是闽西烟叶种植中心,其土壤和气候尤其适宜种植烟叶。永定"全县没有一家人不种烟叶的",因为种烟的利息,比较任何农作物利息为厚。民国前期的上杭县,"庐丰、安乡、蓝家渡、丰稔寺四处多种烟叶"④。从上述记载来看,清末民初,烟叶种植业实为闽西各县种植业中的一大支柱产业。30年代以后,闽西烟叶种植业迅速衰落。据海关统计,1930年以前,福建省每年出口烟丝价值达二百万元以上,30年代中期以后,跌至十余万元。⑤ 主要原因有二:一是受30年代国共内战的影响,闽西"农民分得田地,把烟田转种禾稻,以补足粮食"的影响;⑥二是"近十余年来(民国中后期,笔者注),纸烟流行",致使烟丝"价格日趋低落,产量日形减少"⑦。

清朝末年,永定的条丝烟商铺已经遍布了中国及东南亚地区,我国人亦有不少吸烟者,但那时人们所吸的是需用烟具(如旱烟筒、水烟管)装好再吸的旱烟和水烟,至于像今天人们所抽的用纸卷好的烟卷,则是在与西洋人有了贸易之后才有的,因此,过去我国把此种烟卷称之为"洋烟"。民国10年左右,龙岩各地有较多的烟卷发售,至民国二三十年日益增多。那时无论是城里或是农村圩场店铺所出售的香烟,多属上海英美烟草公司的老刀牌、哈德门以及红锡包,华成烟草公司的美丽牌,南洋兄弟烟草公司的白金龙等。那时吸食卷烟者多为公务员、商界人员以及一些知识界人士,广大的农村抽烟者仍然以水烟和旱烟为主。"永定纯粹只手工业,刨烟、造纸业大半破产,绝大部分工商业倒闭。"⑧作为永定县唯一经济命脉的条丝烟衰落之后,"不但影响了农业,也同时影

---

① 民国《永定县志》卷十九《实业志》。
② 邓金坤编著:《连城宣纸》,北京:经济科学出版社,2008年,第6页。
③ 述野田氏:《福建省南西部之调查报告》,《地学杂志》1933年第5期,第12页。
④ 《上杭县概况初步调查》,《统计月刊:第3卷》(3),第4页。
⑤ 福建省政府秘书处公报室编:《闽政月刊:第4卷》(3),第45页。
⑥ 中共江西省委党校党史教研室,江西省档案馆选编:《中央革命根据地史料选编:上册》,南昌:江西人民出版社,1982年,第234页。
⑦ 傅家麟主编:《福建省农村经济参考资料汇编》,福建省银行经济研究室,1941年,第329页。
⑧ 中共永定县委党史工作委员会编:《永定人民革命史》,第8页。

响了烟丝手工业、运输业、商业、屠宰业和饮食业"①。抗日战争全面爆发之后,上海等沿海大城市相继沦陷,商路受阻,洋卷烟日渐减少运来龙岩销售,少量的卷烟价格日益高昂,在国民党伪币日益贬值的情况下,一般的公教人员和小商人消费不起。因此,1942年间,陈应志、陈乃庵、廖汝岩等在龙岩首创三友卷烟厂,由江西信丰和广东的南雄等地采购烟叶回来卷制成三九牌香烟出售。(龙岩当时还没有人种植烤烟,所种者均系农烟。)此后两三年间,龙岩的卷烟业有如雨后春笋,突然勃发,包括合股经营的较大的烟厂和一些作为家庭副业的独东经营的小烟厂,总计不下数十家。其中最著名的仍当首推三友烟厂。该厂有卷烟女工二三十人,连老板、职员等,全厂共三十多人。其所生产的三九牌香烟,不仅在我省闻名,且远销至江浙、两广等地。在福建省的永安、南平和浙江的金华、兰溪等地还设有代理处或分销店。其次是林田英、张景崧、林大绥等人开设的南方卷烟厂,有卷烟女工三四十人,全厂共约五十多人,生产的白宫牌香烟亦颇出名,除了在本地销售外,几乎占据了闽南各地的香烟市场。还有李伟夫等开设的同兴烟厂出产的大众牌香烟,在南平、永安、建瓯等地也十分风行,并在这些地方设立栈房销售,或请专人代理。陈秀柏、邱雪清等人开设的东南烟厂生产的快车牌香烟,在福州、南平及闽东北地方十分畅销,也曾在外地专门设栈发售。还有国民党第十三陆军医院蒋浩如、蒋鸣昌等人开设的烟厂所生产的良友牌香烟,不仅在福建省内颇负盛名,还曾远销江浙等地。因此,1942年至1945年抗日战争胜利初期是龙岩卷烟业的黄金时代。抗战胜利后,上海等城市生产的各种香烟又先后陆续向龙岩倾销,加之当时出现了一股"美国热",美国生产的各种香烟如茉莉牌、骆驼牌、苹果牌、杜鲁门牌等各式香烟亦大量运来龙岩,颇为畅销,此外还有英国、香港等地的香烟亦来倾销,于是龙岩的土卷香烟大受冲击。一些小厂一蹶不振,关门倒闭;较大者虽然不至于倒闭,但是亦无甚大利可图,因此自动收盘停业。只三友、南方两厂资本较为雄厚,经营管理经验较为丰富,所产香烟销路较广,因此能维持旧貌,继续经营,直至新中国成立。1951年11月,人民政府根据收买政策将两厂接办,并将两厂合并为一个厂,建立"公营龙岩卷烟厂",这就是现在龙岩卷烟厂的起始。②

(三)赋税高涨与物价上升

民国前期,军阀实行就地筹饷,各地税收不一,老百姓负担沉重。工商税税目繁多:"民国初期沿用清制,但在军阀割据下,全区税制不统一。各县地方政府曾先后开征印花税、屠宰税、所得税、营业牌照税、房馆地产税、筵席娱乐税等。"③1926年,闽西八县赋税总额约计有2370000元。除此之外,还有无从约计的义务捐、草鞋费、招待费、临时借

---

① 政协永定县委员会文史委编:《永定文史资料》第15辑,1996年,第158页。
② 中国人民政治协商会议福建省龙岩市委员会文史资料征集委员会编:《龙岩文史资料》第4期,第59~62页。
③ 龙岩地区地方志编纂委员会编:《龙岩地区志》(下),上海:上海人民出版社,1992年,第812页。

款等苛捐杂税之特别名目。① 据民国二十三年调查,全省各县县税及杂税计有七八十种,其中较为普遍的就有团务费、保安捐、教育附加捐、警察捐、商货捐、出产捐、商会公抽、护河补助费等。② 由于上期纸业的蓬勃发展,各地方政府无不以此作为主要的财政来源,于是各地纸业捐税层出不穷,名目繁多。繁重的苛捐杂税,加上民国末期全国出现了通货膨胀,货币贬值,物价上升,逼得纸业生产和销售商无利可图,纷纷宣告破产。史载,当时姑田的纸槽户难以维持生产,纸农生活非常困苦,加上连年水灾,水陂、水碓被洪水冲毁,导致仅有 20 多个漂料纸槽维持生产,其他纸槽被迫停顿。

中华人民共和国成立初期,当地政府对宣纸的生产采取"积极恢复、大力发展"的方针,人民银行还及时发放贷款,支持山农砍青备料。长汀贸易公司连城营业处在姑田设立采购站,经营纸业辅助材料和收购纸张。连城县人民政府又在姑田设立交易所,扶持纸业生产,加强对纸区市场的管理,因此,纸业生产迅速得到恢复。③

第二节 国民政府时期的商法、税制、币制改革与龙岩商业发展

1927 年,南京国民政府实现了名义上的全国统一,为了改变晚清至北洋军阀以来的税制混乱、货币紊杂、中央与地方财政划分不清等财税方面的混乱局面,减少财政赤字,增加政府收入,打击地方割据势力,稳固统治,国民政府在其统治期间关注并尝试现代市场制度的建设,仿效西方资本主义国家的市场制度,初步建立了现代商法体系;对财税体制进行了一些重要的改革,主要政策有:统一财政;改革盐税、关税,创立统税;改革币制,废两改元,发行法币、关金卷、金圆券、银元券,等等。

一、国民政府时期的商法、税制与币制改革

(一)国民政府时期的商事法规

1. 制定民商合一法典

1928 年 5 月,南京国民政府立法院院长胡汉民、副院长林森向中央政治会议正式提议编订民商统一法典。同年 6 月,国民政府中央政治会议第 183 次会议通过决议编订

---

① 中共龙岩地委党史资料征集领导小组、龙岩地区行政公署文物管理委员会:《闽西革命史文献资料》第 1 辑,第 98~99 页。

② 《福建之纸业》(下册)(油印本)。

③ 许婧:《手工造纸与客家族群文化研究——以"连城宣纸"为例》,《云南民族大学学报》(哲学社会科学版)2010 年第 7 期。

民商统一法典。从1929年开始,民法典各编陆续制定颁行。立法院采用"民商合一"的民法典原则,将一些商事契约方面的法律规范纳入《民法》的"债编",在"各种之债"中开列了"买卖"、"互易"、"交互计算"、"租赁"、"借贷"、"雇佣"、"承揽"、"委任"、"经理人及代办商"、"居间"、"行记"、"寄托"、"仓库"、"运送营业"、"承揽运送"、"合伙"、"隐名合伙"、"指示证券"、"无记名证券"等有关商组织与商行为的项目,明定调处以上商事关系的规则。这些法律条款的要点是:(1)判定契约成立的要件:契约经当事人双方意思表示一致(无论其为明示或默示)而成立;契约的成立不得违背禁止性和强制性的法律规定,不得违背公共秩序及善良风俗。(2)确定各类契约当事人(双方或各方)的责任与权利。它们强化了契约的法律意义。

2. 制定商事单行法

国民政府时期,虽然制定了民商合一的民法典,将许多商事规范并入民法债编之中,使内容更加全面、也更具有规范意义,但重要的商事法规并没有全部纳入其中,《公司法》、《保险法》、《海商法》、《破产法》、《交易所法》、《银行法》等仍是以单行法的形式制定颁行的。1929年,国民政府颁布了《公司法》、《票据法》、《海商法》、《保险法》"四大商法",后又颁布了《破产法》。《公司法》是商组织的法律规范,明确政府登记的公司是以营利为目的而设立的团体,分为无限公司、两合公司、股份有限公司、股份两合公司四种组织形式,并对公司的登记、内部关系、对外关系、解散、清算等做了规定,定于1931年7月正式施行。10月颁行的《票据法》是中国历史上第一部《票据法》。它虽是借鉴西方立法而来,但也反映了中国国内商业活动中票据往来的需要。该法由总则、汇票、本票、支票、附则等5章构成,规范了票据的种类、票据的行使、票据的责任、票据的权利,等等。立法者在参考西方票据法的同时,也考虑了中国的习俗。比如,根据中国国内本票能够流通的传统习惯,该法强调本票发票人的付款责任与汇票承兑人相同。《海商法》基本以德国海商法为蓝本,确立了处理商船及其海上运输过程中发生商事关系的规则,内容包括船舶、海员、运送契约、船舶碰撞、海上救助、海上保险、海上损失,等等。由于其中的有些规定与中国习惯不符,该法草案公布时曾遭到国内水运界的抵制,请求政府在调查国内水运习惯后修订草案。但立法院一意孤行,仍按既定方针于1929年底通过该法,宣布于1931年1月1日起施行。《保险法》对保险契约、保险责任做出了法律规范,不过,因政府未公布施行时间,实际上仅是一纸空文。《破产法》援引西方破产法的先例,广泛征求国内司法界、商界、学术界的意见,几经修改,于1935年7月公布施行。该法设总则、和解、破产、罚则等4章,顾及中国传统社会习惯,在和解条件中没有规定清偿债务的最低限度,任由当事人意思自治;同时,在规范债务人与债权人的行为时,注重对债务人的保护。[①]

---

① 以上内容参见叶孝信主编:《中国法制史》,上海:复旦大学出版社,2002年,第379~380页。

3. 颁布了一批重要的商事法规

1929年,国民政府公布《度量衡法》,确立中华民国的度量衡以万国公制为标准制,市用制为辅制,规定"凡有关度量衡之事除私人买卖交易得暂行市用制外,均应用标准制"①。该法还规定,规划度量衡事宜由工商部设立全国度量衡局掌理,各省及各特别市设度量衡检定所处理检定事务。次年,工商部制定《全国度量衡划一程序》,宣布自民国19年(1930年)1月1日起施行《度量衡法》。依据各区域交通及经济发展情况,工商部把统一全国度量衡的程序分作三期:第一期,江苏、浙江、江西、安徽、湖北、湖南、福建、广东、广西、河北、河南、山东、山西、辽宁、吉林、黑龙江及各特别市,于1931年年终前完成;第二期,四川、云南、贵州、陕西、甘肃、宁夏、新疆、热河、察哈尔、绥远,于1932年年终前完成;第三期,青海、西康、蒙古、西藏,于1933年年终前完成。②受各种因素的制约,全国统一度量衡的工作没能按工商部的预期要求完成。但到1936年6月,除新疆、蒙古、西藏外,公用度量衡已大部统一于新制,民用、租界及外商等也渐用新制。同年,国民政府制定了《交易所法》,对交易所的设立、组织、人员、买卖、监督等作了法律规范。该法允许商人在呈请工商部核准的前提下,设立买卖有价证券或买卖一种或同类数种物品之交易所;交易所的组织形式为股份有限公司组织或同业会员组织,前种形式交易所内的买卖者以经纪人为限,后者的买卖者以该所会员为限;规定有价证券的买卖期限为3个月,棉花、棉纱、棉布、金银、杂粮、米谷、油类、皮革、丝糖等物的买卖限期不超过6个月。该法还对股份有限公司交易所职员的职业行为作了法律约束,定有对违法者的处罚法则。③ 1930年5月,国民政府公布《商标法》,确立了商标专用权,对商标注册、商标专用权的获得、时限、移转、撤销、消灭及争议的裁定、商标局的职责等等做出了法律规范。该法宣称:"凡因表彰自己所生产、制造、加工、拣选、批售或经纪之商品欲专用商标者应依本法呈请注册。"④而商标一经到政府注册,就享有专用权,受到法律的保护。与此相配套,《刑法》第268条明确规定,意图欺骗他人而伪造商标者,处二年以下有期徒刑,并科3000元以下罚金。几年后(1933年),国民政府又颁布了《商品检验法》,规定输出输入的商品中,凡"有羼伪之情弊者"或"有毒害之危险者"或"应鉴定其质量等级者",都要依法检验,并决定由实业部在商品检验地点设商品检验局,负责商品检验事宜。

日本侵华之前的南京国民政府时期,可以说是中国近代商事立法的黄金时代,几年

---

① 《度量衡法》第11条,见立法院编译处编:《中华民国法规汇编》第八编"实业",第五类"度量衡",第350页。

② 《全国度量衡划一程序》,见立法院编译处编:《中华民国法规汇编》第八编"实业",第五类"度量衡",第359~362页。

③ 《交易所法》,见立法院编译处编:《中华民国法规汇编》第八编"实业",第二类"商业",第173~179页。

④ 《商标法》第一条,见立法院编译处编:《中华民国法规汇编》第八编"实业",第六类"商标",第403页。

之间,商事法律体系的建立,对当时工商业活动的短期繁荣起到了重要作用,但由于其重要法条规定主要学习或模仿自西方的法律,加上没有经过实践的检验与校正,为此不免失于粗放。

(二)税制改革

南京国民政府成立后,面对巨额的内战军费支出、行政开支以及左支右绌、入不敷出的财政困境,面对各地方军阀肆意设卡征税,拥兵自立,自收自支,与中央政府争夺税源甚至于武力攫夺中央财税的严峻现实,于1927年7月召开第一次全国财政会议,于同年7月19日制定了《划分国家地方收入暂行标准案》、《划分国家地方支出标准案》,划分中央和省的财政支出,下放了一些地方税收。1934年6月,召开了第二次全国财政会议,并于1935年7月24日公布了《财政收支系统法》等。明确规定:中央政府负责征收烟、酒、盐等专卖品税收,厘金、矿产等特赋收入,关税、惩罚及赔偿收入等19项课税;地方政府负责征收田赋、土地税、工商税及其他杂税杂捐等10种税收。① 进行了名曰"统税裁厘"的财政改革。所谓"统税",即对工业品实行一物一税的原则,在征收了统一的一次性捐税后,将原有之中央二五税、出厂税及沿途之厘金、各省之特税等一概废除。国民政府企图通过这些法规,厘清并确定中央与地方间的财政关系,建立起中央、省、县三级财政收支制度,把民国以来中央与地方长期争夺、混乱不堪的财政税收制度统一起来。1941年第三次全国财政会议划分了国家和地方的收支系统。国家税是:土地税、所得税、遗产税、非常时期过分利得税、营业税、印花税。地方税是土地改良物税、屠宰税、营业牌照税、使用牌照税、行政取缔税。1946年,全国财政粮食会议确定了国、省、县三级制赋税。国税是烟酒税、印花税、营利所得税、薪给报酬所得税、政权存款所得税、非常时期过分利得税、遗产税、契税、土地税(中央占20%)、交易税、营业税(与地方分成、时有变动)、土地增值税。省税是营业税(省占70%)、土地税(省占30%)、烟酒牌照税、屠宰税(省县分成)、铁炉税、锅炉税、屠宰保安附加、行政罚金。县税是营业税(县占30%)、契税、土地税(县占50%)、屠宰税、房铺宅地税、国民教育捐、迷信捐、小猪捐、民船捐、生牛捐、纸捐、筵席捐、茶油捐、戏剧娱乐捐、清道捐、废牛检查费、战时地方补助费、其他罚款。另外,还有许多附征项目,名目繁多。②

民国时期,闽西百姓的捐税负担由田赋和工商税两大类构成。田赋方面,田赋赋税繁多,"1912年,地丁改称田赋,分正供和附加2项。附加又分省、县附加,前者缴省,后者留县自用,均折货币交纳。因各县军阀各自为政,随意附加,预征甚多。武平县1923—1929年田赋已预征到1941年"③。民国后期,田赋一度因抗战军兴附加迭出,赋

---

① 参见郑学檬主编:《简明中国经济通史》,北京:人民出版社,2005年。
② 政协漳平县委员会文史工作委员会编:《漳平文史资料》第12辑,1989年,第14~15页。
③ 龙岩地区地方志编纂委员会编:《龙岩地区志》(下),上海:上海人民出版社,1992年,第811页。

额每赋元征收稻谷逐年增加,并概须征实入仓,"1935年,上杭县田赋附加有丁银附加、丁粮附加教育捐、中学产田卷、公产田租等项目。1941年,通货膨胀加剧,政府为掌握粮食,将田赋改征食物(稻谷),由中央统管。其时,按田赋正税额每赋额1元折征稻谷2市斗(每斗5.4公斤),征收期以3个月为限。1942年,每赋额1元改征稻谷3市斗,带征公学粮0.65公斤,并随赋额征购余粮。……1946年起,赋额减半征收,停止征借"①。工商税方面,"1928年确立统一税制,改'厘金'为货物税,对规定的应税商品,改变多次征收为在商品生产时一次课征。开征的有烟、酒、茶、糖、麦粉、迷信用纸等6种。税率最高为烟酒各100%,最低为麦粉2.5%。1931年,改货物税为营业税,对商人经营大宗竹、木、土纸、笋干产品和消费品的收入课征对象。1934年,税制划分为国税、省税、地方税3种。国税有货物税、所得税、印花税,收入归中央;省税有营业税、遗产税,收入归省;地方税有屠宰税、所得税、娱乐税、筵席税、营业牌照税,收入归县。此后,由于省县财政收不抵支,除正税外还征收附加或苛捐杂税,其名目多达数十种。……1936年后,实施全国统一税制,除附加税外,全区工商正税有货物税、直接税和地方税3大类。……课税范围及税率多有变化:所得税在1936年开征时有营利事业、薪给报酬、存款利息等3种,1939年及1946年,先后增加非常时期所得税和财产租赁所得税;屠宰税征收额从每头牛法币5元、猪3元、羊1元,到1941年改按重量从价征税,牛6%、猪5%,1947年提为10%;房地产税原按租价10%征收,1939年改按使用性质划分,营业用的称铺捐,按租价16%征收,居住用的称房租,按8%征收,至1942年,分别改为按20%和10%征收"②。

(三)币制改革③

自晚清至北洋政府时期,中国的货币制度都极其混乱,货币种类极多。1912年,民国成立,铸孙中山头像开国纪念币。1914年,铸袁世凯头像银元。在南京国民政府成立初期,流通的本位币即有银两、银元,其中银两又有规元、库平、关平等,银元有鹰洋、墨洋、龙洋、袁头等。辅币则有铜毫、铜元、制钱和各种各样的纸币。币制的混乱造成了国内商品流通困难,不利于经济发展,也严重地影响了国民政府的财政征收。对此,南京国民政府为加强其政权统治,发展经济,稳定金融,曾实行过一系列币制改革的政策、措施

---

① 龙岩地区地方志编纂委员会编:《龙岩地区志》(下),上海:上海人民出版社,1992年,第811页。

② 龙岩地区地方志编纂委员会编:《龙岩地区志》(下),上海:上海人民出版社,1992年,第812页。

③ 本部分参考了任荣:《南京国民政府历次重要的币制改革》,《中国档案报》2005年6月10日;祝正顶:《浅谈南京国民政府的币制改革》,《湖北钱币专刊》2007年12月;宋振凌:《试论南京国民政府时期货币本位制度的变革》,《武陵学刊》2010年第1期;李永伟:《论南京国民政府中央银行货币发行制度的发展——以政府主导下的制度生成过程为视角》,《金融教学与研究》2010年第2期;杨晓时:《民国时法币的功过及收藏价值》,《西部金融·钱币研究——2008陕西省钱币学会论文汇编》,2008;宋振凌:《南京国民政府币制改革研究》,西南政法大学博士学位论文,2011年。

和办法,其中较为重要的有废两改元、发行法币、发行关金券、发行金圆券和发行银元券。

1. 废两改元

"废两改元"是南京国民政府所采取的一种确定银本位币的货币措施。1933年3月1日,国民政府财政部发布了《废两改元令》,宣布实施"废两改元",颁布《银本位制铸造条例》,规定每枚银元重26.6971克。含纯银23.493428克,确立了银本位政策。使银两的成色、形状和重量均得到规范化和统一化,银元成为全国统一的货币。"废两改元"在客观上起到了统一货币、发展经济和便利人民的作用,为以后实行法币政策奠定了基础。

2. 法币政策

1935年11月3日,南京国民政府财政部颁布《法币政策实施法》及《兑换法币办法》,实行法币政策。财政部决定设立专门委员会,办理法币发行收换及保管准备金事宜。主要内容包括:(1)统一货币发行权,实行法币政策。以中央、中国、交通三银行(后加中国农民银行)所发行之钞票为法币;其他银行不得继续发行新钞票;所有完粮纳税及一切公私款项之收付,概以法币为限,不得行使现金;其他原经财政部核准发行之银行钞票,准其照常行使,由财政部定期以法币换回。(2)实行白银国有。禁止白银流通,并将收归国有的白银移存国外,作为外汇准备金;凡银钱行号商店及其他公私机关或个人,持有银本位币或其他银币生银等银类者,应自11月4日起交由发行准备管理委员会或其指定之银行兑换法币。(3)放弃银本位制,采用外汇本位制。为使法币对外汇比价稳定,规定由中央、中国、交通三行无限制买卖外汇;法币的价值用外汇率来表示;法币与英镑保持固定汇率,当时规定法币1元合英镑1先令2.5便士。为此引起美国的争夺,同年12月美国变更购银办法,迫使世界银价猛跌,影响了中国外汇基金的稳定。1936年5月,南京国民政府被迫与美国缔结《中美白银协定》,法币又与美元保持固定汇率,法币1元等于0.2975美元,使法币成为英镑、美元的附庸。

法币政策的实行,使得自晚清以来全国混乱不堪、花样繁多的货币得以统一和规范,这有利于商品经济的发展和促进国内统一市场的形成,有利于国内金融业、工商业的发展;也在一定程度上减轻了币制混乱给民众带来的沉重经济负担;币制改革后确定了法币的对外汇率,稳定了与外币的关系,促进了我国进出口贸易的发展。但是,1935年的"币制改革"又具有明显的掠夺性和垄断性,正是通过这次"币制改革",南京国民政府的"中(央)、中(国)、交(通)、农(民)"四大银行发行了14亿法币,总共集中了5亿左右的白银在自己手中,形成对金融的强烈垄断,导致中国近代官僚资本的最后形成;国民政府又以法币系拥有法偿资格的不兑现纸币,而用膨胀发行办法填补财政赤字,导致恶性通货膨胀,成为后来国民经济崩溃的重要原因。

3. 关金券

关金券最初是一种与海关进口税相关联的钱币,最早实施于20世纪30年代初期。1930年1月15日,国民政府以金价暴涨、银价低落、海关收入大为减少、不足以偿付外债为由,决定海关进口税改征金币,自2月1日起开始实施。1942年4月,国民政府财政部决定大量发行关金券,规定1元关金券等于法币20元,并准用于完粮纳税。此后,关金券正式与海关征税脱离关系,只作为大额钞票使用。1947年1月,国民政府发行面值为250元、500元关金券两种,分别折合法币5000元、1万元。1948年7月,又发行面值为1万元、25000元、5万元和25万元的关金券四种,分别折合法币20万元、50万元、100万元、500万元。直到1948年8月19日,国民政府宣布发行金圆券,关金券遂被废止。

4. 金圆券

1948年,为了挽救由于法币破产所引起的国民经济崩溃的局面,1948年8月19日,国民政府公布了《财政经济处分令》,同时发布了包括《金圆券发行办法》、《人民所有金银外币处理办法》在内的一系列财政金融法规,开始发行金圆券,规定每元金圆券含金量为0.22217克,但不能兑现。在《金圆券发行办法》中,规定发行20亿金圆券为本位币,限期以金圆券1比300万的比价兑换法币。但是,仅到同年11月10日,在不足两个月的时间内,金圆券的发行量已经突破20亿元的限额。11月11日,国民政府又出台了一个《修改金圆券发行办法》,宣布金圆券的发行总额将不以20亿元为限,而"另以命令之"。此后,金圆券的发行量就像洪水决堤,迅速膨胀。到11月底已超过30亿元,12月超过80亿元,到1949年4月,又超过1900亿元,到5月18日,金圆券发行总额已达到98041亿元。在短短9个月的时间内,金圆券几乎成为废纸。导致物价直线上升,朝千夕万,商场上货币来往得用麻袋装,动辄几百亿。由于货币已似废纸,商人、农民都要实物不要钞票,于是在交易上出现了以物换物的原始交换形式。

5. 银元券

1949年2月23日,国民政府迁至广州后不久,由行政院通过了一项《金融改革案》,明文规定:以银元和关元作为军费开支和关税征收的计算单位,并允许部分货物税和盐税改征实物由各地方政府自由征收。这个《金融改革案》实际上宣告了金圆券的破产。5月20日,在代总统李宗仁召开的财政问题专门会议上,专题讨论了改革币制和发行新币的问题。6月24日,国民党中常会举行临时会议,会上,财政部长徐堪向大会报告了财政部准备发行银元券的情况。7月3日,行政院公布币制改革令,决定发行银元兑换券。银元券的面额分为1元、5元、10元、50元和100元5种及辅币4种。后来因为实际上硬币不足,转而又采取"限价兑换"的办法。银元券一出台便遭到了广大人民群众的坚决抵制,群众的挤兑风潮不断发生,广西、重庆、西北等地也纷纷向国民政府发出库存不敷兑现的告急电文。由于各地群众纷纷拒用,银元券宣告彻底崩溃。新中国建立后,由人民政府陆续用人民币作价收回。

二、国民政府时期龙岩的商业发展

由于南京国民政府在初建时期(1927年4月18日至1937年7月7日)采取了一系列经济政策,如裁厘改统、统一度量衡、改革币制等,以及此阶段统一的局面、交通、通信、近代工业的发展,社会商品需求量的不断增加等,全国各地商业的发展均呈上升趋势:国内市场明显扩大;商业资本增长较快;大城市作为商业中心的作用发挥得更突出,城市经济更为繁荣;农村的商品化程度逐渐提高;商业行业增多,经营更趋专业化。商业无论在内容还是规模上都比以前有了很大进步。

1929年,中国工农红军进入闽西,先后建立苏维埃政权,进行土地改革,废除封建剥削制度,解放生产力,为发展闽西商业创造了有利条件。由于国民党军队日益频繁的军事"围剿"和残酷的经济封锁,使苏区的商业和对外贸易遭到破坏。国民党福建省政府制定的《闽省封锁推进办法》,划定靠近苏区的漳平、平和、南靖、宁洋等28个县为封锁区域,并设汀江水道督察处,加强水上封锁。封锁区内对食盐、火油(煤油)实行公卖,采取官督民办,计口配售,严密控制。致使本来就很衰落的闽西商业益趋萧条。为打破国民党政府的经济封锁,苏区政府制定了一系列政策和措施,鼓励与保护商人贸易。1929年3月,中国工农红军第四军在汀州颁发了由毛泽东起草的《告商人及知识分子书》,宣布"取消苛捐杂税,保护商人贸易"。1930年3月,闽西苏维埃政府颁布《商人条例》,明确规定政府保护商人,允许商人自由贸易。同时,苏区政府积极建立公营商业。

1930年,苏区各县成立了粮食调剂局,兼营食盐、布匹、药材等日用必需品。同年6月,毛泽东曾派卢肇西到上海等地联系,为苏区筹措紧缺物资。民国20年(1931年),中共中央交通局开辟了一条由上海至香港经汕头、大埔、永定进入苏区的长达数千里的红色交通线,它的主要任务之一就是为苏区输送急需的布匹、食盐、药品、纸张等物资。1933年2月后,汀州设立省对外贸易局(指苏区和白区之间的贸易),在本区各县或重要集镇设分局,并在重要口岸、圩集设采办处,组成了闽西对外贸易网,开始有计划地组织人民贸易。当时中央工农苏维埃政府还先后在汀州市、龙岩县、永定虎岗、上杭、新泉成立了中华贸易公司、中华纸业公司、新泉对外贸易公司,以及汀州市小商店、汀州市红色饭店(2个)、红色旅社(2个)等一批公营商业。1934年初,相继成立中华商业公司汀州分公司。与此同时,苏区政府制定了一系列对外贸易政策,积极发动苏区和白区商人从事商业经营活动,活跃了根据地的商业贸易,以打破国民党政府的经济封锁。当时,有"红色小上海"之称的长汀,虽有不少富商巨贾携资外逃,仍有私营商店360多家,每月营业额1万~2万元。1934年10月,红军开始长征,结束了苏区公营商业。

1937年,抗日战争爆发。1938年5—6月,厦门、汕头、潮州等港口城市相继沦陷,海口被封锁,海运货源断绝。闽西各地物价上涨。由于厦门、漳州等沿海城市和江西南昌的学校、商店内迁龙岩、长汀,城镇人口剧增,消费需求增加,商业出现了暂时的繁荣。长汀城关人口一度达10万人左右,在长汀商会注册登记的各类商户1000多家,比抗战前一年增加30%。加上未参加商会的小行业,临时商、行商、小摊贩、手工业,总数超过2000户,从业人员近万人。

1942—1944年,民国政府在闽西各地先后成立火柴、食糖、盐务等公司和商店,对火柴、糖、盐等实行专卖的统制。

解放战争时期,原由漳、厦内迁的单位陆续回迁,加上国民政府横征暴敛,兵荒马乱,物价一日几涨,商业陷入困境,商店纷纷倒闭,大批人员失业,街市冷落,社会经济濒临崩溃。①

第三节 手工业与商业发展

民国时期,龙岩地区机器工业几乎是一片空白,不仅没有大型的工业企业,也没有比较完整的小型工业企业,只有几家属于作坊性质的小企业,生产力水平低下。如民国前期,"工业则停滞在手工业的过程"②。民国初年,闽西的长汀、上杭等县域曾出现过机器工业萌芽,③但这些县域的机器工业萌芽在土地革命前夕就已衰落,至民国后期仍无复苏的迹象。如长汀县,"未设场厂,已故利不兴而业不振"④。上杭县,"本县工业仍未脱手工业形态"⑤,一些有识之士力图振兴实业,1925年集股创办"福耀电灯公司,可说是上杭县内现代工业之始,然因技术落后难以维持,几度濒临倒闭"⑥。宁化县,"自公司发展机器孽芽,宁化益无实业"⑦。清流县,"无大型工厂,只有几处简陋的小手工业作坊"⑧。其他各县也无近代实业。但是,民国前期,在县城和较大的集镇,从事手工业者多了起来,他们主要从事土纸、烟丝、铁器、铜器、木器、金银首饰、文化用品、裁衣、雨伞、酿酒等行业。民国后期,由于日本侵略和国民党发动内战等原因,民不聊生,市场萧条,铺面稀疏简陋,曾是州府所在地的长汀、龙岩,店铺最多不过300～500家,最少的武平不过60～70家。

一、永定条丝烟与烟业的发展

"我国烟草种植最早在福建之漳州,于明嘉靖年间由吕宋岛经海道传来,与茶同种,福建永定以条丝烟之制造著闻于当时。长江流域自上海至成都各埠,无处不有永定条丝烟之销售,其后栽培之法传布尽广,几遍全国,而独以甘肃之兰州、陕西之阜兰、四川之金堂山、山东之邓县、河北之蓟县、广东之南雄、河南之邓州与永定所产著名。"⑨明清

---

① 以上内容来自福建省情资料库,地方志之窗:http://www.fjsq.gov.cn/。
② 中共龙岩地委党史资料征集领导小组、龙岩地区行政公署文物管理委员会:《闽西革命史文献资料》第3辑,第362页。
③ 中共龙岩地委党史资料征集领导小组、龙岩地区行政公署文物管理委员会:《闽西革命史文献资料》第3辑,第95页。
④ 民国《长汀县志》卷十八《实业志》。
⑤ 民国档案《上杭县三十四年度概况》卷,全宗号2,案卷号219-1,龙岩市档案馆藏。
⑥ 民国《上杭县志》卷七《工业》。
⑦ 民国《宁化县志》卷十《实业志》。
⑧ 清流县地方志编纂委员会编:《清流县志》,第140页。
⑨ 实业部国际贸易局编:《烟叶》,南京:商务印书馆,1940年,第1页。

时期,沿海海外贸易的发展大大刺激了汀州与龙岩山多耕地少的山区经济作物的种植,汀江流域带有商品性的经济作物的种植日益推广,在整个生产总值中所占比重愈来愈大。由于种植烟草比粮食作物获利丰厚,种烟之利,十倍于稻,因而山民尽力种烟取利。在明末清初,吸烟已成为汀江地区的社会习惯。烟丝虽不是生活必需品,但已像茶酒一样流行。因而烟草种植面积不断扩大。至清代,汀江流域已成为著名的烟草产地。汀江府所属8县"膏腴田土,种烟者十居三四",其中"以杭、永为盛",福建最优等的"盖露"烟,"皆杭、永人为之"①,永定所产烟丝"气味清香和平,非本省他处或他省所及"②,因此,永定烟草产量十分可观,曾号称全国第一,每年产值达几百万元,据1916年对上杭县的调查,全县每年约出产烟叶3000担,这个数量"不及永定十分之一"③。在上杭,"人情射利,弃本逐末,向皆以良田种烟","农家薯芋茄豆瓜蔬无不旁种烟",更有"种烟之田兼种薯芋并艺瓜蔬,迨薯芋收成后复种油菜,岁可三熟"④,从而大大提高了土地的使用率。永定种烟愈多,烟叶的加工制造亦愈精。永定烟叶的加工手段有其独到工艺,由于烟草加工坊的投入成本很低,不需要太多的固定资产投入。一般人家有一定的场地,请木匠和竹匠打制一套工具即可开工。这种低成本的投入让永定的家家户户几乎都有烟丝加工制坊,基本上每座土楼里,都有晒烟场和烟棚。这种低成本的简单投入使烟草种植加工容易推广,再加上永定有发达的内航交通,大量的烟草产品能够外销。在清朝乾隆时期,永定的航运物流已经足够发达,为永定烟草行销全国做好了物流渠道的准备。烟草贸易的发展,又促进了永定内部河道贸易的改善。

　　清朝末年,永定的条丝烟商铺已经遍布了中国及东南亚地区,所谓"北到张家口,南到新加坡",都有永定条丝烟号,在许多地方志关于本地烟丝产业的记载中,我们都可以看到永定人的身影。1910年,永定条丝烟参加南洋劝业会评比,获得优胜奖。1914年在美国旧金山庆祝巴拿马运河通航,永定条丝烟获得了巴拿马外国通航博览会优胜奖,这标志着永定条丝烟的声誉到达了顶峰,成为中国民族工业的一个品牌:"宣统二年,南洋劝业会商人选送超庄,均获优奖。民国三年,参加巴拿马赛会又获奖。"⑤从清同治元年壬戌岁(1862年)至民国十五年(1926年)是永定条丝烟业的鼎盛期;据民国版《永定县志》记载,全县每年条丝烟出口达5.6万笼(箱),值200多万银元。1926年以前,全县年种烟2万~2.5万亩,产烟叶150万~180万公斤,价值400余万银元,可收取税金5.3万银元,仅此一项为全省之最。古竹乡高头村,在清咸丰初年至民国37年(1948年)的近100年间,全村人口不足400人,而条丝烟作坊就有90余家,年产条丝烟最高达5万公斤。烟叶大部分购自本县及上杭,当时仙师的烟叶质量为闽之冠,被厂家誉之为"武夷山的茶叶,仙师宫的烟叶"。其价格高出外地,被厂家当"味精"配用,且有"一深

---

① 《临汀汇考》卷四《物产》。
② 道光《永定县志》卷十《物产》。
③ 道光《永定县志》卷十《风俗》
④ 民国《上杭县志》卷九《物产》。
⑤ 《永定县志·实业志》,民国三十四年刊本。

塘、二湖洋、三凹下、四利坊"赞誉的顺口溜。永定自产烟叶、自制条丝、自己运销,独一无二,可谓"一条龙",在全国各地大中城市乃至东南亚各国,均设有经营条丝烟的店、商、行、号,自成体系,这种辉煌的条丝烟经济在永定享誉了数百年之久。

永定条丝烟业带动了永定各行各业的发展,在烟丝制作至销售的各个程序,都有独立的分工和专门化生产。如:烟床、烟具、烟刀、包装纸等的加工以及烟丝的运输。永定家家户户都有制烟丝的工具,这就形成了一批以制造条丝烟烟床为专门职业的木匠手工业者;烟具的加工和制造作为烟草业附属的一种手工业,也伴随着烟草商品经济的发展而繁荣起来;制造烟丝需要专门的烟刨来刨制烟丝,永定湖坑乡洪坑村的林姓家族专营此业,所生产的"日升"牌烟刀最为有名,该牌号的烟刀锋利无比,十分适用于刨制条丝烟,除供应本县外,还行销大江南北,上海及长江一带有专销烟刀的商店,其价在汉口高于外地产的25%以上;和烟刀所配置的是打磨烟刀的磨刀石,这又以抚市镇鸦雀坪村的磨刀石最为著名。永定条丝烟需要大量的包纸来对烟丝进行包装,这种包纸除了使产品美观外,还有防潮等功能。这就使永定的一些乡镇出现了以包纸为专门产业的家族作坊,其中以下洋初溪的徐姓家族最为著名。"金丰之高头,南溪、陈东乡,笙竹甲,丰田之东安(竹生有大、小年之分,东安地方产纸颇旺,大年可三千担,小年可两千担)、楮树坪、湖洋坑、虞溪、坑头、仙溪,太平之灌洋、沽坑、郑坑、许家山,以上产纸附近各村大、小槽户尚多,难以备载.此纸行销漳、厦、潮、汕、南洋等处,专为包裹货物之用。复有烟纸一种,幅度略大厚而坚致,间染红绿色,价格较昂,烟厂用以包条丝,从前销数颇大。"①

烟丝的生产带动了永定河、汀江、九龙江、韩江等河流的水路运输。像天生德、永隆昌等大烟号均有自己的专用码头。装运条丝烟时,先要将刨制好的条丝烟按头、二、三庄等级,用土纸包成长方扁形小包,每包约312.5克,每笼(箱)装百包,烟笼是用薄竹片编制成四方形,上、下两层相套。装笼前,先在烟笼底层及四壁放置白叶(竹叶的一种,旧时专为包装货物防潮之用),然后将烟包叠入,上面盖上白叶,再将外套笼盖套上,外加绳索四面扎紧待运。运销路线有三条:第一条由抚市经龙岩适中或由高头经曲江、山城至漳州、厦门、台湾及南洋各地,或运往温州、杭州、上海;第二条由高陂、坎市、抚市、湖雷用木船顺永定河南下,到仙师锦丰起岸,陆运至闽粤交界的虎头沙(属广东),再复装船顺韩江而下(金丰片则经下洋—大埔装船上韩江),至潮州、汕头转运至广州、上海、昆明、柳州、桂林、扬州、香港等地;第三条同样顺永定河水运至锦丰转运至峰市逆汀江而上,经长汀转至江西九江、南昌,以及武汉、宜昌、长沙、合肥、南京、上海、杭州、湘潭、桂林、昆明、贵阳、重庆等地。抚市大坪村为当时的一个运输专业化村,该村所有劳力均从事永定内河行业的条丝烟运输业:"永定溪之船由抚市、坎市,行经青坑、湖雷、永定,沿途运货至炉下坝起卸,转运至埔北虎市,改舟经大埔、潮汕而出海。船户向有二百

---

① 《永定县志·实业志》,民国三十四年刊本。

余。"①除了内河船运,还有大量依附于牙行的挑担工人,也是永定运输产业中的重要力量。

在烟草的带动下,永定经济日益繁荣,人口显著增加,1916年,永定的人口已达三十余万:"稽查户口不下三十余万……数十年来以保全人民生计教育者厥为皮丝。"②然至民国时期,闽西手工业未进行技术上的提升与改造,已然危机四伏。"然泄泻沓沓,墨守成规,没有科学的技术,不知发达与进步的方法,致出口日形恶劣。"③

二、"连城宣纸"与手工造纸业的发展

"民国8—10年(1919—1921年),第一次世界大战结束后的三年是'连城宣纸'业发展的鼎盛时期,姑田(包括曲溪、赖源、李屋)漂料纸槽480多槽,年产量4万多担,水料纸槽200多槽,产量1万余担。莒溪年产水料纸12000余担。出现了前所未有的'三多',即煮料开槽多,出口创汇收入多,从事纸业经营的人多。姑田纸庄商号有50多家,莒溪最多时有50多家纸庄,所称金姑田、银莒溪,由此得名,成为当时的闽西经济重镇。"④随着纸工队伍的不断扩大,手工纸槽也散布到全县,只要有竹山,哪怕是最偏僻的山村也都有纸槽,手工造纸业在当地迅速成为与农业并重的产业。槽户是纸槽作坊的主人,造纸工人受雇于槽户进行生产,计件取酬,产品由槽户负责销售,槽户老板从中获取利润。发财致富后,槽户老板投资租赁竹山,扩建纸槽,扩大生产。有些纸槽大户,资金雄厚,成为垄断一方纸业生产的地方巨贾。

纸业生产的发展及其对外贸易,使本是穷乡僻壤的闽西山区接触到了外面世界的文明进步和社会发展潮流。各类纸张通过市场贸易换取从外面进来的生活必需品和文化产品,从而冲开了传统的自给自足的自然经济圈的樊篱,这是闽西山区的社会经济结构渗入资本主义经济萌芽的主要原因。民国时期资料统计显示,连城在清代和民国千余户人家拥有纸槽,从事手工造纸的工人多达万余人。但遗憾的是纸槽都建在深山老林的山坳之中,交通不便,工人分散,且纸槽之间相距较远,难以取得联系,而且单个纸槽经济实力不强,无法形成一股强大的力量走上新兴的经济舞台。30年代,长汀城关水东街、太平桥、小关庙前、跳石桥等处开设大小纸行百余家,纸业年营业额在200万银元以上。时造纸工人数以万计,汀籍纸工遍及赣南、闽西北等地,以明溪、将乐、顺昌三县最多。

"七七事变"后,为了抵御日本帝国主义侵略者的经济战略政策,谋求民用品自给自

---

① 《永定县志·交通志》,民国三十四年刊本。
② 《福建旅宁皮丝烟业意见书》,《各省烟酒业意见书汇编》,转引自《中国烟叶史汇典》,北京:光明日报出版社,2002年。
③ 中共龙岩地委党史资料征集领导小组、龙岩地区行政公署文物管理委员会:《闽西革命史文献资料》第1辑,第79页。
④ 邓金坤编著:《连城宣纸》,北京:经济科学出版社,2008年,第5页。

足,动员后方人力物力组织生产,支援前方抗战。由胡愈之、沙千里等爱国人士和同情我抗日的国际友人等发起,在全国大后方用合作社的形式组织工业生产合作社,简称"工合"。民国30年(1941年),抗日战争期间,由于洋纸没有进口,国内各种用纸紧缺。为了更好地发展纸业生产,国民党政府在连城设立福建省贸易公司连城办事处,并在姑田设立采购站,收购各类纸张,同时,福建省建设厅也在姑田设立连城县手工业指导所,并在此基础上在姑田成立了"连城县姑田镇纸槽业同业公会",参加的大都是槽户,公会主席由华寿棋担任。槽户在连城县手工业指导所的指导下,以"公会"名义发动各槽户组织纸业合作社,称为"农合"。这种纸业合作社由公家贷款,槽户得益,促进了连城手工造纸业的发展。民国32年3月,"工合"东南区办事处派毕平非出任福建"工合"视导,巡视长汀、永安、南平等各"工合"事务所的工作,并于9月份在姑田组建了"工合"连城事务所,与指导所合在一起办公。并先后在姑田上堡、中堡、郭坑、曲溪等村组织了13个纸业社和1个试验厂,成员有166人。"工合"辅导下的纸业合作社与"农合"不同,它是以纸工为主体,结合槽户、料户根据自愿原则组织起来,社员共同劳动、共同负责、共同盈利,按民主制度选举理事、监事并管理社务,并建立合理的分配制度,积累集体资金,摆脱高利贷依赖和中间盘剥。因此,连城"工合"在短短几年间,扶持连城纸业从下坡走向回升,对发展姑田的手工造纸业起到了较大的促进作用,使得姑田的纸槽从300多个增加到400多个。在"工合"的支持指导下,姑田的实验纸槽试验新的产品,并获得了成功,当时试制成功的新产品有:改良纸、粉连纸、大幅宣纸、道林纸、布纹纸等,特别是道林纸,是连城县"工合"纸业合作社的重要产品,它不仅开展了自身的业务,也为陷于困境的连城纸业打开了通道。"当时姑田'工合'做什么纸,其他纸商、纸槽户也跟着做什么纸。其中仿道林纸是'工合'首创,1943年仅产375担,1944年猛增至2640担,增产6倍以上,可见其影响之大,这一时期是连城'工合'纸业鼎盛时期。"①民国34年(1945年),长汀、连城土纸销往外地区7.3万担(折182.5万公斤)。

随着手工造纸业的发展、造纸技术的改进和提高,连城诞生了省内独一无二的高档纸品——连城宣纸、玉版、连四纸和京庄贡纸,使得连城手工纸登上了国际名纸的宝座而驰誉五湖四海,这些无不凝聚了纸乡一代又一代客家人的辛勤劳动,手工造纸业因此也成为连城的主要经济支柱产业。"民国31年(1942年),省教育厅决定在姑田开办省立连城高级工业职业学校,利用产纸基地,培养造纸专业技术人才,设有造纸科2个班,学生40人。此学校于民国37年迁往厦门,后来该校造纸专业毕业生华尧清于1957年试制成功原料快速漂白法和笋壳制浆造纸。"②

三、龙岩的工业生产概况

民国时期,龙岩工业非常落后,既没有大型的工业企业,也没有比较完整的小型工

---

① 邓金坤编著:《连城宣纸》,北京:经济科学出版社,2008年,第39页。
② 邓金坤编著:《连城宣纸》,北京:经济科学出版社,2008年,第8页。

业企业,只有一些属于作坊性质的小型工业企业。"本县重工业及利用机器制造者尚少。只有手工制造之轻工业,略可指数。但如土木及缝衣、剃发等工,多由上杭及福州人操之。本地工业向以粗白纸、皮枕、纸帘、条丝烟较为发达。至于采煤、烧窑等工,多因产品不能外销,以致容纳工人亦不多。至抗战后,新兴工业如卷烟、烟纸两项,颇占优胜。"①私营企业中属于重工业类型的有兰溪锅厂、马坑锅厂、火电厂、铁工厂等。属于轻工类型的有龙门加工厂、新龙酒厂、纺织社、造纸厂、皮革厂、印刷社等。十家私营工业企业共有资金 693999 元,其中独资经营只有 2 家,共有资金 49000 元,占总资金的 7.1%。合资经营的有 8 家,共有资金 6444999 元,占总资金的 92.9%。十家工业企业共有职工 255 人,其中管理人员和服务人员计有 89 人,占职工总数的 34.9%,完全的管理人员共 27 人,占职工总数的 10.59%,生产技术人员有 166 人,占职工总数的 65.1%。十家工业企业的主要设备,多是二三十年代的,有的还是古代的。如重工系统除二台交流发电机(其中一台是西德进口的 5kW,另一台是 50kW)、一台十匹马力的铁木结构水轻机、一台 75 马力的煤气机之外,其余全是土造的。如马坑、兰溪锅厂的主要设备是一座 0.2 立方米容积的土高炉和 20 余个土坯锅模,以及长度 1.5 米、圆周 45 厘米的手拉风箱。轻工系统除印刷社有一台圆盘机和一架四开外,其他也全是土造设备,如新龙酒厂木造蒸饭桶、木造蒸酒桶、木造压榨机等,纺织社总有四台木造手拉织布机、大浆池、纸帘等。十家工业企业的产量和销售情况是:每年生产铁锅 5000 余个,毛铁 78 吨,土布 78000 米,酒 50 余吨,其中沉缸酒 24 吨,毛边纸 5 吨,加工铁皮 1400 张,加工大米 380 吨,发电量 14 万度,基本上都是自产自销。②

其他较为有名的工业企业主要有:1916 年创办的嘉禾碾米厂(漳平,12 马力蒸汽机)、1924 年创办的光华电灯公司(龙岩)、1925 年创办的福曜电灯公司(上杭)、1932 年创办的嘉元碾米厂(漳平,12 马力蒸汽机)、1936 年创办的龙岩电气公司(龙岩)、1943 年创办的巨轮水力发电厂(龙岩,抗战胜利后改为电化厂)、1944 年创办的力行实业社(化工,抗战胜利后迁至龙溪,即今漳州)、1945 年创办的古蛟合作社化工厂(上杭)、1945 年创办的公成碾米厂(漳平)、民有电化工业社(龙岩,抗战后期,创办年份不详)、1947 年创办的三友卷烟厂(龙岩,有动力机 1 台)、1947 年创办的南方卷烟厂(龙岩,有动力 1 机 1 台)、1948 年创办的文川电灯公司(连城)、1948 年设立的龙溪电灯公司龙岩分厂,以上企业主要为商办,官办的主要是创办于 1939 年的省营龙岩电厂(龙岩)和 1946 年的漳平县青年电灯工场(漳平)。近代经济的特点就是商人资本,由商业资本向产业资本转化。

从龙岩机器工业的发展情况看,到民国时期,闽西地区工商业正处于由商业或商人资本主导向产业资本主导阶段转化,发生这种转化的原因是在手工业时代,生产设备、

---

① 福建省龙岩市新罗区地方志编纂委员会:《龙岩县志·实业志》,民国三十四年刊本,第 343 页。

② 参看《解放前龙岩工业生产概况》,载《龙岩文史资料》第 10 辑,第 54~55 页。

器械简单,所需资本不多,商人资本的重头在流通领域。而对于机器大工业来说,生产所需设备和机器昂贵,没有巨额投资是无法胜任的,产业所需资本远远超过商业。于是主导经济活动的商人资本,不可避免地要由商业资本转向产业资本。

四、长汀纸业发展概况

民国时期,长汀出产的主要货物是纸和木材,纸年均产10万担(4000吨),木材年均产10万根(约2万立方米),两项合计年均收入三四百万元(银元);其次是簿籍等纸制品、竹木家具、皮枕、木版书籍,食品有大豆、豆腐干、香菇、粉干等。纸是长汀最大宗的对外贸易商品,成立有色纸业同业公会和纸业同业公会(1935年共有会员101家),产品主要销往香港、澳门、泰国、越南、南洋群岛等国家和地区,清末至民国时期,纸的出口金额占全县出口总金额80%以上,商人李奇勋在潮州、广州设长安行、长兴行,郑云松在香港设汀州行等,成为外贸大商行,汀籍商人在广州、潮汕、佛山、上海、香港等地设立纸行约29家。民国二十九年(1940年),政府试图控制纸商自由对外贸易,成立福建省外销纸局合购销处,但受到商人纷纷抵制,不久即撤销。20世纪30年代,长汀城关水东街、太平桥、小关庙前、跳石桥等处开设大小纸行百余家,纸业年营业额在200万银元以上。时造纸工人数以万计,汀籍纸工遍及赣南、闽西北等地,以明溪、将乐、顺昌三县最多。抗日战争期间,进出口交通受阻,"洋纸"不能进口,国产毛边、玉扣等手工纸亦难出口,为解决全省大量的书写文化用纸的需要,民国27年(1938年)8月,由省建设厅纸业管理局组织在长汀试制改良纸,在毛边、大连、贡川纸生产工艺的基础上,对手工纸生产过程的加填料、施胶、漂白等项进行技术改革,先后研制成8种适于书写和印刷等多用途的改良纸,长汀纸业竞争力显著增强。民国34年(1945年),长汀、连城土纸销往外地区7.3万担(折182.5万公斤)。

第四节 民国时期龙岩金融业的发展[①]

自资本主义诞生以来,随着商品交换的日益频繁、多样,交换地域的不断扩大,不同地区或国家货币的不统一且长途携带金融货币的不便及风险等问题日益突出,为了解决这些经济生活中的现实难题,社会上逐步出现了专门从事货币交易的货币兑换商及货币经营业,并逐步演变为以银行为代表的资本主义信用机构。随着19世纪科学文化的不断进步和资本主义生产力的飞速发展,现代银行在世界范围内蓬勃兴起,信用工具的创造性和流通性极大地促进了资本主义商品经济的发展。银行作为资本最高形态的金融机构,通过货币的发行和回笼、调拨和调剂、通汇和转移、储蓄和贷款,最大限度地

---

① 第四节内容参看李伟夫:《解放前的龙岩银行业》,《龙岩文史资料》第10辑,第44~51页。

发挥资本的聚集和增殖财富的功能,满足产业生产、再生产和扩大再生产的资本需求。在产业革命以后,世界各地,不论大中城市,普遍设立了银行。

民国初以来,中国的农村基本上还是自给自足的自然经济占统治地位,但专业商人已经在商业发达的城市和沿海地区从事商业活动。随着商业分工的加深,不同的专业商人处理贸易的不同环节,出现了进行专门协调的专业货栈,出现了规定商业活动的行会和商会,而且产生了相当发达的中国自己的金融网,尤其是票号得到了较大的发展,它发行发挥货币功能的票据及信贷,各种钱庄和当铺也在沿海和发达地区形成网络。随着民族资本主义的进一步发展,现代金融和贸易制度在民国时代也发展起来。中国自己的第一家银行建立于1897年,到1911年清王朝灭亡时,全国建立的银行不过十几家,其中主要是官办和官商合办的银行,最著名的是大清银行和交通银行。民国以后,中国的银行业尤其是民族资本银行有了较大的发展。大清银行改组为中国银行,与交通银行一起成为北洋政府的国家银行。到20世纪20年代初,比较重要的民族资本银行均已建立。1927年南京国民政府建立后,官僚资本迅速膨胀,逐渐建立起由中央银行、中国银行、交通银行、农民银行和邮政储金汇业局、中央信托局,以及中央合作金库组成的官僚金融垄断资本体系。这"四行二局一库"垄断了全国绝大部分金融业务,至使民族资本的银行受到官僚金融资本的压迫和排斥而趋于衰落。

民国时期,中国的信用体系主要由以下五个不同部分组成:以外商银行为代表的帝国主义金融资本势力、以钱庄(银号)为代表的中国旧式金融机构、以银行为代表的资本主义信用机构、中国共产党领导的新民主主义金融事业以及存在于民间的资金和实物融通。

龙岩作为一个内地的中小城市,原来的金融汇兑主要靠旧式的钱庄和票号。在民国时期,由于经济、对外贸易的发展以及国民党政权调拨、运用和保管军费的需要,在1936—1939年间,福建省银行、中国银行、农民银行、交通银行等在闽西各县设立分支机构。由于龙岩是著名的侨乡,在民国时期,侨汇汇兑业在龙岩得到迅速发展。

一、龙岩银行

据李伟夫(龙岩商会主席)回忆,龙岩最早的银行诞生在1921年。当时,李烈钧奉孙中山的委派,到龙岩任闽赣边防督办。为了调拨、运用和保管广东军政府对他拨发的数以百万计的巨额款项,就设立了龙岩最早的银行——龙岩银行,行址选在龙岩文庙右侧文昌阁。这是调拨和保管军政巨款的专业银行,由边防督办公署负责经理科的高级人员主持,对外没有开展业务活动。这家由李烈钧开设的最早的龙岩银行开设半年后,因李属下的两个师的师长赖世璜和苏世安都被北洋军阀收买,对李抗不听命,李只好悄然离岩,该行业随之关闭。

二、民兴银行分理处

1928年,国民党49师师长张贞,同样也是为了较好地运用和保管南京政府按月拨给他的数以百万计的军费,特在漳州组成了民兴银行,张自任董事长,派南安人刘志成为总经理。总行设在漳州马坪街,并在龙岩关帝庙左侧石头壁设立分理处办理通汇,任用适中商人林亿兴为经理。刘志成原来攻读商科,颇精通银行业务,他发行纸币,并拨款投资漳州电灯公司,使民兴银行的资本参与扩大再生产的活动。漳州在闽西南能够较早地建设电气事业,同民兴银行的投资是分不开的。1937年,因日机经常轰炸漳州,福建省建设厅便把漳州电灯公司的全部器材拆迁到龙岩开设电厂,致使漳州市断电,造成了较大的经济损失。通过多次交涉以后,福建省建设厅终于把电厂主权归还漳州电灯公司。从此,民兴银行投资的漳州电气公司掌握了龙岩的电气事业。新中国成立以后,龙岩电厂才由人民政府接管。随着时局和军事的动荡,民兴银行现钞的信用一落千丈,当时,龙岩分理处曾悉心调拨,十足予兑,使龙岩地方不致受到较大的损失。

三、侨汇汇兑

客家人旅居海外的历史悠久,可追溯至唐代。但客家人大量移居海外是清康熙朝廷解除海禁后。尤其是1840年鸦片战争后,清政府被迫于1842年8月29日签订《南京条经》,开放上海、宁波、福州、厦门、广州五口岸通商,清政府由海禁政策变为对外开放,承认"契约劳工",准许洋人在通商口岸设"洋行"亦称"卖人行",殖民主义者在中国大量掠夺华工,运往东南亚各国及南北美洲等地,进行"契约华工"(即猪仔)贸易,乃至1860年汕头开埠,客家人出洋人数与日俱增。客家人凭着自己的勤俭节约,刻苦耐劳,勇于开拓,白手创业,多数首先从做工或种植农作物开始,积蓄小资本后,继之经营小商贩、小生意、小手工业,再至从事工商企业,逐步发展,从无到有,从小到大,不断积聚着手中的资本。他们无时无刻不在记挂、思念自己的家乡和家中的亲人,希望自己努力赚来的血汗钱能寄回国内,改变家里人的生存境遇。

1929年,岩籍潮商吴卓云兄弟联络吴家在南洋的兄弟,组成了仪丰汇兑。仪丰汇兑的出现,使龙岩华侨开始有组织地办理侨汇,并使其渗透入龙岩的商业资本,对龙岩商业经济的发展起了推动作用。仪丰汇兑在汕头、潮州、漳州、龙岩都有自己的机构,在汕头的机构是陀南,在潮州的机构是祥记,在漳州和龙岩的机构是仪丰,在厦门和上海则委托南泰成代理。仪丰所收集的侨汇来自新加坡、槟城、印尼和暹罗等地的岩侨,由吴卓云在南洋的兄弟负责收集。汇款通过香港转到汕头中国银行,由陀南领出后采购布匹、什货、海货以及其他工业品,运到龙岩分期分批出售,也陆续理兑了侨汇。对每一笔侨汇,仪丰皆派人将侨汇送到乡下汇主家中亲手交付,并替许多收款人写好回信,由仪丰寄到南洋各地进行分发,使汇主知道家中确已收到款项。经过一段时间以后,大家知道仪丰汇兑信用良好,因而深得南洋岩侨的信任。仪丰的业务灵活,不止是在汇兑上吸取了汇费,而且通过购销等途径攫取了高额利润,因为仪丰信用良好,经营有方,所以业务旺盛,一直延续到30年代,直到又出现了三家办理侨汇的机构才渐渐衰落下来。这三家新出现的侨汇机构分别是:一家是张景椿的美盛号,专门联络白土溪兜张姓侨胞的侨汇,带有浓厚的宗族色彩,虽然侨汇数额不很大,但是因为信誉良好,经久不衰;另一家是林国仁的光华行,侨汇数额较大,但进入龙岩商业市场的仅华洋民泰魏青孚所代理的部分,为数并不多,大量侨汇是转到上海由林采芝任经理专职主持,据说还有一部分还转到日本神户;还有一家是章祖樵的侨汇汇兑,以经营福清的侨汇为主,也只有部分侨汇进入龙岩商业市场。此外,由于侨汇的兴起,促进了龙岩市的小额汇兑业。有林羽丰同李联辉合股经营的联记汇兑,专门经理漳岩的通汇;还有廖里岩所经营的集利号汇兑,专门经理厦门、龙岩之间的通汇。它们虽然数额较小,但也因为信用良好而经久不息。

四、福建省银行龙岩支行

1932年,福建省政府主席陈仪鉴于省、市、县财政金融的混乱局面,任命张果为财政厅厅长、沈铭训为县政人员训练所所长,积极训练各市县财政科长、会计主任和会计员、稽征处长和稽征员,从事各市县财政金融的整理工作。同时,拨省款一百万元为启动资金组成了福建省银行总行,任徐桴为该行总经理徐桴配合县政人员训练所所长沈铭训训练了大批银行从业人员。各项有关整理财政金融的措施,到1935年已经基本准备就绪。从1936年起,各市县相继成立了省银行的分支机构。当时龙岩列为福建省银行支行,选定南门头邱家祠为行址,派林正传为支行主任。省银行支行成立后,漳州、厦门、泉州、福州、上杭、长汀、连城、漳平、宁洋、永安都可通汇,使得龙岩商业资本的汇兑十分方便。同时,支行还代理了地区的省库,省库的收拨也很方便。因此,早期的省银行对龙岩商业资本的发展、地方经济的繁荣直接或间接地起到了一定的扶助和推动作用。

五、中国银行龙岩支行

鉴于龙岩也是一个侨区,侨汇很频繁,1936年,中国银行设在福建的总行——厦门闽行,特派该行襄理罗伟如到龙岩筹备设行。罗选定市区中心关帝庙街为行址,于1937年成立中国银行龙岩支行,派罗源超为支行经理,罗伟如为襄理,钟志远为会计主任,积极进行营业。由于日寇加紧了对中国的军事侵略,沿海港口纷纷沦陷,而且日寇积极部署南进,促使南洋各地华侨应变,纷纷返回祖国,侨汇也成倍地增长。时局的动荡促使设在厦门的中闽行有内迁龙岩的必要。1938年,中闽行内迁龙岩,龙岩支行的业务归中闽行兼理,原龙岩支行经理罗源超调往漳州任支行经理。这时,龙岩的经济地位大大提高,龙岩当时有一批银行从业人员被吸收到中闽行,同时还增添了一批分支机构,如白土、朋口、连城、上杭、长汀、永定、漳平等,以便利侨汇,联络华侨。由于中闽行总经理顾景灏处事谨慎、学识渊博、精通业务,再加上底下还有一批业务精英,因此在龙岩深孚众望,同业对其赞誉有加。

六、交通银行

1938年,交通银行设在市街关帝庙左侧原民兴银行旧址,与中国银行毗邻。经理庄熹原是钱壮业能手,只配一名副经理,一名行员,他们业务精湛,机构精简,工作忙碌。交通银行也是国家银行之一,投资和贷放的主要对象是交通方面的事业,着眼于当时的漳龙汽车公司所承包的盐运业。漳龙汽车公司在交通银行的投资下,成为当时闽西南地区资本最为雄厚、经营有关国计民生的宏大企业。而交通银行也通过向这个企业进行投资和贷放,攫取了大量的高额利润或超额利润。

七、中国农民银行龙岩办事处

中国农民银行也是四大国家银行之一,是专门办理农业贷款的金融机构。1939年,中国农民银行在龙岩设立办事处,人员由总行任免,业务受省行监督领导,除办理农贷之外也经营一般银行业务,与全国各地分支行处通汇。龙岩农行主办龙岩、永定、漳平三县农村合作社信用贷款以及小型农田水利贷款,对象为各乡村信用合作社,贷款以购买肥料、种子为主,农田水利则以开渠排灌、挖塘蓄水等小型设施所需之用,均以信用方式贷出,在第一季度放款,秋收之后第四季度收回,期限一年,周息四厘;小型农田水利贷款则视工程大小而定,一般为三至五年。龙岩、永定、漳平等三县农贷以龙岩为重点,永定次之,漳平又次之。这是因为农行只设农贷员一人,当时交通不便,鞭长莫及。由于龙岩是农贷重点县,1948年底,国民党的行政院农村复兴委员会拨两万美元作为复兴龙岩农业的赠款。款项虽没有拨足,但是,对龙岩农业的发展起到了一定的作用。中农行于1948年6月关闭。

八、邮政储金汇业局

1946年,龙岩开设了邮政储金汇业局,也是经营银行性质的业务。当时县政府鉴于各银行的储蓄与汇款业务都是面向大宗款额,为了吸收社会上的小额游资,以便集腋成裘,以补充银行业务,也方便平民,通令组成邮政储金汇业局。局址设在中国银行对面,由中行派卢襄理为经理。但是因为当时龙岩的一般平民,特别是劳动人民,生活穷困,没有资金存入汇业局,因而邮政储金汇业局开业后业务清淡,利不及费,因此开业几个月便停业,业务移到中国银行,由中闽行派襄理罗伟如兼办,原拟等待业务兴旺时再恢复,但始终未能实现。不久,中闽行迁回厦门,这个邮政储金汇业局也就随之夭亡。

第五节　龙岩交通、商路与贸易

龙岩地处福建西部山区,境内崇山峻岭,峰峦密布,溪流湍急,素有"八山、一水、一分田"之说,闽西的地形特点直接影响了闽西的对外交通。"上山入云端,下岭到溪漳;对村喊得应,想通走半天。"①加之自古以来,历代统治者都不重视交通事业,因此,在没有公路和铁路的时代,汀江流域密布的河流构成了当地天然的交通网络,对外运输主要以水运为主,当然,水路运输也只限于汀江及其支流,九龙江(雁石溪)的部分地段可通舟楫,绝大部分的陆上只能以肩挑手扛为唯一的运输工具。如长汀县至民国前期仍是"一个山脉盘曲,交通梗阻的汀州"②。进入龙岩的商品流通路线有两条:一是从汕头经潮州,集结在峰市,再经坎市到龙岩,其间船运肩挑,耗时半月;一是从漳州到龙岩,这条路治安不好,盗匪出没无常,商人往往人财两空。进口货物以布匹、日用百货、药材、黄豆、盐、糖和其他工业品等为大宗;外销货物以杉木、土纸、香菇等土特产为大宗。抗日战争时期,龙岩卷烟业兴起,外销货物增加一项卷烟。杉木、账簿纸以及部分雁石黄连纸,则分别由万安、白沙沿九龙江外运,到浦南和石码出售,自成一个经济体系,称为"文和馆财团"③。因此,虽然龙岩资源丰富,矿产中尤其是煤、铁、石灰石的蕴藏量居全省之冠,还有品位较高、较有经济价值的钨精矿、钴矿、钼矿等,同时又是全省竹、木、松香、土纸、烤烟的主要产区,但是受到交通条件的限制,矿产和农林副业皆未能得到充分开发,资源优势难以变为经济优势,导致闽西经济社会长期处于落后状态。

一、民国时期龙岩航运业的发展

(一)汀江航运

民国23年(1934年)以前,上杭境内未开通公路,尚无汽车运输,汀江航运曾是闽粤赣货物运载的大动脉,对促进闽西、粤东、赣南地区的经济繁荣起着重要的枢纽作用,江西赣南平原和汀江流域盛产的粮食、竹木、纸品及其他土特产品源源汇集到长汀、上杭两县城,通过汀江、韩江水运至潮汕地区,再转口销往国内外。而海盐、布匹、煤油、日用百货等又从潮汕等地经韩江、汀江运销汀江流域及赣南各地,汀江航道上的交通运输十分繁忙,汀江流域的码头、商店有如雨后春笋般兴起。从汀州城到三河堤,汀江航道根

---

① 王直:《王直回忆录》,福州:海风出版社,2000年,第2页。
② 中共龙岩地委党史资料征集领导小组、龙岩地区行政公署⋯⋯会:《闽西革命史文献资料》第1辑,1981年12月,第79页。
③ 李伟夫:《龙岩商会的沿革及其活动》,《龙岩文史资料》第8辑

据河道情况可将其分为四段。第一段是汀州城至上杭城,约120公里,此段河面较宽,流速较缓,普通船只较易通行。二是上杭城至峰市,约60公里,两岸山岭起伏陡峻,河床较窄且倾斜度较大,水流湍急,总共有大小21个急滩,船只航行比较危险。三是峰市至石市,约10公里,此段船只无法通行,货物往来只能靠人力肩挑。四是石市至三河堤,30余公里,此段河道条件较好,普通船只可顺利航行。汀江航运最鼎盛时期是民国10年至民国30年左右,当时形容汀江船舶之多,有"上河三千、下河八百"之说,可见汀江在上杭回龙至峰市之间航运之盛。据东亚同文书院1910年的调查记录,当时航行在汀州城至峰市之间河面上的船只,平均每里约有两艘。按汀州城与峰市之间的航段长180公里计算,这一航段上即有700多艘船在航行。[①] 形容航道之险有"上河铁船纸艄公,下河纸船铁艄公"之说。所谓"上河"是指回龙白头礤上溯至汀城一段,约有3000只船,此河段平坦好走,船只往来少出事故,故称"铁船纸艄公";"下河"是指回龙白头礤以下的河段,江面变窄,水流湍急,约有800只船,沿河险滩极多,最著名的就有大姑滩、南蛇滩、新峰滩、穿针滩、棉花滩等,其中:"大姑滩"是上杭南境的著名险滩,也是汀江滩险之最,滩中水急,怪石嶙峋;"南蛇滩"犹如南蛇作浪,滩中波涛汹涌,长达一里之遥;"穿针滩",水道之窄仅能容一船通过,行船宛如穿针。那时,汀江下河常闻翻船噩耗,故成为"纸船铁艄公"的奇险航程,民船从上杭南门码头出发,经过8~10小时的惊险航行才可抵达峰市。那时每只木船载运量顺流4吨,逆流2.5吨。运货船可分为两类:一曰"墟船"即快船。就是一墟(五天)之内,要往返于武平的店下至长汀或店下至上杭之间,每只船至少要用船工六人;一曰"非墟船"即慢船,它载货往返一次的时间可超出一墟,自由掌握,每只船一般用三个船工即可。

在其支流,也有大小的船只在忙碌着,支流航线:旧县河航程68公里,因叽头河段礁石多、河道小、水流急、落差大,从连城朋口、新泉等地运来的货物到叽头必须起岸徒步搬运,经过驳船后出九洲汇入汀江抵上杭。桃澜溪从武平桃溪至河口,流经白头礤,过羊牯而抵回龙至上杭,船程85公里。黄潭河,由溪口钩刀湾起航,沿途经太拔、兰家渡、龙田、黏田,出牛牯门汇入汀江抵峰市,航程99公里。峰市以下河段两山紧束,棉花滩水急滩险不能通航,为闽粤天然界限,行船至此,必将货物起案入过驳行,雇人力肩挑5公里,再从广东石市水运,经大浦、潮州、汕头出海。汀江进入上杭境内后,河面宽阔,水量充沛,两岸多河谷山间盆地,被人誉为汀江的"黄金水段"。上杭段有大小码头36处,其中吞吐量较大的码头有5处:回龙、石下、东门潭头、南门、南蛇渡。回龙码头是上杭、长汀上下货物的中转站,有商行、客栈等;石下码头是武平中堡等地物资和运出土纸的中转站,有客栈和中转商行;东门潭头是长汀经上杭运往广东的大米、黄豆、竹、木材、土纸和广东运至长汀、瑞金的食盐、日用商品的中转站,日吞吐量达70~90吨;南门码头是汀江上下游航运货物中转与集散枢纽地,日货物吞吐量60吨以上;南蛇渡码头是

---

① 蔡骥:《历史上汀江流域的地理环境——客家形成的自然背景考》,《陕西师范大学学报》(哲学社会科学版)2007年第3期,第97~99页。

汀江下游地区货物往来中转的要岸。汀江航运给上杭带来了繁荣,县城有粮行、纸行、药材行、京果行及木材行等各种过驳转口商行300多家。①

(二)水路交通要道上的商业重镇店下墟②

店下地处汀杭武三县交界的汀江之滨,北往长汀城,南通上杭城,是连接福建、江西两省的水路交通枢纽,边贸十分活跃,是武平县著名的武北码头。据传,这里原归长汀管辖,从明代起始划归武平,划归武平之后,当地区乡当局和商旅发挥其地理优势,开辟集市,建造商店,才逐渐繁华起来,商贾云集,互通有无,茶油从江西运来,生油、食盐多由广东运上,米、豆等多由长汀运来。清末至民国时期,湘店地区的大宗出口商品为土纸和木材,湘店地区土纸生产相当发达,计有一百多家纸厂,尤以七里、三和、郑屋坝最多,土纸经由商旅收购后,用船只经由汀江运往上杭,再南下经峰市运往潮州、汕头出售。距店下五华里地的河口,为武北(包括今永平、桃溪、大禾、湘店四个乡)的木材出口处。据传,清末至民国时期,每逢农历一、六为墟日,赶集者常达数千,若碰农闲、节日以及临近年关,则赶圩群众更多。每日过往船只达两三百艘,店下附近群众的船只则有五六十艘之多,船工约有三百多人,他们靠船只替商旅运货赚钱谋生,餐风宿雨,披星戴月,历尽艰辛。还有三百多人靠在码头装卸货物以及肩挑手扛为生。店下繁盛时期,店铺云集,计有土纸行三家:广丰店、广成隆、全春店;布匹百货兼收米豆油的有好几间:人和祥、同顺昌、祥记、云商栈、恒顺昌;中药铺有三间:济仁堂、仁和堂、福星堂。到了土地革命战争时期,武平县苏维埃政府也在这里办了苏维埃政府药材合作社;客店兼豆腐酒店有十多家,其中最为有名的是集成店,还有龙丰、可赞、遵来等。民国后期,私商在这里开设铸铁厂,运往汀杭出售,并供应附近铁匠制造农家具之用。墟天,店下货物的吞吐量颇大,每墟交易的食油多至三百担(每担按照老秤约为80斤);米、豆六七百担,大都由江西、长汀运来;土纸五六百担;木材出口平均每墟为十多架(每架约30立方米);还有布匹、百货、食盐等。

(三)武平商业重镇——下坝③

下坝位于武平县城的西南端,毗邻广东省平远县、蕉岭县,距县城30公里,自清朝以来一直是粤东、赣南、闽西的贸易中转站。这里,东有中赤溪,北有中山溪,西有广东的差干河,三条溪河交汇于南面广东的西子口。下坝因其得天独厚的地理位置,特别是有一条紧密联系着闽、粤、赣边的下坝河而成为武平的商业重镇,在清朝乾隆年间就已开辟墟场,当时名之曰"太平埠"。鸦片战争后,五口通商,海禁大开,香港、广州、上海等地花样众多的洋货,均由汕头进口,水运到蕉岭复驳运到下坝,下坝的商业地位更加重

---

① 参看蓝汉民:《汀江航运钩沉》。
② 参看蓝道川整理:《店下墟话旧》,载《武平文史资料》第10辑,第45~46页。
③ 参看《当年武平的商业重镇——下坝》,载《武平文史资料》第10辑,第2~10页。

要,到了民国时期,下坝的商业进入了繁盛时期。广东的盐大量水运到下坝,再由下坝的肩挑客挑到赣南各县,赣南各地的米也大量地肩挑到下坝,再由下坝水运到广州。这时,罗塘与下坝之间,挑夫往来穿梭,络绎不绝于途。来此经商之客越来越多,江西宁都、兴国、信丰等地的盐商、米商、药材商都来到这里建筑盐馆、米馆、药材店,上杭、永定、连城等县客商也争先恐后来此开设盐店、米店、杂货店、百货商店、五金店、药材店、豆腐店、酒店和过驳转运站等。当时下坝开有盐米专卖商店32家、果杂百货商店(兼卖盐)14家、酒店20多家、药材店约20家,还有众多的纸行。当年下坝的商业以盐米为大宗,叫"盐上米下",即:盐主要由潮汕运上来,米则从江西、福建运下去,进口盐的贸易量为一年一百多万光洋,进口煤油、布帛、药材、京果、百货等的贸易量为一年一百多万光洋;出口的米贸易量为一年六十多万光洋,出口的土纸、蜂蜜(每年500铁桶,每桶40斤)、茶油(来自江西)、茶叶、桐油、粉干、薯粉、大豆等年贸易量一百多万光洋;出口的竹木,据当年潮州的"和平馆"(系木商公工人工会)统计,每年从下坝运至潮州的竹木有2500～3000条排,每条排约15立方米,年总贸易量大概在150万银元。当时来往于下坝河的木船最多时每天有六百多条,每船载重量上水为3000斤,下水为8000斤。仅盐一项,下坝每天的库存量就达60万包,约80万斤。从杀猪杀牛之多,也可见当年聚集于下坝的商人之多。以民国十二年为例:平日杀猪15～20头;墟日杀猪50～60头,杀牛26～30头。繁荣的商业也使得赌博、卖艺、卖淫、卖烟的各色人等纷至沓来,当时的下坝灯红酒绿、纸醉金迷,被称之为武平的"小香港"。

(四)"小香港"峰市

峰市位于永定县西南部的汀江下游河畔,东与仙师乡隔河相望,南与广东省大埔县清溪镇相接,西南与广东省梅州市松东镇、桃尧镇接壤,北与洪山乡毗邻,方圆83.88公里。明、清时(含洪山乡)属上杭县。清初是汀州府八县的重镇,曾设分县,县衙设在河头城。民国25年(1936年)为福建省直属的特区(含洪山乡),1940年划为永定管辖,当时称峰川镇,属第一区。后称峰川乡、双峰乡。这里是维系闽粤赣3省10余县物资的集散地,也是中转韩江的唯一口岸。峰市是汀江水运枢纽,明末清初,闽粤物资交流日盛,峰市由于十里棉花滩中断了汀江入粤航程,所有沿汀江下行的船只,最多只能到达峰市,所载的运往广东的货物不得不在此起岸,然后由挑夫肩挑,越过棉花滩,到广东大埔管辖的石市,再装船顺流而下。反之,潮汕等地溯韩江而上的船只,最多也只能到达石市,运往闽赣的货物也不能不在石市起岸,经肩挑到峰市,再转赴各地,所以,这里素有"十里棉花滩,江水自天来"的航道禁区之称,是大自然把峰市这个河埠造就为赣闽粤边区货物的集散地和转运大码头。20世纪30—40年代,由于当时特殊的历史条件,将峰市推上了繁荣的高峰。据峰市研究专家、龙岩市老区与扶贫办副主任葛文清介绍,20世纪30至40年代最盛时,长度仅有700米左右的峰市街,拥有七个航运码头、六家会馆、五家银行、三百多家商贾;相应的服务、文化、娱乐等行业也得到迅速发展。这块弹丸之地常住人口竟达两万余人,仅峰市街人口达1万多,流动人口达三四万人。街上住不下,附近的凉亭、庙宇都成了临时寓所,如此众多的常住人口和流动人口,自然刺激着日用、食品和服务行业的勃兴,酒楼饭店、旅店客栈、歌楼妓院、"花会"赌场,一应俱全,所以被誉为"小香港"。1936 年,福建省政府曾把峰市改为特种区,由省府直辖。

（五）姑田墟

清代,由于纸业发达,大量的白银输入姑田,姑田一度成为闽西北商贾云集的货物集散地。这里有来自苏浙、粤东、上海地区的商人,他们把宣纸和土特产贩运到北京、天津、武汉、广州和海外的安南(即今越南)、泰国、菲律宾等南洋地区。金姑田、银莒溪,由此得名,姑田和莒溪均成为当时的闽西经济重镇。自从乾隆年间以来,姑田逢农历每月五、十日为圩期,逢五为小墟,逢十为大墟,一月六墟。每逢圩天,永安县小陶,龙岩县万安、梅村、竹贯,清流县以及连城县城关、李屋、赖源、曲溪一带村民及商贩,都纷纷进入市场交易。赶墟的人数多达五六千人,人来人往、热闹非凡。到民国时期姑田的商贸活动已相当有规模了,纸业的繁荣也带来了其他各业的繁荣,阜外的商品有如棉纱、布匹、煤油、香料、糖盐、肥皂、药材、五金、瓷器、海产等,络绎不绝地倾入姑田。京果海味、布匹绸缎、日用杂货、点心糕饼、酒家饮食等各行各业的铺面也随之蓬勃兴起。清末民初是连城漂料纸的鼎盛时期,纸槽由原来的 200 多槽猛增到 400 多槽,年产量由原有的两万担增至四万担,水料纸槽 200 多槽,产量 1 万余担。出现了前所未有的"三多",即煮料开槽多、出口创汇收入多、从事纸业经营的人多。纸号如雨后春笋般崛起,竟达 50 多家,其中最有名的有姑田上堡的洪春号、中堡的广泰号、下堡的吉兴号三家。后来又出现了许多新的纸号。跟随纸业的繁荣,还出现了其他的知名商号,有七大酒家:上堡牛栏桥的庆丰号、裕茂号、兆丰号;中堡街路的聚昌号、泰兴号、宜昌号;下堡坎兜街的洪茂号。较大字号的布匹、绸缎庄主要集中在中堡老街,有:吉成号、广隆昌号、荫昌号、茂昌号,经营潮汕布匹、绫罗绸缎、日用百货等。此外,还有为数众多的客栈、药铺、面馆、米行、肉行等。①

（六）其余墟市

"闽西内部商业网络的基础是散步于各地的墟市,到二十世纪初期,墟市已散布闽西各县。……这些墟市每月有 2~4 次墟集,赶墟人数多者 2000~3000 人,少者有数百人。其交易的货物包括米、油、盐、菜、牲畜(如鸡、鸭、猪、牛等)、烟、纸和杂货等。墟市的主要功能在于调节由数个自然村落形成的较小区域内各农户间的互通有无,以维持小农经济的正常运作。"②"晚清至民国时期,为闽西墟市发展的第三期。此期长汀县墟市的数量增至 25 个,清流县墟市增至 16 个,连城墟市增至 14 个,上杭墟市增至 45 个,

---

① 参看邓金坤编著:《连城宣纸》,北京:经济科学出版社,2008 年,第 5、79 页。
② 戴一峰:《环境与发展:二十世纪上半期闽西农村的社会经济》,《中国社会经济史研究》2000 年第 4 期,第 7 页。

武平墟市增至27个,永定墟市有25个,宁化墟市数量保持不变,归化墟市减至9个。可见,汀州8县中,除归化墟市减少、宁化墟市保持不变外,其余6县墟市数均有不同程度的增加,其中增幅最大的有长汀、连城、上杭与武平4县。"①

民国初年,龙岩有龙门墟、雁石墟、溪口墟、曹溪墟、白土墟、小池墟、大池墟、白沙墟、松洋墟、西山墟、船巷墟等19个墟市。试举例如下:龙门墟:龙门墟有"老虎墟"之美称,是指其吞吐量大、墟集时间长,早晨七点多钟商贩陆续到来,天黑才散场。是龙岩最大的商品集散地,以纸的交易为特色,其盛况甚至超过县城。龙门有大路东南通往永定、粤东,西北通往上杭、连城、赣南,是龙岩与粤、赣商业交会的要冲。乾隆《龙岩州志》记载龙门墟时云:"龙门墟,去州十里,一六为限。自知县王有容革私税,禁幕奸党,贸易充市。"清末民初时,龙门墟"商贾辐接,为各墟冠"。"脚力"都在龙门集散,来回皆挑货物,没有空路。当时龙门有三家大纸行,堆集的纸担数以千计,各纸行皆附设客铺,让远道而来的客商歇宿,墟上还另有客找多家。溪口墟:万安的溪口墟是蕾溪区域纸和木材的主要集散地,逢二、七为墟期。由于罗姓生产的白料纸在墟场交易中占据要位,故有"无罗不开圩"之称;木材也是在这里集中后扎成巨型木排,沿水漂往闽南沿海。自1933年以后,公路通汽车、牛车及人拉板车,龙门便逐渐失去大宗货物的中转作用,外省客商绝迹,店家锐减,市面冷落。但土产交易,赶圩者众,仍不失为龙岩较大圩场之一。适中墟:该墟是龙岩东南部最繁盛的墟场,交易除纸、粮食等大宗商品外,烟的交易颇为注目。清中叶,这里设有宗成楼、益美、碧云、万山、长隆、下行、得月楼、银吉行等三十多家烟铺,他们所生产的水草烟丝供应省内外地区,而皮丝烟还销往菲律宾等地。

二、民国时期龙岩的公路建设概况以及汽车运输公司

民国之前,闽西的水陆货运主要依赖传统的运输方式,即木船、竹筏和人力肩挑。因此,在闽西和边区的传统商道上,活跃着众多的挑脚夫、排夫、船工与搬运工等"苦力"。随着近代资本主义市场对边区的日益渗透和边区商品经济的递进发展,20世纪30年代前后,以公路建设、汽车运输和邮电通讯为主要标志的现代交通与通信才在赣闽粤边区开始兴起。边区大部分县城普遍设立了邮政局(邮政代办所)与电报局(电信代办所),经营现代通信业务。

(一)民国时期龙岩的公路建设概况②

据有关的文史资料记载,龙岩的公路建设始于民国时期的1920年。1918年8月,

---

① 刘永华:《墟市、宗族与地方政治——以明代至民国时期闽西四保为中心》,来源:http://wenku.baidu.com/view。

② 参看1920—1949年龙岩地区交通史编委会编,郭有隆整理:《龙岩地区的公路交通概况》,载《龙岩文史资料》第8辑,第72~83页。

广东护法军总司令陈炯明率部进驻闽西南十多个县,为了巩固军事阵地,控制闽南"金三角"——泉州、厦门、漳州,扩大经济实力,设想将漳州建设成为连接闽西南沿海及山区、沟通进出口贸易的交通枢纽。于1918年9月在漳州成立"汀漳龙工务总局",委任周醒南为局长,组织"漳码马路始兴公司",开始修建福建省第一条公路——漳州至石码的汽车路。1920年2月漳码公路通车后,将"漳码马路始兴公司"改组扩大为"汀漳龙长途汽车路始兴股份有限公司",以官商合办的方式着手修建以漳州为中心通往南靖等各个方向的公路。这时,龙岩也相应成立了"公路筹备处",委任林乔青为主任,着手测量并开辟龙岩溪南坊至猗獭一段的路基。后来由于军阀纷争,陈炯明的部队撤回广东,龙岩修路之事也就无人过问。稍后,长汀为赣军赖世璜所盘踞,也曾以修路为名,搜刮民脂民膏,掠夺地方经济,据1926年的《汀雷》杂志揭露:"公路局长肖甘亭以修筑公路为名,进行收刮民脂,用了二年多的时间,才修了城内一里多长的马路。"

民国16年(1927年)秋,被收编的闽南著匪陈国辉任国民革命军新编第一独立团团长。他奉"反共、防共"指令,率部进驻龙岩,并控制了龙岩、漳平、宁洋等县的军政大权,由于战略需要,到达伊始,即以发展交通、整理市政为名,征收人头捐、烟苗捐、牲畜捐、公路捐,征用民房、农田,将龙岩的公路局改为"岩平宁工务总局",以其随带的同乡王又辰为局长,录用原公路局的林乔青等为职员,每天征用三四千个民工,用一年多时间,开辟了四条公路:龙岩溪南至猗獭整修并伸展到莒州;龙岩西门经龙门至坎市;龙岩东门至夏老;月山至白土。他从厦门购买了4辆汽车(客货车各2辆),拆件从华安、漳平水运至龙岩组装,为龙岩有汽车之始,但是陈国辉为了炫耀其"政绩",特召开龙岩、漳平、宁洋三个县的中小学运动大会,并有意将这几辆汽车让老者乘坐环城游览,所以这四辆汽车对地方的运输并没有起作用。截至1929年夏,红军三打龙岩城,陈国辉溃败退回闽南,修路之事也告停止。

1932年秋,十九路军进驻闽南后,奉蒋介石之命配合"围剿"闽南苏区,为其军事上的需要,在漳州成立"漳龙军路工程处",派出军工六千人配合抢修公路,至1933年5月,漳龙全线通车,也开始了真正的汽车运输。在此基础上,十九路军继续赶修龙岩至连城、长汀线。但由于其78师区寿年部在连城被红军彭德怀军团打败,损失惨重,蒋介石未给支援,该军便由原来的"反共"转为"反蒋",发动了"闽变"。公路也由龙门修至小池而终止。

1934年1月,蒋介石派其东路军总司令蒋鼎文到龙岩成立绥靖公署,在处理"闽变"之后,派军工结合民工赶修龙连汀公路,修至朋口后,分别向连城和长汀延伸,至1934年10月通至连城,1935年2月通至长汀、瑞金。至此,闽西南的主要公路干线接通。

在1928年龙岩至夏老段公路已经修通的基础上,夏老至雁石段于1931—1932年间由省公路总工程处派岩平工程队进行修筑。龙岩至峰市线,也是1932年由省公路总工程处派"龙峰支线工程队"从坎市起施工,至1935年底通至河头城。1937年日本侵华,沿海相继沦陷,运输线转至潮汕,于是再从河头城的对岸峰市修至右下坝,1938年11月,全线完工。

上杭、武平方面的公路,是1931年粤军独一师黄任寰部进驻武平时,组成公路局,以张引仕为局长,调派军工和义务民工,从岩前起,经十方后分向武平和上杭,至1934年完成的。同时,蒋鼎文为了"围剿",再指令黄派军工配合民工赶修上杭至新泉线,至1936年7月完成,但是路况极差。

连城、长汀方面的公路,先是省公路总工程处配合修"围剿"公路,于1934年从南平赶修至永安时,立即再向连城伸展,于1935年6月至文亨与朋连线接通;连城至宁化公路早于抗战前已由县民工先开了土路。抗战后,为了调运山区粮食,省公路局成立了连(城)石(牛)和宁(化)石(牛)两个工程处,分别从连城和宁化分别施工,1939年3月修通。长汀至宁化公路,也于同时成立汀石(牛)工程处施工,于1939年3月完成长汀至馆前30公里土路后因经费不济而停工。

除此之外,还有龙高(回龙至高梧)公路,是武平土霸钟绍奎为了打通至长汀,于1935—1936年从高梧的界牌桥修经丰田至千家村(珊瑚)。上杭经中都至峰市线是1938年完成的。由于这两条路都是支线,没有维修保养,同时客货也少,经一年左右,均毁于水,未再修复。

总计从1920年至1949年的30年间,龙岩所开辟的公路可以分为三个阶段:第一阶段,1920—1930年,军阀们为了搜刮民财、掠夺经济而修建;第二阶段,1931—1936年,国民党为了"围剿"红军的战略需要而修建;第三阶段,1937—1942年,国民党为抗战时沟通内地便利调粮等目的而开辟。

民国时期开辟的公路干线有5条,它们是:厦(门)隘(岭)线从龙岩的永溪起至长汀的隘岭254公里,延(平)朋(口)线从连城的新亭至朋口63公里,新(泉)岩(前)线从连城的新泉至武平的山子(省界)119公里,龙(岩)峰(市)线从龙岩的龙门至永定的右下坝(省界)89公里,义(亨)宁(化)线从连城的文亨至四堡(石碧)33公里。支线有6条:龙(岩)漳(平)线从龙岩东门至雁石23公里,月(山)白(土)线从龙岩的月山至白土4公里,十(方)武(平)线从武平的十方至县城19公里,(长)汀宁(化)线从长汀至馆前30公里,(上)杭峰(市)线从上杭经中都至永定的峰市68公里,(回)龙高(梧)线的高梧界牌桥至千家村30公里。但是,由于多年的失修和水毁,在新中国成立初期,龙岩实际可以通车的公路仅为177公里。

(二)民营汽车运输公司

1. 龙连汀汽车公司

龙连汀汽车公司创办于1934年4月,是由泉属各民营汽车公司被征调来岩参加"围剿"运输的13辆汽车在龙岩组成的。董事长陈耘霜(又名文通),经理黄时珍,副经理吴敬忠,在龙岩、连城、朋口、长汀设有车站。(1936年业务伸至江西省瑞金县,并在瑞金设了车站。)该公司的董事长等都是从事汽车运输业的老行家,对技术和业务各有所长。因此,在"围剿"期间,他们不因部队的征车而被搞垮。1937年,该公司兼并龙峰汽车公司后,正是抗战爆发时期,沿海沦陷,所有的客货都改道潮汕水运峰市转运闽西。龙峰线的运输业务又繁忙起来,给该公司赚了钱。但是,好景也不长,随着抗战烽火的漫延,福州沦陷,省政府内迁永安,闽西的公路已成为沟通闽粤赣的主要路线。省运输公司逐渐插手闽西的运输业务;再因国民党政府借抗战需要大量征车,终于在1941年初为省运输公司所归并。

2. 龙峰汽车公司

1935年底,龙峰线公路修至河头城(与峰市仅一水之隔)。该线路狭、坡陡、弯度大,路面质量差,只能勉强通车。不愿归并漳龙汽车公司的邱邸中、张焕成、邱春梅、杨宣茂和金振兴等五辆商车,由龙岩商会会长李伟夫出面,组织成立龙峰汽车公司,再集资购买了一辆,合计六辆,以李伟夫为董事长,邱邸中为经理,于1936年初成立,承租龙峰线,经营客货运业务。但由于客货少、路况差、消耗大,不到一年,便无法维持,虽得到驻龙岩的省公路局第三工程处主任吴文华的支持,仍然未见起色,终于在1937年8月,呈报省建设厅汽车管理处同意将该公司归并于龙连汀汽车公司。

3. 岩潮汽车公司

岩潮汽车公司创办于1933年底,并在水潮和龙岩的溪南、适中设立了车站,龙岩站站长邱国珍。公司有汽车14辆,多是福特、道奇牌新车。由于岩潮汽车公司的创办人不熟悉运输业务和技术,经营亏损,再加上1934年十九路军的"闽变"失败,国民党东路军蒋鼎文接管闽西,为了围剿红军,大量征用民营汽车,岩潮公司首当其冲。这时,沿海的车辆,多畏缩不愿来闽西,致使闽南的盐、糖和闽西的土纸等物资都无法及时调运。所以东路军的绥靖公署交通处长邵企雍出面鼓励私商购车,由绥靖公署发给执照,还将漳龙线路权开放。于是,龙岩的祥生、信孚、协隆庆、大益等转运业的股东和适中华侨谢俊德等纷纷购买汽车,一时竟达30多辆,岩潮公司的业务更是雪上加霜,拖至1934年下半年宣告解散。

4. 武杭公路民行行车公司和杭高公路民兴行车公司

1935年初,岩前至武平、上杭的公路修通,由军方移交地方后,武平上杭两县均成立"筑路会",并成立民办的"武杭公路民行行车公司"(简称民行公司)和"杭高公路民兴行车公司"(简称民兴公司)。民行公司系武平的民团长、土霸钟绍奎所组织,以其参谋长刘香亭为董事长,聘李景蟾为,共有汽车5辆、职工20余人,经营岩前至武平和十方至高梧的客货业务,在岩前设立总站,十方、武平、高梧设立车站,每天各开混合客货班车二班,初有盈利,但至1938年,钟绍奎被处决、车被打坏一辆,后被征抗战军用车辆一辆,又翻了一辆,从此一蹶不振,至1941年停业,车辆卖到广东去。民兴公司是来上杭创办的,共有汽车2辆,职工十余人,经营上杭至高梧18公里的客货业务。该公司的经营路线虽短,却与广东的利群公司、福华转运站等有业务联系。从1937年起通过协商,将高梧至十方6里的路权向武平筑路会转租过来(即民行公司把这一段的业务转让给民兴公司)。于是,在十方设立"民兴转运栈",后来也因业务不振,于1941年把车开回广东而停业。①

第一次国内革命战争之后,龙岩交通通讯网络(公路交通网、邮电与电报网、电话网络)的重建或新建为市场和商业的复苏与拓展提供了广阔的空间。

三、民国时期龙岩的贸易

纸张是明清到民国时期汀江流域输出的一种重要商品。在明清时期,汀江流域造纸业就已较为发达,大量纸张通过汀江、韩江,水运至潮汕转口外销,汀产玉扣纸、毛边纸,连城宣纸等历来远销东南亚各国,蜚声中外。民国时期福建纸品之外销,战前以经由海关输出为主,战后省际输出与海关输出同等重要。根据海关的贸易册,民国时期福建纸类的外销情况可分为三个时期:从民国元年到民国七年,属于平稳时期。从民国八年至民国十九年,土纸出口得到较大幅度的增加,这一时期成为纸类输出之黄金时代,历年平均输出在一千一百万元左右,特别是民国十五年,高达一千三百余万元。因为一方面,这时第一次世界大战刚刚结束,各主要资本主义国家打得筋疲力尽,各国的生产受到极大的影响,此时正谋求生息恢复,所以土纸比洋纸畅销。民国十七年,资本主义国家爆发了大规模的经济危机,整个资本主义的工业生产下降了37%,世界贸易减少了2/3,这为福建纸类扩大国外销路提供了条件。另一方面,这时国内工农运动处于高潮时期,各地纷纷成立进出口货物检查委员会,禁止奸商私卖洋货,有力打击了洋纸的倾销,也促进了福建纸类的生产和输出。第三期,从民国二十年至抗日战争时期,是福建省纸类输出的衰退时期。自民国二十年跌下一千万元以后,一蹶不振,逐年下降,至民国二十七、二十八年,纸类输出仅三百余万元,与民国十五年输出一千三百余万元相比,仅有其四分之一,到民国三十五年,情况更糟,全年输出仅六十四万余元,基本处于崩溃状态。因为在这一时期,日本帝国主义发动侵华战争,东北三省沦陷,而东北三省原是我国纸类的重要市场之一,日本霸占的东山省对输入货物提高关税,极力排挤,这沉重打击了福建的纸品输出。②虽然海关的统计数字(包括汕头海关)是针对全省的,但是广东韩江流域不产纸,汕头海关输出之纸均是汀江流域之产品,在福建省内,闽西又是土纸的主要产地,故陈支平对民国时期福建省纸类外销所划分的三个时期同样适用于闽西。

食盐是有关国计民生的重要商品,也是漳州沿海地区上运其腹地山区龙岩、漳平、宁洋等县的大宗货物之一,并进而通过龙岩中转进入赣南和湖南等地。龙岩地区的食盐历史上分为漳盐区域和潮盐区域两个系统,两个系统的食盐都是由盐运使署在盐场

---

① 参看 1920—1949 年龙岩地区交通史编委会编,郭有隆整理:《龙岩地区的公路交通概况》,载《龙岩文史资料》第 8 辑,第 76~77 页。

② 参看陈支平:《民国时期福建纸的生产与运销》,《中国社会经济史研究》1989 年第 1 期,第 84~85 页。

拨付的。漳盐一向为设在漳州的盐馆所承包，一贯是派汽车到盐馆出仓，运来龙岩销售或转运至漳平、宁洋、永安、大田、连城等地销售，并由连城再转销到宁化、清流、明溪等地，这些都是属于漳盐区域，而龙岩则为漳盐区域的集散地，设有盐务局，并设盐仓于北门廖家祠，以资储备，漳盐每月运输量约有五千担。漳龙公路破坏后，下一段的盐运是由船运到水潮，然后用汽车到水潮接运，一般不超过四五天就可运抵龙岩，甚为快捷。潮盐原来是由潮州船运至永定芦下坝，肩挑过一个五里岭，集中在峰市，然后由水道运至上杭，一部分由上杭分销到武平和蕉岭，其余大部分再船运到朋口，又由朋口沿水道船运至长汀。潮盐运至长汀后，除小部分就地销售外，绝大部分由长汀进入江西，甚至湖南。因此，潮盐区域甚为广阔，包括永定、上杭、武平、蕉岭、长汀及江西与湖南等地，每月销售总额估计比漳盐区域至少成倍之多，应在万担以上。潮盐由长汀商人经营，因为一旦潮盐从潮州出发，除了潮州至芦下坝一段短途可用汽船运载外，其余由峰市经上杭、朋口到长汀，也用船运，由于沿途溪流小道多礁石，船行缓慢，甚至有覆舟之虑，所需资本数额大、周期长。因此，后来所有潮盐都同漳盐一样，改由漳州盐馆出仓，下一段由船运到水潮，然后用汽车到水潮接运，经龙岩到长汀，改变了历史习惯所造成的限制。不管漳盐还是潮盐，运抵水潮后，全部由漳龙汽车公司派车接运至龙岩或长汀。漳龙汽车公司约有百辆汽车，除经常约30辆车回库检修，实际上在道路行驶的汽车不过六七十辆。不能胜任万担以上的食盐运输，所以就有许多散车被漳龙汽车公司收编。

除了木材、土纸、土烟，汀州和龙岩山区售往沿海的产品还有龙岩境内的矿产以及皮枕、漆护手、漆藤枕等货物，后三种尽管数量不多，但却是龙岩所独有的。一方面，龙岩等漳州山区腹地的土特产品源源不断地输往漳州沿海；另一方面，盐、糖、布匹、海味等日用消费品纷纷从闽南和粤东等沿海地区运进龙岩。民国时期，资本主义国家的机器大工业得到了很大的发展，一些洋货如：煤油（洋油）、火柴（洋火）、铁钉（洋蓝钉）、布（洋布）、海味、药品（西药）、胡椒、香料等，也逐渐从韩江进入汀江流域广阔的城乡市场。

第六节　商人、商人组织与商业网络

民国时期，闽西商人的经营明显地受到西方资本主义入侵及国内动荡时局的影响，步入衰落时期。但由于有历史的积淀，加上在客家人的勤俭节约、刻苦耐劳以及诚实守信的商业文化的影响下，还是出现了一些著名的商人与商号，依靠闽西境内较为便利的汀江水系和九龙江水系，以及陆上的交通网络形成了辐射闽粤赣三省的商业网络。在商业中心长汀，"据民国二十五年（1936年）商业同业公会统计，坐商840多户，本籍商占3/4，客籍商占1/4，其中江西南城、樟树人多经营药材；龙岩人多经营京果、布匹；上杭人多经营粮食、布匹、烟叶；连城人多经营纸和爆竹。客商俗称庄客，是外地商家在长汀的代理人，多为潮州、汕头、梅县、广州人，他们寄寓在汀城商行内，主要收购、发运粮食、烟叶兼推销电池、火柴及其他小五金百货"。①

一、著名商人与商号

(一)百年纸号"美玉堂"及其第九代传人邓美东

光绪二十三年(1897年),姑田上堡邓林昌所制连史纸,因纸质光滑如油、色泽温润如玉,而非常畅销。为示纸如玉之清美,即取"美玉堂"为纸号。

乾嘉时期,姑田丰头村有400多人,拥有36个纸槽、13个坯炊,并有18人到广东做贩纸生意。从邓氏族谱看,从邓氏迁到姑田就以造纸为生,祖祖辈辈都是纸商。邓氏第八代传人邓林昌潜心研制连史纸,经过一番努力后,制出了高品质的连史纸,因纸质光滑如油、色泽温润如玉,而非常畅销。为示纸如玉之清美,于绪二十三年(1897年)创立了"美玉堂"纸号。第九代邓美东生于民国二年(1913年),一生制料做槽。"我们邓姓人除了做纸,也不知道做别的,再说,做别的也没有做纸好。"(炎章语)"我们老邓家也不是没遇过困难,但祖宗们都坚持下来了。"(国辉语)

时至今日还在维持手工造纸的只有"美玉堂"纸号一家了,并且还是不间断地持续了11代人。现在,"美玉堂"仍由丰头邓姓家族经营,第十代传人邓炎章总负责。他有三个儿子,大儿子邓金坤是第十一代传人,他主要负责销售和对外宣传;老二海涛负责维修机器,3年前主要是他协助邓炎章管理"美玉堂",由于很多原因现在从事别的行业;老三国辉当兵退伍回来后在镇里开了一家百货店,主要经营衣服、鞋子等日用百货,但是"美玉堂"所有的裁纸都是由他完成的。邓氏一族对连史纸的传承与发展做出了一定的贡献,如今的"美玉堂"仍然在紧握传统的基础上勇于创新,"美玉堂"商标也于2003年6月7日正式获得国家商标局颁发的注册证书,成为连城唯一的宣纸商标。

(二)大通源商店②

大通源商店的创始人林在福,原是永定县高陂镇西陂村村民。20年代初,他携儿子林秦清并邀同乡林春台、陈炽林,以股份的形式筹集资金,合伙在上杭县城经商,开设大通源商店,主营五金百货,兼营针纺织品,批零兼售,组织的货源以名优特新产品和大众化商品为主,具有物美价廉、经久耐用的特色。省内外购进来的商品,如:佛山林永全厂生产的足赤纯金箔,福州的牛角梳,漳州南升斋的八宝印泥,潮州李永合厂的锡箔,林任合的川漆、颜料,陈两兴厂的各式乐器,汕头谦和行的德国靛精,永定高陂生产的铁锁、木工利器(其中为农民生产的割草刀,远销江西省瑞金等地,永定县西陂村林春风特制

---

① 《长汀县志》卷十三《商业》,1993年。
② 林建元:《大通源商店史话》,政协福建省上杭县文史资料委员会编:《上杭文史资料》第23辑,1998年10月,第76~81页。

的胜日牌刨烟刀,质量可与日本货朝日牌烟刀媲美),这些名、优、特产品深受广大顾客的欢迎和喜爱。商店的经营宗旨:以诚信为本,信用至上,价格公道,童叟无欺,还提出要学习陶朱公理财十八则。顾客近悦远来,宾至如归,生意逐年发展,获得了较好的经济效益,在上杭工商界享有盛誉。新中国成立初的大通源商店,由林奏清继任经理,拥护中国共产党和人民政府,积极响应党的号召,用实际行动支援抗美援朝的正义战争。历年认购胜利公债,在工商界中起了表率作用。在县工商联筹委会的倡导下,联合兄弟行业共20多家商户,积极响应县委关于筹建上杭电影院的号召,共计投资4000元,筹建电影院。1953年起,大通源商店是县税务局指定为城关经营较具规模的商户,列为专责户。在店内工会干部王文辉、林大川的监督帮助下,带领全店人员遵守政府政策法令,支持店中工人参加工会活动,劳资关系协调。商店坚持全心全意为人民服务的宗旨,严守商业信用,所售商品皆实行明码标价,做到文明经商、待客热情、服务周到,被群众称为信得过商店。1956年,在全县"三大改造"高潮的推动下,百货行业经县人民政府批准为公私合营企业,在公方经理的领导下,业务发展快,营业额不断上升。1965年,随着形势的发展和需要,经上级批准将百货合营企业转为国营百货公司。龙岩商人的足迹虽然遍及大江南北,但龙岩商人聚集最多的地方还是以与其临近的汀州、广东潮州、漳州为主,并形成了三大帮派:漳帮、汀帮、广帮。①

(三)"华昌行"及其创始人——著名商业家卢一民②

从30年代到50年代初,汕头、大埔活跃着一位永定籍的出类拔萃的商业家——卢一民先生。他经营的"华昌行",信誉卓著,效益极佳,是当地中药材和烟草商业中的翘楚,他本人因此长期被推荐担任汕头药材同业公会和烟草同业公会的理事。"华昌行"是卢一民灌注了毕生主要心血并结出了硕果的企业。它1930年创立于汕头。初时与赖国春、张尚卿、廖纶养三人合股经营,资金计四万银元,专做中药材批发。由于一民经营有方,不久就在同业中崭露头角,成为汕头有名的药材商行。抗日战争爆发,汕头沦陷,赖、张、廖同时退股,华昌行遂由卢一民独资经营,并内迁到大埔县城(今大埔茶阳镇)。营业项目除药材外,增加了烟草、土纸。1945年抗日战争胜利,华昌行迁回汕头,并在广州设立分行。营业改以烟草为主,药材为辅。此外,还代理美孚煤油,又曾在韩江沿线开设盐仓,还经营过玉扣纸、笋干、香菇等土特产批发。1954年结束营业,全部资金转入汕头公私合营的罗春锦自行车厂。华昌行奋斗了四分之一世纪,资本由四万银元(四股)增至港币六十万元(独资,港币60万元按当时汇率折合银元60万元),职工数最多时达30人;年盈利最高为港币10万元,最少也有2万元。凡所经营,无不利于国计民生。

---

① 民国九年《龙岩县志》卷十七《实业志》,上海:商务印书馆,1920年。
② 参看卢志群:《驰骋商场 心存帮国——记我县著名商业家卢一民》,中国人民政治协商会议永定县委员会文史资料研究委员会编:《永定文史资料》第7辑,第59~65页。

卢一民经商善于捕捉信息并能迅速果断地做出正确决策。他建立产销直通渠道，不论药材还是烟草，他都亲自到全国各传统著名产区调查访问，设立采购点，建立自己的优质货源网络。他对待职工，不分亲疏一视同仁，关心爱护如同家人，尽力提高职工待遇并及时解决各种困难，因此，职工都爱行如家，群策群力把生意做得日益兴旺。最重要的是他经商十分讲诚信，从烟农、药农到客户，从同行、金融界到同乡以及其他各界人士，莫不以诚相待，恪守信用。因此，烟农、药农乐于售给优质产品，顾客为获得优质货物敢于先付大量订金，金融界及各方人士也都愿意助其一臂之力，因此，他在资金的周转与筹集、货源与销路的保持与扩大，以及运输的安全与快递等方面都得到了许多便利。

卢一民一生爱国爱乡义举多。"九·一八"事变发生后，全国人民掀起了抗日怒潮，推动了不少爱国将士奋起抗战，最先举义兵的有马占山将军。当马将军抗日的消息见诸报端时，卢一民立即给他汇去银元五百元以助军饷，那时的华昌行才创立一年多，限于自身财力，他所捐虽非巨款，却是首创之举，因而在全国引起了巨大反响。以后"一·二八"淞沪十九路军抗战，一民亦捐款支援。全面抗战爆发后，为加强我国空军力量，一民立即在同业、同乡和亲友中倡议献机。在他的努力下，联同各方爱国人士集资向国家捐献了战斗机一架。以后又独自捐献防毒面具30套，请永定县政府转给前方抗日将士。他还热心资助家乡教育事业。新中国成立前，坎市中心小学新建校舍，一民是工程的主要发起人和捐款人。以后太丰中学创立，他也捐款赞助。为充实永定县立初中图书设备，他特地捐赠商务印书馆出版的《万有文库》一套共二千余册，嘉惠学子甚巨。他还热心赞助亲友中的优秀子弟上学，赞助各种慈善事业。这些义举都受到国人和乡人的赞扬。

（四）双洋水仙茶的开拓者——邓观金

漳平是我国南方茶叶的重要产地之一。水仙茶属乌龙茶系列。传说水仙茶最早产自境内一条叫作"九鹏溪"的周边地区。九鹏溪水滋润着这片美丽富饶的土地，两岸人民占据着亚热带的气候优势和优越的自然环境条件，从元代就开始了茶叶种植，到明清时期已有相当规模，并有了专门茶叶加工作坊。清朝光绪二十年，由"泰昌茶庄"选送的漳平水仙茶叶获得了巴拿马博览会和上海博览会金奖。而在境内出土的明代紫砂茶壶，说明漳平很早以前就盛行工夫茶、讲究饮茶文化了。在南洋乡北寮和双洋镇中村的交界地有一座海拔1365米的山峰——石牛崆，崖峰峭壁，终年云雾缭绕，山顶至今还遗存着几十株郁郁葱葱的水仙茶母本树，其中一棵最大的高达7.35米，这株罕见的水仙茶古树被专家妙称为水仙茶母本活化石，被当地群众誉为"仙茶"，听说有治腹痛和治拉痢的奇效。民国初期，漳平双洋镇中村人邓观金（生于清光绪二十五年，1899年）创制了世界上独一无二的茶类——水仙茶饼，在漳平生产的数十种乌龙茶品种中，堪称一枝独秀。他三十五岁之前，为求生活出路，当过兵、打过铁、学过木匠、做过打土砻师傅，眼看一事无成，才下决心拜师学艺——种茶。自己开辟茶园种茶，等他数年学艺归来，茶树已成林，经过多年实践以后，他自刻商标"邓金记"，独自经营。传统的水仙茶饼约两泡分量,6 至 7 厘米见方,"邓金记"水仙靠质量取胜。邓观金和龙岩茶庄、漳平商店建立了固定的产销关系。今天的漳平茶农为了适应市场,在包装上做了一些改进,推出了一泡装的饼茶,每泡大约 4 厘米见方,1 厘米厚,重量约 7 至 8 克。水仙茶饼的出现填补了福建茶类茶饼的空白。水仙茶的制作方法也有些独特。必须经过精心加工、制作,方能制作出"色、香、味"俱佳的好茶来。据邓观金介绍,其生产过程主要应掌握如下要点:育苗、选地、采摘、晒青、杀青、炒茶、揉茶、包装、焙烤。

(五)"中国胜利牌"烟刀及其创始人邱守成和传承人邱春泳①

邱守成,1908 年生于高陂睦邻村的一个铁匠世家,他的家族以打铁为业,擅长打造利器,而以剃头著名,已传了近十代,在当地颇有名气。邱守成有兄弟三人,都是从小跟父亲当学徒,学习打铁的手艺。30 年代初,由于社会动荡不安,兄弟三人到广东潮州的一家打铁铺去打铁,当时的店主每天只给二角钱工钱,生活非常艰苦。邱守成不时到汕头出货进料,在那里认识了一个开店铺的高陂同乡,北山人张清标,于是经常到他店里落脚,两人成了好朋友。张清标劝邱守成自己开打铁店,他可以提供一定的资金和销售产品。于是他们合作,邱守成兄弟负责生产,所打的剃头刀和其他利器则由张清标负责销售。邱守成是个头脑灵活的人,他发现剃头刀的销路不如烟刀好,便打算转产烟刀。但是烟刀的打造技术要求高,尤其是淬火技术。当时日本的烟刀充斥中国市场,在汕头就有日本人开的烟刀店。邱守成便留心日本人打造烟刀的技术,在选料、淬火和处理钢材的化学药物上下功夫,经过反复试验,终于获得成功。他打造出来的烟刀质量优于其他店家的产品,很快打开了销路。这时正值抗日战争胜利,他把烟刀定名为"中国胜利牌",还特制了一枚"中国胜利牌"钢印,每张烟刀都打上"中国胜利牌"标记。60 年代,"中国胜利牌"烟刀在全省的评比会上获得名牌产品称号。产品除了销往省内的龙岩、漳州、厦门、安溪、宁化等地,浙江、广东、广西、贵州等地也纷纷前来订货,年产值达到 20 多万元。

邱春泳 17 岁跟叔叔邱守成学徒,深得真传,学得一身真功夫,他打造的烟刀质量上乘。1980 年,邱守成 72 岁退休后,打造烟刀的担子就落到了邱春泳身上。当时,永定利器厂有 80~90 个工人,烟刀车间有 20 多个工人,厂里的烟刀除销往本地的龙岩卷烟厂外,还销往云南玉溪、江西井冈山、安徽黄山、江苏泰兴等地的卷烟厂。1999 年,广东廉江烟丝厂急需烟刀,来电要邱春泳立即将烟刀从邮局速寄过去,那次,单邮寄费就花了一万多元。2000 年以后,企业实行改制,利器厂也改制了。邱春泳自己经营打铁店,仍然以打造烟刀为主。他的烟刀主要销往广东的雷州半岛、廉江、恩平、阳江、信宜等地,每年销量有六七千片。除了打造烟刀,他还打造切药、切木的刀片。2008 年正月初八,广东广东廉江烟丝厂打来电话,叫邱春泳赶制烟刀。厂方说,他们货比三家,发现上海、

---

① 参看中国人民政治协商会议永定县委员会学习宣传与文史资料委员会编:《永定文史资料》第 29 辑,2010 年,第 48~50 页。

阳江生产的烟刀都不如永定邱春泳打造的质量好,既锋利又耐用,一片胜过五片。

(六)李奇勋与长汀实业发展

李树铭,字奇勋,号惕生,以字行,清光绪十一年(1885年)生于长汀城关。五岁丧父,家境清寒,15岁考取秀才,17岁任私塾教师,20岁在一纸商处任账房先生,宣统三年(1911年)自行开设泰安纸行,随后又独资或合资在潮州设长安纸行,佛山设长连纸行,广州设长兴纸行,香港设汀州纸行,泰国设广福烟草公司,成为长汀巨商。民国十二年至十四年(1923—1925年)曾任长汀县商会长及长汀、清流两县县长。民国三十年(1941年)六月病逝,终年56岁。

奇勋为振兴长汀实业不遗余力,且有远见卓识。民国十二年(1923年),他目睹闽西食盐为粤盐官商所垄断,价格昂贵,他愤起与粤盐官商打官司,终于夺回"闽人吃闽盐"的权益。民国十五年(1926年)筹组民生盐业公司,直接向东山、云霄、诏安盐场进行采购,价格低廉,闽西各地及瑞金、石城、宁都人民均受其惠。民国二十九年(1940年),省府欲将闽西北各县毛边纸收归为国营,实则发展其官僚资本。他联合同行上书,痛陈利弊,据理力争,终于保障了纸商、纸农的权益。他投资兴办工业,曾开设"尚工织布厂"(手工织布),生产各种花色的布匹,与人合资开设皮鞋公司、电灯公司,深受汀人赞誉。

奇勋关心地方兴革,热心公益事业,重视人才培养。民国二十七年(1938年),创办"商业补习学校",与廖获甫、袁杏村、谢雪堂等倡议复办长汀高中,并解囊相助。翌年又与钟品松、林钟鸣等倡议创办长汀县中,捐赠教学楼一幢,校方命名为"惕生楼"。抗日战争期间,日机来汀滥炸,他捐赠一批医疗器械及药品,供救护伤员之用。厦门大学迁汀,他主动腾出房间,免费供教师住宿,被刘天予教授誉为"一乡之善士"。他好善乐施,修桥铺路,无不慷慨乐捐,对家境清贫、有志于学的青年,常给予无偿资助,支持他们完成学业。至于平时施米施炭、济人之急,更不可胜数。

奇勋自奉俭约,举家崇尚俭朴,毫无富家奢侈骄矜的恶习。他要求子女长大后自立谋生,家中财产全部捐作公益事业,不许他们染指。并引"贤而多财,则损其志。愚而多财,则益其过"告诫后辈。外出求学,规定费用,不允挥霍。

晚年,奇勋《自题小像诗》云:"余年五十六,忧患相环伏,五岁作孤童,父书空悲读。二十弃儒冠,入市追梅福。二七逢鼎革,养亲权贾服。十年闽粤间,辛劳得微蓄。忽被同曹役,更忝司民收。自知力不胜,去速幸免僇。奉母居海滨,归骨穷途哭。剩此衰病躯,回顾生惭恧,愿我后来身,防微兼慎独。"总结了他自己的一生,并表达他的遗愿。①

二、商人组织

19世纪末20世纪初,随着资本主义的发生发展,近代社会发生了巨大变革,中国原

---

① 《长汀县志》卷三十八《人物》,1993年。

有的旨在为封建社会的生产关系服务的行会组织的经济基础包括政治基础开始发生变化,新兴的工商业资产阶级感到旧式的行会已经不足以保障工商业者的权利,尤其难以适应与外国资本主义经济势力的竞争,为了开展商战的需要,于是产生了改革旧式行会、建立新式商会组织的要求。各行会已不单纯由原来旧式商铺或手工业作坊组成,而开始吸纳新兴的资本主义工商企业,新式的工商资本家逐步进入各行会的管理上层。民国以后,随着政体更新,社会风气的变化,工商业地位进一步提高。工商业者的经济民族主义意识大为加强,社会有志之士全力于工商事业,实业救国思想已深入民心。这时商会的组织系统随着资产阶级实体的发展而进一步丰富和拓宽,形成了以商会为中心,各同业公会、商学会等商务组织为外围团体的整合,商会广泛的社会联系加上经济和政治上的优势,使其在地方事务中享有很高的威望和权力,成为新式民间社团事实上的领袖团体之一。

(一)龙岩县商会

1. 商会的成立

龙岩商会成立于满清王朝覆灭前夕,那时称为"商务会",负责人称为"总董",后改称"总理"。那时的商务会并非商人自己组织的团体,而是官方的商务机构,它的职能是负责对外贸易,性质与后来属于民间组织的商会不同。辛亥革命后,一些有眼光的商人认识到:由于当时的局势复杂,官府的开支增加,非当时的州衙内所能应付的,很多开支恐怕会转嫁到商人头上。为了应付未来可能出现的局面,保障商人的权益,必须改变商会的性质,组成商人自己的团体;而地方政府也认为有一个商人团体,易于派款和征税。于是代表商人权益的商会便于1913年成立,称为"龙岩县商会"。

2. 商会的组成

早期的商会在组织上没有组织条例可循,也缺乏各行各业的基础,它以各街道的商店为推选单位,每条街推选出一至三人为代表,称为"会董",再由互选一人为会长(1932年起改称主席),会长和会董的任期没有限制和规定,多至六年,少的仅一年,哪里出了缺,就在哪一条街道进行替补,不会引起全面更动。由于没有组织条例和章程,早期的商会领导机构人选一般多为富商大贾,如在关帝庙街开设泉利栈的李濂斋,资本雄厚,能力强,就曾前后占据商会长席位达十年之久。李濂斋担任会长时,选定地处城市中心、居高临下的石壁头汤公祠改建为所址。由于他更多地代表了大商人的利益,而忽视了占据当时全城商店总数70%以上的中小商人的利益,因此,在1924年和1926年,资力中等、平易近人的小涧溪中西药房老板苏学海,就曾前后两次冲击商会长席位,并两次当选。可见,富商大贾和中小商人之间因为利益的不同而存在一些矛盾。

3. 商会的职责

早期的商会除了应付派款征税外,其他事物较简。为了增加商品销售量,增加利润,会董还利用民众的封建迷信心理,主持迎神赛会,演出汉剧,以招徕生意,花小钱赚大钱。早期商会的这种组织法、做法以及习惯一直延续到三十年代初期。

4. 新式商会

1935年,国民政府颁布商会法,该法采取产业组合形式,商会的基层组织为同业公会。李伟夫奉命筹组县商会,经过悉心规划,组成了如下11个同业公会:布(匹)杂(即现之百货)业同业公会、京果业同业公会、书纸业同业公会、药材业同业公会、酒米业同业公会、旅澡业同业公会、杉木业同业公会、屠宰业同业公会、照相业同业公会、烹饪业同业公会、小商业同业公会;1941年增加了一个卷烟业同业公会;1943年布杂业分化,布业单独成立同业公会,杂业成立百货业同业公会。这样,同业公会便由开始的11个增加为后来的13个。新式商会代表性广,注意维护中小商人的利益,一些商会负责人比较开明。1936年7月召开第一次会员代表大会,选出主席1人,常委5人,委员8人,各同业公会都有代表入选。各行各业甚至小商贩都有代表人物参与商会领导机构,代表性比较广泛;商会注意维护小商贩的利益。1936年,全城商店支持反对征收小贩捐而举行罢市,终于取得斗争的胜利;一些商会负责人比较开明,拥护国共和谈,支持新四军第二支队开赴皖南抗日前线。1940年7月第一届代表任期届满,9月改选,曾耀彰被选为主席。曾因为不善应付兵差而被拘捕,后虽获释,却不愿再担任商会主席。因此,在短短的两年里,第二届商会三易主席,不得不于1942年11月召开第三次代表大会,成立第三届领导机构,称为商会理事会,邱长发为理事长。1944年11月召开第四次代表大会,选举张鼎崧为理事长,闽西起义后,张鼎崧留港未归,由常务理事李伟夫代理。①

(二)长汀县商会及同业公会

长汀县商会于民国24年4月2日成立。会址先后设如意宫、云骧阁,当时有会员138人,选举卢泽霖为负责人。民国28年10月20日第一次改组。民国30年11月9日第一次改造,选举曾玉霖为主席,设常务委员4人,执行委员10人,监察委员7人。到民国31年有机关团体19个,公司行号及工厂4家。民国35年10月16日进行第二次改选,选举曾衡三为理事长,设常务理事2人,理事6人,常务监事1人,监事2人,会员43人。后由涂鹏漳接任理事长。民国37年4月间涂理事长病逝,5月又推选曾衡三为理事长。民国37年11月1日进行第一届第三次改选,选举曾玉霖为理事长,设常务理事2人,理事6人,常务监事1人,监事2人,候补理事1人,候补监事1人。民国38年间曾衡三为负责人,会员总数21人(20个商业同业公会,1个非同业会员计21个单位,各商业同业公会均以公司行号为会员),职员12人。经费为公会收费总额的1/10~1/5。主要活动是办理工商调查,公断证明,通报事项以及承转法令、公文、平抑物价等。县商会下面成立同业公会,经费多以会员资本额按比例负担,主要活动维持、增进同业公会利益,改进发展业务,督促会员遵章纳税,平抑物价,征募捐献及慰劳工作以及会员

---

① 参看李伟夫:《龙岩商会的沿革及其活动》,载中国人民政治协商会议福建省龙岩市委员会文史资料征集委员会编:《龙岩文史资料》第8辑。

福利事业等。

县商会下面组成了20个商业同业公会,分别是:色纸商业同业公会、百货商业同业公会、油商业同业公会、香烛商业同业公会、丝绸呢绒布商业同业公会、旅栈业商业同业公会、烹调商业同业公会、酒商业同业公会、烟商业同业公会、锡纸商业同业公会、京果商业同业公会、纸炮商业同业公会、木商业同业公会、国药商业同业公会、纸商业同业公会、盐商业同业公会、粮食商业同业公会、牲畜屠宰商业同业公会、汽车运输公会、五金电料商业同业公会、茶叶商业同业公会。①

(三)上杭县商会

"成立于清光绪三十四年,名上杭县商务分会,由各行商选举会董二十四人,互选总理一人。民国四年改名为上杭县商会,总理改称会长。十三年詹洪逵为会长,劝各商号捐资购买南大街进士坊下民房建筑会所。十五年改名商民协会筹备会。十七年依据全国商联会自动改组方案复名商会,由各商帮选举执行委员十五人,互选主席一人。十九年遵新商法改组,由各会会员商店会员选举执行委员十五人,监察委员五人,互选主席一人。二十五年县政府准县党务处函知商会,应依照人民组织条例再行改组方为合格。本年五月,遂由立案之同业公会会员及商店会员选举执委十五人,监委七人,由执委互选常委五人,选黄宪民为常务主席。"②

(四)漳平县商会及同业公会

为了维护商业同行的共同利益,适应当时的情势,便于与官府打交道,民国四年(1915年),漳平县商会成立,选举李见龙为第一任商会会长。第二任是陈承尧,后来粤军到漳平,熊子勋当县长,由沈启明(客家人,开染布店)任商会长。民国九年,北洋军马营长驻漳平时由陈加汤任会长,后来又换了饶炳全、吕次淮。民国十七年,陈国辉、陈佩玉主宰漳平,陈鸿梁(南安人,开理发店,土名"剃头栋")当会长。会址原先在考房附近学边一座两进的房子,后迁至江西街。抗战前夕迁在南门"世美堂"(太常陈家祖祠,今建商业局)。商会经费由各店号按份摊派。抗战前夕,由同业公会选举商会长。每届任期两年,连选可连任。商会有执委十三人,设商会长一人,下设商务、秘书、录事、监察等。成立十个同业公会:京果(会长陈金瑞)、布业(张金德)、百货(唐大赐)、纸业(邓华民)、木材业(李志壎)、药材业(陈福全、黄冠贤)、酒酱业(赖佳瑞)、屠宰业(陈长贰)、理发业(陈天球)、米业(郑祖寿、蒋祖泉),还有民船公会(刘长焕)。③

---

① 资料来源于邱仁源:《民国时期长汀县商业团体(公会)概况》,中国人民政治协商会议福建省长汀县委员会文史资料编辑室编:《长汀文史资料》第14辑,1988年,第46页。
② 《上杭县志》卷十《实业志》,第256~257页。
③ 漳平县商会材料来自吴长锦:《解放前漳平县城工商业的一些情况》,载中国人民政治协商会议福建省漳平县委员会文史资料组编:《漳平文史资料》第9辑,1986年,第11页。

(五)峰市镇商会

峰市位于永定县西南部的汀江下游河畔,是福建与广东出入口重镇。明、清时属上杭县。民国25年(1936年)为福建省直属的特区(含洪山乡),1940年划为永定管辖,当时称峰川镇,属第一区。因其地理位置重要,故在上杭县商会外,于此设有峰市镇商会。

清光绪三十二年(1906年)分呈福建劝业道、北京农商部立案。三十四年遵照部章,会员由认股商人产生,得会员三百名,选出会董二十名,再由会董互选一人为总理。总理、会董任期俱二年。民国四年,奉部令改总理为会长。二十四年,奉令改组推选筹备员九人负责筹备。同年十二月十日开成立大会,选出常务委员五人,互选陈在诚为主席。二十五年陈在诚辞职,由李琢斋递补。会址初借育婴堂,二届租赁商店,三届租广东会馆。①

三、商业网络(区内外)

传统的商道包括水路和陆路。水路方面,闽西主要有汀江水系和九龙江水系。

汀江源于宁化,流经长汀县城(汀州镇)、河田镇、上杭县城(临江镇)、永定之峰市入粤。中途纳濯田河(沿途流经长汀四都、濯田等墟镇)、南山河(长汀属)、旧县河(沿途流经连城新泉、旧县等墟镇)、黄潭河(沿途经上杭太拔、兰溪、稔田等墟镇)、永定河(沿途经永定坎市、湖雷、凤城镇等墟镇)。

九龙江流域在闽西境内主要由龙川河和藿溪两条较大河流构成。

龙川河,又称雁石溪。大小支流共有二十二条,水量较大的有:小池溪,是龙川主流。其发源于小池乡,经湖邦、西陂至市区罗桥以下称龙川。龙川干流全长七十余公里,从小池开始,流经湖邦、西陂、城区、铁山、雁石、苏坂等乡镇,流域面积占全市的三分之二,灌溉耕地约十八万亩。自市区以东,流量增大,龙川到津头十公里许,可通小木船,雁石以下水深流缓,可通较大木船和竹筏。沿岸土地平坦肥沃。

藿溪,又称万安溪,发源于连城县境,流入龙岩万安乡后,汇集万安、江山、白沙等地之水,称为藿溪。藿溪共有大小支流十二条,水流较大的有:满竹溪,从连城县境流入万安,至徐潭与林溪汇合,便称蕾溪,为蕾溪主流。麻林溪,发源于上杭县营坑,流入江山后再入万安,到徐潭与满竹溪汇合。地村溪,发源于廖天山南麓的上澳岭与鸿家山之间,经皮寮、横坑、地村等地,至溪口附近汇入藿溪。小溪发源于万安乡的竹贯,经梅村、梧宅、示头至涂潭东面汇入蕾溪。

藿溪贯穿于龙岩西北山区,干线全长三十五公里。灌溉耕地四千余亩。自溪口起流量激增,可通较大木船。从溪口顺流而下,溪流萦回曲折,石门潭一过,水向转东,至章峰一带,两山壁立,水势湍急,其中有个白面滩,非熟练船手,不敢冒险行舟。在万安

---

① 来源于《上杭县志》卷十《实业志》,第257页。

公路开通之前,这条水路向为龙岩西北部运输干线。水流所经之地,山多林茂,是龙岩主要林业区。

龙川河和雁溪与贯穿整个漳州的九龙江又是一脉相通。龙川河和雁溪是九龙江北溪的正源。龙川河和雁溪汇合于龙岩境内苏坂的合溪,从合溪开始便可称为九龙江。从雁石以下水深流缓,可通较大木船和竹筏。九龙江自此一路东流,过海门岛,至篙屿附近,流入厦门湾。北溪是九龙江的主流,流程最长,也是漳州最深入福建省内陆腹地的合流。①

陆路交通方面,据各县地方志记载,在宋明时期,边区交通开始发展,古陆道得到开辟。这些古陆道大多数为卵石砌成或三合土筑成,也有青石铺成,宽一至数米不等,即便雨天,商旅也能行走。迄清末民国,赣闽粤边区已经形成了较为完善的陆路交通网络,它和水路共同构成了边区的市场网络。②

(一)水路交通及其商业网络

1. 汀江流域与外地区之间的主要交通路线及其商业网络③

(1)潮汕方向。汀江—韩江航道是汀江流域与潮汕地区之间最主要的交通线。汀江航道在三河堤与韩江航道相接,从三河堤沿韩江南下130公里左右可抵达潮州,再航行60余公里即至汕头。"地处山区的汀江流域通过汀江—韩江航道与沿海平原及海洋直接连接起来,在经济上成为海洋经济'潮州圈'的一部分。"④除了汀江—韩江航道之外,汀江流域与潮汕之间的主要水路还有从永定码头经茶阳到潮汕以及从武平码头经松口到潮汕这两条。历史上,武平至潮汕的水路曾经非常方便,武平境内的中山河—中赤河—下坝河流入广东蕉岭后与石窟河合流而汇入韩江。

武平的下坝因为有一条紧密维系着闽、粤、赣边广大人民群众日常生计的、得天独厚的下坝河,而成为历史上的商业重镇。据说,明宣德年间,蕉岭和下坝之间就已经有了船只来往,不过,未能形成规模。清朝乾隆时期,从广东沿海载来的盐都从下坝挑运到江西罗塘,以满足赣南各县的食盐所需,因来往的挑夫日渐增多,于是在下坝开辟圩场,名曰"太平埠"。从此以后,江西宁都、零都、兴国、信丰等县的盐商和米商皆来此地建筑盐馆、米馆,作储盐储米之用。广东的盐大量地水运到下坝,由下坝肩挑到赣南各县;赣南各地的米也大量地肩挑到下坝,由下坝水运到广东。鸦片战争之后,五口通商,

---

① 郭飞燕:《试论明清汀、漳山海互动及龙岩经济地位的提升》,厦门大学硕士学位论文,2009年,第10~11页。

② 游海华:《清末至民国时期赣闽粤边区市场网络的传承与嬗变》,《中国社会经济史研究》2006年第4期,第63页。

③ 参看蔡驎:《历史上汀江流域的地理环境——客家形成的自然背景考》,《陕西师范大学学报》(哲学社会科学版)2007年第3期,第99~101页。

④ 日本东亚同文会:《支那省别全志:广东省》,东京:东亚同文会,1917年,第74页。

海禁大开,香港、广州、上海等地的洋货均由汕头进口,水运到蕉岭复驳运到下坝,下坝的商业地位更加举足轻重。辛亥革命推翻了满清帝制,赣南—武平—广东的商业来往更加频繁,下坝的商业也进入了繁荣时期。

(2)梅江流域及粤东北方向。从三河堤沿梅江航行80余公里,可到梅州城。从梅州城沿水路往南,可至汕尾,在那里能出海。从梅州城往西70余公里,可抵达兴宁城。兴宁城是闽粤赣边区交通要道的枢纽,古来就是三省重要的物产集散地。从兴宁城经70余公里水路或15公里左右的陆路都可到长乐。

(3)赣南方向。汀州—瑞金通路是汀江流域与赣南地区之间最主要的交通线。汀州城与瑞金城之间的主要交通路线有两条,瑞金一带的人称之为"东路"和"东北路",长度分别约为40公里和45公里。从瑞金城沿贡水航行50余公里至会昌,再航行80公里左右抵于都,在那里继续去水路北上,经宁都至鄱阳,可连接长江航道。而若从瑞金城往西可至赣州城,在那里沿赣江经吉安可连接长江航道。

(4)漳州方向。从汀州城经陆路去龙岩,换水路至漳州。或者,从永定城经3天的陆路和1.5天的水路抵达漳州。这两条交通路线是汀州流域与漳州之间的主要通路,尤其在汀江航道开通之前,它们也是汀州流域与外地之间的主要商道。

因此,"汀江流域虽为山区,但在历史上因'汀江—韩江航路'而和民间海洋贸易盛行的潮汕地区相连接,进而通过'汀江航路—汀州瑞金通路',成为以赣州为中介的潮汕地域与长江流域之间的交通运输要道上的一个连接点。汀江流域的这一地理位置不仅带来了繁荣的中转贸易,而且使它利用特有的山区自然资源成为海洋经济对外输出的产品生产基地。"①是闽粤交通的大动脉,是闽粤赣客家地区人民赖以生存和繁衍的"水上运输线",是海上丝路的重要延伸和组成部分。

2. 九龙江流域与外地区之间的主要交通路线及其商业网络

自明隆庆年间起,就有西班牙、吕宋人到漳州进行贸易,购买生丝和土特产品。而厦门自鸦片战争后开放海口,成为东西洋进出口货物的集散地。所以漳夏一度成为东南亚进出口贸易的重要港口。九龙江流域在闽西境内的龙川河与霍溪流经区域基本是龙岩境内相对平坦的谷地。经过历代的开发,龙岩境内基本形成了如下四个小的经济区域:

(1)霍溪区域位于龙岩北部,介于廖天、黄连两山脉之间,这是龙岩境内的两大主要山脉。森林资源丰富,生产纸、木材等林产品。霍溪为其主要河流,水运条件较好,可抵西南海口。

(2)龙川区域位于县境中心,周围环绕这黄连盂、朗车、博平等山脉,龙川河贯穿其中。该区是龙岩政治经济中心,也是县内主要外销商品的集散地,圩镇贸易发达。

(3)适中区域位于龙岩东南部,跨于朗车山脉之间,四周群山包围,中间为一小小的

---

① 蔡驎:《历史上汀江流域的地理环境——客家形成的自然背景考》,《陕西师范大学学报》(哲学社会科学版)2007年第3期,第101页。

低谷盆地。

（4）大池区域位于龙岩西部，四周环绕着双髻山、赤岩山、杨梅栋、吉东山，区域内勒鲁中东欧，民国初年，灌溉面积达一万四千亩，土质较好，是境内主要粮食产区。粮食除供应本县消费外，还能少量供应外地。①

龙岩商人外出经商主要有如下三条路线：

（1）从龙岩出发，货物肩挑至永安坎市，船运、肩挑郭岭至虎市，再沿汀江水运到潮州。

（2）从龙岩出发，肩挑货物到南靖水潮，再船运至漳州。以运送龙川区域和适中区域的商品为主，历史上有名的"水潮担"即源于此。

（3）霍溪区域的商品外运自成一路，以溪口为出发点，货物沿霍溪、九龙江南下至漳州浦南、石码等地。②

（二）陆路交通及其商业网络

"赣闽省际交通运输。主要有四条陆路：一条是由石城县的高田圩东达福建宁化县安远司的山路，它是闽西经宁化通赣省石城、广昌、南丰至南昌、武汉的'闽赣通衢'，'自元及清初的近三百年间，高田圩成了闽赣两省过往客商的常顾之地'，'挑夫日有三五百人'。一条由石城或宁都下三乡经瑞金筼竹岭至长汀，这一段古道至今仍保存完好，'自山下至山背，全线铺设青石路面，宽度 1~2 米不等，古道中央的车辙烙印，至今历历在目，车印深为 1~2 寸，最深处达 3~4 寸'。于此可以想见当时运输之繁忙。一条由瑞金县城经隘岭、古城（长汀属）到长汀县城，这条大路是赣县通闽西最早的交通运输线。据韩大成的研究，明代赣州府至闽长汀、粤潮州的水陆交通线是由贡水上溯瑞金入闽汀再顺汀江至潮州的。这条大路也是赣东南通闽最便捷之交通运输线，明清以降，'往来者靡绝'。一条由筼门岭越武夷山，经东留（武平属）直达武平县城，再经十方（武平属）通上杭县城。"③闽粤省际交通陆路及水路联运线主要有三条：一是由梅县或松口至蕉岭，入武平岩前、十方至上杭县城，再达长汀或连城的陆路，这一路货运"以纸盐米等为主"，是闽西与粤东北陆路交通大动脉。二由武平县城经武所（现中山镇）到下坝，再顺石窟河至蕉岭县城、新铺的水陆联运线。三由兴（宁）梅（县）经大埔入永定达龙岩、南靖或入平和达漳州一带，"这一线货运频繁，终日肩挑脚夫，络绎于途"④。民国以来，在西

---

① 郭飞燕：《试论明清汀、漳山海互动及龙岩经济地位的提升》，厦门大学硕士学位论文，2009年，第 10~11 页。

② 郭飞燕：《试论明清汀、漳山海互动及龙岩经济地位的提升》，厦门大学硕士学位论文，2009年，第 40~41 页。

③ 游海华：《清末至民国时期赣闽粤边区市场网络的传承与嬗变》，《中国社会经济史研究》2006 年第 4 期，第 63~64 页。

④ 游海华：《清末至民国时期赣闽粤边区市场网络的传承与嬗变》，《中国社会经济史研究》2006 年第 4 期，第 64 页。

方列强"炮舰"与"商品"的冲击下,中国传统社会结构与经济结构都发生了巨大的变化。20世纪20—30年代,随着现代公路的修建,新式交通运输工具(自行车、摩托车、汽车、轮船)的兴起,再加上电报、电话等现代通信方式的出现,商业信息的传递有了质的变迁。传统的水上航道与商道、公路交通网、邮电通信网三者互为补充,有机连接在一起,它们共同构筑成了完整的闽西商业网络。

第七节　商人的价值取向与地方公益事业发展

　　闽西是客家人的聚居地。客家先民的主体来自于中原,长期受到儒家文化的熏陶。因此,客家文化的特征之一,是客家人讲究仁、义、礼、至、信,商人在经商中十分讲究诚信。客家文化的特征之二,是客家人具有强烈的爱国爱乡的精神。由于饱尝了背井离乡、颠沛流离之苦,客家人特别眷恋故土,具有浓厚的家族观念。客家人善于将自己的前途命运与民族的前途命运紧紧联系在一起,并把这种家族观念提升为忧国忧民、爱国爱乡之情。客家文化特征之三,是客家人重教兴学的精神。在中国传统的儒家思想里,士农工商,商人居于社会的末流。无论是多么富足的商人,在族谱上都不会为其歌功颂德,他们的地位低下,反而是获取功名的人,在族谱上有详细的记录。再加上客家人迁到之地多是山区,远离城市中心,长期的耕作生活使他们认识到读书求学之重要性,因而商人赚到钱之后,便有了两种行为,一是为自己捐钱买官衔,但是这种捐献获得来的官衔并不能在民间获得尊敬。在民间许多重大仪式中,只有真正获得科举考试的人才能获得特殊地位,因而这些富商只能把光宗耀祖的希望寄托在下一代来实现。于是,更多的商人赚到钱之后,就有了第二种行为:采取更多形式办学培养子弟,鼓励后代读书、学艺、求知、致仕,以谋求更多更好的发展。一些华侨赚到钱后,纷纷设立贷学金、助学金、奖学金,以支持鼓励居住地华裔学生和家乡子弟读书、深造。河南大学崔灿教授在《客家三论》中,对中原人和客家人做了对比:"客家人办教育的热情源于中原,而又极大地超过了中原。中原人办教育,入学的多是贵族或富人子弟,穷人子弟往往被拒之门外。客家人办教育是博施于民,只要是同宗同族的子弟,不论贫富一律收授。"[①]客家文化特征之四,是客家人具有坚忍的开拓进取精神。客家人在迁徙的过程中,一般都落户在僻壤荒野里,还经常碰到旱涝、疾疫、毒蛇、猛兽等灾害,生存环境恶劣。为了在恶劣的自然环境下求生存谋发展,客家人养成了吃苦耐劳、克勤克俭、开拓进取的精神。由于山多田少,人口繁多,许多客家人不得不背井离乡、漂洋过海外出谋生,赤手空拳到陌生的异邦闯天下,多数人从事商业活动。他们的出国史就是一部苦难与辛酸交织而成的拓荒史。他们在经商中也勇于开拓,但是在客家人"尚'简'崇'拙',贬'奢'抑'侈'"的

---

① 崔灿:《客家三论》,载严峻主编:《客家人面临时代挑战》,香港:香港经济导报社,1994年,第215页。

生活态度和人生理念的影响下,他们即便富裕了,仍然勤谨,不炫富。

一、商人以信义著称

民国时期,武平下坝最知名的药材店——兴和堂,就以讲信义著称于时。据传,曾经发生过这么一件事:汕头某店主失火烧毁了兴和堂未付之药材款的借据,计四千光洋,某店主自甘作罢,但兴和堂却并不认为有机可乘,照样公公道道偿还了某店主的四千元光洋。从此,兴和堂声誉大振,不仅汕头,而且香港、广州、上海等地的资本家都争先恐后地以低于市场价的价格把药材批发给兴和堂。兴和堂每次进货,光党参、当归就各在一千斤以上,由此可见诚信带来的经济效益。① 清末民初是连城漂料纸的鼎盛时期,纸号崛起,犹如雨后春笋。至20世纪40年代后,姑田又有一批新的纸号出现,这一时期较为有名的宣纸商标有"双龙"、"双鹤"、"飞凤"、"声震全球"、"虎牌"、"福爵"、"禄爵"、"丝球"、"金鼎"、"美玉堂"、"风行全球"等。新中国成立后,姑田的宣纸由纸业联营所集中销售,因此没有在宣纸上盖新中国成立前所用的商标,宣纸成批运到香港后,发现没有原来的商标印,被全部退货。后来只好裁去盖有纸业联营所的印字,重新盖上"风行全球"等老商标出口香港。由此可见当时商业活动讲究信用的程度,也说明了姑田宣纸品牌的知名度。②

二、爱国爱乡,重教兴学,热心公益事业

闽西客家人远渡重洋,侨居东南亚有悠久的历史,侨居东南亚的客家人始终坚持爱居住国、祖籍地和家乡的"三爱"原则,不仅对居住地的经济建设和社会事业做出了重大贡献,而且爱国爱乡,对家乡的发展亦十分关注,热心捐助公益事业。因此,受到侨居地及家乡人民的交口称赞。

(一)胡文虎先生对祖国抗日的巨大贡献③

胡文虎先生是永定县下洋镇中川村人,著名爱国侨领、世界万金油大王、报业巨子、国际大慈善家。他一生对慈善、公益事业关怀热情之高、捐献数额之巨,在客籍华侨、华人中首屈一指,是一个举世公认的大慈善家。他1882年1月16日出生于缅甸仰光。父亲是历史上随开发南洋的移民迁至当地的华侨。胡文虎10岁时,由其父携之返回祖国,在原籍永定县金丰里中川村学习中国传统文化。胡文虎14岁时复出缅甸,在其父

---

① 参看王增能:《当年武平的商业重镇——下坝》,《武平文史资料》第10辑,第5页。
② 邓金坤编著:《连城宣纸》,北京:经济科学出版社,2008年,第80页。
③ 胡文虎先生的材料来源于永定县地方志编纂委员会编:《永定客家土楼志》,北京:方志出版社,2009年,第207~208页。

创建的永安堂国药行习商,并获授中医脉理和药性知识。1908年,胡文虎26岁,其父亲病故,药行开始衰败,此时胡文虎兄弟共同肩负起永安堂中药行的业务。并确定文虎到香港来回办货,文豹在仰光守店经营,业务逐渐出现转机。翌年,胡文虎到达香港与交易商号清理账目及重新联络,并往国内、日本及泰国等地考察,了解国际国内之行情。他发现西药比中药价格贵许多倍,可是便宜的中药销路却不如西药,主要原因是中药服用不方便。因此,他下决心要把中药制成像西药一样的药膏、药水,跟西药进行竞争。1920年,仰光永安堂业务大有好转。胡文虎根据中西医药原理,采用中国和缅甸的传统验方,并聘请药剂师,致力于用科学方法研制丹、膏、丸、散、水等简便成药。经过精心加工,终于创制了万金油、八卦丹、头痛粉、清快水、止痛散等五种方便成药,并将其推向市场。这些药品均以"老虎"为商标,亦称虎标良药,其中尤以万金油最为有名。这些成药价格低廉,疗效显著又便于携带,因而十分畅销。1923年,胡文虎先生考虑到仰光地理位置比较偏僻,对业务发展难以起到中枢作用,遂决定在新加坡设立永安堂总行,在各地设立分行,以统辖节制分行。据此,胡文虎分别在泰国、上海、香港、吧城、槟城、汉口、天津、福州、棉兰、重庆、昆明、贵阳、泗水、广州等地设立了14个分行。1932年,"虎豹有限公司"成立,他自任董事长,文豹为常务董事,兄弟俩成了华侨中的巨富。

胡文虎先生爱国观念强烈,热心公益事业。他一贯奉行"人为本,财为用"的人生哲学,常说"我是取之于社会,用诸社会"。"自我得之,自我散之,以天下之财,供天下之用。"事业有成后,便致力于救国救灾振兴文化等慈善事业,他先规定每年从永安堂利润中提出25%,后提高为60%作为公益事业的经费。先后捐出巨资兴办学校、医院、体育馆、游泳池、公路、码头,垦荒和赈济灾民;还捐资给侨居地和华侨社会兴办公益事业,共耗资3000多万元。1935年,他宣布在全国各地兴建1000所小学(其中福建100所),捐献大洋350万元。至1938年建成300余所,后因日本大举侵华,建校计划未能完成。1941年捐献1000万元,计划在全国兴建平民医院100座。国民政府曾颁给他"益在民生"、"仁心义举"等牌匾和金质奖章,英王也特赐他大英帝国文官勋爵。他被世人称为"国际大慈善家"。

他一生中最为人称道的是对祖国抗日的巨大贡献。《人民日报(海外版)》1988年2月26日在报道中证实,胡文虎在"抗日战争中,捐赠的药品和财物为华侨之最"。他在抗战中做出的重大贡献是举世公认的。1931年"9·18"事变,日军占领东三省,胡文虎立即声援马占山将军坚持抗日,并首捐2万银元和大量药品。1932年1月28日,日军进犯上海,胡氏致电声援,汇捐3万银元和大量药品,支援十九路军淞沪抗战;同时又捐1万元作为香港红十字会赴沪救护队费用。何香凝组织救护队北上服务,胡氏汇捐1万元,赠虎标良药10万包。1933年,胡氏再赠虎标药品30箱,由军事委员会驻沪办事处转送前方。1936年秋,胡氏又赠虎标药品4万件,交阎锡山分赠前方将士。抗战全面爆发后,他立即在他所办的《星系报》上著文称:"国家兴亡,人各有责,际此全面抗战之时,正吾人报国之日,有钱者出钱,有力者出力,毁家纾难,亦份所宜。"他又捐献大批纱布、药棉和药品,由宋庆龄转交何香凝抗日救护队,同时资助香港红十字救护科500多学员毕业回国服务。

抗日战争期间，国民政府发行救国公债，胡氏以国民政府救国公债劝募委员会总会常委和南洋客属总会会长的名义号召广大侨胞积极投入抗日捐募活动。至1938年共认购公债1300万元，义捐款2000万元，合计3300万元，其中胡文虎一人就达300万元之巨。他的救国义举受到全国各党派各阶层人民的赞扬和崇敬，国民政府财政部、军政部分别颁发给他奖章和褒状。1941年春，胡文虎赴重庆出席国民参政会期间，又捐献200万元战伤救济款，认购公债50万元，捐赠救护车4辆，纱布数万筒，药棉9000磅，绒布8大捆，金鸡纳霜5大桶，虎标良药上百万包，作为前线救伤用。在抗日战争期间，胡氏仍继续积极从事赈灾济难事业。1938年，厦门沦陷，福建严重缺粮，胡氏立即集资组织公司在海外购大米10万多包，运往漳州、泉州，平价上市，同年冬捐款1万元，作为香港救济难民委员会费。1941年香港沦陷后，胡氏捐款救济粉岭儿童救济院，收容孤儿数千人。

在药业成功之后，胡文虎有感于国势陵夷，民生凋敝，乃思办报以启迪民智，藉补教育之不足。胡文虎的星系报业并非纯为万金油做广告，而是带有明确的宣传抗日救国的目的。在1938年《星岛日报》创刊号上胡氏提出其办报宗旨是："一、协助政府从事于抗战建国之伟业；二、报导新闻，兼为民族之喉舌；三、提倡学术，发扬科学之精神；四、改良风俗，善导社会之进步。"在抗日时期，他不遗余力地连续创办了十家报纸，对促进华侨团结、振奋民族信念、开展抗日救国运动，无疑起到了巨大的历史作用。据香港《文汇报》顾问，原《星华日报》总编辑张问强先生回忆说：1931年《星华日报》开办以来就主张抗日。此报曾与国民党反动派投降主义进行了激烈斗争，被誉为"华南最优秀的报纸"。而胡文虎1938年创办的《星岛日报》，更是被周恩来誉为"特别响亮的宣传抗日号角"。此外，星系报业还培养了大批抗日志士爱国青年，在太平洋战争爆发前夕，报馆通过胡氏的支持资助，组织了大批青年学生转到内地奔赴抗日前线，光香港大学生就有百余人。抗战胜利后，他一再呼吁振兴家乡经济，号召闽侨筹建福建经济建设股份有限公司，投资开发建设福建，以实现"吾之子孙，与八闽子弟，无须求糊口于西方，远离乡井于重洋之外"的宏愿。虽然因种种原因他捐资兴建百家医院、千间小学的计划未能完成，他发起的回国建设故乡的"经建运动"也未能实现，但他名成利就却并未安富尊荣拥财自享，而是身居海外情系桑梓，博爱为怀，他念念不忘"故乡兴革"，竭诚谋虑"有惠桑梓"的拳拳赤子之心，日月可鉴。

胡文虎重民族气节，30年代在英国殖民政府统治下的香港游览地"虎豹别墅"，特塑一尊林则徐巨像，以弘扬反对侵略的民族正气；愤于上海英租界外滩公园"华人与狗不得入内"的牌子，特在新加坡他所建筑的游泳池门口大书"只准华人入内游泳"。1943年秋，胡文虎被迫赴东京。东条英机威逼他出任香港维持会长，"为皇军效劳"。胡文虎坚决拒绝，表现了炎黄子孙的爱国情怀和宏大气魄。

文虎先生女公子胡仙博士早年在香港、新加坡、美国等地接受良好的教育，并曾在美国研修新闻专业，博学敏行。胡文虎去世后，她继承香港星岛报业，轻车熟路，在成功拓展报业的同时,向其他经济领域发展,取得了骄人的成绩,曾任世界华文报业协会蝉联主席和国际新闻协会主席。胡仙博士多年接受西学教育,但其对中华传统文化的眷恋与乃父如出一辙,乐善好施、爱国爱乡之热忱与乃父一脉相承。祖国大陆改革开放后,胡仙博士一直密切关注家乡的建设和发展,热切盼望能有机会回到父亲曾经接受传统教育终生魂牵梦萦的故土。胡仙博士不仅飞赴北京访问,受到时任国家主席江泽民等中央高层领导的接见,还包机飞回故乡永定下洋,降落在以其先父为首的侨界先贤创建的永定侨育中学运动场,受到侨育中学师生及家乡人民上万人的热烈欢迎。其后,胡仙博士倾巨资成立了"胡文虎基金会",资助祖国各地尤其是家乡福建省的教育和其他公益事业,目前已落实70多项,捐资额达3600多万元。2005年11月,胡仙博士在受邀回岩参加闽西客家联谊会成立10周年纪念盛会期间,参观考察龙岩学院,受到全校师生的热烈欢迎,胡博士当场承诺捐助人民币300万元兴建龙岩学院教学大楼。

(二)热爱祖国,钟情桑梓的华侨企业家周仰云①

周仰云,原名树瀛,1885年生于连城县文亨乡周屋,是连城著名的爱国华侨企业家,他继承和发扬了客家人爱国爱乡的优良传统,在连城人民中享有崇高的声誉。

周仰云仅受过启蒙教育,少年时期在连城纸乡姑田永丰街的"广隆昌"纸庄当学徒,因勤奋机敏为广东潮州的吴老板所倚重,后派往潮州负责推销手工宣纸。在潮州期间,他发现潮汕地区的人们喜爱抽卷烟,于是他白天在纸行工作,晚上便用粉连纸手工卷烟。开始他的卷烟卖给同行同事们抽,后来卖给潮州的一些烟店,就这样经过几年的不懈努力,积累了一些资本。而后,他经营过颜料店,后来和同乡在潮州组织"连兴昌"纸行,经营连城纸张业务。冉后又在汕头与粤、闽两地商人合建"广福"烟草公司,并在上海、泰国设立分支机构,还代销美丽牌和鹰牌香烟,由上海运至泰国。此后在友人相助下赴泰国经营烟草生意,因用人得当,提高了产品质量,企业蒸蒸日上。又在越南西贡组建了"建丰米业进出口公司"。民国27年回香港寓居期间,还曾先后与友人开了"广诚昌"、"广华昌"等纸行,为当时连城宣纸的外销做出了一定的贡献。他自创业以来几经起落,但每次总是力挽狂澜,使事业发展壮大,至20世纪30年代已经获得了很大的成功。他的一生可以说是在我国社会动荡和世界风云变幻中度过的。面对民族危亡,他虽身居异域,却情系故国,始终以满腔的爱国热情和炽热的赤子之心,时刻关注和支持祖国与家乡的建设事业。他在泰国期间,祖国正受日本侵略者的蹂躏,人民处于水深火热之中,为共纾国难,他不顾自家安危,动员"广福"泰国分公司员工每人每月为国捐款三五元不等,自己则带头捐资,每月必予凑足1万元准时由福建银行汇回国内,支持抗日战争。他深知培养人才对振兴民族和祖国的重要意义,大力支持家乡办教育,独资创办"明耻中学"(连城一中前身),校名取《左转》"明耻教战"之意,表达了他希冀家乡青年为抗日而学习的厚望。他还捐资支持办金山小学、周屋小学、隔川小学、姑田书院、进

---

① 材料来源于邓金坤:《连城宣纸》,北京:经济科学出版社,2008年,第113~114页。

化小学、北团溪尾中学小学等,受益学子达两万余人。周仰云一生捐资兴教,功在祖国,惠泽子孙,家乡有口皆碑。此外,他对家乡的公益事业也十分热心。如1938年连城修《连城县志》(民国版),他捐国币三千元,约占全额的百分之四十。又如捐资兴建彭坊大桥、安定大桥等,至今仍为连城广大群众所称颂。再如"捐医院,济难民"诸义举,"莫不慷慨输将,数年以来不下十余万金。热善不倦,庶乎近焉"①。

周仰云热情助人,从来不望回报。他资助朋友,既慷慨又有原则,那就是给钱之前,你要多少资本,如何经营,都要说清楚,目的在防止有些人借名义乱花钱而失去他接济的意义。他助人不求回报,即使是后来他自己有了困难,也从不愿意向人谈及,更不愿意向朋友伸手。有的朋友送去财务,他总是婉言辞谢,一一退还。这种"施惠勿念"的胸怀,更为人所称道。

(三)爱国侨领王源兴,新中国"三资"企业的先驱者②

王源兴,1910年出生于龙岩西湖岩山下大洋村一户贫农家庭,16岁"过番"赴新加坡,当过码头苦力、三轮车工人,自荐上书华侨领袖陈嘉庚,得到陈氏赏识,在他旗下的橡胶厂当"财库"(会计)。三年后回到龙岩老家,与陈陂村农家女翁雪花完婚。22岁转赴印尼苏门答腊岛巨港埠,创立"恒丰"公司,并任中华商会会董。

1937年"卢沟桥事变",中国人民全面抗战爆发。华侨领袖陈嘉庚在新加坡成立"南洋华侨筹赈祖国伤兵难民总会"(简称南侨总会)。王源兴出席并当选巨港分会副主席,并带头募捐。王源兴听说乡贤邓子恢出任新四军政治部副主任,旧友曹菊如为陕甘宁边区银行行长,林海云为八路军总部副官长,非常振奋,与陈嘉庚商量通过宋庆龄、廖承志渠道转送一部分捐赠物品到八路军、新四军去。太平洋战争爆发,日军南进,新加坡、巨港等地相继陷落,身为抗日侨领的王源兴遭日军追捕,他携家眷逃到朱鹿镇山芭,以开荒种地维生。这位昔日的大老板淡定从容,每日戴着斗笠上山开荒,还曾将甘蔗自削成片,由女儿提篮到小镇上去卖,一日可得三毛钱小利。在这极端困顿中,他听说祖国的文化人郁达夫、胡愈之、王任叔(巴人)、张楚琨、高云览、杨骚、汪金丁等逃亡在苏门答腊的石叻班小岛,立即偕同实武牙筹赈分会的工作人员,登岛去看望他们。王源兴带头捐出180盾,连同其他华侨的捐赠,郁达夫扮成富商,化名赵廉,到巴雅公务(地名)创设"赵豫记酒厂",掩护一大批文化人生存下来。王源兴的急公好义在中国文化史上功不可没,成为一段佳话。

1945年8月,日本投降,王源兴回到巨港,恢复旧业,受到广大华侨的爱戴,当选巨港华侨总会主席,时年仅35岁。战后短短的5年多时间,王源兴迅速积攒了几百万元的财富,他倾力协助陈嘉庚创办《南侨日报》,成为继陈嘉庚董事长之后出资居第二位的股东,并担任副董事长一职。先后聘胡愈之(新中国成立后出任新闻出版总署署长)、夏

---

① 民国《连城县志》。
② 材料来源:中国新闻网,2011年3月20日。

衍（新中国成立后出任国家文化部副部长）任主编。陈嘉庚先生应毛泽东主席电邀出席全国人民政治协商会议，王源兴临危受命为代董事长，与洪丝丝主编一起坚持进步的办报方向，直到抗美援朝战争爆发之后，在美国压力下遭到英国殖民当局查封。在此期间，王源兴不仅源源不断为《南侨日报》倾注大量资金，而且成为勇敢地站在世界进步潮流前列的报业巨子、文化战士，其功至伟。他后来归国受到毛主席、周总理接见时，曾任新华通讯社社长的廖承志特地介绍了他的这一段历史。

新中国成立时，王源兴欢欣鼓舞。1951年，他和黄洁、薛两清、李祝朝、施子卿组成华侨工商业回国考察团。临行前他到雅加达看望老朋友王任叔（新中国首任驻印尼大使），惊讶地发现使馆是暂租住在一所南洋商业旅馆里。王源兴立刻和黄洁商议，购下一座别墅捐赠给大使馆使用。考察团回国沿途受到地方首长叶剑英、邓子恢、黄敬等的欢迎。到达北京，毛主席、周总理亲切接见，中侨委主任何香凝亲来看望。王源兴还见了胡愈之、曹菊如（后任中国人民银行行长）、林海云等老朋友，并专程拜望陈嘉庚先生。陈嘉庚先生说："源兴，新中国成立了，百业待兴，你钱还没赚够吗？不要回去了，留下来参加新中国建设，报效国家。"考察团返抵广州，王源兴就作出决定，将海外资金全部携回祖国投资建设。所以他被称为新中国"三资"企业的先驱者是当之无愧的。

王源兴和黄洁等在广东筹建创立公私合营华侨工业建设公司，他出任副董事长，又受命为广州侨务局局长、广州华侨新村建设委员会主任等职，他带头捐资10万元创办广州华侨小学，兼任董事长。后又受命为广东省侨委副主任，还兼福建省侨委委员、福建华侨投资公司副董事长等，为侨务事业可谓竭尽心力。政府对他也信任有加，评定他为国家行政11级的高级干部，月薪逾200元，但他从未领取。

曾任中共福建省委候补书记的林修德，后调任中侨委副主任。他回忆说，1959年，他随福建省委第一书记叶飞去广东见陶铸，当时有意协商调王源兴回到福建家乡任副省长，适因陈嘉庚提名，廖承志支持，中央调王源兴赴北京，在第二届全国侨联大会上，王源兴当选全国侨联驻会副主席，兼任北京市政协副主席，还当选第二、三届全国人大代表。王源兴曾代表华侨界参加中国人民赴朝慰问团，他率领一个分团冒着枪林弹雨慰问志愿军，当人们知道他是华侨富翁，不怕危险时，都惊叹不已。

王源兴在参加赴朝慰问活动中，单独捐献一架战斗机（价值15万元），闻知龙岩县捐献一架战机尚缺2万元时，他立即寄款补上。他还为筹办华侨大学和厦门华侨博物院各捐赠5万元。陈嘉庚逝世后，他受中央委托扶灵南归厦门集美下葬，并担任陈嘉庚纪念堂建设委员会主任，毛泽东闻知赞许道："一生一死，乃见交情。"以后发生印尼排华事件，王源兴协助廖承志、方方做接侨工作，在前方劳累过度，猝发心脏病，周恩来总理派专机接其到广州进行治疗，后来复发，64岁就逝世了。

王源兴这位当年携几百万元回到新中国投资建设，对社会事业慷慨捐献巨款，名列陈嘉庚之后第二人的华侨巨富，他在逝世后没有给子女留下财产，只是留下了世代绵延的爱国主义精神。

令人难以相信的是，他的长子王铭（维民）1978年赴香港创业时，身上只揣有2000

港元,另有艺术大师黄永玉送给他的一幅旷世之画《窗》(这幅画他始终保存着,最近才送给黄永玉美术馆)。其他10个子女也是凭自己独立奋斗,但他们都感恩自己的父亲留下的巨大精神财富。

身任浙江宁波启新高尔夫俱乐部董事长的王铭,博学多才,喜欢棋艺,曾任中国围棋协会副主席和世界象棋协会顾问,对围棋、象棋和高尔夫球的全国赛事倾力赞助,当闻知家乡成立闽西扶贫基金会时,他是海外第一个巨额赞助人。次子维邦是第一个回到深圳经济特区创业的港商,他在江西资助了4所希望小学。在父亲王源兴曾任筹建委员会主任并捐巨款的华侨大学,六女石筠和先生林津廉,八女穗英和先生陈进强合捐600万元人民币,兴建华侨大学(集美学区)"王源兴国际会议中心"。陈进强夫妇在华侨大学和龙岩一中、侨中、闽西大学、龙岩学院和体育馆方面的捐献超过2000万元。最近,为兴建龙岩华侨历史博物馆,长子王铭和夫人林美玉、八女穗英和先生陈进强各捐100万元,次子维邦和夫人陈惠珊、六女石筠和先生林津廉各捐50万元,其余王维国、王巧英等子女和侄儿各捐1万元,孙辈王鹏、王彦、林晶、翁昕、陈芳等也各捐1万元,连曾孙辈也各捐献千元不等,共达320多万元。这一海外世家绵延不尽的爱国情,是伟大的爱国者王源兴先生留在中华大地最大的精神财富。

(四)"锡矿大王"胡子春①

胡子春(1859—1921年),又名国廉,永定县下洋中川人,生于清咸丰九年(1859年)。父母早丧,与祖母相依为命。13岁,随乡人远渡马来亚[1963年9月16日马来西亚成立之前,称为马来亚。马来西亚包括马来半岛(马来亚)、沙巴和沙捞越,下同]谋生。先在吡叻当商店学徒近十年,稍有积蓄,便在督亚冷买了一片矿山经营锡业。由于引进了欧洲新技术,获利甚丰,业务日益兴旺,最后拥有矿业机构30余处,成为东南亚首屈一指的锡矿企业家,人称"锡矿大王"。此外,还开辟了数千英亩的橡胶园和规模巨大的种植丁香豆蔻的"春园"。鉴于子春对开发马来亚贡献巨大,影响深远,当时英国驻南洋参政大臣特封他为"太平局绅",英皇也封他为矿务大臣。马来亚怡保埠有一条"胡子春街",是特为表彰其功绩而命名的。

子春少年漂泊异邦,饱受祖国贫弱的苦难,因此救国热情特别强烈。八国联军侵华之后,尤时刻心系国家民族的安危。当两广总督岑春煊出巡南洋宣慰侨胞时,子春即向清廷捐献建设资金白银50万两。清光绪三十一年(1905年),回国奔祖母丧,慈禧太后召见,又献银50万两。开办粤汉、沪杭、漳厦三条铁路,再投资20多万两。清廷为此先后封他为邮传尚书、荣禄大夫、琼崖督办,但光绪三十二年(1906年)以后,他对清廷越来越失望,加上受到孙中山在南洋所进行的革命活动的影响,与清廷日益疏远,转而积极支持国民革命,屡次以巨款资助孙中山。武昌起义前,还捐资托知友王绍经买武器运回国内以应起义需要。武昌起义后,他立即剪掉辫子,继续捐款支持国民革命政府,在当

---

① 材料来源:《龙岩市志》,北京:方志出版社,2006年。

地华侨社会扩大了革命的影响。

子春根据自己运用先进技术发展企业的成功经验,深深体会到兴办教育、昌明科技实乃国家民族富强的一条重要途径。他常对人说:"当今之世,中国非发展教育、昌明科学,无以振兴。"所以他毕生对在国内和华侨社会兴办学校,总是不遗余力。清廷废科举兴学校的翌年(1906年),他就在故乡中川率先创办礤角书院(今培红小学)和犹兴学校,又在永定县城创办师范学堂。至于在马来亚办华侨学校,则开始得更早。尤令人钦佩的是在槟城创办中华女学,这是南洋华侨妇女教育开天辟地的创举。

子春还非常热心华侨公益事业。最为人称颂的是创立了"振武善社",以宣传和免费供应戒烟药水,大力推动禁烟(鸦片),造福侨胞良多。此外,他还资助慈善事业,周济同胞同乡,被人称为南洋的"孟尝君"。他在华侨社会中声望日隆,连任叻叻州民政院议员和参事局参事十余年,负责华侨各社团要职指不胜屈。

民国10年(1921年),子春在马来亚槟城逝世。

三、吃苦耐劳、克勤克俭,不炫耀财富

爱国华侨周仰云一生报效祖国,造福家乡,自己却克勤克俭,对儿孙的要求更为严格。他教育儿孙要爱国爱乡、立志报国。他对儿孙说:"无论到哪里,都不要忘记了自己是中国人,是福建连城人,中国虽然贫弱,家乡尽管很穷,我们在国外做生意,却不能连中国和家乡都忘记了。""有钱要造福社会,有才要服务社会。"他还告诫儿孙们,"君子之泽,五世而斩",社会不会有万年不变之豪门,世间的成就主要靠自己的努力,他要求家庭成员处处克制自己,不要炫耀财富,要学会自食其力。正是这种人生志向,善良心地,高尚品德,对儿孙们产生了巨大的影响。祖孙三代故园心,周千和、周年茂先生继承和发扬了乃父乃祖的传统,改革开放以来,先后捐资人民币近300多万元支持家乡办学育人和兴办其他公益事业。

周仰云逝世于1964年,享年80岁。他的一生是艰苦创业的一生、爱国爱乡的一生,他的一言一行无不闪烁着客家人的优秀品质和中华民族传统精神的光辉。他的勇于进取、坚韧不拔的精神,诚信重义、勤俭节约的作风,谱写了一部壮丽的连城华侨创业史。

华昌行的老板卢一民先生给人们留下了一个勤俭节约的故事。卢一民生平为国为公为人做好事,用钱毫不吝啬。但自奉及管理企业均非常节俭。他生活上毫无不良嗜好,亲友们见他这样一个商场上的能人竟然烟酒从不沾唇,都敬佩不已。卢一民经营的一家工厂的职工曾讲过这样一件事,这个职工又一次到华昌行向卢一民面提一笔款子,在一民的办公室里拿了一方旧布帕子来包裹钞票。几天后,一民到他工作的工厂来公干,遇见了他,特别问起那方布帕,要顺便带回,而他早已把这鸡毛蒜皮般的东西给忘了,见一民"郑重"问起,才连忙找出交还。讲完这件事后,他说:"我没想到这么个大户

捞连一方旧布帕子都这么爱惜,真真可以当节约办企业的模范!"①

四、"敢为天下先"的拼搏精神与兼收并蓄的开放心态

卢屏民,1884年生于坎市镇浮山村,永定引种烤烟第一人。1904年,前往广州等地打工、做小生意。1938年10月,广州沦陷,几经辗转流寓到贵州省贵定县。贵定县是盛产烤烟的地方,屏民在当地落脚后,与永定同乡合伙开设"安顺烟行",经营烤烟生意达七八年之久。其间,经常深入苗族地区,熟谙种烟、烤烟技术。1945年8月,抗日战争胜利后,年近花甲的他决定回乡安度晚年。当时永定条丝烟正受到外烟的冲击,在竞争中处于下风,价格低又难以出售,因此他便萌发在家乡种植和推广烤烟的想法。1946年7月,他写信给在贵定的苏伯玉(抚市人)和在昆明开"明德烟行"的胞弟卢如皋,请他们寄回烤烟种子。不久,他收到云南的"大金元"和贵定的"小金元"烟种。农历九月底,他带领全家和其他两户至离村两里远的叫"洋寨排"的山坡上开垦三亩荒地试种烤烟,并建成永定(也是闽西)第一座烤房。烟叶收成后,经过10天的烘烤,屏民等3户共收烤烟20余斤,5%色泽金黄,味道醇厚香甜。吸烟的人说:"比市场买的香烟还香。"不久,卢屏民又写信请苏伯玉寄回有关烤烟栽培及烘烤技术的资料,同时分三处种上不同的烤烟品种(大金元、小金元、柳叶),出乎意料的是良田种的比山坡地种的长势好得多:茎粗壮、叶肥大。此次收成的烤烟由于烘烤时温度明显升高,40%的叶子达到金黄三四级。屏民对在全县推广烤烟种植充满信心。

卢屏民种植烤烟成功的消息传到龙岩,良友卷烟厂的老板连兴祺马上拍板以每公斤4元(银元)的价格购买20多公斤。至1949年春,坎市种植烤烟的农户骤然增多。卢屏民在浮山村亲自设计建成第一座"三增烤房",一次可烤200余架(把烟叶用绳子绑在竹子上,一支竹子称为一架)的烟叶。

坎市烤烟的种植成功,引起县、地、省各级领导的重视。1950年,上海召开华东地区烤烟生产工作会议,福建指定卢屏民作为省代表团成员出席,但他患重感冒,未能成行,改由卢万太参加,与会代表品尝了卢屏民自种自制的香烟,齐声叫好。会议决定把永定列为全国优质烤烟生产基地之一。永定烤烟从此声名远播。此后,永定烤烟种植面积逐年扩大,被誉为全国烤烟之乡。烤烟成了永定农村经济的一大支柱。②

---

① 材料来源于卢志群:《驰骋商场 心存帮国——记我县著名商业家卢一民》,载中国人民政治协商会议永定县委员会文史资料研究委员会编:《永定文史资料》第7辑,第64页。
② 材料来源于永定县地方志编纂委员会编:《永定客家土楼志》,北京:方志出版社,2009年,第208页。

第五章　1928—1934年龙岩苏区工商业与商人

闽西是著名的老区。1929年3月15日,毛泽东、朱德率领中国工农红军第四军进驻长汀县城,开始了苏区建设时期。这一时期龙岩商业的发展建设是苏区经济建设的重要组成部分,虽然在发展过程中不可避免地受到了当时"左"倾错误思想的影响和干扰,但总的来说还是健康发展的。闽西苏区各级党组织和苏维埃政府从实际出发,采取正确的措施,依靠广大军民,在工商业、对外贸易和合作社等方面的经济建设取得了巨大的成绩。它不仅为革命战争提供了重要的物质保障,同时还创造了许多宝贵的经济建设经验,为以后党在其他时期的经济发展建设提供了重要借鉴意义。

第一节　苏区工商业的产生、特点和作用

一、苏区工商业的产生

土地革命战争前,由于国民党地主资产阶级的反动统治,加上帝国主义经济的侵略,龙岩苏区商业总的形势是停滞、衰落的。"洋布战胜土布,洋纸打倒土纸,卷烟打倒条丝"①,因此,推翻帝国主义的压迫和国民党的反动统治,解除封建主义的束缚是龙岩苏区商业发展繁荣的首要条件。

1929年,中国工农红军第四军进入闽西,先后在闽西大地上建立各级苏维埃政权,进行土地改革,废除封建剥削,解放生产力,为发展苏区商业创造了良好的条件。3月14日,红四军在攻克长汀后,立即颁布了《告商人及知识分子书》,提出:"共产党对城市的政策是:取消苛捐杂税,保护商人贸易。在革命时候对工商人酌量筹款供给军需,但不准派到小商人身上。城市反动分子(军阀的走狗,贪官污吏,国民党指导委员,工贼,农贼,学贼)的财物要没收,乡村收租放息为富不仁的土豪搬到城市住家的,他们的财物也要没收。至于普通商人及一般小资产阶级的财物,一概不没收。"②1929年7月,中共闽西第一次代表大会在上杭蛟洋召开。大会清算了闽西地区过去出现的没收商店、焚

---

① 《中共闽西特委在党的第二次代表大会上的工作报告》,1930年7月9日。
② 许毅主编:《中央革命根据地财政经济史长编》(下),北京:人民出版社,1982年,第9页。

烧账簿、向小商人派款等盲动主义错误,指出:"盲动主义在今年闽西已经纠正了许多,但还有一些残余……如蛟洋农民烧丘坊房子二百余家,白砂赤卫队烧茶地房子九十余家,这种盲动的大烧杀,更是非常错误的。"①这次大会还对商人做了具体的阶级分析,并制定了对待各种商人的策略。对小商人,决议提出:"在反帝、反军阀、反豪绅、取消苛捐杂税、保护商店口号之下,可以取得小资产阶级的同情。因此,对城乡小商人绝对不要没收商店、焚烧账簿和废除账目……在革命向前发展,城市中店员对于店主、工人对于厂主的斗争已经起来的时候,党应帮助店员、工人达到他们的要求。……但并不是抛弃小资产阶级,也不是要过分地打击他们,这是要注意的。"对商业资产阶级,决议认为对反动的商业资产阶级,在经济上还是不能采取没收政策,"对大小商店应取一般的保护政策(即不没收),对反动商人宁可杀人、罚款,不可没收商店,但压迫商人最厉害而为一般商人所深恶,没收后可以得到多数商人同情的,在宣传工作做好后才可以没收。"②

随着土地革命的深入和苏维埃政权建设的开展,在广大红军党员干部和苏区人民群众的共同努力下,到1930年,龙岩苏区经济开始恢复,商业渐趋活跃,公营商业和合作社商业也有所发展。

工业方面,革命前,闽西地处偏僻山区,是一个以农业经济为主的区域,除了有一些自给性的家庭副业和较为发达的手工业外,没有什么现代化的工业。"闽西社会经济大部分还是农业生产……工业则尚停滞在手工业的过程,出产品以做纸、木排、刨烟、制茶、做鞭炮为大宗,以前闽西群众即借此几种生产与外来生活品如布、糖、洋油等交换。"③"自帝国主义的工业品侵入后,闽西的手工业便逐渐破产,洋布战胜土布,洋纸打倒土纸,卷烟打倒了条丝。"闽西"人民生活所需要的日用品,如布匹、油盐、药材等均须靠外地进口"。④ 由于生产力水平低下,商品经济十分不发达,因此也就没有现代工业,只有在县城和圩镇上有专业性的手工业和少数的手工业作坊,而且这种手工业大都是家庭手工业。随着革命战争的迅速发展,迫切需要建立和发展军需工业。为了保障革命战争的供给,首先必须建立修理和制造武器、弹药,缝制军服,制造药品和卫生材料的工厂。1930年3月24日,闽西工农兵第一次代表大会《关于军事问题决议案》中决议:"闽西政府办修械厂、子弹厂,以增加武器。"⑤同年5月,中共闽西特委决定筹建闽西兵工厂;8月做出的《关于军事问题草案》决议提出:"依目前的需要,闽西应建立小型的兵工厂。"⑥

闽西红军兵工厂于1930年8月创建于龙岩湖洋,同年12月迁往永定虎岗后改称"闽粤赣军区兵工厂",毛泽民任厂长。初创时设备非常简陋,仅有几把锉子、榔头、钳子

---

① 《中共闽西第一次代表大会之政治决议案》,1929年7月。
② 《中共闽西第一次代表大会之政治决议案》,1929年7月。
③ 《闽西第一次工农兵代表大会宣言及决议案》,1930年3月18日。
④ 张鼎丞:《中国共产党创建闽西革命根据地》,1943年。
⑤ 《福建革命历史文件汇集》(苏维埃),1930年。
⑥ 《闽西革命文献资料》第4辑。

和几架风箱。但许多家住附近的干部、工人主动将家里有用的工具献给工厂，这样基本解决了简易生产的工具设备问题。邓子恢、罗瑞卿、萧劲光、邓毅刚等地方和部队领导非常重视和关心兵工厂，经常到兵工厂视察。1931年夏，闽粤赣军区兵工厂又迁往长汀四都。同年冬，改为"福建军区兵工厂"，厂长先后由祝良臣、赖启柱担任。此时，增设了木工股、炸药科。1932年，福建军区兵工厂又迁往汀州，不久又迁往瑞金平头寨。1933年初和官田修械所合并成立中央兵工总厂。此时全厂职工达1000多人。至1934年下半年，不仅能修理各式枪炮，还能生产地雷、手榴弹、迫击炮弹和多种子弹，成为当时全国各苏区中最大的军工企业。

除了兵工厂外，闽西军需企业还有红军被服厂、汀州弹棉厂、中华织布厂、红军斗笠厂等，苏区工业的发展使红军第一次统一了军装（1929年冬建立的被服厂建厂两个月就为红军制作了七万多套军衣和其他享用品），第一次发饷（第一次每人发放4元）。苏区的军需工业经历了一个从无到有，从小到大的过程。它的每一个前进的脚印，都体现了闽西苏区党和政府的重视和关心，体现了苏区人民的支持。

闽西苏区党和政府在领导建立和发展军需工业的同时，还积极领导人民建立和发展了一批直接关系苏区人民生活的民用工业企业。主要有硝盐厂、造纸厂、冶炼厂、农具厂、烟厂、印刷厂等。

硝盐厂。食盐是人民生活的必需品，闽西不产盐，历史以来靠商人从外地运来。但由于国民党严密的经济封锁，严格禁止食盐运入苏区，加之一些奸商乘机垄断食盐，哄抬盐价，因而盐价高于肉价10倍，1个光洋能买猪肉8斤，而只能买食盐8两。因此，食盐问题成为闽西苏区一个非常突出的问题。为了解决食盐问题，闽西苏区党和政府领导群众掀起了熬硝盐运动，广大群众熬硝盐的积极性非常高，各县、区、乡都成立了熬盐厂，仅汀州城一下子就成立了6个硝盐厂，有职工60多人，日产硝盐20多斤。群众性的熬硝盐运动，有力地缓解了苏区军民食盐紧缺的问题。

冶炼厂。闽西具有丰富的铁矿、煤炭资源。随着军事工业的兴起和发展，具有一定规模的冶炼厂在闽西苏区纷纷开办起来。如长汀的濯田铁厂，有工人200多人，日产生铁300多斤，还有长汀的南阳铁厂、南城堡铁厂、武平的店下铁厂等，生产的铁用来供应兵工厂和农具厂。

二、苏区工商业的特点

随着闽西苏维埃政权的建立，苏区商业逐渐恢复和建立起来。这一时期的苏区商业，具有以下几个鲜明的特点。

第一，工商业的规模小，主要以私营经济和个体经济为主。由于国民党政府的全面封锁，加上闽西交通的闭塞，这一时期的苏区商业经济整体规模小，而且主要还是以私营经济和个体经济为主。如当时汀州的许多小店大都是夫妻店，聘请的店员也只有两三个，那些大店的店员也只有十几个人。

第二,工商业经济的产品主要以低附加值手工业品和农产品为主。苏维埃政权建立前,闽西经济十分落后,生产力水平低下,大部分商品需要依靠对外贸易输入。苏维埃政权建立以后,虽然苏区政府鼓励发展私营经济,投资兴建了一批工业,但由于国民党反动政府的经济封锁,加上现实的这些因素,这时期市场上交易的产品,还是一些低附加值的手工业产品和农民自家生产的土特产品。

第三,工商业的交易范围以苏区为主,部分商品对外输出。随着苏区根据地的不断巩固和发展,引起了国民党反动派的恐慌。为了扼杀苏区新生的红色政权,国民党反动派一方面连续发动数十万至百万兵力的军事"围剿",另一方面对苏区实行残酷的经济封锁。因此,苏区的商业交易范围主要在长汀、瑞金等中央苏区内进行,同时,还进行一些对外赤白贸易,但这方面不多。

三、苏区工商业的作用

随着苏区工商业的恢复和不断发展,它在支援苏区革命、巩固苏维埃政权、丰富和提高苏区人民的生活水平方面,发挥着越来越大的作用。

第一,支援苏区革命,巩固苏维埃政权。闽西苏维埃政权建立以后,随着革命战争的发展,为了保障革命战争的供给,苏区政府建立了一批军需工业。如闽西红军兵工厂、红军被服厂、汀州弹棉厂、中华织布厂、红军斗笠厂。这些军需工业为红军战胜敌人、壮大自己,推动苏区革命的发展做出了很大的贡献。

第二,打破国民党政府封锁,丰富和提高了苏区人民的生活水平。随着苏区革命根据地的不断发展壮大,引起了敌人极大的恐慌。为了扼杀新生的人民民主政权,敌人在进行军事围剿的同时,也对苏区经济进行严密封锁。为此,苏区苏维埃政府不仅建立了一批军需工业,同时也发展了一批直接关系苏区人民生活的民用工业。主要有硝盐厂、造纸厂、冶炼厂、农具厂、烟厂、印刷厂等。采取有效措施,积极鼓励私营商业发展,充分调动了苏区人民的积极性。开展赤白贸易,繁荣苏区市场。这些举措有力地打破了敌人对苏区的经济封锁,保障了苏区工农群众的日常生活和生产,巩固了工农联盟,提高了苏区人民的生活水平,推动了苏区人民的革命热情。如当时的汀州,被人们誉为苏区的"小上海"。

第三,为日后的人民共和国经济建设提供了许多有益的经验,培养了诸多经济人才。苏区工商业的发展与繁荣,离不开毛泽东、刘少奇、陈云等老一辈无产阶级革命家的不断探索与实践,他们提出并实践了公营、集体、私营经济为一体的苏区经济建设模式,这些经济发展模式为日后新中国经济建设提供了宝贵的经验与借鉴,并逐步找到一条成功的发展之路。同时,这一时期也涌现出一批像陈云、邓子恢、毛泽民、李坚真等经济建设人才,他们在这里探索、实践,为新中国的大规模经济建设做了干部的准备。

第二节　苏区商业组织、商人活动与商业中心

一、苏区商业组织

苏区的商业组织,主要有三种类型:具有公有制经济性质的公营商业、具有集体性质的合作社商业,以及私人性质的私营商业。

1. 公营商业

公营商业即苏区工农民主政府投资兴办的商业,它是由苏区工农民主政府领导,生产资料归苏区人民所有的具有社会主义性质的经济组织。它是在艰苦的革命战争环境中,为保障苏区军民的生活,支持革命战争而逐步建立和发展起来的。

1929年,闽西大地先后建立起各级苏维埃政权,这为公营商业的建立和发展创造了前提条件。为此,闽西苏区政府积极建立公营商业。1930年,为解决"调剂米价,救济贫农"问题,闽西苏区率先成立粮食调剂局,成为中央苏区具有首创意义的公营商业。同年,还成立了闽西工农通讯社,它是苏区第一个开展对外贸易的机构,其主要任务除了护送干部、传递文件外,还要为苏区输送急需的布匹、食盐、药品等物质。1933年2月,汀州设立省对外贸易局(指苏区和白区之间的贸易)。而且,中央工农苏维埃政府还先后在汀州市、龙岩县、永定虎岗、上杭、新泉等地成立了中华贸易公司、中华纸业公司、新泉对外贸易公司,以及汀州市小商店、汀州市红色饭店、红色旅社等一批公营商业。

苏区的公营商业在粉碎敌人的经济封锁、保障军需民用、打击奸商投机倒把、支援革命战争方面,发挥着十分重要的作用。

粮食调剂局。1929年夏秋收割时节,闽西各地粮食出现了严重的"剪刀差"现象,这种谷贱伤农的情况极大地挫伤了广大农民的生产积极性。为此,1930年6月1日,闽西苏维埃政府发布了《调剂米价宣传大纲》,决定"调剂米价办法,组织粮食调剂局,以救济贫农"。同年6月14日,闽西苏维埃政府发出了《关于组织粮食调剂局问题》的第15号布告,号召各地成立粮食调剂局,并对成立粮食调剂局的有关事宜作了具体规定。7月,闽西苏区第一个公营商业企业粮食调剂局建立。其主要任务是通过购、存、调、销等业务,打击奸商,平抑粮价,以保障苏区军民的生活用粮,同时有计划地组织出口,以从白区换回食盐、布匹、煤油、药材等生活必需品。

2. 合作社商业

合作社商业是广大工农群众自己集资组织商品交换的一种集体经济组织。它以便利群众,贱价购买日用必需品,抵制商人之操纵为目的。主要有消费合作社和粮食合作社两种形式,此外还有购买和贩卖合作社,以及各种合作商店等。这种经济形式是社

主义集体经济的尝试。合作社商业在发展苏区贸易方面占有特别重要的地位。

合作社商业作为一种新型商业,是在党和工农民主政府的领导下产生和发展起来的。由于国民党对闽西苏区的经济封锁日益加紧,使得闽西苏区内的农副产品如粮食、烟丝、纸、木材等无法向白区外销。而农民无钱购买生活必需品和农具、耕牛等,必得纷纷粜米以资支应,因此出现苏区粮食供过于求,米价大跌,形成了严重的"剪刀差"。于是,闽西苏区党和政府据此及时提出:苏维埃区域中的主要任务是帮助奖励群众创办合作社,因此,各种合作社如消费合作社、粮食合作社、购买合作社、贩卖合作社等合作社商业组织应运而生。

合作社商业以消费合作社、粮食合作社为主,购买合作社、贩卖合作社为辅。

消费合作社是为了满足社员自身的生活需要,免除中间剥削而联合起来共同购买日用消费品的组织。所得盈利按社员购货多少的比例进行分配,一般以村、街道或单位为单位建立。最早创办的是1929年11月上杭才溪乡消费合作社,初创时80余人,股金40余元,借了一些公款,开始营业,价格由社员讨论决定。社员、红军家属或红军部队购买时,按原价出售,卖给群众时照本赚5%。

粮食合作社是以调节粮价、抵制商人剥削为目的,由社员自己粜米的组织,所得盈利以社员粜米多少比例分配。

购买合作社是社员为满足自己生产或转卖的需要,免受中间剥削联合起来共同购买商品的组织。所得盈利按社员购货多少的比例进行分配。购买合作社直接在产地或商品集散地进行采购,行情明了,价格便宜。

贩卖合作社是社员为了免受收购商人的剥削联合起来共同贩卖自己所生产的商品的组织。它也有两种:一种是个人组合的,另一种是合作社组合的。贩卖合作社既可免受中间剥削,也可节省农民卖货的时间。

合作社商业始终坚持为群众生产生活和为革命战争服务的方向,在国民党严密的经济封锁的情况下,消费合作社千方百计地向苏区提供食盐、布匹、洋油等必需品。粮食合作社为调剂粮食余缺、控制粮价、保证军需民用、打破敌人的经济封锁,做出了应有的贡献。

3. 私营商业

私营商业是在苏区苏维埃政府领导下的、以生产资料私有制为基础的经济组织形式,包括资本主义商业和个体小商贩两部分。这类经济组织由于采取灵活多样的经营方式,因此,在土地革命战争时期,在活跃经济、恢复生产、保障革命战争的物质供给和改善人民生活等方面,发挥着十分重要的作用。

闽西苏区政府对私营商业十分重视,并采取正确的政策,促进了苏区私营经济的发展。1929年7月,中共闽西一大在《政治决议案》中规定:"对大小商店应取一般的保护政策(即不没收)","对城乡小商人不要没收商店,焚烧账簿和废除账目"。1930年3月,闽西第一次工农兵代表大会专门制定了《商人条例》,提出了"商人自由贸易",各地船只货物正常来往"政府一律予以保护"等一系列保护私人商业的政策。1932年1月,临时中央政府颁布了《工商业投资暂行条例》，鼓励和吸引苏区境外的商人到苏区投资、租赁、开发和经营。因此，苏区的私营商业迅速地发展起来，并日趋繁荣。以1934年汀州为例，当时的私营商店总计有367家，分布在各行各业，生意十分红火，促进了当地经济的繁荣发展，使得长汀成为中央苏区的经济中心。而在广大苏区农村，私营商业以个体经济为主，通过定期的圩场来进行商业交易，这种圩场是私营商业和农民之间进行商品交换的重要场所，它不仅促进了苏区农村经济的发展，还大大地改善了农民的生活水平。

二、商业经济中心

随着苏区商业经济的恢复和发展，苏区经济逐渐发展和繁荣起来，形成了几个商业中心。

1. 长汀

红军入闽前，长汀的工商业就已经相当繁荣了。当时，汀江的航运非常发达。汀江绕城南流，经上杭下永定、大埔，至韩江，经汕头流入南海。光是航运民船每天就有"上八百（长汀至上杭）、下三千（上杭至峰市）"之称，可见航运之繁忙，自然成为闽西、赣南的物资集散地。1929年春红四军首次入闽后，就颁发了《告商人及知识分子书》，指出党的政策是"取消苛捐杂税，保护商人贸易"。后来，苏区政府采取了各种保护和鼓励发展工商业的政策和措施。主要措施有：兴办公营商业，发展合作社商业，成立粮食合作社、消费合作社和贩卖合作社。同时，恢复了私营商业，允许商人自由买卖。汀州市成了闽西根据地乃至整个中央根据地的商业中心，378多家各种商店密布于兆征、水东、营背等街道，货品齐全，每天来往商人1000余人。长汀的工商业活动大大地活跃了苏区市场，调节了苏区工农业产品价格"剪刀差"的现象，促进了苏区经济的发展，并有力地支援了革命战争。因此，被人们誉为中央苏区的"红色小上海"。

表5-1　1933年汀州市私人商店统计表

商店名称	店数（间）	商店名称	店数（间）
京果店	117	小酒店	46
洋货店（白货店）	28	饭店	11
布匹店	20	纸行	32
油盐店	20	药店	17
锡纸店	27	酱果店	9
金银首饰店	14	客栈	26

2. 宁化

地处武夷山麓的宁化县，低山、丘陵、盆地占全县总面积的96%，素有"八山半水一分田"的说法。历史上由于土壤肥力差且水利资源缺乏，严重制约农业的发展，当地农民只能以"地瓜当饭饱"。苏维埃政府发展农业的政策,鼓励垦荒的法令,整顿水利的措施,以及耕田队、劳动互助社、犁牛合作社等,激发出农民极大的生产积极性。宁化原有荒田达 2 万多亩,在苏维埃政府"完全消灭荒田"的口号下,荒田迅速大部化为良田,粮食产量大幅度提高,成为中央苏区征集粮食的重点县,享有中央苏区"乌克兰"的美誉。

3. 才溪

才溪位于上杭县西北。在苏维埃政权建立后,才溪人民在生产支前、扩红等工作中作出了突出的贡献。在劳动力严重缺乏的情况下,吃苦耐劳的客家妇女充当起生产的主力军,通过组织耕田队、劳动互助社、犁牛合作社等方式,创造了农业生产的奇迹,不但耕好自家的田地,还帮助红军家属耕好田;不仅搞好农业生产,而且还出色地完成了支前任务。1933 年 5 月,才溪区妇女做布草鞋 2897 双、稻草鞋 6052 双,捐献雨伞 168 把、毛巾 212 条、列宁帽 212 项,被誉为"福建全省的光荣模范"。不仅如此,《青年实话》、《红色中华》、《斗争》称赞"上杭才溪区是福建的第一模范区,一切工作取得了光荣伟大的成绩",还是"选举运动的模范"、"生产战线的模范区"、"退还公债的模范"、"节约的模范"、"合作社的模范"。

第三节　苏区经济政策的原则和苏区商业的方针

一、苏区经济政策的原则

苏区经济是新民主主义经济的一部分,也是社会主义经济的雏形。经过长期的摸索和实践,党对苏区经济政策形成了几个鲜明的原则,具体是:

第一,坚持无产阶级领导的原则。1929 年,中国工农红军进入闽西,先后在闽西大地建立各级苏维埃政权,实行无产阶级领导下的新型人民政府,废除封建剥削,进行土地改革,为闽西苏区经济的发展创造了良好的条件。无产阶级的领导是苏区经济发展与繁荣的根本保证和坚强保障。1930 年 7 月,闽西苏区最早成立了粮食调剂局,同年 11 月,闽西苏维埃政府在龙岩城下井巷创办了闽西工农银行,以及之后成立的新泉对外贸易公司、汀州红色饭店等一批公营商业,这些公营商业为促进苏区经济发展、改善苏区工农群众生活水平、打破敌人经济封锁、巩固工农联盟政权发挥了十分重要的作用。而这些公营商业的发展离不开无产阶级的领导,这也为以后的社会主义经济建设提供了宝贵的经验。

第二,坚持民主的原则。民主是苏区苏维埃工农政府反抗国民党独裁统治的重要工具之一,也是苏区政治、经济具有强大活力的重要源泉。闽西苏区经济的发展始终贯彻民主这一重要原则。如以上杭才溪区消费合作社为例,该社以社员大会为最高组织,由全体社员组成,还有管理委员会和审查委员会,它们都得由社员大会选举产生,它的办事员,"每三个月于社员大会时改选一次"①。而且,"卖货由社员大会决定,使社员和群众都知道合作社卖货的公道"②。这些充分体现了民主,反映了时代的进步。

第三,坚持合作互助的原则。互助合作是新型苏维埃政权最大优越性的体现,也是与旧社会最大区别之处。它反映了在苏区社会里"我为人人,人人为我"的新气象。如在农业方面,在中国维持了两千多年的小农经济模式,到了近代,却成为束缚和阻碍经济发展和社会进步的重大障碍。独立分散的农业生产经营模式使中国农村的社会生产力一直徘徊在极低的水平上。农业的互助合作问题是解决这样一种矛盾的必然途径。1930年,上杭才溪乡率先办起了耕田队,互相调剂劳动力。对于这一新做法,毛泽东给予了很高的评价,他在1933年11月才溪乡调查时提出:"调剂劳动力的主要方法,使劳动合作社与耕田队,其任务在帮助红属与群众互助。"在此基础上,1931年,才溪乡又创办了中央苏区第一个劳动合作社。劳动合作社以乡为单位,由群众自愿组织起来,有组织有领导地进行劳力调剂,在不改变个体所有制的基础上,开展劳动竞赛,实行生产互助。

二、苏区商业的方针

苏区经济发展的历史经验表明,执行正确的商业方针政策,对活跃经济、恢复生产、保障革命战争的物质供给和改善人民生活,起着十分重要的作用。这些正确的方针政策主要有:

第一,采取鼓励、保护的方针政策。由于受历史因素和客观条件的限制,根据地建立前,闽西商业总的形势是停滞、衰落的。1929年,中国工农红军进入闽西后,为了发展经济、改善人民生活、巩固工农民主政权,苏维埃人民政府对商业采取了积极的鼓励和保护政策。公营商业方面,党的方针是"尽可能地发展国营经济",闽西先后成立了一大批的公营商业,如苏区最早成立的粮食调剂局、汀州红色饭店、红色旅社、新泉对外贸易公司、中华商业公司汀州分公司等,苏区的公营从无到有,不断地发展壮大。对外贸易方面,苏区政府采取鼓励和保护政策,早在1930年3月,就对白区商人采取发给护照、不许筹款、不得没收商品等措施,鼓励白区商人到根据地做生意。"各级政府切实保护纸木烟来往,不准扣留没收。""保护外来客商,不准向他们筹款,以免外商裹足不前。""各地政府要切实保护商店,维持自由买卖,政府不予规定物价,或自行没收商品等。""各级政府经常召集商民会议,鼓励商人办货,并为商人解决困难问题。"③私营商业方面,1929年3月,红四军军党部在汀州发布的《告商人及知识分子》书里明确宣布"保护商人贸易"的政策,提出:"共产党对城市的政策是:取消苛捐杂税,保护商人贸易。"同年7月,在《中共闽西第一次代表大会之政治决议案》中规定:"对大小商店应取一般的保护

---

① 毛泽东:《才溪乡调查》。
② 崔寅瑜:《一个模范的消费合作社》,《红色中华》第139期,1934年1月1日。
③ 许毅主编:《中央革命根据地财政经济史长编》,北京:人民出版社,1982年,第111页。

政策(即不没收)。"1930年3月,在闽西第一次工农兵代表大会上通过的《商人条例》中规定:"一、商人遵照政府决议案及一切法令,照章缴纳所得税者,政府予以保护,不准任何人侵害。二、商人自由贸易,政府不予限制其价格。"1931年8月,闽西工农民主政府发出通报,批评杭武第六区随意扣压货船、没收商品的错误行为。正是苏区政府采取的这种鼓励和保护政策,使得苏区的经济不断地发展壮大,为根据地政权的巩固和人民生活水平的改善,做出了重要的贡献。

苏区政府对商业活动执行低税或免税制度,经营税方面,对资本在200元以下的肩挑小贩,一律免征税;年余资本201~500元的征收3%,501~1000元的征收6%,1001~2000元的征收12%,2001~3000元的征收20%,3001~5000元的征收12%;在边境关税方面,苏区运出的谷、米、豆、茶油、杉木、烟叶、玉扣纸,及由国民党统治区运进的盐、煤油、火柴、棉布、西药、电池、电筒、电报材料等税收一律减半,油墨、蜡纸则全免税收。

第二,采取群众路线的方针政策。走群众路线,依靠群众,相信群众,这是我党的优良传统和一贯作风。在闽西苏区的经济发展过程中,党的这一优良传统得到了具体的体现。如以合作社经济为例,在中央苏区最早提出发动群众创造生产合作社、消费合作社和信用合作社主张的,就是当时的中共闽西特委。合作社就是一种群众的经济团体,是广大工农群众自愿参加、支援苏区经济发展的一种形式。上杭才溪区的消费合作社是当时苏区著名的一个模范消费合作社,这种合作社"全区八乡有十四个消费合作社"。"加入消费合作社的人家,上才溪百分之六十,下才溪百分之九十。"①还有,为了打破和粉碎敌人对苏区经济的封锁与围剿,苏区群众响应党的号召,积极行动起来,克服种种困难,采取多种办法,突破敌人的封锁,发展对外贸易,大量地从白区输入食盐、布匹、药材等急需品,这为打破国民党反动派对苏区的经济封锁发挥了重要的作用。

第四节 苏区金融业的发展

一、苏区金融业的概况

金融业是指经营金融商品的特殊行业。在商品经济条件下,它们是社会经济生活中不可或缺的环节。没有货币,商品流通就会遭遇阻碍;没有信贷,工农业生产的周转就会受到影响。土地革命战争时期的金融业在整个苏区经济中占有重要的地位。

苏区金融业的建立和发展,首先是建立在摧毁反动金融体系的基础之上的。在旧中国,由于帝国主义和封建主义相互勾结,阻碍了民族资本的发展,所以资本主义的借贷关系也是不发达的。在广大农村地区,高利贷资本剥削成为农民贫困落后的重要根

---

① 毛泽东:《才溪乡调查》。

源之一。因此,废除高利贷剥削就和平分地主土地一样,成为土地革命的重要内容。

1929年7月,中共闽西召开第一次代表大会,大会揭露了帝国主义及封建地主、军阀、买办对闽西农民的剥削。"高利贷与商业资本的剥削:农民穷了必举行借贷,地主乘此机会放高利贷以榨取农民,普遍利率平均在二分以上,有的到了十分以上,本利相等,更使农民破产日极。"①"利息龙岩每月二分为最低,连城、武平、长汀均三分,上杭、永定均二分半,最高利息各县有到十二分的(惟不多)。"②针对这种情况,大会提出了废债政策,提出:"工农穷人欠款土豪、地主之债不还,债券借约,限期缴交苏维埃政府或农会焚毁。""凡超过各地普遍利息以上的高利债务,本利不还,其超过新定利率,而未超过以前普遍利率者还本不还利。"③在分配土地、取缔高利贷以后,闽西一度发生过农民告贷无门的困难局面,影响了农业生产资金的周转。为此,闽西特委提出了十条办法,其中有关金融方面,要求"由县政府设法开办农民银行,区政府设立借贷所,办理低利借于贫苦农民,使农民不致告贷无门而贱卖粮食。……并帮助奖励群众创造合作社,如生产合作社、消费合作社、信用合作社等,使农民卖米买货不为商人所剥削,而农村贮藏资本得以收集,使金融流通。"④闽西信用合众社迅速发展起来。信用合作社的资金是由群众集股的,同时也吸收群众存款。经闽西苏维埃政府批准,拥有5000元以上现金的信用合作社可以发行不超50%的纸币在市面上流通。到1930年10月,闽西工农银行成立时,信用合作社发行的纸币由该社用现金收回。信用合作社的贷款主要用于支持发展农业生产,以及借给贫苦农民买米谷,渡过饥荒。到1930年6月,闽西根据地多数区政府开办了信用合作社。如以永定县为例,截至1931年4月,该县已建立了信用合众社9个,基金共有10528元。信用合众社、贫民借贷所等形式就是为解决贫苦农民资金周转而创立的。这些民间的、集体组织的借贷机构都需要国家在资金上的支持。因此国家的、地方的银行加上信用合作社(贫民借贷所)等就形成了一套革命根据地的信贷体系。

1930年9月,随着经济斗争的开展,闽西第二次工农兵代表大会决定成立闽西工农银行。同年11月7日,闽西工农银行在龙岩成立,由阮山任行长,曹菊如为会计科长,赖祖烈为营业科长兼秘书,陈寄今为司库。闽西工农银行在各县设分行,各区乡政府附设代理机关。总行以后曾迁往永定的虎岗,上杭的白砂、溪口和长汀的涂坊。1931年秋,红军攻克长汀后,银行又随闽西苏维埃政府迁到长汀城内。1932年4月,国家银行成立后,以闽西工农银行的人员和设备为基础,成立了国家银行福建分行。行长由福建省苏维埃政府财政部长李六如兼任。同时,闽西工农银行继续营业。闽西工农银行是工农群众自己集资创办,为自己谋利益的银行。建立闽西工农银行,是调剂金融、开展对敌经济斗争、防止扩大工农产品"剪刀差"、保障工农利益的重要措施之一,是发展社

---

① 《中共闽西第一次代表大会土地问题决议案》,1929年7月27日。
② 《中共闽西第一次代表大会之政治决议案》,1929年7月。
③ 《中共闽西第一次代表大会土地问题决议案》,1929年7月27日。
④ 《闽西特委通告第七号——关于剪刀问题》,1929年9月30日。

会经济的客观需要。它是中国共产党在土地革命时期建立最早、制度最完善、信用度最好、存在时间最长的股份制银行,其主要业务是办理金银兑换,组织存放款,建立金融制度,发行兑汇苏维埃纸币,推销公债等。

二、苏区金融业的作用

苏区金融业的建立和发展,对苏区政府解决资金问题、发展生产力、促进工农业生产发挥了积极的作用。

首先,筹措资金,支援革命战争。随着苏区的不断扩大和日益巩固,加上敌人的封锁和制裁,不仅严重影响了群众的正常生活和生产发展,也给革命的发展带来了困难。同时,苏区开展经济建设面临的一大难题是严重缺乏资金。恢复工业,需要资金;发展农业,需要资金;繁荣商业,也需要资金。资金成为发展经济的关键。为了解决这一困难,苏区政府通过金融组织发行公债和纸币,筹措资金,开展对外贸易,从白区购买各种急需的物质,包括一些枪支弹药,从而有力地促进了革命的发展。

其次,稳定金融秩序,维护苏区经济社会的稳定。苏区政府成立之初,由于缺乏经验和金融组织不健全,加上敌人的封锁和制裁,苏区的金融市场较为混乱,群众的生活和社会秩序受到很大的影响。如当时龙岩市面上流通着大量劣质银币和白区的纸币,这些劣币通过奸商以廉价方式偷运入境,购买金银土产出口,从而获利巨丰,广大人民群众对此深恶痛绝。为此,苏区政府先后成立银行和信用社,发行自己的纸币,建立和完善金融制度,消灭或限制旧的金融机构及其活动。经过这些有力的措施,苏区的金融秩序得到相对稳定,有力地维护了苏区经济社会秩序的稳定。

最后,培养了一大批经济建设的金融人才,为以后中华人民共和国金融事业的发展积累了许多有益的经验。苏区经济建设的发展,尤其是金融业的发展与繁荣,急需一大批经济管理人才。毛泽东、刘少奇、陈云、邓子恢、毛泽民、阮山、曹菊如等老一辈无产阶级革命家进行不断探索、实践,创造性地提出了一系列经济建设的举措,如闽西工农银行在成立后一年多的时间里,摸索和总结出了一套苏维埃银行的管理制度和管理办法,为后来苏维埃国家银行的成立和运作准备了人才,积累了经验。

第五节 苏区公营商业发展

一、苏区公营商业的概况

公营商业即工农民主政府投资兴办的商业,是由工农民主政府领导,归苏区全体人民所有的社会主义性质的经济组织。这种公营经济只有在建立了工农民主政权的地区才能产生。工农民主政权是公营商业产生的前提和保证,而公营商业又是工农民主政权巩固和发展的物质基础之一。

土地革命战争时期,党对公营商业的方针是"尽可能地发展国营经济",为此,1929年,在闽西苏维埃政府成立后,积极建立公营商业。1930年,为解决闽西各地出现的谷贱伤农的剪刀差问题,苏区各县成立了粮食调剂局,兼营食盐、布匹、药材等日用必需品。粮食调剂局的成立平定了粮价,解决了谷贱伤农的问题,调动了广大农民种粮的积极性,因而是一个创举。同年6月,毛泽东曾派卢肇西到上海等地联系,为苏区筹措紧缺物质。1931年,中共中央交通局开辟了一条由上海至香港经汕头、大埔、永定进入苏区的长达数千里的红色交通线,它的主要任务之一就是为苏区输送急需的布匹、食盐、药品、纸张等物质。1933年2月,汀州设立省对外贸易(指苏区和白区之间的贸易),在本区各县或重要集镇设分局,并在重要口岸、牙集设采办处,组成闽西对外贸易网,开始有计划地组织人民开展对外贸易。发展对外贸易是冲破敌人经济封锁,流通苏区的商品,发展苏区经济的重要手段之一。当时中央工农苏维埃政府还先后在汀州市、龙岩县、永定虎岗、上杭、新泉成立了中华贸易公司、中华纸业公司、新泉对外贸易公司,此外,在闽西根据地比较重要的市镇、交通要道,如龙岩市、汀州市、永定虎岗还设立了一些公营商店和红色饭店、旅馆。如汀州市小小商店,成立于1932年,由市苏维埃政府投资,经营日用百货,主要供应政府机关工作人员的生活用品,也供应民用。又如汀州市设有几处红色饭店、旅馆,主要招待苏区来往干部的吃住,顾客每天不下二三百人。1934年初,成立中华商业公司汀州分公司。与此同时,苏区政府制定了一系列对外贸易政策,积极发动苏区和白区商人从事商业经营活动,活跃苏区的商业贸易,以打破国民党政府的经济封锁。当时,有"红色小上海"之称的长汀,虽有不少富商巨贾携资外逃,但仍有私营商店360多家,每月营业额1万~2万元。1934年10月,红军开始长征,结束了苏区公营商业。

二、苏区公营商业的作用

公营商业是在激烈的革命战争中,为了保障红军供给和人民生活的需要,逐步地建立和发展起来的。在整个根据地商业中,公营商业还不占优势,还不能靠自己的经济实力来领导私营商业,但它同合作社商业配合起来,加上工农民主政权的行政力量和其他经济手段(如财政、税收、信贷等),在粉碎敌人的经济封锁、保障军需民用、打击奸商投机倒把、支援革命战争方面,发挥着重要作用。公营商业的前途是光明的,"经过长期的发展,将成为经济方面的巨大力量,将对私人经济逐渐占优势并取得领导的地位"[①]。

第一,打破国民党政府经济封锁,缓解苏区经济困难局面,改善工农群众的生活。随着根据地的不断扩大,苏维埃工农政权的不断巩固,引起了国民党政府极大的恐慌。

---

① 《我们的经济政策》,《毛泽东选集》第一卷,北京:人民出版社,1969年,第119页。

为了消灭我红色政权,国民党反动政府一方面在军事上采取大规模围剿,另一方面对苏区实行严密的经济封锁,企图扼杀新生的民主政权。为了粉碎敌人的经济封锁,缓解苏区的经济困难,苏区公营商业依托苏维埃政权优势,发动广大工农群众参加,如1933年10月福建事变后,福建人民政府和十九路军设在龙岩的闽西善后处还在上杭蛟洋组织了贸易合作社,贮存了大量物质,陆续运往闽西苏区,向闽西苏区供应了大量的食盐、布匹、药品等急需品。当地百姓也可以自由进出苏区进行商业交易,这为打破国民党反动政府对苏区的经济封锁发挥了重大的作用。

第二,打击一些奸商的投机倒把行为,维护广大工农群众的利益,积极支援革命战争。土地革命战争时期,一些不法奸商利用苏区面临的经济困难,进行投机倒把,谋取私利,损害广大工农群众的利益。为此,苏区公营商业进行了坚决的斗争。如由于1929年闽西各地出现谷贱伤农的剪刀差现象造成一度社会的恐慌,1930年7月,闽西苏区率先成立粮食调剂局,从而有效地解决了谷贱伤农的问题,调动了广大农民种粮积极性,改善了军民生活,有力地支持着革命战争的胜利。

第六节　苏区合作社商业发展

一、苏区合作社的概况

苏区合作社商业是广大苏区工农群众自己自愿集资组织商品交换的一种集体所有制经济组织,是广大苏区工农群众抵制资本家剥削和怠工、保障自身利益的有力武器,是工农民主政府团结千百万工农群众、打破敌人经济封锁、发展苏区经济、支援革命战争所不可缺少的经济组织形式。经营宗旨在于促进苏区辖境内的商品流通,抵制投机商操纵市场,维护群众经济利益,方便群众生活。

苏区合作社商业主要有以下四种类型:第一种类型是消费合作社,它是社员因自己要消费货物而联合起来共同购买或生产商品的一种经济组织,这类经济组织主要是以乡村、工厂、学校、机关或城市街道为单位组织;第二种类型是购买合作社,它是社员为大家要用某种物品(不是为了消费,而是为了生产或转卖)联合起来,共同购买,免受批发商人剥削,中间所得之钱按社员买货多少为比例进行分配的一种经济组织,有肥料、石灰、粮食、布匹等购买合作社;第三种类型是贩卖合作社,它是将社员个别生产出来的东西联合起来共同贩卖,免受商人操纵,其中赚得之钱按照社员卖货多少为比例进行分配的一种经济组织,有茶油、纸业、粮食、草鞋等贩卖合作社;第四种类型是粮食合作社,它是社员自己籴谷、自己籴米,所赚之钱按照社稞谷多少为比例进行分配的一种经济组织。

合作社商业作为一种新型商业,是在党和工农民主政府的领导下产生和发展起来的。1929年9月,针对闽西地区出现工农业产品价格"剪刀差"日趋严重的问题,闽西特委在《关于剪刀问题》通告第七号里,要求县区政府"有计划地向群众宣传,并帮助奖励群众创造合作社,如生产合作社、消费合作社、信用合作社等,使农民卖米买货不为商人所剥削,而农村贮藏资本得以收集,使金融流通"。同年11月,闽西特委召开第一次扩大会,决议指出:"解决赤色区域中剪刀现象的特殊经济问题,成为目前闽西党当务之急。"①1929年11月间,才溪区消费合作社开始创立,"组织筹备委员会,在创立时只有社员八十余人,股金四十余元,同时借了一些公款,立即开始成立和营业,当时在价格问题上,由全体社员大会来讨论决定,社员及红军家属、红军机关及红军各部队,来购买物品,照成本售出,卖与群众则照本赚百分之五"②。1930年3月,闽西地区召开了第一次工农兵代表大会,又将发展合作社组织的问题列为《经济政策决议案》的主要内容,同时,大会还通过了《合作社条例》,具体提出成立合作社的条件等事宜。随后在发展合作社运动中所发生的一些偏向,在同年9月闽西第二次工农兵代表大会上,对原来的《合作社条例》作了补充和修正。从此,苏区合作社运动有了较快发展,以永定县合作社商业的建立和发展为例,到1931年4月,"消费合作社共五十七个,共有基金五千四百四十五元五角一厘,俱有营业"。"粮食调剂局(实际就是粮食合作社)共三十四个,共有基金一万二千二百四十五元五角。"③

闽西苏区创办的合作社商业坚持自愿、互利、民主办社的原则,社员能够真正行使自己的管理权,又能够享受低于市面价格购买和优先购买的权利,盈利又能得到合理的分红,因此有着广泛的群众基础,深受群众的欢迎和拥护。苏区政府还从财政、税收、货源、运输等方面给予合作社大力支持,使合作社越办越好。如才溪区消费合作社到1933年,社员由最初的80余人发展至1041人,增加了12倍;股金由最初的40余元发展至1040元,增加了25倍。1933年12月5日,在中央苏区消费合作社第一次代表大会上,才溪区消费合作分社被评为中央苏区模范消费合作社,《红色中华》报公开号召"大家来学习它的光荣模范"。到1933年,闽西各种合作社商业组织已发展到社员10万个,股金10万元。合作社组织的大发展活跃了苏区市场,有效地抵抗了商业资本和免去奸商的中间剥削,调节了苏区工农产品的"剪刀差"现象,改善了社员的生活,促进了苏区经济发展,同时也提高了社员的政治水平,巩固了工农革命的联盟。

二、苏区合作社商业的作用

苏区合作社商业是新民主主义的经济。它在整个苏区国民经济中,占有十分重要

---

① 《闽西特委通告第十三号——中共闽西特委第一次扩大会的精神与闽西党目前的任务的决议》,1929年11月10日。
② 崔寅瑜:《一个模范的消费合作社》,《红色中华》第139期,1934年1月1日。
③ 《闽西苏维埃政府经济委员会扩大会议决议案》,1931年4月25日。

的作用。

首先,苏区合作社商业在抵制商人资本剥削,改善社员生活,发展苏区国民经济方面发挥了重要作用。资本家的本性就是为了追逐利润的最大化,在苏区经济受到敌人严密封锁的困难时期,一些奸商乘机操纵市价,哄抬商品价格,实行贱买贵卖,而广大工农群众为求得日常生活的必需品,不得不忍受其剥削,以致生活上陷入更加困难的境地。合作社商业能集合社员的财力,可以自行买卖或自己生产,这样就能免受奸商的剥削和操纵,提高了社员的生活水平。同时,它还能为苏区的一些产业解决资本短缺问题,提供较大的资本,加快产业的开办,促进苏区商品的流通,提高工农业的生产,使苏区的国民经济获得明显的改善和提高。

其次,苏区合作社商业在调节苏区内工农产品价格的"剪刀差"现象,缓解了因帝国主义、国民党政府对苏区经济封锁而产生的困难局面,发挥了重要的作用。当时的苏区经济是以农业为主,工农群众生活上必需的工业品大都需要白区的输入。由于敌人对苏区的经济封锁,外来的工业品如布匹、洋油、洋火、食盐等输入减少,价格上涨,而苏区群众的一些农产品如米、烟叶、竹、木等销不出去,价格大跌,这样使得工农产品价格"剪刀差"现象较为突出。合作社商业能够帮助社员解决产品买卖流通难的问题,减少"剪刀差"现象,从而冲破敌人的封锁,缓解苏区经济困难的局面。

最后,苏区合作社商业在吸收广大工农群众参加革命战争,提高社员政治水平,巩固工农革命联盟方面发挥了重要作用。苏区合作社商业不仅是一个经济组织,也是一个广大工农群众参加的政治组织。在合作社里,社员们不仅能够改善他们的物质生活,同时也可享受里面的一切娱乐设备,他们定期组织学习,了解党的政策,提高了他们的政治觉悟,激发其参加革命斗争的积极性,从而使工农联盟更加巩固起来。

第七节 苏区私营商业发展

一、苏区私营商业的概况

闽西苏区建立初期,经济十分落后,在苏区公营商业和合作社商业还未发展起来的情况下,商品流通主要依靠私营商业和农村圩场,它们是中央苏区经济的重要组成部分。

土地革命战争前,闽西的私营商业已经有所发展,"特别是龙岩和永定之坎市香港式房屋之建筑表示新兴的商业资本的发展形势,这些城市商人到近年逐渐变成政治上的主人,和驻军与地主勾结起来,尽量压榨农民(销出高价货物,收买廉价农产和手工业品如烟、纸等,收买土地,征马路捐,修筑马路),这是一种新兴势力"[①]。这时闽西的商

[①]《中共闽西第一次代表大会之政治决议案》,1929年7月。

业主要是由于华侨的投资兴办与商业资本、土地资本相互结合的结果,但它还是经不住外资入侵的竞争,很快趋于衰落。

  1929年,中央红军进入闽西,先后在闽西大地建立起各级苏维埃政权。革命初期,闽西苏维埃政府受到瞿秋白为首的党中央"左"的思想的影响,出现了不理智的盲动错误情绪,表现在工商业政策上,就是盲目打击中小商人,如永定县溪南里暴动时,"焚烧商人账簿,没收丰稔市商店"①,永丰里还"抢下洋商店,拉抢金丰商店"②。这种过"左"政策不仅对中央苏区经济和群众生活造成了较大损害,同时在政治方面也给革命带来了负面效果,使革命失去了一般群众的理解与支持。如1928年5、6月间,当永定革命群众进攻县城时,"一般商人都拿出枪来向我们扫射,手工业者、店员及一般平民,也就完全站在旁边,什么也不管"。③ 为纠正这种过"左"政策所带来的损害,同时也为了发展经济、稳定社会,党对私营商业开始采取保护政策。1929年1月,红四军在向赣南、闽西进军途中,曾颁发了文告,宣告党对私营商业的政策是"取消苛捐杂税,保护商人贸易"。并宣布"平买平卖,事实为证,乱烧乱杀,在所必禁,城市商人,积铢累寸,只要服从,余皆不论"。同年7月,中共闽西"一大"通过的《政治决议案》规定:"对大小商店应采取一般(律)的保护政策(即不没收),对反动商人宁可杀人、罚款,不可没收商店","绝对不要没收商店,焚烧账簿和废除其账目"。这对当时闽西商业起了很大的活跃作用。1930年3月25日通过的《闽西第一次工农兵代表大会宣言及决议案》中规定:"商人遵照政府决议案及一切法令,照章缴纳所得税者,政府予以保护,不准任何人侵害。"同年6月,红军第一军团总政治部颁发了《告商人书》,进一步规定:"红军对城市的政策是:取消苛捐杂税,保护商人贸易。"后来,苏区政府采取了各种保护和鼓励发展私营工商业的政策,使得苏区的经济日趋繁荣,当时的汀州被誉为"红色小上海",据不完全统计,当时的长汀城仅私营商铺就有367家。圩场(集市)是农村进行商品交换的主要场所。土地革命后,党和苏维埃政府充分发挥农村圩场贸易的作用,对旧圩场进行了改造,把旧圩场开辟为红色圩场。当时闽西苏区内的圩场遍及城乡,贸易十分活跃,如长汀城内设有东西红色米市场,分别设在水东街大观庙和司背街,主要是进行大米、豆子及其他农副产品的交易,每天有邻县1000余人来这里赶集,沿途往返络绎不绝,交易量单大米、豆麦,每天就达7万多斤。长汀城红色市场贸易的兴旺,沟通了长汀与邻近的瑞金、石城、会昌、宁化、上杭、连城等县的经济联系,使长汀成为赣南、闽西主要的农副产品集散地,再加上长汀发达的工商业,这里就成了中央苏区的商业中心。

  土地革命战争后期,由于受到王明"左"倾思想路线的错误影响,党对私营商业采取了错误的政策,使私营商业受到严重打击,以致像才溪乡这样之前工作比较出色的地

---

  ① 《中共闽西第一次代表大会之整治决议案》,1929年7月,《中央革命根据地史料选编》(中),第115页。

  ② 《中共闽西第一次代表大会之整治决议案》,1929年7月,《中央革命根据地史料选编》(中),第116页。

  ③ 《福建省临委给永定县的信——酉字第二号》,1928年7月25日。

方,卖"外货"的私人商店都濒于绝迹,只剩下以土产交换为主的圩场。闽西各地的商业额到 1930 年也大幅下降,如 1930 年 7 月坎市、雁石、旧县的商业额比暴动前下降了五成以上,同时,也使得各县的生活物价上涨,如布、盐、糖、火柴等都比 1929 年涨了二至三成。① 总之,由于王明路线的危害,苏区"部分商人经营消极,坐吃山空,经济上起了自我封锁的不良后果。对白区的贸易,全靠国营贸易机构组织苏区和白区的群众和行商……城市坐商的营业日渐衰落,最后陷于停顿"②。这是一个严重的教训。

二、苏区私营商业的作用

土地革命战争时期,苏区私营商业的建立和发展,对活跃苏区经济、恢复生产、保障革命战争的物质供给和改善人民生活、沟通赤白贸易、巩固革命根据地方面,起着极为重要的作用。

第一,活跃经济,恢复生产。根据地建立前,由于受帝国主义经济侵略和年年的军阀混战的影响,闽西的私营商业总的形势是停滞、衰落的。"在长汀的河田,从前有五百多间商店,现在倒闭得只剩下二三十间了。"③革命后,党对私营商业采取积极的保护和鼓励政策,使苏区的私营商业迅速地恢复和发展起来,苏区经济得以发展和繁荣起来。当时的汀州被誉为"红色小上海",成为中央苏区的经济中心。

第二,保障革命战争物资的供给和改善人民的生活水平。由于党对私营商业采取鼓励和保护的政策,从而促进了私营商业的繁荣发展。广大商人和个体户积极捐款捐物,照章纳税,为苏区革命提供了充足的物质保障。同时,私营商业的发展推动了市场的繁荣,使得市场上的商品琳琅满目,人们生活水平有所提高。

第三,发挥自身优势,积极发展赤白贸易。由于苏区革命形势的不断好转,引起了敌人的恐慌,为了配合军事上对苏区的围剿,国民党政府在经济方面对苏区进行严密的封锁和制裁。为了打破敌人的经济封锁,苏区政府积极发动商人发展与白区的商业往来,允许商人自由买卖,同时也鼓励白区商人到闽西苏区做生意。苏区发给白区商人经营护照,对他们的货物采取不检查、不课税的优惠政策,并给予兑换现金的方便,从而刺激了贸易活动的开展。白区商人为了做生意,装扮成樵夫,或用钱打通关节,或与民团合股经营,把苏区需要的大批食盐、布匹、药材,甚至枪支弹药输入苏区。

---

① 《中共闽西党第二次代表大会日刊》,1930 年 7 月 8—20 日。
② 张闻天:《反对小资产阶级的极左主义》,《斗争》第 67 期,1934 年 6 月 24。
③ 《中共闽西党第二次代表大会日刊——闽西特委工作报告》,1930 年 7 月 8—20 日。

第八节　苏区与其他区域间商业交流与商业活动

一、苏区与其他苏区区域间商业交流与商业活动

闽西苏区与其他苏区间的商业贸易往来,主要是依靠当时陆路和水路两种方式来进行,其对象主要是湘粤赣边区。

陆路方面,通过当时建立的工农通讯社,开辟了秘密的交通线,把湘粤赣边区的物质输送到闽西苏区里。这条交通线由上海至香港,经汕头、潮州、大埔、永定进入苏区。工农通讯社的主要任务是"传送党的机密信件,护送领导干部出入苏区,采办军需物资并保护这些物资输入根据地"。地下交通员"开辟了一条又一条地下交通线,把大批富有军事、政治工作经验的干部安全护送到苏区去,采购了大量的军需物资输入同地,为粉碎敌人的封锁围剿做出了重大贡献"①。工农通讯社采购的主要物资有"布匹、食盐、药品、纸张、电讯器材、印刷器材、军械器材"。如闽西工农银行印钞票的模板和印钞票用的纸张,就是在上海加工或采购后,派人通过这条交通线秘密送到苏区的。此外,通讯社的交通员还经常带领群众以挑担赶圩作掩护,到白区与苏区有联系的商店接头,通过商人在白区购买物资,然后由交通员护送回苏区。运输物资主要依靠群众,通讯社则负责护送。

水路方面,闽西苏区大部分的贸易物资均采取水陆接运的办法进行运输。其主要路线有两条:一是从粤东的潮汕地区秘密运进,或在永定筹集物资在峰市下船,运往大沽滩起岸,转陆路肩挑经上杭的庐丰、半迳、白沙、旧县、涧交石、才溪、官庄再转运至长汀;另一条为从上杭的涧交石陆运经通贤、南阳和河田运往长汀城关。闽西苏区的进出口物资主要靠汀江这条水路。

二、苏区与国统区区域间商业交流与商业活动

苏区对外贸易,指的是处于当时国民党政府对苏区进行严密的经济封锁状态下的苏区对白区的贸易。发展对外贸易是冲破国民党政府经济封锁,流通苏区的商品,发展苏区经济的重要手段之一。

当时,国民党政府对苏区的经济封锁异常严酷。从1932年起,这种经济封锁更加紧了。他们企图建立纵深二百六十里的封锁网,在苏区周围设立食盐公卖局,限制每人每天只买盐三四钱,每月不得超过一斤,把群众的粮食搜掠到反动的堡垒里去。这是蒋

---

① 姜茂生:《切不断的交通线》,《党内交通史料选编》第1辑,1981年,第301页。

介石配合他的军事"杀死"政策而在经济上对中央苏区实行的"饿死"政策。严密的经济封锁给中央苏区造成的困难越来越大,通过土改和一系列激励生产的措施,苏区农民分得了土地,生产积极性空前高涨,农副业产品产量有了大幅度的提高。然而,他们生产出来的稻谷、花生、大豆、钨砂、烟、纸、樟脑等农产品卖不出去,出口困难,导致价格一跌再跌;而同时,苏区的食盐、洋布、煤油、西药等工业品却十分奇缺,价格越来越高。当时流行一句话:"有人拿走一粒盐,店主赶过三家店。"这种严峻的军事、民用工业品的异常匮乏,严重地影响了群众的生产和红军的给养,削弱了红军的战斗力。

为了打破国民党政府及军队对中央苏区的经济封锁,改善苏区军民生活,进一步巩固和发展中央苏区的红色政权,中华苏维埃共和国先在国民经济部设立对外贸易局,管理苏区对外贸易。后又专门设立对外贸易总局,负责赤白贸易。1930年,中央在闽西永定县设立了"武装通讯社分社"。它既负责地下交通,又承担保护物质的运送工作。1933年,闽西苏区在汀州成立了福建省对外贸易局,在县或重要市镇,如上杭、连城、宁化、新泉、南阳等地设分局,并在重要口岸、圩镇,如庙前、同康、回龙、蓝家渡、芷溪、油鱼坝等处设采办处,组成对外贸易网,开始有计划地组织人民贸易。对外贸易局的主要任务是负责苏区与白区的物资交流。当时出口的商品有粮食、烟叶、莲子、木材、纸张、樟脑等,从白区输入的商品有食盐、布匹、炼油、中西药等。对外贸易局的设立有力地推进了对外贸易工作的开展。至1933年10月,闽西苏区的对外贸易工作已经取得了相当成绩,如宁化、新泉、上杭分局的设立,食盐、洋油的进口,纸张和莲子的出口,使苏区特别是汀州市经济较前活跃。1933年10月,福建事变发生后,苏维埃临时中央政府与国民党十九路军代表签订协议,双方除了商定共同抗日、互不侵犯外,还就恢复双方的贸易往来达成了共识。双方在上杭蛟洋组织了贸易合作社,贮存了大量物质,向闽西苏区供应了食盐、布匹、棉花、药材等必需的工业品,同时也向十九路军出售肉类、黄豆、钨砂等物质。

苏区人民在苏维埃政府的支持和帮助下,采取多种灵活的方式,克服种种困难,积极地发展赤白贸易,发展苏区经济,繁荣苏区商业,这对粉碎国民党反动派对苏区经济的封锁发挥了十分重要的作用。

在党的正确领导下,龙岩苏区工商业的发展依靠广大苏区军民,克服了重重困难,不断地由小到大、从无到有,取得了巨大的成绩。它不仅有力地支援了革命战争,而且极大地丰富了苏区群众的生活水平,促进了苏区生产力的提高,是苏区经济建设的重要组成部分。

第六章　社会主义改造与建设时期的龙岩商人与商业

　　1949—1978年,中国商业发展走过了历史上最为曲折的历程。经过短暂的国民经济恢复之后,由于在思想认识上把私有制、商品、市场看作资本主义,中国私商(含个体)的生存空间不断被挤占,市场交易的基础基本被消灭,严格意义上(即遵循商品流通和竞争规律)的商品贸易被取缔,私商基本绝迹。尽管在此期间对私商的认识有反复,采取了一些调整政策,促进了市场的暂时繁荣。但总体而言,在经过社会主义改造之后,尤其是"左"的思想的进一步发展之后,公有制一统天下的格局和国家统购统销的商品流通体制构成了这一时期商业发展的典型特征。然而,这段时期商业发展的实践尤其是对私商、市场利用和限制的正反两方面的经验,成为改革开放以后正确认识和利用私有制、市场,乃至开创中国特色社会主义建设新道路的突破口。

　　龙岩虽然地处偏僻的群山峻岭之中。但新中国成立以后,高度集中的计划经济管理体制和政令的高度畅通,使龙岩的商业发展经历了和其他地方一样起起伏伏的历程。

第一节　国民经济的恢复及其对商业发展的影响

　　新中国建立前夕,龙岩社会百业萧条,且物价飞涨,市场紊乱,厂、店纷纷倒闭,大批人员失业,街市冷落。新中国成立后,人民政府贯彻"公私兼顾、劳资两利、城乡互动、内外交流"照顾四面八方的经济政策,努力恢复和发展生产、开辟市场,至1952年,国民经济得到恢复和发展,初步形成了农副业、手工业与商业良性互动发展的态势。

一、新中国龙岩商业发展的起点

　　在自然和半自然经济社会,龙岩的商业发展与农副业、手工业及水运是否畅通密切相关,一荣俱荣、一损俱损。新中国成立后,龙岩商业发展的起点是对旧中国龙岩经济遗产的继承和变革。剖析新中国龙岩商业发展的历程,离不开全面了解旧中国龙岩的经济遗产。

　　龙岩处于群山环抱之中,"八山一水一分田"的地理条件,注定了这里的人们依靠单一的农业是吃不饱肚子的。"穷则思变",为了让日子有起色,自明清以来,勤劳智慧的闽西人民依据本地的气候土壤条件,除了种植大米以外,还种植烟草、茶叶等经济作物,并依托山区丰厚的竹木资源和矿产资源等,发展造纸、印刷、竹木藤加工、冶金等手工工业,借助闽江、汀江、九龙江水系发展商贸,商业有了比较大的发展。然新中国成立前夕,由于战争和国民党的反动派统治,百业凋零、交通受阻、物价飞涨,极大影响了龙岩商业贸易的发展。

(一)农副业生产萎缩

龙岩地区地处闽、粤、赣3省边界山区,全区人民一直在仅占土地面积7.05%的耕地上,从事以粮食为主的单一农业生产活动,农业生产力水平低下。新中国成立时,由于国民党的反动统治和战争等劫难,农村经济更加凋敝。

首先,由于国民党统治时期不修水利,使本就不多的耕地无法旱涝保收。"在全区188.93万亩水田中,有效灌溉面积仅占36%,64%的耕地需受大自然制约,风调雨顺多收,灾年减收,农业生产极不稳定"①,加上沉重的苛捐杂税,农民苦不堪言。

其次,封建生产关系依然占据支配地位,影响农民的生产积极性。第二次国内革命战争时期,新罗、长汀、永定、上杭、连城等县有50多个区、600多个乡废除了封建土地所有制,实现了耕者有其田,使80多万无地少地的贫雇农分到耕地和其他生产资料。1934年,红军北上抗日后,国民党纠集地主武装对苏区人民进行反攻倒算,许多贫苦农民又失去土地。至1949年新中国成立时,只有新罗、上杭、永定等县15万人口保留了土地革命时期分得的20万亩土地。农民保有土地的减少,影响了农民的生产积极性,造成粮食减产。1949年,"全区农业人口98.69万人,粮食总产量仅26.87万吨,亩产88公斤,全区人均占有粮食仅244公斤"②。

最后,战争造成物资交流受阻,产品滞销,使农副业生产急剧萎缩。传统的烟草种植,由于海口封锁、洋烟冲击,晒烟种植面积急剧下降,1949年,种植大县永定全县土烟种植面积只剩下几百亩,烤烟面积仅4亩,产量150公斤。民国时期,曾出产较大量的茶叶,1936年,全区茶叶面积曾发展到1.94万亩,总产220吨。到1949年,茶叶面积仅有3453亩,产量63.85吨,大片茶园荒芜。1943年,全区油菜种植面积达到11.69万亩,亩产27公斤,总产3156.3吨;到1949年全区种植面积仅有3.77万亩,亩产17.5公斤,总产665.7吨。③

农副业生产的急剧萎缩,使农村经济一派萧条。1949年,"全区农业总产值仅1.39亿元,人均产值才128元,农民根本没有扩大农业投资的能力。"④

---

① 龙岩地区地方志编纂委员会:《龙岩地区志》卷四《经济综述》,1992年。
② 龙岩地区地方志编纂委员会:《龙岩地区志》卷四《经济综述》,1992年。
③ 龙岩地区地方志编纂委员会:《龙岩地区志》卷六《农业》,1992年。
④ 龙岩地区地方志编纂委员会:《龙岩地区志》卷四《经济综述》,1992年。

(二)工业(主要是手工业)衰落

旧中国龙岩地区机器工业发展落后,但手工业还算发达,主要有土纸、条丝烟、铸造、木器、织布、编织等手工业,拥有龙岩纸烟、永定烟刀、条丝烟、副榜风炉、长汀斗笠、皮枕、漳平竹篮、连城宣纸等一批名牌产品。民国时期,由于洋货的涌入,加之连年不断的战争,手工业生产走向衰落。烟业、纸业、纺织业等许多传统优势手工行业的生产经营陷入困境:洋烟的大量涌入,充斥着市场,使盛极一时的"条丝烟"(鼎盛时期,最多时1年产销50余万公斤)日趋衰落,加上苛捐杂税盘剥,烟业奄奄一息。到1949年新中国成立初,仅存"三友"、"南方"两家卷烟厂,年产香烟400多箱;洋布的大量涌入,使土布滞销。到抗日战争和第三次国内革命战争时期,全区纺织业寥寥无几。纺织业曾是长汀除纸业外最大的行业,从业人员上千人,至1949年冬汀城仅存4户13人,6架木织机,生产纱布及柳条布。龙岩城关有华光染织厂、庆丰棉织厂、挺余布厂、朱义兴布厂等8家,从业人员只200余人,上杭、连城等县的几家私营作坊和家庭作坊,亦濒临倒闭;纸业是全区最大的手工行业,"1919—1921年,连城仅宣纸年产量就达65吨;长汀纸业年营业额达200余万银元,70%的人口直接或间接以纸业生产为经济来源;新罗,民国17年(1928年),有造纸槽户400余户,产纸7500多吨;民国16年(1927年),上杭有槽户8000余户,从业者4万余人,年产9200吨。"①到1949年,上杭只有纸槽1282处,从业者3858人,产量2683吨。长汀四都、楼子坝等地,解放前受到反动派、地方匪霸的焚烧抢掠,有的村庄萧条荒凉,人烟稀少,大部分竹山失修,满山竹木杂生,以致竹大如桶,荆棘遍山,纸槽冷落,生产几乎大部停顿。新罗,由于国民党政府军队强迫移民并村,纸农离山,纸槽锐减。至1949年,仅产土纸1149吨。

新中国成立前,全区工业生产基本处于手工业生产阶段,称得上机器工业的,全区仅有4个私营电厂和龙岩卷烟厂。1949年,"全区有小型工业企业34个,工业产值1591万元,人均产值仅14.6元。全区较大宗的工业产品为生铁0.18万吨,原煤0.67万吨,木材4.16万立方米,土纸1.04万吨,发电量23万千瓦时,卷烟0.04万箱"。②

(三)交通运输受阻

闽西地势高峻,群山叠嶂,溪壑纵横,自古交通不便。自明清以来,借助人力肩挑和闽江、汀江、九龙江水运发展商贸。从20世纪30年代起开始有公路运输。抗战时期为防范日军入侵,国民党军下令破坏一些公路,解放战争后期,国民党军队溃退时再次毁路劫车,公路桥梁大多损毁,路面与路基遭到严重破坏,到了新中国成立前夕,"全区原有公路726公里,仅剩5小段,共177公里,勉强可以通车,汽车只有19辆"③。货物运

---

① 龙岩地区地方志编纂委员会:《龙岩地区志》卷十一《工业》,1992年。
② 龙岩地区地方志编纂委员会:《龙岩地区志》卷四《经济综述》,1992年。
③ 《发展中的龙岩公路运输》,载《龙岩文史资料》第21辑,第42页。

输只能依靠汀江、九龙江的1300艘木船和人力肩挑。比如,连城大宗土纸出口全靠人力肩挑,到朋口后再经多故障的水路到峰市、潮汕转运至香港、越南等地。漳平的主要交通工具是小木船,通华安、雁石、白沙、双洋、溪南、拱桥等地,水急滩多,常发生事故。

公路毁损,水运不畅,造成交通运输困难,货源锐减。

（四）市场萧条

农副业的萎缩、手工业的衰落、交通运输受阻,加上民国末年国民党政府滥发货币导致通货膨胀、货币贬值,捐税日增,使多数商号歇业、倒闭,市场萧条。在新罗,各大商户有的停业,有的易地经商。至新中国成立前夕,龙岩城区计有商户255户,比1933年鼎盛时期减少了一半。连城纸业最负盛名,土纸行业的勃兴和丰厚的利润,曾吸引了四方商人云集于此,就地收购,并输入其他洋杂百货、干鲜海产、名贵药材、丝绒绸缎等,促进了连城商业的发展,商铺林立。到民国37年（1948年）,因国民党面临崩溃,物价一日数涨,槽户卖纸后无法买回原料,纸农无力继续生产,加上土匪遍地,生意难做,商业一片萧条。新中国成立之初,城关仅有大小私人商号220户,小商贩332户（其中小商133户,小贩199户）,从业人员1373人,资金31万元。上杭,民国24年（1935年）,全县各行业商店达2109家（其中城区685家,农村1424家）。抗日战争爆发后,尤其是日军侵占潮州、汕头后,土纸等土特产品销路受阻,商家资金困难,货源短缺。抗战胜利后,国民党发动内战,经商艰难,许多中小商户被迫停业,民国37年（1948年）,城区仅有商店344家。长汀,1949年10月以后,由于战争和社会变革导致商业资本外逃,长汀私营商业出现萎缩,首先是粮食运销商、经纪商顿减,接着是布匹、袖盐、纸业,至1950年12月长汀私营商业有14个行业833户,其中城关741户,占89%,农村92户,占11%,从业人员锐减至2536人。武平,1949年,商店纷纷关闭,县城仅剩下100余家（1936年鼎盛时期804家）,多是小本生意,店面简陋,惨淡经营。1949年9月,全区6县（缺上杭）城关共有私营商业1494户,全市社会消费品零售总额仅2445万元,对外贸易几乎停顿。

二、恢复发展国民经济的重大举措

农副业、手工业的衰落,交通运输的受阻和恶性通货膨胀导致了市场的萧条,而市场的萧条又加剧了农副业、手工业等的进一步衰退。这是新中国成立初期龙岩经济社会发展面临的窘境。如何在旧中国龙岩仅有的经济遗产的基础上恢复和发展经济、繁荣市场、满足人们生产生活的需要,成为新中国成立初期的头等任务。1949年新中国成立后,人民政府贯彻"公私兼顾、劳资两利、城乡互动、内外交流"的基本政策,采取了一系列行之有效的举措。经过三年时间的努力,生产得到恢复发展,通货膨胀、市场紊乱、城乡物资交流受阻的情况基本消失。

（一）稳定市场物价,遏制私商的投机行为

新中国成立初期,由于之前国民党滥发货币,造成恶性通货膨胀。加之国营商业尚未建立,不法商人欺行霸市,扰乱市场,造成物价波动。为遏制恶性通货膨胀,稳定市场,人民政府采取经济和行政手段,严厉打击了私营工商业的商业投机活动。

一是确立人民币的市场流通地位。新中国成立初期人民币还未普遍流通,市场上货币紊乱。一些不法商人钻人民币市场尚未确立的空子,进行金银投机。1949年底,为稳定市场物价,进行"排银元、排法币"工作,统一使用中国人民银行发行的货币,有效遏制了私商的金融投机,市场交易秩序好转。

二是1951年前后,针对多次出现阶段性的涨价风潮,对粮食、布、煤、盐、食油、煤油等重要商品加强采购调拨,实行控价政策,并利用国营贸易公司的强大吞吐能力和遍布各地的合作社,在上述物品短缺和价格易于波动的情况下,采取直接配售和敞开供应等措施,保证了正常供给,减少了私营商业投机和牟取暴利的可能性。

三是1952年在私人工商业中开展"五反"(反对行贿、反对偷税漏税、反对盗骗国家财产、反对偷工减料、反对盗窃国家经济情报)运动,揭露不法资本家的五毒行为,同时保护私商的合法经营。

四是加强市场管理,对市场交易秩序进行规范。新中国成立初期,私商不法行为猖狂。上杭县白砂私商将"银印"新锚蓝布冒充"金印"新锚蓝布,将"四八"毛鸟布剪去2尺当原匹出售,将二号纸盖一号纸印。永定县私商以"夜锐"牌电池冒充"夜明"牌,副牌布冒充正牌布。该县下洋检查32户屠商,有17户秤子每斤少5钱至2两。连城县私商以3号煤油混充2号煤油出售。1952年,根据省人民政府加强市场管理、取缔投机的暂行办法规定和专署通知,全区各县普遍建立了由工商、税务、公安、银行、商业、供销和粮食等部门参加的县、区两级市场管理委员会,开展城乡市场的交易监督工作。1953年上半年,各县采取行政措施,对市场商品实行明码实价,对私商进行统一议价,严格价格检查;对无国营商业的区镇,以供销社价为市场零售价。1954年,龙岩地区专署工商科针对各县量衡器具极不统一和不标准现象,部署各县组织人员进行检查,仅永定县即检查出不合标准的秤子1000多把和尺子200支,到当年4月底,各县集镇基本上完成了统一度量衡工作。

(二)进行土地改革和组织互助组促进农业生产恢复

为了全面变革封建生产关系,迅速发展农业经济,1950年12月—1951年12月,在人民政府的领导下,龙岩进行了第二次土改,让农民重新获得了土地,实现了耕者有其田,极大地调动了农民的生产积极性。

与此同时,鉴于贫农中许多人缺乏耕畜、农具,生产资金不足,提倡农民"组织起来",按照自愿原则开展劳动互助。1950年8月,大池乡西洋村11户贫下中农在吴学耕的倡导下,成立了西洋互助组,这是闽西第一个互助组。西洋村互助组的建立得到党和政府的重视和推广,"一花引来百花开",不久,闽西大地上,各种互助组相继成立。至1951年底,有农业互助组895个,参加农户达7070户。1952年,土改工作结束,人民政府农业工作的重心转入领导生产互助合作运动,普遍开展爱国增产竞赛,层层发动互助组,到当年年底,互助组发展到 19549 个,参加农户 145955 户,占全部农户数的 52.5%。其中,常年组 4643 个,占互助组总数的 23.7%,参加农户 3775 户,占组织起来的农户数的 25.8%。①

1950—1952 年间,由于农民分得土地,激发了生产积极性,开展劳动互助,生产关系稳定。加上其时中国人民银行龙岩支行对春耕生产、兴修小型水利、冬耕等发放贷款,实行有利于农业生产加大对农业生产的投入和农业生产技术的改良,极大地解放了农村生产力,因而粮食生产连年丰收,农业总产值以每年递增 9.1% 的速度迅速发展。烤烟、油料作物的种植面积和产量也迅速增加,1952 年烤烟产量达到 804 吨,比 1950 年增加 798 吨;油料产量 3093 吨,为 1949 年的 166%。这种势头在此后"一五"期间得以延续。

(三)扶持手工业和采取合作联营形式进行生产资料的社会主义改造,促进手工业生产的恢复和发展

人民政府对手工业尤其是传统优势手工业的恢复和发展十分重视,采取积极扶持的政策。1950 年下半年,全区人民银行开始对个体手工业开办信用放款(期限 1~3 月,月息 3.3 分),以支持手工业的发展(长汀、上杭、连城以支持纸业生产为主,永定以扶植发展烤烟为先)。1950—1952 年,全区对纸业生产累计发放 48.3 万元,修建烤房 19 万元。连城为了扶持纸业的恢复和发展,县人民银行发放砍竹、修山、修槽贷款共 5.7 亿元(旧币),扶持纸农恢复发展生产,同时也给纸商贷款 4400 多万元。长汀除了发放贷款积极扶持纸农造纸,还采取了调高纸价、进行粮食补贴等一系列措施办法,使长汀纸业生产得到了迅速恢复和发展,1953 年,全县山区有纸槽 800 多槽。与此同时,各县把手工纸的生产划归手工业管理局管理,成立国营贸易公司,专门从事手工纸的供销业务,并多次对手工纸进行技术改进,使生产得到迅速恢复和发展。1953 年,全区土纸产量达 1.74 万吨,占全省产量高达 60% 以上,手工纸业成为全区的主要工业行业之一。

为了更好地发挥手工业在国民经济中的作用,人民政府还对手工业采取合作联营形式进行生产资料的社会主义改造,先后建立了一批合作社联营的手工业企业。1951 年,连城姑田的造纸工人参加了工会组织,先后组成 12 个合作槽、纸业初级社、手工业联社和纸业交易所。1952 年 3 月,龙岩万安纸业社成立,成为闽西第一个合作社营企业,时有社员 48 人,年产值 1.8 万元;同年 10 月,漳平菁华农具生产合作社成立。② 1952 年 4~6 月,长汀试办了油纸、雨伞、斗笠、簿籍等四个手工业生产合作社,共有社员 211 人。这是新中国成立后合作化前第一批建立的集体所有制经济组织。

在党和人民政府的鼓励扶持下,全区手工业得到恢复和发展,仅长汀手工业户从 1951 年的 781 户猛增到 1953 年的 1187 户。上杭的私营小纺织厂也有所恢复和发展,1950—1952 年仅上杭县城关就先后建有利民织布厂、天天织布厂、益民织布厂、琴岗织

---

① 龙岩地区地方志编纂委员会:《龙岩地区志》卷六《农业》,1992 年。
② 林举垣:《新中国成立初期闽西手工业》,《闽西文史资料》第 1 辑,第 82 页。

布厂4家,从业人员205人。1952年,"全区手工业有从业人员16198人,总产值1180万元,占工农业总产值的10.2%,占工业总产值的56.1%,行业有26个。主要产品有竹、木、棕、藤、农具、家具、五金制品、工艺美术品、土纸、土陶瓷、火柴、烟丝、蚊香、服装、鞋帽、油漆、食品等100多种"①。

（四）疏通商品流通渠道,促进城乡物资交流

新中国建立前后,城乡商品流通渠道阻塞,导致一方面城市工业品滞销,农副产品供应不足;另一方面农村农副产品滞销,工业品缺乏。城乡物资交流阻滞成为影响经济恢复和发展的最突出问题。为了疏通产品的供销渠道,活跃城乡物资交流,满足人民生产和生活的需求,人民政府采取了一系列具体措施。

一是恢复和发展交通运输。新中国成立前,战争造成公路毁损严重。为了迅速恢复交通,龙岩专署于1949年11月1日成立闽西交通管理处,并在龙岩、长汀、上杭设3个分处,组织工程技术人员并发动群众抢修干线公路。到年底,修通了厦隘线、建朋线、龙峰线,共482公里。1950年6月起,先后有华东公路修建指挥所福建分所第十二工程处,省公路局漳龙路测量队和第三筑路大队的第四工程队,专区公路修建委员会,省公路修建指挥部第三测量队的一、三、五、六工务段,交通部第三工程局第三工程处的第二测量队,省第三公路工程局三处的一、三工程队等单位,对各线公路分别进行抢修、整修、改建,使路况不断提高。

二是鼓励私商从事城乡间的购运业务。新中国成立以后,农村经济有所恢复,尤其是农副土特产品产量迅速增加,但商品流通渠道不畅,使大量土特产品积压。旧中国城乡之间的商业流通渠道主要是由私营经济构成的。他们在长期的经营中建立了广泛的商业网,触角伸至城乡各地及偏远地区。为了尽快打开农副土特产品的销路,恢复商品流通,活跃市场,发展生产,人民政府实行鼓励私商购运的政策。"1950年下半年,全区人民银行开始对个体手工业开办信用放款（期限1～3月,月息3.3分）,1951年7月,为活跃城乡物资交流,对私营商业增加信用放款和埠际购销放款。长汀、上杭县支行还对私营商业开办出口押汇和定期质押放款。"②以支持一些有利于国计民生的个体手工业私营商业,解决其短期小额的资金困难,使之为促进交流、活跃市场服务。

三是利用群众性传统庙会或国庆、元旦、春节,组织物资交流大会。新中国成立初期,城乡贸易一度出现活跃势头,但受1951年冬至1952年春"三反"、"五反"运动的影响,1952年年初再度出现了城乡物资交流不畅、市场萧条的局面。为了扭转不利局面,1952年秋开始,由各县供销社牵头组织物资交流会,各基层供销社和县公司参加,并邀请乡镇企业、国营商业部门和毗邻地区的商业单位和当地农民参加,随后发展到利用当地传统庙会,每年均组织几次物资交流会。1952年8月16—19日,连城城关开展了首

---

① 林举垣:《新中国成立初期的闽西手工业》,《闽西文史资料》第1辑,第82页。
② 龙岩地区地方志编纂委员会:《龙岩地区志》卷二十二《金融》,1992年。

届为期四天的物资交流大会,来自各地的商贾、群众4万余人,人山人海,热闹非凡,购销两旺。四天的购销总额达旧币29亿5千8百56万2千元,比一般节日高出3倍。"1952年9月27日—10月2日,龙岩县供销社在城区召开第1次城乡物资交流会,有13万人次参加,成交总金额28.9万元。其中工业品占58.3%,农产品占41.7%。同年9—11月,永定县下洋、坎市、湖雷召开3天初级市场物资交流会,为群众推销滞销的土烟、白叶、硫黄、木柴、木炭、箩笪等农副产品,扩大了购销,活跃了市场。"[①]1953年,全区各地共召开物资交流会46次,有45万人参加,成交总金额178.59万元。

四是建立国营商业和供销合作企业的各级商业网点,经营农土特产品的购销业务。各地开展的城乡物资交流大会促进了农业生产的恢复和发展,促进了工业生产及整个国民经济的恢复和发展。但是其操作主要通过行政手段,结合运用市场机制来进行,具有非常年性和非持久性的特点。要从根本上解决人民对商品的供求和农副产品的收购与推销,必须建立正常的商品流通渠道。除了鼓励私商从事购运以恢复传统的流通渠道,人民政府还着手建立人民自己的商业组织。新中国成立伊始,龙岩在没收官僚资本主义商业的基础上,建立了社会主义国营商业。1950年,长汀贸易公司龙岩营业组成立,成为龙岩第一个国营商业企业。是年5月起,全区各县先后建立国营商业机构,实行"一条鞭"垂直领导和集中统一的商业管理体制。对国计民生有影响的粮、油、棉、布匹、木材等主要物品,按国家计划安排市场。继后,各县成立百货、花纱布、专卖、五金、医药等专业公司,逐步形成国营商业网。与此同时还建立了群众集资入股合作商业。1951年,先后在12个区建立了以农民和其他劳动者参加组建的基层供销社。永定于1951年11月始,相继在龙岗乡、东溪、书院、古镇和下洋中川成立消费合作社。1952年6月,龙岩成立龙岩专区供销合作总社,接着各县、乡也跟着办起了供销合作社。

五是稳物价,使市场秩序逐渐转好。工农业生产的恢复,为扩大城乡交流、活跃市场奠定了物质基础。疏通商品流通渠道,使城乡物资交流畅通。一系列恢复国民经济的重大举措,为新中国龙岩商业的发展创造了极为有利的条件。

三、以国营商业、供销商业为主,个体商业和集市贸易为辅的社会主义商业体系的形成

龙岩地区在疏通商品流通渠道、促进城乡物资交流的过程中,形成了以国营商业、供销商业为主,个体商业和集市贸易为辅的社会主义商业体系,市场日益繁荣。

(一)国营商业迅速发展,并确立了在市场上的领导地位

国民经济恢复时期,首先发展的是国营批发商业,通过壮大国营批发商业,有效调节物质供求,稳定市场物价,控制和利用私营商业。1950年5月,成立了福建省贸易公

---

① 龙岩地区地方志编纂委员会:《龙岩地区志》卷十七《供销合作社》,1992年。

司长汀分公司(习惯上称"一揽子"公司),为新中国成立后龙岩专区第一个国营商业经营机构,下属龙岩、上杭、连城、永定(设湖雷)4个营业组、2个商店、2个购销组。1951年6月,长汀贸易分公司经营机构共有长汀贸易分公司(1952年12月改为长汀百货商店)及所辖的龙岩、上杭、连城、永定营业处,古田、河田、濯田、馆前、姑田、朋口、坎市、峰市、漳平营业组,广州、汕头、南昌采购组等17个。这些国营商业经营机构加强了农副产品、工业品的收购和调运,掌握了相当数量的粮、布、油、糖、盐等重要商品货源,并以比较合理的价格投放市场,抑制了市价的涨势。

其次是发展国营零售贸易。城市解放初期,国营商业仅仅掌握了批发市场和批发物价,零售市场和零售物价仍受私营商业的支配。在市场价格波动时,私商往往囤积居奇,哄抬物价,影响市民生活。因此有必要建立一定数量的国营零售公司,以保证零售市场的稳定和市民的基本生活供应。"三反"、"五反"运动以后,国营零售商业以及合作社零售业出现了空前增长的局面,国营商业进一步取得了对市场的主导地位。

1952年,国营商业网逐步形成,国营贸易公司不仅掌握了主要工业原料和农产品的购销,并对市场短缺的产品实行加工订货、预购甚至统购。与此同时,国营贸易公司(包括零售商店)还通过颁布牌价和利用供销合作社(包括城市消费合作社),控制城乡商品市场的供求关系,使得私营和个体工商业处于被领导地位。1952年,国营商业占社会消费品零售额的比重达20.87%。

此外,受统制对外贸易政策、西方经济封锁和对外贸易重心转移的影响,国营贸易公司日益取代私商成为对外贸易的主体。

(二)供销合作社商业有了很大发展

"1950年10月15日,上杭县旧县区新坊乡群众为了迅速恢复和发展生产,避免私商中间剥削,组织成立新坊村供销合作社。1951年1月21日,原苏区时期的上杭县才溪消费合作社工作人员王汉权、刘仰洪、王庆于3人牵头,发动农民入股,筹集股金1039元,在才溪圩天后宫建立起新中国成立后全区第一个乡供销合作社。随后,上杭县的通贤、旧县,长汀县的涂坊、南阳、古城,龙岩县的大池,永定县的龙岗,陆续建立基层供销合作社。此后,各县按照普遍发展、乡乡建社和按经济区兼顾行政区建社的原则,先后建立农村基层供销合作社。在城区以机关工会为主,组织职工消费合作社。到1952年,全区已建立农村供销合作社108个,城区职工消费合作社2个。"①

1951年7月成立长汀县供销合作总社,1952年6月,龙岩成立龙岩专区供销合作总社,此后上杭、永定、连城、武平、漳平、龙岩县相继成立县供销合作总社。区、县合作总社的成立,加强了对基层供销合作社的领导和组织,有效地配合国营商业部门与投机商开展斗争。1952年,全区供销社将组织生活日用品下乡作为主要任务之一,调运大量工业品到农村。各基层供销社从坐店经营,发展到组织货郎担、增设零售网点等经

---

① 龙岩地区地方志编纂委员会:《龙岩地区志》卷十七《供销合作社》,1992年。

营办法。

国民经济恢复时期,以供销合作社为主体的合作经济的迅速发展,在满足社员需要、完成国家任务、与私商竞争等方面,发挥了很大作用,成为连接城乡经济的主要桥梁。

(三)私营商业(含个体)得到恢复和发展

新中国成立初期,在统一财经过程中出现了"刹车过猛"、统得过死、过分排挤私商等现象。为了尽快恢复商品流通、活跃市场、发展生产,人民政府及时贯彻国家关于"公私兼顾、劳资两利、城乡互动、内外交流"的方针,利用私商有利于活跃市场的积极性,鼓励他们积极经营。在疏通商品流通渠道、促进城乡物资交流的过程中,私商(含个体)也有所发展。"1952年,全区7个县城乡私营商业5506户,9097人,资本总额231.76万元;其中坐商3525户,6954人,资本总额215.75万元;行商1148户,1183人,资本总额12.46万元;摊贩833户,960人,资本总额3.55万元。全年销售额6560.34万元,占社会商业销售额的64.15%。"[①]

(四)城乡(圩)市场贸易恢复

1950年,随着各地土特产贸易及其他国营专业公司的成立,各县纷纷举办土特产品展销会,组织私商联营下乡收购土特产品,向外地拓展土特产品销路。它们在土特产品集散市场收购产品的同时,及时供应农民必需的日用消费品。1950年秋季开始,各地市场转入活跃,城乡(圩)市场贸易恢复,市场交易量大幅度回升。长汀、龙岩、上杭分别于1951年、1952年和1953年在城关建棚顶市场。一些农村集镇亦先后建一批简易棚顶市场。

随着各类成分的商业组织与经营业务的发展,形成了以国营商业为主导、供销商业为助手、个体商业和集市贸易为补充的社会主义商业体系,正常的商品流通渠道开始运行。形成了国营、供销社、私营、小商小贩多种经济成分多种经营方式共同发展的喜人局面。国民经济恢复时期,由于国营商业和供销商业的发展,以及传统流通渠道的恢复,这一时期全市社会消费品零售总额呈逐年稳定增长的态势。1953年,全市社会消费品零售总额达到3998万元,为1949年度2445万元的163%,年均增长约16%。与此同时,各类商品的品种数量也逐年增多,1952年武平县内经营的品种已达5000余种,而新中国成立前,大小百货、文化用品、五金家电类也不过100余个品种。[②]

---

① 龙岩地区地方志编纂委员会:《龙岩地区志》,卷十六《商业》,1992年。
② 参见《武平国营商业建立前后》,载《武平文史资料》第15辑,第42页。

表 6-1　1949—1953 年龙岩市社会消费品零售总额增长情况

年份	社会消费品零售总额（万元）	年份	社会消费品零售总额（万元）
1949	22445	1952	3450
1950	22672	1953	3998
1951	22923		

数据来源：龙岩市统计局网上公布的统计数据，"新中国成立以来龙岩市国民经济和社会发展主要指标（五）"，http://lytjj. longyan. gov. cn/tjzt/ztzl/jg60zn/tjsj/201009/t20100902_150690. htm。

从以上分析我们可以看出，国民经济恢复时期，尽管政府在资源配置中发挥了越来越大的作用，但这种作用主要是通过调控市场来实现的，遵循的是商品运行的基本规律。正因为此间延续了商品经济的运行机制，尊重和利用了商品流通、市场运行的基本规律，才使我们在短短的三年时间里，生产得以恢复，市场重现繁荣。

第二节　国民经济恢复时期国家对私营商业的调整政策与商业发展

私营商业有投机性的一面，又有利于市场繁荣的积极性的一面。新中国成立初，中央和地方政府针对全国普遍出现的恶性通货膨胀的现象，严厉打击私营商业的投机行为，并于 1950 年初迅速实现了物价基本稳定的目标。1950 年 3 月以后，出现了商品滞销、商店关门和工人失业的困难局面。为了尽快打开商品销路，恢复和发展国民经济，党和政府对私营商业进行了第一次调整。1951 年下半年开始的"三反"、"五反"运动，使私营商业的发展再次陷入困境，党和政府实施了第二次调整。经过调整，私营商业获得了新的发展。

一、物价稳定后私营商业萎缩

1950 年上半年，私营商业出现经营困难的问题，有其特殊的历史原因。

一是新中国成立初，为了遏制恶性通货膨胀，采取收紧银根的货币政策，这无疑是正确的。但是用力过猛，让私营商业难以承受。1949 年 11 月 13 日，人民银行总行根据中财委的指示，对私营商业放贷利率由月息 240‰ 提高到 1000‰。与此同时，中央人民政府发行公债，要求私营企业必须如数如期购买，给本已处境艰难的私商再添压力。经过 1949 年至 1950 年年初多次市场波动的较量，城市私营商业疲软，大量商店歇业、关闭。以长汀为例，民国三十七年（1948 年），参加商业同业公会有 1251 户，共 20 个行业。1949 年 10 月以后，长汀私营商业开始萎缩，到 1950 年 12 月长汀私营商业仅有 14 个行业833户。①

二是新中国成立初期,许多人在处理公私关系上,歧视私营经济,用国营经济排挤、代替和限制私营经济。在城市,表现为国营商店和合作社商店经营的商品范围太宽、数量太大。在农村,有的地方在土地改革中没有很好地执行中共中央关于保护地主、富农经济和鼓励农民发展个体经济积极性的政策,对农村中一部分地主和富农兼营的工商业未进行应有的保护,使一部分农村集镇商店关闭停业,加剧了农村商业的萎缩。

然而,私营商业在实现商品流通、增加社会就业、促进国民经济尽快恢复和发展上,意义重大。它们的困难不能不引起党和政府的高度重视,并及时进行调整。

(一)私营商业的第一次调整及效果

针对物价稳定后私营商业急剧萎缩、生产经营困难的状况,中央决定对其进行调整。1950年6月,中共中央召开七届三中全会,毛泽东在会上指出:"有些人认为可以提早消灭资本主义实行社会主义,这种思想是错误的,是不适合我们国家的情况的。"②强调要贯彻《共同纲领》提出的要使各种经济成分"在国营经济领导下,分工合作,各得其所"的要求,充分利用私营、个体经济。七届三中全会以后,工商业的调整工作全面展开。配合中央和省里部署,龙岩专区采取了一系列调整私营工商业的措施。

(1)扩大贷款。1950年下半年,全区人民银行开始对个体手工业开办信用放款(期限1~3个月,月息3.3分),长汀、上杭县支行还对私营商业开办出口押汇和定期质押放款,支持一些有利于国计民生的个体手工业私营商业,解决其短期小额的资金困难,使之为促进交流、活跃市场服务。1951年7月,为活跃城乡物资交流,对私营商业增加了信用放款和埠际购销放款。"1950—1952年,全区工商放款累计放出342万元,其中,私营工商业占58.2%,个体手工业占3.8%。"③

(2)调整公私商业的经营范围,适当缩小国营商业的经营范围。1950年6月以后,决定减少国营商业的经营品种,让国营商业的主要力量放在批发业务上,国营零售业只经营粮食、煤炭、纱布、食油、食盐、石油6种人民生活必需品,其余的留给合作社和私营商业者经营。在农副产品的收购方面,国营商业主要经营大宗农产品和外销农产品的一部分,其余的则由合作社和私商来经营。

(3)在保护正当贸易、反对投机倒把、稳定市场物价的前提下,取消初级市场上一切不利于物资交流的人为障碍,对私商采购贩运不得以证照、数量进行限制。

经过调整,私营商业从1950年6月起有所起色。

一是私营工商业户由歇业多、开业少转变为开业多、歇业少。据1950年全区各县对私营工商业进行的全面普查登记,龙岩总计1156户,其中工业18户(城区16户)、商

---

① 相关数据参见长汀县地方志编纂委员会:《长汀县志》卷十三《商业》,1993年。
② 《毛泽东文集》,第六卷,北京:人民出版社,1999年,第73页。
③ 龙岩地区地方志编纂委员会:《龙岩地区志》卷二十二《金融》。

业881户(城区422户)、手工业257户。武平有253户。上杭1951年底有1231户。长汀有1339户(城区763户)2700多人,其中手工业365户、工业5户、商业816户(1951年达到1040户)。漳平有商户393家、个体摊贩200余户。1950年,全区仅城区有私营工商业户2738户,较1949年的1494户(缺上杭)有较大幅度增长。

二是市场开始活跃,成交量增加,城乡物资交流扩大。1951年,全市社会消费品零售总额达到2923万元,较1949年增长19％。

(二)私营商业的第二次调整及成效

1951年冬至1952年初,全市在私人工商业开展"五反"(反对资产阶级行贿、偷税漏税、盗窃国家财产、偷工减料、盗窃经济情报)运动中,揭露了不法资本家的五毒行为,有效制止了城市私营经济的违法行为。但是由于"三反"、"五反"运动集中对不法工商户违法行为的斗争方式主要依靠临时性的群众政治运动,而不是通过必要的制度安排和法律手段来加以规制,造成了打击面过宽和有些处理措施严重失当的问题,使一些资本家对前途失去希望,有的动摇观望,有的消极经营,有的干脆躺倒不干。1952年上半年,私营商业的发展再次陷入困境。针对私营商业出现的新困难,1952年11月12日,中共中央发布了《关于调整商业的指示》,针对其时出现的国营商店零售业务与城市合作社发展太快、批零差价不合理地缩小、公私商业经营范围失调等问题进行再次调整。中央调整商业的指示下达以后,龙岩专署积极采取措施贯彻落实。

(1)控制公私商业的零售比重。国营商店适当收缩零售业务,多做批发,停止下乡组织零售活动。国营商业在逐步扩大批发范围的前提下,以能够稳定物价、制止投机商扰乱市场为限度设置零售网点。按国家"一五"计划的要求,国营和合作商业在零售方面的比重应控制在25％,私营商业应占75％。

(2)调整公私商业的营业范围。国营商店和合作商店要减少次要商品的经营,所经营的品种主要是粮食、煤炭、棉纱、棉布、食盐、煤油等人民生活必需品,其他商品的零售业务让给私营商业或小贩。1952年,规定私营企业派人外出采购或推销,必须申请采购证或运销证,限制私商竞购竞销。1952年冬,专署对市场管理做了适当调整,规定凡进入产地的,采购品种不受本业经营限制,允许场外交易,放宽价格掌握幅度,取消初级市场上一切不利于物资交流的人为障碍。1954年,连城县为解决小商贩困难,安定他们的生活,退让出16种商品(带子、发夹、针、丝线、草席、土碗、陶器、水酒、扇子、木屐、黄烟、香烟、纽扣、鞭炮、火柴、肥皂)的零售业务全部归小商贩经营。

(3)调整银行的贷款和利息。从1952年6月25日起,中国人民银行降低放贷利率,大体比以前降低30％~50％。1952年底,存贷款利率不到1942年底的10％,接近抗战前水平。对处于困境中的私营工商业大有好处。1952年上半年,针对"三反"、"五反"后私营企业出现的资金困难问题,各县人民银行增加放款支持,把放贷重点放在私营工商业上。1953年,为配合对私营工商业的社会主义改造,对其贷款才开始紧缩。

(4)调整批零差价。为了使私商可以经营零售业务,在适当调整公私经营范围的同时,规定合理的批零差价,使私商有利可图。之前为了控制物价,全区国营商业全面调低百货商品牌价,调幅最大的30%,最小的4%,总平均水平调低15%。批零差价偏小,批发起点太高,使私商无利可图。"三反"、"五反"后,适当扩大了批零差价,调整批发起点。至1953年共对161种百货商品扩大了批零差价。1954年6月,对龙岩、长汀百货商店及长汀花纱布批发商店进行审价。1955年,纠正棉布、百货商品城乡价格倒挂的现象,修正部分品种的批发起点,停止部分商品对消费者直接批发,批发销售凭证按对象进行,同时,扩大对私商的批发毛利率。

经过调整,取得了很好的成效。

一是较好地控制了国营商业的批发和零售比重。1954年,全区国营商业百货商品批发额317.29万元,仅占私商同类商品购进总额的22.93%。同年,全区百货行业社会商品零售总额为744.96万元,国营商业、供销合作社和私营商业各占比重分别为6.56%、51.34%和42.10%;纺织品社会零售额为1071.44万元,国营商业、供销合作社和私营商业各占比重分别为3.63%、64.39%和31.98%;交电商品社会零售总额为24.18万元,供销合作社和私营商业各占比重分别为12.37%和87.63%。国营商业的批发、零售比重控制在比较低的水平。

二是营业额明显回升,市场由淡转旺。1952年,社会消费品零售总额达到3450万元,此后一直到"一五"结束,均保持较快增长速度。

表6-2　1952—1957年龙岩市社会消费品零售总额增长情况

年份	社会消费品零售总额(万元)
1952	3450
1953	3998
1954	5239
1955	5471
1956	6418
1957	7139

数据来源:龙岩市统计局网上公布的统计数据"新中国成立以来龙岩市国民经济和社会发展主要指标(五)",http://lytjj.longyan.gov.cn/tjzt/ztzl/jg60zn/tjsj/201009/t20100902_150690.htm(2010-09-02)。

三是私营商业经营者的经营积极性开始回升。"1952年,全区7个县城乡私营商业5506户,9097人,资本总额231.76万元;其中坐商3525户,6954人,资本总额215.75万元;行商1148户,1183人,资本总额12.46万元;摊贩833户,960人,资本总额3.55万元。全年销售额6560.34万元,占社会商业销售额的64.15%。"[①]无论户数、从业人

---

① 龙岩地区地方志编纂委员会:《龙岩地区志》卷十六《商业》,1992年。

员数还是营业额都较调整前有较大幅度的增长。

国民经济恢复时期对私营商业的调整,使私营商业在新的环境中获得了发展,是对"在国营经济的领导下各种经济成分并存、分工合作、各得其所、公私兼顾、劳资两利"的大政方针积极贯彻的结果。但由于对新中国成立初期私商的投机性仍心有余悸,对私营商业仍然不敢放手发展,尤其是对私营批发业的发展限制得很厉害。在思想认识上,把发展私营商业,即便是零售商业都看作是恢复国民经济的权宜之计,一旦经济形势好转,排挤私营商业发展就会伺机冒头,紧接下来对私营商业的银根紧缩和改造过急过快就是证明。虽然好景不长,但是这一实践为改革开放以后打破公有制"一统天下"的格局、利用和发展私营商业提供了极其宝贵的正面经验。

第三节　社会主义改造与计划经济时期商业发展

国民经济恢复时期对"在国营经济的领导下各种经济成分并存、分工合作、各得其所、公私兼顾、劳资两利"的大政方针的积极贯彻,使私营商业在此间获得了新的发展。"一五"开始后,私营商业的社会主义改造最终形成了公有制商业"一统天下"的社会商业格局和计划管理的流通体制,流通领域全面计划化、公有化,对当时经济的发展、物价的稳定起了很大的作用,但也产生了一些新的、在以后长时间里需要解决又难以解决的问题。

一、"一五"时期对商业的社会主义改造政策

对私营商业的改造在国民经济恢复时期即已开始,当时对少数经营重要商品的批发商进行改组和排除,目的是制止他们操纵市场物价。对于私营零售商主要是限制和利用,即限制其囤积投机的一面,利用其有利于促进商品流通的一面。"一五"计划开始后,出于对新中国成立初期私商兴风作浪、扰乱市场秩序的担忧和认识,加上"无商不奸"的传统观点的影响,对私营商业未来改造的设想是由国营商业和合作社商业来代替的。

1953年,按照政务院颁发的《私营企业暂行条例》和《私营企业暂行条例实施办法》,对私营工商业进行了调查登记,龙岩全区7县共有工商企业7713户,其中工业(机械、手工业)2944户、商业(主要是坐商)3111户、饮食业(不含上杭、龙岩)171户、服务业(不含龙岩)801户。① 之后,根据中央和省对私营商业改造的政策和部署,龙岩专署对全区的资本主义商业进行社会主义改造。

---

① 龙岩地区地方志编纂委员会:《龙岩地区志》卷二十《工商行政管理》,1992年。

（一）排除私营批发商

1953年底开始,龙岩地区根据各行业对国计民生的关系、利害大小,有步骤地逐步排挤、淘汰私营批发商。1953年11月,实行粮油统购统销,严禁私商经营粮食、油脂、油料、封闭粮油自由市场。1954年9月,对棉花、棉布实行统购统销,棉布定量凭票供应。与此同时,国营商业逐步扩大日用百货、五金化工、糖、烟、酒、卷烟等行业的经营业务。1954年后,国营商业逐渐控制大部分商品货源,私商基本上转向本区内国营商业批发部门进货。1955年,全区国营百货商品批发销售额558.82万元,比1954年增长76.12%。1956年,规定国家计划物资(包含农副产品)必须由物资部门统一收购、调拨和分配,企业不许自产自销,同时规定私商不准批发商品。随着国家对粮、棉、油实行统购统销和对其他农副产品实行统购、派购政策,资本主义批发商业逐步为国营商业和供销合作社所替代。

（二）稳步改造私营零售商

私营零售商数量大,类型复杂,相对于批发商业改造来说,私营零售商业的改造更为复杂,不仅要实现国营商业和合作社商业对私营零售商业的替代,还要解决私营零售商业的从业人员及其家属的工作和生活问题。

1954年1月,龙岩专区开始对私营零售商业进行社会主义改造。主要采取对资本主义商业生产资料实行"赎买"的形式,规定私营商业的利润按国家所得税、企业公积金、职工福利奖金、资方的股息四个方面进行分配,资方所得占企业利润四分之一左右。1954年7月13日,中共中央发出《关于加强市场管理和改造私营商业的指示》,对私营商业特别是零售商的改造提出了指导性意见。根据这一指示的精神,龙岩专区采取"一面前进,一面安排"、"前进一行,安排一行"的逐步推进的办法,以"留、转、包"和经销代销、公私合营等形式,对私营零售商进行改造。1956年,在农业社会主义改造高潮的推动下,对资本主义私营商业的改造也出现了全行业公私合营的高潮。在国营商业专业公司归口领导下,由私营商业主提出公私合营的申请,最后经所在县和地区对私改造领导机构审查批准加入。批准加入公私合营的私营商店,对其进行清产核资,折价入股,发给股票,并按期向合营企业领取5‰的定息。参加公私合营的有名望的资本家或其代理人,大都在企业中安排了领导职务。一般私方过渡人员,基本上都安排在门市部、仓储第一线,参加营业性劳动,使其成为自食其力的劳动者。国营专业公司对所辖属的公私合营企业的人员、资金、设备等有统一调度权,企业经营活动纳入国家计划。"当年,全区7县参加公私合营的私营商业(不含饮食、服务业),有300户,从业人员933人,资本总额79.19万元,其中不拿定息的4户,从业人员4人,资本总额0.05万元。建立公私合营商业企业99个,门市部219个,从业人员936人,资本总额91.39万元。"[①]

[①] 龙岩地区地方志编纂委员会:《龙岩地区志》卷十六《商业》,1992年。

(三)对小商小贩和流动摊贩的改造

"一五"前,人民政府对小商小贩和流动摊贩的态度与对资本主义零售商一样,采取经销代销等形式,把他们纳入国家资本主义轨道。1956年,在对私营商业的社会主义改造高潮中,对小商小贩的改造方案是:一部分并入国营、供销合作社和公私合营商业;大部分则在自愿的基础上,由十几户或几户组成独立核算、共负盈亏的合作商店或合作小组。"截至12月底,全区7个县建立合作商店16个,门市部396个,从业人员979人,资本总额18.45万元;建立合作小组376个,网点1799个,从业人员2228人,资本总额18.03万元。"①一些更为分散的极少数的小商小贩,由于不适于集中经营,仍保持经销代销的经营方式。

(四)对农村私营商业的改造

1953年以后主要农副产品的统购统销和订购派购,使私营商业的经营比重急剧下降。1954年,由于国营和合作社商业推进太快,对农村私商排挤太多。1955年1月,全国供销合作总社召开农村私营商业改造工作会议,会议认为,农村私营商业在活跃城乡物资交流中还有一定作用,要通过各种形式利用和改造农村私商。根据会议精神,龙岩专区对农村资本主义商业的改造,主要将它们改造为供销合作社的门市部或附属企业。对小商小贩的改造,采取经销、代购代销、合作商店(小组)、公私合营等多种形式,此外,还保留了少数私营商业(主要是个体商贩)。

(五)对饮食业的改造②

新中国成立初期,本区开始恢复、发展个体饮食业。到1955年底,个体饮食业有坐商1444户,从业人员1852名,资金9.24万元。1956年底,全区私营饮食业的社会主义改造基本上完成,共改造私营饮食店961户,从业人员1274人。其中,过渡为国营和供销合作社经营的200户,从业人员368人;公私合营18户,从业人员55人;组成饮食合作店224户,从业人员285人,饮食合作小组519户,从业人员566人;仅保留私营饮食店154户,从业人员158人。

(六)对服务业的改造③

新中国成立前夕,全区各县城区有旅馆90家,其中长汀28家、龙岩24家、上杭22家、连城和漳平各4家、武平3家、永定5家。

1956年,对私营服务业进行社会主义改造,把私营旅社、客栈分别转为国营或组织公私合营和合作旅店,并陆续兴建新的国营旅社。1956—1959年,先后建立了龙岩人民

---

① 龙岩地区地方志编纂委员会:《龙岩地区志》卷十六《商业》,1992年。
② 参见龙岩地区地方志编纂委员会:《龙岩地区志》卷十六《商业》,1992年。
③ 参见龙岩地区地方志编纂委员会:《龙岩地区志》卷十六《商业》,1992年。

服务社、汀州旅社、连城旅社,永定县人民旅社和上杭县人民旅社。1958年"大跃进"时,公私合营旅社全部转为国营。

新中国成立初期,照相业无多大发展。1956年,龙岩、上杭、长汀、漳平、连城5县,共有私营照相馆29家,经社会主义改造,被组成为公私合营的合作经营的9家。1958年"大跃进"时期,全部转为国营企业,集体、个体照相一律被禁止。

1949—1950年,龙岩城关的理发店为17家、上杭18家、武平4家、连城47家、漳平17家。1952年,龙岩县总工会在城关四口井,因陋就简地开办了本区首家集体所有制、合作性质的工人理发室,实行集体定票、定期理发。1955年,在对各县城个体理发业实行社会主义改造过程中,长汀县率先把城关个体理发店组织起来,成立了5个理发合作社。此后,上杭、龙岩、永定、武平、漳平、连城相继组织理发合作店(社)。

1956年12月底,全区基本完成了对私营(个体)商业、饮食业、服务业的社会主义改造,消灭了剥削阶级,全面确立了社会主义商业体系和市场,国营商业和供销合作社成为社会主义市场的主体和领导力量。全区7个县私营(个体)商业、饮食业、服务业,仅保留978户、1099人,分别占原私营(个体)商业、饮食业、服务业总户数的15.68%,总人数的12.79%,销售额的比重下降了2.26%。

表6-3 1956年底全区7县私营商业、饮食业及服务业社会主义改造情况

行业	原有		已改造数				其中							
			小计		占原有百分比(%)		国营商业合作商业		公私合营		合作商店		合作小组	
	户数	人数	户数	人数	户数	人数	户数	人数	户数	人数	户数	人数	户数	人数
全区合计	6238	8593	5260	7494	84.32	87.21	744	1316	348	1077	1054	1490	3114	3611
商业	3894	5509	3421	4955	87.85	89.94	538	940	300	933	676	989	1907	2093
饮食业	1115	1432	961	1274	86.19	88.97	200	368	18	55	224	285	519	566
服务业	1229	1652	878	1265	71.44	76.57	6	8	30	89	154	216	688	952

表6-4 1956年底全区7县私营商业、饮食业及服务业社会主义改造情况

行业	原有		已改造数				未改造数			
					占原有百分比(%)				占原有百分比(%)	
	户数	人数	户数	人数	户数	人数	户数	人数	户数	人数
全区合计	6238	8593	5260	7494	84.32	87.21	978	1099	15.68	12.79
商业	3894	5509	3421	4955	87.85	89.94	473	554	12.15	10.06
饮食业	1115	1432	961	1274	86.19	88.97	154	158	13.81	11.03
服务业	1229	1652	878	1265	71.44	76.57	351	387	28.56	23.43

二、"一五"时期商业的社会主义改造的成效与问题

"一五"期间,人民政府依靠行政和经济两种手段,顺利实现了对私营商业的全面改造,有效控制了流通领域。同时由于这一改造过程速度迅猛和形式单一,产生了许多新问题,严重影响了此后的商业发展。

(一)"一五"时期商业社会主义改造的成效

首先,对私营商业的全面改造结束以后,形成了国营商业和供销社商业为主体的社会商业格局,扫除了流通领域的竞争者,有效控制了流通领域,使国家能够对有限的资源加以控制和计划分配,保证了国家工业化战略的顺利实施。

其次,在对私营商业的改造中,各县组织了数量较多的合作店(组),比如长汀有小商1234户组成合作店(组),龙岩城区合作商店23个,合作小组414个,经销代销店19个。此外,还保留了一些零星个体和农民贸易。他们自负盈亏,分散经营,方便了人民群众的生产生活,使城乡市(圩)维持了一定程度的繁荣。1957年,全区社会消费品零售总额达7139万元,较改造前的1954年增长36%,年均增长12%。

(二)"一五"时期商业社会主义改造产生的问题

"一五"时期商业社会主义改造产生的问题,具体说来表现在以下几个方面。

一是对小商小贩合并过多,给人们生产生活带来不便。改造中几乎把全部的小商小贩都组织成了合作商店和合作小组,使城乡零售商业网点急剧减少,给老百姓带来了极大的不便。比如不适当地把合作商店过多撤摊并店,致使饮食网点大量减少,改造完成后仅保留私营饮食店154户,从业人员158人。理发店也由于网点撤并过多,又不准个体营业,出现"理发难"的问题。

二是经营管理的改变导致经营积极性下降、经营特色消失。全行业公私合营以后,对合营和合作商店实行统一核算,取消奖励分红的"大锅饭"制度,使许多店员的经营积极性不高、服务态度不好,经营效益下降。管理模式的一般化使许多商店的特色经营、传统技术丧失,比如在饮食经营和烹调作业上,日益"食堂化"、"大锅化",花色品种大量减少,传统服务项目和风味特色逐渐消失。

三是经营主体与流通渠道的减少,形成了公营商业垄断市场的体制,抑制了市场的活力。根据国家"一五"计划的安排,各地要根据具体情况,定出一个既能够稳定物价,又能维持私营经济经营的关于零售额方面的比重,提出"一五"末,在社会商品零售总额中,纯私营零售商业的比重要保留在25%左右。并使这种公私比重稳定一个时期。但实际上,对私营商业改造以后,全区国营商业占71%,供销证为主的集体所有制商业占26.74%,私有制商业占2.26%。到1957年底,在社会商品零售总额中,国营商业占

20.5%,纯私营零售商业的比重要保留25%的要求提前超额完成了。

经过改造,各种类型的私营商业迅速、大量地被纳入国家资本主义和合作化的轨道,而且由于国营商业和供销合作社商业控制了全部商品的批发业务和主要商品的零售,国家资本主义商业、合作商店、合作小组在进货上都离不开国营商业和供销合作社商业,并接受其领导,形成了公有制商业垄断市场的体制。

经营主体与流通渠道的减少,公有制商业垄断市场体制的形成,造成流通领域的窒息,抑制了市场的活力。"一五"时期商业社会主义改造产生的这些问题,成为此后计划经济时期商业发展的主要问题,一直未能从根本上解决,并有所恶化。

三、计划经济时期的商业发展

鉴于在私营商业的改造结束以后,一直到改革开放以前,商业的经营主体、流通渠道、运行体制的变化不大,不另辟一节专门介绍计划经济时期的商业,只在这一节末对计划经济时期商业发展过程作一个简单叙述。

(一)计划经济时期的商业变迁

1. 所有制变迁

1958—1960年,受"所有制越大越公越好"错误指导思想的影响,社会主义改造时保留下来的大部分私营商业(含个体商贩)、合作商店、合作小组商业全部过渡为国营商店,同时把公私合营商业逐步调整为国营商业,社会上私营商业已基本不存在。

在"大跃进"的影响下,本区国营商业实行政企合一,各县专业公司被撤销,大量撤点并店,商业网点大量减少(新罗城区仅存60~70家的国营零售商店),因零售网点撤并和按行政区组织商品流通,造成流通渠道阻滞,出现了货源奇缺、供应紧张、物价上涨、商品凭票凭证供应的范围不断扩大的问题。同时,商业部门又开展"大购大销"运动,收购和生产大量质次、价高,甚至没有使用价值的商品,给国家造成了重大经济损失。

在农村,合作商店、合作小组全部转为国营商店后,同时取缔农民自留地和家庭副业生产,集体供销社成为单一的商业经济成分,圩市关闭,给农民的生产生活带来了极大不便。1959年6月,中共中央连续发出指示,强调恢复农民自留地和家庭副业生产。1961年6月,中共中央发出《关于改正商业工作的若干规定》(试行草案),强调国营商店、供销合作社、农村集市贸易是我国现阶段商品流通的三条渠道,要把过去撤销或合并的供销社恢复起来,把过去撤散的合作商店、合作小组恢复起来,有领导地开放农村集市贸易,恢复过去行之有效的物资交流庙会、合作货栈等传统流通形式。为了贯彻中央的通知精神,各县把"大跃进"时期过渡到国营商业的合作商店、合作小组的人员退了出去,恢复了合作商店、合作小组的组织形式。"到1965年底,全区恢复合作商店154个,合作小组289个,共有职工2574人。"①

与此同时,为了发挥私营商业的补充作用,全区各县把原过渡为国营商业的私营商店退出自营。"1962年,全区共有私营商业4509人,1965年增加到5156人。"②

1962年9月,中共八届十中全会后,工商部门受到阶级斗争扩大化、绝对化的影响,把长途贩运视为投机倒把,不允许农民从事商业活动。"文化大革命"期间,合作商店、合作小组的正当经营和权益不但得不到保护,甚至被斥为"所有制的大倒退",因而大砍合作商店、合作小组,有的并入国营商业,有的连同其家属下放农村安家落户。据不完全统计,"全区共撤掉合作商店、合作小组371个,共有职工2150人"③。同时把公私合营商业企业全部并入国营商业企业。1970年2月5日,中共中央发出《关于反对贪污盗窃,投机倒把的指示》,提出取缔"地下工厂、地下商店、地下建筑队、地下俱乐部"的极"左"政策,重申除国营商业和有证商贩外,任何单位和个人一律不准从事商业活动。在越来越"左"政策的指导下,全区商业工作遭受破坏,各级商业机构网点大精简、大合并,原本所剩无几的私营商业几乎全部被取缔,到1976年底,全区私营商业只剩下37人。国营商业独家经营,城乡分割,流通阻塞,供应紧张,市场萎缩,出现"买东西难、食宿难、理发难、修理难"的现象。如在长汀,1956年长汀私营商业实行社会主义改造,在城关638家商业饮食服务业中直接过渡国营的39户195人,公私合营的34户266人,为国营经销代销的3户26人,组建合作店(组)的287户370人;1957年剩余的275户288人也分别组成和加入合作商店。农村私营商业则一律改为供销社的代销点。公私合营商店在1958年人民公社化时,全部改为国营,从业人员改为国营企业职工。改造完成后,长汀的私营商店消失,只余国营和集体商店60家左右,饮食店5家,到1969年,由于上山下乡运动等因素的影响,集体商业从业者仅余68人,人们过上了外出就餐、购物均要排队的历史。此后,由于商业凋落、物流不畅以及各种造反运动的影响,人民生活长期得不到改善,据1980年调查,长汀县34个老区村,其中人均年口粮400斤以下的有21个村,300斤以下的有16个村,人均年收入50元以下的有17个村。④

2. 集市贸易的变迁

1958年"大跃进"期间,在"左"的政策影响下,错误地认为农业实行了合作化,资本主义工商业进行了社会主义改造,切断了城乡资本主义的联系,集市贸易便没有存在的

---

① 龙岩地区地方志编纂委员会:《龙岩地区志》卷十六《商业》,1992年。
② 龙岩地区地方志编纂委员会:《龙岩地区志》卷十六《商业》,1992年。
③ 龙岩地区地方志编纂委员会:《龙岩地区志》卷十六《商业》,1992年。
④ 中共福建省委党史研究室:《50年50事——1949—1999年福建大事实录》,北京:中央文献出版社,1999年,第371页。

必要,以致限制和取消了农贸市场,给群众生产生活带来了很大困难。龙岩县 1960 年集市贸易成交额仅 37 万元,占社会商品零售总额的 1.38%,是新中国成立以来最低点。1960 年底,在贯彻中共中央《关于农村人民公社当前政策问题的紧急指示信》后,全区恢复了 169 个贸易市场,占原有 179 个的 94.4%,大部分集市为 10 天一大圩,5 天一小圩。1961 年 4 月,上市品种平均为 127 种,比恢复前增加 74.8%。到年底,全区无证商贩城关 1080 人,农村 2106 人,市场趋向活跃。1961—1962 年,在中央"调整、巩固、充实、提高"八字方针的指导下,1963 年集市贸易日益活跃,全区社会商品零售额上升。农副产品采购数,1963 年 1 月至 8 月比 1962 年同期增加 103.56 万元。市场上出现了许多多年未见的副食品,集市商品价格也普遍下降,市场的好形势一直延续到 1966 年上半年。

1966 年 6 月 28 日,国家工商行政管理局提出"农村市场必须认真贯彻'管而不死,活而不乱'的市管方针,坚决制止自发资本主义势力"。但其时,"文化大革命"已开始。1966 年 12 月 29 日,国务院转发北京市革命委员会《关于加强市场管理,坚决打击投机倒把的通令》,提出坚决取缔自由市场,把集市贸易说成为"复活资本主义的温床"、"资本主义的尾巴"。在"堵住资本主义的路"和"割资本主义尾巴"错误做法的影响下,本区各地在执行中片面强调"管",忽视"活",硬性关闭粮食市场,把传统的 5 天一圩的插花圩改为 10 天(即初一、十一、二十一)一圩的统一圩日,把生产队和社会上的正当交易活动限定在县与县的毗邻地区之间,超出上述范围的,就视为长途贩运或投机倒把,给予打击。对集市贸易的管理也越来越紧,1975 年,商业部通知"严格限制集市的交易对象、品种、价格和圩期。各地统一的圩期有利于限制投机活动,节约劳力,应当坚持,但集期的间隔不宜太长"。1975 年后,本区大部分集镇增加了圩期,改为 7 天一圩,但硬性规定星期天为圩日,群众生产生活仍受束缚。1976 年 1 月,各县执行地区关于生猪由国家统一收购、统一经营的办法。1977 年 5 月,执行省革委会通知,每户社员向国家交售 1 只家禽、1 斤鲜蛋,社队集体上市的禽蛋应交售给国家;禽蛋只许生产者、消费者之间直接交易,不准贩运。6 月,地区召开全区工商局长会议,提出联系市场阶级斗争实际,批"修"批"资",批判自由种植、产品自由分配、自由上市、副业单干、弃农经商等"资本主义倾向",反对长途贩运等,于是一些农副产品转入"黑市交易"。

中共十一届三中全会后开始纠正"左"的错误,鼓励农村发展社会主义商品经济,促进商品流通,龙岩专署根据各地群众意见做出了恢复传统圩的决定。

(二)计划经济时期商品贸易的发展

1958—1978 年间,虽然经历了"大跃进"和"文化大革命"的非常时期,对商业和市场的发展起到了一定的阻碍作用,尤其是个、私商业的发展,基本上处于被遏制状态。但由于人口的增加等原因,以计划经济为主导的社会主义公营商业的发展仍然是快速和稳步的。从下表可以看出,由 1958 年到 1978 年底,在商业机构(网点)和人员相对减少的情况下,通过商业销售的商品总量仍然大幅度增加,1958年龙岩社会消费品零售总额仅有7771万元,到1978年增加到21995万元,年均增长8%。

表6-5 1958—1978年龙岩社会消费品零售总额变化

年份	社会消费品零售总额(万元)	年份	社会消费品零售总额(万元)
1958	7771	1969	11364
1959	9928	1970	12306
1960	10387	1971	14560
1961	7581	1972	14790
1962	8408	1973	15570
1963	9120	1974	16089
1964	9568	1975	16994
1965	10142	1976	18984
1966	10769	1977	19480
1967	11006	1978	21995
1968	9772		

资料来源:龙岩市统计局网上公布的统计数据,"新中国成立以来龙岩市国民经济和社会发展主要指标(五)",http://lytjj.longyan.gov.cn/tjzt/ztzl/jg60zn/tjsj/201009/t20100902_150690.htm(2010-09-02)。

与此同时,由于"大跃进"和"文化大革命"的极"左"路线的影响,集体合作经济比重大大下降,个私商业荡然无存,国营商业占据绝对的主体和领导地位,形成了国营商业"一统天下"的社会商业格局。这种格局虽然有效地控制了流通领域,但与此同时,也使高度集中的商业管理体制的弊端暴露无遗,作为一个代价昂贵的不成功模式,为日后的思想解放和经济体制改革创造了空间。

第四节 闽西现代工业的兴起与发展

在传统的自然半自然经济的农业社会,商业贸易的发展依赖农副业、手工业的发展和水运的畅通。但是在现代商品经济社会,商业贸易的发展则主要依赖现代工业(含交通运输业)的发展。1949—1978年,全区现代工业的兴起和发展为此间及此后的商业发展发挥了至关重要的作用。

一、闽西现代工业的兴起和发展

新中国成立初期,龙岩地区的现代工业几乎是一片空白。为了改变这种状况,贯彻国家工业化的发展战略,从"一五"开始到改革开放以前,经过"一五"的规划起步、"大跃进"时的大干快上和急速回落、60年代上半期的调整提高、70年代以后的平稳发展,建立了一批涵盖烟草、机械、化工、造纸、煤炭、电力、水泥、食品等在内的门类比较齐全的现代工业体系,为改革开放以后龙岩工商业迈出新的一步打下基础。

(一)"一五"时期龙岩现代工业的规划起步

现代工业的典型特征首先是机械化。新中国成立前,全区工业生产基本处于手工业生产阶段,称得上机器工业的,仅有4个私营电厂和龙岩卷烟厂(1951年购买南方、三友两家私营企业基础上成立)。1949年,全区有小型工业企业34个,工业产值1591万元,人均产值仅14.6元。在手工业比较发达的上杭、长汀两县,其工业产值分别列全区第一、二位。当时,龙岩县位于全区第4位。全区较大宗的工业产品为生铁0.18万吨,原煤0.67万吨,木材4.16万立方米,土纸1.04万吨,发电量23万千瓦时,卷烟0.04万箱。

1951年,为了改变其时全国各地尤其是中小城市工业生产极其落后的状况,中央人民政府政务院发出通知,提出发展地方工业"三服务"、"三就地"的指导方针,要求大力发展地方工业。"三服务"即发展地方工业为农业生产服务、为农副产品加工服务、为人民生活服务。"三就地"为就地取材、就地加工、就地销售。根据政务院通知,龙岩地委和龙岩地区专员公署着手制定《龙岩地区地方工业发展规划》。规划提出:兴办一两个直属地区的工业企业。决定将原龙岩"南方"和"三友"两家私营手工卷烟厂,采取收买的办法将其合并成立龙岩公营卷烟厂(并改名为龙岩地区国营龙岩卷烟厂),将另一家汽车修理个体户的几部小型手工机床和简易铸造设备买下来成立龙岩公营机器厂;在每个县各兴办三个小型工业项目,即每个县兴办一个小火力发电厂、一个小印刷厂、一个小松香厂。小火电厂既解决了各县城的照明问题,又为发展小型工业提供动力用电。小印刷厂主要印刷小学教科书及机关所需印刷品。小松香厂则是利用我区丰富的林业资源,发达农户采集松脂,发展农村经济,并寻求松香出口,为地方财政创造收入。同时利用侨资在龙门兴建公私合营机制厂。这个规划得到省人民政府的批准,并给龙岩拨款100万元资助。在地委、专署领导和省工业厅领导的支持下,在地直有关部门和各县党委、政府的共同努力下,所规划的项目在"一五"期间全部逐一得以实现。① 此外,1951年兴办龙门造纸厂,结束了本区没有机器造纸的历史。1953年,龙岩专署公安处

---

① 李达:《龙岩地区地方工业起步的回顾》,《闽西文史资料》第1辑,第78~81页。

率先在溪南开办"建新煤矿"（为福建煤电公司翠屏山煤矿的前身，为本区首家国营煤矿）。1957年，由华侨投资，装机容量16千瓦的永定大溪水电站动工兴建，填补了我区水电事业的空白，一批小冶炼、小水泥、食品、国防等企业也得到了相应发展。到1957年，全区国营工业企业达167家（包括新建的龙岩机器修造厂、漳平松香厂、造纸厂、酒厂、上杭印刷厂、酒厂、连城松香厂、瓷厂、西山煤矿等），全区工业产品增加了机制纸、松香、松节油、竹、火柴、酒、锰、钨、水泥、棉布、铁锅、皮革、陶瓷、雨伞等品种。1950—1957年，全区工业生产以每年递增18.59%的速度增长。到1957年，全区工业产值6224万元，比1949年增长2.91倍。

经过"一五"计划，我区地方现代工业已经粗具规模，这期间兴建的许多企业在改革开放后成长为我区现代工业的骨干，龙岩卷烟厂已经发展成为国家大型二级企业，龙岩机器厂成为省内定点专业水泵厂，各县松香厂都已成为相当规模的林产化工厂，松香出口曾占全省三分之二，占全国十分之一。但工业生产设备较落后、工艺水平较简单、规模也比较小。

（二）"二五"时期龙岩工业的大干快上和急速回落

1958—1960年，受急躁冒进的"左"的思想的影响，龙岩工业大干快上，不顾实际条件，大办工业，一些公私合营企业和手工业合作社也改为国营工厂，"先后组建潘洛铁矿、漳平煤矿、苏邦煤矿、龙岩风动工具厂、马坑铁厂、龙岩青年电机厂、田螺形煤矿、龙岩林业汽车保修厂、龙岩贮木场、永定文溪铁厂、池溪铁厂、漳平钢铁厂、龙岩中粉电厂、龙岩矿务局等一大批国营企业。全区国营企业猛增至359家，职工3.64万人，产值4824.4万元，比1957年增长54%"①。但由于盲目发展，基本建设战线过长，行业比例失调，效益很差。1961年，根据"调整、巩固、充实、提高"的方针，对一些原料不足、产品质量差、效益低的企业进行关、停、并、转。"1962年，国营企业减至106家（省属23家，地区属6家，县属77家），职工1.3万人，产值4538.2万元。"②从下表可以看出，1958—1960年，因上马了一大批工业企业，连续三年工业产值维持在1亿～1.2亿，比1957年的五千万增长了一倍以上。但紧接着，龙岩工业生产急速回落，1961—1964年的4年间，龙岩工业产值均未达到1957年的水平，陷入徘徊时期。加以"三年自然灾害"的影响，全区人民生活陷于困境。

---

① 龙岩地区地方志编纂委员会：《龙岩地区志》卷十四《工业》，1992年。
② 龙岩地区地方志编纂委员会：《龙岩地区志》卷十四《工业》，1992年。

表 6-6　1950—1978 年全区工业总产值变化情况

年份	工业总产值(万元)	年份	工业总产值(万元)
1950	1497	1965	6499
1951	1739	1966	8301
1952	2250	1967	7679
1953	2697	1968	5793
1954	3580	1969	9095
1955	3552	1970	10780
1956	3751	1971	15728
1957	5021	1972	19170
1958	10247	1973	23454
1959	12521	1974	25289
1960	11018	1975	26158
1961	4928	1976	27704
1962	4446	1977	33375
1963	4715	1978	38358
1964	4938		

资料来源:龙岩市统计局网站统计专栏公布的新中国成立以来龙岩市国民经济和社会发展主要指标(四) http://lytjj. longyan. gov. cn/tjzt/ztzl/jg60zn/tjsj/201009/t20100902_150691.htm (2010-09-02)。

值得庆幸的是,在此期间,各县根据自身资源优势和人民生产生活的需要新建了一些煤矿、冶金、水泥、无线电修配、汽车保修、农业机械等企业,在贯彻落实中共中央关于工业生产"调整、巩固、充实、提高"的八字方针中,得以充实、提高,许多企业在日后成为本区内或各县(市)的骨干企业,比如龙岩地区汽车保修厂、漳平新桥煤矿等日后均成为当地的知名企业。

(三)60 年代中后期缓慢发展

针对"大跃进"工业发展中面临的问题和困难,中共中央提出了关于生产实行"调整、巩固、充实、提高"的八字方针。经过调整,1965 年"国营企业调整为 92 家(省属 24 家,地属 2 家,县属 66 家),占工业企业总数 482 家的 19%"[1]。随着产业结构和工业布局的调整,加以战备时期上海等地纺织厂内迁,工业生产逐步回升。1963—1965 年,全

---

[1] 龙岩地区地方志编纂委员会:《龙岩地区志》卷十四《工业》,1992 年。

区工业生产以每年递增13.8%的速度增长。但在"文化大革命"初期,由于"停产闹革命"、"亏损停并"等原因,全区工业企业又由1965年的482个,降至1968年的351个,工业生产出现回落,产值也相应下降。1968年的工业产值5793万元,比1966年下降30%。此后,中央提出"抓革命、促生产",工业生产有所发展,1970年,工业产值突破亿元大关,达到10780万元,比1957年增长1.14倍,年均增长8%。也就是说,在"一五"计划以后的13年间,工业生产虽然有所发展,但非常缓慢。

此间,新建的工业企业很少,新建长汀红旗机器厂、地区水泥厂、雁石机械厂等。1970年,全区国营企业115家。此外工业企业的经营管理、设施设备也没有得到较大的提高。

(四)70年代以后现代工业的平稳发展

进入70年代以后,人们抓革命的热情减弱,把更多的精力放在生产上。其时,国家号召"工业学大庆"。各县人民以大庆工人为榜样,发扬自力更生、艰苦奋斗、勤俭建厂的精神,克服了重重困难,掀起大抓工业建设的高潮。

一是通过对原有企业进行技术改造、扩建和健全管理制度,生产逐步回升。70年代后,通过健全企业的管理制度,使很多企业的生产能力得到提高。此间林产工业得到普遍发展,1958年国家投资的骨干企业龙岩风动工具厂(即华龙机械厂)投产后逐渐发挥效益,一些外地内迁厂也恢复和增强生产能力。此外龙岩卷烟厂等大型企业不断地进行技术改造、添置设备,陆续扩建。因而1970年全区工业产值达1.078亿元。

二是复办一批工业企业。1971—1975年,在"全民办工业"的推动下,对一些在国民经济调整中停办但符合经济社会发展要求的企业予以复办。此间复办的企业有些在日后成为本区乃至全国的知名企业。比如始建于1960年、1970年复办的龙岩无线电厂(注:福建龙净股份有限公司的前身)和始建于1959年、1970年复办的龙岩地区农械厂(龙岩拖拉机厂、福建龙马集团的前身)。

三是新建一批工业企业。70年代后,由于经济建设发展形势的需要,国家重点投资煤炭、钢铁等重工业项目,省、地先后投资兴办一批厂矿,主要有马坑钢铁厂、龙岩钢铁厂、省煤机厂。此间先后新建的其他企业还有龙岩县合成氨厂、龙岩县化工厂、龙岩地区水泥厂、地区轴承厂、龙江化工厂、地区造纸厂、龙岩铁山电厂、省锻压机床厂、地区综合食品厂和各县化肥厂。

1971年10月投产的龙岩市合成氨厂(初期称化肥厂)改变了龙岩农用化肥靠外地调进的状况。1973年投产的龙岩市化工厂于1976年被福建省命名为"大庆式企业",成为福建化工战线的一面旗帜。

在"全民办工业"的推动下,1971—1975年,全区工业以每年递增16.17%的速度发展。到1975年,"全区工业总产值上升至2.85亿元。到1976年,国营企业发展到180家,占工业企业总数567家的31.7%,有职工42547人,产值23333万元,占全区工业总产值的 86.3%"①。随着"文化大革命"10 年动乱结束,全区工业生产逐步形成稳定上升的良好势头,特别是 1978 年中共十一届三中全会后,全区工业建设开始进入迅速发展的时期。1979 年,全区工业产值迅速上升至 4.41 亿元,比 1975 年猛增 54.7%。

二、闽西现代陆路交通的发展

新中国成立时,全区 70% 的货物运输靠水运,仅有 30% 靠陆路运输,交通非常落后。新中国成立以来,经过对原有公路进行抢修、整修、改建和新修、增建铁路、公路,到 1976 年,建成了包括铁路、国道、省道、县道、乡道、专用道的交通运输体系,全区境内铁路(含支线)达到 194 公里,通车公路达到 3136 公里,为此间的物资交流、商业发展提供了便利的交通条件。

(一)1949—1956 年,抢修、整修、改建原有公路,交通迅速恢复

"1949 年 10 月前后,全区有公路 11 条、726 公里,但可以勉强通车的仅剩 5 小段、177 公里。新中国成立初,为了迅速恢复交通,龙岩专署于 1949 年 11 月 1 日成立闽西交通管理处,并在龙岩、长汀、上杭设 3 个分处,组织工程技术人员并发动群众抢修干线公路。到年底,修通了厦隘线、建朋线、龙峰线,共 482 公里。1950 年 6 月起,先后有华东公路修建指挥所福建分所第十二工程处,省公路局漳龙路测量队和第三筑路大队的第四工程队,专区公路修建委员会,省公路修建指挥部第三测量队的一、三、五、六工务段,交通部第三工程局第三工程处的第二测量队,省第三公路工程局三处的一、三工程队等单位,对各线公路分别进行抢修、整修、改建,使路况不断提高。"②

1956 年 4—6 月,专署交通局和各县交通局(科)相继成立,着手制订全区交通发展规划,拉开了全区县乡公路建设的序幕。是年 6 月,龙岩至漳平公路建成,实现了全区县县通汽车的规划。

(二)1956—1965 年,新修增建铁路、公路干线、支线,交通迅速发展

在实现全区县县通汽车后,山区人民长期苦于交通不便,渴望进一步发展交通事业。1957 年 7 月,第一条民办公助的漳平至永福公路建成。是年,全区通车公路共 775 公里,超过民国时期筑路的总长。

1958 年,全区掀起了"全民办交通"的筑路热潮。当年发动民工 400 万人次,筑路 1020 公里。1959 年,在农村劳力紧缺的情况下,仍然每天动员 11 万人筑路(最多时每天达 14 万人)。筑路资金除国家拨给的基建款外,主要靠人民公社就地筹集。在 1958—1960 年的 3 年间,全区新筑公路 2346 公里。但受当时瞎指挥、浮夸风的影响,工

---

① 龙岩地区地方志编纂委员会:《龙岩地区志》卷十四《工业》,1992 年。
② 龙岩地区地方志编纂委员会:《龙岩地区志》卷十三《交通》,1992 年。

程质量不过关,只有专业工程队配合施工的800余公里可以通车。但是这些新筑公路的路基虽一时不能通车,但也为日后地方公路的发展打下了基础。①

1962年起,除对已建公路做有计划的整修、改建外,还增建干线水漳(闽东水口至漳平,本区路段自半华至漳平)、杭永(上杭至永定)、武禾(武平至与江西会昌交界的禾仓坑)等干线公路。到1965年,全区通车公路总长达1896公里。加上此间鹰厦铁路建成通车,大大改善了全区的交通。

(三)1966—1970年,筑路计划停顿,交通事业遭受严重破坏

"文化大革命"初期,交通建设事业遭受严重破坏。永定富岭、上杭大岭下等公路桥梁被破坏,正在施工的上杭南门大桥的建桥负责人遭杀害,漳平卓宅大桥施工棚被烧毁。此间,交通行政管理机构也受到冲击,一度瘫痪,使筑路计划停顿,公路失养。1967年全区公路通车里程1970公里,1968年公路通车里程2052公里,均低于1966年2102公里的通车里程。公路客运、货运的周转量也低于此前1966年的水平。在1966—1970年的四年时间里,公路通车里程仅增加了112公里。

(四)1970—1978年,筑路计划继续实施,交通得以继续发展

1970年1月,公路管理机构并入专区革命委员会工交组。1972年,析出为地区革命委员会生产指挥处交通局。1973年8月,改称地区革命委员会交通局,恢复原来的交通行政管理工作。交通行政管理机构的恢复稳定,使各项工作得以恢复,筑路计划继续实施。此间公里干线开始铺设柏油路,桥涵也作永久性改建,路面质量和运力得以提升。到1978年,全区通车公路增至3526公里,比1970年的2214公里增加1312公里。此间,客运、货运的周转量也有较大幅度的提高。

此外,1972年12月,全长37公里的龙坎铁路支线竣工,1973年2月正式交付营运,主要输送永定和龙岩各产煤点生产的原煤,成为本区能源输出的主要运输线。漳龙支线于1973年2月正式营运,漳龙支线接鹰潭线,使龙岩市成为闽西、粤东、赣南3省区的公路、铁路交通枢纽。

表6-7　1949—1978年全区公路通车里程、客运货运周转量变化

年份	公路通车里程(公里)	公路客运周转量(万人公里)	公路货运周转量(万吨公里)
1949	482	22	4
1950	482	30	5
1951	531	63	6
1952	556	160	19
1953	556	434	36

---

① 龙岩地区地方志编纂委员会:《龙岩地区志》卷十三《交通》,1992年。

续表

年份	公路通车里程(公里)	公路客运周转量(万人公里)	公路货运周转量(万吨公里)
1954	562	697	84
1955	562	1331	190
1956	666	3209	940
1957	775	3781	1412
1958	1056	5992	2988
1959	1545	6638	4257
1960	1630	7153	6042
1961	1630	4463	2927
1962	1630	6865	3023
1963	1808	5892	2461
1964	1612	6256	2609
1965	1896	6910	3631
1966	2102	8362	4421
1967	1970	6674	3718
1968	2052	4662	2476
1969	2130	7690	4554
1970	2214	8610	6320
1971	2505	9053	7213
1972	2661	—	7693
1973	2778	—	7270
1974	2836	14455	7830
1975	2974	14748	8030
1976	3136	16413	8153
1977	3392	17382	8641
1978	3526	17048	8593

资料来源:龙岩市统计局网站统计专栏"新中国成立以来龙岩市国民经济和社会发展主要指标(八)"http://lytjj. longyan. gov. cn/tjzt/ztzl/jg60zn/tjsj/201009/t20100902_150682. htm(2010-09-02)。

"历经风雨,始见彩虹",1949—1978 期间,无论是中国还是偏居一隅的龙岩,其商业发展和商人涌现都不是最值得书写的历史,但却是最值得总结的历史。没有这段时期对私商、市场认识的反反复复,没有关于利用、排挤私商及市场的正反两方面的经验教训,就不会有对私营经济、市场经济的科学理性认识,就不会迎来改革开放以后商品经济的大发展、市场的大繁荣和商人的大量涌现。

第五节　计划经济时代城乡公办工商企业的发展

1950年5月起,龙岩全区各县先后建立国营商业机构,实行"一条鞭"垂直领导和高度集中统一的商业管理体制。继后,各县成立百货、花纱布、专卖、五金、医药等专业公司,逐步形成国营商业网。1953—1956年,根据过渡时期总路线的精神,对全区资本主义工商业实行"利用、限制、改造"的政策,全区有80%以上的私营商业改造成为公私合营、合作商店和合作小组,少数直接过渡为国营、合作社商业,形成以公有制商业为主体的社会商业格局。到1957年,在全区社会商品零售总额中,私营商业由原来占绝对优势降到只占2.26%。

新中国成立前全区工业生产基本处于手工业生产阶段,尚未形成机器工业的生产体系。到1949年,称得上机器工业的仅有4县电厂和1家私营卷烟厂(半手工半机械)。全区工业生产由于起点低、交通闭塞、科技落后、资金不足等诸多因素影响,经历了曲折发展的历程。1949—1957年,每年以平均递增18.59%的速度发展,后由于受"大跃进"和"文化大革命"的影响,工业发展遇到挫折,但是相比新中国成立时的情况已取得了巨大的进步。[①]

下面介绍一些在计划经济时代龙岩城乡公办的工商企业的发展情况,以了解当时的工商企业建设的巨大成就。

1. 长汀贸易公司及计划经济时代的商业发展

1950年7月,长汀贸易公司龙岩营业组成立,成为龙岩第一个国营商业企业,下属龙岩、上杭、连城、永定(设湖雷)4个营业组、2个商店、2个购销组,共有职工67人。1951年6月,长汀贸易分公司经营机构共有长汀贸易分公司(1952年12月改为长汀百货商店)及所辖的龙岩、上杭、连城、永定营业处,古田、河田、濯田、馆前、姑田、朋口、坎市、峰市、漳平营业组,广州、汕头、南昌采购组等17个,共有干部、职工164人。

1951年先后在全县12个区建立了以农民和其他劳动者参加组建的基层供销社。1954年对资本主义工商业进行社会主义改造,城区有私营商店81户(百货19户,京果19户,文化用品6户,五金颜料7户,医药9户,糕饼14户,酱油酒业7户),农村集镇24户,过渡为公私合营企业。在这同时,还发动小商小贩组织起来走合作化道路,全县组织起合作商店23个,合作小组414个,从业人员548人,经销代销店19个,从业人员32人。这些公私合营企业和合作商店、合作小组在1958年全转为国营商店。

[①] 龙岩地区地方志编纂委员会:《龙岩地区志》,上海:上海人民出版社,1992年。

1958—1960年,随着"人民公社化",商业机构也实行"政社、政企合一",撤销了各专业公司,原九个专业公司合并改为工业品、副食品、生产资料、土产、土纸等五个经理部,基层供销社合并为7个营业所。这时的商业流通领域,城区已基本成为国营经济,城区因零售网点的撤并仅存60~70家的国营零售商店。农村成为集体供销合作的单一经济成分。1960年全县的社会零售总额达3006万元,与1949年比,增长1.85倍,年均增长16.82%。

1961年6月,中共中央发出《关于改正商业工作的若干规定(试行草案)》后,经贯彻落实,县食品杂货、饮食服务、百货公司和副食品综合加工厂等单位,把小商小贩从国营商业中划出,恢复了合作商店、合作小组集体组织15个,从业人员157人;手工业部门接收原商业部门管理的缝纫、编织、鞋革、钟表、单车修配、副食品综合等的人员转为二轻集体的厂。但这些合作商店、合作小组、集体厂在1966年开始的"文化大革命"中,又被当成所谓资本主义残余进行限制,不准其进行经营活动,有部分在职人员还被当成"城市闲散居民",连同家属下放农村劳动,使集体商业再次被冲击。

1966—1976年"文革"期间,商业组织领导被冲击,机构被撤并,经营管理制度和正常的生产、工作秩序被搞乱,商业和供销服务工作被削弱,流通渠道不畅,工农业生产和人民生活受到了一定的影响。

1978年,党的十一届三中全会召开,实行了"改革、开放,对内搞活经济"的方针,改变了商业、供销的经营管理体制,逐步实行了社会主义市场经济,使商业由封闭型向开放型经营转变,拓宽了流通渠道。开拓了消费品市场、生产资料市场、劳务市场、技术市场、信息市场和房地产市场,使商业供销市场充满了生机活力。①

2. 福建龙净股份有限公司

公司始建于1960年,开始称为龙岩无线电厂,诞生伊始正遇国家困难时期,在国民经济调整中即予停办。

1971年2月,从龙岩一中、邮电局、无线电仪器仪表厂(即无线电修理部)、电机厂和上山下乡的大中专生中调集九位同志,于当年二月由一中物理教师赖安章、邮电局技术员张金福带队到上海进行培训学习高压硅堆生产工艺技术,后由地区办无线电厂,生产高压硅堆,厂房借用一中的一栋教学楼和部分宿舍进行筹建,人员以培训9人为主体,经过半年奋战,1971年11月试制出高压硅堆。1972年,生产出了一批质量好的硅堆2000余只,高压发生器一台。60型高压发生器和有机玻璃模型作为电子产品送往广交会展出,得到好评。1973年又一次成功生产出产品,又在广交会上参展,名声大振,把厂搬到陵园路原卫校校址,扩大了厂的规模,当年接受了省下达为永安电厂改造提供高压静电除尘器的科研项目,开始试制电除尘设备。1974—1975年的主导产品仍是大晶体管发生器。1975年成立了10/60高压硅整流设备试制组,并研究生产了大功率除尘电源设备。1977—1978年成立了集成电路试制小组,1979年企业经营进入低潮,缺少客

---

① 张俊华:《龙岩商业的发展与变化》,《龙岩文史资料》第21辑。

户订单,生产无法按计划进行,后经取得建材部的支持,将青岛整流器厂的一半合同转移给该厂生产。1980年制造了无电抗器的高阻抗硅整流设备。1980年由于当时的钢材消耗量不断增加,原挂靠电子部门分配的钢材指标远不能满足生产的需要,经多方协商改为龙岩空气净化厂,挂靠省机械局才在统配材料供应上得到保障。

改革开放以后,经过全公司上下30多年的艰苦奋斗,最终建设成为了一个福建省最大的生产环保设备的大型股份有限公司,成为中国环保"百强"企业。①

3. 福建龙马集团

龙岩龙马集团公司是由龙岩拖拉机厂发展起来的。为发展龙岩地区的农业生产,1970年初在福建省政府的关心支持下组织筹建龙岩地区农械厂,当年就生产出拖拉机拖车、旋转机、三铧犁480多台。1971年在北环路蜈蚣山兴建了八座主厂房,1972年陆续新建了配套办公楼、职工宿舍、化验室、仓库等,同年底搬迁至新厂址进行生产。接着组织力量研制了三匹马力柴油机,并试制成功。

1973年仍以生产1.5吨至3吨拖车为主,由于当时正处在"文革"期间,生产难以正常运作,企业的经济效益差。1976年粉碎"四人帮"后,生产逐步得到恢复。1977年,农机部副部长项南到该厂考察后,获得了农机部的支持,着手进行生产手扶拖拉机的研制工作。经福建省批准在龙岩投资生产了12匹东风手扶拖拉机。龙岩地区组织了7个县的农械厂建立了12条生产线进行生产。1978年龙岩地区农械厂改为龙岩拖拉机厂,当年装配了一批12型东风手扶拖拉机。

目前龙马集团已成为闽西一个经济实力雄厚、人才济济的现代化大型企业集团公司。它的发展壮大对于扶持和带动龙岩地区各县、乡镇企业的发展做出了重大贡献。②

4. 福建煤电公司翠屏山煤矿

1953年,国家建立了"建新煤矿",实行统一生产、统一销售的计划经济生产经营方式。当时的"建新煤矿"隶属于龙岩地区行政公署公安处(福建省劳动改造第九支队)管辖,俗称"劳改煤矿"。建新的矿井有四个工区,干部职工有40多人,劳动改造和留队就业人员共达1000多人。1958年,成立了福建省龙岩矿务局,"建新煤矿"划归龙岩矿务局管理。1962年,将牛坑煤矿和陆家地煤矿划入"建新煤矿",年产量达到11万吨。

1969年4月,该矿由福建生产建设兵团第一师接管,隶属一师三团一营,团部设在红炭山,俗称"兵团煤矿"。1973—1974年年底,省煤炭工业局建井二处,并到兵团一师支援煤炭建设,管理形成两套人马。1974年12月31日,福建生产建设兵团撤销,将三工区的陆家地矿井划归龙溪地区管辖。1975年1月1日,省煤炭工业局建井二处,并接管一、二工区矿井。1975年12月18日,建井结束,划归省煤炭工业局红炭山煤矿接管,编为翠屏山矿井。1977年12月底,再次成立了福建省龙岩矿务局,该矿再度划归龙岩

---

① 连子丹:《福建龙净股份有限公司的发展历程》,《龙岩文史资料》第27辑。
② 张俊华:《福建龙马集团公司发展史略》,《龙岩文史资料》第26辑。

矿务局管理,翠屏山煤矿以其正式名称成为龙岩矿务局的一个下属基层矿井。2003年1月,福建煤电股份有限公司成立以后,翠屏山煤矿成为其中的一个骨干矿井。①

5. 福建麒麟(集团)水泥股份有限公司

1965年,福建省计委决定,由省建设厅建材局主持,在福州成立了龙岩水泥厂筹备处。次年5月筹备处迁到龙岩,选定厂址在龙岩洞与麒麟山前。8月破土动工,兴建了第一套直径2.5×10米的盘式机立窑,共投资585万元。原计划于1967年建成投产,受"文革"动乱影响,拖延至1970年4月建成投产,生产规模年产425R水泥8万吨,当年生产水泥4.31万吨。1971年4月,龙岩地区革委会报上级核准扩建第二套直径2.5×10米盘式机立窑的实施方案,投资367万元,同年动工,1973年11月建成投产。1978年7月,经报国家建材总局核准,扩建第三套直径2.5×10米塔式机立窑。并对第一、二套立窑工艺线进行填平补齐。1979年被通知列为缓建项目,1980年批准复建,1983年建成投产。

经省体改委批准,于1994年底改组为福建麒麟(集团)水泥股份有限公司。②

6. 龙岩卷烟厂

龙岩卷烟厂始创于1951年。新中国成立初期,龙岩从邻县永定引种烤烟和烘烤技术,1980年被福建省列为烤烟生产基地县之一。烟叶的加工方法,起初是青烟叶采摘后,经过太阳晒干,叫晒烟,用手工加工,刨制成色、香、味俱佳的水烟丝和旱烟丝两个品种进行销售。1951年冬,龙岩行署采取赎买政策,将"三友"、"南方"两家私营卷烟厂进行合并,组成国营龙岩专区烟厂,成为福建省第一家、也是龙岩地区唯一的国营卷烟厂。设备为旧小型卷烟机、切丝机各二台,以手工操作为主,职工36人。1952年,年产"三九"、"白鸽"、"农庄"牌香烟460箱。1956年改名龙岩卷烟厂。

1958年,厂迁至苏溪桥头,扩建生产规模,至1960年年生产能力达到4万箱,总投资64.82万元。1962年购置了一些设备,实现了以机械化生产代替手工操作,原料由晒烟改为烤烟,从而提高了产品的数量和质量,经济效应大增。1962年生产卷烟11758箱。1970年,增加了过滤嘴卷烟,产品由单一型的无嘴烟变为混合型。1977年投资380万元进行技改、扩建,到1978年生产能力达到15万箱。1978年以后,龙岩卷烟厂进入了迅速发展的现代化时期。③

7. 龙岩粉末冶金厂

龙岩粉末冶金厂,是在福建省"小三线"建设中,省决定将原龙溪机器厂的粉末冶金、油泵油嘴两个车间内迁龙岩雁石,利用原省燃料中等专业学校校址建的新厂。1965

---

① 俞益民:《老矿焕发青春——福建煤电公司翠屏山煤矿发展纪实》,《龙岩文史资料》第36辑。
② 汤志刚:《龙岩地区水泥厂发展史话》,《龙岩文史资料》第23辑。
③ 连子丹:《龙岩卷烟厂发展综述》,《龙岩文史资料》第25辑。

年7月成立领导小组和筹备处,1966年3月开始生产铜基粉末冶金制品。1966年4月,福建省又决定将新筹建的福州614厂内迁龙岩,合并建立粉末冶金厂。1966年8月,省决定将龙岩粉末冶金厂与龙岩油泵油嘴厂合并成立龙岩雁石机械厂,搞硬质合金工程的扩初设计,生产能力年产硬质合金10吨、钴5吨。1966年破土动工,9月投入批量生产。1970年8月进行试生产氧化钴,1971年开始研制小批量生产钨酸与硬质合金。1971年又决定将省属企业雁石机械厂下放给龙岩地区隶属重工业局管理。经过4年扩建,到1975年已拥有固定资产708万元,主要设备214台。在技术开发上,1965年,龙岩粉末冶金厂曾建立福建省第一家粉末冶金研究室,1979年1月,龙岩地区行署决定将该研究室升格为福建省龙岩地区粉末冶金研究所,直属地区重工业局领导。1978年5月龙岩地区革委会决定将雁石机械厂分为龙岩粉末冶金厂和龙岩油泵油嘴厂,分厂后的龙岩粉末冶金厂仍留雁石原厂址。①

8. 龙岩油泵油嘴厂

龙岩油泵油嘴厂是原国家机电部首批定点的油泵油嘴专业生产企业,也是福建省唯一的油泵油嘴生产厂,它的前身是雁石机械厂。

油泵油嘴是柴油机燃油系统中的重要部件,被称为柴油机的心脏。过去拖拉机的主机柴油机配套的油泵油嘴都需从外省或国外引进。1965年,福建省政府为支援工农业生产,为了战备,决定将龙溪柴油机厂泵种、偶件两个车间内迁龙岩。经省重工业厅批准,由龙溪农业机器厂的油泵油嘴工段和粉末冶金小组的技术人员、有关职工100多人,携带原有设备迁到龙岩雁石镇,以原省燃料学校为基地筹建新的工厂,对外称之为雁石机械厂,隶属龙溪机器厂。福建省重工业厅投资36万元搞基建。1966年8月再次批准油泵油嘴和粉末冶金合并组建雁石机械厂,隶属省重工业厅管辖,后来转为福建省机械局领导,1974年下放给龙岩地区重工业局领导。

雁石机械厂建厂初期,只能生产铜基粉末制品,油泵油嘴仅处于筹备阶段。到1969年才开始试制95柱塞和75出油阀偶件,进而进行小批量生产。1970年,经福建省革委会生产指挥部批准,由省机械局按总成5万缸和偶件50万副规模进行设计,使油泵油嘴粗具规模。当年试制成功1号缸系列喷油泵总成,并全部投入生产。1972年又试制成功75系列单缸喷油泵总成,并进行批量生产。1975年经一机部批复,同意雁石机械厂油泵油嘴生产部分按年产总成10万缸、偶件100万副的生产规模进行建设,并确定将生产油泵油嘴部分搬迁到城区小洋村进行扩建新厂。1978年,龙岩地区行署正式批准将雁石机械厂的总成、偶件车间和锻铸车间的所有设备和人员划油泵油嘴筹建领导小组领导,隶属龙岩地区重工业局管辖。②

9. 龙岩市合成氨厂

龙岩市合成氨厂(初期称化肥厂)于1969年11月筹建,投资400万元,建年生产氨

---

① 张俊华:《龙岩粉末冶金厂的创办与发展历程》,《闽西文史资料》第2辑。
② 连子丹:《龙岩油泵油嘴厂话今昔》,《龙岩文史资料》第26辑。

水 3000 吨,以煤炭为生产原料的小化肥厂。1971 年 10 月建成投产。厂址在龙门镇谢洋村虎坑山谷。生产农用氨水主要供应本县、本地区用,改变了龙岩农用化肥靠外地调进的状况。随着固体碳铵的发展,开始改产固体碳铵。1976 年 11 月完成改造并投产,结束了生产农用氨水的历史使命。但由于各方面原因,建厂六年来未能完成国家计划,1978 年初,被国家化工部亮黄牌警告,限期停产整顿。这是压力,又是推动力。经过全厂上下共同努力,加强了企业的政治思想工作和经济核算,建立了《企业的岗位责任制》,对职工进行技术培训,1978 年底首次提前 65 天超额完成了国家计划,出现了历史性的跨越。党的十一届三中全会后,龙岩市合成氨厂进入了新的发展时期。①

10. 龙岩市化工厂

龙岩市化工厂始建于 1970 年 3 月,厂址在曹溪镇中粉村的金鸡园中,筹建初期隶属龙岩市松香厂领导。1972 年 5 月,从市松香厂分出独立建厂,1973 年 9 月建成投产,共投资 185.63 万元,建成年产烧碱 1000 吨、漂白粉 2500 吨规模的小化工厂。1975 年投资 68.72 万元增建年产烧碱 1000 吨的盐酸车间,当年建成投产。1978—1979 年投资 195 万元,对一些设备进行改造,增添了机械化灰设备,改变了人工化灰低效率状态。到 1979 年,烧碱年产达 1746 吨、漂白粉 3922 吨、盐酸 821 吨,工业总产值 249.31 万元,职工人数 280 人,实现了扭亏为盈。1976 年,该厂被福建省政府命名为"大庆式企业",成为福建省化工战线的一面红旗。②

11. 龙门水泥厂

龙岩最早用石灰石矿生产水泥是由西城西安村章子镛于 1952 年在龙门镇创办的一个小型实验水泥厂完成的,在当时落后的生产条件、生产工艺的情况下,最初采用人工破碎矿石,人力风箱鼓风,小平窑烧熟料,后来改为水动力鼓风,从试制水泥成功到 1955 年共生产水泥 49 吨。1957 年,在国家对资本主义工商业的社会主义改造中,改名为龙门水泥厂,后又过渡为国营龙门水泥厂,成为全省第一家生产水泥的工厂。1972 年 5 月,全省小水泥技术改造现场会在该厂召开。1977 年后开始建立机立窑机械生产,紧接着筹建龙岩地区水泥厂,1970 年建成投产。从此,龙岩丰富的石灰矿逐步得到开发与利用,成为龙岩市新罗区重要支柱产业之一。③

12. 长汀国营织布厂、国营针织厂与长汀纺织业

1950 年初组织"长汀县城区第一纺织生产合作社",5 月 8 日正式成立,社员 61 人,股金每股 20 支棉纱 1 小包,共 72 股,社址设于王衙前刘家祠"工合医疗所"原址。9 月 19 日改组,选举孔芝英为理事长,一部分不参加生产的赞助性社员退出,实有社员 36 人,股金共 667.5 万元(旧人民币,折 20 支棉纱 41 小包)。当时除沿用旧式木机外,还

---

① 连子丹:《龙岩市合成氨厂发展纪略》,《龙岩文史资料》第 24 辑。
② 连子丹:《龙岩市化工厂发展概述》,《龙岩文史资料》第 24 辑。
③ 郑江湖:《龙岩石灰石矿的开发与利用》,《龙岩文史资料》第 27 辑。

使用了摇纱机牵经,为长汀织布业技术改进开了先河。由于各方对织布业的重视和扶植,1950年除了纺织社30架木机外,新中国成立前原有的陈钟元、陈应时、陈应樟、段日新4家个体织布户和丘凤超、丘岐山2家织袜户也恢复了生产,另外新开业的个体户也有8家。据1951年12月长汀县工商联统计,纺织业在册纳税户有纺织社1个,个体织布户235户,织袜2户,织带12户,染坊5家,从业人员达449人。

在快速发展过程中,长汀纺织业也产生了一些问题,如质量下降,推销困难;纱价太高,影响成本等。经反映到上级后,得到了妥善解决。1953年是长汀纺织业发展的最高峰时期,据纺织业同业公会6月份统计:织布户有532户,木机705架,从业人员1163人,资金3.3468万元;针织户6户,织袜机10架,汗衫机1架,从业人员23人,资金1810元,年产袜子、汗衫6100打,产值1.368万元;织毛巾户5户,木机6架,从业人员11人;弹棉、染坊、丝线等业19户,从业人员68人;纺纱5户,纺纱机11架,从业人员26人,资金1500元,年产土纱1650斤,产值3135元;织带子12户,织带铁机13架,从业人员26人,资金2600元,年产带子1.1232万斤,产值2.6956万元。据商业科统计,全年供应棉纱457件,土布生产就达7.2万匹(每匹长20米,幅宽40厘米),产值39.744万元。据工商科《领导城市手工业生产总结报告》说:"1953年底,尚有要求登记而未批准的纺织户571户。"当时全城户口为6900余户,人口3.3万余人,其中从事手工业者1540户,家庭人口9020人,从业人数(包括附带劳动)5400余人,专业者3880余人;40多个行业产品总产值为201.12万元。无论从全城的户口来看,或与整个手工业的户数、从业人数、产品总值来对比,纺织业都居于重要地位。

1953年,棉纱尚未实行计划供应,处于自由市场状态,兴宁土布流入长汀县还有一定数量,但长汀土布已形成了巨大的社会生产力,销路日旺。畅销于本省明溪、清流、宁化、连城、上杭、武平等县者占41%,江西石城、瑞金者占25%,维护了长汀历史上的销售渠道。1954年,纺织业纳入计划供应。1953年第四季度起,由花纱布公司供应棉纱,中百和县供销合作总社收购棉布。1954年5月国合分工,土布全由总社经营,土布印染加工厂也由总社接管。1954年,由于棉纱供应减少,供销社经营管理缺乏经验,土布积压造成亏损等原因,织户有所减少。土布销售地区比例是:江西石城、宁都、瑞金占50%,本省清流、明溪、宁化、连城、龙岩、上杭、武平等地占35%,本县仅占15%。这时棉布凭票供应,一尺布票可买土布四尺,所以销路很好。袜子、毛巾则由中百公司包销。1954年下半年,供销社考察了兴宁布的历史经验,由兴宁请来二位鉴定员、三位染布技工,支援县纺织业,质量大大提高,业务好转,次品也销出。同时增加了大扣布等品种,并供应织户竹筘、梭子等,统一了规格,销路又兴旺起来。1955年,花纱布公司与财委认为土布销路好,生产潜力大,收购价格、纺织工资合理调整后,可以使申请停业者复业,停工者复工,以适当解决居民劳动力出路问题。1956年,进入合作化运动高潮,长汀手工业组成了各种行业的生产合作社或生产小组。1958年在原有基础上建立起了国营织布厂和国营针织厂。①

表 6-8　1955 年长汀纺织业情况

类别	户数	社（职）员、职工人数	主要产品
纺织社	1	115	土布、斜纹布
纺织小组	1	72	土布、斜纹布
针织社	1	35	毛巾、袜子、汗衣
弹纺小组	1	54	纺土纱
印染加工厂	1	30	土布加工印染
个体织布户	333	671	土布
个体针织户	32	73	毛巾、袜子
个体纺织户	38	111	纺纱、织带子

资料来源：据统计局和染织业公会资料归纳。

1982 年 4 月，地方国营长汀棉纺织厂建成投产。该厂动工于 1979 年，总投资 2894 万元，占地面积 28 万平方米，建筑面积 8.37 万平方米，拥有 3.6 万纱锭的生产能力，从业人员 2644 人，是当时闽西规模最大的地方国营棉纺织企业。20 世纪末，沿海地区纺织服装等劳动密集型产业出现了向内地转移的趋势，长汀针对各种资源紧缺却拥有大量剩余劳动力的实际情况，引入沿海地区纺织工业，实现了纺织工业的飞速发展，众多规模针织企业聚集形成了产业链，并成长为长汀县"3+2"主导产业之一，2000 年 11 月，长汀棉纺织厂整体转让给石狮达狮雄纺织服装公司和祥鸿织造漂染公司，改制为私营企业，现更名为福建省祥鸿纺织服装股份有限公司，年产值上亿元。到 2012 年，长汀有纺织企业 232 家，其中规模企业达 72 家，拥有已投产 50 万纱锭、签约及在建 67 万纱锭、168 台喷气织布机、780 台喷水织布机、3 条无纺布生产线、12 台经编织布机、1058 台剑杆织布机、2 万台电平车、600 台电脑针织横机、5000 台手摇针织机、从业人员达 4 万余人的产业规模，初步形成了"纺纱—织布—针织—服装加工—市场"的产业链。

13. 姑田"东方红纸厂"

姑田镇的手工造纸业历史悠久，因纸业发达、经济繁荣而获得了"金姑田"的美誉。1966 年，当时以手工造纸为业的姑田中堡纸业社率先发起革新，在姑田下堡村的松溪坂作基地兴建机械化纸厂——姑田东方红纸厂，1967 年投入试产，在当年国庆节前夕顺利试产成功。纸厂造纸原料为稻草、芦苇，通过切草、煮料、洗料、漂白、打浆、上纸机等一整套机械化工序流程造出机制纸。纸有簾纹宣纸、玉扣、光漂白纸、牛皮纸等多个品种。这是一次从手工造纸向机械化造纸发展的质的改变和飞跃，也是"金姑田"的一次纸业

---

① 赖鸾：《建国初长汀纺织业发展情况》，《长汀文史资料》第 16 辑。

革命。在东方红造纸厂的带动下,上堡"红卫纸厂"也跟着建立起来,进入机械化生产。当时东方红纸厂共有职工85名,大部分是纸业社原有手工造纸员工,都由国家供应口粮,发放劳保福利。①

14. 连城啤酒厂

新中国成立后,于1952年开始颁布和贯彻烟酒专卖制度。当年县政府把所有私营的酒店、豆腐店分集镇组成几个酒业合作小组,由商业局专卖事业公司统一进行领导和管理。1956年4月,县里派出工作队组织开展私营工商业改造,把城关、北团、姑田、朋口、新泉5个酒业合作小组及城区江道本的制曲作坊统一组织起来,成立了"公私合营连城酒厂",厂址选在城关南门大桥下。1958年12月,县人民政府决定将"公私合营连城酒厂"改制为"地方国营连城酒厂"。1961年4月,县人民政府决定连城酒厂与连城食品厂合并,成立"地方国营连城综合食品厂"。次年4月,酒厂与食品厂又分开。1969年9月,连成酒厂与连城食品厂第二次合并,更名"连城酿酒食品厂",成立厂革命委员会。1973年7月,酒厂与食品厂第二次分开。1977年冬,连城酒厂厂址迁至城关西台。1987年6月,连城酒厂改名为"国营福建省连城啤酒厂"。连城酒厂从1956年建厂到1962年初,以生产米黄酒为主,亦称"米黄酒生产时期";从1962年到1986年,以生产各类白酒为主,亦称"白酒生产时期";从1986年以后,以生产啤酒为主,成为"啤酒生产时期"。②

15. 武平县林产化工厂

武平林产化工厂创办于1955年,前身为武平松香厂。刚建厂时,只有3000平方米的简易厂房和两口钢锅。1969年,该厂改滴水法直接火生产为间歇式蒸汽生产工艺。1979年又改间歇式蒸汽炼香为连续、常压、电控新工艺,生产能力由年生产2000吨提高到5000吨,松香特极品率也从65%上升到80%以上。同年,该厂主产品"帆船牌"松香被评为福建省优质产品并获优质著名商标称号,并在全国松香厂际竞赛中获一等奖。改革开放以后,该厂又不断取得了更多更大的成绩,在快速发展中不断前进。③

16. 长汀火柴厂

民国末年,汕头火柴厂技师蓝中圣看到本厂大量产品远销福建闽南、闽西等地,于是设想能因地制宜,到销售地开办火柴生产厂。便邀请了火柴厂中工人李四松、杨新锡、刘鹅松合股。1949年冬,四人携带妻子、儿女不远千里来到长汀,在汀城照壁背(今西门商场背后)租用一栋简陋的房子,四人合本筹办制造火柴的工具、原材料等,于1950年10月4日成立"联华潮成火柴工业社",边安装边试产。当时,长汀市民日常所有的火柴自广东运来,价格昂贵,现因本地生产,价格有所低廉,自然而然深受市民欢迎,畅

---

① 江冠英:《姑田"东方红纸厂"创业概况》,《连城文史资料》第34辑。
② 林水梅:《连城啤酒厂发展概况》,《连城文史资料》第22辑。
③ 武平林化厂供稿:《扬起风帆——记福建省武平县林产化工厂》,《武平文史资料》第16辑。

销城乡,供不应求。为此,他们决定扩大生产,并招收了30名工人,于1950年1月宣布成立"联华火柴厂",并由蓝中圣担任厂长。1951年12月,由于照壁背的房屋太窄,联华火柴厂迁到太平桥邻近的俞家祠,产量有所增长,产品开始销售邻县。1952年春,联华火柴厂又迁往苍玉洞,在这一年,火柴总产量达到623件,总产值达10400元,工人共有35人。1953年6月,联华火柴厂再次迁址到东门街卢屋,由于产品销售范围不断扩张,火柴生产数量需加倍增长,才能满足用户的需要。联华火柴厂再次扩大生产能力,在不同处设立了车间,梗片车间、油药车间、合片车间。产品并销往宁化、清流等县。

1955年,长汀县政府派县工业局副局长、军代表王树新同志进驻联华火柴厂里,与私方蓝中圣协商公私合营事宜,拟出方案:生产工具、原材料折价给私方。于7月1日成立"公私合营长汀火柴厂",并把商标改为"和平火柴"。产品由长汀县百货公司经销,从此产品生产逐步增多,销售的地方不断地扩大。1956年,长汀县政府调任王树新同志接管火柴厂,任厂长。同年7月,蓝中圣同志调往别厂任职。该年编制正式工人28人。总产量达到1442件,总产值达23700元。1958年6月,由于大炼钢铁,车辆运输相当紧张。火柴厂的梗片、合片车间乃迁往古城花桥,在那里生产的半成品要用板车运回。同年,"公私合营长汀火柴厂"更改为"地方国营长汀火柴厂",火柴总产量达4571件,总产值57500元,实现税利15600元。1960年春,长汀县政府派吴德滨同志任厂长,王树新同志调回县里。不久又调派李秀华同志任副书记、副厂长。该年增招新工人17人,火柴总产量为4837件,总产值70100元。1961年夏天,长汀县工业局考虑到火柴厂继续在居民密集的住宅区进行生产,不能保障群众的财产安全,决定把火柴厂迁往西门外的罗汉岭附近(原长汀机器厂厂址,这里没有居民生活区,对安全生产较为合理)。于是,该厂全体干部、工人花了三个月的时间,把一切设备、工具、原材料等搬到了新的厂址。新的厂址原有二栋房子,长达四十六米,一座有五个房间的宿舍,一座是简易的食堂。面对这青山荒岗,工人们却信心百倍并自豪地说:"只要把生产搞好、搞上去,降低成本,扩大展销,车间、宿舍三年建一座,五年盖一栋,一定能把罗汉岭改变成新面貌。"由于生产力的发展需求,县政府支配一台六匹马力的柴油机进行合片。梗片生产用动力代替了人力劳动强度大的工种,产量稳步上升,该年总产值为25余万元,上缴利润十余万元,为改变添置火柴生产设备打下了良好的经济基础。该年建成梗合车间,次年建成水泥面篮球场。1963年,火柴厂职工总人数77人,全年生产火柴总产量21731件,总产值325500元。

1967年,"文化大革命"波及火柴厂,大批判代替了正常的生产秩序,机器运转不正常,产品质量下降,经济效益低下,火柴厂濒临瘫痪状态。该年总产量下降为16883件,总产值为244800元,造成了火柴市场供应相当紧张,群众用火柴不能得到保障。1969年,火柴厂建成火柴盒仓库,8月,建成双职工宿舍二座。次年,自行设计并安装了自动烤梗机,采用鼓气输送管道。1971年,转业分配火柴厂已工作八年的饶先进同志,上调为火柴厂党支部书记,他了解职工的共同意愿,与职工一起摸索企业管理的门路,决心扭转"文化大革命"中的混乱局面,与职工同心协力,先从合理使用材料入手,接着是精细的经济核算,第一次制定了火柴厂的劳动守则,在执行中,经过一季度的反复实践,产量逐步上升,原材料消耗下降。年终累计经济情况时,全厂生产人员79人,总产量达到33528件,总产值486100元,当时为火柴厂创办以来产量最高、成本最低的一年。1972年,火柴厂自行设计安装了锯柴机,取消了以人工拉锯的繁重劳动,机器全部使用电动机带动。1975年1月添置火柴自动连续机一台,取消了用人工排版的繁重体力劳动;建立油药车间。6月,添置自动装合机二台,改变了手工装合产量低的落后面貌;添置刷磷机,取消了手工刷磷。7月,建动力车间,筑建28.3米的烟囱。8月添置包封机。在这一年里,机修车间还添置了牛头刨床、车床、铣床、钻床、大型钻床,从此,机器维修加工机件不出厂门,大大充实了自己能够加工的条件。就这样,在先后四年的时间里,依靠自己生产积累的资金和地方政府财政的支持,基本上配置满足了火柴行业所需要的机械设备。在技术方面,工厂指派机械师胡师涵前往福州火柴厂、上海火柴厂进行学习,培训了六个月时间,不久他就设计出自动梗片造梗机,同时,基本确保了所有机械设备的正常运转,促使长汀火柴厂成为颇具规模的生产企业。

  1976年,长汀火柴厂职工总数有202人,生产总产量67858件,总产值为92.71万元,上缴利润30多万元。1978年又招收新工人185人,并添置了一台火柴连续机。5月,添置了一台一吨半的卧式块装锅炉。9月,添置了二台火柴自动装合机。在火柴生产的四大类(制造梗药枝、外合片和内合片的制造、火柴药头液体的生产、火柴磷面药浆的生产)过程中,已大部分实现了机械化和电器化。火柴总产量8.043万件,总产值108.58万元。1979年,全厂职工总人数257人,全年生产火柴10.0224万件,总产值135.27万元。1980年,长汀火柴厂根据党中央提出的"调整、改革、整顿、提高"的八字方针,使火柴生产不断迈进,火柴年产量10.606万件,总产值143.18万元。该年修建厂区与车间之间水泥路。12月,购置24英寸彩色电视机一台,丰富了职工的文化娱乐生活。同时购置、安装发电机组一台,从此,火柴厂在没有电源供应的情况下,工厂照样能够生产。同年4月,时任福建省委书记项南视察该厂,给予亲切的鼓励。1988年"和平"牌优质火柴荣获福建省人民政府优质产品称号。同年,长汀县火柴厂荣获省级先进企业,此外,还荣获"省节能先进单位"、"省设备管理先进单位"、"省绿化红旗单位"、"省轻工厅优秀思想政治工作研究会"等称号。在市场经济条件下,由于人们生活用火方式发生了根本性改变,偏居山区的长汀火柴厂技术革新不足,经营日益困难,到21世纪初最终关闭停产。

第六节 民间商人与商业活动

  1949年后,在国营商业和供销合作社建立和发展的同时,私营(个体)商业也有所发展。1952年,全区7个县城乡私营商业5506户,9097人,资本总额231.76万元;其中坐商3525户,6954人,资本总额215.75万元;行商1148户,1183人,资本总额12.46万元;摊贩833户,960人,资本总额3.55万元。全年销售额6560.34万元,占社会商业销售额的64.15%,同期国营商业占35.85%。

1954年1月,龙岩专区开始对私营商业进行社会主义改造。根据其不同的社会阶层和不同特点,采取"利用、限制、改造"的政策,规定私营商业的利润按国家所得税、企业公积金、职工福利奖金、资方的股息,分四个方面进行分配。

随着国家对粮、棉、油实行统购统销和对其他农副产品实行统购、派购政策,资本主义批发商业逐步为国营商业和供销合作社所替代,这在当时对保证重要商品的收购供应、稳定市场、支持国家建设起了积极作用。但由于要求过急,代替面过宽、过大,导致部分私营商业经营困难。其后根据中共中央《关于加强市场管理和改造私营商业的指示》精神,采取"一面前进,一面安排"、"前进一行,安排一行"的逐步推进的办法,以"留、转、包"和经销代销、公私合营等形式进行改造。同时,根据小商小贩的特点,也采取了各种不同形式的改造,主要是:直接过渡为国营商业和供销合作社;组织公私合营商业;组织统一经营、共负盈亏的合作商店、合作小组。

到1956年12月底,全区基本完成了对私营(个体)商业、饮食业、服务业的社会主义改造,消灭了剥削阶级,全面确立了社会主义商业体系和市场,国营商业和供销合作社在城乡市场中占主导地位。全区7个县私营(个体)商业、饮食业、服务业,仅保留978户、1099人,分别占原私营(个体)商业、饮食业、服务业总户数的15.68%,总人数的12.79%,销售额的比重下降为2.26%。此时,国营商业占71%,供销证为主的集体所有制商业占26.74%。

1958—1960年,受"左"倾错误思想的影响,关闭了城乡农贸市场。城区把社会主义改造时保留下来的大部分私营商业(含个体商贩,下同)过渡为国营商店。当时社会上私营商业已基本上不存在。

1961年,恢复了城乡集市贸易。为了发挥私营商业的补充作用,全区各县把原过渡为国营商业的私营商店退出自营。1962年,全区共有私营商业4509人,1965年增加到5156人。

"文化大革命"期间,私营商业被作为"走资本主义道路"来批,被作为"资本主义尾巴"来割。到1976年底,全区私营商业只剩下37人。①

以下是龙岩县城区1956年春"公私合营"之前私营商业、饮服业十五个行业的店号、经理情况。

(1)棉布业:源记布店,经理林金松;纶华布庄,经理郑泉水;金协兴布店,经理翁荣辉;新新布店,经理陈映星;金成新布店,经理彭人和;正丰布店,经理郑镇宗。

(2)百货业:新联百货店,经理邱棉初;广成百货店,经理赖根鸿;协成百货店,经理连作三;大升百货店,经理连生吉;三益百货店,经理魏忠民;联华百货店,经理郭炳深;五联百货店,经理苏国柱;庆山百货店,经理杨视秋;森成百货店,经理张柏荣。

---

① 龙岩地区地方志编纂委员会:《龙岩地区志》,上海:上海人民出版社,1992年。

(3)药业:兴华药房,经理林凯封;裕昌协记药房,经理林俊生;世昌药材行,经理陈庄文;天益药房,经理林朗秋;公正药房,经理邱任光;源昌药房,经理邱松茂;公益仁记药房,经理王生照;华生药店,经理石平山;物华药房,经理郑渊农;德新药房,经理林振金;三合药房,经理章仰周。

(4)五金业:二联五金店,经理张西铭;三联五金店,经理陈咸基。

(5)饮食业:联合饭店,经理廖如俊;正福饭店,经理徐銮秀;海旺饭店,经理赖海旺;东天饭店,经理欧桂官;三六九饭店,经理赵新民;顺兴饭店,经理王有林;西兴和记饭店,经理赖森木。

(6)酒什业:龙旺酒店,经理陈龙旺;黄长荣酒店,经理黄长荣;泰安酒店,经理陈安昌;锦兴酒店,经理陈礼辉;源发泉酒店,经理赵海云;新民酒店,经理谢剑鋆;许宝兴酒店,经理许宝兴;怡记酒店,经理邱梓坤;益记酒店,经理邱根梅;鸿发酒店,经理陈振宗;新源酒店,经理黄春奇。

(7)照相业:蝴蝶照相馆,经理连兴祺;东亚照相馆,经理林明富;启发照相馆,经理魏龙地;吾吾照相馆,经理董金龙;新月照相馆,经理张水鸿;红叶照相馆,经理石天成;留真照相馆,经理杨炳松;红屋照相馆,经理邱殿勋;白鸽照相馆,经理杨少华;天然照相馆,经理黄登云;月宫照相馆,经理连兴禧。

(8)旅栈业:新时代旅社,经理张千和;现代旅社,经理陈佳椿;闽通旅社,经理陈泽臣;闽泰旅社,经理饶木荪;日行旅社,经理邱腾。

(9)文教用品业:渠成裕记,经理刘智辉;祥升泰,经理郭冬兴;利生联记,经理赖剑佛。

(10)印刷业:尚文号,经理倪可文;振成号,经理邹意芳;文华号,经理朱志远。

(11)土烟丝业:和一号,经理陈锡轩;顺记号,经理杨建海;益昌号,经理陈俊发;万利兴号,经理林树庚。

(12)京果业:美兰京果店,经理林金胜;协隆京果店,经理倪禹源;义昌京果店,经理魏根良;永达京果店,经理曾厦生;友联京果店,经理王开潮;大小号京果店,经理林澄翰;大西号京果店,经理陈钦富;民安号京果店,经理蒋仰乔;茂昌号京果店,经理邱景松;联大京果店,经理郭云峰;永成京果店,经理章成荣;松记京果店,经理陈根松。

(13)酱油业:达丰酱园,经理林荣海;福山酱园,经理王金花;美化酱园,经理林影中;日隆裕记酱园,经理林松年;中元酱园,经理林淙源;成记酱园,经理倪源富;大古酱园,经理林源海。

(14)粮食业:有年粮店,经理丘迪峰;三友粮店,经理翁树仁;百友粮店,经理李永年;三合粮店,经理董天宝。

(15)糕饼业:发记糕饼店,经理林振炎;仁记糕饼店,经理郭维乔;华美糕饼店,经理石梅洲;生昌糕饼店,经理林联春;协美糕饼店,经理郭振华;协记糕饼店,经理连添广;瑞生和糕饼店,经理邱景元;南泉糕饼店,经理柯根隆;宜美糕饼店,经理林天庆;新义丰糕饼店,经理林泽芹;新泉糕饼店,经理杜毫云。①

另一方面,龙岩的侨商则形成了另一道风景线。闽西是福建省重点侨区之一。早在15世纪,就有人出国谋生,大批出国侨居则在鸦片战争之后。华侨到侨居地后,发扬刻苦耐劳、勤劳勇敢、艰苦创业的优良传统,历经艰辛,建家立业,与当地人民共同奋斗,为侨居地的经济、文化、教育、新闻、医疗卫生等事业建设,以及反殖反帝、争取独立,立下了汗马功劳。

新中国成立后,华侨、归侨、侨眷在社会主义革命和社会主义建设的各条战线都涌现了一批先进人物。下面列举部分侨商作为代表,从他们的经历中可以了解到当年华侨的生存与发展状况,以管中窥豹。

1. 陈灼明

龙岩县侨联首届副主席陈灼明,生于1899年10月,龙岩东肖镇菜园村人,兄弟五人,陈灼明居长。1912年,陈灼明年方14岁,随姨丈投奔广东南雄当学徒,三年后被委以财库(会计)工作达十年。1920年,与同乡联手共创"福联宝号"糕饼海货店,负责经理兼财库之职,生意曾一度辉煌,1926年因遭到南北战争之兵灾而破产,同年携二弟南渡印尼苏门答腊岛巴都巴拉埠谋生。

初抵巴埠,先后在同乡亲友开设的"生昌隆"、"裕生隆"宝号任书记五年有余,后自立门户,先后开设"文安公司"、"南昌商店",1936年因南洋诸地经济萧条、经济衰败而相继收盘。因陈灼明善于文辞写作,遂应聘任巴都巴拉中华商会秘书兼益华学校书记,从事当地侨界文教宣传工作。抗战期间,陈灼明与当地侨领陈灼瑞、郭三民共同开展抗战宣传工作,曾被日军拘捕入狱。二战后,陈灼明仍坚持在巴埠独资经营"五行商店",从事日杂海货土产交易。1948年当选为巴都巴拉华侨总会执行委员兼文教股。1949年10月1日新中国成立后,积极开展爱国宣传及华侨服务工作,被推举为巴都巴拉华侨总会第四届执委兼主席。1950年10月,陈灼明只身回国。1951年受东肖区政府委托,向海外乡亲筹资准备"溪兜中学"迁移改名工作,并担任东肖中学修建委员会主任、副主任。1952年又受命出面募集海外资金创办"白土电厂",成为新中国成立初期龙岩县首家侨资企业。1953年当选为龙岩县归侨联谊会(龙岩县侨联首届)副主席。其后,倾尽心血主持白土电厂经理一职。"文化大革命"期间,受到莫须有批判,致心情郁结,于1973年6月病逝。②

2. 陈灼瑞

陈灼瑞,1912年9月30日生于福建省龙岩县东肖后田村一个普通农民家庭。1926年初,随堂舅张德镕徒步到广东南雄,经香港搭船南渡印尼,在亚沙汗堂舅公张仰堂协同和宝号当学徒,1930年上柜台当店员。1931年开了间咸鱼店,后在另一县城峇都巴

---

① 吴国华:《龙岩城区公司合营前夕商业、饮服业状况》,《龙岩文史资料》第21辑。
② 陈伯胜:《陈灼明小传》,《龙岩文史资料》第25辑。

拉告借300盾开了间瑞泰店,经营糖、米、酱油等杂货,从零售到批发,生意越做越大。1936年,陈灼瑞当选为峇都巴拉侨商总会理事,热心投身社会活动,积极参与募集益华小学基金。1937年,积极参与组建峇都巴拉"中华抗日筹赈祖国委员会",支援抗日。1944年8月,杂货店遭日军洗劫,陈灼瑞驾坐帆船来往于马来西亚槟榔屿城贩运咸鱼、椰干,1945年1月,被日军投入监狱,日本投降后才出狱回家。1948年4月,他与同乡郭三民邀集了六股东到棉兰开设联泰昌公司,陈灼瑞当经理,经营锌板、五金等中国货。他善于团结华侨,帮助侨友,被推为棉兰华侨总会理事,担任财政委员。抗美援朝运动时,陈灼瑞带头捐献10000盾。

1951年,陈灼瑞曾回故乡龙岩。50年代,新中国受到经济封锁,祖国急需进口橡胶,他便收购橡胶,加工成片,转卖中国,支援新中国建设。陈灼瑞热心办教育,担任棉兰华侨中学、崇文中学的董事长和几所小学的顾问。1956年7月,接到国家中侨委邀请再次回国观光,受到国家领导人的接见。1960年,印尼排华,他协助棉兰领事组织侨胞返归祖国。在三年困难时期,购买了几十铁桶猪油和几千公斤面粉,救济故里后田村民。1965年8月,再次接受邀请回国观光,又一次受到国家领导人接见。1966年初,陈灼瑞举家归国,定居北京。1974年秋,陈灼瑞以63岁高龄又到香港创业,创办华昌进出口公司,经销国内土特产,自任经理。1981年秋,成为龙岩旅港同乡董事会成员,1986年后,担任同乡会永远名誉会长。

陈灼瑞热心桑梓的建设事业,担任闽西大学第一届董事会副会长和海外工作委员会副主任,为闽西大学捐献了电教设备,他兄弟三人给龙岩一中盖了"瑞南堂图书馆",他还为龙岩二中、龙岩侨中、东肖中学、后田小学、桐岗小学、龙岩高等师范专科学校、龙岩地区第一医院、后田饮水供应系统等捐资献物。1990年2月20日病逝于香港。①

3. 郭三民

郭三民,原名郭荣初,1914年12月29日生于福建省龙岩县西山村一个普通农民的家里。兄弟姐妹11人,他排行第一。

他6岁入小学,13岁毕业后就站店当学徒,15岁到厦门做帮工,16岁随父友苏兆祺到新加坡、吉隆坡谋生,后转印度尼西亚苏门答腊岛,成为印尼华侨。他热心社会工作,开展了各式各样的抗日救亡募捐活动,掩护中共党员,支持印尼人民独立运动,加入中国民主同盟,在回国前担任协和有限公司总经理。

1952年5月24日,郭三民携妻带儿举家搬离印尼,回到祖国定居。1953年1月24日,中央人民政府华侨事务委员会正式下文任命郭三民担任苏北串场河航运公司筹备员。1953年5月1日,离开南京回龙岩。到家乡后,他热心公益事业,先后为西山小学、一些乡道、东宝山农场等捐资出力。1954年被选为东宝山垦牧场副董事长、龙岩市侨联会文教股长。1955年3月,调任泉州糖厂担任食堂管理员。1956年6月,调到福建省

---

① 林金禄、郭启熹、赖玉民:《爱国爱桑梓 功德照后人——陈灼瑞传略》,《龙岩文史资料》第22辑。

华侨投资公司工作,担任董事。1958年,组建省侨联后,郭三民连续担任第一、二、三届省侨联委员。

"十年动乱"期间,郭三民也曾受过极"左"错误路线的冲击,1969年被强迫退职,1970年8月,他退职被批准为退休,1985年1月又批复改为离休。

"文革"后,统战工作逐渐恢复,郭三民先后被选为省侨联委员,地区侨联常委,龙岩市政协第五、六届常委,市侨联第九、十届常务副主席,十一、十二届顾问,省民盟联络委员。1988年4月12日因病逝世。①

4. 黄复康

黄复康,原名文橙,别名信秋、祖香、雯晴。1902年12月9日生于福建龙岩赤水桥村一个"三代五贡举"的书香世家。少年时代的黄复康,因父早逝,家道中落,他仅在龙岩中学读了一年便辍学务商。最初,在本镇德峻堂药材店当学徒,16岁完婚后便自挑行李,跋山涉水步行14天到江西大余县原父亲与叔父合股的瑞丰祥杂货店学做生意,学徒期满,承叔父之命前往广东省南雄县,在叔父们合股开办的义昌纸行当记账员近4年。

1925年,黄复康曾任过广东省宝安县府的收发员,也当过厦门大学总务处的办事员。1927年夏,远涉重洋,抵达荷属东印度(当时为荷兰统治的印尼)苏门答腊的亚沙汗。初时,他在堂兄经营的永联昌商行任副经理,不久,随着世界性的经济危机爆发,堂兄店铺受到冲击而破产,他便转到由华侨筹建办起的学校工作,并被委任为培善中学(中、小学)的事务主任兼董事会秘书。此后又被任命为亚沙汗中华商会、华侨进出口、华侨糖米商等商会的秘书。1937年,任"南洋华侨筹赈祖国难民总会"亚沙汗分会的秘书兼宣传主任,积极组织募捐,后被荷印殖民政府驱逐出境。

1938年,黄复康回到祖国,在报国无门的情况下,再渡重洋到新加坡,在一间名为光华栈的商店任经理,后公司改为光华有限公司。二战后,参加反对荷兰殖民主义的斗争。40年代后期,黄复康担任新加坡福建会馆常务兼秘书,同时担任龙岩会馆副主席,新马中华汇总业公司常委、新加坡华侨出入口商公会常务等职,不久,兼任福建会馆教育科主任和教育促进会主席,此外还担任了爱国侨团爱华社的名誉社长职务。

1952年9月下旬,他毅然离开新加坡回国,由观光团归来后,担任了公私合营华侨工业建设股份有限公司的董事兼贸易部经理等职。1955年,调任华南企业公司和中国杂品出口公司副经理。1959年,黄复康奉派到香港中孚行工作近两年。1961年,调到广东省华侨投资公司任副总经理职务。此外,他还是全国侨联常委,又是广东省侨联副主席。在"十年动乱"时,黄复康也曾遭到冲击,但全家没有一人离开祖国。

黄复康对祖国教育事业极为关注,在50年代初时就捐资于家乡的母校——开明小学,还先后为广州华侨小学、侨光中学、暨南大学等捐资建校兴学。

改革开放后,多次当选为省人大代表,1978年,被选为第五届全国人大代表,1979年

---

① 郭阳:《拳拳赤子心 悠悠爱国情——记归侨郭三民》,《龙岩文史资料》第21辑。

加入中国致公党,并当选为致公党中央委员会的常委。1981年4月17日因病逝世。①

5. 黄永林

泰国著名华侨社团活动家黄永林先生,1913年生于长汀县大同乡草坪村,少年时期,因家境贫寒,跟随其母舅许蔚堂先生到广东潮州长安纸行做工,1932年又随母舅辗转泰国,后夫妇俩独资创办曼谷鹰标体育用品工业,重点生产羽毛球等体育器材,并开设巴吞旺鹰标体育有限公司,兼营服装、百货等,任董事长,其工厂生产的主要产品畅销世界各地。

黄永林先生热衷于社会福利事业,积极参加多种社团活动,被誉为优秀社会活动家。曾于1948、1958、1978年三次回国寻根问祖,1979、1980年两次率领泰体育代表团访华,并多次参加广交会。1958、1978年曾两次捐款资助家乡草坪村兴办农业和发展教育事业。②

6. 李良潮

李良潮,1915年3月1日出生于龙岩东肖洋潭村昌仔厝世代农民家里,16岁时跟随同乡一起到厦门乘坐荷兰油轮,来到马来西亚槟城,在他哥哥创设的万安记药行当学徒。大约过了五年,李良潮回龙岩娶亲,婚后带着新娘和在潮弟重返槟城,这时才接替万安记药行头柜。

1942年,日本侵占马来西亚,李良潮鼓动哥哥买下湖内的一块园丘,种植橡胶树,由李良潮管理。二战结束后,胶价日渐滑落,加上人造胶的冲击,胶园里部分地改种榴梿,他的园丘里榴梿出产量每年都能保持一定水准,而且比别人早一个月上市,因此获益不少,也打响了名声。1959年,李良潮和他哥哥及其他几个人合股在吉打州阿姆巴甲地区购得一块胶园,组成了联合树胶园公司,他哥哥当经理,由李良潮管理园丘,担任巡园工作。过了几年,又在双溪拉浪买了一块胶园。在1972年左右,联合树胶园改为有限公司,李良潮被推选为董事经理,后来组建成联合树胶厂有限公司,李良潮担任该公司的董事主席。如今,李良潮苦心经营的联合树胶厂、联合树胶园在大马都占据着重要的经济地位。

李良潮在大力发展种植业的同时,也从事中医中药事业。他热心社会公益事业,慷慨解囊,为医院捐款,并分别向龙岩会馆、中医中药联合会、李氏宗祠各捐献一万元作大学贷学金,以万安记药行经理的身份出席了中医中药联合会会议。1983年,李良潮被理事会推举担任联合会主席兼中医学院理事、董事长。1981年3月,大马龙岩会馆联合会成立,推举李良潮为第一届总会主席。1974年、1987年、1991年李良潮三次回到故乡龙岩,并多次为家乡事业捐资兴建,造福桑梓。③

---

① 铮英:《纯真的赤子心——老归侨黄复康生平事迹》,《龙岩文史资料》第20辑。
② 上官开源:《旅泰华侨黄永林先生》,《长汀文史资料》第18辑。
③ 郭启熹、林茂才:《情系故土 造福桑梓——记旅马企事业家李良潮》,《龙岩文史资料》第24辑。

7. 李远祥

李远祥是原永定县侨联副主席李旦容之长子,旅居印尼万隆。20 世纪 50 年代初,他担任湖坑小学教员。后来,李远祥由其印尼的叔父李旦日申请出国,先后在马辰、加里曼丹、巴城谋生,定居万隆后,与高头籍女子江新兰结为伉俪。

20 世纪 60 年代末,李远祥夫妇与多人合股,创办了"南源百货公司",经营数年,公司盈利。尔后,李远祥夫妇独自办起了食品加工厂,主要生产各类饼干,畅销亚欧各国。他的包装装潢设计在世界"食品装潢金马奖"评选中获奖,其子赴欧领奖。20 世纪 80 年代中期,李远祥夫妇把食品工厂改办为服装厂,生产的服装畅销欧亚各国。李远祥夫妇热心公益,为家乡湖坑中学、湖坑"希望小学"捐款兴建,并添置教学设备。①

8. 苏振寿

苏振寿先生又名苏如南,字永年,1890 年生于龙岩城区社兴村。苏振寿早年家贫,生活艰困,于 1910 年南渡海外谋生。初在马来亚槟城任店员,稍有积攒后便与亲友合资经营万利兴瓷器公司,被选任经理。以后转迁至泰国首都曼谷,又先后创设了怡和有限公司及泰生保险公司,任总经理。从 30 年代后期至 1949 年 4 月回国前,先后被选任为曼谷福建会馆主席,曼谷中华总商会执监委员,天华医院董事及黄魄、中华两所中学董事长,泰国华侨救济祖国粮荒委员会常务委员等职。在泰国华侨中享有盛誉。

1949 年春回乡定居,对家乡新兴事业无不策力以赴。筹建华侨中学、华侨幼儿园,创办龙岩造纸厂、大电厂、东宝山和黄邦山华侨垦牧场,等等,还带动归侨、侨眷献金支援抗美援朝,认购建设公债,尤其是在三年困难时期,他以外汇投资万元进口化肥,有力支援了家乡的农业生产。

1949 年 9 月起,他连续被选为龙岩侨联副主席、主席,华侨中学常务董事、省华侨投资公司募股委员。1952 年,当选为县人民代表、县人民政府委员、县增产节约委员会副主任,后又被选为第一届省人民代表、省华侨事务委员会委员。1954 年,全国普选,他当选为第一届全国人大代表,1959 年后任第三、四届全国政协委员。

1966 年"文革"开始后,他由于"海外关系"受到冲击,在 1971 年因病逝世。②

9. 张德熔

张德熔先生字业修,1906 年 6 月 12 日出生在龙岩白土溪兜(即现在的东肖镇溪联村)。

张德熔四岁丧母,五岁父亲出国谋生,依祖母生活,后继嗣伯父为子,依伯母生活。1918 年随同乡去印尼寻父。初达印尼,就被其父送到班年协同和分号当学徒,三年后始返亚沙汗其父身边。1920 年到 1930 年间,经历了学徒、伙计、掌柜等一系列的实践生活。1930 年,任亚沙汗协同和号的经理。1939 年,他把亚沙汗的协同和改组为协同和

---

① 李宗南:《侨胞李远祥江新兰夫妇的桑梓情》,《永定文史资料》第 25 辑。
② 谷库、一木:《爱国侨领苏振寿传略》,《龙岩文史资料》第 14 辑。

股份有限公司,自任总经理,并开始向房地产及旅馆服务业投资。1945年到1952年,集资创办经营永联丰公司,这是一个跨国公司,公司涉及印尼、新加坡、马来西亚等地。

张德熔也热心参加社会活动。早在1930年以前,在亚沙汗就与龙岩同乡发起筹建"亚沙汗龙岩同乡会馆",担任筹备委员,负责财政。1938年以后,他在亚沙汗以中华商会主席的身份组织了亚沙汗"抗日筹赈祖国难民委员会",支援抗战。1945年抗战后,又当选为亚沙汗华侨总会主席。张德熔在1942年、1948年先后被日本统治者和荷兰殖民统治者投入监狱,离开集中营后参加了中国民主同盟。

1950年,他在棉兰参与创办了华侨、崇文两所中学,并投资创办进步侨报《民主日报》,后该报并入华商印务公司,他当选为该公司董事长。1954年当选为苏北华侨总会副理事长和龙岩旅苏(苏门答腊)同乡会顾问。

1957年,张德熔携妻子回到龙岩定居,继续集资,投资于工商业,继续热心于教育、卫生等事业,也开始了在归国华侨联合会的新工作。在商企业上,担任福建省华侨投资公司第五届常务董事,负责在龙岩募股,并先后向龙岩石粉岭发电厂、龙门造纸厂、黄邦山农场、人民大旅社、华侨服务社、侨声影剧院投资。在教育、卫生等公益事业上,早在1941年,他就在印尼主持筹募在他家乡新办的溪兜初级中学的办学基金。1954年后,为华侨中学筹措办学基金,他是华侨中学董事会第一、二、三、四届董事长。此外,为惠民坝工程募款一万元,也为东肖中学、溪兜村水利以及捐献龙岩地、市医疗仪器等尽了心力。

张德熔归国后,先后当选东肖镇第三、四、五、六、七、八届人民代表,龙岩归国华侨联合会第八、九、十届主席,龙岩地区侨联主席,龙岩县、市第六、七、八、九届人民代表和该会第八、九届常委会的副主任。他还是福建省华侨投资公司董事会第五届常务董事,福建省侨联会常委,福建省政治协商委员会第二届委员,也是福建省人民代表大会第二、三、五届的人民代表。1986年被评为全国侨联工作的积极分子。1989年9月22日,张德熔因病逝世。①

第七节 对外经济联系

1967年,本区开始进口国外商品。到1987年,全区用于进口商品和技术设备的外汇共3238.78万美元。其中,用于进口技术设备2067.17万美元,占63.83%;用于进口工农业生产原材料910.46万美元,占28.11%;用于进口生活用商品261.15万美元,占8.06%。

出口方面,早在清乾隆(1736—1745年)初期,广东潮州、广州等地商人到上杭、长汀、永定、武平一带,采购土纸、茶叶、木材、烟草、香菇、笋干等土特产品,由汀江运销该

---

① 郭依萍:《爱国归侨张德熔传记》,《龙岩文史资料》第18辑。

两地,并有部分出口。这种情况一直持续到新中国成立初期,达200余年。

新中国成立后到1957年全面完成对资本主义工商业的社会主义改造期间,私商收购上述土特产品,按原有渠道运销潮州、汕头、广州等地,部分转出口;地方国营贸易公司、供销合作社收购的土特产品调供国营外贸专业公司外销,两个渠道同时并存。

1958年5月,成立了国营外贸机构。当年,调供出口商品2个门类、9个品种。1978年,出口商品增加到9个门类、63个品种。

1949—1978年,龙岩对外贸易工作有四个特点:一是通过对资本主义工商业的社会主义改造,国营外贸专业公司取代私商,完全统制进出口业务;二是由于公路、铁路的建设和发展,福建省运输条件改善,出口商品口岸除汕头港口外,还增加了厦门、福州等港口;三是由于各级人民政府的扶持,全区对外贸易得到较快发展,不仅数量增加,还在保持传统出口商品的基础上,增加了纺织、化工和矿产品出口,改善了出口商品结构;四是在高度集中的外贸管理体制下,本区外贸机构的实际职能是出口贸易的货源组织工作,不负责直接的涉外业务。指令性计划和行政命令是全区外贸的主要管理手段。财务与省和中央外贸直接挂钩,实行盈亏缴拨制度。其间,由于"文化大革命"的冲击,外贸机构被撤并,人员被下放,全区出口商品收购工作一度处于混乱状态。

在此期间,本区出口产品的结构还不够合理,初级产品多,深加工产品少,在国际市场竞争力不强,无论是出口商品收购额还是收汇水平都比较低。下面列举在此期间内本区主要的一些出口产品。

一、土纸

1950年6月,长汀成立国营贸易公司,主营土纸产、购、销业务。随后,各县相继成立国营贸易公司和供销合作社。1953年,全区销往汕头的土纸,国营、供销合作社占36.34%,私商占63.66%;到1954年上半年,国营、供销合作社已占81.1%,私商只占18.9%;1957年全面完成对资本主义工商业的社会主义改造后,全部由公营企业经营。

1953年,专区成立土产公司,开始将上等节包纸调供福州口岸出口,从此改变了本区土纸全由汕头出口的流向。1958年,全区成立专门的外贸机构,规定出口土纸货源由土产公司组织收购,外贸负责调拨出口。从1962年9月1日起,本区外贸收购的土纸全部调供厦门土畜产进出口支公司出口。

1963年,在主要产区建成出口土纸生产基地后,外贸与供销社分工,外贸对出口基地内的土纸实行产、购、销、调、存"一条鞭"管理,本区土纸出口进入平稳发展时期。年外销量4000~6000吨。

二、松香、松节油

松香、松节油是1949年后本区最大宗的出口产品,也是发挥山区资源优势转为商品优势,进而转为出口优势的拳头产品。

1955年,专区土产公司首批调松香2905.5吨、松节油357吨,供省土畜产进出口公司外销成功。此后,每年均组织出口。出口数量虽因国内外市场供需变化而有增减,但总的趋势是稳定增长。到1981年,外贸收购松香21362吨。

1958年,松香、松节油出口业务划归外贸部门。1962年12月,为了解决内外销矛盾,经协议划定永定、上杭、武平、连城4县所产松香和永定、上杭、武平3县所产松节油专供出口。为了满足出口松香需要特级、一级品占较大比重的要求,以后改由全区各县松香生产厂按国家计划统筹调供出口产品。

1979年起,对出口松香除继续给各县(市)林化厂予以生产扶持外,还实行出口奖励。先是奖钢材和化肥,后改奖外汇额度。

三、福建小米椒干

本区部分乡、村有零星种植小米椒的习惯。1967年起,专区和县外贸公司开始收购小米椒干出口。1970年,外贸机构被撤并,收购中断。1972年,恢复外贸机构。连城县外贸公司从厦门引进小米椒良种,试种成功。随后,经地、县外贸部门的发动和扶持,全区小米椒生产迅速发展。由于本区的小米椒产量高、质量好,辣度10万度,含辣素8%,均达较高标准。美国和联邦德国等国不少客户指名要福建小米椒干。因而中国土畜产进出口总公司于1973年10月和1978年3月,先后两次通知在闽西、闽南一带发展小米椒生产和出口,并多方面给予扶持,从而成为具有地方特色的出口产品。1967—1987年,外贸共收购小米椒干达3021吨。

四、笋干、冬笋

新中国成立前,本区即有笋干出口,直到1953年,都由私商经营,后由土产公司经营。1958年,出口笋干业务划归外贸部门。1962年起,对收购出口笋干实行奖售。1979年8月,笋干由二类物资改划为三类物资,实行自由购销。

笋干是国内外市场均紧俏的物资,长期存在内外销矛盾,且竹笋生长又有大小年之分,因而历年出口笋干收购量波动很大。1958—1987年,全区外贸收购笋干984吨,为同期笋干总产量的11.4%。

1959年起,本区冬笋年年外销港、澳一带。到1987年,外贸共计收购3525吨。

五、连城红心地瓜干

连城红心地瓜干是一种独具闽西地方特色的土特产品,清朝地方官员曾把它作为对朝廷的贡品,称"金如片"。1949年后,直到1956年,均由私商经营。1956年底,由国营土产公司调供出口,首销香港 4.494 吨成功,继而外销新加坡、马来西亚、美国、加拿大等地。1958 年起,出口地瓜干归外贸经营。1965 年,龙岩县外贸公司组织加工的地瓜干,用"连城红心地瓜干"的产品名称外销成功。此后,全区每年外销地瓜干稳定在 100 吨上下,其中 1973 年外贸收购 209 吨,创历史最好水平。

六、香菇

香菇是本区传统出口土特产品,外销已有 100 多年历史,1949 年前均由私商经营。1955 年起,国营土产公司对香菇生产施行扶持,并调供少量出口。1963 年,香菇生产和内外销业务划归外贸部门统筹监管,并继续扶持生产和实行奖售。从当年起,每年秋冬之交,聘请浙江省龙泉等县菇民二三百人,到各县山区协助发展天然香菇生产,其中 1968 年外贸收购达 145.51 吨,创历史最高纪录。

七、陈(沉)缸酒

龙岩市酒厂生产的"新罗泉"牌陈(沉)缸酒,其酿制工艺起于清代嘉庆年间(1796—1820 年),是独具本区特色的产品。自 1963 年被评为全国 18 种名酒之一、首获金奖以来,到 1987 年已连续 5 次获国家质量金奖。

新中国成立前,本区华侨有将沉缸酒作为馈赠礼品带往南洋各地的习惯。1966 年开始出口,首批外销 0.6 吨。此后,外销量逐年增长,1974 年外贸收购 20 吨,创外销最高纪录。1984 年,应外商要求,经国家轻工业部批准,将外销"沉缸酒"改名为"陈缸酒"。

八、茶叶

清咸丰十年(1860 年)前,龙岩就经汕头出口"白毛尖"、"熙春"等优质绿茶。同治五年至光绪二十六年(1866—1900 年),从汕头外销的茶叶年平均约 40 吨。民国时期,社会动乱,课税繁重,许多茶园减产甚至荒芜,茶叶出口锐减。

新中国成立后,人民政府重视恢复茶叶生产。1958 年,专区供销合作社首调粗制乌龙茶 3.15 吨供口岸精加工出口。1961 年,外销茶叶收购归外贸经营。当年,首调粗制乌龙茶 3.15 吨供口岸精加工出口。

1958—1983 年,全区外贸调供口岸加工的绿毛茶 1370.55 吨,粗制乌龙茶 669.30 吨。

九、瓷器

连城县有较丰富的优质瓷土资源,在清代就生产日用陶瓷。新中国成立后,该县新建的国营连城瓷厂于 1955 年建成投产,为当时全省 4 大瓷厂之一。1959 年,该厂有 1.21 万件瓷器外销成功,从此出口日增。1972 年后,外贸部门给予了诸多生产扶持,以扩大生产。1978 年,外贸收购瓷器 284 万件,创最高纪录。后因产品的花色品种跟不上国外市场需求,更兼包装不善、出口合格率低等,1980 年后外销日减。

十、河田鸡

河田鸡原名鹿角鸡,又称吉鸡,因始产于长汀县河田乡而得名。1964 年,厦门粮油食品进出口公司从本区的出口鸡中,挑选河田鸡参加当年全国名贵鸡评比。按体型、体重、毛色、肤色、肉质、营养价值等项指标,经国内外专家鉴定,得总分第二,成为我国出口五大名贵鸡之一。

1963 年前,龙岩外贸共收购各种鸡 8.55 万只。1965 年起,外贸部门对河田鸡生产进行扶持,并实行奖售政策。后来又在长汀、上杭兴建繁殖场,生产和出口稳步增长。1973 年,外贸收购达 9.13 万只,创历史最高纪录。

附:全区出口商品目录(包括曾出口后中止出口的商品,截止到 20 世纪 80 年代中期)

土特产品类(40 种):土纸,纸箔,松香,松节油,烟草,小米椒干,笋干,冬笋,笋罐头,地瓜干,香菇,陈缸酒,山苍籽油,芳樟油,樟脑油,黄樟油,杂樟油,白樟油,芳香油,桉叶油,蚊香,红菇,草菇,毛竹,蒿竹,厘竹,杂竹,竹尾,水蚊,文头米,梧桐木,松原木,松板材,床板,寿板,扁担,蜂蜜,蜂蜡,卫生香,香粉。

矿产品类(15 种):煤,钨砂,锰砂,石灰粉,砩石,锌,硅铁合金,结晶硅,硅锰合金,石墨,膨润土,高岭土,瓷土,氧化稀土,花岗石板材。

食品类(17 种):鲜李,板栗,荸荠,金橘,柑橘,盐水蘑菇,蘑菇罐,荔枝罐,菠萝罐,盐水姜罐,鲜姜,西鲜椒,味精,藕片,脱水蔬菜,毛木耳,白木耳。

畜产品类(32 种):猪,牛,鸭,鸡,河田鸡,兔,龟,鸽,蛋,猪鬃,猪毛,猪肠衣,牛肠衣,羊肠衣,猪皮,麂皮,黄狼皮,牛皮,山羊板皮,獾皮,狗皮,兔皮,猫皮,绵羊皮,石犴皮,水獭皮,兔毛,羽毛,公鸡三把毛,乱鸡毛,绵羊毛,牛羊蹄角。

轻工产品类(19 种):自行车及其配件,木尺,皮枕,劳保手套,卷烟纸,象棋,小刀,台灯,纤维板,竹胶板,电木瓶,拖把柄,竹餐具,锄头柄,洋镐柄,棉纸,竹杠,木椅,烟花鞭炮。

化工产品类(14 种):钨酸,三氧化钨,硫酸锰,碳酸锰,树脂,松香胺,异常叶稀,漂白粉,漂白精,活性炭,活性白土,轻质碳酸钙,氟化钠,色酸。

机械产品类(3 种):打谷机,钢磨,米粉机。

工艺品类(9 种):古董,人发,画蛋,珠宝,人造宝石,藤编,竹编,竹刻,淡水珍珠。

药材类(13 种):芸香浸膏,天然樟脑粉,乌梅,荆芥,蝉衣,生地,田七,川芎,升麻,玫瑰茄,橡子仁,白芸香,蚕蛹。

纺织品类(9种):床单,毛巾,浴巾,方巾,茶巾,手术卫生巾,毛巾布,白棉坯布,涤棉枕套。

茶叶类(2种):乌龙茶,绿茶。

陶瓷类(1种):瓷器。①

---

① 龙岩地区地方志编纂委员会:《龙岩地区志》,上海:上海人民出版社,1992年。

第七章 社会转型与市场经济时期的龙岩商业

改革开放以来,龙岩人民在市委、市政府的领导下,坚持以经济建设为中心,以结构调整为主线,积极进取,经济水平发展显著提高,三资企业、私营、股份制经济等多种所有制经济快速发展,龙岩商品市场日益繁荣,商品经营结构日趋优化,对外贸易经济飞速发展,人民生活普遍改善,社会事业全面进步。

第一节 改革开放与龙岩商业的繁荣

一、改革开放以来龙岩经济的基本概况

1. 经济实力不断增强

改革开放以来,龙岩市国民经济从"五五"计划后期至"十一五"计划,历经7个"五年计划"时期,GDP总量平均每个五年计划实现一次翻番,GDP年均增长率远高于全国平均水平;1994年全市经济总量突破百亿,达到102.75亿元;2000年跨上两百亿,达到209.51亿元;2006年超过四百亿,达到444.23亿元,实现了跨越式的增长。2010年,全市实现生产总值990.9亿元,是1978年的191.5倍,年均增长17.84%。2010人均GDP突破两万元,由1978年的245元增加到2010年的33506元,年均增长16.61%。[①]

2. 产业结构不断优化

龙岩市的社会经济获得了快速的发展,产业结构也得到了优化。其产业发展迅速,结构、体系都得到了不断完善,产业结构逐步向发达国家的现代经济结构趋近。其中三次产业结构也由1978年的0.453∶0.343∶0.204变化为2010年的0.130∶0.533∶0.337。

(1)第一产业结构特征:随着农村经济体制的改革和国家一系支持农业发展的政策措施到位,农业生产生产效率得到了显著提高,总规模以平均每年14%的速度增长。龙

---

① 本文数据来源:龙岩统计局:《2011龙岩统计年鉴》,龙岩市统计局,2011年。

第七章 社会转型与市场经济时期的龙岩商业

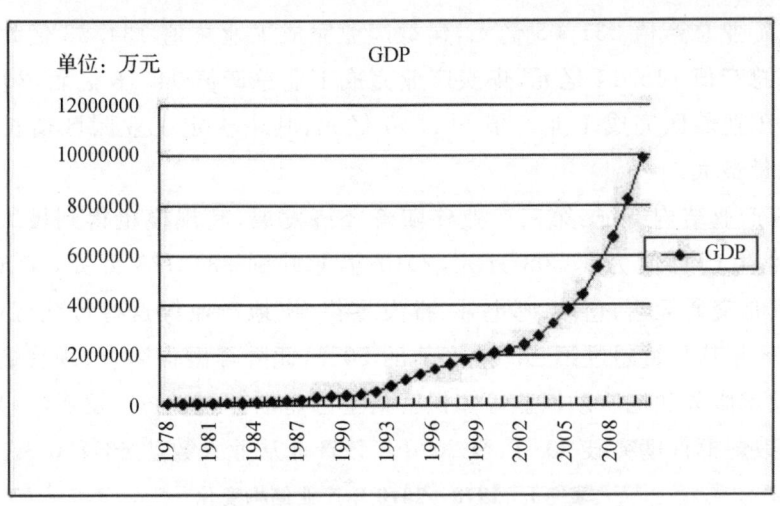

图 7-1　1978—2010 年龙岩市地方生产总值增长情况

岩市的传统农业正加速向产业化、工业化、现代化方向发展,粮食生产稳步增长,农业综合开发,乡镇企业发展和农村小城镇建设三位一体的农村发展体系正在形成。从产值构成看,农业结构明显改善,农林牧渔的比重从 1978 年的 0.796∶0.93∶0.11∶0.10 变化为 2010 年的 0.425∶0.131∶0.397∶0.047,此外,农业服务业也得到了一定发展,2010 年,其产值达到农业总产值的 2.5%;从种植面积结构来看,农业结构也得到了优化,粮食作物、经济作物与其他农业作物的比重,从 1978 年的 0.912∶0.36∶0.52 变化为 2010 年的 0.592∶0.107∶0.301。农林牧渔业总产值由 1978 年的 4.1374 亿元上升至 2010 年的 212.31 亿元,年均增长 13.1%,全年粮食总产量则从 1978 年的 74.5252 万吨上升到了 2010 年的 98.63 万吨,年均增长 1%。

(2)第二产业结构特征:以工业为主导的第二产业,自改革开放政策的实施,全市工业生产水平进入快速发展时期,从极其薄弱发展成为经济发展的主要引擎。[①] 期间涌现出了一批批有代表性的如七匹狼卷烟、龙净大气污染防治装备、龙工装载机、麒麟水泥、资金水泥、喜鹊毛巾、佳丽斯床上用品等商业品牌产品,与之对应的工业总产值从 1978 年的 3.8358 亿元增长到 2010 年的 1278.5998 亿元,年平均增长高达 19%,增长速度远高于国家经济增长水平,全市工业总产值破 10 亿大关,仅用了 10 年时间,突破千亿,仅用了 32 年,此外规模以上工业增加值也是连年突破,1978 年规模以上工业增加值为 38358 万元,2010 年规模以上工业总产值 11773398 万元,年均增长达到 19.6%,规模企业个数已经突破千个,2010 年规模以上企业个数达 1399 个,亿元企业数也实现了跨越式发展,2010 年达到 221 家。2010 年,龙岩市"10+3"重点工业行业实现总产值 1058.15 亿元,其中烟草产业完成工业总产值 100.17 亿

---

① 丁培荣、刘昊:《龙岩市产业结构与产业政策选择》,《龙岩学院学报》2010 年第 4 期。

元,成为继机械、建材、农副产品加工三大产业破百亿之后,第四个破百亿的产业,机械产业完成工业总产值231.05亿元,建材产业完成工业总值134.53亿元,农副产品加工业完成总产值146.14亿元,煤炭产业完成工业总产值94.18亿元,2010年,龙岩市8个省级工业园区完成工业产值591.46亿元,其中永定工业园区增长最快,龙州工业园区总量最大。

(3)第三产业结构特征:第三产业伴随着经济发展,其规模也得到极大发展,1978年,第三产业生产总值为10508万元,2010年上升到3343173万元,实现年均增长19.7%,尤其是交通运输、仓储、邮电业、批发零售、房地产业等这些传统行业发展相对更快,至2008年其总量超过第三产业产值的50%,此外金融保险业、现代商务服务业、科学技术、技术服务和地质勘探业等知识密集型行业也得到了一定发展,2009年第三产业从业人员数规模首度突破60万,至2010年该产业从业人数达631720人。

表7-1　1978—2010年产业结构变化

单位:亿元

年份	第一产业总产值	第二产业总产值	第三产业总产值	总产值
1978	2.3468	1.7775	1.0508	5.1751
1980	2.9884	2.4208	1.5826	6.9918
1985	5.7355	5.8505	3.2266	14.8126
1990	11.3171	12.871	13.6589	37.847
1995	38.5118	47.6832	38.5349	124.7299
2000	55.7469	78.8966	74.864	209.5075
2005	81.9286	172.3622	131.337	385.6278
2010	128.89	528.72	333.88	991.49

3. 固定资产投资飞越增长

改革开放以来,固定资产投资实现了飞越式的增长。1978年的全社会固定资产投资额为0.5029亿元。1981年,全市固定资产投资总量突破一亿,达到1.3170亿元。2005年跨上百亿,达到123.6511亿元。2007年超过两百亿,达到248.6320亿元。2008年超过三百亿,达到322.3315亿元。2010年,全市固定资产投资总而达到了新的高度582.95亿元,其中第一产业投资2.2亿元,同比增长32.9%;第二产业投资97.1亿元,同比增长23.3%;第三产业投资135.6亿元,同比增长85%,以1978年的0.5029亿元的为基期,年均增长16%。

4. 对外经贸稳步增长

改革开放以来,龙岩对外贸易保持了稳步增长的态势。外商投资企业发展迅速,逐步成为我市出口增长的主要推动力量,涌现出了一批实力强、效益好的外商投资企业,给我市的外向型经济发展输入了新鲜血液和活力,为国民经济持续增长发挥着积极的促进作用。1988年进出口409万美元,其中出口为409万美元,而进口总额几乎没有,经过多年的发展,龙岩对外贸易发展实现了跨越式的发展。2010年进出口总额达到了151055万美元,其中,进口19719万美元,出口总额为131336万美元,年均增利率高达29%之巨。

5. 社会消费品零售总额不断提升

1978年龙岩市社会消费零售总额仅为21995万元,至2004突破百亿大关,达到1134481万元,2008年超过两百亿,实现了220.003亿元,2010年实现312.1663亿元的跨越式发展。就2010年社会消费品零售额分城乡看,城市消费品零售额2659380万元,乡村消费品零售额462282万元;分行业看,批发业零售额267377万元,零售业总额为2529056万元,住宿业零售额21026万元,餐饮业零售额304204万元。

6. 商业信用规模不断增大

自1999年我国启动社会信用体系建设以来,龙岩市的信用环境总体上有了极大的改善,产业链上游的企业之间的赊销商品、延期付款及信用消费信用企业通过赊销、分期付款等方式的商业信用越来越广,商业信用的发展极大促进了经济的发展,特别是银行商业贷款更是为龙岩商业企业的壮大与发展提供了坚实的资金后盾,银行贷款规模呈快速增长态势,2000年银行贷款余额1068263万元,2005年为2110189万元,2010年达到7233897万元,其中2010年龙岩企业经营贷款规模达1599980万元,贸易融资达15864.5万元。从商业贷款规模来看,最近几年也呈现出了商业信用地位的作用,2001年商业贷款规模为90269万元,到2010年达到157926万元。

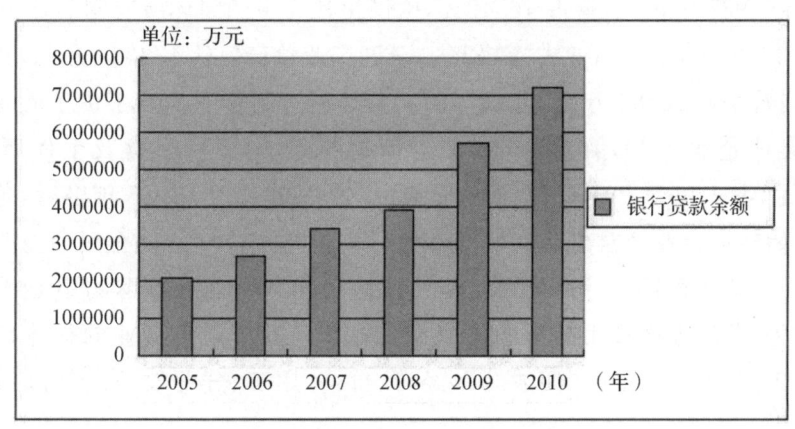

图7-2 银行贷款规模

二、龙岩商业的繁荣与区域经济的发展

(一)多元市场主体的形成与发展,统一市场经济体系的逐步完善

改革开放以来,龙岩商贸业得到了突飞猛进的发展,取得了巨大的成就。商贸经济充分反映了龙岩经济的繁荣发展和综合实力,在强化城市综合功能,提高城市品位,推进城市化、工业化进程中发挥了有力的先导作用。1978年,社队企业中有商业、饮食、服务业17家,从业599人,收入187.32万元,占当年社队企业总收入的9.18%。1979年,许多公社、生产大队创办集体饮食服务业,出现了家用电器、摩托车修理、照相等服务业和个体摊贩。1984年,乡镇企业中商业、饮食、服务业达165家,从业836人,产值263.89万元。① 进入80年代后,多种经济成分并存,到1987年止,国营占46.48%,以供销社为主的集体所有制商业占37.41%,个体商业占16.03%,合营商业占0.08%,1980年后,集体经济不断发展,除原有集体商店外,还有工业部门附设的零售商业门市部20个,人员64人;农工商联合企业附设的零售门市部6个,人员34人;其他各事业单位附设的零售门市部有9个,人员46人。1987年,龙岩市有集体商店677家,从业3140人。到1987年,地区一级驻岩的国营商业机构有纺织品、百货、五交化、副食品和医药采购等供应站及华侨友谊公司和石油、食品、烟草、水产、盐业分公司等11个单位,负责全区6县1市的商品采购供应批发业务。市一级国营商业企业有百货、五交化、石油、烟草、医药、食品、蔬菜、副食品及振兴贸易信托等公司,还有紫金百货大楼等。全市共有国营商业310家,从业4698人(其中市属247家,从业3283人),负责全市的商品批发和零售。② 到1987年止,国营占46.48%,以供销社为主的集体所有制商业占37.41%,个体商业占16.03%,合营商业占0.08%。全区工业总产值达132385万元,其所有制结构状况是:国营企业90188万元,占68.13%;集体所有制企业30708.9万元,占23.20%(其中城镇集体企业占22.46%,乡村集体企业占77.54%);私营及个体所有制企业10581.1万元,占7.99%;"三资"企业907万元,占0.68%。③ 1988年以后,龙岩市国有商业企业开始转换企业经营机制和转变商业行政职能。1992年是全区商业改革步子迈得较大的一年,地区百货站、纺织品站、华侨友谊公司和闽西台胞购物中心4个商业单位联合组建为"龙岩地区日用品采购供应总公司",以发挥地直商业的整体优势。与此同时,各县(市)商业单位推行"四放开"(经营、价格、用工、分配放开)、"特店特柜"的改

---

① 龙岩市地方志编纂委员会:《龙岩市志》,北京:中国科学技术出版社,1993。
② 龙岩市地方志编纂委员会:《龙岩市志》,北京:中国科学技术出版社,1993年。
③ 龙岩市地方志编纂委员会:《龙岩地区志》,上海:上海人民出版社,1992年。

革,转换企业经营机制,给商业企业带来了生机。商业企业零售活跃,批发看好。①

1993年,国民经济快速发展,基建规模扩大,水泥工业、电力工业、国道省道建设项目上马较多,国家货币投放量增加,建材价格上涨幅度大,群众手头持币较多,反映在全区商品流通上市场繁荣、活跃,国有商业商品购销亦相应有较大的增长。本年全区社会商品零售总额22.04亿元,比上年同期增长28.48%。其中,消费品零售总额19.62亿元,增长34.6%。全年国有商业(粮食、石油、医药等)消费品零售额比上年增长8.73%,商品总购销也分别比上年增长5.54%和11.45%。其中,商业局系统商品购销总额分别增长5.05%和14.28%,粮食系统增长2.61%和9.25%,石油系统增长16.42%和16.29%,医药系统增长3.68%和3.38%。

国有商业市场,从行业系统看,主要特点是商业局系统货源渠道拓宽。总购进中,国内纯购进好于国内商业购进,表明厂商直接进货交易打破了过去商品进货多环节交易的格局;销售中商业批发销售好于纯销,市场竞争向全方位纵深发展,体现了当今商业市场的占领和多渠道竞争特点。"国(社)有民营改革"(即把中小型国有商业企业或供销社企业的生产经营场地和相应的设施,通过招标投标,出租给企业员工集体或个人进行生产经营,实行自愿组合、自筹资金、自主经营、自担风险、自负盈亏、自定分配)始于1992年,1993年全面推行,其发展过程经过了三个阶段。

自发试验阶段。1992年4月龙岩市饮食服务公司在临江酒家试行"国有民营"。与此同时,一些供销社企业也自发试行"社有民营"。临江酒家"国有民营"的做法是:宣传发动,制订方案;测算基数,明确标底;自愿报名,竞争投标;投资租赁,筹资经营;风险抵押,责任落实;用工分配,放开搞活。经过一年的运行,取得了初步成效。②

1996年,各类市场主体竞相发展,竞争激烈;市场建设步伐加快,流通秩序明显好转;市场繁荣稳定,商品货源充足,零售物价涨幅明显回落,社会消费品零售额保持稳步增长,国有商业购销高跌幅的现象明显改观。国有商业在商品经济运行中,面向市场,搞活经营,企业普遍深化3项制度改革,加大内部改革力度,调整经营结构,加强市场建设和零售网点建设,扩大零售网点规模,探索新型经营方式,取得了一定成绩。龙岩市商贸、长汀县商贸、漳平市商贸、地区商业总公司国贸等各大零售商场扩建、续建工程相继投付使用,进入营业和试营业阶段。龙岩龙薰批发市场、长汀闽赣商业城等一批较大规模的市场建成,增加了经营门类、品种,扩大了销售额,竞争力度明显增加。全区开展创建"百家放心店"活动,推行社会承诺,大力发展超级市场,提高国有商业信誉,积极发挥国有商业主渠道作用。③

---

① 龙岩市地方志编纂委员会:《龙岩地区年鉴》(1988—1992),北京:中国大百科全书出版社,1994年。

② 龙岩市地方志编纂委员会:《龙岩地区年鉴》(1993),北京:中国大百科全书出版社,1995年。

③ 龙岩市地方志编纂委员会:《龙岩地区年鉴》(1997),北京:方志出版社,1997年。

1997年，本市商品消费市场的总体特征是：市场繁荣稳定，商品丰富，供应充裕，物价平稳，涨幅回落到较低的水平。流通领域各类市场主体竞争激烈，社会消费零售额继续保持稳步增长，国有商业购销总额从上年高跌幅转为增长。①

1999年，一些县商业经营公司进行改制、转制、撤销，职工买断身份，商品购销减弱。新罗区中山街改造，全市最早设立的一家百货零售商场被拆，减幅大。②

稳步发展阶段。"九五"期间，龙岩市国有商业深化改革，扩大开放，面向市场，搞活经营，在各类市场主体竞相崛起，多种所有制形式并存发展，多渠道多层次市场体系下求生存、求发展。市场建设步伐加快，经营结构逐步调整，龙岩市国有商业在商品经济运行中，一方面普遍深化企业的三项制度改革，加大内部改革力度，调整经营结构，另一方面加快市场建设和零售网点建设步伐，努力扩大零售网点规模，探索新型经营方式。龙岩市的龙岩商贸、长汀商贸、漳平商贸、市直国贸等各大零售商场拆建、扩建、续建工程相继建成并投入使用，增强了零售市场的竞争力度。在激烈的市场竞争中，国有商业开展"放心店"活动，实行商品质量与服务承诺制度，积极发展超市、连锁、联营、代销、代理、总经销等经营方式和经营业态，从而改变了单一百货商店柜台式销售的落后局面，商业信誉和营销水平得到提高。个私经济蓬勃发展，国有商业份额缩减，个体私营经济快速发展，而国有商业调整结构，有进有退。③

2001年，消费品市场平稳增长，运行正常。各种所有制经济比重得到进一步的调整。国有经济比重12.72%，减少2.27个百分点；集体经济比重9.70%，减少0.3个百分点；联营经济比重0.89%，与上年0.90%基本持平；私营经济比重4.9%，增加0.68个百分点；港澳台和外资经济比重0.19%，增加0.11个百分点；个体经济比重55.71%，增加0.46个百分点；其他经济比重15.87%，增加1.31个百分点。④

快速提升阶段。2002年之后，商业企业改革、结构调整稳步推进，市场化程度进一步提高，流通规模不断扩大，商贸经济良性发展体系和市场体系已基本建立，形成了多种经济共同发展、多业态并重的新格局，批发和零售贸易、餐饮、服务等商业网点数量不断增加，商业网络规划格局完善，逐步形成了以龙岩中心城市为核心，以县城为中心，以批发市场、边贸市场、乡镇集贸市场为依托的具有多种经济成分、多种流通渠道、多种流通业态、多种经营方式互补的商品市场体系。市场体系粗具规模的现代化商贸流通体系成为全市经济的重要支柱。住宿餐饮业零售额由1978年的771万元增加到2010年的36.3969亿元，增长了近472倍，年均增幅为21%，超过了龙岩地区经济发展平均水平，住宿餐饮业快速增长，呈现淡季不淡、旺季更旺的局面。

(二)流通范围及规模持续扩大

改革开放以来，龙岩商品市场得到迅速发展。中共十一届三中全会后纠了"左"的

---

① 龙岩市地方志编纂委员会：《龙岩地区年鉴》(1998)，北京：方志出版社，1998年。
② 龙岩市地方志编纂委员会：《龙岩年鉴》(2000)，北京：中国社会科学出版社，2000。
③ 龙岩市地方志编纂委员会：《龙岩年鉴》(2001)，福州：海潮摄影艺术出版社，2001年。
④ 龙岩市地方志编纂委员会：《龙岩年鉴》(2002)，福州：海潮摄影艺术出版社，2002年。

错误,鼓励农村发展社会主义商品经济,促进商品流通,龙岩专署根据各地群众意见作出恢复传统圩的决定。1980年,全区除连城的新泉仍旧以星期日为圩日外,其他公社均恢复传统的"插花圩",市场交易日益活跃。1985年,农村改为乡镇建制后,农村圩场没有变动,在人口较多的大乡,有的设立了几个圩场(如长汀县南山乡便有南山、中复和朱坊3个圩场)。至1987年,全区有城乡农贸市场167个。① 1992年年底,全区共有集贸市场198个,其中城市27个,农村171个。② 1993年,认真推进多方集资,多元化建市场,开展创建文明市场活动,使城乡各类集市更加繁荣,充满活力,到年底,全区共有集市贸易市场203个,其中城市28个、农村175个,分别比上年增长2.53%、3.7%和2.34%。③ 1994年,在市场经济的大潮中,本区积极培育和发展各类市场,开展"集贸市场监督管理工作好"竞赛活动,使城乡集市越来越繁荣。到年底,全区共有集市贸易市场205个,其中:城市31个,农村174个。

1996年,全区共有集市贸易市场215个,比上年增加9个。其中,城市36个,农村179个。全区集市贸易成交额16.75亿元,占社会消费品成交额的45.21%。其中,城市4.57亿元,农村12.18亿元,分别比增10.4%和7.3%。④

1997年,全市共有商品交易市场219个,比上年增加4个。其中消费品市场215个,生产资料市场4个。全年商品交易市场成交额17.87亿元,比上年同期增长6.7%,其中消费品市场成交额17.82亿元,比上年同期增长8.7%。⑤

1998年,全市共有商品交易市场196个,比上年减少23个(由于改、扩建市场未完全竣工)。全年商品交易市场成交额17.1亿元,与上年同期基本持平。其中,城市消费品市场成交额3.1亿元。农村消费市场成交额14亿元。⑥

1999年,全市共有商品交易市场194个,其中,消费品市场191个,生产资料市场3个,总体比上年减少2个。全年商品交易成交额16.70亿元,与上年同期基本持平。其中,城市消费品市场成交额5.7亿元,比上年增长83.87%,农村消费市场成交额11亿元,比上年下降21.43%。⑦

2000年,全市共有商品交易市场193个。其中,消费品市场190个,生产资料市场3个。在数量上,与上年基本持平,但闽西中心市场的建设极大地提升了本市集贸市场的档次。全年全市商品交易成交额17.6亿元,同比增长5.39%。其中,城市消费品市

---

① 龙岩市地方志编纂委员会:《龙岩地区志》,上海:上海人民出版社,1992年。
② 龙岩市地方志编纂委员会:《龙岩地区年鉴》(1988—1992),北京:中国大百科全书出版社,1994年。
③ 龙岩市地方志编纂委员会:《龙岩地区年鉴》(1994),北京:方志出版社,1995年。
④ 龙岩市地方志编纂委员会:《龙岩地区年鉴》(1997),北京:方志出版社,1997年。
⑤ 龙岩市地方志编纂委员会:《龙岩地区年鉴》(1998),北京:方志出版社,1998年。
⑥ 龙岩市地方志编纂委员会:《龙岩年鉴》(1999),北京:中国社会科学出版社,1999年。
⑦ 龙岩市地方志编纂委员会:《龙岩年鉴》(2000),北京:中国社会科学出版社,2000年。

场成交额6.02亿元,农村消费品市场成交额11.58亿元。①

2001年,全市乡及乡以上商品交易市场173家,比上年增加7家,其中专业市场27家,综合市场146家。在综合市场中,工业品综合市场6家,农副产品综合市场108家,其他综合市场32家。市场摊位数21373个。市场成交额23.69亿元,占消费品零售总额的40.7%,年成交上亿元市场有3家(龙岩龙薰综合批发市场、龙岩市韭菜园市场、武平县城关农贸市场)。②

2002年,全市共有商品交易市场177家,比上年增加4家,其中消费品市场176个,生产资料市场1个。全年商品交易成交额为210074万元,同比增长0.19%。其中,消费品综合市场成交额97558万元,同比增长0.62%;农副产品市场成交额60408万元,同比增长0.34%;工业消费品市场成交额52107万元,同比增长0.28%。日后成为闽粤赣3省交界处有较大影响力的大市场的闽西交易城初显繁荣。③

2003年,全市共有商品交易市场171家,比上年减少6家。其中,消费品市场169家,生产资料市场2家。全年商品交易成交额为203159万元,同比下降3.29%。其中,消费品综合市场成交额94542万元,同比下降3.09%;农副产品市场成交额为49831万元,同比下降17.5%;工业消费品市场成交额为51558万元,同比下降1.05%。全年新登记市场7家,注销市场13家,年检市场数171家,年检率达100%。④

至今大型综合性商场如大润发购物广场、新华都辉业购物广场、米兰春天量贩、春风电器等遍布全市七县(市、区),成为城乡居民购买日常生活用品的重要场所。已经形成多层次、多门类的商品市场体系。商业零售形式发展多种多样,改变了以往传统百货商店一统天下的局面,形成了各类批发市场、百货店、大型超市、中小型超市、食杂店、便利店、折扣店、家居建材店、餐饮店等多种零售业态共同发展的局面。除传统零售业态外,还有超级市场、专卖店、购物中心、仓储式商场、连锁经营、电子商务、直销式、网上购物等新型流通方式,流通现代化进程不断加快,商品日益丰富,设施日臻完善,市场规模和容量不断扩大,不同业态的商业网点遍布全市大街小巷,极大方便了广大居民的生活消费,满足人们日益变化的多样化的消费需求。2008年,限额以上批发企和零售企法人有163个,2010年限额以上批发和零售企业法人有263个,对应的资产总计分别为647032.3万元、1136911.2万元,销售额分别为1698987万元、2385529万元。每个企业平均资产从2008的6974.9万元提高到2009年的9070.45万元,与之对应的限额以上批发和零售企业的年平均销售额呈现出快速增长的趋势。商贸经济良性发展体系和市场体系已基本建立,已形成了多种经济共同发展、多业态并重、基础完善、市场体系粗具规模的现代化商贸流通体系,成为全市经济的重要支柱商业资本,渗透到各行各业。在

---

① 龙岩市地方志编纂委员会:《龙岩年鉴》(2001),福州:海潮摄影艺术出版社,2001年。
② 龙岩市地方志编纂委员会:《龙岩年鉴》(2002),福州:海潮摄影艺术出版社,2002年。
③ 龙岩市地方志编纂委员会:《龙岩地区年鉴》(2003),北京:方志出版社,2003年。
④ 龙岩市地方志编纂委员会:《龙岩地区年鉴》(2004),北京:方志出版社,2004年。

商业资本的推动下,商贸业得到了突飞猛进的发展,取得了巨大的成就,流通规模不断扩大,2010年,龙岩限额以上批发业121个,零售业142个,按批发行业小类分组,农畜产品批发7个,食品饮料及烟草制品批发企业11个,纺织、服装及日用品批发企业7个,医药及医疗器材批发企业9个,矿产品、建材及化工产品批发企业55个,机械设备、五金交电及电子产品批发企业22个,贸易经纪与代理5个,其他批发5个;零售业按行业小组分类,其中综合零售企业25个,食品饮料及烟草制品专门零售6个,纺织、服装及日用品专门零售业4个,医药及医疗器材专门零售企业6个,汽车、摩托车、燃料及零配件专门零售企业56个,家用电器及电子产品专门零售企业27个,五金家具及室内装修材料专门零售10个,无店铺及其他零售企业4个。①

(三)改革开放以来龙岩市商品经营结构的变化及专业化演进

改革开放以后,龙岩市商品经营结构在不同的时期呈现出不同的特征。这是与农村经济改革和工业经济改革紧密相关的。结合农林牧副渔业总产值与工业总值对比变化表及其主要的产品发展指标,可将龙岩市商品经营结构的转变过程分为工农业产品结构调整起步阶段、稳步展开、再调整、快速推进阶段和发展能力显著提高五个阶段。

表7-2 改革开放以来龙岩市农业经济主要发展指标

年份(年)	农林牧渔业总产值(万元)	林业产值(万元)	牧业产值(万元)	渔业产值(万元)	粮食总产量(万吨)	烤烟产量(吨)	水果产量(吨)	油料产量	生猪出栏(万头)
1978	41374	3859	4548	37	74.53	2825	2129	1605	36.47
1984	74442	7956	13675	740	85.51	13796	9541	2523	50.31
1987	95873	14569	22949	1771	87.78	17154	13895	3625	62.55
1992	227050	31661	61022	4854	103.85	35165	45147	6774	100.54
1997	785728	78762	287824	54028	118.69	42047	193907	15193	210.4
2005	1262987	138740	497427	62304	96.06	32403	317768	17852	462.86
2007	1597038	174832	676233	65427	90.06	32932	347197	14686	424.03
2008	1939628	208416	903078	74383	93.19	33268	353370	15934	490.71
2009	1896662	224138	797426	77669	96.07	36571	363897	17531	514.78
2010	2123098	271542	821353	96323	98.63	35344	290622	19433	510.86

---

① 《龙岩统计年鉴》(2010),龙岩市统计局,2010年。

表 7-3　改革开放以来龙岩市工业经济主要发展指标

年份(年)	工业总产值(万元)	规模以上工业总产值(万元)	规模以上工业总产值指数(1978年=100)	水泥产量(万吨)	发电量(万千瓦时)	卷烟(箱)	原煤(万吨)
1978	38358	38358	100.00	16.56	42827	100566	204.92
1984	78182	78182	167.09	38.22	45002	192800	282.32
1987	194697	157792	266.64	73.02	133360	265500	367.36
1992	490314	403079	521.75	202.45	227001	352024	441.87
1997	1557764	1004182	958.20	507.10	383270	357300	398.10
2005	3872044	2945744	2165.22	1200.28	689138	614987	779.55
2007	6394869	5380269.1	3758.45	2075.74	1009154	730111	1190.20
2008	8145244	7161244	4626.65	2225.00	916440	765395	1421.56
2009	9476535	8456135	5639.89	2775.50	658799	819545	1533.51
2010	12785998	11773398	7292.37	2926.00	1008102	874543	1536.59

1. 工、农业产品结构调整起步阶段(1978—1983)

1978年开始,龙岩市的改革开放政策首先在农村开始实行,并在这过程中取得了很大的突破。农村改革初期的核心内容是从改变农村的基本经营制度入手,废除"一大二公"的旧体制,逐步形成家庭承包经营制度。在统分结合、双层经营的体制,以及对农业、林业、渔业等主要生产资料实行所有权和使用权分离的政策领导下,龙岩市以永定县湖雷、湖坑公社的部分生产为代表,农村大部分地区为了摆脱吃大锅饭的旧形式,积极争取分田包产到户,农户逐渐成为从事商品性经营活动的基本主体,并开始掌握生产经营自主权。① 一部分人开始诚实劳动,主动经营,使得农村生产的内在动力大大加强。同时,提高农产品价格的政策也极大调动了农户发展农业生产的积极性和创造性,促性了农产品的生产和农村经济的发展。同时,在产业政策的引导下,企业内部逐步实行经济体制改革,开始实行多种形式的经济责任制,并逐步扩大企业自主权,极大地增强了企业的活力。

1978年,农、林、牧、副、渔业的总产值只有4.13亿元,特别是渔业,仅创造了37万元的产值,粮食产量70.53万吨,烤烟、水果、油料的产量也不高,生猪的出栏数不到38万头。经过几年的农村改革,到1984年,全市农、林、牧、渔总产值为7.44亿元,比1978年增长了39.1%,年均增长5.7%。其中,农、林、牧、渔业分别年均增长4.2%、9.1%、11.1%和44.9%。粮食产量85.51万吨,比1978年增长了14.7%,粮食亩产254公斤,

---

① 龙岩地区地方志编纂委员会:《龙岩地区年鉴》,北京:方志出版社,1978年。

比1978年增长了23.3%。

1978年,工业总产值为3.83亿元,规模以上的工业值主要是依靠卷烟、电力和煤炭产业创造,其中水泥产量微乎其微,仅16.56万吨。从1978年到1984年间,在良好的政策条件的引导下,龙岩地区新建了一批厂矿,在原有的煤炭、电力、水泥行业的基础上,逐渐出现了包装、塑料等行业,建材和机械产业的发展。到1984年,工业总产值达到7.81亿元,比1978年增长了4亿元左右,水泥、卷烟、煤炭等行业发展较快,初步形成了以卷烟、煤矿、机械、建材为主体的工业体系。

在这个阶段,龙岩市工、农产品按市场要求进行调整才刚刚起步,由于生产力状况也比较低下,制定的政策较少而且不全面等原因,使得农副产品在满足农民自己需求的基础上仅有少许部分剩余,工业制成品数量与种类十分匮乏。

2. 工、农业产品结构调整稳步展开阶段(1984—1987)

这一时期,农业经济中的农、林、牧、副、渔正处于投入生产的过程中,市委、市政府意识到贯彻"调整、改革、整顿、提高"的方针的重要性,于是推出《中共龙岩地位、龙岩地区行署关于加速开发闽西经济的请示报告》文件,提出要大力发展工业,注重企业的技术改造和技术进步,发挥龙岩的资源优势,加速能源工业、水泥工业和农村工业的发展。

到1987年,全市农、林、牧、渔总产值为9.58亿元,比1984年增长两亿多元。其中,林、牧、渔业分别年均增长到1.45亿元、2.29亿元、0.17亿元。粮食产量87.78万吨,比1984年增长17.6%。烤烟、水果、油料、生猪出栏产量比1984年分别增长3.85千吨、4.35千吨、1.11千吨、12.24万头,农业经济增长较为平缓。而由于龙岩市越来越多多层次经济结构的企业的出现,通过利用龙岩市的资源优势积极创办工厂,逐渐出现了卷烟、食品、纺织、印刷、包装、机械、煤炭、电力、冶金、建材、化工、电子、木材等行业,到1987年,龙岩市重、轻工业比重达到48.6%和51.4%,其中卷烟占34.92%、机械15.09%、冶金6.06%、食品5.85%、煤炭5.83%、纺织5.81%、建材5.58%、电子4.72%、造纸3.39%、电力3.10%、化学3.04%、木材2.54%、印刷1.19%、包装0.02%、其他工业2.86%,主要工业品增加到200多种,工业总产值19.46亿元万元,占工农业总产值的89.90%,初步形成了以卷烟、建材、机械、煤炭、冶金为主体的工业体系,工业逐步成为全市国民经济的支柱产业。

3. 工、农业产品生产再调整阶段(1988—1992)

1988—1992年是中国改革开放进程中较为特殊的阶段,由于农户出现卖粮难的压力导致种粮积极性下降,国家对于个私企业发展而出现的与国有企业争夺生产资料的担心,加上意识形态上"姓公姓私"的争论与通货膨胀的影响,国民经济的发展进入了整顿时期。龙岩地处山区,产业发育尚处于起步阶段,受到影响较小,反而借此进一步优化了经济结构,增强了发展能力。

(1)农副产品生产结构逐步优化。

龙岩市为了响应中共十三届三中全会关于"齐心合力支援农业,千方百计夺取农业丰收"的指导精神,开始进一步改善农村基础设施,对农村工业、运输业等非农产业进行重点扶持,致力于提高农业的综合生产能力和农村经济整体实力。

这一时期,农副产品的结构开始逐步得到优化:到1992年,粮食总产量达到103.85万吨,连续几年超过历史水平;烤烟总产量达到3.51万吨,也创下了历史最好水平;水果产量大幅度增长,产量达4.51万吨,三年翻一番多;畜牧业、渔业稳定增长,肉蛋鱼产品总量达到10.2万吨;桑园面积不断扩大,桑蚕产量也不断提高,增加了农民的收入来源。1992年粮食经济作物产值比例由65.3∶34.7调整到72.8∶27.2,①概括来说是农业、种植业、粮食比重下降,工业、运输业、畜牧业和经济作物比重提高,显现出农村产业结构进一步优化的特征。农、林、副、渔全面协调增长,为丰富农副产品的种类提供了前提,有利于产品生产结构的逐步优化,但是,由于这个阶段的非农产业发展的速度不快、农业成本相对较高以及其他一些因素的影响,农业的发展还是受到了一定的限制。

(2)工业产品及行业结构初步调整。

在这期间,龙岩市致力于提高工业制成品的产量和存量,并利用产业优势和资源特色,努力对产品结构、组织结构和行业结构进行调整。市委、市政府为了调整产品结构、组织结构和行业结构,更好地利用区内的自然优势和资源优势,专门对城区进行了规划布局,在以原城区为中心的基础上,新增城北、铁山、红碳山、曹溪4个工业区。在城东工业区主要布置建材、森工、纺织等工业,老城区布置电子、卷烟、食品加工及手工业,曹溪区布置以智力密集型工业和引进加工为主的工业,坎市布置煤和化工为主的工业,雁石布置冶金和林产化工为主的工业,等等。通过这一举措,到1992年,初级产品对比1987年,能源方面发电量增长70.22%,原煤产量、水泥产量增长8.5%,钢铁产量增长11.3%,生铁产量增长92.925%,铁合金产量增长231.69%,铁矿石增长41.17%,另外,木材总量增长1.61%,水泥增长113.71%。使得龙岩从原先的冶金、重型机械工业城市发展为采掘、建材、农林产品加工工业为主的工业城市,致使初级产品的产量大幅度提高。这些措施对鼓励招商引资、刺激商品经济的发展,以及对未来商品区域经营结构的定型也起到了非常大的影响作用。

4.工、农业产品结构调整快速推进阶段(1993—2003)

此期间,龙岩市工、农业经济稳步发展,一批产业化龙头企业不断发展壮大,产业化经营水平进一步提高。再加上上个阶段的工农业经济的调整规划布局的成功实施,龙岩市不断加强对农副产品以及工业产品结构的调整与发展,使得高产、优质、高效农业迅速崛起,工业经济效益不断提高。

(1)农副产品结构的发展。

1992年,龙岩市开始充分利用山地为主要内容的农业综合开发,培植一批市场潜力大、经济效益高以及具有区域特色的农业主导产业。除巩固和发展了一批如烤烟、地瓜干、食用菌、鲜酥花生等特色龙头产品外,同时建立了一批规模化生产基地,如永定县古

---

① 龙岩地区地方志编纂委员会:《龙岩统计年鉴》,北京:方志出版社,1992年。

第七章 社会转型与市场经济时期的龙岩商业

竹的红市基地,龙岩市苏坂乡的蜜柚基地,连城县的四堡,姑田的水蜜桃和长汀县的金柑,上杭县的杭梅及上杭县古田的油奈,漳平市的橙、柚和水仙茶,武平县武北的绿茶等,极大地丰富了水果的种类和产量。另外,增加了对高山反季节蔬菜、冬季蔬菜,附加值较高的板栗、杭梅、猱、水蜜桃、西红柿等以瓜、果、菜为主的农业投入,并逐步形成了商品化生产。到2003年,龙岩市农业产业化以食用菌、蔬菜、花卉、竹林为支柱产业,重点生产瘦肉型猪、地瓜干、河田鸡、咸酥花生、白鹭鸭等产品,并努力提高产品质量,积极投入市场。并形成了畜牧、蔬菜、竹林、果茶、烟草等五大重点产业及红心地瓜干、咸酥花生、河田鸡、连成白鸭、附件黄兔等五大特色产品,一大批种植大户开始投入生产,并涌现出许多像森宝、盼盼食品的加工型、市场型"龙头"企业,产业规模逐渐扩大,经济效益不断提高。

2003年,全年农、林、牧、渔业总产值100.9亿元,比上年增长5.1%,增速比上年快0.2个百分点。其中:农业产值增长5.2%,林业产值下降3.5%,牧业产值增长8.9%,渔业产值增长2.3%。粮食与经济作物比例由上年的62∶38调整到61∶39。与2002年相比,粮食产量109.09万吨,增加了0.43万吨;油料产量2.76万吨,增加了0.02万吨;烤烟3.67万吨,增加了0.05万吨;蔬菜及瓜果产量156.50万吨,增加了12.51万吨;食用菌产量20393吨,增加了1981吨,主要农作物产品产量都处于不断增长之中。林业方面,主要林产品如油桐籽0.28万吨,增长了8.5%;竹笋干0.78万吨,增长了12.4%;油茶籽0.26万吨,增长了8.0%;松脂1.89万吨,增长了8.6%。畜牧业方面,肉蛋奶产量38.16万吨,比上年增加3.70万吨,增长了10.7%,其中肉类产量33.72万吨,增长了11.6%;猪肉产量28.47万吨,增长了12.0%;禽蛋产量4.24万吨,增长了3.9%;牛奶产量2107吨,增长了34.9%。渔业方面,全市水产品产量4.68万吨,比上年增加0.21万吨,其中养殖产量3.63万吨,占全市水产品产量的77.6%。[①] 由此可见,粮食、烤烟、蔬菜、食用菌、花卉、水果等经济作物迅速发展,节粮型畜、瘦肉型猪以及名优特水产淡水鳗、鳖、虾、蟹等畜牧水产方面发展势头良好。

(2)工业产品结构的发展。

在此时期,龙岩市经济发展开始进入工业化主导阶段,工业发展迅速,工业总产值不断攀升。到2003年,全年全部工业增加值、总产值稳步增长,其中规模以下工业总产值100.31亿元,比上年增长8.7%,规模以上工业总产值162.54亿元,比上年增长20.2%,增幅为近五年来的最高水平。烟草加工业、电力生产和供应业、有色金属矿物采选业、有色金属冶炼及压延加工业、专用设备制造业、交通运输设备制造业等六大行业合计完成工业总产值94.05亿元,比上年增长34.9%,其对全市规模以上工业增长的贡献率达到52.5%,拉动工业增长10.6个百分点。全市实现工业总产值超亿元的企业达19家,比上年增加了2家,其工业总产值达93.45亿元,占全部规模以上工业总产值的57.5%,比上年增长21.5%,拉动全市工业增长9.8个百分点,对全市工业增长的贡

---

① 《龙岩市2003年国民经济和社会发展统计公报》。

献率达48.5%。规模以上工业企业逐渐成为拉动全市工业增长的主要力量。

工业经济效益逐步提高是企业不断改革、产品结构不断优化、资源合理配置的结果。龙岩市开始形成建筑建材、烟草、机械、能源、林产加工与化工、冶金、轻纺等支柱产业规模不断扩大的局面。

5. 工、农业生产能力显著增强阶段（2004至今）

这一时期，龙岩市商品结构的不断调整，推动了国民经济的快速发展，增强了市场活力。农业产业的合理化调整，特色农副产品生产规模的不断扩大，使得农副产品数量成倍增长，有效供给增加，为工业的发展提供了更为广阔的市场。

(1)农副产品结构逐步优化。

在此期间，由于市场对农产品的要求逐渐趋向多样化和优质化，农民在政府和市场的引导下积极调整农副产品生产结构。随着农业科技的不断推进和科技成果的大力推广以及农业基础设施的不断改善，全市农业综合生产能力大幅度提高，各种农产品的品种数和数量大幅度增加。通过先进的技术运用，粮食总产量提高，茶叶、水果、烟叶、花生产量成倍增长，为发展效益高的特色农产品提供了更加丰富的初级产品。另外，畜产品产量显著增长，质量不断提高，龙岩市逐渐成为全省最大的畜牧业生产大市场和生猪生产、外销大市场，为人民的物质生活提供了保证。全市还充分利用水域资源，不断扩大水库、池塘和山塘的养殖面积，发展特色渔业，推广名特优新水产优良品种养殖。

到2011年，全市农、林、牧、渔业生产总体呈现了种植业和农林牧渔服务业稳定发展，林业生产较快增长，牧业缓慢增长，渔业呈现回落的现象。全市累计实现农、林、牧、渔业总产值252.86亿元，增长3.9%，增速比上年回落0.1个百分点。其中，农业产值100.07亿元，增长4.8%；林业产值33.52亿元，增长8.9%；牧业产值102.34亿元，增长1.5%；渔业产值11亿元，下降0.1%；农林牧渔渔业产值5.92亿元，增长6.0%。主要农产品产量稳定增加：对比上年，粮食产量104.38万吨，增长5.8%；蔬菜产量181.64万吨，增长1.1%；水果总产量34.4万吨，增长18.4%；商品材67.37万立方米，下降9.9%；毛竹5730万根，增长8.0%；肉蛋奶总产量47.43万吨，增长1.1%；水产品产量6.22万吨，增长0.1%。

(2)工业产品经营结构稳步发展。

2003年前后，龙岩市水泥、煤炭、化肥等大多数产业集中度还比较低，规模也较小，这种粗放型、低级化的产业结构导致工业总体竞争能力不强。市委市政府为了加快工业化进程，进一步优化产业结构，开始增加对企业资金、土地和技术的投入。龙岩卷烟厂、紫金矿业、龙净环保、龙工集团等一大批企业不断发展壮大，逐渐成为龙岩市的龙头企业、骨干企业和优势企业，还因此带动了一大批优势产业的发展，开发了许多新产品和新技术。

2007年开始，龙岩市工业化总体进入了工业化中期阶段。全市规模以上的重点产业中，烟草、机械、钢铁、铜、建材、纺织、电力、煤炭、农副产品加工业、医药化工、电子信息等实现的总产值占全市规模以上工业总产值的93.2%;煤炭、水泥、卷烟产量占全省的比重分别达到59.8%、46.6%和51.4%,龙岩市开始拥有"佳丽斯"牌床上用品、"龙工"牌ZL系列轮式装载机、"龙净"牌电除尘器、"喜鹊牌"毛巾等4个"中国名牌"产品,7个"中国驰名商标",9个"国家免检"产品,43个"福建名牌"产品,极大地推进了这些产品的迅速推广和产品生产规模的扩大。机械、建材、烟草、农产品加工、铜、稀土、纺织等产业的快速发展,创造出上百亿甚至上千亿的产品价值,使得龙岩经济开发区、龙州、上杭工业园向更高层次迈进,连同其他的一些工业园区、工业新城不断地向专业园区发展,并通过技术改进和结构优化形成了强有力的产业体系。同时,全市消费市场快速发展,人们对彩电、冰箱、微波炉、汽车等耐用消费品的需求越来越旺盛,社会消费品零售总额成倍增长。新型的业态迅猛发展,如连锁企业、超级市场、专卖店、专业店等零售业态迅速壮大,多主体、多层次、多业态、多元化的商贸流通格局不断完善。①

(3)地区中心城市商业圈基本形成。

改革开放后,龙岩商品市场迅速发展,各类市场蓬勃发展,中心城市商业圈已基本形成。闽西交易城传统商圈早已凸显自身传统特色,西安商圈、中山商圈已发展成熟,溪南商圈、东肖商圈、龙腾路商圈正在逐步发展。

闽西交易城商圈:中国闽西交易城位于福建龙岩,它东临厦门、漳州、泉州,南接广东梅州,西邻江西赣州,北靠三明、南平,战略地位重要而独特,享有闽粤赣结合部交通枢纽、物资集资地和区域经济走廊等得天独厚的区位优势,目前该商圈聚集服饰、家居建材、鞋类、五金机电、电器、日用百货、茶艺等多个业态的专业批发市场,商业圈辐射区域力极强,不仅辐射整个龙岩市及周边城市,还辐射粤、赣等边界市场。交易城商圈分三个区,A区以精博电器批发、家居建材批发、勇勇玩具城批发为主,其中仅家天下建材市场的商家数就达到了300家左右。B区沿街商铺以女装批发、五金建材批发、布艺批发、灯饰批发为主,服装店共约有610家,其中女装占主体,主要是以中低档批发为主。C区主要集合了茶艺批发,商家数达到了58家;电器批发,商家数达到了120家;鞋业批发,商家数达到了58家,如巨康、富贵鸟、卡美多、达芙妮等众多品牌;日用百货批发,商家数达到了268家;食品批发,商家数达到了50家。②

西安商圈:西安商圈商业主街道包括西安南路、罗龙路以及登高西路,此外龙岩大道穿梭该商业圈,该商圈聚集了龙兴商业城、香樟名都、丰华世纪天城等标杆性的购物天地;汇聚了如九龙名殿夜总会、金至尊娱乐城、欢唱KTV、凯撒城堡KTV、万年青娱乐城等众多娱乐场所。大中型餐饮及酒店、服饰休闲购物、沿街生活配套商铺三种业态有序分布在该商圈,其中餐饮主要集中在西安南路及登高西路,中大型餐饮场所有阿古餐厅、金领怡和园、康师傅海鲜酒楼、炭烤牛排海鲜、武苏牧羊及星级大酒店山水大酒店、恒宝大酒店、金穗大酒店、荣顺国际大酒店等。服饰主要集中在香樟名都及丰华世

---

① 《龙岩市国民经济和社会发展第十二个五年规划纲要》。
② 龙岩志高商业调研组:《龙岩市商业市场调研报告》(2011)。

纪天城沿街商铺,龙兴商业城汇集了众多的休闲服饰品牌,西安南路北段则是摩托车、电动车专卖店一条街;罗龙东路以五金批发及灯饰为主;华莲路主要则是以汽车装潢及金融为主。

体育中心商圈:体育中心圈的整体环境优越,路面开阔,配套齐全,聚集了两大商场,一是佳宝商场,一楼主要经营时尚休闲服饰,二楼是新华都购物广场,三楼是电脑数码广场;另一为怡和商场,主要经营中高档服饰,此商业街还聚集了阳光假日酒店、大豪酒店、中元酒店,主要娱乐城有白金汉宫夜总会及体育广场小型动漫乐园、KTV,此外沿街店铺数量约250家。

中山商圈:以中山街及街心花园广场为中心,北至北环西路,南到龙川西路,西到龙川北路,东到龙川东路,是龙岩市的商业黄金地段和龙岩市零售服务网点的核心区域之一。这里是传统百货和流行百货的聚集之地,商业圈辐射区域力极强,辐射整个龙岩市区,拥有近500间店面,主营业态以服饰、珠宝、通讯为主,集中了九牧王、七匹狼、卓影、卡索多家品牌服饰,爱迪尔、金源珠宝、金缘金楼、金大福、尊爵名表等高档珠宝品牌;老树咖啡、我家足浴、上岛咖啡、D&K娱乐城等休闲娱乐场所,这里的市场包括国美电器、苏宁电器、旺众百货(一、二店)、春风电器、麒丰百货、宝兴名店广场、城色百佳汇、中山街沿街、九一北路沿街、中山街外围沿街、街心花园广场、街心外围沿街、旧市政府沿街等,是龙岩最繁华的商业街之一。

溪南商业圈:溪南商业圈紧邻中山街商业圈,延南环西路、登高东路、溪南路南端以东都是其主要辐射的范围,该商业圈有莲东新天地购广场、米兰春天购物广场,还聚集了龙景商务酒店、瑞德大酒店、豪都大酒店等三大酒店,以及大量沿街的各类餐饮食杂店,尤其是该商业圈拥有市经济管理干部学校、中国人民解放军175分院、市第三技校、龙岩农校等众多院校,是一个自给自足型的社区配套商业圈,其人口密度大,消费量大,潜力无限。

曹溪商业圈:曹溪商业圈位于龙岩市区的西南部,区域跨度较大,东与铁山镇和漳平市永福镇交界,南与适中镇相邻,西接东肖镇,北连西陂镇,地处几个重要区位的核心,该商圈交通便捷,国道319线、省道围禾线、龙漳高速公路、龙岩大道、龙腾路贯穿全境。是一个建材、蔬菜、花卉、汽配、旅游五位一体的商业圈。该商业圈不仅汇聚了大型的购物广场新华都、米兰春天,更是聚集了90户建材商家,1400多家大小工商企业。其农业产业化步伐加快,并创出了一系列农副产品品牌,为曹溪工业的发展奠定了坚实基础。此外,该商圈还拥有浮察温泉娱乐山庄、天马山作为曹溪重要的旅游休闲地。

东肖商业圈:东肖商业圈位于龙岩市中心南部,203省道及龙腾南路城市两大主干道穿梭在此,拥有省级经济技术开发区——龙岩经济开发区,是龙岩的城市重点规划区域。龙岩经济开发区是市本级的重要增长极,初步形成了机械制造、电子信息、生物医药三大支柱产业,是我市"10+3"重点产业的聚集平台。此商圈汇集了以旅游度假为主题的东肖森林公园、渝家仔度假酒店(在建)、客家文化产业园(筹备)、志高动漫园(在建),该商圈沿街商铺达350家,主要以餐饮、汽车美容为主,经济开发区企业达140家。

龙腾路商业圈:龙腾路商业圈北至人民西路,南至天马西路,西至厦成高速公路,东至龙岩大道,龙腾路商业圈汇聚了大规模的餐饮、建材等商家。其中龙腾星城、龙腾花园、家世界建材、水韵华都沿街店面是该商圈的核心地。此外,该商业圈还拥有一个大型休闲场所——体育公园,以及四星级酒店——最佳西方财富酒店。

(4)支柱产业与新兴产业的形成与发展。

①支柱产业。

改革开放前,龙岩一直处于农业社会阶段,1984年,龙岩地委、行署在提出了"吃饱饭,上工业"的战略决策后,龙岩工业化进程全面启动,到1986年,龙岩成为半工业化地区。1998年实施的"工业立市"发展战略,把推进工业化进程作为提升区域经济综合竞争力的着力点抓。到2003年,龙岩市迈入了工业化初期阶段。2005年,龙岩全面启动"10+3"产业发展规划,深入实施项目带动、品牌带动、园区带动,工业综合实力明显增强。①

现全市拥有龙岩经济开发区、龙州工业园区、漳平工业园区、长汀开发区、永定工业园区、上杭工业园区、武平工业园区和连城工业园区等8个省级工业园区。2010年,8个省级工业园区实现规模以上工业总产值591.46亿元,占规模以上工业总产值的50.6%,龙州工业元区产值2009年率先"破百",龙岩经济开发区、上杭工业园区的产值2010年"破百"。② 以烟草、机械、钢铁、建材、纺织、农产品加工、电力、煤炭、铜产业为主导的产业体系基本形成,电子信息产业、医药化工产业、物流产业正迅速壮大,龙岩市经济现培育形成的能源、冶金、烟草、机械、建材五大行业已成为带动全市工业经济发展支柱产业。

机械产业:龙岩市的机械制造业发展历史悠久,具有一定的工业基础,门类也比较齐全,重要集中在工程机械、环保设备、汽车制造等三大行业。机械产业已成为我市的支柱产业,具备了快速做强做大的产业基础和条件,龙工在我市投资建设了工程机械、齿轮桥箱、液压传动、挖掘机等生产和亚洲最大规模的铸锻项目。在市委市政府重视下,开工建设了占地3000亩的龙工配套产业园,已有厦门耐普汽车附件有限公司等7家企业签约入驻园区。2010年,我市规模以上汽车零部件生产企业接近110家,畅丰车轿公司已在北京、厦门等建立研发基地,在河南、四川等建设生产基地。卫东公司和中南大学联合研发的车用功率、大容量镍氢电池项目已进入批量生产的设备安装阶段,及永磁电机的开发成功,为我市开发新能源汽车创造了条件。③

冶金工业:冶金工业已成为我市经济中的支柱产业,冶金业的主要技术指标在不断进步,龙岩市冶金工业的发展呈现出了产品产量增长快、品种增加、质量稳定、经济效益好的特征,各企业加快技术改进,行业整体技术装备水平有了明显提高,实现了黑色有

---

① 龙岩市统计局:《风雨六十载,老区展新颜新》,2010年。
② 李聪贤:《龙岩市"十二五"工业发展若干问题探讨》,《闽西调研》2011年第11期。
③ 龙岩市政协课题组:《快结构调整和优化推进我市经济发展方式转变》,《闽西调研》2010年第9期。

色同步发展、比翼齐飞的良好局面。从表7-4冶金工业各类产量的发展规模不难发现,冶金工业实现了跨越式发展。

表7-4　冶金工业的产量:1985—2010年

年份	1985	1990	1995	2000	2005	2009	2010
生铁(吨)	57036	112797	223051	189334	292162	391029	474909
钢材(吨)	9581	4080	4113		3795	15763	44885
铁合金(吨)		13067	15886	10637	23278	56883	106323
黄金(千克)			91	4018	11480	20731	24281
粗钢(吨)					215436	288459	311615

2010年,我市规模以上黑色金属冶炼及延压加工业28家,完成工业产值122.3663亿元,有色金属冶炼及延压企业21家,完成工业产值49.1062亿元。

烟草业:规模企业2家,2010年完成工业总产值97.7亿元,年平均增长14.8%,占消费品工业总产值的27.6%,占全市规模企业工业总产值的8.4%,是龙岩市重点产业和消费品工业的支柱行业。"十一五"期间,龙头企业龙岩卷烟厂企业改制工作顺利完成,从生产经营主体变成省公司的制造中心。2007年11月,龙岩卷烟厂改制为龙岩烟草工业有限责任公司,成为福建中烟工业公司的全资子公司,保留法人资格,实行法人治理结构,企业经营效益稳步增长。"十一五"期间,企业开展科技创新、技术改造、品牌许可生产加工、分配制度改革等一系列改革举措,提高了"七匹狼"产品的感官质量和风格特征,打造出精品"七匹狼"具有核心技术的特色工艺生产线,扩大了品牌规模和影响力,调动了员工的工作积极性、主动性和创造性。企业管理水平得到进一步提升,整体实力得到提升。①

建材业:龙岩市具有丰富的石灰石、煤炭、水电、高龄土等非金属矿产自然资源的优势,特别是从1988年以后,具备资源条件的县、乡、村纷纷集资办以水泥为主的建材热潮,开创了建材工业的发展的新局面。与此同时,建材行业重视新技术、新产品、新品种的开发与应用,注重产品结构的调整。1990年,水泥产量实现137万吨,1995年实现558.63万吨,2000年646.62万吨,2005年1200.28万吨,2009年产量达到2776万吨。2010年,龙岩市水泥企业58家,水泥产量达到2926万吨,比上年增长5.18%,占福建省水泥总量的50.5%。龙岩市建材工业不仅注重产量的提高,还注重质的提升,在"十一五"期间,龙岩市在调控水泥生产能力的力度和节奏上把握得很好,在淘汰落后产能1682万吨的同时,新上了一批新型干法旋窑,到2010年年底,已投建成生产线16条,产能1680万吨,占水泥产能的75%。龙岩水泥产量占福建省一半以上,被正式命名为"中国水泥产业基地",2010年,建材工业企业192家,实现工业产值134.5亿元。

---

① 龙岩市地方志编纂委员会:《龙岩市志》(1988—2002),北京:方志出版社,2002年。

能源工业：能源工业包括煤炭开采和洗煤业与电力、热力的生产和供应业两大行业。龙岩地区煤炭资源丰富，是福建省重要的煤炭生产基地之一。改革开放之前，地方小煤炭一直处于零星开发状态，直到80年代后期，国家开始投资拨款维修、新修小煤矿区的公路和电路，大力改善了小煤矿区的生产环境，为煤炭生产管理工作奠定了基础。1985年后，小煤矿生产管理工作不断加强，从每吨中提取、更新的改造资金作为全区小煤矿的技改、硐探费用，加强了小煤矿的建设，使小煤矿的生产能力得到发挥。1987年，全区、县、乡村煤矿总量首次突破200万吨大关。1989年，全区煤炭产量在400万吨以上，县、乡、村煤矿产量在230万吨以上，有力地保证了本区乃至全省各项经济建设的需要和人民生活的需求。① 1990年，原煤产量达到435.65万吨。1995年达到577.85万吨。2000年有所回落。2005年首次突破700万吨，达到779.55万吨。2009年1533.51万吨。2010年原煤产量为1536.59万吨。龙岩已经成为福建省重要的煤炭生产基地。龙岩水力资源也很丰富，随着改革开放的发展、农村经济的振兴，水电发展十分迅猛，1985年，龙岩市发电量为179215万千瓦时。1995年发电量实现365511万千瓦时。2000年为441379万千瓦时。2005年689138万千瓦时。2009年658799万千瓦时。2010年则实现了新的突破，达到了1008102万千瓦时。

②龙岩新兴产业的形成与发展。

稀土产业：龙岩市稀土资源不仅分布广，全市各县均有稀土矿，其中上杭、长汀、连城、武平等县资源较大，存储量大，根据20世纪80年代中后期的勘探发现，全市保有氧化物资源储量1.77万吨，占省的80%以上。2009年，我市委托福建省地质调查研究院进行调查及预测，全市稀土氧化物资源远景储量为182.4万吨。市委、市政府制定了"高起点规划、高标准建设、高效益发展"的稀土产业总体发展思路。2010年，稀土产业完成值7.2亿元，比增195.2%，由龙岩市政府、长汀县政府、厦门钨业三方共同出资建设的福建龙岩稀土工业园已完成投资3.58亿元。该园区总规划面积12.82平方公里，建设面积7.98平方公里，总投资60亿，目前，厦钨等企业正在加大投入稀土分离和提纯的规模，总规划1.3万亩的稀土工业园正在加快建设之中，发展的势头很好。②

光电光伏产业：龙市石英石资源丰富，品质好，具备建设高品质多晶硅生产基地的条件。多晶硅生产企业正加大科技攻关力度，争取突破6N以上的多晶硅提纯技术瓶颈，努力提高产品的质量，降低生产成本，扩大规模。2010年入驻长汀县光电产业园项目光电企业40多家，占地面积2000亩，为光伏产业的发展奠定了良好的条件。此外，滨濠太阳能灯及发电系统项目、永定德泓光电大功率LED封装项、太阳能光伏发电项目均正在进行中。

硬质合金产业：设在龙洲开发的硬质合金专业园区，已有20多家企业落户，投资已达10亿元，其中7家企业已建成投产，园区的部分企业已与台湾的硬质合金企业形成了对接关系，显现了较强的发展势头。

---

① 龙岩市地方志编纂委员会：《龙岩市志》(1988—2002)，北京：方志出版社，2002年。
② 《龙岩市国民经济和社会发展第十二个五年规划纲要》。

第二节 对外资的利用与对外贸易发展

一、对外资的利用

(一)龙岩利用外资的规模分析

外商直接投资在经济发展中起着不可忽视的作用,随着改革开放进程的演进,特别是从1985年之后,外商直接投资得到迅速发展,纵观20多年的发展历程,龙岩外商直接投资有着较为明显的阶段性。第一阶段为1985—1987年,外商直接投资处于起步阶段,规模较小,实际利用外资不足100万美元,1985实际利用外资为84万美元,1986年为7万美元,1987年则仅2万美元。第二阶段为1988—1994年,外商直接投资处于高速增长阶段,龙岩实际利用外资从1988年的125万美元上升到1994年的9491万美元,增幅达到7492.8%。第三阶段为1995—2003年,震荡徘徊阶段,1996达到8595万美元,1997年到1999年在5000万美元左右徘徊,之后呈直线下降趋势。第四阶段为2004年至今,为快速增长阶段,2010年外商直接投资的实际利用值达到62552万美元。

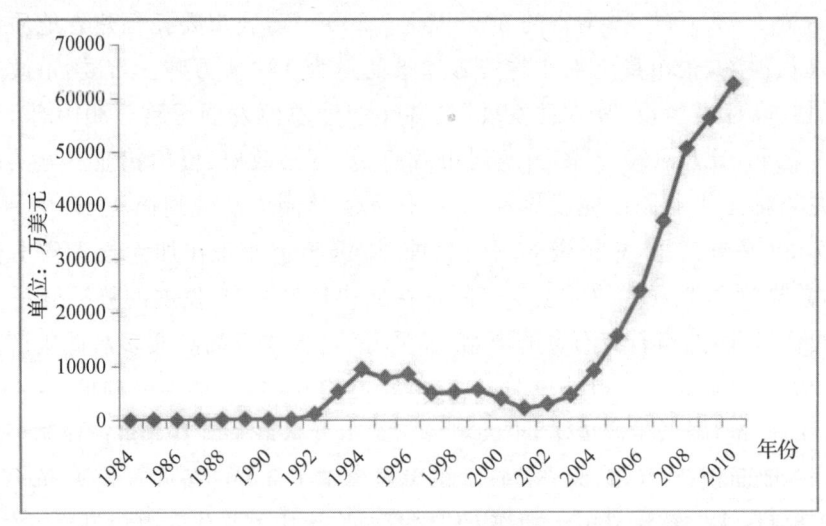

图7-3 龙岩利用外资情况变化

资料来源:卢奇祥,林汉生:《龙岩统计年鉴》(2001),龙岩市统计局,2011年,第385页。

(二)龙岩实际利用外商直接投资的地区分布:以2010年为例

龙岩市利用外资的方式不断创新,努力推进投资便利化、政策配套化、服务优质化的进程,利用外资规模不断扩大。但是从全市来看,利用外商直接投资具有明显的地区分布差异。由于各地区的经济发展水平、区位差异、科技文化等不同,龙岩市就实行不同程度的对外经济政策,外商直接投资在龙岩市地区分布上存在较明显差异。

2010年,龙岩实际利用外商直接投资(报表口径)为62552万美元,比2009年增长了11.3%;实际利用外商直接投资(验资口径)为16637万美元,比2009年增长了2.7%。现在我们从验资口径来具体分析各地区的外商直接投资情况,市直和开发区外商直接投资都是1210万美元,新罗区为5871万美元,漳平县1860万美元,长汀县2979万美元,永定县3072万美元,上杭县773万美元,武平县805万美元,连城县67万美元。总的来说,2010年龙岩实际利用外商直接投资呈明显的增长趋势。龙岩实际利用外商直接投资的分布主要集中在新罗区,其次是永定县和长汀县。而连城县实际利用外商直接投资的数额微乎其微,其他的县城都是占较小的份额。作为龙岩市经济、文化和科技中心的新罗区,由于经济较发达、地理条件和人才资源优势明显,在外商直接投资方面占有显著优势。连城县是福建海西欠发达县,城市建设明显落后,经济发展差距越来越明显。

(三)外资企业的投资活动

1978年至2011年,全市共新批外商投资企业933家,总投资31.97亿美元,合同利用外资14.68亿美元。外商投资行业主要集中在:制造业(71.18%),农林牧渔业(9.35%),电力、燃力及水的供应生产业(4.62%),住宿和餐饮业(1.82%),房地产业(4.3%);主要投资来源国家或地区为:香港(55.48%),台湾(20.32%),澳门(3.1%),菲律宾(2.6%),新加坡(1.9%)。①

二、龙岩对外贸易发展

龙岩市作为海峡西岸经济区的重要组成部分,进出口高速增长的大环境给龙岩经济发展和进出口贸易带来了良好的氛围,带动和促进了龙岩的经济腾飞。龙岩市对外贸易保持了较快的发展速度,增长方式不断由粗放型向集约型方向转变。

1. 对外贸易总量发展现状

改革开放以来,龙岩市外向型经济发展迅速,经济国际化程度明显增强,出口贸易逐年增长。由于外商通常在国际贸易中具备广泛的销售网络,所以外商直接投资有助于龙岩市进入国际市场竞争,另外,外商投资企业不仅增加了"直接出口",而且通过关联效应产生的需求带动龙岩市企业的"间接出口"。纵观龙岩市对外贸易总量,近年来保持着迅速上升的态势,可以看出龙岩市对外贸易增长速度呈现波动发展的特点。1988年,对外贸易额仅为1521万元,2012年,达到2203597万元,增长了1448.8倍,年均增长高达68.2%,其中出口由1988年的1521万元增长到2012年的1331020万

---

① 数据来源:龙岩市外经局提供。

元,增长了515.5倍,年均增长高达56.2%。根据外贸出口增长的变化,龙岩对外贸易自1988年以来的发展可以分为三个阶段:第一阶段为1988—1997年,对外贸易增幅逐年上升;第二阶段为1998—1999年,对外贸易受金融危机影响,进出口总额大幅回调;第三阶段为2000年至2010,对外贸易口处于高速增长阶段,其中2004年对外贸易相较于2003年则表现为较大的增幅。

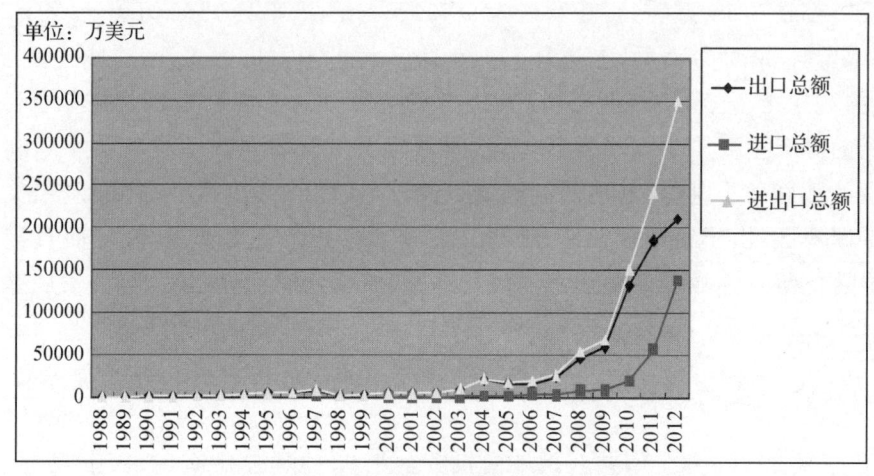

图7-4 对外贸易总量发展:1988—2012

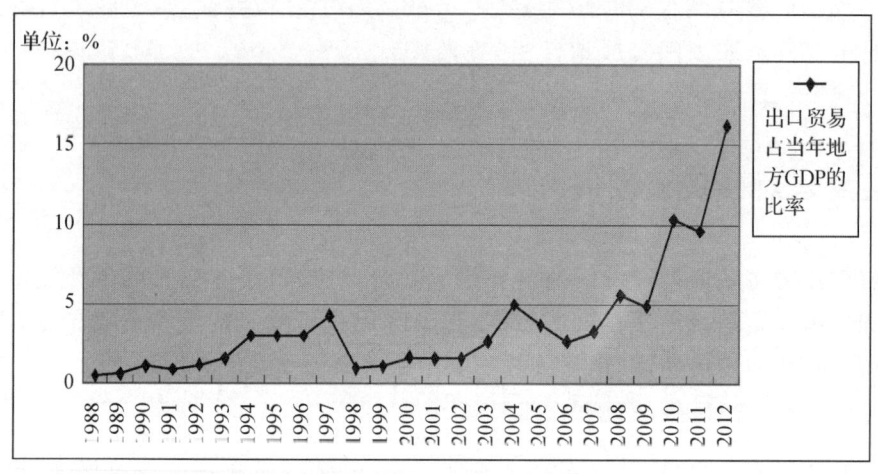

图7-5 出口贸易占当年地方GDP的比率

2. 外贸出口商品结构现状

近几年,劳动密集型的初级产品出口占比不断下降,而资金与技术密集型的出口占比不断上升,说明龙岩市出口商品结构总体处于不断优化之中,其中初级产品的比例从1991年的55.49%下降至0.22%。工业制成品的出口比例从1991年的44.56%上升至99.78%,工业制成品中杂项制品在2010年达到55.51%,原材料分类的制成品在2006年达到了67.76%的最高值,在2010年仍然占25.35%,超过了四分之一之巨,说明龙岩市商品出口结构不尽合理。1991年,初级产品占出口总值的55.49%,而工业制成品只占44.56%；到2010年，初级产品仅剩下4.5%，工业制成品上升到95.5%。

表7-5 主要年份出口商品分类构成

项目	1991年	1995年	2000年	2001年	2002年	2003年	2004年
初级产品	55.49%	27.15%	11.50%	10.70%	14.40%	2.50%	2.10%
工业制成品	44.56	72.85%	88.50%	89.30%	85.60%	97.40%	97.90%
项目	2005年	2006年	2007年	2008年	2009年	2010年	
初级产品	3.23%	2.82%	3.90%	4.35%	4.52%	4.50%	
工业制成品	96.77%	97.18%	96.10%	95.65%	95.48%	95.5%	

3. 出口市场结构现状

20世纪90年代以前，龙岩市对外贸易地理分布较窄，主要集中在中国香港、台湾、新加坡、法国、美国，这几个国家和地区成为龙岩市最主要的贸易合作伙伴，这一局面在90年代中期之后有了较大改变，特别是2005年以来，龙岩商品对外出口地理分布呈现多而广的局面，龙岩市对外贸易的地区范围已经从亚洲、东盟、欧洲、北美洲这几个洲的少数国家发展到亚洲国家、东盟、中东、非洲、欧洲、北美洲、拉丁美洲、大洋洲等洲的多个国家。从表7-6中主要年份国别（地区）出口贸易额可以看出亚洲是龙岩的主要贸易区域，其贸易总额稳定在总贸易量的50%，与东盟的贸易总量从2005年的5%左右上升到2009年的24%、2010年19%，这在一定程度上缓和了市场过度集中的现状。中东、非洲、欧洲、北美洲、拉丁美洲、大洋洲等进出口总额虽然不大，但其进出口额呈现出稳定增长的态势。

表7-6 主要年份国别（地区）出口贸易额

单位：万美元

国别（地区） \ 年份	1991	1995	2000	2005	2006	2007	2008	2009	2010
合计	260	1256	3214	16439	15609	24432	45924	59230	131336
亚洲				8259	7828	11812	25773	30600	71722
香港	127	399	723	2623	1112	887	1851	3106	5460
台湾	29			1026	1233	1415	1776	1659	3295
日本		30	266	1614	2092	2421	2489	1588	2776
韩国				184	237	623	1174	538	1733
东盟				810	908	1838	7867	14161	25231
菲律宾			30	115	379	543	1073	1132	4769
泰国		2	14	73	21	100	593	1234	3271
印度尼西亚				76	63	351	1753	2357	3088

续表

国别(地区) \ 年份	1991	1995	2000	2005	2006	2007	2008	2009	2010
马来西亚		7	71	138	135	446	2473	4806	5392
新加坡	3	201	24	296	213	217	1466	2594	2236
越南				112	97	175	481	1269	5873
中东				1561	1908	3536	7983	7423	17905
沙特阿拉伯				430	297	460	1330	1751	3401
阿拉伯联合酋长国		9	85	643	826	1932	334	3484	4902
以色列				128	43	113	324	326	1274
非洲				580	542	1233	2930	4089	13680
阿尔及利亚				22	20	62	88	162	1506
埃及				162	142	372	1046	1170	2938
南非				80	178	262	472	567	1316
突尼斯				0		0	0	33	315
欧洲				4767	3905	6068	8186	11635	21621
欧盟				3182	2240	4212	5355	9629	17420
英国			11	327	376	448	612	1327	2035
法国	71	21		131	275	460	343	820	948
德国		54		721	509	691	1163	2137	5063
意大利		106		349	210	139	271	620	1113
西班牙		74		693	405	743	799	1488	2503
北美洲				1768	2148	3365	5156	9031	13387
美国	13	20		1419	1589	2706	1238	7837	12063
加拿大				348	559	859	3918	1193	1323
拉丁美洲				890	1036	1509	3307	3067	9649
巴西				185	125	224	607	541	2291
阿根廷				19	16	19	125	263	672
墨西哥				73	115	203	582	606	1333
大洋洲				174	149	244	561	807	1277
澳大利亚				153	135	201	535	698	891
新西兰				8	14	43	16	87	177

第三节 龙岩商业组织和社团

随着龙岩商业的发展,许多行业形成了一定的组织,以维护本行业的权益,协调本行业与社会有关方面的关系。这不仅是市场经济发展的必然结果,也是民营企业发展的需要。从商帮、会馆、公会到商会,龙岩市商业组织经历了一个以地缘关系为主到以业缘关系为主的逐渐转变的过程。龙岩商会发挥着不可替代的作用,商会经济作为一种新颖的经济模式也伴随着商会的发展悄然而生,这种经济模式不仅促进了商会内部企业的发展,促进了商业信息流通,帮助企业解决其遇到的难题,还促进社会和谐发展,协助政府管理市场经济。

龙岩市商会起步于20世纪90年代,龙岩市商会从规模、种类、管理上都得到了长足发展,已经很大程度地缩小了与沿海发达地区商会组织的差距。

一、龙岩市商会介绍

(一)异地商会

异地商会是指在龙岩做生意的外地人建立的商会。龙岩与异地保持着紧密的经贸往来与合作,一大批优秀的商人集聚龙岩,在参与龙岩各项事业的建设中展示了自身价值,实现了自身发展。据不完全统计,目前近万异地商人在龙岩经商办企业。商会为促进地区合作交流,推动经济社会各项事业的健康发展作出积极的贡献。龙岩市外地商会众多,主要的有龙岩市福清商会、龙岩市广东商会、龙岩市南安商会、龙岩市南平商会、龙岩市莆田商会、龙岩市山东商会、龙岩市温州商会,等等。

(1)龙岩市福清商会。

龙岩市新罗区渔民村酒店等五家发起单位于2011年6月21日正式成立龙岩市福清商会。龙岩市福清商会是由在龙岩及周边县(市)区投资兴业的融籍各界工商人士组成的,现有会员近200名,福耀玻璃董事长曹德旺任该商会永久名誉会长并亲临参加成立大会,指导该会今后发展。商会的会员企业涉及行业广泛,主要分布在水电、建筑、医药、房地产、建材、餐饮娱乐、公路工程、市政维护、水产养殖、海产品批售、贸易、物流等行业,资产总额为60多亿人民币。

(2)龙岩市广东商会。

龙岩市广东商会成立于2011年1月,商会现有会员单位90多家,其业务主管单位是龙岩市工商联,同时接受福建省广东商会的指导。龙岩市广东商会始终以"团结、引导、帮助、教育"为宗旨,弘扬"务实、平等、创新、兼容"的粤商精神,积极提供政策咨询、商业信息、乡情联谊、法律维权、创业培训等各方面的服务,力求将商会办成值得信赖的

"会员之家"。同时,商会将坚持团结兴会、服务立会、制度管会、实体强会的发展思路,不断增强商会的凝聚力和影响力,全力维护在岩粤商的合法权益,团结和凝聚在岩粤商,积极融入龙岩,共同提升粤商品牌在龙岩的影响力,共铸闽粤经济辉煌。

(3)龙岩市南安商会。

龙岩市南安商会于2009年3月28日正式成立,有会员企业100多家,涉及房地产、酒店、数码商贸、建材、食品等几十个行业,企业遍及龙州工业园区、龙岩市经济技术开发区及龙雁开发区。龙岩市南安商会成立后,在两地政府及主管部门的领导下,积极开展活动,广泛团结会员,逐步扩大商会的社会影响力。同时,龙岩市南安商会还热衷于慈善及公益事业。通过经济互补、产业对接、文化交流等方式,为促进龙岩、南安两地的经贸往来多做贡献。

(4)龙岩市南平商会。

龙岩市南平商会成立于2009年11月8日,现有会员单位80多家,会员单位主要为南平籍人士在龙岩市各地经商办厂、投资兴业的中小企业,主要经营南平电线电缆、南平铝材、南平胶合板、木地板等,年销售额近50亿元。在龙岩、南平两地领导及工商联领导的关心指导下,龙岩市南平商会紧紧围绕"服务社会、服务经济、服务会员"的宗旨,坚持"爱国、敬业、诚信、守法、贡献"的方针,凝聚合力,开拓创新,推动会员之间的学习教育、参政议政、会员服务、联谊交流等工作。龙岩市南平商会积极参加市工商联组织举办的各种会议、论坛、活动,组织会员外出学习、考察、交流,提升了会员和企业家的自身素质。

(5)龙岩市莆田商会

龙岩市莆田商会成立于2012年3月,现有会员单位共计175家。会长是苏重先生,是龙岩通华房地产发展有限公司董事长。本商会会员单位涉及龙岩市多个行业:水泥生产、煤炭矿业生产、食品加工、医疗整容、机械制造加工及大量商业等。

(6)龙岩市山东商会。

龙岩市山东商会是由在龙岩从事生产、经营、管理、贸易及工商活动的山东人士、企事业和团体自愿发起的,于2012年12月29日经龙岩市民政局注册登记成立,现有会员单位58家,涉及机械制造、金融证券、文化广告、装修工程等行业。商会也多次组织外出考察和交流等活动,开阔了视野,加强了联系,增强了企业之间的凝聚力。"鲁商"作为中国五大商帮之一,师承孔孟,亦鲁亦商,并以诚信、重义轻利著天下,弘扬鲁家文化精粹,打造海西鲁商新形象,坚持服务龙岩、服务家乡、服务企业、服务会员。团结在龙岩地区发展创业和经商贸易的山东籍人士,以创新沟通渠道、整合社会资源、搭建事业平台、促进企业发展、繁荣闽鲁经济为目标,加强在闽山东企业的交流合作,开展与其他各省(市)、其他各商会及各种国际组织的经济技术联络与合作。团结、互助、引导广大会员企业合法经营,帮助、扶持中小企业发展,促进企业做大做强,为山东与龙岩两地经济发展做出了贡献。

(7)龙岩市温州商会。

龙岩市温州商会于2011年6月28日在龙岩成立。龙岩市温州商会已发展会员单位138家,首批会员单位涵盖了龙岩市各区、县(市),涉及的行业有鞋帽、服装、五金家电、办公家具、文化用品等诸多商品流通领域,以及汽车制造、机械、印刷、广告装潢、餐饮娱乐等诸多经济建设领域,具有广泛的代表性和带动性。龙岩市温州商会坚持"倾听乡音、服务会员、团结协作、共谋发展"的办会宗旨,努力把商会建设成"龙岩温商"的"娘家"。

(二)本地商会

本地商会主要有两种,分别是龙岩本地商会和龙岩在外异地商会。

第一,龙岩本地商会。龙岩本地商会是指龙岩人在龙岩创建的商会。这类商会主要集中于行业商会,龙岩本地商会以服务为本,帮助企业维护合法权益,开展教育培训,发展新技术,传授先进管理经验;并且在全行业内推动龙岩经济规划的落实,把握行业发展大方向,开展行业自律活动。龙岩本地商会主要有龙岩市钢材行业商会、龙岩市机械行业商会、龙岩市房地产同业商会、龙岩市化工石油行业商会、龙岩市女企业家商会、龙岩市汽车销售行业商会、龙岩市水泥同业商会议、龙岩市水电商会。

(1)龙岩市钢材行业商会。

龙岩市钢材行业商会成立于2008年7月2日,现有会员企业100多家(其中新罗区50多家),经营包括不锈钢、型材、板材、钢管、建材、有色金属等各类钢材,年销售各种钢材150多万吨,销售额60多亿元人民币,上缴税收额上亿元。

(2)龙岩市机械行业商会。

龙岩市机械行业商会于2005年8月17日组建,是由龙岩市机械行业各生产经营企业、办事机构及有关专业人士自愿组成的民间性、自律性、非营利性社会团体组织。行业商会履行《龙岩市机械行业商会章程》,制定行规行约,建立行业自律机制,维护企业合法权益,在行业内发挥服务、引导、协调、沟通作用,是政府实行行业管理的参谋和助手,在市场经济中成为联系政府和企业的桥梁,增进会员企业之间和国内外同行之间的交流与合作,实现资源共享、优势互补、共同发展。同时加强与省内外、国内外同行业的信息沟通、经验交流,组织会员企业举办和参加国内外专业展览会、商务考察、业务培训,组织机械行业企业开展交流与合作活动,为企业生产经营创造良好的环境优势。行业商会的宗旨是为机械行业企业服务,遵守宪法、法律、法规和国家产业政策,遵守社会道德风尚,维护企业的合法权益,推动机械产业健康发展,促进龙岩工业经济繁荣。

(3)龙岩市房地产同业商会。

龙岩市房地产同业商会自2004年成立,商会成立以来,秉承"服务企业、沟通政府"的宗旨,积极开展行业管理、信息交流、咨询服务和联谊活动。根据党和国家关于房地产宏观调控的大政方针,及时认真地宣传贯彻落实国务院及各级政府的政策法规,深入企业调查研究,反映本行业的生产经营情况,反映企业的呼声,为政府指导行业发展和企业生产经营决策提供决策依据,充分发挥了"桥梁"、"纽带"作用,为龙岩市房地产业的持续健康发展做出了应有的贡献。

(4)龙岩市化工石油行业商会。

龙岩市化工石油行业商会是由龙岩市辖区内不同经营方式的化工石油企业及相关专业人士自愿组成的民间性、行业性、非营利性的具有法人资格的社会团体,成立于2011年10月20日。目前,拥有会员企业80多家,行业覆盖面约60%以上。龙岩市化工石油行业商会依据《龙岩市化工石油行业商会章程》开展活动,加强制度建设,规范商会运作;制定行规行约,建立行业自律机制,规范行业行为,维护企业合法权益,在行业内发挥服务、引导、协调、沟通作用,协助政府有关部门参与化工石油行业的管理,推进行业工作,保护企业公平竞争,提高行业整体素质;代表化工石油行业利益,反映行业企业的呼声和诉求,通过有效渠道参政议政,维护行业整体利益;构建融资、信息、交流、合作平台,加强与国内外同行的信息沟通、经验交流,组织会员企业举办和参加国内外专业展览会、商务考察、业务培训,组织化工石油行业企业开展交流与合作活动,跟踪行业动态,研究行业发展方向,组织和推动学术交流,推广新技术,开发新产品;协助政府管理部门开展行业调查,掌握行业动态,制定和实施行业发展规划,凝聚行业整体力量,推进行业转方式、调结构和产业升级,促进石油化工行业加快发展、技术进步和安全生产,提升行业发展水平;提倡爱国、敬业、诚信、守法,遵守社会道德风尚,为企业创造良好的生产经营环境,促进龙岩市石油化工行业快速、协调、持续健康地发展。

(5)龙岩市女企业家商会。

龙岩市女企业家商会成立于2005年4月,商会是由龙岩市民营企业中的女法人代表、女董事长、女总经理、女股东、女职业经理人及热心本会工作的相关人员自愿组成的地方性、联合性、非营业性的具有法人资格的社会团体,目前有会员企业150多家,会员近160人。商会本着遵守法律、法规和国家政策,遵守社会道德风尚,依法维护会员合法权益,团结引导女企业家,增进会员企业联系,共谋发展,促进龙岩的经济和社会发展,构建社会主义和谐社会做出贡献的办会宗旨。树立"凝聚生产力量,创新通向辉煌"的商会理念,组织会员参加省内外商务活动和各种教育培训,提高会员综合素质。协助政府加强民营企业间的联系,为会员企业搭建起与政府各部门沟通的桥梁,为会员企业提供政策文件、国内外市场行情、技术培训资料、信息咨询等服务。

(6)龙岩市汽车销售行业商会。

龙岩市汽车销售行业商会于2009年4月30日成立,商会现有会员单位68家,其中副会长单位22家,会员单位46家。龙岩市汽车销售行业商会是由龙岩市各大汽车经销商和相关企业在市各级政府和龙岩市工商联的领导和支持下,自发联合组建成立的具备法人资格的社会团体组织。汽车销售行业商会的成立旨在团结从事汽车行业的经营者遵守法律、法规和国家相关政策;规范汽车销售市场竞争秩序,搭建行业发展有序平台,维护本行业利益和会员的合法权利;同时增进会员企业和国内外同行业之间的相互了解、交流、合作;充分发挥桥梁纽带作用,沟通企业与政府之间的联系;努力为会员提供融资、物流、培训等全方位服务,为汽车销售行业的健康、科学、和谐发展贡献力量。

第七章 社会转型与市场经济时期的龙岩商业

(7)龙岩市水泥同业商会。

龙岩市水泥同业商会是龙岩市工商联(总商会)组建的第一个市属重点产业行业商会,于2002年2月成立。基于水泥工业在龙岩市的支柱产业地位,以及由于历史原因存在的水泥企业众多、平均规模小、市场高度竞争、产业结构和综合素质亟待调整和提升的状况,水泥商会成立5年多以来,积极宣传贯彻国家产业政策,紧紧把握产业发展导向,大力促进新型干法水泥发展和落后产能的淘汰。商会坚持以服务为本,立足为行业和企业服务维权,沟通协调政企关系,反映行业呼声提议,开展教育培训,推动新技术、新设备的应用和管理创新,推进品牌战略实施和行业整合,开展行业自律,帮助企业解决突发困难,有力地促进了闽西水泥工业的健康协调发展

(8)龙岩市水电商会。

龙岩市水力发电商会成立于2010年9月,现有会员单位100多家,常务理事25人,会员中有省、市、县人大代表、政协委员4人,龙岩市委、人大、政府、政协分管领导担任商会名誉会长,市委、市政府有关部门担任商会顾问。商会中聚集了一大批专家学者和业绩卓著的企业家。商会坚持"引导、帮助、教育、服务"的办会宗旨,积极有效地为会员在提供信息、法律、经贸、培训、咨询、统筹解决企业面临问题等方面发挥积极作用。在服务广大会员、推进水电行业实现又好又快发展方面做到有所作为。

第二,龙岩在外异地商会。为了企业更好地发展,在外经商的龙岩人在全国各地建立的商会,让众多的在外异地商人更好地聚集到一起。在外异地商会也成了龙岩与外界交流沟通的渠道,不仅带回大量的商机到龙岩,还促成招商引资项目。根据不完全统计,近五年来,全市异地商会及会员回归龙岩投资项目59个,总投资达249.7亿元人民币。① 主要包括广东省福建龙岩商会、北京龙岩商会、福州市龙岩商会、三明市客家商会、厦门市龙岩商会、上海龙岩商会、石家庄龙岩商会、龙岩市漳州商会等。

(1)广东省福建龙岩商会。

广东省福建龙岩商会(简称:广东龙岩商会)在龙岩市委、市政府、市工商联、市政府驻深办等部门的关心支持下,在粤龙岩各县区同乡联谊会、龙岩籍工商界人士的共同努力下,于2008年4月26日在深圳成立。目前,商会实行"一套机构,两块牌子"合署办公,在册会员近300人,从事的行业涉足机械设备、电子、建材、房地产、建筑装饰、商贸服饰、矿业、酒店餐饮、广告传媒、花卉贸易、医疗器械等数十个领域。

(2)北京龙岩商会。

在北京闽西革命老区建设促进会、龙岩市人民政府驻北京联络处以及在京闽西籍工商界人士的共同努力下,福建省龙岩市总商会北京商会和北京福建企业总商会龙岩商会于2006年5月25日在京成立,商会会员企业近400家,从事行业涵盖餐饮酒店、食品调料、农副产品、烟酒茶叶、农艺花卉、日用百货、商贸物流、不锈钢材、石木建材、装修家具、房地产业、电子信息、机电设备、石油化工、汽车修配、广告传媒、医疗器械等十几

---

① 廖连强:《龙岩市打造商会经济品牌的调研与思考》,《闽西调研》2011年第1~5期。

个领域。

(3)福州市龙岩商会。

福州市龙岩商会自2011年11月开始筹备,在龙岩、福州两地领导的共同关心和指导下,由龙岩市人民政府驻福州办事处牵头,通过在榕闽西籍知名乡贤及企业界人士的共同努力,已于2012年6月16日在福州正式成立。现有会员企业300多家,3家上市公司,1家拟上市公司,企业主要分布在矿业、航运、信息技术、农业科技、机械制造、教育与新闻出版、融资担保、建筑装修、服装生产等领域,赢得了当地人民群众的尊重。龙岩在榕企业的迅速发展有力地推动了福州、龙岩经济的发展成为福建经济发展的重要力量。

(4)三明市客家商会。

三明市客家商会成立于2011年10月29日,商会现有企业会员300多家,个人会员200余人。领域涉及房地产业、建筑建材、机电设备、商贸物流、电子科技、汽车营销、工程机械、轻纺工业、家具装修、矿业开发、生物科技、竹木产品开发、食品冷冻、酒店餐饮、旅游娱乐、文化传媒、广告装饰等20多个行业。

(5)厦门市龙岩商会。

厦门市龙岩商会成立于2008年10月18日,商会会员涉足各行各业,如矿业、制造、房地产、环保、农林业、电子、软件、食品加工、商贸、物流、投资、服务等20多种行业。龙岩商会各行各业的精英翘楚成为促进福建经济新崛起的一支劲旅,被媒体和外界称为福建商界的"特种部队",并设有商会网站、简报、杂志等宣传平台,加强了信息交流合作,发挥了龙岩商会窗口桥梁作用。商会工作人员不断加强外联,扩大交流,提高商会知名度,与湖里区殿前街道商会、厦门市温州商会、厦门市南平商会等各商会建立了友好合作关系,并组织周年庆、联谊会等各类活动来加强会员之间的了解,提高凝聚力。

(6)上海龙岩商会。

龙岩市总商会上海商会成立于2006年4月,会员涉及各行各业,包括钢贸、木材、地产、服装纺织、食品、园艺、餐饮、物流、贸易等方方面面。在各级领导的关心下,上海龙岩商会今年创办了《上海闽西人》会刊,开通了上海龙岩商会网站,商会也经常组织各种交流和培训活动,聘请了法律顾问、健康顾问等,并为会员的融资创业、团结互助做了很多的工作。龙岩商会活力四射,生机勃勃,这个平台日臻成熟完善,走向繁荣。

(7)石家庄龙岩商会。

在石家庄闽西革命老区建设促进会、龙岩市人民政府驻石家庄联络处以及石家庄闽西籍工商界人士的共同努力下,福建省石家庄工商业联合会龙岩商会于2011年11月29日正式成立。目前,商会会员达300多人,从事行业涵盖装饰工程、工艺玻璃、服饰连锁、煤炭销售、餐饮酒店、农副产品、烟酒茶叶、环境艺术、日用百货、商贸物流、不锈钢材、石木建材、装修家具、房地产业、电子信息、机电设备、美容美发、广告传媒、医疗器械等十几个领域。

(8)龙岩市漳州商会。

龙岩市漳州商会于2011年7月10日正式成立,商会会员企业涉及的行业有:商贸、能源、化工、地产建筑、建材、水利电力、医药食品、餐饮服务、机械制造、生物科技、文化艺术、广告装潢等。

二、龙岩商会经济发展现状

龙岩市商会组织起步于90年代初期,随着市场经济体制改革的不断深入,商会组织也日益壮大起来。到目前为止,全市各级各类商会共有136个,其中有行业商会19个,异地商会45个,乡镇社区商会72个,会员总数达到9800多个,会员涉及我区经济发展的各个领域。2011年以来,龙岩市工商联已组建了6个商会,年内还将成立龙岩漳州商会、龙岩莆田商会,为历年龙岩市组建商会组织最多的一年,商会经济不断得到加强。[①]

近年来龙岩市商会组织呈多元化发展状态,种类繁多,主要有行业商会、异地商会、社区商会、市场商会、乡镇商会,等等。行业商会基本覆盖了龙岩市所有的重要行业,比如有龙岩市水泥同业商会、龙岩市房地产同业商会、龙岩市机械行业商会、龙岩市钢才行业商会、龙岩市汽车销售行业商会,等等。异地商会则主要集中在上海、广东、福州、厦门、新疆等地。除了上述类型的商会外,还有女企业家商会组织等类型。

在商会数量迅速增加的同时,龙岩市商会也逐渐规范化,初步建立法人治理结构,实行企业家办会、专职人员管会的运行方式。政府大力扶持商会建设,指导商会管理,监督商会行为,商会运作愈加规范,不断创新,显示了商会经济的潜力与生机。龙岩市商会在努力发展自身的同时,也积极致力于慈善事业。据不完全统计,几年来,各商会及其会员企业在扶贫济困、捐资助学、抗洪赈灾、慈善事业等方面捐款达1.2亿元,其中四川地震捐款1500多万元,助学捐资1200多万元,龙工董事局主席李新炎先生以个人名义捐资3千万元,成立了"龙岩市李新炎慈善基金会",大豪、春驰、龙麟、环闽、西陂水泥公司、紫金、中元、文翔矿业、威的、星辉、森宝、标致、金湖电站、永兴房地产公司、新特、恒亿等企业捐赠慈善基金会等共计人民币6000多万元。商会的发展促进了商会经济的形成,龙岩市发展商会经济形成了五大品牌:通过激活民资建设了龙岩商会大厦,创办了海峡两岸商会经济论坛,整合资源发展商会项目,先行先试组建行业商会担保公司,引导会员积极参与海西行动。商会经济的形成也反过来推动了商会组织的跨越发展。例如厦门市龙岩商会自2008年成立以来,短短三年时间,会员发展翻了一番,共吸收会员达到450家,其中上市公司5家,资产过亿会员40多家,2011年筹集资金40亿元,成立厦门龙圆投资公司。[②]

---

① 廖连强:《龙岩市打造商会经济品牌的调研与思考》,《闽西调研》2011年第1~5期。
② 廖连强:《龙岩市打造商会经济品牌的调研与思考》,《闽西调研》2011年第1~5期。

三、龙岩市商会对龙岩发展价值分析

（一）服务企业发展所需，加强行业信息共享，把握行业发展方向

第一，商会积极服务企业所需，帮助企业发展。商会的服务职能是商会存在的根本，不能帮助企业提高效益，商会则形同虚设。商会服务职能的内容主要是为企业提供各种技术支持和管理经验，在企业遇到纠纷时提供法律咨询，及时向政府反映企业需求，及时解决企业所需，为企业发展提供一个良好的环境。

第二，商会促进商业信息流通，协助企业发展。当今企业之间的竞争更多是信息战，把握了第一手的信息，就是把握了第一手商机，商会具有广阔的人脉和资金脉以及更加专业的信息收集手段，商会可以为企业及时提供所需的最新经济信息，加快企业反应速度，以最好的状态迎接市场的机遇与挑战。

第三，商会发挥资源整合功能，带动共同发展。资源整合一方面是优化资源配置，商会将不同的商业信息收集到一起，通过筛选分析，将有用的信息留存下来，再通过专业人员对这些信息资源进行识别与选择、汲取与配置、激活和有机融合，使这些信息成为一个更加具有价值和利用性的信息整体，然后有针对性地传达给所需企业。另一方面体现在促进企业间的合作上，商会本身就是企业为了追求共同利益而组合起来的一个整体，企业与企业通过商会这个平台可以更好地交流与沟通，商会也利用其权威性与专业性，解决企业在合作中所遇到的问题，为他们的合作提供所需的建议和法律援助，推动企业之间的合作步伐。更进一步，商会还可以促进区域经济合作交流。商会是一个独立的组织，可以与其他商会建立各种合作关系，增加企业的交流范围。商会借助自身的人脉、资金等社会资源，以乡情、亲情、友情为纽带，通过投资洽谈活动，举办各种论坛，来促进对外交流合作，加强招商引资，吸引投资等，这些都是促进区域经济合作交流的有效手段。

第四，商会发挥企业管家职能，把握行业发展方向。商会不仅是企业的保姆，也是企业的大管家，商会把握着整个行业的发展方向，例如积极宣传节能环保，推动品牌建设，提高产品附加值。并且针对各行业不同的特点，结合十二五规划要求，给每个行业特别是区域主导产业指明主要发展方向，使行业与国家整体经济建设计划相协调，促进行业健康稳定发展。

（二）大力开展行业自律，致力于社会慈善事业，促进社会和谐发展

第一，商会开展行业自律，推动行业健康稳定发展。有些企业由于管理者缺乏必需的法律知识或者不足够重视法律的存在，导致企业的某些行为会存在违法现象，商会可以向企业宣传和讲授一些必要的法律知识，帮助企业在运行过程中避免出现违法违纪现象。另外同行之间有时互相模仿现象也比较严重，甚至同行之间经常为此走上法庭。

长期的恶性竞争不仅大大挫伤商户开发新产品的积极性,更严重的是造成市场秩序混乱,市场规模萎缩。商会组织可以通过开展行业自律、保护版权等措施,提高产品附加值,保护商户的创新积极性,避免恶性竞争。

第二,商会倡导企业承担社会责任,促进社会和谐发展。商会在促进民营企业发展的同时,也支持已经发展起来的民营企业积极回报社会造福乡里,饮水思源,多做对国家、对大众有益的好事,关心弱势群体;商会自行组织一些慈善活动,发动企业参加捐款活动,积极搭建平台,鼓励引导和支持广大民营企业自觉履行社会责任,主动保护环境、节约资源,充分保障劳动者的合法权益,在自身权利和责任范围内参与社会管理,促进社会和谐稳定发展。

(三)商会承接政府功能,完善政企合作机制,促进政策贯彻执行

第一,商会承接政府功能。龙岩市政府跟随政治经济体制改革的大潮,政府职能发生转变,主要负责为经济发展提供制度保障、公共物品和公共服务,对宏观经济总量进行调控,等等;政府不再主要负责管理和监督企业行为以及在企业遇到发展问题时进行指导和帮助,等等,商会则站出来承接了这些功能。

第二,商会促进政企合作。企业生存于这个社会,与政府打交道是必不可少的。商会作为企业与政府沟通的渠道,可以在政府与企业之间建立合作机制,巩固相互依赖的关系,促进共同进步。一方面政府通过商会来了解每个企业以及整个行业的发展状况,而且经过商会处理的信息更加具有专业性和针对性,更有利于政府及时地了解问题。另一方面体现在商会促进企业与政府的沟通上,单一企业力量薄弱,与政府交流时经常处于被动地位,商会可以将企业团结成一个整体,改变与政府的不对等地位,充分维护商家利益。商会可以作为政府的企业信息收集者,在负责传达企业信息的同时,更重要的是把各个企业的信息和建议汇总在一起,经过一定筛选和处理,使其形成一种整合性的资源提交给政府或者直接对问题进行分析,向政府提出建议,作为政府制定经济方针、政策以及法令法规的依据,有利于政府加强宏观调控。

第三,商会促进政策的贯彻执行。商会可以担任政府政策的宣传者,以及协助政府对企业进行监督和指导。政府的政策和法规可以通过商会传达给各企业,专业的渠道更有利于降低信息在传递过程中的失真程度,并且有利于政策被正确地理解和贯彻。同时商会跟企业关系密切,直接服务于企业,可以更好地监督企业和指导企业遵守贯彻国家方针。

第四节 海外商人与工商企业的社会义举

闽西是福建省著名的侨乡,根据有关资料统计,旅外华侨、华人有36万,香港、澳门特别行政区同胞5万多人,祖籍在闽西的台湾同胞约70万人,分布在五大洲的30多个

国家和地区。移居海外的广大华侨、华人与居住国人民一道，从事垦殖、采矿、经商，艰苦创业，白手起家，勤劳节俭，在东南亚各国扎下了根。闽西的华侨、华人在历史中，注重弘扬中华传统文化，发扬艰苦创业精神，为居住国的经济社会发展做出了重大贡献，受到了居住国政府和人民的赞扬。他们虽身居异乡，但心系桑梓，也为祖国、为家乡的发展做出了无私的奉献，他们支持桑梓的各项事业，他们捐资兴办公益事业，立下了不朽的功勋。①

1. 胡文虎基金会

纪念其先父胡文虎先生在中国内地设立的永久性基金会，全国政协委员胡文虎基金会主席胡仙博士成立胡文虎基金会（福建），胡仙博士秉承父志，继续为兴办公益事业尽力，向基金会（福建）首期捐献人民币 500 万元，并决定将其在内地总值一亿元房地产的所有收益（每年约人民币 210 万元悉数拨给基金会，作为从事社会公益事业的主要资金来源，自基金会成立以来，基金会慈善的项目有永定县"胡文虎小学"、"龙岩学院"，截至 2001 年，胡仙已经在家乡龙岩市捐资 1147 万人民币。

2. 爱国爱桑梓，功德照后人——陈灼瑞

陈灼瑞先生，1912 年出生于龙岩东肖镇后田村一个普通家庭，他十分热心桑梓的建设事业，他一生废家兴学，鞠躬尽瘁，毫不利己，专门利人，整个 80 年代数度返梓，他担任闽西大学第一届董事会副会长和海外工作委员会副主任，为闽西大学捐献电教设备，他兄弟三个给龙岩一中盖"瑞南棠图书馆"，他还为龙岩二中、龙岩侨中、东肖中学、后田小学、桐冈小学、龙岩师范专科学校、龙岩第一医院、后田供应饮水系统。

3. 著名马籍华人胡万铎

胡万铎是著名马籍华人企业家，祖籍永定下洋，他继承了父亲的优良美德，自 60 年代以来，在永定兴办公益事业，他的慈善事业包括修桥铺路、捐资办学、帮扶病人穷人、赈灾救助等，功绩累累。自改革开放以来，他重修下洋胡氏大宗祠，捐建中川小学教学楼及礼堂，捐建村内公共设施，设立奖教、教学基金，长期定额补助贫困病人的医药费用，每年定期奉赠贺岁金，捐助巨款支持下洋华侨医院。1991 年父子公司捐助中川小学教学设备费用 2.8 万元，1996 年"八八"洪灾，父子公司捐资 46 万元，重建原在汤子阁的水泥桥，同年重新建造石碑楼边的中川卫生院，此外 1980 年在大铺大常坑筑石拱桥一座，捐资 12 万，1992 年兴建自来水设施，捐资 3 万，1995 年筑水泥村道，捐资 5 万。

4. 华侨世家陈大江

陈大江出生在漳平的一个华侨世家，他 3 岁离家，6 岁随父从漳州到荷属东印度，在著名华侨领袖陈性初祖父及父亲的影响下，发扬前辈精神，勤俭创业，经过几十年的苦心经营，其在印尼的纺织成衣业和橡胶轮胎业居于龙头地位，在金融业领域也独领风骚，在事业有成时，他不忘回报社会，乐善好施，帮助穷人，支持社会慈善事业和教育事

---

① 《闽西文史资料》第 3 辑，《闽西侨港澳台人物史料选编》。

业的发展。他每年心甘情愿从个人和公司收益中拨出2%做公益事业,在1988年印度尼西亚政府公布最大纳税人名单中,排名第六位,1989年排名第七位,1990年排名第十三位,1991年排名第九位。虽然陈大江在印尼侨界有很高的威望,但他不忘饮水思源,不忘先辈爱国爱乡,关系家乡教育事业的发展,他在父亲任教的学校新民小学设立明轩奖教基金,出资兴建明轩教学大楼,同时还在家乡第一中学捐建陈性初科技馆,设立陈性初奖学奖教金,鼓励家乡的后备发奋学习,报效国家,此外,他还开办了以其祖母刘宝娘命名的"宝娘幼儿园",并设立奖教金。

5. 著名实业家、社会活动家曾良材

曾良材出生在永定县下洋镇太平村,1965年接手叔父的"曾志强兄弟公司",成立"曾志强兄弟旅行社有限公司",1994年成立"曾志强控股有限公司",下辖10个子公司。1995年,新加坡旅游局认同"曾兄弟"为新加坡第一旅游社,并授予公司"最杰出旅游业奖",殊荣没使其陶醉,而是更加坚持诚信经营,事业辉煌后更加前进,秉承人道和诚信,继承和发扬母亲敬老慈幼、克己助人的美德,造福社会,1988年3月,在太平村建成一座"慈母亭",此后每年春节给村中老人"度岁金",1990年,为庆祝公司旅行社成立25周年,又专门邀请67位"爱老院""老人院"汇总的老人畅游新加坡,和老人共进午餐并赠送纪念品,对没住房的贫困老人给予帮助,此外他还非常关心下一代的素质,不遗余力地资助家乡教育事业的发展,在太平村旅新加坡华侨中倡导捐资,设立了教育福利基金,以资助贫困小学生完成学业和奖励教学优秀的教师,80年代末,他和下洋旅外热心人士共同集资百万元,兴建了侨育中学"星马科学馆",还重建了"太平小学"校舍。1993年,他又与永定县政府、下洋镇政府共商侨育中学六大工程建设计划,之后筹措资金600万元,其中自己捐30多万建教师宿舍楼。据统计,改革开放以来,他个人先后捐献近百万元资助家乡的各种公益事业,其中大部分用在教育方面,此外,还以25000元设立"曾义卿公奖学金",奖励太平村考上大专院校的学生,他还拿出10万元在侨育中学设立"曾良材奖教金",每年从中抽出1万元奖励教师,他的义举就像他对母亲的慈孝之心,他永远不懈地为社会进步、乡帮繁荣和人类真诚的爱操劳着、工作着。

6. 旅居印度尼西亚龙岩籍黄源昌先生

旅居印度尼西亚龙岩籍的黄源昌先生是热心教育事业,为侨居国和祖籍地经济繁荣、社会进步做出了巨大努力,他的善举从50就开始了,虽然当时只是小本生意,但是据不完全统计,从1955年到1992年,黄源昌、夫人黄碧玉及儿子黄志华、儿媳吴明华,共向龙岩侨中捐献128万多元,捐建的较大建筑有敬师楼、念师楼、科学艺术馆。1987年9月,得知龙岩旅港同乡会缺少资金购买会所,黄源昌先生闻讯后,召集旅居地的乡亲捐助,他自己带头捐资,募集资金24.5万元。

7. 成功企业家张华木

张华木先生,马来西亚籍知名侨商,1917年出生于龙岩东肖镇溪兜村,他一生积极奋斗,勇猛精进,处世达观,荣辱不惊,崇尚"取之社会、用之社会"的价值观,多次为槟城龙岩会馆、马来西亚龙岩同乡会总会贷学金乐捐巨资。1990年,与胞兄镇江合捐10万港元在母校溪连小学、东肖中学、华侨中学提供奖教基金,为学校添置各种设备。耄耋之年,奔走四方,为溪连小学捐建"思乡楼"教工宿舍,为东肖中学扩充教育基金,为龙岩天后宫筹集基建等募捐,华木带头认捐,总计达100万元。华木先生的美德深受家乡父老敬重,博得各级政府的褒扬。

8. 赤诚无私为家乡的罗迪光

罗迪光先生是老港胞,加拿大籍,1903年出生在祖居承志楼,是永定县下洋东洋仰华楼的楼主之一。他对家乡的赤诚展示了他对家乡的无私爱心。1985年向家乡宣传造林的益处,1988年造林100亩,1989年又造林200亩,1987年集资25万余元,在村里建造学校,创立天德中学。此外,为扩建东洋小学、充实设备,捐港币2万余元,又集资人民币7万余元,扩建教室5间,校舍9间,约500平方米。又扩大操场,砌护校堤,铺设校道,添置课桌椅,购置"时间顺序控制仪"、幻影灯、录音机、放像机等,又赠送彩电一台,此外,还为该校创设教育基金,设置补助办公费及提供奖励教师,设置奖教基金及奖学金,获得了广大学生、家长、社会的好评。

罗迪光还筑桥修路,1984年负责集资12000元,在郑屋建思东桥,在二联水口建怀乡桥。1987年冬在东片铺成楼门外兴建第一座石拱桥,直达西片华山楼外,1990年10月重建码头子项的石拱桥,并建桥栏杆及铺水泥桥面,1991年又在西片杏村楼门前兴建钢筋水泥桥一座,长13米,宽2米。

兴办公共福利事业。改革开放以后,村民黑白电视机已经相当普遍,少数家庭已拥有彩电,可就是因为地理条件限制,收视效果差,1989年,他接受村民要求,在村东九思堂后山建了一个电视差转台,1987年特挖水井一口,建水塔一个,供应自来水,有鉴于村民中老人增多,成立了"老人活动中心兼华侨接待站"。1993年投资2万多元,在村中公路及重要村道干线上竖上水泥电杆,安装路灯。在沿溪住户比较集中的溪岸旁砌码头,专供村民洗涤衣物之用,方便生活。1986年,迪光还带头集资在上老屋修建了一座祖祠。

开展社会救济工作。1991年开始,设置一种经常救济孤苦老人的基金,规定按月发给他们一定数额的生活补贴费,保证那些贫无可告的孤苦老人可以定期源源得到赈助。

9. 华侨爱国志士、香港爱国企业家——游尚群

游尚群,1918年秋出生在永定丰田泰溪乡一座"余庆楼",他的爱国爱乡精神,他为祖国的兴旺发达而经商,祖国支持、帮助他成就大业,同时,他回报祖国和家乡。他的奉献早在50年代就已经开始了,80年代筹建侨光中学,担任名誉校长,邀集游绍宪、游万通、游文福、游宏原等旅外乡亲共同募捐,把建设全部校舍的资金包下来,此外还设立10万元奖学金奖教金。90年代初,尚群完成了游范吾呼吁建设的华侨医院,他个人还为家乡建桥梁、修公路、办水电厂、设电视差转台、成立侨胞接待站……捐资一二十次。1982年,龙岩地区筹办闽西大学,作为闽大董事会海外工作委员会的主任,推动闽西乡亲踊

跃捐赠,有物资也有现金,合计价值近500万元,占闽大投入的四分之一,他还另外捐两部丰田牌汽车作校车,又捐10万港元设立奖学基金。

10. 现代企业家——陈进强

作为华侨世家子弟和被喻为香港新生代企业家,祖籍龙岩市东肖镇后田村,在时代浪潮中,成为出色企业家,被认为香港新时代的企业家,在中英双方签订协议香港即将回归的13年中,被推上社团领袖的位置,先后担任香港商人副会长、闽港经济发展协进会副主席、香港福建社团联合会常务执行委员、香港福建"希望工程"基金会副主席、闽西旅港同乡联谊会第三届会长,他还是山西政协委员、福建省政协常委,为香港的平稳过渡积极奉献力量。他爱国爱港,更情系家乡,他在80年代后期,配合政府规划的旧城改造,注入资金1000万美元,请香港建筑师绘图,设计了"佳宝国际商城",1993年,斥资4亿8千万港元,与市政府合作兴建装机容量为10万千瓦的恒发火里发电厂,并于1996年开始发电。此外,他对家乡教育、体育、文化和公益事业的捐献尽心尽力,捐献270万建闽西大学"灼瑞科技馆",捐360万元分别在龙岩一中、华侨艺校建立"渭滨楼"、"秀凤职教中心"、"穗英楼",捐350万兴建符合国际比赛规格的"进强游泳池";对龙岩师专、东肖中学、东肖水库、康复中心和希望小学扶贫救灾捐献400万元,香港回归后,陈进强先生与内地经济合作进一步扩大和加强,他的赤子之心依然。

11. 香港永靖同乡会会长江兆文先生

江兆文,1925年出生在永定偏僻山区高头村"渐鸿楼",香港著名企业家,永靖同乡会会长。江兆文爱国爱乡,热心家乡经济建设和公益事业。

早在1954年,便开始资助金丰中学,1984年后,他或自己捐助,或在香港、澳门、台湾及海外积极筹募资金,连续为金丰中学建了教学大楼、综合大楼、图书馆、教师别墅、教工宿舍楼、学生宿舍楼、礼堂、运动场、校门、校道、厨房、学生膳厅等十几座楼房和一些校园设施,面积达2万多平方米,还置办了许多教学和生活设备,如教学用缝纫机、电脑、电教设备、汽车、课桌椅、膳厅饭桌等,其中独捐资给这所山村中学总价值达800多万元,基础设施不断完善,金丰中学的面貌因此焕然一新,他不仅重视基础设施的建设,更关心学校教育质量的提高,为鼓励教师不断创造佳绩,1997年11月,他拿出150多万元买下洋多水电站,将该水电站的利润充作金丰中学和高南小学的一项常年收入用于给老师们每月增加100~200元的奖励工资,1996年筹集了100多万元,设立"奖学基金",用于奖励优秀学生,扶持贫困学生。为创造复办高中的条件,他随即捐资兴建高中部的教学楼和学生宿舍,在1999年秋,金丰中学高中部恢复了招生。之外,他资助的学校还有闽西大学、长汀职业中专学校、永定一中、古竹中学、侨育中学、侨光中学、永定聋哑学校。

江兆文先生还热心于慈善事业和其他公益事业。永定中医院建综合大楼资金不足,他闻讯马上慷慨捐出20万元给予帮助,甘棠楼发生火灾,立即寄给3000元表示慰问,寄给500元祝贺老人健康长寿。1996年,永定发生了历史罕见的特大洪灾,捐7万元赈灾,还亲自到各处呼吁、劝募,募集了33万元救灾,此次洪灾导致他投资的百丈寨水电站也受到洪灾袭击,损失百万元,他还是另外筹出2万元慰问水电站职工。

12. 香港毕业(控股)有限公司董事长总经理周年茂先生

周年茂先生从1992年起,先后支持家乡文新中学、连城一中、周屋仰云小学以及其他方面的公益事业建设达70万元。

13. 旅港同乡会新任会长——张仁强

多年来,张仁强秉承父辈爱国爱乡传统,一直关注改革开放的事业和家乡的社会经济发展,虽然他在兴办服装制造、房地产开发等实业上取得了成功,但没有忘记家乡、母校及其师长们对自己的教养之恩,1989年春,他邀请东肖中学老校长郭干一行访问香港,谋划设立东肖中学教育基金及母校50周年校庆的有关事宜,并带头认捐。1993年8月,捐资东肖中学、华侨中学兴建"锦河楼"、"锦河图书馆",并为溪连小学捐资,以改善办学条件。

14. 李新炎及李新炎慈善基金会

李新炎出生在龙岩市上杭县才溪镇,1993年独资创办了中国龙工控股有限公司,经过多年的发展,已经成为全国明星侨资企业、外商投资先进企业、中国工程机械100强、福建省重点企业、福建省纳税大户、上海市松江区纳税标兵、上海市先进企业。

李新炎慈善基金会于2007年6月成立,先后设立扶贫助学、助孤、助困、助侨、助医、赈灾救灾、捐助公益事业等7个项目,捐资金额已达2682万多元,受助人数达3450多人次。其中共资助高校贫困生2133人完成4年学业,资助金额667.8万元。李新炎先生因此荣获"中华慈善奖",被国家民政部评为全国"最具爱心慈善捐赠个人",2013年5月,获省政府颁发的"华侨捐赠公益事业突出贡献奖"。李新炎慈善基金会还被国家民政部评为"全国先进社会组织",在省民政厅组织的全省基金会首次评估中被评为"5A级基金会"。2010年4月14日7时49分,青海玉树发生7.1级地震,造成大量建筑倒塌和人员伤亡。灾情牵动着每一个龙工人的心。第十一届全国人大代表、中国龙工控股有限公司董事局主席李新炎先生,从新闻中了解到玉树地区严重的灾情时,当即指示"李新炎慈善基金会"向青海省玉树地震灾区捐赠200万元人民币,支持灾区人民战胜困难重建家园,予表达龙工人对灾区人民的一片真诚。2010年8月,李新炎慈善基金会金秋捐资169万元,资助7个县(市、区)、江西省高安市及龙岩一中、龙岩高级中学等贫困学子上大学,资助金8月底前全部发放到了贫困学生手中。

15. 圣诺盟控股集团董事局主席张志雄

张志雄,1946年生于福建省龙岩市肖镇溪兜村,1994年成立了康寿福保健有限公司,2000年,宣告圣诺盟控股集团成立。

1998年,龙岩旅港子女当年考入大学的就是张志雄捐赠的,在家乡,如曹溪小学、华侨中学、闽西大学、特殊教育学校等,他都做过捐赠。1999年,与舅舅林汉立一起,与新罗区教育局共商成立"林笑萍奖学助学基金",每年开始捐人民币7万元,奖励新罗区理科高考前三名和文科高考前两名的考生各2000元,资助新罗区10名考上大学本科而家庭贫困的学生,每人1000元,以后每人每月津贴100元,直接到他们四年大学毕业。1999年,长江泛滥成灾,张志雄心急如焚,顾不得吃饭睡觉,亲自督促东亚厂员工,盘仓捐物,送往灾区。

16. 旅台实业家罗天照

罗天照先生1912年12月出生于福建省龙岩市新罗区龙门镇塔前村,经过多年的艰苦创业和苦心经营,他富而不奢,乐善好施。1974年,当选为台北龙岩同乡会第三届、第四届理事会长,在其任内购置会馆、扩大整理公墓墓园,所需资金300多万元新台币,他自己负担半数。对于乡人子弟教育,他也很重视,捐赠同乡会奖学基金40万元新台币,每年奖励学子。1987年开始,捐资家乡建设教学楼、体育场、科技馆、自来水厂、修路等。

1989年2月,捐资龙门慈勤自来水厂及千米长的引水管道,解决塔前、赤水桥、龙门街、陈乾、山背等自然村村民的用水问题;10月,捐资开明小学慈勤楼,建筑面积达451平方米;此外,罗先生还捐献2万美元,作为该校教学奖励基金,为开明小学锦上添花;11月,改建的龙岩一中慈勤体育场完工。1990年12月,捐资塔前村文化活动中心"勤慈堂"。1991年,为龙门中学捐资慈勤教学楼。1993年捐资修建龙门街道和塔前村道。1994年9月,捐资龙岩盲聋哑学校"盲生部综合楼"。1995年1月,捐资龙门龙勋中心幼儿园,捐建龙岩一中天照科技馆。1996年1月,捐资龙岩市体育中心天照羽毛球馆,此外,罗先生还捐资100万元人民币给新罗区教育局设立教育基金,奖励优秀师生。几年来,他捐资金额到600多万元。

17. 旅台乡贤阙诒流

阙诒流,1934年生于永定县三堡村,后经辗转在台湾创业,1978年,组建台湾高雄东哥企业股份有限公司,成为有一定知名度的出口企业。随着两岸交流的加深,阙诒流与三堡宗族恢复联系后,从此为家乡的事业,特别是教育,做出了巨大贡献。1984年捐资5千元为三堡小学具有200多年历史的校舍原"奎文图书馆"做外部修缮。1987年捐资10万元,兴建三堡小学"德中教学楼"。1988年捐资5万元,兴建三堡凹下"安溪桥"桥。1989—1991年捐资125万建设三堡中学。1992年捐资30万元,兴建三堡小学教学楼、教工宿舍楼。1995—1996年捐资300万元兴建三堡中学科学楼、教工宿舍楼、厨房、膳厅和老年活动中心。1997年捐资33万元为堂堡——三堡公路铺设水泥路面。1998年捐资10万元为三堡中学、三堡小学和三堡凹下村建设饮用水自来工程。1998年,捐资26万元,完善三堡小学的校舍和设施。1999年捐资8万元建朱罗小学校舍。2000年捐资23万元,修筑三堡街道至三堡中学校门口的水泥路。1990—2000年资助三堡困难学生求学费用2万元。1994—2001年斥资42万元设立"三堡(德中)教育奖金"。诒流对教育事业情有独钟、无私奉献,但他家的血亲住的还是祖传旧陋房屋,但是他坚持"先建校园、后建家园",始终坚持"穷无三代,富也无三代",钱留给子孙花,不如拿给家乡办教育,体现了他高瞻远瞩的卓识和无私奉献的博大胸怀。

18. 康师傅的缔造者——魏应州

魏应州先生,1953年出生于台湾,祖籍福建省永定县古竹乡黄竹烟村。1999年,顶新国际集团公司的"康师傅"方便面产量达到70亿包,超过日本日清方便面集团成为世界最大的方便面生产企业,现已发展成为多国、多角化经营的综合型企业集团,累计投资超过20亿美元,营业额已达200亿元现值。

从1990年起,顶新的第一个回报行动就是捐助学,每年捐出1000万元为大陆贫困地区兴建学校,曾经一次捐款人民币1亿元为北京市兴办教育事业。1996年7月,顶新又在北京举行"育苗行动",专门捐资1000万元,供北京、青海、福建的13所小学兴建教学楼、宿舍楼和购置教学设备。其中100万元捐给家乡永定县古竹乡建造两座教学楼和一座教工宿舍楼。1996年8月,永定了发生百年不遇的"8.8"洪灾,捐赠3030箱"康师傅"方便面赈济灾民。此外,还多次赞助海峡两岸的文化交流活动,为祖国统一大业做出了宝贵贡献。

19. 陈玉材先生

陈玉材先生,福建省龙岩市新罗区铁山镇人上洋村人,生于1921年2月,经过苦心经营成为龙岩旅台的一知名企业家,他从小受到母亲的影响,行善积德,热心公益事业,1953年,花莲龙岩同乡会成立,他负责筹备工作,出钱出力,并担任第七、第八届理事长和历届理事,在担任第十一届理事时,率先发起并负责筹建"龙岩追远祠",慎终追远,功德无量。该祠建设所需资金300多万元新台币,他负担半数,此举受到龙岩旅台乡亲的一致好评。90年代以来,他先后投资1700多万元人民币在龙岩办福龙水泥厂、铁山水泥厂、洋北水电站和石龙水电站等台资企业。他先后捐资给铁山镇上洋村设立"教育基金会",捐资给铁山中学、洋头小学、洋头幼儿园、松涛小学、双车小学等设立奖学金,或扩建校舍、修操场、添置教学设备。

20. 记台胞邱正吉

世界邱氏宗亲总会副理事长邱正吉先生祖籍上杭中都黄坑惟禄公第二十四代,1944年生于台湾桃园县大溪。他自返大陆经商、寻根以来,十几年如一日地热心祖居地的社会公益事业,致力于血缘文化研究,努力弘扬中华优秀传统文化,受到各界人士的广泛赞誉。为了寻邱姓祖先迁徙的轨迹,他几次亲赴山东、河南、江西、广东、福建等地寻根访祖,每到一地他都慷慨解囊,或捐资学校,或捐资赈灾,或兴建旅游项目。自1990年以来,向上杭祖居地的上杭一中图书馆、黄坑小学、中都女子舞狮队及修祠修坟等捐资人民币20万元。1997年,他以世界邱氏宗族总会名义与上杭客家联谊会签订投资350万元人民币兴建"姜太公旅游中心"的协议书。正吉先生的大部分精力和资金花在了公益事业和血缘文化研究上,而生活却十分简朴。

第五节　新时期著名工商企业①

1. 龙岩烟草工业有限责任公司

龙岩烟草工业有限责任公司于2007年11月由龙岩卷烟厂按公司制改制而成。企业成立于1951年，是全国31家卷烟工业企业之一，福建省最大卷烟工业企业。企业现有员工1900多人，其中主业员工1100多人，拥有博士1人，硕士研究生13人，本科学历451人，高级职称14人，中级职称247人，中高级技术工人671人，高级技师4人，技师28人，人才结构在烟草行业处于领先水平。企业先后被授予"全国五一劳动奖状"、"全国文明单位"、"全国守合同重信用企业"，公司党委荣获"全国先进基层党组织"殊荣，公司工会被评为"全国模范职工之家"等荣誉称号。

建厂以来，特别是改革开放以来，龙烟走出了一条具有老区、山区、烟区特色的创业之路。通过持续不断的技改，实施品牌战略，抓技术创新和企业管理，使企业从一个默默无闻的山区小厂，发展成为年产销卷烟超过70万箱、销售收入突破70亿元、税利突破60亿元的现代化卷烟企业。企业长期保持福建省纳税第一大户，企业核心品牌"七匹狼"是全国36个名优卷烟品牌之一。2005年，"七匹狼"卷烟商标被认定为"中国驰名商标"，在2007年度中国纳税百强排行榜中，名列第40位。2008年"七匹狼"销量突破100万箱，销售收入超过100亿元，被列入全国烟草20个重点骨干品牌名录，列第11位，公司发展稳步增长态势。

2. 新洲（武平）林化有限公司

新洲（武平）林化有限公司是由Suntar Investment Pte Ltd.（新加坡三达投资有限公司）投资设立的独资企业，前身是国家二级企业、国家质量管理奖企业"福建省武平县林产化工厂"，始建于1955年，属中型企业。拥有年产10000吨脂松香、2000吨合成樟脑粉、5000吨聚合松香、2000吨萜烯树脂四条生产线。企业主导产品为脂松香、聚合松香、合成樟脑、萜烯树脂、松节油、樟脑块等，产品质量、原辅材料消耗、经济效益等各项指标均居全国同行业前茅，产品主要出口至美国、英国、日本、新加坡等欧美和东南亚国家。

3. 龙岩沉缸酒业有限公司

龙岩沉缸酒业有限公司始建于1957年。自1963年以来，先后获国际、国家级金质奖21次，并在全国第二、三、四届评酒会上蝉联全国名酒称号，为中国十八大名酒之一。公司位于龙岩市龙门镇赤水紫金山下，紧靠龙长高速、319国道和龙梅铁路，交通方便，环境优美，现占地面积40亩，产能5000吨。

---

① 有关企业的介绍来自于龙岩市委统战部、工商联提供的资料及各公司公开的简介资料。

3. 福建龙净环保股份有限公司

福建龙净环保股份有限公司(以下简称"龙净")始建于1971年,专业致力于大气污染治理装备的研究开发已有30余年历史,是全国环保产业骨干龙头企业和我国最大的专业从事烟气除尘、脱硫脱硝装置等大气污染治理设备机电一体化的研发制造基地。为中国环境保护产业协会副会长单位、中国资源综合利用协会技术装备委员会主任委员单位、中国环境科学学会副主任单位、中国环保产业协会电除尘专业委员会副主任委员单位和脱硫除尘委员会副主任委员单位、中国管道物料输送专业委员会副理事长单位。2000年,龙净环保A股在上海证券交易所成功上市,成为全国环保除尘行业首家上市公司(沪市600388),龙净除尘产品产销量已经连续六年名列全国同行业第一。龙净环保引进消化吸收国际一流公司的先进环保技术,包括美国通用电气(GE)公司全套电除尘器技术,德国鲁奇公司电除尘、布袋除尘、烟气脱硫技术,德国潘特公司烟气调质技术,澳大利亚气力输送技术和丹麦托普索公司烟气脱硝技术,使龙净在中国确立了大气环保领域技术领导者的地位。目前公司主导产品包括有:电除尘器、袋式除尘器、电袋复合式除尘器、除尘用高低压电控设备和计算机集控系统、湿法烟气脱硫装置、干法烟气脱硫装置、烟气脱硝装置、物料气力输送设备、干式排渣机、粉煤灰分选设备等大气环保系列产品,公司技术水平全面达到当前国际先进水平。公司先后通过了ISO9001:2008质量管理体系、GB/T24001-2004环境管理体系、GB/T28001-2001职业健康安全管理体系、CCC、PCCC等认证。产品销售覆盖了全国所有省、市、自治区,并出口到日本、巴西、伊朗、印度等20多个国家和地区,国际著名公司如ABB、三菱、阿尔斯通的专家到龙净考察后均给予了高度评价。公司近年来快速成长,步入健康良性的发展轨道,公司现有资产总额50亿元,净资产19亿元,员工1000余名,拥有一批博士、硕士和享受国务院特殊津贴的专家等高级人才。公司在北京、上海、西安、武汉、福州、广州等多个城市设有分支机构。公司实现销售收入由2000年的1个多亿到2008年的30亿,增长了几十倍,经济效益也大幅提升。公司2006年至2008年连续三年实现净利润和上缴税收双双超亿元,主要经济指标再创历史新高。

4. 福建紫金矿业集团股份有限公司

紫金矿业的前身是成立于1986年7月的上杭县矿产公司。1993年8月,上杭县矿产公司改组为上杭县紫金矿业总公司,主要业务转向开发建设上杭紫金山金矿。1994年10月,更名为福建省闽西紫金矿业集团有限公司,企业性质为国有独资。2000年9月,由闽西兴杭实业有限公司为主发起人,联合新华都实业集团股份有限公司等其他7家发起人,设立福建紫金矿业股份有限公司。2004年4月,福建紫金矿业股份有限公司更名为福建紫金矿业集团股份有限公司。2004年6月,福建紫金矿业集团股份有限公司更名为紫金矿业集团股份有限公司。2003年12月,紫金矿业在香港H股上市(股票代码:2899)。2008年4月,回归国内A股上市(股票代码:601899),成为A股市场首家以0.1元面值发行股票的企业。2008年3月,核心企业——紫金山金(铜)矿被中国黄金协会评为"中国第一大金矿"。目前,紫金矿业形成了以金为主,铜、铅锌、钨、铁等基本金属并举的产品格局,权属企业分布在全国20余个省、市、自治区和海外7个国家。

5. 龙岩标致饮料有限公司

福建标致食品饮料有限公司于1991年由香港裕丰公司和福建龙岩市华侨饮料厂共同出资创建,多年来始终致力于饮料产品的研发与生产销售。公司总部设于福建省龙岩市新罗区东肖工贸开发区,总投资额6000多万元,现有员工800余人,下设有饮料生产基地、矿泉水生产基地、PET饮料瓶生产基地,主要产品有"标致"碳酸饮料、"亮力"碳酸饮料、易拉罐装"雪菲力"苏打水、"标致"瓶装和桶装饮用水、"标致"鲜橙汁和仙草露植物饮料等。

公司自成立以来,不断引进先进的设备和工艺,并与上海申美饮料食品有限公司、食品科研院校建立长期研发合作关系。2003年,在全国同行率先通过英国SGS认证公司ISO9001国际质量管理体系及HACCP国际食品安全体系双认证。公司拥有丰富的饮料研发、生产、营销经验的经营团队和国际先进的自动饮料生产线8条,年产碳酸饮料450多万箱,果汁、仙草露植物饮料250多万箱,瓶装水、桶装水15万吨。2003年,"标致"商标蝉联"福建省著名商标"。2004年,"标致"系列饮料荣获"福建名牌产品"称号。

公司产品以准确的市场定位、时尚的口感和包装、优质健康的品质,远销全国21个省50多个地区,倍受消费者的青睐,成为国内饮料业的后起之秀。

6. 中国龙工控股有限公司

中国龙工控股有限公司自1993年成立以来,持续快速增长,目前已发展成为中国最大的工程机械制造商之一。主业为装载机、压路机、挖掘机、叉车、平地机等整机及其零部件的研发和制造。公司下辖龙工(上海)机械制造有限公司、龙工(福建)机械有限公司、龙工(上海)桥箱有限公司、龙工(上海)挖掘机制造有限公司、龙工(上海)路面机械制造有限公司、福建龙岩龙工机械配件有限公司、海克力斯(福建)桥箱有限公司、锐帆德(上海)机械有限公司、摩纳凯(上海)叉车有限公司、摩纳凯齿轮(江西)有限公司、摩纳凯(上海)机械有限公司、海克力斯(上海)液压机械有限公司、海克力斯(福建)液压机械有限公司等10多家全资子公司,及中国龙工控股有限公司中国市场销售总公司、中国龙工控股有限公司国际市场销售总公司、中国龙工控股有限公司技术研究院等多家机构。公司主导产品"龙工"牌装载机获"中国名牌产品"称号,装载机销量连续多年稳居全国同行业前三名,各项经济指标居全国同行业前列。

7. 力菲克药业有限公司

福建省力菲克药业有限公司从1995年起先后兼并、收购、重组了国有企业闽西制药厂、上杭制药厂及中外合资企业漳州庆春堂保健药业有限公司等药业企业,十几年来企业内部经过改革、创新,不断进行资源整合,取得了长足的发展,现企业占地35000平方米,建筑面积19000平方米。2003年,公司全部药品剂型通过药品GMP认证。2004

年通过了保健食品GMP审查并取得了保健食品卫生许可证,同年通过国家出口食品卫生注册。2005年通过ISO9001—2000国际质量体系认证及HACCP食品安全体系认证。2008年获固体饮料、其他饮料食品生产许可证。公司现拥有通过药品GMP认证的剂型有片剂、胶囊剂、颗粒剂、小容量注射液、口服液、软膏、乳膏、搽剂、原料药等,通过保健食品GMP审查的剂型有片剂、胶囊剂、冲剂、口服液等;公司拥有多条药品、保健食品、饮料生产线及现代化的科研检验实验室,生产"力菲牌"药品、保健食品、运动营养品、营养食品系列等上百个品种。

8. 福建东源环保有限公司

福建东源环保有限公司作为环保上市企业,主要提供广泛适用于冶金、电力、建材、化工等行业的脱硫脱硝系统、MT型静电除尘器、电袋除尘器、透镜式电袋复合除尘器、气力输灰系统等大气污染治理设备及工程施工,并承接钢结构的设计、制造、安装。公司前身是福建闽泰环保有限公司,成立于1996年,2009年8月底在新加坡交易所主板成功上市。公司坐落于福建龙岩经济开发区,在福建、河北等省市拥有数十万平方米厂房的生产基地,专业致力于环保领域开拓,自主创新品牌产品,创造碧水蓝天新境界造福人类。公司坚持"以人为本,开拓创新·科学管理,优质服务"的方针,积累了雄厚的技术实力和高素质的研发团队。公司拥有十多项发明专利,能为用户提供稳定、高效、服务完善的环保治理设备。作为高新技术企业、中国环保产业协会第四届理事会常务理事单位、福建省环保产业骨干企业,先后通过了国际ISO9001质量管理体系、ISO14001环境管理体系和OHSAS18001职业健康安全管理体系认证,并获得了大型环保工程的设计、施工资质;被电力规划设计总院和中国电能成套设备有限公司推荐为电力工程200MW、300MW及600MW火电机组主要辅助设备厂商名录。公司产品分布于福建、广东、广西、江西、山东、内蒙古等30多个省市自治区。

9. 新华都实业集团股份

新华都实业集团股份有限公司是一家集百货、超市、旅游、酒店、房地产、机械工程、信息科技等多元化为一体的大型集团股份公司,2008年成功在深圳A股上市。其主营超市及百货系福建省大型卖场、综合超市及百货连锁经营的龙头企业,目前公司各门店主要分布在闽南地区,并向闽东、闽西及闽北辐射发展。截至2010年元月份,公司共有97家已开及已进入筹建的零售门店,其中5家以百货为主,其余以大卖场及综合超市为主。根据中国连锁经营协会的调查统计,2008年,新华都位列中国连锁经营百强第51位。

10. 福建省米兰春天量贩有限公司

福建省米兰春天量贩有限公司是米兰春天集团(亚洲)投资有限公司下属核心企业之一,创建于1997年,是闽西首家集便利连锁店、量贩店、化妆品连锁机构为一体的大型商业量贩公司,现在福建省有龙岩总公司、莆田分公司、三明分公司、南平分公司、福清分公司等连锁店39家,总部设在龙岩市中心。米兰春天量贩以"不断创新,追求卓越"为企业理念,以"管理科学化、人员知识化、公司股份化"为企业发展方向,以"有爱就有家,有家就有米兰春天"为服务宗旨,积极参与海峡西岸经济区建设。

11. 福建森宝食品集团有限公司

集团是福建省鸡肉产品知名供货商之一,销售"森宝"品牌的鸡肉产品。根据中国肉类协会的资料,于2008年,集团在90间企业内名列中国肉类食品行业强势企业第44名,另亦获颁福建省著名商标、福建省品牌农业企业金奖、农业产业化—国家重点龙头企业及福建名牌产品等奖项。集团生产的鸡肉产品来自白羽肉鸡,本身在福建拥有生产设施,现有三个种鸡场、一个孵化场、五个肉鸡养殖场、一个饲料生产厂及一个屠宰加工厂。现时每年可屠宰并加工最多约18000000羽肉鸡。集团是肯德基、德克士和麦当劳以及其他零售及快餐店的鸡肉供货商。集团的客户均在国内,其中超过八成是在福建省内。同时亦透过多家分销商销售部分产品。集团致力于确保鸡肉产品优质安全,已于2006年1月获得ISO14001(环境)及ISO22000(食品安全)认证,及2008年3月获得ISO9001(质量)认证。

12. 福建畅丰车桥制造有限公司

福建畅丰车桥制造有限公司是由畅丰控股(香港)有限公司投资控股的港资企业。2010年9月在香港联交所主板上市,是中国车桥行业首家在境外上市的公司。公司自2001年创立以来,持续快速发展,目前已发展成为中国中型卡车及重型卡车维修市场上领先的独立车桥零部件生产企业。公司在福建、河南、四川建立生产基地,在北京建立研发中心,旗下拥有龙岩盛丰机械制造有限公司、开封畅丰车桥有限公司、四川畅丰车桥有限公司、北京市畅丰车桥技术研究所有限公司共四家全资控股子公司。公司(集团)注册资金17.05亿元,占地约800亩,厂房面积487824.9平方米,建筑面积1060029平方米,员工人数2500人。公司系国家高新技术企业,建有省级技术中心和院士专家工作站。公司技术力量雄厚,高精尖优秀人才聚集,新产品开发能力强劲,管理体系完善,并与北京机电研究所等国内多家知名的科研机构及大学建立了长期稳定的产学研合作关系。公司现拥有国际先进水平的汽车前轴节能节材型精密锻造技术与装备和汽车转向节经济型锻造技术与装备,拥有桥总成主要零部件产品的生产制造链;具有铸造、锻造、冲压、机加工、总成装配的综合生产制造能力。公司生产的"畅丰"牌车桥系列产品属福建省名牌产品,公司产品涵盖解放系列、东风系列、斯太尔系列、奔驰系列、欧曼系列、7.9M—9M客车系列、装载机系列等十几个系列,产品主要有各类前桥总成、中后桥总成、减速器总成,以及各类铸钢桥壳、冲压桥壳、汽车前轴、转向节、半轴、制动鼓、差减壳等零部件。公司产品严格按照企业标准进行生产,已全部通过国家重型汽车质量监督检验中心(重庆)、国家汽车质量监督检验中心(襄樊)等国家级检测部门的检验,同时公司已通过TS16949/QS9000/ISO9001质量管理体系三项认证。

公司生产的"畅丰"牌车桥系列产品畅销全国,在全国各地建立了完善的销售服务网络,在全国各省建立了数十家省级中心库、几百家各级特约经销商和专卖店,产品在国内中、重卡汽配市场的覆盖率达90%以上；同时公司还与东风、福田、华菱、江淮、宝华、王牌、金旅、厦工、中联等十几家国内汽车及车桥行业大型知名企业有长期稳定的合作关系；公司部分产品远销东南亚、欧美等国家，拥有广阔的国际市场，深受国内外广大用户的青睐。

13. 福建煤电股份有限公司

福建煤电股份有限公司是经福建省人民政府批准，于2003年元月由原福建省龙岩矿务局、永定矿务局、苏邦煤矿等省属国有局矿合并组建的福建省红炭山矿业有限责任公司改制重组后设立的国有控股大型企业，是福建能源集团的骨干企业之一。公司主营无烟煤产销和电力投资，现有12对生产矿井、10个原煤辅助单位，员工8000多人，煤炭产量占福建能源集团煤炭总产量的50%左右，是省内最大的煤炭生产、加工和经营企业。主要商品煤有各种规格的块煤、特种优质粉煤、一般优质粉煤和普通粉煤等18个规格品种。多年来，公司以深化改革、科学发展、锐意创新为主线，积极融入海西建设，全力抓好各项工作，实现了企业又好又快发展，是福建工业规模300强企业，被列入龙岩市工业企业重点培育工程。公司先后获得了"全国五一劳动奖状"、"全国精神文明建设工作先进单位"、"全国模范职工之家"、"全国煤炭工业优秀企业"等一系列荣誉称号。在"十二五"期间，公司以党的十七大和十七届四中、五中全会精神为指导，进一步落实科学发展观，抢抓机遇，不断进取，努力实现煤炭开采资源利用率高、安全有保障、经济效益好、环境污染少的可持续发展奋斗目标，不断提升企业的核心竞争力，为推进海西建设做出新的更大的贡献。

14. 福建省龙洲运输服务股份有限公司

福建龙洲运输股份有限公司经福建省人民政府批准，于2003年8月29日注册登记成立，公司注册资本为1.2亿元人民币。公司主要从事道路客运、客运站经营、货运物流、汽车销售与维修、交通职业教育培训等相关业务。至2010年12月，公司设分支机构、全资及控股公司、参股公司共53家，其中，公司控股的福建武夷交通运输股份有限公司是闽北地区最大的骨干运输企业，公司的经营单位分布在闽西、闽北、厦门和江西省上饶市、铅山县以及广东省广州市、梅州市等22个县市(区)内。

公司现有客运站36个，其中，国家一级客运站4个、二级客运站14个，均实现联网售票；拥有营运车辆3099辆，其中客运车辆1658辆、货运车辆321辆、出租车606辆、公交车293辆、旅游车221辆，客运班线市场在闽西北地区占有率80%，拥有客运班线827条，旅客运输服务范围覆盖闽西北的城乡和省内各主要城市，并向广东、广西、江西、湖南、湖北、浙江、上海等地延伸；公司有大型一类维修企业15家、二类维修企业8家、二级维护站2个、检测线13条、综合性能检测线1条、安全性能检测线2条，公司实现了站务管理、财务管理、办公系统自动化以及运营车辆GPS监控管理，科技管理水平进一步提高。

公司总部位于地处闽粤赣三省交界的全国著名苏区、老区福建省龙岩市，武夷交运公司位于地处闽浙赣三省交界的全国著名风景名胜区南平市,漳龙、龙长、永武、浦南、福银、武邵高速公路和319、316、205国道及省道福三线、303线、309线、204线、205线贯穿两市,双永高速、古武高速、蛟城高速、湖城高速、永漳高速、宁武高速、龙浦高速、松建高速、邵光高速、建古高速、延顺高速和顺邵高速正在建设,便利的交通网络为公司的发展提供了广阔的空间。公司设立以来,在经营上保持着持续、健康、快速的发展势头,同时,在管理上不断夯实基础,不断完善内控体系,逐步健全现代企业制度,实现公司的集约化、规范化、科学化发展。

公司是国家交通运输部重点联系企业,获得全国道路客运一级经营资质、道路货运二级经营资质,并通过了ISO9001质量管理认证;公司先后荣获全国模范职工之家、全国先进劳动争议调解组织、全国五一劳动奖状、全国厂务公开民主管理先进单位、全国交通运输企业文化建设优秀单位、中国道路运输百强诚信企业21强、福建省文明单位、福建省先进基层党组织、福建省最佳信用企业等荣誉称号。

15. 龙岩卓越新能源股份有限公司

龙岩卓越新能源股份有限公司创立于2001年,2006年6月30日,公司在英国伦敦证交所成功挂牌上市,是国家重点高科技企业。公司组建了一支积极进取的经营团队,拥有先进的生产设备、完善的检测手段,建立了健全的质量保证体系并通过了ISO9001-2000质量管理体系认证。公司研制开发的生物柴油产品于2002年9月通过省级鉴定,专家鉴定认为"产品填补了国内空白,技术达到国际先进水平"。该产品质量指标达到美国B100生物柴油标准,可以替代0号柴油在内燃机中使用。产品荣获《国家重点新产品证书》和福建省优秀新产品奖。公司以天然植物油脂为原料,采用国内首创具有自主知识产权的最新工艺生产的脂肪酸甲酯系列产品,具有总酯含量高、酸值低、色泽浅的特点。其品质完全可与进口产品相媲美,广泛应用于表面活性剂、洗涤剂、润滑剂、皮革加脂剂、纺织助剂、金属切削冷却剂以及医药原料等领域。公司专业从事生物柴油的研发、生产与经营,目前产能规模为7万吨,是我国可再生能源领域中处于领先地位的生产供应商,一家集科研、生产于一体,专业从事环保新能源和油脂化工产品研发、生产和经营的高新技术企业。

16. 福建省亿隆家庭装饰品有限公司

由香港亿隆集团全资控股的福建省亿隆家庭装饰品有限公司成立于2003年,是一家集研产销于一体的外商独资(港资)企业,公司注册资金2032万美元。公司位于福建省龙岩市经济技术开发区,占地面积67000多平方米,拥有11幢现代化的标准生产厂房、2幢功能齐全的员工宿舍楼和1幢智能化的办公大楼,建筑面积52000多平方米。

公司现有员工近1000人,精干专业的技术团队所带来的是较强的产品研发和加工生产能力。公司已开发生产藤木产品、竹木产品、中纤产品、画框产品、铁件产品等五大系列工艺制品,产品大部分出口,主要销往美国、英国、法国、西班牙、意大利、土耳其、希腊、加拿大等国家,在欧盟国家的专业相画框及小家具进口商中享有一定的知名度。

17. 福建新龙马汽车股份有限公司

福建新龙马汽车股份有限公司是福建省汽车工业集团的直属控股企业,作为国家汽车整车制造企业已被列入福建省三大汽车产业基地之一,总投资超35亿元,建设30万辆汽车扩建项目及30万台发动机项目。公司于2004年10月注册成立,现注册资本为10亿元人民币,在龙岩建设新龙马年产30万辆汽车扩建项目,以微车产品为切入点,逐步拓展微卡、MPV、SUV、轿车、新能源汽车等系列商用车、乘用车产品,目标是打造福建省及华东地区最大的小型车生产基地。同时,引进国内外先进发动机工厂的技术经验,建设年产30万台发动机项目,一期主要生产1.0L/1.25L两种排量、前置前驱/前置后驱两种搭载型式、自然进气/涡轮增压共六种基本机型,其中1.0L涡轮增压机型将成为目前国内唯一的小排量微车用涡轮增压发动机,填补了福建汽车工业发动机工厂的空白,最终形成福建汽车自己的发动机设计、研发与生产能力。在福建汽车工业集团旗下,目前有福建奔驰为主的高端商务车、东南汽车为主的乘用车、厦门金龙汽车为主的大中型客车,唯有小型车领域成为福汽集团尚未重点突破的细分市场。而新龙马汽车是福汽集团进一步拓宽汽车领域、进军小型车市场的关键布局,将进一步完善福汽集团的汽车矩阵,最终构筑以福建奔驰、东南汽车为主的福州汽车产业集群,以金龙客车、金旅客车为主的厦门汽车产业集群,以新龙马汽车为主的龙岩汽车产业集群这三大汽车产业集群,而新龙马汽车在这其中占据的战略地位重中之重,甚至直接关系着福汽集团"十二五"规划能否顺利实现。根据《国务院关于支持福建省加快建设海峡西岸经济区的若干意见》中的精神,新龙马汽车的发展受到了福建省政府和龙岩市政府的高度关注及重视,并对此制定了专项扶持政策。目前,总投资超20亿元的一期汽车扩建项目以及总投资超15亿元的30万台发动机项目都已正式开工建设,并将在不久后建成投产。而随着这两个重大项目建设的顺利实施,新龙马汽车将正式扬帆起航、驰骋华夏。

18. 福建龙马环卫装备股份有限公司

福建龙马环卫装备股份有限公司是国家专用汽车定点生产企业,致力于环卫、市政、公路等领域专用路面保洁车辆、垃圾收运车辆及设备的研发、生产和销售。公司建立了行之有效的ISO9001-2008质量管理体系、ISO14001-2004环境管理体系和OHS18001职业健康安全管理体系,所有产品均通过国家3C认证。公司拥有一批追求卓越的高素质研发团队,致力于市政环卫领域专用车辆和垃圾处理设备的技术研发,与国内科研院所建立了良好的合作关系,吸取相关领域前沿创新理论,协作多个产学研项目,引进了日本、美国和德国的先进技术,研发能力在行业内名列前茅。负责研发的技术中心是省级企业技术中心和省级企业工程技术研究中心。"福龙马"牌环卫专用车辆以其卓越的品质被认定为福建省名牌产品,"福龙马"商标被认定为中国驰名商标。

公司目前主要产品分为环卫专用车辆及垃圾中转设备两大类,细分为清洗扫路车、扫路车、清洗车、洒水车、压缩式垃圾车、非压缩式垃圾车、固定式垃圾转运站和移动式垃圾转运站八大系列产品,产品质量水平居国内同类产品的领先地位。公司自主研发成功的 FLM5162GSL 清洗扫路车被科技部列为 2008—2009 年国家火炬计划项目,产品以其优良的综合作业性能和先进可靠的操作系统获得行业内用户的好评和喜爱,项目产品将清扫作业、高压洗涤和废水回收科学地组合为一体,将城市道路、广场的保洁标准提高到一个更加完美的高水平阶段,被北京天安门广场和奥运会各场馆和国庆 60 周年阅兵天安门广场全面使用,产品荣获 2008 年福建省优秀新产品二等奖、福建省科学技术三等奖和 2009 年 6.18 海峡两岸职工创新成果展金奖,公司也因此获得奥运会装备保障优秀单位光荣称号。FLM5164GSL 清洗扫路车 2010 年被列入国家科技计划项目和国家重点新产品项目。FLM5070TQS 清扫车、LYC 垃圾转运站设备和透水沥青路面养护装置分别获得 6.18 海峡两岸职工创新成果展两项金奖和一项银奖。FLM5071GSL 清洗扫路车获得 2009 年福建省科学技术奖三等奖,LYC10 垃圾转运站设备荣获 2009 年福建优秀新产品三等奖。

本章小结

改革开放以来,革命老区龙岩市的经济社会事业实现了跨越式的发展,但是仍有许多不足之处,未来应该更加突出工业化、城市化进程,更加突出工业园区战略,更加注重优化产业结构,更加注重提高运行质量,更加注重统筹城乡发展,更加注重人与自然的和谐发展。

第八章　历史以来闽西大宗物产、特色出产、风味美食

第一节　新罗区大宗物产、特色出产、风味美食

一、大宗物产

1. 煤炭

新罗区的煤炭资源是历经多次沉积、隆起地质变动而形成的。新罗区煤炭资源丰富，储量大，仅无烟煤探明储量即达4亿吨，而且品质好、发热量高。新罗区煤炭开采历史悠久，现已成为福建省主要产煤区，区内的南城、红坊、雁石、江山、铁山、曹溪、东肖等乡镇均有矿区分布，矿点多，分布广，所产煤炭畅销本省及广东沿海各地，煤炭工业成为新罗区经济社会发展的重要支柱。

2. 高岭土

新罗区优质高岭土储量1亿吨，位居福建省首位。位于东城东宫下的大型高岭土矿床量大、质好、易选、开采条件好，主体矿分布4.5平方公里，已实现规模化开采。目前高岭土加工的主导产品为超细高岭土和水洗高岭土等系列产品，是生产高档瓷器的优质原料，产品远销省内外并大量出口国外。另外，区内的曹溪、适中、雁石、江山等乡镇均有零星分布。

3. 石灰石

新罗区石灰石储量9亿吨，位列福建省首位。石灰石杂质少、质量好，分布广泛，主要矿床11处，普遍得到了开采利用。全区形成了一批以石灰石为原料的水泥生产骨干企业，年生产能力达1700万吨。产品主要销往省内沿海地区和广东一带。丰富的石灰石资源还吸引了大型国有控股企业——华润集团前来投资创业，进一步提升了新罗区水泥产业的整体发展水平。

4. 土纸

新罗区毛竹资源丰富。历史上，新罗区即以竹为原料，就地取材发展起了手工造纸

业,生产各类土纸。土纸品种主要有粗料纸、白料纸等。白料纸产于溪口、梧新,粗料纸产于雁石、江山、龙岩。土纸产量巨大,民国17年以前,年可产30余万担。民国以前,八刀连、节包纸、黄连纸、白料纸等大量销往漳州、厦门等地,有的还远销南洋一带。纸类输出总值1.5亿元法币。新中国成立后,新罗区手工造纸业一度有了新的发展。1957年,产量达2134吨。土纸继续出口,其中以1966年出口最多。1987年,出口375.08吨,价值人民币25.99万元。

5. 桐油

民国时期,新罗区广泛种植油桐树。以油桐籽为原料生产的桐油是重要的工业用油,经济价值高。民国16年,新罗区即有桐油输出,价值10万法币。新中国成立初期,群众热衷于种油桐林。1952年,产油桐籽510吨,桐油产量可观。后来,由于种种原因,产量逐年下降。

6. 木材

新罗区地处山区,树木茂盛,木材蓄积量大且品质上乘。历史上,木材成为新罗区外销最为大宗的物产之一。木材外销多走九龙江及上游支流和龙岩、南靖县间的溪流水路,以水运或单筒放溪的形式,辗转大量销往漳州、厦门一带。民国16年,木材外销3000万元法币。民国33年,增至5000万元法币。新罗区木材外销还一直持续至新中国成立之初。1950年,杉木销量4.05万筒。龙岩长尾杉桅杆材,特别是莒舟一带的油杉,在漳厦很有声誉。以后,外销逐年减少。近年来,新罗区森林防护方面成效显著。2010年,森林覆盖率达78%,林木总蓄积量大幅增加。

二、特色出产

1. 斜背茶

斜背茶因产自新罗区江山镇斜背村而得名,是福建省名茶之一。斜背村地处龙岩最高峰岩顶山东北山麓,海拔1500米。得益于年平均气温偏低、平均相对湿度大等有利的自然条件和独特的土壤条件,使斜背村所产毛茶品质优良独特。斜背产茶已有300年的历史,梯式茶园遍布山间。斜背茶为高山茶类,属炒青绿茶。斜背茶制作时需经高温杀青(炒茶)、揉制、炒干、筛选等几道工序,炒制历时四小时左右。经低温慢炒、摊凉,使茶叶内含物质发生非酶性氧化。用传统工艺炒制的干茶具有色泽灰绿带黄、汤色黄绿、叶底嫩绿黄亮"三著黄绿"的特点,其香气清高而略带艾香,滋味浓厚回甘犹如新鲜橄榄。尤令人称奇的是经开水冲泡后,茶杠泡在茶水中不是横浮,而是直立,一端沉向杯底,一端浮于杯口,优质的斜背茶还可见茶杠中有小洞。斜背茶的另一特点是耐泡,一般可直接冲泡三次以上。长期饮用可提神醒脑,功效堪与乌龙茶相媲美,口味独特,倍受品茶行家和广大消费者的青睐。近年来,江山斜背茶业得到了空前发展,所产斜背茶产量多质量好,远销省内外。

2. 沉缸酒

龙岩沉缸酒生产始于清嘉庆年间,约200年的历史。该酒属特甜黄酒,酒精度在14%～16%,总糖可达22.5%～25%。该类黄酒集我国各类黄酒酿造的各项传统精湛技术于一体。酿造时需选用优质糯米和特有的新罗泉矿泉水,酒用曲多达四种,除了用我国最为传统的散曲、南方特有的米曲和红曲外,还佐以祖传药曲,该药曲内含冬虫夏草、沉香等30多味中药材。酿造工艺也较为独特。酿造时,先加入药曲、散曲和白曲,先酿成甜酒娘,再分别投入红曲及特质的白米酒,长期陈酿,形成自然色、自然香、自然甜,糖、酒、酸度恰到好处,具有不加糖而甜、不着色而呈透明褐色、不调香而浓郁香三大特点,含有益于人体的18种氨基酸和酯类物质。自1963年以来,该酒十次荣获国家名酒金奖称号。该酒除部分内销外,还于1968年开始出口国外。1987年,出口99.61吨,价值25.43万元。

3. 龙岩(新罗)山麻鸭

龙岩山麻鸭俗称"水鸭",群众又称"新岭鸭"。龙岩山麻鸭体小、头隽、颈长细、胸部平深、后体宽大,而且觅食力强、善于跑动,产蛋量也高,是优良的蛋用型鸭种,享有"江南第一鸭"之美誉。龙岩山麻鸭中心产区在龙门镇,已有500多年的养殖历史,是劳动人民经长期不断选育、培育而形成的本土品种。龙岩山麻鸭既可作为产蛋鸭,又可作为肉用鸭。当要淘汰产蛋母鸭时,养殖户进行育肥,母鸭一般饲养年限为2～3年,然后转为肉用鸭。以山麻鸭肉搭配中草药(或新罗区特产寸金薯)清炖,可清热解毒、滋阴降火,特别是小孩子得麻疹之后和肝病患者最为适用。鸭的羽绒和肥鸭肝是外贸出口产品之一。改革开放后,山麻鸭圈养技术获得突破,山麻鸭养殖在闽西普遍推广。仅作为主产区的新罗区年存栏种鸭即达230余万只。龙岩山麻鸭也因品质优良,其种苗还畅销我国广东、广西、湖南、湖北、江西、浙江、上海、安徽、云南等省区,生产、销售种苗2000余万羽。20世纪90年代末,龙岩山麻鸭飞出国门,落户非洲养殖获得成功,各项指标均接近国内的水平。

4. 龙岩(新罗)粉干系列

龙岩(新罗)粉干系选用优质大米、传统的手工工艺精制而成,色白质韧,一煮即熟,经久不糊,润滑可口。加工时需水洗三遍等独特的工艺,也使其成为追求健康的人们所喜爱的保健主食。东肖、曹溪、苏坂等均有大量生产,产品热销龙岩市和本省的沿海地区。其中,苏坂乡云潭村生产的云潭粉干最为有名。云潭村生产粉干相传已有上百年历史。今天,生产粉干的农户仍非常普遍。云潭粉干加工很有讲究:一要看天气、选晴天;二要选好米、碾白米。这是确保粉干质量的保证;三要浸透米、磨细浆;四要均匀碓粉粿;五要把压挤成的粉条用冷水冲洗,然后按一定长宽度用竹帘晾晒。由于加工精美,所产粉干色泽光亮晶莹、坚韧、耐煮。煮后仍然保持条形,不糊不烂,香甜爽口,也因此使得云潭粉干成为龙岩(新罗)粉干之代表,是为馈赠亲朋好友之佳品。旅居印尼的华侨回乡之后,普遍要捎带云潭粉干回印尼。

5. 咸酥花生

龙岩咸酥花生又称为香酥花生、盐酥花生。咸酥花生作为新罗区的地方特色产品，现已具有广泛的知名度，于2008年5月获国家地理标志产品保护。咸酥花生自古即具有特殊的地位。历史上，曹溪镇月山村百姓最早尝试加工咸酥花生。这一带群众积累了长期的实践经验，形成了独有的加工工艺，并逐步推广到东肖、铁山、西陂、大池等乡。加工方法上分湿焙和干焙二种，关键是精选饱满的花生做原料，加工的盐量适度，烘焙温度不宜过高，防止烧焦。民国时期，咸酥花生即大量销往闽南沿海的厦门、漳州一带。近年来，根据内陆及港澳台消费者的需求，有关企业新开发了系列产品。龙岩咸酥花生具有酥、脆、香的风味特点，而且营养丰富、食用方便、老少皆宜，不仅深受龙岩籍东南亚华侨和港澳同胞的喜爱，也深受国内外其他众多消费群体的欢迎，产品远销国内各大中城市和东南亚、日本、澳大利亚、欧美等国家和地区。

6. 小池竹凉席

小池竹凉席产自有"竹席之乡"美誉的小池镇培斜村。1993年，该村凭借天然独厚的毛竹基地，开始走上了竹凉席产业的发展道路，并逐步向规模化、标准化和合作化的方向提升。目前，培斜竹席加工企业发展到82家，年生产"天然"牌竹凉席一百多万床，并生产汽车坐垫、摩托车坐垫、沙发坐垫等系列竹制品，产值1.6亿元。小池竹凉席除易于折叠、收藏、携带、防霉、防蛀等优点外，还具有通风透气、降低人体温度、按摩及保健等功能，是馈赠亲友的佳品。产品畅销国内市场，还远销新加坡、马来西亚、印尼等国家。

7. 苏坂蜜柚

苏坂蜜柚系从漳州市平和县引进琯溪蜜柚品种，在苏坂乡经多年种植后衍变而成具有地方特色的良种柚，主要有琯溪蜜柚、美国强德勒红心柚、葡萄柚、平和红柚、平和三江、黄金柚等品种。品种多样的苏坂蜜柚具有个大、皮薄、汁多、味香、可食率高等品种特点，而且还具有独特的天然保健功效，食用苏坂蜜柚，能起到有效调节人体新陈代谢、降压舒心、祛痰润肺、消食醒酒、降火利尿的作用，苏坂蜜柚堪称美食、保健之佳品，曾连续两届在全国柚类写作会议评比中获得金杯奖。目前，苏坂乡蜜柚种植达1.3万亩，成为龙岩市最大的蜜柚生产基地，年创产值一千多万元，主要销往国内的北京、广东、上海、武汉、成都等地，其中苏坂红柚还成功打入欧盟市场。

8. 大池梅

大池梅产自新罗区大池镇一带。大池梅民间加工历史悠久，远近闻名。改革开放后，大池梅较大规模的市场化生产始于2001年。至2009、2010年，大池梅加工跃升到新的阶段，全镇年产梅在10万公斤以上。大池梅加工经过几年的摸索，相关加工挑选分级技术比较成熟，做出的产品色泽一致、大小均匀，产品销往省内外，已经具有了一定的市场知名度，发展前景广阔。大池梅之所以受到消费者的欢迎，还因为该食品符合消费者追求健康、无公害的消费心理：一是大池梅加工以纯中药为主，反复浸泡晾晒而成，属于比较安全的健康食品;二是大池青梅收购地远在上杭的溪口、太拔等乡镇,这些乡镇生态保护较好,环境污染较少,青梅生产中基本不喷施农药,是绿色无公害产品。

9. 绿笋

新罗区是福建省毛竹主要种植区,得益于此,区境盛产绿笋。绿笋产于芒种到秋分季节,这时正值蔬菜淡季,竹笋的上市有效缓解了菜荒问题。况且由于绿笋鲜嫩、清脆甜美,因而深得人们的喜爱。本地百姓盛夏时节普遍把绿笋当作清凉降火的凉菜,称之为"佳笋"。而且绿笋还是宴席上的佳肴。上海、福州、广州等地菜肴均有以绿笋作为配料的,可做名菜、名汤20余种。许多旅外乡亲也念念不忘家乡的绿笋。1964年,张鼎丞同志回龙岩,特地要初始用笋做菜,并感慨地说:"笋还是故乡的好。"

10. 莲藕

新罗区俗称的藕、莲藕,实是荷(莲)的根茎。莲藕是新罗区传统农业的当家种植品种,莲藕种植历史悠久。民国以前,湖洋是新罗区莲藕的主要产地,盛产时节,每天有二百多担莲藕销往龙岩城,产量相当可观。新中国成立后,莲藕种植逐渐在新罗区城乡推广开来。莲藕既可食用,莲藕节与母水鸭肉配在一起炖汤,风味独特;也可加工成藕干(藕片),作为药用药材,是滋补健身的佳品。藕干也是新罗区传统的出口产品。民国时期,藕干除销往国内各地外,还远销南洋各地,广受东南亚各国人民和华侨的欢迎。上世纪80年代,还出口东瀛日本。1987年,出口185.12吨,价值人民币21.36万元。

11. 万安风鸭

万安地处新罗区西北角,平均海拔较高,生态保护良好,冬季霜冻低温、空气新鲜、阳光充沛,具有风鸭加工得天独厚的优势,早在清代即有群众加工风鸭用于自家食用。加工万安风鸭,需选用以稻谷为饲料饲养的地方良种番鸭原材料,经山泉水浸透后,然后采用地方传统工艺和科学配方进行腌制,再经反复风干晾晒,精制而成,前后历时半个多月。如此加工而成的万安风鸭外观上色泽金赤润亮,煮制后食之,则味美香醇,且具有宜脾健胃之功效,是送礼迎宾之佳品,走俏市内外市场。

三、风味食品(小吃、美食)

1. 烊鱼、什锦

烊鱼是新罗区一带婚寿喜庆筵宴上重要的传统名菜。历史以来,新罗人家的喜庆宴会常以是否出烊鱼作为宴席是否丰盛的标准。烊鱼制作用料考究,主料包括五花肉、海味(风鱼干或虾仁干,次者虾皮也可)、酥花生米、葱白、香菇、鲜冬笋等。制作方法是先将主料切碎,加入食盐、味精等佐料,再加入蛋浆及少量面粉并搅拌均匀,揉成直径约3寸、厚约半寸的圆饼,然后放入油锅中炸成金黄色,捞起备用。上席前,把饼切成块状,再置于底垫白菜或豆芽的大碗中,然后浇上鸡汤或猪骨头熬出的鲜汤,端进蒸笼中蒸10～15分钟,即可上桌。烊鱼制作看似简单,其实不然,制作上实有许多技巧。名厨师制作的上等烊鱼,筷子能够夹起,但一进口,却感觉到酥松脆嫩,清香爽口、回味无穷。

什锦与烊鱼共同构成了新罗地方食谱上的"双壁",但什锦的地位远高于烊鱼,是新罗区一带婚寿喜庆筵宴上重要的必不可少的一道甜点。制作什锦的主料有猪后腿肉(选用近皮的一层)、白糖面饼、冬瓜糖、橘饼、花生米、葱油、蛋及些许面粉。制作前,先将肥肉、面粉、冬瓜糖切成丁,橘饼切碎,花生炒后去皮捣碎,然后加入葱油、蛋浆并少许面粉,搅拌混合成馅,以备用。再取经充分搅拌的鸭蛋浆在平底锅上煎成直径尺余、厚薄均匀如纸片的圆形蛋皮,然后将已备好的陷裹进蛋皮中,卷成直径一寸的长筒,置于蒸笼中蒸熟。蒸熟的什锦冷却后切成近半寸的圆片,叠在盘中,再蒸热即可食用。上好的什锦皮色金黄、里陷晶莹剔透、蛋皮薄,切成圆片,却不松散,筷子能够夹起,但吃起来仍松酥滑嫩、不黏不腻、满口香甜,别有一番风味。

2. 牛油粕清汤粉

牛油粕清汤粉是龙岩城历史难忘的美食文化记忆,尤其是老一辈龙岩(新罗区)人对40年代西门头"番仔烂"店卖的牛油粕清汤粉仍记忆犹新。连宝岛台湾的龙岩籍同胞也念念不忘,台北龙岩会馆编印的《龙岩会讯》中也曾提及该风味美食。牛油粕清汤粉的加工制作相对简单,它是将牛油渣放在水中充泡、膨化,除去油腻,放进熬好的猪骨头汤中,加入冰糖、生姜、料酒、味精等佐料拌和。吃时,将湿米粉及少量的青菜(如豆芽、韭菜或菠菜,新罗区人俗称"盖头")等放在锅中煮沸的水中烫熟捞起,舀入碗中,再舀一勺牛油粕与骨头汤"浇"在米粉上,最后加上一匙的油葱、醋、蒜泥,一道令人叫绝的风味美食即大功告成。

3. 苦抓汤

苦抓汤是兼有浓郁地方特色和防病、治病功能的风味小吃。苦抓学名败酱草,新罗区山野路旁广泛分布,夏秋采集,既可鲜用,又可晒干储存。苦抓性寒味苦,有清热、解毒、泻火、散瘀、消肿的功效,可治便秘、痢疾。夏、秋之际,气候炎热,新罗区百姓常把苦抓与猪大肠一起炖煮"吃凉",炖煮时间一般要1.5~2小时。猪大肠七寸头位置的方为最佳。苦抓与七寸头炖煮的汤水色浓带黑、微带异味,但入口后,其味感非同一般,那种清苦味实在润喉诱人,喝后身轻气爽、身心舒畅。新罗区籍的海外游子对苦抓情有独钟,常不远千里托亲朋故友顺便携带或邮寄苦抓,这样在异国他乡也能时常品尝到苦抓汤的味道。

4. 寸金薯水鸭汤

寸金薯水鸭汤也是新罗区的传统美食,顾名思义是以新罗区特产寸金薯和山麻鸭为主料的汤羹类美食。这一做法用料相对简单,技术要求不高,但在用料上形成了很是适合的搭配,实际与民间"大暑老鸭胜补药"的说法也相吻合。山麻鸭与寸金薯一起炖煮,既可荤素搭配起到营养互补的效果,又能补虚损、消暑滋阳、增进食欲,如此烹调美食当是夏日滋补之首选。炖煮时,还可适当加入莲藕、冬瓜等蔬菜,炖煮2小时左右,如此汤羹味道会更觉鲜美。

5. 豆花

豆花俗称豆腐脑,质地细腻、洁白,营养丰富。制作时,先把浸泡透的黄豆磨成浆,经熬煮过滤后,再加入石膏粉,使蛋白质凝成块状,装在陶瓷罐里,外加保温层保温。吃时,将成块状的豆腐脑舀出加入佐料一起搅碎成花状,豆花其名也由此得来。石膏龙岩豆花色、香、味俱佳,可谓风味独特,而且还有清热解毒之功效,尤受老人和孩童的喜爱。尤其值得一提的是,吃时盖在豆花上面的粉丝是用蕉芋粉加工而成的,这样的粉丝能够在人的肠胃中把豆花里的石膏有效地进行分解,不至于生成结石。可见,豆花还真是一道健康之美食。

第二节 永定县大宗物产、特色出产、风味美食

一、大宗物产

1. 煤炭

永定县煤炭资源丰富。煤炭资源主要分布在县境东北部,即分别与龙岩市新罗区、漳州市南靖县交界的虎岗、高陂、培丰、坎市、抚市、龙潭六个乡镇,全县含煤面积623平方公里,矿区面积475平方公里,总储量3.6亿吨。永定县所产煤炭均为无烟煤,煤质优良,属低硫、低磷、低灰分、高发热值的优质化工和动力用煤。永定县采煤业历史悠久,据记载,已有250余年历史。近年来,永定县煤炭采掘业有了新的发展,永定县成为福建省第二大产煤县,也是全国重点产煤县之一。煤炭除满足本县生产、生活需要外,还大量销往本省的漳州、厦门和广东一带。

2. 石灰石

永定县石灰石资源蕴藏量大,远景储量7.34亿吨,主要分布在虎岗、高陂、抚市、坎市、培丰、龙潭、湖坑等乡镇。永定县石灰石品质较好,氧化钙含量50%以上,很适合作为水泥、化工溶剂及烧制石灰的原料,个别乡镇的石灰石还可作为电石的原料。近午来,先后有台商和国内大型央企——华润集团前来永定投资创办以石灰石为原料的水泥生产企业,进一步壮大了永定县水泥生产规模,产品经公路、铁路热销本省及广东沿海一带。

3. 永定红大理石

永定的石材资源具有分布相对集中、品种独特的特点。石材矿山集中于洪山乡,合溪、峰市、西溪、岐岭、陈东等乡(镇)也有少量矿点。主要分布于洪山乡的永定红大理石是我国尤其是我省几乎绝无仅有的,现已探明的红色花岗岩矿石地质储量约24亿立方米,露天可开采约5亿立方米。这些石板材因质量好,被冠名为"永定红"。以"永定红"

为代表的石材是福建红色花岗岩建材中最具代表性的建筑装饰材料,硬度大,色泽肉红,花色稳定,板面均匀清晰,装饰效果热情温暖,且放射性含量低于全国 A 类石材品种的平均水平,在室内外使用皆宜,深受国内外客户的好评。2010 年,"永定红"年产值达到 30 万吨。"永定红"石材在日本、韩国、东南亚、香港、台湾地区十分走俏。近年来,还出口到中东和欧美等国家,年出口量已经超过 100 万平方米,已经初步形成了参与国际石材竞争的网络体系。

4. 土纸

土纸是永定县历史上较为大宗的手工业产品。永定土纸生产历史悠久。永定多竹,土纸生产得天独厚。同时,由于用竹浆生产的土纸来包装条丝烟,具有防潮、保质的作用,客观上也推动了永定纸业的发展。永定纸业一度兴盛,纸槽遍布永定大小山村。有湖坑、下洋、陈东、古竹、汤湖、合溪、堂堡、湖雷、抚市、高陂等多处产纸区。历史上,永定县所产土纸种类繁多,有包纸、调河纸、夹头纸、粗纸等。包纸又有大包、中包之分。金丰之高头、南溪、陈东、湖山、笙竹甲,丰田之东安、楮树坪、湖洋坪、虞溪、仙溪,太平之灌洋、沾坑、郑坑、许家山等都是主要产区。包纸行销国内的漳州、厦门、潮州、汕头以及国外的南洋一带,主要为包装货物之用,也供加工迷信品,如纸金银锭之用,旧时妇女还用作卫生纸。调河纸出自金丰调河,色微黄,颇坚韧、洁净,可供印制寻常的簿册、单据之用,远销大埔、梅县等地。夹头纸以其一头夹连而得名,质粗价廉,供造鞭炮、祭祀纸帛之类。粗纸也称为草纸,供家庭日常零星使用及作纸帛焚烧之用,笙竹甲所产之粗纸远近闻名。永定土纸生产大致要经过破竹落湖、掰竹麻、碓、踏竹麻、抄纸、焙纸、迭放、折纸等环节。清代中期,永定全县土纸年产量 1 万吨。土纸出口原先在 10 万担以上。新中国成立之后,永定县政府部门重视发展纸业生产,及时给予扶持,使土纸生产得以复苏,1965 年,土纸产量达到 1457 吨。当时,高陂许佳(许家山)进溪生产的土纸,纸色洁白,质地优良,曾在全龙岩专区评比会上被评为第一名。

二、特色出产

1. 条丝烟

烟草自明代从吕宋传入我国后,逐步推广开来。永定也是较早引种烟草的县域,种植烟草已有 400 多年的历史。历史上,永定县是以烟草为原料晒制条丝烟的。由于永定县有利的生态环境、气候条件,再加上永定县客家人烟草种植过程的精耕细作,使所产的烟草品质优良,为条丝烟奠定了品质基础。据言,清乾隆年间还被乾隆皇帝赐予"烟魁"称号。宣统二年(1910 年),参加南洋劝业会评比,获优胜奖;民国三年(1914 年),在美国旧金山举办的万国博览会上,领回了优胜奖杯。以永定所产烟草为原料加工条丝烟是一个慢功出细活的过程:首先要把烟丝晒干,晒干后再进入条丝烟"烟棚"加工,撕去叶脉,再拍净叶面上的脏物,拍净后,再把烟叶放在阳光下曝晒,晒到"酥脆"为宜，接着用双手或木棒反复拍打，直到变成碎屑，然后再过筛，筛去烟尘，又用簸箕盛，上下颠动，把细小沙土和残留叶脉处理掉。用簸箕颠完后，就可把烟叶摊在干净的室内喷油撒粉。经喷油撒粉的烟叶用专用工具压成"烟砖"，再转入最后的加工环节，把烟砖送上烟凳，用烟刀刨成烟丝。上好的烟丝颜色金黄，柔软如丝绸，味道醇厚、芳香绵长。加工好的条丝烟用烟笼装好后，源源不断地发往全国各地。运销的路线主要有两条：一条取道峰市，沿汀江水道溯流而上，经长汀转入江西、湖南、湖北；一条取道漳州，前往厦门，再由厦门用海轮托运，运抵上海、江苏以及南洋各地。永定条丝烟甚至还打入西南、东北等地市场。可以说，永定条丝烟的销售遍及全国各地。自清乾隆年间至民国初年的鼎盛时期，每年从永定输出的条丝烟价值都在 200 万银元以上。第一次世界大战后，国内外烟草市场逐渐被机器生产的卷烟垄断，永定条丝烟产业日渐衰落。日本侵华战争爆发之后，大片国土沦陷，条丝烟产业最终退出了历史舞台。

新中国成立之初，永定开始大力推广烤烟生产，以取代传统的晒烟。不几年，即远追昔日条丝烟之雄风。1957 年，在全国烤烟质量评鉴会上，中央轻工业部烟草研究所经分析化验评比，认定永定烤烟的外观质量和内在品质均为全国各烟区产品之冠；尤其上等烟比例，比云贵烟区和黄淮烟区都高出一至二倍；化学成分比较协调，为全国烤烟"清香型代表"。从此，永定烤烟崭露头角，成为国产高档名烟"熊猫牌"、"中华牌"、"双喜牌"等不可多得的重要原料，成为北京、上海、天津、青岛、济南、石家庄、厦门、龙岩等城市重点烟厂优等原料的主要来源之一。近年来，由于采取了推广良种、规范栽培、增加投入、强化服务等措施，确保了永定烤烟的质量，使永定烤烟得以延续辉煌。永定县每年烤烟种植面积都在 10 万亩左右，年收购烟叶约 1 万吨，且质量上乘，是全国 41 个优质烤烟产区之一，是国内几家著名烟厂重要的卷烟原料生产县，巩固了永定县"烤烟之乡"之美誉。

2. 烟刀

历史上，永定烟刀是伴随着条丝烟的发展而驰名天下的。永定烟刀始产于明万历年间（1573—1619 年）。开始时，湖坑的洪坑村与高陂的黄田村几乎同时起步，但洪坑村在烟刀销量上总是输于黄田村。据传，洪坑村林氏客家后生林仕荣到黄田当学徒，装哑三年，终于掌握了关键技术。后再经反复钻研，精益求精，生产出了不崩锋、不卷刃、不缺角、不断裂、无泡眼、无斑锈的烟刀，一时供不应求，几乎垄断了全国的烟刀市场，洪坑村成为烟刀生产专业村。乾隆年间，永定烟刀生产步入鼎盛时期，并一直延续到清末，前后辉煌达百余年的时间。在永定烟刀发展的鼎盛时期，经市场选择，永定县先后涌现出了 15 家知名烟刀品牌，如盖本真（后改为"日升"）、盖本湖、盖本元、盖本仁、盖本才、吴利德、吴利潮、恒泰泗、恒泰东、天升、庚升、元升、日美、恒本和金兴俊等。永定烟刀产业从业者数百人，其中以"日升"牌烟刀商家的经营规模最大，也最为著名。清末民初，受日本机制烟刀来华倾销的影响，永定烟刀在国内和台湾市场的销售日渐萎缩，兴盛不再。抗战军兴，因日货断绝，高陂睦邻村邱守成改进工艺，打造出了精良的烟刀，一度畅销国内市场，永定烟刀国内市场的销售渐有较大回升。新中国成立后，永定烟刀只有小批量生产,在县内市场销售。永定传统烟刀业不可避免地面临着传统技艺流失的问题。

3. 副榜炉

永定副榜炉是专门以木炭做燃料的陶炉,历史上颇有名气。永定副榜炉是清雍正年间由峰市万美(今信美)的童祖宠创制的,由他创制的副榜炉表面光洁,顶上有盖,炉口有塞,省炭美观,而且耐用。由于童宠祖清雍正壬子年考举时曾名列副榜,于是,人们就把由他创制的陶炉称之为副榜炉。副榜炉后来又几经革新。如新中国成立之后,童氏后裔童鸿钧进一步革新了炉的造型,设计出了新颖的金鼎炉、四方炉、腰鼓炉、西瓜炉、桶子炉等。副榜炉不仅适用,而且造型美观。清代即备受上层社会人士的钟爱,成为收藏珍品。20世纪20年代,更闻名南洋各地,成为许多侨胞家庭里的时尚摆设。20世纪30年代,福建省政府举办了全省工业品展览会,副榜炉获得"八闽受工业品特等奖",它越发成为海外客属侨胞客厅里摆放的珍品。南洋华侨每至广东大埔一带,都要来峰市采买副榜炉。抗战期间,它还经长汀机场"坐"飞机,远渡重洋"飞"到了美国唐人街。20世纪50年代,张鼎丞进京时,还把副榜炉作为家乡特产馈赠给中央首长和患难与共的老战友。20世纪70年代前,副榜炉的供不应求有力地推动了峰市副榜炉手工业的发展,峰市信美村的童屋一带烧制副榜炉的炉窑星罗棋布,副榜炉手工业成为峰市的重要产业。

4. 万应茶

永定"万应茶"是国家级非物质文化遗产。该中药产品研制于清朝嘉庆年间。当时,永定客家著名老中医卢增雄依据三十年的临床经验,精选檀香、肉豆蔻、大黄(酒制)、陈皮(制)、广藿香、薄荷、羌术(土炒)等三十多种地道中药材,按不同方法进行炮制,经净制、切制、炮制、炙制、生产过程环境温湿度控制、配料、混合、灭菌、制粒、干燥、整粒、过筛、总混、压片、包装、半成品质量检查和控制、原料消耗定额、检验等环节,精制而成。万应茶功效显著,经过200多年的临床应用表明,该药对胃肠积热引起的腹痛、腹泻、痞满、便秘;对中暑所致的发热、恶寒、呕吐、泄泻;对饮酒过量所致的恶心闷乱以及外出晕车、晕船、水土不服、伤风感冒等各症均有显著疗效,且无毒无副作用。历史上,"万应茶饼"即美名远扬,畅销海内外。近年来,永定县积极传承"万应茶"中医药精华,结合现代生产技术,不断提高产品档次,产品畅销本省和省外的广东、北京、上海等15个省、市、自治区,并出口新加坡、香港、台湾等东南亚国家和地区。

5. 永定菜干

永定菜干是闽西八大干之一,已有500多年的加工历史。相传,明成化十四年(1478年),永定建县之后,明朝和历代县令都把永定菜干作为贡品选送入京,受到明朝皇帝的赞赏。2011年5月,"永定菜干"被国家工商总局授予"国家地理保护标志"。永定菜干选用经霜冻后的鲜嫩芥菜,或嫩萝卜苗、油菜苗为原料,加工制作而成。它制作简易,便于储藏,食用方便,富含蛋白质、糖类、粗纤维、维生素B、维生素C、维生素E、胡萝卜素、钙、磷、铁等十几种人体所需的矿物质和氨基酸。酷暑天用酸菜干泡汤,能生津止渴、解暑开胃,具有增食欲、助消化、减肥胖之作用;用它辅以各种配料烹调而成的传统客家菜肴,如"梅菜扣肉"风味独特,是一道客家传统名菜。永定菜干分甜菜干和酸菜干两种。甜菜干要经"九蒸九晒",使其充分发酵,产生菜干独有的酶,从而香气浓郁,味道香甜可口;酸菜干呈黄褐色,酸中带甜。甜菜干和酸菜干制作工艺因品种而异。如今,永定菜干已在金砂乡实现了规模化生产,产品远销省内外。

6. 金丰锅

金丰锅铸造已有300余年的历史。据永定县古竹乡溪口村康熙年间编修的《吕氏族谱》记载,溪口吕氏第13世裔孙在湖南浏阳经商时,掌握了铸锅技艺并把这一技术传回永定。历史上,金丰锅都是手工铸造的。一个手工铸锅作坊需有锅炉、风箱、锅叉、锅模、长柄勺等工具、设备。铸锅时除了要先备齐生铁、木炭外,还包括制作锅模的竹麻丝、耐火黏土"白生泥"等原材料。主要以生铁为原料,经过制锅模、合锅模、炼铁水、浇铁水等环节,一口铁锅便铸造成形。金丰锅铸造工艺虽然简单,但在护炉、制锅叉、车锅模、锅模过光、烟锅模、合锅模、看火色、浇铁水、刷锅头、补锅头等工艺环节还是有很高的技术要求的。20世纪70年代以前,金丰锅一直远近闻名,闽西南、广东大埔等地家庭普遍使用金丰锅。

7. 灌洋茶、高东茶

(1)灌洋茶。

永定灌洋茶属高山茶,产于永定县虎岗乡灌洋片的大山中,因故得名。该地平均海拔850米,空气湿度和昼夜温差均较大,土壤肥沃,且远离城市,没有任何环境污染,病虫害少,不施用任何化肥农药,保留了茶叶的原味,堪称纯天然的有机茶。灌洋茶采用传统工艺进行加工,杀青、揉捻(造形)、干燥等每一道环节都遵循传统工艺的要领,使灌洋高山茶具有香味浓郁、原汁原味的特点,尤其是茶叶留有茶本身特有的芳香,深受各地客商的青睐。可以说,灌洋茶品质无可挑剔,味道芬芳清香、浓厚怡人,韵持久,耐冲泡,且有耐人寻味的回甘口感,在省内外已渐有一定知名度。

(2)高东茶。

永定高东茶属乌龙茶系列,因永定县高头乡高东村最早引进种植安溪乌龙茶而得名。1954年,高头乡高东村江子铭出面引借新加坡张云汀的侨资。1955,江子铭等人用这批侨资着手开辟茶园,并遵照张云汀的意见,从安溪县西坪乡购进乌龙茶苗,在高东村栽种并获得成功,第二年春天即普遍抽芽。此后,张云汀又再次汇款支持高头全境开垦茶园。仅高东村1957年茶园面积就迅速扩大到117亩。1957年,高东村办起了全县第一座茶场——高东茶场,兴建了制茶厂房。所产茶叶无论外形和内质都不错,喝后茶齿有余香,喉底回甘,品质特异。高东茶开始小有名气,此后,产量逐年增加。龙溪、龙岩地区在漳州茶厂举办的评茶会上,高东产色种(毛蟹)崭露头角,两度蝉联单项奖,名噪一时。1981年,在省茶评会上,高东茶一举夺魁,声名再次提升。高东茶除销往境内市场外,还有部分出口,换取外汇。近年来,由于品种老化、种植加工技术落后等原因,

"高东茶"产业逐渐萎缩。为了重振"高东茶"产业,高头乡党委、政府以情招商,积极引进当年的知青回第二故乡建设千亩优质生态茶园。

8. "六月红"芋子

永定"六月红"芋子是永定县农技人员1992年从农家白芽芋品种中选育优良株系,经多年提纯复壮育成的一个多子芋新品种,具有较抗病、适应性广、熟期早、产量高、品质佳、商品性好、性状稳定等性状。现已在永定的仙师、峰市、洪山、凤城、城郊、金砂、下洋、大溪、陈东等乡镇推广种植,年种植面积3万亩,总产约4万吨。由于熟期早,"六月红"早熟芋成为全国上市时间最早的多子芋,而且品质优良,畅销本省各地以及浙江、江西、江苏、上海等地的大中城市。"六月红"芋子成为具有永定特色的优势农产品,也是目前永定唯一的较大宗农产品出口创汇品种。

9. 永定红柿及柿饼

永定红柿是在永定特定的气候条件下,经过数十代柿农的长期驯化栽培培育而成的,种植历史长达400多年,是永定县传统优势特色产业。1994年3月,永定红柿被认定为福建省柿树优良新品种。2010年,永定全县红柿种植面积达8.6万亩,主要集中在金丰溪流域的8个乡镇,是福建省乃至华东地区红柿种植面积最大、产量最多的地区。2005年,永定红柿获得国家绿色食品标志认证。目前,永定县全力普及标准化规划栽培,力争使永定红柿鲜果产品全部达到国家绿色食品标准。永定红柿属涩柿类,需经后熟脱涩方能食用。

永定柿饼是永定红柿经加工而成的食品,产品色泽金黄或褐黄,肉质软绵,香甜适口,富含各种维生素、氨基酸等人体必需的营养成分,是一种生津止渴、益气养胃的天然健康食品。历史上,永定红柿饼主要以小作坊加工为主。红柿饼加工主要经过采收选料、清洗削皮、日晒压捏、熏硫脱涩、捏晒整形、定型捂霜、分级包装、储藏食用等环节。近年来,永定县采取了一系列经济奖励和机制完善的政策,一批柿饼加工的龙头企业脱颖而出。这些企业选用优质永定红柿为原料,结合传统工艺和现代技术精制进行生产,生产无霜柿饼、冻柿饼等系列产品。2007年,永定红柿饼曾一度畅销十余省市,赢得了较好的市场知名度。

10. 巴戟天

巴戟天具有补肾阳、益精血、强筋骨、补血、抗衰老等功效,素有"南方人参"之美益。永定县自20世纪70年代开始在湖山乡引种巴戟天,取得成功,巴戟天种植遂逐渐发展成为永定县的特色优势产业。迄今,永定全县巴戟天已由湖山乡,向岐岭乡、合溪乡、堂堡乡、湖雷镇、抚市镇等乡镇扩展,总面积达到8500亩,年产量120吨(干品)。目前,巴戟天产品主要为粗加工产品巴戟干,主要在本县范围内销售。

11. 贵妃鸡

贵妃鸡由野生驯养而来,原产于英、法等欧洲国家。贵妃鸡外貌奇特、肉质鲜美,具有观赏、美食、食疗等多方面的价值,是著名的观赏与肉用珍禽。创建于2006年的永定县龙井生态农业有限公司率先引进贵妃鸡品种并进行培育养殖,生产规模逐年扩大。现存栏种鸡达3万余羽,年可出栏贵妃鸡200余万羽,产品远销全国20多个省市。

12. 永定线面

永定线面又称双线面、长寿面,是永定县高陂、坎市、抚市一带传承数百年而长盛不衰且越做越精到的传统经典特产。永定线面制作全靠手工,劳动强度大、耗费时间长,两个壮汉一次做50斤面粉要20小时才能完成。永定线面的加工先要将精面粉倒入大碗缸中,加入按一定比例配方配成的温盐水,反复用力拌和搓揉直至脱缸脱手,然后盖上盖。再根据当时气温高低来决定醒面时间的长短,适时适量分揉成团,抹上生油,搓成粗条,稍稍回润,一次二次反复拉扯盘过簸箕,直到把手棍粗的条盘过至小手指粗细时,绕上插在专用架的竹子上(竹子长五尺,两竹子相距三尺,离地三尺),人站中间,双手托拉面条子,左右来回从插架处一直往外绕,一左一右,一上一下,像是横着画"8"字形,两竹子上满,再换两竹子,直到把一缸50斤面上完为止。接着从第一竹面开始,依次往后反复拉扯抖长,直到把小指粗的面条全部拉到棉线般细为止。接下来,就靠太阳晒干。等面晒到八成干时,脱下绕成线面结,两竹子绕一结,一结约一斤重。再将绕好的线面结沿着大木甑内壁一圈一圈码好,旺火蒸一小时左右,取出晾干,储存备用。几百年来,永定线面一直都是在家庭作坊里手工加工生产的,一天做一缸,还要天气晴朗。永定线面以高陂镇上洋村加工的最为有名。

13. 永定粉干

高陂镇上洋村的永定粉干品质颇佳,湖雷镇白岽下大粉干(比普通细粉干粗数倍)亦远近闻名。永定粉干制作时,需先把大米淘洗干净,用大缸浸泡多日,天天要换水。然后将泡好的大米捞起,用石磨磨成米浆。再将米浆装进布袋内压干水分,切成块,做成粉团,稍煮捞出,放在石臼里舂成很韧的粉团,再将其塞到压粉条的木帽庄里,加大压力,让它从多孔莨状铁板中的小孔中挤出,形成一根根丝一样的粉条,煮熟捞起,冷水漂洗,摊折成书页大的粉贴,晾在粉笪上,晒干即成粉干成品。

14. 金丰米特酿

金丰米特酿由永定县金丰酿酒有限公司生产。该公司前身为国营永定县酒厂,有50多年的白酒生产历史。2001年,国营永定县酒厂改制为永定县金丰酿酒有限公司。目前,该公司已成为我省专业生产酿制白酒规模最大的企业之一。该公司生产的白酒系列产品包括"金丰"牌金丰特纯、米特酿、特纯王、"棉花滩"、三年陈酿高档米香型白酒等,深受广大消费者喜爱,畅销于福建、广东、江西等地。作为该公司品牌产品的金丰米特酿系用优质大米酿造而成,是福建省优质产品和省首届消费者信得过产品,获第二届中国新技术新产品博览会银奖,产品包装设计新颖,酒质醇厚味顺、风味独特。

15. 藤器

永定县藤器制作始于新中国成立之初,其时,高陂的西陂村人即开始制作藤器,销路颇佳。20世纪80年代初,旅港同胞江盛达独资在永定县城兴办永侨藤器有限公司。

以后,又先后有十余家合资或个体经营的藤器加工企业落户永定县。主要原料是从汕头调进的印尼白藤。永定藤器主产品为藤配木、藤配铁家具、藤草编工艺品,以及木制工艺品家具、相框、镜框、台灯、烛台等,品种多样,造型美观,产品除畅销龙岩市及市外的漳州、厦门、福州一带外,还销往20多个国家和地区。

三、风味食品

1. 永定牛系列

近年来,永定客家人在传承传统客家饮食文化的同时,也积极地进行美食的开发和探索,形成了以牛系列为代表的美食品牌。牛系列就是选取牛身上的各部位,诸如以牛身上的脑、皮、蹄、内脏、肉等为食材进行加工的系列美食。由于篇幅的关系,这里只介绍几种较有特色的牛系列美食。

(1)乱石堆花。

乱石堆花即是牛肉芋干,因该道美食装盘后状如乱石堆花而得名。乱石堆花美食的加工方法是:先选取如去柄汤匙般长短大小的芋子一斤(最好选大芋卵子,即红芽芋子,煮熟后较结实,吃起来多粉爽口),刨去皮毛,洗净晒干至芋皮呈黄褐色,切为两半,清水中煮沸十分钟,捞起漏干。另取新鲜牛肉半斤,切成拇指大一寸长的肉条,置热油锅加黄标酱油炒三分钟,加水煮沸,再把沸水煮过的芋子干与牛肉以文火焖煮,至芋熟、肉烂、汤将干,即可起锅上筵。此菜的特点是既有牛肉之香甜,又得芋干之清芬,不荤不素、味道醇美,向为宾客所喜爱。

(2)牛肉丸汤。

永定下洋牛肉丸,相传由广东兴宁人传入,至今已有300多年历史。如今,下洋牛肉丸摊店已发展到30多家,产品销往福州、厦门、深圳及临近县乡。制作过程是,先选取新鲜牛臂肉,去筋膜肥油,均匀切成一厘米厚的层肉,用干布汲干水分;然后剁碎并反复拍打,使肉转为鲜红柔韧,加入适量盐、薯粉,反复揉搓,捏成一粒粒拇指大的肉丸;然后放入冷水盆中漂洗半小时,捞起,放入盛有骨汤的砂锅中(加入鱿鱼片一起清煮),用木炭火文煮;待肉丸蓬松胀大,加入少量胡椒、味精、葱花等调味品即可食用。

(3)牛杂汤。

永定牛杂汤汤水清香而又略带牛膻味的鲜美,牛杂脆爽鲜嫩,是永定牛系列中的主打美食之一。主料包括牛里脊肉、牛肚岗、牛百叶、牛粉肠、牛肝、牛肺等。制作时,先将牛杂洗净,牛肉、肚岗、牛肝、牛肺切片,牛百叶切条自然花块,牛肠切块,各自装盘,滴入鱼露、蒜茸、酸醋、少许米酒,撒上淀粉抓匀,渍味20分钟。锅置文火上,下熟猪油、葱白、姜丝爆香,盛碗备用。锅内放适量清水,旺火烧开,依肺、肝、肠、肉、肚岗、百叶顺序依次散下。手冲净,即用漏勺全锅捞起,盛入汤盆,加入味精、香油,冲入备好的骨头鱿鱼清汤,撒上葱花、胡椒粉,一道美味即大功告成。

(4)炒牛八脆。

永定所谓"炒牛八脆"的原料包括牛内脏中的舌尖、白管、心盖、肝、脾、草肚纲、泥肚尖和奶兜等八个部分。对这八个部分的主料进行烹调加工,时间、火候和佐料选择都有讲究,应选用甜、酸、辣佐料和调味品,炒制时不宜过熟。如若得法,则不仅脆酥柔嫩,且别具风味,为欢宴宾客之上乘菜肴。牛八脆可分别单独烹炒,也可混合烹炒,各有特色。混合烹调就是各取三两八脆肉,进行必要的剖、切,用甜、酸、辣调味品和佐料猛火混合抛炒,九成熟时即起锅盛入大盘中,趁热上席。

(5)牛肉兜汤。

牛肉兜汤的特点是汤羹浓香,红(汤)白(蛋丝)黄(蛋黄)相间,诱人食欲,肉片滑软脆爽,鲜美无比。主料有:精牛肉、鸡蛋。将牛肉横丝片成5厘米方薄片,盛盆,滴入酱油、米酒、姜汁,撒入淀粉抓匀,可反复抓捏几次。锅置文火上,下香油、葱白末爆香,铲起一半备用,倒入高汤,开旺火烧沸,腌渍的牛肉一片片捏开下锅,接着打入鸡蛋,下蚝油、味精,用筷子在锅中顺时针方向搅动,蛋花散开熟后起锅盛盆,倒入另一半香油,撒上葱花、胡椒粉上席。

2. 芋子包

永定芋子包俗称"牛泳浴",是永定客家人过九月重阳节必吃的美食。制作方法是,先选好芋子,刨去皮毛,煮熟,捣烂,晾冷,再拌入细洁的薯粉,用手揉搓,做成一个个如小儿拳头大小的团子,捏作包馅的外衣。再就是做馅,用精肉、鲜嫩笋佐以鱿鱼、香菇等切碎后入锅猛火油炒,加入适量食盐、胡椒、味精等,拌以稀薯粉浆煮微熟。最后把馅包入芋子皮,置蒸笼中猛火蒸十五到二十分钟,即可取食。蒸好的芋子包略凉之后,就可用盘盛装。此时,还要用油爆的丰鱼末、蒜泥(或根据个人口味,加入其他调料)煮成油汤。临吃,用筷子夹起芋子包在油汤中薄蘸旋转一下,这芋子包旋转蘸油汤的动作,恰似水牛在水洼中滚浴,"牛泳浴"便由此得名。现在都是先沾好香油才装盘食之,故"牛泳浴"之动作已省略了。

3. 老鼠粄

永定老鼠粄因其形状酷似一根根的老鼠尾巴而得名,它也有一个雅致的名字——珍珠粉,据说老鼠粄源于广东梅州大埔一带,已有280年的历史。后来传至宝岛台湾,台湾客家人称之为米筛目。珍珠粉选料讲究,做工精细,外观莹洁如玉,质地鲜嫩滑爽,不滞口、不软绵,口感清香。珍珠粉是以优质大米经浸泡磨粉,加水拌和揉搓成团,压挤出"粄擦",漏于锅中煮熟,凉水定型而成的。珍珠粉的烹调过程是,先放清水烧开,倒入珍珠粉,煮3分钟捞起,大碗装备用。肥猪肉、牛肉切丁,青葱切花,水发香菇切丁,芹菜切末。锅置小火上,放入肥肉丁,低温炸出油,油渣成金黄色,加入葱白,爆香后,加入鱼露、牛肉、香菇,煸炒几下后,加入清汤、海鲜精,煮沸3分钟,再加少许盐,调味后起锅舀入已装珍珠粉的大碗中,撒上芹菜末、葱花、胡椒粉、丰鱼末即可。

4. 炒发粄

永定炒发粄香甜醇厚,爽甜而不腻,既可当主食,又可作下酒菜。发粄是用普通大米经冷水浸泡3小时后磨成粉,再用温水和发酵粉揉合,经4小时放置发酵后,用红糖水调稀,装入各种容器,下锅蒸熟而成。县城、下洋均有卖。将发粄切成4×2×2(厘米)的长方块;葱白切末,陈皮、冬瓜糖、红枣切丁;锅置旺火上,倒入食油,油温升至七成热时,放入发粄,炸2分钟,起锅倒入漏勺;锅重置火上,投入葱白炒香后,倒入发粄,加入陈皮、冬瓜糖、红枣、冰糖,加入清水适量(约150克)煸炒,加盖焖5分钟,起锅装盘上席。

5. 红焖羊肉

永定红焖羊肉是新开发的一道美食。此道红焖羊肉色微红油亮,无膻味,并有独特的香味,百吃不腻。主料为连皮羊肉。加工时,先将羊肉连皮带骨砍成5厘米见方的小块。生姜拍裂,当归、山柰洗净,葱白切碎。锅置大火上烧白,投入羊肉块,翻炒至血水干后盛起备用。锅洗净后,重置大火上,倒入花生油,烧至六成熟时,投下葱白碎、生姜,煸炒出香后,倒入羊肉块。加入酱油、海鲜精、当归、山柰和适量水(水没过羊肉块九成),盖上锅盖。煮沸后改文火焖40分钟,肉脱骨时加盐、白糖、米酒,匀味收汁后,出锅装盘上席。

6. 虾公软粄

永定虾公卵粄是侨乡湖坑镇湖村、下洋中川村一带的特色美食,又叫新丁粄,至今已有400多年的历史。台湾、东南亚一带的永定客家人也有加工虾公卵粄的习俗。虾公卵粄是以白果(当地称为禾米粄)作衣,裹以由虾仁、鸭蛋、腐干、冬笋、猪肉等拌和香料制作而成的馅料,制成蚌形芋包,蒸熟后,即可食用。最初的虾公卵粄是石榴形的,不独其味香甜,形状也美观夺目,每颗成品酷似雪白的石榴,再把它一颗颗、一层层地堆砌在特制的木盘中,砌成底大顶小的整体,远看像白玉宝塔。旅居海外的湖坑林姓裔孙,每逢添新丁,总要第一时间向家乡的乡亲报喜,也兼通知家乡亲人备办虾公卵粄祭告祖先,然后分发亲友,作为添丁报喜的礼品。洪坑一带林姓客家人添新丁,也一样要备办虾公卵粄祭祖,并分发亲友。

第三节 上杭县大宗物产、特色出产、风味美食

一、大宗物产

1. 金矿

上杭紫金山一带蕴藏金矿及采金活动志书早有记载。民国《上杭县志》言道:"《宋史》太平天国后,天下产金六州,在闽惟汀有之。邑之金山(紫金山),康定间产金,至皇祐时,中书备对贡金之数一百六十七两。"历史上,在紫金山矿区附近的汀江、旧县河及

其支流,民间淘金活动从未间断。上杭紫金山金矿体产于600米标高潜水面以上的氧化带中,具有埋藏浅、规模大、矿化连续及矿石品位低等特征。2001年,经国土资源部评审的金矿保有工业储量109.573吨,平均品位1.57克/吨,属特大型矿床。矿山原为地下开采,1998年开始逐步停止地下开采。为充分利用和回收矿产资源,实现规模化开采,以增加产量,降低开采成本,矿山决定采用露天开采。为缩短基建剥离时间,实现早日投产,1997年12月17日,成功实施了千吨级定向抛掷揭顶大爆破,拉开了上杭紫金山露天开采的序幕,经过2年的基建剥离工作,2000年初,全面停止地下开采,整个矿山转入露天开采。目前,紫金山金矿已经发展成为国内金矿保有储量最大、采选规模最大、单体矿山黄金产量最大、矿石入选品位最低、单位矿石处理成本最省、经济效益最好的世界级黄金矿山。

2. 铜矿

上杭县铜矿储量大,截至2008年,上杭紫金山金铜矿累计探明铜矿石量4.47亿吨,铜金属量195.48万吨,平均品位1.02%以上。上杭紫金山铜矿体多赋存于潜水面以下原生带中,为隐伏矿床。铜矿体形态多为透镜体,少数为脉状、似板状,形态复杂,分枝复合明显。矿石的自然类型主要为花岗岩型硫化铜矿石,其次为隐爆碎屑型硫化铜矿石和英安玢岩型硫化铜矿石。工业类型属含硫砷铜矿的单一硫化铜矿石,易于利用湿法进行选冶加工。2004年1月,紫金山万吨级铜矿项目(即紫金山铜矿开发一期工程)开工建设,设计规模为年产99.99%阴极铜1.3万吨,是国家"十五"科技攻关项目,省、市、县重点建设项目。2005年12月31日建成试投产。紫金山铜矿是我国第一家万吨级生物湿法提铜厂,它的建成投产对于提高国内生物冶金技术和低品位铜矿石的综合利用水平有着重要的指导意义。

3. 土纸

上杭土纸是上杭县土特产中的拳头产品。上杭土纸以嫩竹为原料,用石灰浸渍和水浸发酵的传统办法进行生产,生产成本低,对纤维的损伤程度小,纸浆的收获率高。上杭县历史以来都是沿用这一方法造纸的。上杭土纸生产最早可追溯至明末清初。清后期五口通商前,上杭土纸运往潮汕、闽南等地集散,用于加工迷信用纸、文化用纸和包装用纸。五口通商后,上杭70%土纸销往海外,其主要市场既有广东的梅县、大埔、潮州、汕头等市县,又包括香港、东南亚一带地区。上杭土纸不仅闻名省内、国内,还在国际市场上享有盛誉。上杭土纸分粗料和文化用纸两大类,全部用幼竹、嫩竿做原料,通过砍竹青落湖塘,加石灰浸渍、漂洗、制纸浆,做纸焙干,包装等工序才成散庄土纸。民国《上杭县志》记载,正常年景,上杭土纸每年运往潮梅一带销售,时值不下数百万元(银元)。1927年,上杭全县生产土纸9200吨,该年为上杭土纸产、运、销最为兴旺的一年。1934年至抗战爆发前,国外各市场销路均较为稳定,每年正常年景外销土纸8000吨左右。抗战期间,上杭土纸外销全面受挫。抗战胜利后,受西方国家机器纸的冲击,纸商纷纷亏本倒闭。以后,由于时局变化等原因,产量逐年下降。新中国成立后,一度有所回升。1950年,年产量3939吨,1952—1956年,每年平均3680吨。1958年以来,上杭土纸生产历经了一次革新。1959年,上杭县土纸经理部创造了"快速破竹器"阡竹麻,比原有阡刀快得多。还推出了艺色纸"吊帘一造三张"做纸法,做纸工具方面也不断创新,有力推动了全县的土纸生产。1960年,才溪林华芳还利用当地芳草、树皮、麦秆、稻草等植物纤维做原料,生产出12种纸。

二、特色出产

1. 杭梅、乌梅

杭梅是上杭县的传统主栽果树,品种有青梅和花梅两大类,已有600多年的栽培历史。近年来,上杭县重视杭梅产业的发展,在临城、湖洋、白砂、庐丰、蓝溪、稔田、溪口等乡镇推广种植。2011年,全县杭梅面积达到2.82万亩,总产7500多吨,杭梅已成为上杭县果树单一面积最大的果树品种。上杭县还重视杭梅产业的提升,推行标准化栽培,有效提高了杭梅产果的品质。所产杭梅鲜果外形呈圆形或椭圆形,翠绿或浅黄绿色或粉白色。果肉浅黄绿色,味极酸,少鲜食多加工。

上杭乌梅由杭梅中尚未成熟的果实青梅或成熟的果实黄梅经独特的工艺加工而成,迄今已有600多年的加工历史。上杭乌梅以其外观乌黑色有亮光、油分足而润、肉质厚、手感柔韧多肉、个大核小、酸香味浓烈醇正等优良品质而远近闻名,并作为《中华人民共和国药典》的标准样本。明代,上杭乌梅即曾作为进京的贡品。据言,20世纪60年代,在珍宝岛保卫战期间,周恩来总理曾亲自指示调运上杭乌梅,以作为作战部队生津止渴的食品。2012年3月,"上杭乌梅"获国家工商总局商标局地理标志证明商标注册。上杭县园艺产业协会、上杭县三高食品有限公司、沁芳食品有限公司均是生产乌梅的骨干企业,主打产品乌梅除销往国内的福州、厦门、上海和重庆等大中城市外,还出口至亚洲的日本、东南亚一带。

2. 萝卜干

上杭萝卜干为福建名特产"闽西八大干"之一。上杭萝卜干早在明初就颇负盛名,以其独特的品质和风味而畅销于本省各地和临近的粤、赣等省,还远销东南亚一带,迄今已有五六百年的历史。上杭萝卜干产地为城郊、太拔一带。经精加工而成的上杭萝卜干,色泽金黄、皮肉鲜嫩、香脆可口,具有开胃消食、解暑清热、醒酒除黄、化痰祛积之功效,因而深受居家旅游者的青睐。上杭萝卜干还成为馈赠台湾客家乡亲之珍贵的礼品。民间腌制萝卜干概括而言就是晒、腌、藏三道法。基本流程是:先将萝卜洗净,稍晾干后收进大桶,一层萝卜一层盐,上面加上盖,再压上大石块。然后将桶里的盐水过滤煮开,倒入萝卜干里浸泡,一周期后又取出揉搓,接着再次晾晒,晒干呈金黄色,便装进土瓮内储藏,用黄泥密封翁口,半年后取出成品,就是独具风味的上杭萝卜干。

3. 槐猪

上杭槐猪俗称乌猪,在上杭县已有上千年的饲养历史。上杭槐猪是上杭县原产优良地方品种，是农业部第一批列入国家级畜禽品种资源保护名录的猪种。据民国版《上杭县志》记载，"槐猪本地产，毛润泽，肉质甜美"。槐猪采取传统的饲养方法，饲养时间长，其肉质具有氨基酸含量高、含钙高、胶质含量丰富、肌纤维细、胆固醇含量低、营养丰富、口感细嫩、香甜鲜美等优点。近年来，上杭县多管齐下推进槐猪产业的发展，养殖规模逐年扩大，至2011年12月，全县共有槐猪规模养殖场21家，存栏槐母猪3159头，存栏商品菜猪2.5万头，出栏商品菜猪3.5万头，呈现出规模养殖良好的发展势头。上杭槐猪运作也取得新突破，2011年3月，"上杭槐猪"地理标志证明商标顺利通过国家工商总局商标局核准注册。上杭所产槐猪肉以其优良的品质而逐渐打开了销路，现正大量销往省内中心城市和广东的梅州一带。迄今，共开设了30家槐猪肉专卖店，其中福州开设了6家专卖店，厦门开设了8家专卖店，龙岩开设了10家专卖店，上杭开设了3家专卖店，广东梅州3家。

4. 花猪

上杭所产花猪因原产地位于上杭官庄乡、珊瑚乡而被冠名为官庄花猪，是20世纪20年代，官庄一带百姓从广东兴宁南口地区引进的"南口花猪"与当地土生土长的小型花猪杂交，经长期培育而成的优良猪种，具有适应性强、抗病力好、耐粗、性格温顺、早熟易肥、肉质细嫩的特点，是小型早熟脂肪型品种，是福建省八大地方优良猪种之一。官庄花猪民间养殖主要分布于上杭、武平、长汀、连城四县的才溪、通贤、南阳、中堡、武东、宣城、新泉等乡镇。为了保护这一特有的猪种资源，近年来，上杭县官庄乡着手制订官庄花猪保护规划，目前已建立花猪生态保种繁殖场1家，全乡花猪存栏100余头。

5. 乌兔

兔肉具有"三高三低"（高蛋白、高赖氨酸、高消化率、低脂肪、低胆固醇、低热量）的特点，为古代医家所推崇，现代中外专家公认兔肉为保健肉、美容肉、益智肉。客家人经长期选种而培育的通贤乌兔，主产上杭通贤乡，通体乌黑而得名，是龙岩市保存至今的珍贵地方良种之一。它没有其他兔肉的土腥味，肉质鲜美，具有极高的营养保健价值，是所有畜禽肉类（包括所有兔肉）中，烟酸含量最高和胆固醇含量最低的珍品，而且养殖的经济效益高，具有繁殖快、周期短、收益大的特点。据调查，目前，通贤乡每年销往厦门、漳州、三明等市的通贤乌兔有5万只以上。

6. 红军乐

红军乐是上杭古田一带生产的客家米酒，因产地是著名的"古田会议"召开地而得名，已有400多年的生产历史。红军乐选用上等糯米、山泉水，配以祖传特制的古田红曲（含有田七、肉桂、党参、苦味子、桃仁、茯苓等20多种民间珍贵中药材料），经独特工艺酿制而成，并经多年窖藏后供应市场。酒质呈琥珀光泽，甘甜醇厚，常饮具有延年益寿、滋阴壮阳、青春永驻的滋补作用。

7. 脐橙

上杭脐橙主栽品种为纽贺尔脐橙，是柑橘类中的王牌品种，具有果大色艳、香气浓、无核质优、高产稳产、耐贮藏、宜鲜食的特点。上杭脐橙种植地主要分布在才溪乡的溪北、岭和、大贵、下才、下王等村。2011年，栽培面积5300亩，产量2300吨，产值690万元。才溪乡现已初步积累了脐橙肥水管理、病虫害防治的经验，成为闽西规模最大、品质最优的脐橙标准化栽培生产基地。目前，才溪所产脐橙已通过省无公害农产品认证，已形成完善的生产、加工、销售一条龙服务网络，产品远销广东、珠海、澳门及周边县市，市场供不应求。

8. 南阳金柑

上杭南阳金柑是闽西的特色农产品之一，主产区为上杭县南阳镇。金柑在南阳镇已有100多年的栽培历史，主要分布在香塔、南岭、日新、联山、茶溪、朱斜和联义等村。全镇栽种面积9000多亩，投产面积7000多亩，产量达到3000多吨，产值达到800多万元。南阳金柑果实圆形或近圆形，单果重25克左右，形美色艳，皮薄而光亮，橙黄色，油胞小而密，整果鲜食，果肉微酸带甜，气味芬芳，具有生津开胃通气、醒脑提神的功效，为柑橘类果品中的珍品。近年来，南阳镇高度重视并大力扶持金柑特色产业的发展，在金柑主产区抓好新植、扩大面积，认真抓好金柑无公害高产优质栽培技术的推广，使金柑品质和产量得到不断提高。2003年11月获得农业部农产品质量安全中心无公害农产品证书。2006年11月获福建省金柑鉴评会"优质奖"。上杭金柑畅销广东、厦门、浙江、上海等大中城市，受到广大消费者的青睐。

9. 茶油

上杭茶油是油茶果经压榨精制而成兼具食用和药用双重功效的纯正木本植物油。上杭县山地丘陵地带适宜种植油茶。近年来，上杭县大力推广高产、稳产、抗病性强油茶树的种植，临城、官庄、庐丰、兰溪、稔田、中都、下都、蛟洋、白砂、通贤、茶地、太拔、南阳、珊瑚、才溪等乡镇均有分布，油茶林面积达3万亩，油茶产量232吨。其中油茶种植规模最大的是官庄乡，种植面积近万亩，已成为福建省重点发展的油茶种植基地，多家茶油加工企业已具备一定的生产规模，产品销往本省的厦门、龙岩、漳州、福州和广东一带。

10. 高山云雾茶

茶叶是上杭县的优势特色农产品，已有300多年的加工和营销历史，上杭古田一带乾隆年间所产茶叶销往汉口等地。近年来，上杭县引进了安溪铁观音等新品种的生产和加工工艺，发展高山云雾茶产业，取得了历史性突破。目前，上杭县高山乌龙茶种植面积12300多亩，高山云雾茶年产量750多吨，已粗具规模。上杭高山云雾茶在工艺上严格遵循采摘、晒青、做青、炒青、塑形、干燥、包装等环节，以确保茶叶质量。茶叶外形上具有肥硕、圆结重实、色泽墨绿的特点；开包后，兰花香扑鼻而来，其香高锐持久；泡出的汤水色淡绿清澈，品之觉得滋味鲜醇爽口。上杭高山云雾茶具有自身特有的"高山茶韵"，品质独特，深受消费者喜爱。产品除在龙岩市范围内设点销售外，还通过物流渠道销往本省的福州及厦漳泉地区和广东、江西、上海、北京等地。

11. 太古豆豉

上杭县庐丰太古村一带出产的豆豉颇为有名。它味美可口、营养丰富,烹饪中常以豆豉作为咸鲜调料使用,可用于多种炒、蒸、拌类菜肴的制作。庐丰豆豉的制作过程极为简单:泡豆,先将黄豆洗净,在水中浸泡2~5小时发胀后捞出;煮豆,入锅加水大火煮。水开后改用小火煮。注意锅中水少时添水。用手能捏碎时即把黄豆捞出。煮黄豆的水加点盐保存备用。和豆:黄豆晾凉后,放在箩筐或坛子里,周围用稻草包上,放在避风暖和处,温度在20度左右3~4天,待黄豆发烫、起白时取出来晾一晾。和好的豆浓香扑鼻,黏稠有丝。加料入原来的煮豆水,少量盐、辣椒粉、生丝姜等拌匀,装进坛子里,密封好,10天后即可开坛。这种家庭手工制作的豆豉颜色红中带黑,味道浓香。

12. 旧县豆腐

上杭旧县豆腐历史悠久,已有900余年的历史了。制作石膏豆腐和酸浆豆腐的生产工艺至今在客家地区广泛流传并沿袭至今。以色白味鲜,细腻如玉而蜚声久远。旧县豆腐一大特点就是水分少而耐煎煮,无论怎样改变烹调方式都完整不烂,而且不带豆青味。那地道的"炸豆腐"、"烊豆腐"真是"味压江南,闻香下马"。吃起来鲜香可口,别有一番风味。"炸豆腐"做法简单,把刚做好的豆腐放进滚热的油锅里慢炸,火候成熟便可捞取入食。而"烊豆腐"则把一块豆腐中间部分掏去,填入精肉、香菇味馅,蒸熟即可。民间有"黄獐肉、鹧鸪汤,旧县豆腐最最香"之说法。

13. 板栗

上杭县板栗种植历史悠久,主要分布在临城、官庄、旧县、庐丰、兰溪、稔田、中都、下都等乡镇,种植面积2万亩,年产量1300吨。其中的萝岗油栗、河源栗、农大1号板栗等单果重在10克以上,均具有果肉质细嫩香甜的特点,是为上杭板栗之佳品,主要销往龙岩、漳州、福州、厦门、广州、深圳等省内外城市。

14. 上杭梨

上杭梨的种植已有200多年的历史,品种有黄蜡梨、长柄梨及霜降梨等,其特点是果大肉多,产量高,质地好,上杭梨除供应本地外,还远销外地。近年来,新引进的台湾蜜雪梨在上杭县试种植获得成功,并被推广种植,上杭县临城镇九洲村、上登村以及湖洋乡已形成了一定的种植规模。现全县共有面积4000亩,产量1300吨。台湾蜜雪梨果实早熟,果实近圆形,平均单果重250克,果皮浅绿、光滑,果肉白色,肉质脆嫩,汁多味甜,成熟果有较浓的蜜香味,可溶性固形物含量为11%~13%,果心小,可食率高,削皮后果肉褐变缓慢,抗氧化性好。蜜雪梨成熟早,上市期7月上中旬,完熟期7月下旬,是目前南方早熟梨中"早"和"优质"的品种。产品远销福州、厦门、梅县、广州及周边县市,具有较强的市场竞争力。

15. 上杭竹黄器

上杭生产毛竹,品种多样。上杭竹刻艺人根据各类竹的不同形态,采用薄意雕、深浮雕或镂空雕等艺术手段制成工艺品。据民国《上杭县志·方伎传》载："温泰湖,在城里人,斫竹为锁,坚泽为铜,机发如之,景陵钟佰敬惺奇之,为之铭。泰湖或藉此传乎(蒋志方伎)。泰湖殁后,其使传于邹氏、林氏,惟邹氏父子世传其业,无他传者,乾隆十六年,南巡采备,方物入贡。""贴黄"又称"竹黄"、"翻黄"、"反黄"、"文竹"等,是将竹筒里层的"黄"翻转过来,经过煮压、粘贴而制成竹器。施加雕刻的"贴黄"是竹刻艺术中的一个特殊品种。上杭是"贴黄"艺术的发源地。

三、风味食品

1. 糖枣

糖枣在古田农村按传统客家习俗是每年春节必须要置办的"年货"。炸好的糖枣外观呈圆形,颜色微红,味道香甜可口,口感里嫩外酥,象征着生活圆圆满满,日子红红火火、甜甜蜜蜜。2010年大年三十,胡总书记到古田村民张唐妹家过大年,还亲自体验了一番炸糖枣的客家民俗。糖枣选料主要是糯米、粳米(按 8∶2 的比例搭配)、红蔗糖或白砂糖。加工时,先将粳米和糯米用温水浸泡至发胀,然后用石磨将米磨成米浆。米浆磨好后,用细布包裹扎紧,大石块压榨,挤掉部分水分,拌入赤砂糖。也有将糯米和粳米放至碓臼,将米碓成粉,同时用铜筛(老斗)筛出极细的粞末,然后拌入蔗糖或白砂糖,加入适量的水拌匀,用力搓揉,最后用手掌搓成球形叫"糖枣",将糖枣放入滚沸的油锅中油炸,控制好火候并及时翻滚,筛匀捞起沥尽油滴放置冷却即可食用,或冷却的糖枣再拿来蒸热味道也很好。

2. 肉圆

上杭肉圆以选料严格、加工精致、质精味美而闻名。上杭肉圆选用鱼肉(草鱼)、猪肉、地瓜粉为主料。选取每尾二三斤或四五斤重的鲜鱼,剥尽皮骨内脏,去其头尾,取鱼净肉用铁棒捣成肉浆,又选用本地产肥嫩良种猪的鬃头肥肉,切成肉片,也用铁棒捣成肉浆,再用过筛的地瓜粉,三者按一定比例混合在一起,加盐水适量,倒入缸盆中搅拌半小时左右,使其融洽变成白稀糊状,用手捞起到恰可顺手指缝中漏出为好,即倒入蒸热放有布垫的笼床中盖密,用猛火蒸一至二小时(时间视量的多少酌定),蒸至有起面部油光发亮为灰褐色,以筷子插入不黏筷为蒸熟准则。吃时切成小块淋点新鲜猪肉,趁热吃之,质地松脆,鲜嫩爽口,油而不腻,回味无穷。是餐桌上的上等佳肴。

3. 湖洋蒸鸡

"湖洋蒸鸡"取材于湖洋的家鸡,放养的家鸡肌肉发达结实,脂肪较少,养殖的时间较长,所以,味道甜美。"湖洋蒸鸡"很有讲究,其要点就是水开火大,大锅多水,热量大,蛋白质凝固快。再就是干蒸,没有汤,蛋白质没有流失,所以,味道特别好。此外,干蒸鸡是整头下锅,不能切碎,将鸡的周身到内脏都抹上食盐,等火候到了也不急于出锅,只等到开饭时才将鸡切成大块。如果下锅前将鸡切碎,蒸好后就只见骨头不见肉,不仅外观难看,而且味道和口感也不好,连鸡的香味也不翼而飞。

4. 珊瑚药膳

有"药材之乡"美称的上杭县珊瑚乡,有三大传统药膳,风味独特,备受推崇,成为远近闻名的美味佳肴。

珊瑚药酒。珊瑚药酒年代久远,据说,药酒最早出自当地的千家村,已有上百年历史,号称"酒中极品"。药酒选用优质糯米配以党参、枸杞、当归、白术、红枣等中药材酿制而成,贮藏于土瓮之中。食用时温热,色泽橙黄,醇香浓郁,营养价值极高。民间向来把药酒用作产妇的滋补品、体弱多病者的保健品。

狗肉炖补药。此菜是当地一味佳肴,汤汁清澈,鲜嫩酥烂,味美可口,古时曾有"闻香下轿,味压江南"之说。具有补精益气、温肾助阳之功效。腊月取狗肉加中药材煮食,效果甚佳。炖狗肉时,应切方块放锅中去腥味,再加入油和葱丝、姜丝煸香后,旺火烧开,转小火炖,待狗肉熟时,揭盖加佐料,即成。

鸡肉补药粥。珊瑚乡盛产家鸡,将家鸡褪毛洗净后并与党参、熟地、白术、枸杞、红枣等十多种药材炖熟。再用鸡油、鸡汤煮成稀饭,俗称"鸡粥"。食法以白斩鸡配粥,原汁原味。鸡粥不但作为主食受人欢迎,而且能起到强身健体的作用。

第四节 武平县大宗物产、特色出产、风味美食

一、大宗物产

1. 土纸

武平土纸的生产始于明朝中叶。武平县生产的土纸有双合纸、加长纸、土包纸、黄表纸、小方纸、加长斗方纸、节包纸等7个品种,多作包装、卫生、书写和加工鞭炮、蚊香、迷信品之用。中赤角公塘的"举神童记"加长纸、十方处明的"美高聂记"加长纸,质量良好,颇受客商欢迎,远销广东潮汕和东南亚各地。民国19年(1930年),全县有纸槽1700余座,年产纸3000吨。仅十方的叶坑村就有110个槽户,年产纸150吨。抗日战争爆发后,潮汕沦陷,交通受阻,土纸滞销,纸价暴跌,产量减少。至1949年,全县仅有纸槽812个,年产土纸1623吨。新中国成立后,土纸生产一定程度地得到恢复和发展。1953年,全县有纸槽1145个,从业人员5725人,生产土纸2290吨。1960年,全县土纸产量开始大幅度下降。1961年,全县仅生产土纸281吨。此后,随着国民经济的好转,土纸生产逐步回升,1965年恢复到1201吨。1980年以后,由于机制纸生产迅速发展,加上竹山面积缩小,造纸原料减少,土纸产量锐减。1987年,全县仅生产土纸450吨,其中乡村纸厂生产的仅66.2吨,其余均为个体纸寮生产。1988年,再下降为185吨。

2. 木材

历史上,武平县森林资源丰富,以木材为林产品之大宗。《明季记略》记载,"福建延、汀、郡、建四府,生产杉木,其他木商将木沿溪放至塘、南台、宁波等地出卖。外载杉木,内装丝棉,架海出洋"。彼时,武平即为汀州府下木材输出的主要县份。清代至民国期间,武平木材仍大量销往广东潮汕等地。武平木材输出以杉木为主,民国《武平县志》记载:"(杉木)又呼沙木,邑产最多。普通架造制器皆用此材。编排运用潮、汕为最大产品。年久油杉制棺板,尤值重价。"民国26年至30年(1937—1941年),武平县平均每年外销杉木36530根,松木8395根,杂木11680根,价值5.5万多元(银元)。1948年,全县水运至潮州出售的木材达1万多立方米。新中国成立后,木材列入国家计划物资,由自由采伐转为按计划采伐。年采伐量由1950年的9000立方米增加到1987年的116937立方米,年平均56907立方米。武平县内所产木材,新中国成立初杉木较多,松杂木次之,随着国家建设需求的变化,60年代以后,松杂木比例逐年增大。从单纯生产原木发展到生产原木、锯材、方材、板材并举。1987年的木材产量中,杉木占7.1%,松杂木占92.9%;原木占98.2%,方材、板材占1.8%。近些年来,武平重视生态保护,严控木材采伐,森林覆盖率达77.6%,木材蓄积量1253万立方米。

3. 松香

武平松香又名松仁。民国《武平县志》记载,"松仁可入药,名松香"。1952年以前,县境只有武西南少数群众采集松脂,运往上杭县和广东蕉岭县出售。1952年,武平松香厂建成投产,当年从广东梅县雇请200余采脂人员来县传授采脂技术,促进了县内松脂的生产。1956年生产松脂1605吨。1972年,全县采脂劳力增至3000余人,全年生产松脂6819吨。1977年起,武平县林产化工厂先后在中堡、十方、下坝、永平、万安、大禾、中山等地建立了22个松脂林场,有松林141750亩。1982年,武平全县生产松脂达到8000多吨,居全省之冠,1987年,全县收购松脂6073吨,1951年至1987年,全县共收购松脂162183吨。新中国成立后,武平人民以松香为原料,培育了国家二级企业武平林产化工厂。1988年后,武平县林产化工厂在继续生产松香、松节油传统产品的同时,又新开发合成樟脑、萜烯树脂、聚合松香3种新产品。新近由新加坡三达集团投资成立的新洲(武平)林化有限公司,延续了武平县林产化工厂的全部资产与业务,从事以松香和松节油为基础原料的林产品深加工生产。

4. 稻谷

武平为农业县,粮食种植以水稻为主。民国以前,人少田多,粮食充裕,县城、下坝、岩前等地都设有米店,自由购销,常年有商人贩稻米水运至广东潮州一带销售。民国期间,由于种种原因,武平县内稻谷才逐渐不能自给。新中国成立后,武平稻谷生产逐步得到了恢复和发展。武平作为福建省粮食基地县之一,历年都有大宗的稻谷调出。1952年调出稻谷4510吨,1987年多渠道经营粮食,外销稻谷5180吨左右,其中粮食部门外销5030吨。改革开放以来,武平稻谷外运以销往广东为主。近年来,武平稻谷播种面积维持在56.77万亩左右,稻谷产量20.58万吨,成为全国产量大县。

二、特色出产

1. 猪胆干

武平猪胆干最早应写成猪胆肝,武平猪胆干在清朝就闻名中外,至今已有100多年的历史。武平猪胆干色泽紫褐,香而微甜,是宴席冷盘名菜。它含有多种糖类和维生素等营养成分,具有生津健胃、清凉解毒的功效。猪胆干制作考究,工序颇多,季节性强。要经过洗料、配料、腌制、晾晒、压制、整形、检验七道工序。选择新鲜呈深褐色的"糯米猪肝",摘除猪胆,整个浸泡在一定浓度的食盐水中,加上适当的五香粉、高粱酒、八角茴香等配料,待胆汁渗透肝脏之后,捞起吊晒,每隔2~3天整形一次。这样制成的猪胆干外形美观,颜色匀称,味美质佳。每年秋末冬初,天气晴朗,是生产猪胆干的好季节。吃时,只要将它蒸熟,趁热搽上一层芝麻油,待冷后切成薄片再拌少许蒜片,便香气四溢,韵味无穷。当地人常将它作为宴请宾朋和馈赠亲友的佳品。武平籍港澳同胞和海外侨胞尤其喜欢这种家乡风味。现在,武平只有城区有零星生产。

2. 香菇

武平气候条件适宜种植香菇,而且具有原材料较为丰富的优势。新中国成立前,即有浙江菇农来武平用"砍花法"人工栽培香菇。新中国成立后,尤其是改革开放之后,武平香菇种植迅猛发展。1987年,全县生产香菇127.5吨。1988年,在中共武平县委、县人民政府的大力扶持下,积极推广代料栽培香菇,当年全县段木香菇栽培1.3万立方米,袋栽香菇200万袋,香菇种植规模进一步壮大。像洞光采村、岩前将军村还涌现出了年袋栽香菇100万袋以上的专业户。1993—1994年,东留苏湖村在原袋栽香菇的基础上试种反季节覆土栽培获得成功,并逐步推广,年栽培总量3000万袋,总产值近5000万元。与此同时,保鲜香菇的生产稳步发展,产地拓展至岩前、象洞、东留、永平等地。至上世纪90年代末,武平全县种植保鲜香菇656万袋。1999年,武平县进一步调整产业结构,遵循"控木菌、兴草菇"(控制木生菌生产、发展草生菌)的指导思想,着眼于稳定香菇规模,形成特色,当年栽培代料香菇1000万袋,形成了一品(保鲜香菇)为主、多品种开发的格局,产品销往广东、香港以及新加坡和日本等地。

3. 仙草

仙草(又名仙人草)、凉粉草,属一年生草本植物,是一种重要的药食两用的植物。仙草全草干样含有约70%的碳水化合物,少量蛋白质、脂肪、咖啡色素等,还含有较多的矿物质元素。药用广泛,具有清热、解暑、利水之功效。主治中暑、热毒、消渴、高血压、肾脏病、糖尿病、关节肌肉疼痛等。闽西是仙草的传统产区,武平客家先民自古就有种植、食用仙草的历史。近年来,武平县特别是武西南地区农民开始大规模种植仙草。武平县也适时于2009年提出争创"中国仙草之乡"的仙草产业发展目标,大力扶持仙草种植,以推动仙草产业的规模化发展,使仙草种植从下坝、中山、中赤等乡镇,逐步扩大到全县,全县仙草种植面积一度达到4.8万亩,产品远销广东、福州、厦门、漳州、泉州等地。

4. 金橘

金柑又名山柑子,亦称柑橘红,是武平县名优特产之一。山柑子甘甜可口、消食健胃,是春节待客最佳糖果,颇受县内百姓的欢迎。山柑子由山柑子和白糖制作而成。山柑子主产于岩前、中山、下坝等乡镇,每年出产一次。制作山柑子时,先用手将摘下的山柑子把核仁捏出,然后,放入少量石灰拌和,令山柑子起化学反应变得硬一些,接着将山柑子倒进清水缸里漂半天,捞起后,倒进沸水里煮,沸腾时,即将山柑子捞起。再以1斤山柑子8两白糖的比例,将山柑子、白糖倒进锅里,用炭火煮4小时,起锅后撒上适量白糖即成成品。有的制作讲究者,还将白糖磨成粉,撒在山柑子上。这样,口感更佳,更受欢迎。

5. 灵芝、灵芝酒

武平灵芝各乡镇均有分布,天然灵芝伞状、坚硬、木质、菌盖肾形或半圆形,紫褐色有漆状光泽。20世纪90年代中期,武平开始进行人工培养,培养出的成品灵芝形状虽有变异,但其疗效相同,其品种包括青芝、赤芝、紫芝等。灵芝含有大量人体所需的多肽、多糖、硒、锌、铁等上百种成分,味甘性平,具有改善微循环、排毒养颜、延缓衰老、抗神经衰弱等独特功效,也因而武平民间称灵芝为"菌王"。得益于灵芝人工培育的成功,近年来,武平灵芝产业快速发展。仅2012年上半年,武平灵芝产量即达300多吨。武平灵芝除销往国内的三明、南平、龙岩、广东、北京等地外,还出口东瀛日本,是馈赠亲友、家庭保健的上乘佳品。

武平灵芝酒秉承客家千年古方,采用梁野山部分天然灵芝,结合公司仿原生态种植灵芝佐以多种药食同源的名贵药材,用优质的糯米酒科学泡制而成。适量饮用灵芝酒能有效提高人体免疫力,特别是对中老年人的失眠、心悸和抑制癌细胞的发展有独特功效。武平梁峰(福建)酒业有限公司是生产武平灵芝酒的龙头企业,也是全国灵芝酒生产的领军企业之一,该企业以灵芝为主料成功开发了"梁峰"牌灵芝酒系列,其销售网络覆盖福建、广东、江西、浙江、江苏等省的26个地市。

6. 金线莲

金线莲含糖类成分(多糖13.326%,低聚糖11.243%,还原糖9.73%)、牛磺酸、强心式类、酯类、生物碱、甾体,以及多种氨基酸、微量元素及无机元素等。其中氨基酸和微量元素两者的含量均高于国产西洋参和野山参,它们与牛磺酸、多糖类成分具有营养、抗衰老、调节人体机体免疫力的作用。因此,台湾民众及畲族等群众将其当作补虚的滋补强壮品是有道理的。金线莲性味甘、平,除具有滋补的功效外,还具有清热凉血、祛风利湿、强心利尿、平肝等疗效。金线莲是福建省濒危物种,武平县野生条件下的金线莲也较为少见。在2007年第五届"6·18"项目交易会上,武平县与福建省林业科技试验中心成功对接,成立公司调进台湾金线莲母本进行组培扩繁并取得成功。经过4年的发展,该县目前拥有组培车间3个,建立示范种植面积13340平方米,推广种植面积54亩,研发、组培、生产珍稀金线莲亚种近10类,成功注册"武平金线莲"地理标志证明商标。同时武平县还利用梁野山自然保护区的资源优势引导企业积极驯化本土金线莲,并进行大面积繁育。2010年3月,"武平金线莲"正式被国家工商总局核准注册地理标志证明商标。2011年,梁野山种业有限公司共实现产量1200万株,产值达1500多万元。今年,计划达到2000万株的规模,武平金线莲生产逐步迈上集约化、规模化和专业化的道路。去年以前,武平金线莲成品主要销往广州、厦门等沿海地区和台湾市场。今年开始,武平金线莲还进一步拓展了海峡西岸腹地的三明等山区市场。

7. 富贵籽

富贵籽学名朱砂根,别名百两金、黄金万两,民间又称凉伞子,属紫金牛科,常绿小灌木。富贵籽挂果期长(长达10个月以上或更长,常年挂果经久不落),挂果期与新历年、农历年正好吻合,株型美观大方,果色鲜红欲滴,果实累累,宛如"绿伞遮红株",象征成功、喜庆、富贵、吉祥,是观赏性极强的花果型花卉,取"富贵吉祥"之名也很好地迎合了人们祈求富贵、吉祥的良好愿望。

武平县驯化培育野生富贵籽已有十余年时间,得益于多年的培育和福建省现代农业(花卉)生产发展资金的注入,自2009年始,武平县以富贵籽为主的武平特色野生特色花卉产业得到快速发展,产量和产值连年大幅攀升。2010年12月,武平富贵籽被国家工商总局注册为地理标志产品。武平富贵籽曾6次获海峡两岸花博会金奖。如此,也进一步提升了武平富贵籽的知名度,使得武平富贵籽产品一直供不应求。目前,武平富贵籽主要销往广东、北京、新疆、青州、常州、郑州、成都等地。除国内市场外,武平富贵籽也还尝试敲开国际市场的大门。江西大余县生产的3000株武平富贵籽被韩国采购商相中,首次销往韩国市场。武平已经成为名副其实的"中国富贵籽之乡",武平的富贵籽产量占全国产量的80%左右。

8. 绿茶

武平绿茶因产自武平县而得名。武平绿茶具有抗衰老、抗菌、降血脂、瘦身减脂、防龋齿、清口臭、防癌、美白及防紫外线、改善消化不良的养生功效。武平绿茶是中国历史名茶,明清时期,曾作为朝廷贡品。武平绿茶产地是武北的桃溪镇。该镇优越的原生态自然条件和传统制作工艺,保证了武平绿茶"香气高锐、滋味清爽、色绿形美"的品质。常饮此品可陶冶情操、修身养性,堪称优质高雅的保健饮品和馈赠亲友之佳品。近年来,武平绿茶产业发展跃升到了一个新的高峰,年产茶叶超过2000吨,产值超亿元,武平县绿茶畅销香港、法国、美国及京、沪、粤、闽等国内外市场,已经形成了较为完善的销售网络。

9. 盘菜

武平盘菜又名油头,学名芜菁。武平盘菜叶似萝卜菜,其根大如盘如碗,圆形者多。

煮食较萝卜尤鲜嫩。以其炒冬笋、炆猪脚,佐以花菇、鱿鱼等配料,则可作佳肴酬宾。我国油头以武平产者最佳,武平油头又以平川寨角头产者最佳。油头之叶腌熟可食,晒干再蒸,也可为菜干,与萝卜菜干并无多大差异。只可惜乡人多弃,或以养兔,或以喂猪。

10. 象洞鸡

武平象洞鸡是武平县优良地方品种之一,主产于武平县象洞乡,它具有适应性强、骨骼粗壮、抗病性好、耐粗饲、体型清秀,且肉质细嫩、肉味芳香、肉色白色等特点。象洞鸡颌下长有放射状胡须,嘴、脚、皮肤都呈黄色,故称"三黄胡须鸡",尤其是放射状胡须是象洞鸡特有的标志。武平象洞鸡以家养为主,在山清水秀、无污染的自然环境中放养,养殖过程中,喂食稻谷米糠、瓜菜薯类。在放养状态,象洞鸡还觅食山区小型昆虫。象洞鸡堪称绿色家禽,得到香港、澳门、厦门、广州等城市消费者的普遍认可,其声誉不断提升。武平县有关部门正着手向国家工商总局申报象洞鸡原产地证明商标。目前,象洞鸡种鸡存栏16万羽左右,主要集中在原产地武平县象洞乡,部分分布在武平县的其他乡镇。

11. 红菌豆腐渣

武平红菌豆腐渣系武平县特产。它是用豆浆滤出的一般人仅作为喂猪饮料的渣滓,经过加工制作而成的一种具有鲜明个性的菜肴。它的历史有多久无从考证,在味精问世之前,它是经常当作味精来使用的。无论煮肉、煮豆腐及一秀菜蔬,放一点红菌豆腐渣,即鲜美异常,且价格又极低廉,因此备受人们的喜爱。据说,许多过南洋的华侨人在回家乡探亲之前,常预先写信,嘱亲属买好红菌豆腐渣,烤熟晒干,用瓶装好,以便带往南洋,赠送亲友做菜品尝。红菌豆腐渣的制作方法是,先将新鲜豆腐渣倒入铁锅中以文火烤焙,待豆腐渣干至手捏成团,指缝有湿痕却不溢水,而抛之即散时,即铲起,置于已铺好芭蕉叶的米筛或糠筛的背面,用手压紧压平压匀,厚约寸许。待冷却后,即在豆腐渣表面撒上菌种,菌种的根须很快伸入到豆腐渣中,使渣变得既结实又柔韧,同时渣面长出一层红毛(若豆腐渣表面长出的不是红毛,而是黑毛,则说明是变质者,不可食用),此即为红菌。出售时,用刀切成块状,要多少切多少。食用前,将它切成一块块薄片,放在锅炉壁上略烤几分钟,无须放油,然后铲起,或是配汤,或是炒肉均可。

三、风味食品

1. 珍珠粉

武平珍珠粉相传是由清乾隆四年(1739年)己未科进士方连涧任四川大竹县知县时传回武平帽村的,至今已有200多年历史。据说,当时,方知县回家时,以四川珍珠粉给乡亲们品尝。珍珠粉加工制作是,选用上等大米(籼米),浸泡后,磨成乳白色的米浆,以洁净的布袋盛之。再榨取水分,然后取出压成块状的粉浆,晒至干润适度时,用手将粉末搓熟,复以米筛筛之,即成颗颗晶莹闪亮的珍珠粉了。晒干后就可储藏备用。烹煮时,第一步用勺盛珍珠粉,徐徐下于锅里的沸水中,轻轻搅动,使之不黏糊成团,能颗粒分明。煮熟取起后,再用清水漂泡扬冷。第二步,用鸡汤或猪骨头汤配煮,把鸡内脏或是瘦猪肉(简便的也有用煎蛋皮的)切成碎片,并加入香菇丝(冬、春季加入竹笋丝)、鱿鱼片,切细的葱白等炒熟作为佐料,再撒入适量的精盐、味精、胡椒粉或五香粉等调味品。这样,人们趁热食之,倍觉粉粒滑、配料美,香甜可口,汤清不糊,浑身舒服,风味特佳。

2. 簸箕粄

武平簸箕粄又叫"汤皮粄",以旧时用竹制簸箕蒸粄、粄熟时会稍离簸箕浮起而得名。将大米浸泡后磨成米浆,舀入直径约30厘米的圆形簸箕内,左右摇动使米浆均匀,再入锅用猛火蒸。约五分钟后将蒸熟的薄薄一层米粄揭下,把炒熟的肉丝、韭菜、豆芽、鲜笋、虾米、香菇等馅放入,卷成筒状,与油条相似。簸箕粄细腻可口,多食不腻,是一种广受欢迎的粳米加工食品。

3. 酿豆腐

明、清时期,于武平武所(今中山镇)一带安家立业的军家人,在春节期间,将豆腐切成块状,煎好后,将备好的猪肉、鱼肉剁成肉酱,配上冬笋、香菇、胡椒、淀粉、盐等佐料,挖空豆腐心,将各种配料包在豆腐内,蒸30分钟即出锅食用。如今,武平酿豆腐这一美食被客家人传承了下来。以前,酿豆腐只能在年节时才能吃到,现在已成为家家户户的日常美食。此道美食还在龙岩美食节评比中获奖。

4. 肉丸

武平肉丸品种繁多,有肉丸、三仙丸、牛筋丸、鸡嫲丸、玉丸、豆腐丸等,其中肉丸、豆腐丸较有代表性。味道有甜的、咸的、鲜的等,但形状都是圆的。

肉丸包括猪肉丸、牛肉丸、鱼丸,简称"三丸"。过去,农家打肉丸是用纯瘦肉切好后放进臼中,用柚木制的锤槌打,后采用铁棒槌打制成的手制槌丸。加工铁棒槌丸时,选料要新鲜、纯瘦肉,铁锤需有尺长,头粗尾细,头部带平刺。制作时,把选料放在特制案板上,两手握铁锤,交叉挥舞捶打切好的肉块,直至把肉块剁成肉泥,然后盛进大陶钵,拌入适量的薯粉及其他佐料,用力搅拌成胶状,再用左手挤成一个个的丸子,放到开水中煮熟捞起,亦可蒸熟。然后,把丸子放进熬好的汤料中煮沸,出桌时,撒些胡椒粉、葱花。吃时,还可将丸子蘸上辣椒酱,吃起来嫩滑、爽脆、香辣,味道特好。

白肉丸实际上是圆形豆腐丸,是廉价、大众化的食品。它的主要原料是豆腐和地瓜粉。制作时,先将豆腐和地瓜粉混合,用手搅拌成浆状,再用左手五指挤出浆,右手捏汤匙,把浆舀成一个个圆状,置盆中,再放进蒸笼或锅里蒸熟、煮熟即成。然后将豆腐丸置汤锅内稍煮,配上酱油、花生油、胡椒粉等其他佐料,起锅盛入大碗中,撒上葱花即可。如若是干吃,必将葱、酱油、鸡精或味精、盐等熬成汤汁,若加入些许肉花,淋入豆腐丸中,即可上席。

5. 锤鱼片

武平锤鱼片原是江西特色佳肴,是江西农村百姓恭迎上宾的一种重要佳肴,后传入东留和武平各县各乡镇。锤鱼片原料:鱼肉片、精盐、调味料、薯粉。工具:砧板、木槌。制作方法是,选用新鲜上好的鱼肉片、黏薯粉。然后用木槌反复捶打,把鱼骨捶碎,捶好后,用食用油炸熟,用上好汤料配冬笋片、葱等,即成一道上好菜肴,供客人品尝。

6. 薯包子

武平薯包子主料为武平客家人称之为"棍子薯"、"扫帚薯"的红、白大薯。主要器具为牙钵,圆形,由上向下倾斜,下端为碗口粗的洞口,钵壁四周遍刻辐射状沟纹(有的规则,有的不规则若犬牙交错)。加工时,先刮净薯皮,置牙钵于缸上,右手握薯,沿钵壁四周频频擂转达,薯浆即由出口处流入缸中,添少许盐水、味精等佐料,搅匀,复以右手捞一把薯浆,轻轻甩打几下,待薯浆欲从掌心垂直往外掉时,即迅速翻转手背,使薯浆反从拇指与食指中挤出,跌入翻滚的油锅炉中,浆若鹅蛋,如此不断反复。待薯包子浮出油面后,再氽几分钟,一锅的薯包子就氽好了。油锅的半壁上放有一个圆形的铁皮圈,用漏勺斜一颗颗氽好的薯包子捞起,搁在铁皮圈与铁锅的空隙间,滴尽剩油,趁热食之,清嫩爽口,香气扑鼻。这是名目繁多的包子中唯一不用馅心的包子,个性鲜明,独树一帜。

第五节 长汀县大宗物产、特色出产、风味美食

一、大宗物产

1. 木材

历史上,长汀即是森林资源丰富的县域。长汀出产的木材以松木和杉木为主。松木远销广东一带,据民国《长汀县志》记载:"松,邑中到处有之。只做燃料不能用于建筑。惟用于造船砌勘筑陂架桥则耐久不坏。所谓水浸千年松也。邑中遍地有之。利用最广。每年运往潮汕者甚多。为出产一大宗。"民国前,长汀杉木一度也是外销的大宗物产。民国《长汀县志》记载:"杉木一项昔时运潮汕佛广者,岁以十数万计。""汀杉"以材质优良闻名海内外。因木材外贸的活跃,在县境内形成了多个木材初级市场和中心市场,如三洲、水口和城关等。1949年之前,有史可查的木材外销量,以民国26年(1937年)最高。木材外销为长汀的主要经济收入。抗日战争爆发之后,由于海道被敌封锁,木材外销受到严重影响。正常年份木材外销产值约20万元,但民国27年(1939年)仅销12万元。民国后期,长汀的木材外销一落千丈。民国《长汀县志》记载:"不过数万而已。"新中国成立后,政府大力扶持木材生产,1953年开始在重点林区设立木材采购站(组),实行挂牌收购和订约收购。1955年,木材实行统购统销。到1957年,木材年外销

量增至3.6万立方米,为1949年的3倍。1961年8月,长汀实行木材产、运、贮合一,调整木材产销计划。县内3个国营伐木场全部下马,木材采购以社队为主,外销下降。1968年,木材销量又达到2.22万立方米。1974年,木材销量为2.88万立方米。1975年至1987年,每年木材外销量年均在4万立方米以上。其中以1984年最多,年外销量达6.3万立方米,创长汀木材经营史上的最高纪录。近年来,长汀县实行封山育林,生态得到了历史性的恢复,森林覆盖率提高到79.4%,木材蓄积量达1288.83万立方米。

2. 土纸

长汀县境的竹瓢、楮皮及各种藤类等富于柔韧性纤维的造纸资源丰富,高山竹林之下的清澈泉水为造纸提供了优质用水,况且造纸工人多世代相传,工艺精湛,得益于这三项优势,使长汀长期成为土纸生产较为发达的县域。长汀土纸业始于唐,盛于明、清,是海峡西岸著名土纸产区。清道光二十二年(1842年)后,汀产土纸大量外销,年产十余万担,产值为200万~300万银元。长汀土纸以玉扣、毛边为大宗,兼产熟料毛边、山贝、大色、双合和斗方等十余种品种。民国10年(1921年)前后,民间利贷投资转向商业,加之西路蝗害,土纸产量降至7万~8万担,民国16年至20年(1927—1931年),由于筹资困难,产量再降至4万~5万担。民国24年(1935年)10月,省府建设厅于汀设立了长汀县农村合作指导员办事处,致力于恢复纸业生产,长汀土纸产量有所回升。1939年,长汀土纸产量7.66万担。民国31年(1942年),长汀全县产纸约5万余担。1944年,达7.68万担。民国34年(1945年),"洋"纸、机制纸大量输入,汀产土纸成本高,竞争力不强,产量下降,至1949年仅产2万余担。民国后期的1935年至1949年间,长汀的簿籍业还凭借多年的加工经验,运用加工单面色纸时,拖胶打底的方法,制成了一种"改良纸",能适用于钢笔书写,写后易干不易透,受到消费者欢迎。改良纸制品除本地外,还外销邻县。抗战期间的闽西一带是抗战后方之一,对改良纸需求大增。为适应市场需求,长汀用"松香皂液"加上适量明矾,调配在纸榥纸浆内,造成了不渗不透的新型改良纸,可以永久保持胶性不变,且仍有即写即干的特点。行销于东南、西南大后方各省。抗战胜利后,槽制改良纸不再生产。民国前,长汀土纸一直是外销的大宗产品。长汀土纸外售主要靠汀江民船水运,每天运纸船只多达几十艘。鼎盛时期,曾在广州、潮州、韶关、惠州、老隆、梅州、赣州、吉安、南昌、上海、水口、香港等地均设立纸行,以自营、合营形式组织出口,长汀土纸畅销台湾、澳门、新加坡、马来西亚、印度尼西亚、泰国、菲律宾、日本等地区和国家。新中国成立后,人民政府大力发展纸业生产,1950年,土纸产量增至6.86万担,1957年又增至8.18万担。三年"困难时期"产量剧降,1965年后始回升。1981年起,纸业生产实行承包责任制,1985年,全县产土纸1358吨,1987年产土纸2092.67吨。当时,长汀生产的土纸除部分销往华东各省外,还大量销往东南亚、南洋群岛、日本、香港、澳门等地。

3. 稀土

长汀稀土矿蕴藏量丰富,多分布于河田、濯田、三洲、四都及南山、宣成、童坊、红山等地。贮藏在花岗岩风化壳中。经地勘单位多年工作,已探明含稀土矿化岩体面积570 km², 远景储量53万吨,上国家储量表2.1万吨,占全省探明储量的80%。长汀稀土资源具有矿点多、储量大、品位高,以中、重稀土元素为主,有害元素含量低,埋藏浅,易选易采易冶等特点,稀土资源与开发效益居全国首位。近年来,龙岩市、长汀县市县两级发挥稀土资源优势,全力打造全国稀土产业基地和国家级稀土高新园区,稀土产业呈现良好发展态势。

4. 烤烟

长汀县烟草种植得天独厚,烟草种植历史悠久。长汀县也是新中国成立后全国最早划定的烤烟种植最适宜区之一。1968年,在武平跃进农场工作的长汀人丘德有引进和试种烤烟品种,开始推广烤烟种植。1984年,长汀县烟草公司成立,长汀烟草生产开始步入正轨,长汀烤烟生产由此开始了由小到大、从大到强的嬗变过程。1985年,全县种植烤烟遍及15个乡(镇),面积从1984年的1391亩,一举跃至9924亩,收购烟叶5421担。1988年,全县烟叶种植面积12509亩,首次突破万亩大关。1990年,烟叶种植面积遍及全县16个乡(镇),收购量首次突破万担关。1997年后,长汀由一个不足万担烟叶生产小县一跃成为全省第二、全市第一的烟叶生产大县。近几年来,长汀县种植面积稳定在7万亩左右,烟叶收购量稳定在21万担左右。长汀烟叶具有清香风格明显、香气量足、香气质佳、烟碱含量适中、颜色橘黄、色度强等品质优点,也因此自1996年以来,长汀县成了上海烟草集团"中华"、湖北中烟"黄鹤楼"、福建中烟"七匹狼"等全国重点骨干品牌稳定的优质配方原料的生产基地。

二、特色出产

1. 豆腐干

长汀豆腐干,亦称五香豆腐干,是汀州八大干之首。汀州豆腐干始制于唐朝开元年间,迄今也有1200多年的历史。据说,明朝朱元璋的大将朱亮祖驻守汀州时,也曾对汀州豆腐干大加赞赏。清末,汀州左营把总邱洪得调台湾晋升千总后,留恋家乡五香豆腐干,还聘请长汀擅长制作豆腐干的亲友,前往台湾专门制作豆腐和豆腐干。汀州豆腐干含有大量蛋白质,不仅营养丰富,而且有和脾健胃、调和水土之功效。长汀豆腐干是用黄豆加工制成的。其做法是,先将黄豆磨浆制成豆腐,然后将豆腐压干,佐以适量的干草、公丁香、大茴香、小茴香、桂皮、复苏、酱油、白糖、十堰等配料,经过十几道工序精制而成。产品为正方形,质坚韧而半透明,吃在口中,有香、咸、甜、辣的味道,让人回味无穷。长汀豆腐干除销往本地和省内市场(主要是龙岩、厦门、福州三个城市)外,还远销日本、港澳、东南亚等地,走俏全国,成为日常食用和馈赠亲友的佳品。

2. 酒酿

"娘"即酒母,汀州酒娘酒即品质优良之母子酒。该酒是以贮存1~3年的陈年隔冬酒代水纯传统手工酿成的纯糯米黄酒。它色泽深黄清亮(呈琥珀色),香气特盛,酒度适中,口味甜美,是中国传统名酒之一。酒度≥12.0%(V/V),属半甜型黄酒,很适合当今人们由于生活水平提高而对饮料酒品质的要求,适于各类人群饮用。汀州酒娘还是医药上很重要的辅料或"药引子"。中药处方中常用酒娘浸泡、烧煮、蒸炙一些中草药或调制药丸及各种药酒,据统计,有70多种药酒需用酒娘作酒基来配制。酒娘的另一功能是调料。酒娘酒精含量适中,味香浓郁,富含氨基酸等呈味物质,人们都喜欢用酒娘作佐料,在烹制荤菜时,特别是羊肉、鲜鱼时加入少许,不仅可以去腥膻还能增加鲜美的风味。长汀县现有获QS证生产酒娘企业7家。2011年,长汀全县汀州酒娘产值5000万元。酒酿销售以本地和省内为主。

3. 河田鸡

河田鸡因产于世界客家首府长汀县河田镇及周边乡村而得名。河田鸡在长汀县已有千年的养殖历史,唐代曾选送长安,列为斗鸡之一。它生长在山清水秀、无污染且稀土矿藏资源丰富的自然环境中,客家人长期以稻谷、米糠和瓜菜薯类为饲料,经长期人工选育形成的独具特色的肉鸡地方品种。外观上,"三黄三黑三叉冠"是河田鸡典型的外貌特征,特别是三叉冠,即单冠直立后分叉(动物遗传学称为角冠)为河田鸡特有的特征。"三黄"是指河田鸡的皮肤与脚均黄色,喙的基色为褐色而嘴尖则浅黄;"三黑"是指尾羽与镰羽为闪亮的黑色,主翼羽为镶有金边的黑色。体型优美、羽毛绚丽。品质检测上,经国家和省多家检测部门的分析证明,河田鸡含丰富蛋白质,含有人体必需的十一种氨基酸,其中牛磺酸、苯丙氨酸、酪氨酸、谷氨酸、天门冬氨酸等的含量都远远高于其他鸡种。此外,决定肌肉滋味的肌苷酸、游离脂肪酸在河田鸡中的含量也很高。河田鸡还具有耐粗饲,且觅食力强、适应性广、抗病力强的特点,实为规模养殖的优良品种,屠体丰满,而且河田鸡肉质细嫩、皮薄骨细、肉色洁白、口感香鲜嫩滑,河田鸡在市场上广受欢迎。1964年,在国际名鸡评奖会上被评为第二名,畅销港澳各地,在东南亚一带也享有盛誉。河田鸡还作为我国五大名鸡之一,《中国家禽品种志》的肉鸡地方品种,是福建省唯一入选的珍贵家禽品种,河田鸡不愧为禽中珍品。近年来,长汀县河田鸡规模化养殖有了空前发展,养殖区域覆盖本县的河田、策武、四都、古城、大同、南山等乡镇,全县河田鸡存栏250万羽,年出栏400万羽,主销本省和江西各地。另在北京、东莞、苏州一带也有部分营销窗口。

4. 粉干

长汀县生态环境优越,所产稻谷品质优良。本县的童坊、馆前、新桥等乡镇生产的稻谷品质好、黏性小,是米粉生产的优质原料,这些乡镇生产的米粉远销全国各地,深受消费者青睐。目前,长汀县米粉加工大部分以家庭式加工作坊为主,全县米粉加工作坊约400~500家,年产量约1万吨,年产值约1亿元。其中主要销往县外的米粉加工作坊集中在馆前和新桥两个乡镇。其中,馆前有106家,新桥有101家。部分米粉产品通过米粉销售经纪人收购、包装后销往县外各地,据估算,每年销往县外的长汀米粉

1500~2500 吨。

5. 腐竹

腐竹,又叫腐筋、豆腐皮等。汀州腐竹始产于明代,是当时的贡品。腐竹的生产过程一般来说,要经过选豆、去皮、泡豆、磨浆、甩浆、煮浆、滤浆、提取、烘干和包装等几个环节。大豆的选取首选北方的菜豆。把去衣的大豆放入缸中或桶内浸泡,易除去浮在水面的杂质。浸泡大豆的水量以大豆不露水面为宜。夏天浸泡时间约20分钟,然后捞起沥去多余的水,并用布覆盖豆面,让大豆膨胀。待浸泡到两指搓豆感觉到滑嫩时即可开始磨浆。磨浆时加水要均匀,使磨出来的豆浆细腻白嫩。夏秋季节,蛋白质极易变质,需在磨后3~4小时内把磨具冲洗干净,以防下次磨浆时受影响。豆浆过滤后,把豆浆倒入缸中或桶内,冲入热水。水的比例为:每100千克大豆加500千克的热水,搅拌均匀后,把豆浆倒入过滤用的吊袋内,使豆浆通过过滤流入另一只缸或桶内。由于豆渣沾在袋壁上,需再加热水倒入袋中搅拌,并不断摇动吊袋进行第三次豆浆过滤。随后,把豆浆倒入锅内待煮。煮浆是腐竹制作的一个技术关键。先用旺火将豆浆煮开后,立即调小炉内火焰,以降低炉温,同时除去锅面上的白色泡沫。过5~6分钟,浆面自然结成一层薄薄的膜,即为腐膜,用小竹竿沿着锅边挑起,使腐膜形成条状。在煮浆揭膜这一环节中,成败的关键在于温度的掌握。降低炉温后,如炭火或煤火接不上,造成温度骤降,不能保持恒温,就会变成豆腐花,不能结膜。但若锅温未降,继续用旺火,那就会造成结锅巴,产量下降。锅内的白沫没除净时,也会影响腐膜的形成。原则上腐竹宜烘干不宜晒干,日晒易发霉,但在实际操作中,也可先在阳光下晾晒,略干时再把腐竹下锅黏浆(这是汀州腐竹区别于其他腐竹的关键操作),之后放入烤房烘烤,并保持60℃的温度。汀州腐竹圆形的如纸,条状的如竹,色淡黄,韧性强,香韧适可。2011年,长汀全县腐竹产值约2000万元,产品销售以本地和省内为主。

6. 板栗

板栗栗肉金黄,有丰富的蛋白质、脂肪、淀粉、维生素、钙、磷、铁等。板栗还是一种珍贵的药材。《千金方》说它味甘、性温,具有养胃、健脾、补肾、强筋、活血、止血等功效。长汀板栗出产已有300多年历史,是福建省板栗的产地之一。长汀板栗主要有油光栗、毛栗、瓜子栗、马屎栗等品种,以油光栗和毛栗最为有名。油光栗外壳光滑,黑红透亮,犹如上了一层油;毛栗则外壳上有一层绒毛,白中泛红。这两种板栗都具有颗粒大、手感重、香甜、粉嫩、生熟可吃的特点。近年来,长汀县引进早熟板栗品种"处暑红"等,并推广种植,县内的河田、策武、大同、濯田、南山、涂坊等乡镇均有种植,全县板栗种植面积已发展到10.5万亩,全县产量800万公斤,主销广东省的广州一带和省内的厦门等地。

7. 龙门红

龙门红茶因主产于长汀县庵杰汀江源头的龙门景区而得名,是长汀县近年来新开发的茶叶品种。庵杰乡地处长汀县东北部,境内海拔高,生态环境优美,有利于高山优质茶叶的生产种植。2005年始,庵杰乡开始实施茶业发展项目,依托龙头企业——博品茶叶公司,引进台湾软枝乌龙、金萱、金观音等,在全乡推广种植,打造红茶产业带。迄今,庵杰全乡茶叶种植面积400亩,年产干茶叶达到10余吨,产值360余万元。其中的"龙门红茶"、"东方美人茶"等品牌已在省内外赢得了较高的知名度,茶产品供不应求。

8. 槟榔芋

槟榔芋是长汀县传统的种植品种。长汀槟榔芋芋型呈椭圆形,淀粉含量高,切开后有明显红色槟榔丝,色泽鲜艳,熟食肉质细、松、酥,浓香可口,风味独特,香气扑鼻。长汀县自1998—1999年始在涂坊镇较大面积推广种植,随着种植效益的提高,种植乡镇进一步扩大到河田、南山等地。现在常年种植面积县内3.5万亩。县内的涂坊、河田、南山、濯田、三洲、策武、大同、古城、宣成等乡镇均有分布。另外,长汀县种植大户到县外种植1.0万亩。所产的槟榔芋主要销往广州、深圳、厦门、福州、上海等地,以鲜食为主,另有相当一部分定点销往县内的盼盼食品有限公司等大型食品加工企业,用于制作芋块、芋泥等。

9. 杨梅

杨梅种植主要分布在三洲镇一带。三洲也成为海西单体种植杨梅面积最大的镇。三洲杨梅品种主要有东魁杨梅、早熟杨梅、黑碳梅等,具有个大、味甜、早熟的特点。其中的东魁杨梅即是如此。东魁杨梅虽引种自浙江,但比原产地表现更为优秀,个大、味甜,最重达50克,外形与乒乓球不相上下,由于三洲土壤富含稀土,杨梅甜度明显增加,酸度减少。而且早熟,三洲地处汀南,杨梅成熟比汀北早2~3天,比原产地更是提前半个月成熟,可以提早抢占市场。三洲杨梅种植既带来了经济效益,又实现了社会效益,保护了生态环境。近年来,三洲杨梅产业得到进一步的发展。目前,三洲杨梅种植面积已达11260亩,预计2012年三洲杨梅产量达200万斤。三洲杨梅主要以旅客现场采摘和客商采购为主。外销杨梅除销往本省各地外,还远销上海、广东等地。

10. 汀菇

汀州香菇有600多年的历史。因历史悠久、品质优良,素称"汀菇"。清末,汀菇与徽州香菇、赣州香菇和江北香菇并称为中国四大名菇,在国际市场上久负盛名。1990年,在全国香菇会议上,汀菇被评为全国十大名菇之一。汀菇营养丰富,含有18种氨基酸,人体必需的8种氨基酸中,汀菇就含有7种。汀菇各类酶和氨基酸含量最高,并含有多种维生素、矿物质及鸟尿圜等物质。具有抗肿瘤、抗病毒、降低胆固醇和治疗艾滋病、防癌等药理作用,并且具有健身、防寒、改善血液循环等功效,因而具有较高的商品及药用价值。过去的汀菇都是天然菇,大多在高山密林中培植。长汀的山区山高林密,先将枫、栲、柠、栎、栗等树砍倒,用斧碎砍成坎,以土覆之。经年树朽,以覃种匀布坎内,以蒿叶及土覆盖。等到立年后至明年清明之间便可采菇。汀菇一般可分为花菇、厚菇和薄菇三种。由于拥有理想的地理环境、气候和菇木,因而汀菇质优肉厚、大小适中、外形美观、菇香浓郁、味道鲜美、肉质脆嫩、营养丰富,成为各地香菇市场的抢手货。过去只知道采自然菇,随着科学技术的推广应用,现在除了利用段木进行栽培外,还可采用木屑等培养料在室内进行人工栽培,产量与日俱增,远销全国各地,从而使汀菇成为长汀农民致富的一大经济来源。

11. 茶油

茶油又名山茶油、茶籽油、茶树油。茶油是从山茶科油茶树种子中获得的,是我国最古老的木本食用植物油之一。茶油颜色浅黄、澄清透明、气味清香,是良好的食用油脂。由于品质优良、风味独特,千百年来在国内广受欢迎。2009年,长汀县抓住被国家林业局定为全国油茶发展重点县的机遇,把油茶产业作为促进农民增收的主导产业抓紧抓好,编制了《长汀县油茶产业2009年至2020年发展规划》,出台优惠政策,引进优良品种,大力发展油茶产业。在四都、红山、涂坊、南山、策武等乡镇建立种植基地,全县种植规模达到10.6万亩以上。

12. 竹筒席

竹筒席一度是长汀竹制品中的拳头产品。在长汀竹筒席产业的鼎盛时期,长汀县形成了"如意"、"水仙"、"庆乐"、"卧龙山"等品牌。其中的"如意牌"竹筒席还荣获了1986年优质产品称号。为满足用户需要,不断开发新产品,如"如意牌"竹筒席有保健、拼花、机编、镂空、竹筒等5个系列产品。产品畅销国内各地外,还远销日本、韩国、东南亚等国家和地区。长汀竹筒席是采用汀产3年龄以上的优质毛竹,经破篾、去磨、穿网、晾晒等多道工序而制成的。长汀产竹筒席因光滑雅观、舒适凉爽、不被虫蛀、经久耐用、规格齐全、物美价廉等特点而深受用户的喜爱。

13. 皮枕、雨伞

皮枕及雨伞是长汀一大特产。皮枕以皮为胎,内絮芦花,外施大漆,绘上花鸟、山水、人物等图案,供人们睡眠、休息之用,具有凉爽、舒适之感,经久耐用,为出口之精品。历史上,长汀县有"邱华记"的邱树椿等民间工艺名匠擅长皮枕加工技艺。雨伞以竹为骨架,缠以面纱,布以油纸,绘上图案,施以桐油,供人们遮阳避雨之用。长汀雨伞加工的匠人以"丘永发"号的丘风祥最为有名。

14. 惊风化痰丸、健脾疳积散

历史上,长汀县曾涌现出了一批国药良医,他们为了救死扶伤,亲自创制各种中成药,诸如惊风化痰丸、健脾疳积散等。惊风化痰丸由明太医曾德宏创制。明末清初,明太医曾德宏在长汀华严寺出家,创办华严堂,制有"惊风化痰丸"。清末民初,长汀华严堂张济南继承了惊风化痰丸的制法,生产出"惊风化痰丸",满足群众需要。"惊风化痰丸"被誉为"济世圣品",远销东南亚一带。

"健脾疳积散"由清代长汀三洲乡的民间中医黄仪臣创制。黄仪臣医术高超,"以积药擅名,灵验如神"。三洲黄仪臣按照祖传秘方炮制的仪臣研制了"抱龙丸"、"化风丹"、"健脾疳积散"及"君臣伤药"等成药,远销福州,汕头、香港、澳门及东南亚。其中的"健脾疳积散"专治小儿消化不良、腹硬厌食及因疳积等致眼生疗膜等症,疗效显著。该药还有一个创新之处是被制成糕饼状,便于小儿服食。

15. 圆金橘

圆金橘,长汀客家人称之为柑橘子,是一种多年生常绿果树所产的果实,果实小者如龙眼,大者如核桃,色金黄光亮,皮肉均可吃,甜酸适度可口,主要产于涂坊、河田、古城、宣成、南山等乡镇,而以涂坊元坑、河田根溪、古城中璜的金橘最为出名,果大、皮薄、肉厚、味甜、色泽金黄、营养丰富,可助消化。圆金柑不仅是时鲜水果,还可加工制成糖水金橘罐头,气味沁人心脾,入口鲜嫩清甜。还可用金橘加工制作金钱饼和蜜饯,这些风味食品具有化痰止咳、通气润喉、生精消腻等作用,成为国内外畅销产品。圆金橘除了作为探亲访友的馈赠佳品,在迎宾宴席上,客人吃腻了山珍海味之后,还常食用圆金橘或金橘罐头,以去腻助消化。

三、风味食品

1. 白斩鸡

长汀客家以白斩河田鸡的烹调方式最为有名。白斩河田鸡是长汀客家人的传统菜,每逢年节喜庆摆宴席一定要有这道菜,否则不排场。它以香、脆、嫩、滑和易脱骨而深受赞誉,为汀州自古以来之名特优佳肴,向来被列为闽西客家菜之首。其鸡头、鸡爪、鸡翅尖更是下酒好料,民间自古即有"一个鸡头七杯酒,一对鸡爪喝一壶"之说。在1986年福建省闽菜评比中,白斩河田鸡荣获"地方特殊风味菜点"的称号。白斩河田鸡以当年生养的阉鸡为佳,鸡缓(未下蛋的雌鸡)也可。制作时,将河田鸡宰杀去毛洗净后,从腹部开一小口,取净内脏,洗净血污。取精盐少许擦鸡身表里,腌一小时后,将整只鸡置盆内放在锅内加盖干蒸,锅底水开后20分钟取出,待凉后,斩成二指宽的小块,整齐装盘。再将原蒸盆内干蒸之鸡汤,加入捣好的姜汁(内有葱白、精盐、香油等),浇在装好的鸡块上,即可上席。白斩河田鸡切忌使用酱油,只用精盐姜汁,使其保持原汁原味。白斩河田鸡皮色金黄,肉香扑鼻,味鲜甜美,嫩滑香韧,百吃不厌。

2. 麒麟脱胎

麒麟脱胎是长汀的传统名菜,享有高级品位,是宴席中的上乘佳肴。过去只有富贵人家才吃得上这道菜,近年来,随着人民生活水平的提高,宾馆、酒家和市民家都已有烹制。1986年,长汀的厨师项友南烹饪的麒麟脱胎,在福建省闽菜评比中获得"优质菜点"称号,《福建日报》也曾予以报道。于是,这道过去稀罕的佳肴也就迅速而广泛地在民间流传开来。所谓"麒麟"实为乳狗,制作时将乳狗宰杀干净,除去内脏,仅去内脏,仅留肝胃,整狗置炭火上烤至皮硬色黄,刮洗干净,切成长5厘米、宽3厘米的肉块,再用流动的清水洗净血污。"胎"即猪肚。撕净肚内肥膘,依次用精盐、地瓜粉反复搓揉,再以流动的清水洗净血污。用中火无油热锅,倒入狗肉炒净其血水,然后盛起,刷净锅,再下菜油、姜末、葱,熬出香味后,再倒入猪肉以及适量的大茴香、红糖、酱油、精盐、料酒,翻炒后出锅。将炒过的狗肉填入猪肚内,用针线缝好,放入盆内,加鸡汤、精盐、胡椒粉,加盖,上旺火蒸2小时出锅。拆去猪肚上缝线口,横置长盆内,附刀叉上席。其味喷香,肉嫩味美,还有壮阳补肾、健胃祛湿之功效。

3. 烧大块

长汀烧大块又称汀州扣肉、红烧肉。长汀烧大块历来是客家首府汀州的传统名菜。红烧大块是汀州客家逢年过节,尤其是婚喜贺庆宴席上必备的一道压轴菜,要到宴席最后剩下一两道菜时才端出来,这时还要燃放鞭炮以示隆重,东家还应端酒出来到每座席间,向客人敬酒道谢干杯。长汀烧大块主料是家养猪的五花肉,精选五花肉,切成大块放入锅内,用文火煮成熟烂,捞起后蘸上适量的黄酒、白砂糖、食用盐、香料等,放入热油锅中炸成金黄色起锅。淬入温肉汤中,使肉皮组织起皱。食用时,将炸好的猪肉切成二指宽的大块,加入适量的白砂糖、酱油、大蒜入锅加汤煮至皮软。再放入笋片等配料,起锅装盆,放上几片汤熟青菜上席。红烧大块具有绛红油亮、皮似绉纱、浓香扑鼻、块肉香醇、肥而不腻、食之不厌等特色。

4. 豆腐圆

长汀豆腐圆又称喜圆,用竹制笼床蒸成圆形,寓美满团圆之意,是长汀客家人年节喜庆最常用的佳肴。豆腐圆原料以豆腐、地瓜粉为主,佐以适量的精盐、酱油、花生油和香菜。不过制作还有点费事,需用石磨将原料磨成浆,再用蒸笼蒸熟。食用方法有二:一是趁热吃,配上熟油、蒜仁、葱花;另一种是冷却后吃,将豆腐切成一小块一小块,放入锅中加适量水做汤,佐以酱油、精盐、香菇丝、冬笋丝、精肉丝,起锅盛盆,浇上熟油,撒点葱花、香菜上席。长汀豆腐圆汤汤清味香、滑韧耐饱、易于消化。

5. 灯盏糕

长汀灯盏糕即油炸糕,是长汀客家人的传统食品,每逢过年过节,几乎家家户户都少不了要炸灯盏糕。除了自家吃,还可送左邻右舍,这种小吃和习俗千百年来传承至今。长汀灯盏糕主要原料是大米和黄豆。用大米和黄豆加入适量的水浸泡一夜后,磨成浆,再拌入适量的食盐、葱末拌匀。食油在锅中烧热后,用汤匙将米浆舀入特制的平面小铁勺中匀平,连勺放入油锅内炸,一会儿糕便自动脱离小铁勺浮出油面,再用小勺轻轻拨点糕块,它就慢慢鼓起中空,形似两个旧式灯盏吻合在一起,故称"灯盏糕"。另有加料的灯盏糕,在糕中间加入瘦肉、香菇、冬笋、豆芽和韭菜等馅料,味道更为鲜美,更富营养。

6. 兜汤哩

长汀兜汤哩是长汀县的传统小吃。该小吃主要原料包括瘦肉、地瓜粉、鱿鱼、香菇等,另备胡椒粉、葱花、精盐、味精、麻油、酱油等。在工艺上,先将瘦肉切成薄片,用盆盛好,加入地瓜粉、精盐,放少量水搓至不黏手待用。烧热锅,放入清水,沸腾后将拌好的肉下锅煮熟,加入香菇丝、鱿鱼同煮,然后盛起。舀入碗中时,加入适量的胡椒粉、味精、麻油、葱花之类调料。此小吃的特点是汤热肉嫩、清香可口。

7. 盐酒鸡

长汀客家盐酒鸡是长汀又一风味美食。盐酒鸡主料为重量1500克左右的鸡1只，另备葱、姜片、糯米酒、精盐、味精、香油各适量。工艺上，先将鸡宰杀脱毛、开膛去内脏，用清水洗净。将鸡斩成两三厘米左右的鸡块用一泥钵盛装，放入精盐、味精、香油、葱、姜盖好，放置蒸锅中用武火猛炊一小时，出锅连钵上席即成。该美食具有香醇、鲜嫩、味美适口、多吃不腻等特点。长汀客家盐酒鸡以其美味色香而远近闻名。

8. 泡猪腰

长汀泡猪腰是长汀县的特色小吃，是长汀一些连锁餐饮店的招牌菜，以其味道独特而受欢迎。它的做法是：手撕掉猪腰的外白膜（透明的），然后将猪腰洗净，对半切开，剔除里面白筋，再把半片猪腰（里朝案板）斜切成薄片。接着还要将猪腰片在水里洗上多遍，直至里面血水洗净。再用清水加少许盐、几滴酒泡上至少10分钟，再滤出，将滤出腰片拌上地瓜粉。原料齐备后，再在锅里下适量清水（最好有猪骨头汤或高汤）放姜丝，旺火烧开后，把腰片倒入已经滚开的汤水里，旺火泡1～2分钟，咬开腰片断红即可，然后放入葱花、精盐、鸡精调味，一道美味即大功告成。

第六节 连城县大宗物产、特色出产、风味美食

一、大宗物产

1. 连城土纸

连城县的毛竹资源十分丰富，是得天独厚造纸的原料基地。连城土纸业已有300多年的历史。明嘉靖年间，连城就开始有土纸生产。最初是利用萱树皮、榆树皮做原料，加工土纸，产品销于本县和邻县清流一带。明万历年间，姑田元甲村蒋少林到闽北邵武一带学习手工造纸，掌握了原料蒸煮、天然漂白、打浆、造纸、烘焙的全套工序。学成归来后，蒋少林在家乡试制以竹丝为原料的漂料纸，获得成功。随后，漂料纸技术在连城得到普遍的推广。连城县的姑田、朋口、莒溪的许多纸槽纷纷效仿，以竹丝为原料，改进工艺，生产各种各样的土纸。连城土纸生产可分为三大类：一是漂料纸。如大连纸、宣纸、玉版、京庄、奏本、粉纸等。二是水料纸。如普通福贡、加重福贡、洋信、贡川、长连纸等。三是生料纸。如玉扣、山贝、毛边纸等。县内的姑田、曲溪、洋地、朱地、魏地、大小朱地、塘前等地均属漂料纸产地。莒溪、铁山罗地、梅村、香根、蒲竹溪、黄胜、罗胜等地则属水料纸产区。布地、长坑、坪上、张地、马罗围、余畲等地属生料纸产区。水料、生料纸的生产周期短，管山农民自煮自造，有多少原料即造多少纸，原料做完即闲槽。漂料纸的生产周期较长，整个产、供、销由料户、槽户、纸商三者结合组成一个统一

体,分工合作。料户的主要任务是管理好原料生产。它从整理竹山、砍竹、青丝、黄坯、煮漂,直至白料为止,约需200天时间。白料的要求一般是色泽洁白、底面光滑、内外干净、拉力坚韧。槽户的主要任务是抓好造纸工作。纸商的主要任务是及时贷款给槽户备料,合理评定纸的等级,帮助槽户雇请造纸巧师,注意市场信息,加速土纸外运,参与市场竞争等。由于品种增加、销路扩大,销售市场由省内漳州扩大到省外广东的大埔、佛山等地。清乾隆四十五年(1780年),广东行商黄洋华、朱广菊等先后到莒溪、姑田设立纸庄,收购土纸,运回广东销售。1820年,连城姑田用竹丝漂料制造的中、高连纸开始运往汕头,出口暹罗、安南、缅甸等地。首次拉开了连城土纸史上土纸外销的序幕。1840年,姑田玉版、漂贡纸转销菲律宾、吕宋岛等地。同年,莒溪的京庄、奏本纸也运往上海、天津、北京、烟台、东北等地销售。1919—1921年,连城迎来了纸业发展的鼎盛时期,全县有纸槽1000多槽,产纸6万~8万担。姑田、莒溪一时成为连城的两大经济繁荣中心,"金姑田"、"银莒溪"由此得名。这期间一批纸号如雨后春笋般崛起,最多时竟达50多家。其中最有名的为姑田上堡的洪春号、中堡广泰昌、下堡吉兴号三家。随着时间的推移,又不断有新纸号崭露头角,如姑田南美庄、荫昌号、永和祥、义盛祥、元茂、义隆、肇春号等。1934年开始,连城纸业迎来了新的发展高峰,全县年产纸六七万担,又有一批新的纸号出现。仅姑田一带开设的纸庄、商号就有40多家,纸庄开办的纸槽400多槽,年产纸达四万多担。抗日战争爆发之后,连城土纸外销受阻,但内销相对旺盛。受特殊战争环境的影响,连城纸业发展时盛时衰。这期间,为适应国内市场的需要,各纸槽通过改进原料配方,试制成功改良纸等。

历史上,连城产大连纸上、中等的主要销往安南之西贡和日本作卷烟之用;次等的主要销往安南、金边作迷信纸用。京庄、奏本纸,过去主要销于京城作上疏奏章和御用。宣纸主要销往国内和日本作书画之用。粉纸主要销往闽南、汕头、梅县、赣州等地作卷烟纸用。玉扣纸主要销往广州、南宁等地作卷烟纸用。福贡纸,过去销福州作账簿和银票用纸,加重福贡纸销往广州、佛山和泰国、锡兰作银票用纸。和士纸,销于国内和泰国、锡兰作文化用纸。毛边纸销往国内作加工各种色纸之用。长连、改良山贝、洋信、贡川、201等销往国内作文化用纸。连城县历史上各种土纸每年销售金额在120万至240万(银元)元左右。

新中国成立后,连城县对连城土纸采取扶持政策,使土纸生产随着销路的扩大而一度又活跃起来。

2. 锰矿

连城县锰矿属风化淋型贫氧化锰矿,锰矿物有硬锰矿、软锰矿和锰土。连城锰矿资源集中分布在该县庙前镇,探明工业储量为150多万吨,价值15.5亿元。连城锰矿具有品位高、储量丰富、易于开采的特点。连城锰矿生产始于1958年,目前有锰矿生产矿山7个,锰矿质量指标为22.3%至33%,2010年至2011年开采量5.3万吨,销售收入8200万元。

3. 铅锌矿

连城铅锌矿为多金属伴生矿,探明工业储量为180多万吨左右,价值53亿元。连城铅锌矿集中分布于庙前镇,另莒溪镇也有零星分布。连城铅锌矿品位高,储量较丰富。连城铅锌矿的开采始于20世纪70年代,现在庙前镇设有4个矿山企业,硫化铅锌矿质量指标为60%左右。2010年至2011年开采0.09万吨,销售收入982万元。2012年,又有1个矿山企业于5月份开始复工生产。

4. 膨润土

连城县膨润土资源较为丰富,探明工业储量为240多万吨,价值2.4亿元,主要分布在莒溪镇、朋口镇一带。具有储量大、品位高(品位在35%至60%之间)的特点。1974年,连城开始膨润土采矿作业。连城县经整合后现有矿山企业4个。近年来,因市场价格处于低位徘徊,连城膨润土采矿产量下滑。2010至2011年,仅生产2万吨,销售收入360万元。

二、特色出产

1. 红心地瓜干

连城红心地瓜干是闽西八大干之一。由于连城当地土质特殊,所产地瓜又香又甜,且含糖量不高,营养丰富,具有防癌、防心脏病等功效,人称"长寿食品"、"客家人参"。历史上曾作为进贡朝廷的贡品。连城县地瓜干加工已有300多年的历史。连城对地瓜进行加工储藏始于明末清初。起先是城郊隔口田(今隔川镇隔田村)有一妇女偶尔发现经蒸熟、去皮的地瓜,经太阳晒干后,味道更甜,颜色更艳,也更好储藏。于是,便悟出了加工制作熟地瓜干的技术。后来,她的这一技术很快在村里及周边传开。后来,人们不断实践,不断改进,在用料上选用最好的红心地瓜,又试验成功用炭火炉子烘烤,连城红心地瓜干便逐渐形成了批量生产。但开始产量小,销路也不广。新中国成立后,连城红心地瓜干随着国民经济的发展,对外经贸渠道的拓展而发展,并逐渐成为出口创汇的拳头产品之一。改革开放后,为了满足市场需求,也根据客户口味引进了机械生产,增加了许多花色品种。上世纪末,经由有关部门牵头,连城县编制了《连城红心地瓜干标准综合体》。该《标准综合体》得到上级有关单位的确认后,有力促进了连城红心地瓜干产量的提高和质量的稳定。目前,连城地瓜干已发展了蜜饯型、香酥型、重组型3大系列50多个品种。2008年4月,连城红心地瓜干获得"中国地理标志保护产品"认证,2009年4月,连城红心地瓜干集体商标被认定为"中国驰名商标"。2011年,全县加工地瓜干10万吨,产值7.07亿元,已形成了"三万农户种地瓜,百家企业搞加工,五千农民跑销售,七亿产值富半县"的产业格局。连城地瓜干产品畅销全国600多个大中城市,出口日本、韩国、新加坡和香港、澳门等国家和地区,产品占全省市场份额的90%以上,占全国市场份额的70%以上。

2. 白鹜鸭

连城白鹜鸭原名连城白鸭,由于它具有较高的药用价值、清热解毒、滋阴降火、祛痰开窍、宁心安神、开胃健脾等功效,因而广泛用于治疗小儿麻疹、肝炎、肺结核、无名低热高烧和血痢等。清道光年间,因连城白鸭有较高的药用价值,被地方官员列为朝廷贡品。新中国成立后,连城白鸭被编入《中国家禽品种志》。1987年和1997年,连城白鸭分别选送厦门大学生物系、福建省农科院中心实验室测定,富含人体必需的维生素A、维生素B、维生素C、维生素D和钙、镁、磷、锌等十几种微量元素,而且胆固醇含量特低。实验还测定,饲养时间越长,其药用价值越高。因而认定连城白鹜鸭是"全国唯一药用鸭"。1999年11月2日,中国家禽业协会在北京举办"福建省连城白鹜鸭产业化发展研讨会",与会专家一致认为:"连城白鹜鸭是一难得的地方优良稀有种质资源,是鸭类中的国粹"。连城白鹜鸭起源于连城县北团镇的大张村。据说是康熙年间的一年春天,连城北团大张溪一带农民家养的鸭子与白鹭交配后所形成的白鸭品种。民间相传,连城白鹜鸭已有300多年的养殖历史。20世纪末,连城县有关方面采取了一系列有效的保种、选育措施,保护这一珍贵的家禽品种资源,连城县还出台激励措施,鼓励农民大规模养殖连城白鸭,在十几个乡镇建立了连城白鹜鸭养殖基地,养殖规模不断壮大。连城白鸭现畅销省内的福州、龙岩、厦门等城市。

3. 根雕

连城根雕艺术品是明末清初(一说是宋末元初)传入连城的。清康熙年间,连城县就有人学习根雕工艺。赖源中村一姓吴木匠家里,祖传下来一具名为"韩信点兵"的根雕,背面刻有"康熙四十三年吴奕生制"的字样。宣和乡升星村一村民保存一具名为"孟母教子"的根雕工艺品,作为传家之宝,已经传了九代。新中国成立之后,连城根雕艺人一度有所增加,根雕艺术有所发展,但在"文化大革命"的冲击之下,连城根雕停住了发展的脚步,连城根艺断层由此出现。改革开放后,连城根雕才再次焕发新的生机和活力。新时期的连城根雕作品繁多,精彩纷呈,有人物、花卉、动物,还有花插、几案屏风等。与此同时,根艺催生了一批土生土长、技艺日益精湛、造诣渐趋深厚的根艺创作者,诸如巫柏金、李继超、李慧恭、江军、林富昌、钱鼎乾等。他们的作品有的以古朴浑厚见长,有的以飘逸典雅取胜,有的师从造化形神兼备,有的构思精妙,匠心独具。产品通过"厦门九八投洽会"、"广交会"和全国"根石艺术博览会"等桥梁进入了全国人民的视野,屡获各种大奖,甚至挺进日本、韩国、新加坡等国家及港澳台地区,成功跻身国内外根雕市场,成了国内外收藏界的关注对象。近年来,连城根雕艺术的风格正发生着历史性的转变,即由自然造型逐步向人工造型转变,从艺术品向商品转变、向吉祥物方向转变,还有从小型向高大型转变。这些转变极大地促进了连城根雕产业的发展,形成了连城根雕产业一条街。连城根雕逐渐形成为一大特色产业。

4. 兰花

连城是闻名中外的福建兰花的主产区和发祥地之一,兰花资源十分丰富,品质优良、名冠八闽。连城植兰始于宋,已有千年的历史。连城养兰以朋口镇桂花村最为有名,百余户人家几乎家家种兰,有100余个品种。早在清代康乾年间,就有人养兰远销粤、赣等省。以朋口为中心以及周边乡镇的群众,利用当地独特的自然条件和得天独厚的环境优势,家家户户都有着种养兰花的优良传统。我国20世纪80年代以来,朋口爱兰养兰、玩兰赏兰之风更盛。伴随着我国经济社会的快速发展,人们在物质生活满足之后的文化精神需求日趋高涨,这就为兰花产业的发展提供了难得的历史机遇。也得益于此,近年来,连城兰花产业进入了规模发展的快车道。以朋口为基地,前身为连城兰花有限公司的福建连城兰花股份有限公司,发挥连城兰花的资源优势,积极打造全国知名的"国兰"产业化研究基地、兰花文化主题景区、海西生态休闲农业示范区。该公司专业培育素心建兰、四季兰、武夷山寒兰、春兰、蕙兰、墨兰(报岁兰)、春剑、莲瓣兰等7大类共300多个兰花品种。该公司培育的兰花多次在国际、国内花卉博览会上荣获盛誉,获得各类奖牌280多枚,其中"红梅报春"、"冠豸朵云"、"金碧辉煌"分别获第一、二、三届"中国福建花王"荣誉称号。2010年11月,"连城兰花"被评为"福建省著名商标"。现在该公司已在一、二线城市设立了40多个"连城兰花"专卖店,在北京、上海、福州、厦门、西安等地成立分公司。以这些专卖店为平台,连城兰花香飘全国。

5. 苦茶

连城苦茶是姑田特产。明、清两代,福建地方官员进贡朝廷的"贡茶"中就有苦茶这一品种。连城苦茶生长在姑田镇有苦竹的山林中,主要产地在白莲村(原名莲花山)。该村四周山林竹木茂密、气候温和。长期以来,每年都有江浙一带的菇农成群结队来此栽培香菇。他们顺带采摘苦茶,就地加工,携带回去卖给茶商。时间一长,姑田苦茶便名声在外了。连城苦茶枝叶一般比山茶更为粗壮。苦茶母树生长的叶子如掌大。泡饮之,其味入口苦而转甜,越陈的甘味越厚。苦茶有提神、止渴、消食、解暑、利尿的作用。现代科学证明,苦茶含有溶性蛋白质、氨基酸、碳水化合物和多种维生素,从医学角度来说,用它治疗糖尿病、调整新陈代谢、抑制动脉硬化都有一定效果。

6. 鲜切花

鲜切花产业是连城县近年来精心打造的现代农业项目。目前,已在林坊乡建立了项目基地,成立了方方、长盛、鑫连鑫、心语、金色年华、众志诚等6家花卉专业合作社经营鲜切花业,种植面积520亩,另有180亩正在搭建钢架大棚,有望投入使用。连城鲜切花品种主要有非洲菊、玫瑰、出口白菊等。连城鲜切花主要销往省内的龙岩、厦门和省外的广州等城市。2011年,连城县实现鲜切花产值933.2万元,鲜切花成为连城县高优农业的新亮点。

7. 红衣花生

红衣花生是连城花生种的名优品种,营养成分丰富,不仅含有普通花生含有的脂肪、蛋白质、碳水化合物、无机盐和维生素等,而且富含被营养学界誉为天然抗氧化剂的白藜芦醇,具有降低血液黏稠度,保持血液畅通,预防心血管疾病的作用,具有较高的药用保健功能。目前,连城全县红衣花生种植面积5000亩,种植乡镇由文亨辐射到莲峰、北团、新泉、庙前等镇,红衣花生的种植和加工逐渐成为连城农民脱贫致富的区域特色产业之一。2011年,连城红衣花生获农业部第三批农产品地理标志登记。连城红衣花生销往国内上百个城市,而且还出口到欧美和东南亚国家。

8. 宣和雪薯

连城雪薯以宣和乡前进村所产品质最佳。该村种植雪薯历史悠久,据记载已有800多年的历史。该村所产雪薯是上乘的药食天然绿色保健品,是连城县传统的名优特产之一,在连城县远近闻名。宣和雪薯肉白肥厚,肉质细腻,香甜可口,味道鲜美,味香独特,质量上乘。既可做主副食品,又可烹调各种雪薯美味佳肴。适用于蒸、炒、炆、煎等,雪薯炆狗肉是当地的一道名菜。宣和雪薯是一种嗜口性绝佳的健康蔬菜。同时是采药兼用的优良作物和理想的绿色保健食品。它营养成分丰富,含多种人体必需的氨基酸、蛋白质及淀粉,能健脾胃、补肺肾,主治泄泻久痢、消渴、虚劳、咳嗽、遗精及小便频繁等。常食用,可长肌肉、强阴,益寿延年。宣和雪薯自2006年以来,种植面积逐年扩大,至去年,种植面积已突破千亩。由于宣和雪薯味道鲜美,俏销广州、深圳、漳州、厦门、福州等地,深受省内外客商和消费者的好评,产品供不应求。2011年,宣和乡前进淮山种植专业合作社申请的"宣和雪薯"获农业部第三批农产品地理标志登记。

9. 四堡水蜜桃

四堡地处闽西连城北边的山乡,自然条件优越,极其适合水蜜桃的生长。20世纪60年代初,在当时四堡公社领导的支持下,四堡双泉村知识青年邹春成从浙江引进水蜜桃品种试种,获得成功。此后,陆续有零星乡民在村落四周荒山效仿种植。改革开放后,四堡水蜜桃种植迅猛发展,至1990年,四堡水蜜桃种植面积增至6300亩。由于水蜜桃品种退化问题一直未能得到根本的解决,至20世纪初,四堡水蜜桃种植面积急剧萎缩,现已所剩无几。四堡水蜜桃的品种很多,根据其成熟之先后,大致可分为早、中、迟三熟品种。早熟品种有雨花露(上品)、春雷、早花个、岗山早生、沙子早生、五月红;中熟品种有白凤(上品)、清蜜桃、塔桥、大久保等;迟熟品种以玉露系品种为最佳,黄内桃次之。

四堡水蜜桃在产业发展的鼎盛时期,其销路远及广州、深圳、厦门等城市。

10. 隔川喜炮

清乾隆年间,连城隔川商贾于江西延聘先泗、老吕两师傅前来隔川传授制造喜炮技艺。最先是在隔川七迭塘(今联益村)的岭背洋设厂开工。当时,江西师傅对技术极为保密,关键技术全为夜间操作。但由于乡人对师傅极为尊敬,在各方面给予体贴入微的关心,最终感动了师傅。这两位江西师傅于是将操作技术过程毫不保留地传授给隔川人,制造喜炮技术也由此在隔川传播开来。隔川喜炮的制造大小有三十多道工序,其中主要的工序有三步:一是把纸切块碾成一定规格的"筒子"(管状、空心);二是把束装好的盆状"盘子壳",按比例分别均匀地注入黄泥河火药;三是引孔,加上导火线,编织、包装成成品。隔川喜炮在技术革新上有多次尝试，近年来，又加快了革新步伐，推出了大地红（电光炮）、连珠炮、大闹天宫、冲天柱、魔术弹及大中小型的高升炮等新品种。还根据现代火箭原理，探索直硝性能，研究把高升炮起"双级推送"作用，进行"双级高升"的尝试。隔川喜炮以"大地红"炮和"大闹天宫"炮为拳头产品，广受人们欢迎，远销省内外。

三、风味食品

1. 全牛宴

该美食实为具有连城特色的牛系列组合，包括涮九门头、神龙摆尾、酱油水牛肚、牛肠管、白灼牛百叶、焖牛筋、椒盐牛蹄、炒牛心管、牛腩萝卜汤、炒九门头、牛杂汤、牛肉兜汤、炒牛肉、花月牛鞭。主料包括牛蹄、鲜牛肉、牛腩、牛百叶、牛肚、牛尾、牛心管等。另需备青红椒、芹菜、淀粉、白萝卜、菜胆、西红柿、大葱、陈醋、枸杞等作为辅料，也还需备盐、生油、蚝油、姜、料酒、小米椒、茴香、当归、味精、椒盐、胡椒粉等调料各适量。该美食组合于2003年在江西省南昌市举办的第十三届中国厨师节上被评为中国名菜。该美食组合具有药食兼具的作用，能安中益气、养脾胃、补虚壮健、强筋骨、消水肿、除湿气。制作上，根据不同主料采取不同的烹调方法，或焖，或炒，或煮，或涮，或煲，或炸，或灼。

2. 猪肝粉肠涮酒

该道美食具有提振精神、舒筋活血、祛寒补肾、助于睡眠等疗效，是一道典型的药膳美食。主料包括猪肝、猪枚肉、猪粉肠（粉肠即小肠，以肠子两边都有脂膏黏附着的双面肠最佳）等。另需备香藤根、竿芨（又名山奈，中草药）、水酒等辅料，还需备精盐、姜汁、味精、葱等调料适量。制作步骤是先将猪肝、猪枚肉横切成片状，粉肠用左手抓住一头，用右手食指和中指夹住直撸下去2～3次，挤尽内垢，洗净，切成5厘米左右的截段备用。接着把香藤根5～6厘米断截，竿芨捆扎成一束，洗净放入铝（锡）壶内，倒入约700克水，放置火炉上，烧滚，煮出药汤。然后，将水酒注入，待水酒和药汤一起再开沸时，立刻倒入猪枚肉片，约1分钟后，又将肝、肠倒入，用筷子拌匀，随时夹起肝片，待不见血点，即提壶离火。最后，将壶中涮酒筛在个人碗里，随即倒出壶里肝肠等，夹去竿芨、香藤根，拌上调料，即可喝原汁，品美味三鲜。此道美食的特点是肝肉鲜嫩，粉肠脆，酒汤香甜特爽口。

3. 涮九门头

这是连城县新泉、庙前一带最具地方特色药食兼具的客家品牌菜。它具有防治风湿病、强壮筋骨、健胃补肾的功效，特别是对在长期水上艰苦劳作的人尤佳。该美食主料有新鲜肝头（俗称牛鸡肝头）、牛肾、牛舌黄、牛心冠、泥肚尖、百叶肚、蜂肚头、草肝壁、牛睾丸（或牛乳房），还需备用糯米酿造纯米黄酒。辅料包括辣薯（野生草药）、千里奇（家种草药）、牛奶仔根（野生草药）、葳灵根（中药）、玉竹、沙参等，还需备姜泥、白糖、花生油、地瓜粉、食盐、味精等调料。制作步骤是先将牛内脏分别洗净,把肝、肾、睾丸、百叶肚、草肚壁、蜂肚头、舌黄表面包着的一层薄薄白膜和黑膜剥去,洗净后,肝与舌黄切片,腰子、草肚壁、肚尖、蜂肚尖、睾丸切成刀花状,切好的肝、腰子、睾丸用清水浸泡后,沥干掺些地瓜粉调拌。接着开始涮的程序。常见的涮法是先将中草药一起放入砂锅或铁锅内,用清水煎煮,待药味煎出后,与米酒一并倒入锡壶中(药液与米酒的比例为1∶4),煮沸后,依次将牛心、牛肝、舌黄、腰子、睾丸、肚尖、草肚壁、蜂肚、百叶肚投入壶中,用旺火煮滚,再将肉捞起,捡取药渣,放些盐、糖、味精于壶内,再将事先准备好的姜泥、葱白用油锅小爆,下些药酒汤,做调料。吃时,以汤配肉,肉蘸调料。此道美食的特点是脆嫩鲜美、浓香馥郁。

4. 炒九门头

炒九门头,连城客家人称为炒牛杂。该道美食药膳兼济,被评为中国名菜。该道美食取牛身上最精美的九个部分作主料(主料与涮九门头同),另需备香菇、冬笋、油炸豆腐、芹菜、花生油作为辅料,还需备姜泥、香油、米黄酒、食盐、味精各适量作为调料。制作步骤是:①牛肉入生油、生抽、姜汁、地瓜粉、盐、味精、香油搅拌,草肚尖、肚尖、蜂肚洗净后,草肚壁去黑膜,与肚尖分别切花块,牛肚、牛肾去掉薄膜后,牛肾切花,用清水浸泡后沥干,搓些地瓜粉。②油下锅,旺火,油冒烟时下牛肉、牛肚、牛肾爆炒一阵,炒至肉转色起锅。下油,依次将牛舌黄、肚尖、草肚壁、牛心冠、牛睾丸(或牛乳房)、姜丝(或汁)放入锅内翻炒,七成熟时起锅。③下油,冬笋片(或萝卜)先炒,再放入冬香菇、油炸豆腐,翻动几下,入大骨头汤焖煨一阵,然后把前面翻炒过起锅待用的肉均匀撒下,最后把百叶肚、蜂肚、芹菜铺在肉面上,盖锅焖5分钟,下盐、味精、香油、糖,沥些米黄酒,稍翻动,勾芡起锅装盘。该美食的特点是鲜嫩脆口、香甜爽滑、回味悠长。

5. 溪鱼焖豆腐

该美食于2003年在江西省南昌市举办第十三届中国厨师节上被评为中国名菜。该美食既是保健食品,又是美味佳肴。这道菜的特点是一青二白、香嫩清甜、鲜花爽口。豆腐与溪鱼本身是绝佳的搭配。而且这道菜还有一个关键之处是新泉的水质好,故而新泉的豆腐特别鲜嫩,新泉的河鱼也特别鲜甜。该美食主料顾名思义就是河鱼和豆腐(新泉豆腐),另需备姜汁、香葱、花生油等辅料和上等酱油、米黄酒、地瓜粉、食盐、味精等调料各适量。制作上,先将鱼剖肚去除肠杂,洗净,沥干水分,内壁抹些粉盐和姜汁,置油锅中稍煎至呈淡黄色,起锅。然后将白豆腐切成小长方块,下锅焖煨,加入大骨汤、上等酱油、食盐,烧焖5分钟。接着下鱼、葱白、味精,再稍焖,芡少许地瓜粉,轻轻翻动豆腐,起锅装盘,将鱼披盖在豆腐面上,撒些葱花即成。

6. 猪八宝

连城猪八宝于2006年被评为福建名菜。主料包括猪月利(舌头根)、猪管月廷(黄喉管)、肚尖、猪腰、猪后颈肉、直肠、花肠、牙衣肉。另需备冬笋、胡萝卜、芹菜茎、花生油、老抽、八角、陈皮、草果、甘草、毛桃根,也还需备食盐、味精各适量。加工过程是:

①先将猪月利除去黑膜,洗净,切片,肚尖、猪管月廷、牙衣肉用盐、地瓜粉洗净,前者切刀花,后者切段片。猪腰剥去膜衣,对半剖开,剔去肾盂,切刀花,清水浸泡。猪颈肉去净幼毛,洗净拉花切块。直肠洗净内外壁,切3厘米长一节。花肠洗净切块。冬笋、胡萝卜切3厘米长片条。芹菜茎切段入沸水焯过。②油下锅,将沥干的猪腰下锅过油,捞起。后颈肉、猪月利调少量老抽、地瓜粉抓拌。③油下锅,旺火依次将后颈肉、猪月利、肚尖、直肠、猪管月廷、牙衣肉、花肠入锅爆炒,炒熟一种,起锅一种,再炒一种。炒完后,油下锅,冬笋、萝卜下锅翻炒一阵,沥半碗大骨汤,稍焖煮,再将上面起锅肉料连同猪腰、芹菜段回锅内再翻炒,用八角、陈皮、果草、甘草、毛桃根煎出的汤水加些老抽勾芡,沥些米黄酒,起锅。这道美食具有香浓香郁、脆嫩味美的特点。

第七节 漳平市大宗物产、特色出产、风味美食

一、大宗物产

1. 煤炭

漳平市煤炭资源丰富,是福建省重要的煤炭生产基地,为闽南经济发展提供了强有力的能源支持。

(1)无烟煤。

漳平市无烟煤产于童子岩组第一、第三段地层中,探明储量3965.30万吨,主要分布在吾祠、灵地、双洋、赤水、拱桥、芦芝等地。境内童子岩组含煤地层出露面积121.1平方千米。漳平市无烟煤煤质多数为低灰、低硫、特低磷、中高发热量,优质一号、二号无烟煤。现已开发煤矿16个,矿点22处。

(2)烟煤。

漳平市烟煤主要产于大坑组和文宾山组地层中,已探明储量1561.40万吨,分布于双洋、新桥、和平、西园等地,是省内唯一烟煤产地,属贫瘦煤,可作为工业或民用煤。含煤地层出露面积36.50平方千米,已进行普查找煤工作阶段以上的地区有26处,有5处烟煤井田探明储量并列入省储表。现已开发煤矿4个,矿点17处。

2. 铁矿石

漳平市是福建省最大的铁矿石生产基地,铁矿保有储量3185.8万吨。漳平市境内铁矿(床)点的成因类型以矽卡岩型、沉积改造型为主:沉积改造型,已发现大深铁矿,储量千万吨以上,多为富矿,平均含铁品位48.8%;矽卡岩型,已发现挂山铁矿,储量千万吨以上,以磁铁贫矿为主,含铁30%～50%,埋藏深。下大坑村附近有褐铁矿,储量只有几十万吨,含铁品位45%～50%,藏于地表及浅部,易于开采。漳平市另分布有少量开

采价值不大的其他类型铁矿。如热液型,已发现李庄、下豪山等铁矿化点,矿体小,工业价值不大。

3. 石灰石

漳平市石灰石资源较为丰富,已探明储量的大、中、小型矿床各1个,矿点36处,储量石灰石储量约5亿吨,居全省前列。矿床类型为沉积型,赋存于船山组、栖霞组、长兴组及溪口组地层中,一般呈厚层状、部分透镜状产出,氧化钙含量在46.10%～54.49%之间,品质优良,可作化工及水泥用灰岩。

4. 木材

漳平市林业资源丰富,用材林以杉木为主,其次为松木。历史上,赤水、吴地、香寮、大窑一带有不少原始森林。各姓氏族还营垦大量杉木林。木材曾长期成为漳平最大的外输物产,至迟在南宋或更早些,漳平即向闽南提供民间用材。明季中叶以后,漳平木材还销往汕头、南洋一带。1840年鸦片战争后,厦门开放,漳平木材生产随外运数量增加而增加。1930年至1934年间,漳平县年均木材输出值为法币13.97万元,宁洋县年均木材输出值为法币2.1万元。不论产量或产值均居九龙江流域之首。1938年5月,日军侵占厦门,木材滞销,漳平木材生产量随之减少。抗战胜利后,台湾回归,销台木材增多,木材生产量略有回升,但增长缓慢。新中国建立至1978年的各时期,漳平产量都有所增加。1986年之后,由于实行限额采伐,漳平森林覆盖率和蓄积量逐年回升,至2010年,漳平全市森林覆盖率77.9%,林木蓄积量1503万立方米。漳平市成为南方48个重点林业县(市)之一。

二、特色出产

1. 花卉

漳平市属亚热带海洋性季风气候,境内土壤肥沃、气候适宜,为花卉产业的发展打下了良好基础,特别是永福镇,地处"低纬度高海拔",是花卉栽植的理想区域,永福镇历史以来就有"高山花园"的美誉,是福建省"三大花乡"之一。永福镇自古以来,这里的野生花卉资源就很丰富。早在南宋时期,永福人民就开始盛行"养花",花卉栽培技艺距今有700多年的历史。改革开放后,永福花卉产业得到较快发展,主要栽培、生产的茶花、瑞香、兰花、西洋杜鹃等花卉品种远销全国各地。近年来,永福又新开发了多样化的桂花、红豆杉等花卉品种。如今,永福花卉在福建乃至全国花卉业中都占有重要地位,是福建省著名的"花乡",还是"全国十大花卉生产基地"之一。2000年6月,永福镇被国家林业局和中国花卉协会授予"中国杜鹃花之乡"称号。永福杜鹃花占据了全国70%的花卉市场。如今,永福镇常年种植的花卉及绿化苗木有2.6万亩。得益于永福花卉产业的领军作用,推动了漳平全市花卉产业的发展。花卉业成为漳平市一项重要的农业支柱产业,2011年,漳平市花卉种植面积2万多亩,产值3亿多元,全市花卉产业从业人员约3万人。漳平市和漳平的永福镇分别是国家林业局与中国花卉协会联合授予的"中国花木之乡"、"中国杜鹃花之乡",目前漳平市杜鹃花产业居全国之首,年产盆栽杜鹃花1500万盆,占全国同类市场80%以上的份额。漳平在全国首先组织起草并且通过福建省技术质量监督局颁布实施了杜鹃花产品质量标准及育苗、种植标准,成为全国杜鹃花产业的领跑者。

2. 毛蟹

漳平中华毛绒蟹(简称毛蟹)生长于漳平境内九龙江流域环境好、水质优的溪流、河段中,属于半野生的状态,野性足,味道美,堪称中华一品。漳平市境内九龙江流域水质条件优越、水生生物资源丰富,使所产漳平毛蟹螯霸腿健、绒毛美顺、肉质鲜嫩、香脆清甜,素有"螯封嫩玉双双满,壳凸红脂块块香"之美誉,是难得的美味佳肴,产品市场竞争力强,深受消费者青睐。毛蟹几乎不通过水产市场就销售一空。漳平市放流增殖毛蟹工作始于1989年,产品捕捞上市后,因"独具风味"而闻名于八闽大地。2011年,毛蟹总产量204吨。2004年,漳平市境内九龙江北溪及其支流已经率先通过了全省首批21个无公害水产养殖基地认定及无公害中华绒毛蟹的产品认证,所生产的毛蟹具有质量安全保障。

3. 乌龙茶

漳平市是迄今闽西最大的乌龙茶产地,属乌龙茶系列的水仙茶、铁冠茶、高山茶种植面积近12万亩。2010年,漳平市被评为"中国名茶之乡"、"全国重点产茶县"、"福建十大产茶县"、"中国绿色食品原料基地县(茶叶)"。

(1)水仙茶。

水仙茶是漳平悠久茶文化的经典之作,是乌龙茶中唯一的压紧茶。水仙茶制作工艺独特,在全国属于首创。水仙茶饼又名"纸包茶",在加工制作上,系用水仙品种茶树鲜叶,按乌龙茶制法制出毛茶,再用木模压成饼形。漳平市中村等地种植的水仙品种茶树是从闽北建阳一带引进的,其制法亦与闽北水仙相仿。但鉴于毛茶条索疏松,携带不便,且易于吸湿变质,因此,最初在工艺流程中于揉捻之后增加了一道"捏团"的工序,即将揉捻叶捏成小圆团,用纸包固定,焙干成形。然而捏团形状大小不一,不便销售,而后又逐渐改用一定规格的木模压制成方形茶饼。漳平水仙茶以双洋、南洋、新桥等乡镇为主要产区。漳平人早在元代就开始了水仙茶的种植加工,到明、清时期已有相当的规模。漳平水仙茶饼古香古色,极具浓郁的传统风味,具有色泽乌褐油润、香气如兰似桂、汤色金黄明亮、滋味醇厚爽滑的特点。水仙茶久饮多饮不伤胃,还具有防癌的功效。清朝光绪二十年(1894年),由"泰昌茶庄"选送的漳平水仙茶叶因品质优良获得了巴拿马博览会和上海博览会金奖。从1995年至2010年,漳平水仙茶在全省、全国乃至国际性的茶叶博览会上都屡屡获奖,并且被"中国茶叶博物馆"永久性收藏和陈列展出。由于茶饼携带方便,易于保存,而且品质优良,因此漳平水仙茶深受消费者的好评,畅销于闽西各地及广东、厦门一带。漳平市现有水仙茶叶种植总面积约3.5万亩,常年产量

2500吨。

(2)官田铁冠。

官田铁冠因主产于漳平市官田乡而得名。官田乡与铁观音原产地安溪县毗邻,自然条件优越。近年来,漳平市发挥自然条件的优势,通过文化交流和制茶技术的分享,大面积种植铁观音,生产出足以和安溪铁观音媲美的"官田铁冠"。目前,官田全乡铁观音种植面积达24000亩,茶叶加工厂300多家,产值已突破1.8亿元。通过品牌运作和市场推广,官田铁冠的市场影响力不断扩大。2008年以来,官田铁观音先后获第五届中国国际茶博会银奖、第六届中国国际茶博会2个金奖、上海国际茶博会银奖、福建省茗茶金奖。2010年,"官田铁冠"获"福建省著名商标"。现在,官田铁冠茶在龙岩、泉州、厦门、北京、天津、上海、广州等地均设立有营销窗口。

(3)台湾高山茶。

台湾高山茶主要分布于漳平市永福镇一带。永福镇平均海拔780米,并且拥有适合高山茶生长的砂质融土,生态环境良好,因其自然气候与台湾著名高山茶区阿里山相似,所以,从前几年开始,有很多台湾茶农来到这里开垦茶园,种茶、制茶。因为这里的自然条件与台湾著名高山茶产区"阿里山"非常相似,永福被台商亲切地誉为"大陆阿里山"。目前,高山茶的种植面积已达5.5万亩,落户台资茶叶企业48家,单个茶园面积少的300亩以上,多的2000多亩。成为台湾茶农在台湾岛外投资最集中、最大的茶叶生产基地,也是目前大陆最大的台湾软枝乌龙茶叶生产基地。永福镇引进了台湾优良的茶树品种、精细的栽培技术、先进的制茶设备和精湛的制茶技术,因此,永福高山茶的品质足以和台湾高山茶相媲美。在每年的台湾茶博会上,永福的高山茶都获得了优异的成绩。在其他各大茶叶博览会上也频频获奖:2008年,获中华茶人联谊会福建茶人之家"金奖"、"优质奖",同年,在第五届中国国际茶业博览会上获"金奖";2009年,获"省名优茶"称号,同年,获上海国际茶叶博览会"金奖";2010年,获上海国际茶叶博览会"金奖"等。目前,永福高山茶相当一部分销往台湾一带,产品供不应求。

4. 厚德萝卜

漳平厚德萝卜因主产于吾祠乡厚德村而得名,是漳平市知名土特产之一。厚德萝卜栽培历史悠久,距今已有540余年的历史。吾祠乡厚德村地处福建省漳平市东北部,属高山型亚热带湿润季风气候,具有秋寒早、春暖迟、夏秋凉爽、昼夜温差大等特点,日照充足,终年晨雾缭绕,起到自然喷灌的作用;土壤以砂质岩红壤土为主,土层深厚,富含人体抗癌微量元素——硒,独特土壤和高海拔山地气候优势,适宜于萝卜的种植。经历代农民的辛勤劳动,选育繁殖了优良的厚德萝卜。厚德萝卜具有须根少、纤维少、不糠心、表皮光滑洁白、个头大、形状佳、肉质脆嫩甘甜等独特优良品质和鲜明的地域特点,被誉为"无公害纯天然绿色食品"。萝卜除了作为餐桌上的美味菜肴外,还可在宴席上造型成精致的雕花,令人赏心悦目。研究表明:萝卜除供作蔬菜食用外,其药用功效也十分显著。萝卜的营养成分除了含葡萄糖、蔗糖、果糖、多缩戊糖、粗纤维、维生素C、矿物质和少量粗蛋白外,还富含多种氨基酸、人体抗癌微量元素——硒等。萝卜味辛、甘,性凉,能行气健胃、消食化痰、下气、宽中解毒、治食积、消痢疾,是消食理气的妙药。20世纪80年代末、90年代初,吾祠乡厚德村引进萝卜新品种,开始大规模种植高山反季节萝卜。目前,该村已连片种植面积3500亩,所产萝卜销路遍及三明、泉州、福州、漳州、厦门及广东潮州、汕头、广州,浙江,江西等地大中城市。

5. 戴云山羊

漳平是龙岩市山羊的主产区,主要分布在新桥、灵地、双洋、赤水、象湖、吾祠、官田等乡(镇),其中新桥镇有万头以上,漳平山羊存栏数和出栏数均占龙岩市总量的一半以上。漳平山羊属戴云山羊,具有早熟、多胎、多产(年产2胎,每胎1~3头)、适应性强、善于攀登陡坡采食的特点,属中小型肉用羊。成年羊每头体重公羊30~33千克,母羊20~30千克。1995年、1997年,市畜牧水产局从四川和大田调进南江黄羊公羊17头,母羊20头,分放在桂林、吾祠、灵地、新桥、象湖等乡(镇、街道),作为杂交改良种用父、母本,有效提升了漳平山羊的品质。

6. 西园苦瓜

漳平西园苦瓜有自己品牌——"可人牌",该品牌苦瓜系采用大麻子苦瓜与漳平市西园乡本地苦瓜进行杂交选育,培育出的苦瓜新品种。该品种苦瓜性能稳定,具有早熟、低节位结瓜、坐瓜率高、前期产量高、抗枯萎病、较耐低温易保鲜等优点。"可人牌"苦瓜比老品种亩增产1000公斤左右,每亩可增值1200元。西园乡现种植苦瓜350亩,亩产约2.5吨,产值约455万元。该苦瓜经冰保鲜后远销厦门、漳州、汕头、广州及东南亚各国和地区。

7. 东湖山米粉

漳平东湖米粉产自溪南镇东湖村。东湖村加工手工米粉历史悠久、工艺传统、久负盛名。东湖山米粉系利用当地生产的高山优质早稻米和来自深山老林的天然山泉水通过浸泡、淘洗、打浆、蒸煮、压粉、晾晒等多道手工工序加工而成。制成的米粉细滑爽口、有韧性,还有一股天然的香气,也便于携带。因而远近闻名。

8. 风鸭

漳平风鸭又称腌鸭,产自双洋镇(旧时宁洋县县治所在地)。该镇地处偏远山区,海拔高,冬季霜冻低温,阳光充沛,空气新鲜,自然条件适宜加工风鸭。当地百姓利用得天独厚的自然条件加工风鸭已有百余年的历史。风鸭加工系选用以稻谷为主饲料的地方良种番鸭为原料,经山泉水浸透后,采用地方传统工艺和科学配方,精制加工而成。加工过程是:深冬季节,将肥硕的鸭子宰干净,刨膛去内脏,放清水中浸泡去血水,再捞滤干,用配了香料的食盐抹塞表面及脖子、腿、胸脯肉内层,腌三十个小时左右,取出起水,滤干,用竹签撑展开来,放太阳底下晒干或风干。漳平风鸭色泽金赤润亮、味美香醇且具健胃宜脾之功效,是送礼迎宾之佳品,被誉为闽西佳肴一绝。用风鸭肉丁和以冬笋丝、香菇片、碎肉、大蒜等,拌煮成糊状,谓之风鸭糊,香醇可口。

第八章 历史以来闽西大宗物产、特色出产、风味美食

9. 闽笋干

漳平地处闽西山区,山多竹多,笋也多。漳平明笋即是以笋为原料,通过去壳、蒸煮、压片、烘干、整形等工艺制取的特产。明笋不仅是极好的佐料,而且笋产品低脂肪,富含维生素和人体必需的氨基酸及微量元素,是一种无污染纯天然的健康食品,有一定的营养和药用价值。漳平明笋加工历史悠久,已有几百年的历史。所产闽笋因为色泽透明,又被称为"明笋"。漳平明笋产自双洋镇坑源、温坑及官田乡坪山等村。其中又以双洋镇出产的名笋最为有名。双洋出产的"明笋干",色泽金黄,呈半透明状,片宽节短,肉厚嫩脆,称为"玉兰片",是"八闽山珍"之一,畅销国内外。历史上,漳平笋产品中的笋节、大片多取道龙岩销往广东潮州一带,"笋尖"、"凤尾"经漳平销往漳(州)、厦(门)。现漳平市每年产笋10万吨,在林产品中占有重要地位。

10. 龟池米酒

龟池米酒是一种用酒曲和大米酿制的黄酒,民间又称为红酒、家酿酒,产自新镇桥龟池。新桥镇民间酿制黄酒有600多年的历史。龟池米酒精选优质糯米为原料,配上特制酒曲,并专用本地泉水酿造,经过独特的工艺过程,陈酿三年而成。制作方法是,采用独特的民间酿制方法,精选优质糯米,蒸熟冷却后按比例配以红曲,搅拌均匀后放入缸内,加入适量纯净泉水,封盖发酵,待二至三个月后即可成酒。龟池米酒深红透亮、气味芬芳、香醇可口、余味绵长,具有舒筋活血、滋补强身、延年益寿之功效,为漳平民间平时常饮用酒和宴席佳酿,也深受海外乡亲的喜爱。

11. 藤器

漳平藤器产自永福镇。永福藤器生产始自抗日战争期间。当时,永福民间工匠用毛竹和杉木构成独具风格的造型骨架,采用当地特产胡须藤,编织成藤椅、藤篮等产品,物美价廉,经久耐用,颇受欢迎。"永福藤器"不胫而走,远近闻名。新中国成立前,由于交通闭塞,销量不大,发展缓慢。新中国成立后,由于交通的改善,藤器业获得了巨大发展。经不断试制和改进,现已创制生产藤椅类、桌几类、篮箱类、其他藤器类等40余个花色品种。以品种多、式样新、质量好、价格稳等优势,长期畅销北京、天津、上海等20个省市。

12. 槐猪

漳平槐猪是漳平的传统品种,属全国地方优良猪种之一。漳平槐猪已编入《中国猪种》、《猪》(中)和《福建省家畜家禽品种志和图谱》等书中。1957年,由华东农业科学研究所、福建农业科学研究所、省农业厅、福州农校派人联合到漳平县永福、桂林乡调查,证实槐猪原产地是漳平县。1973年省农业厅组织槐猪调查组到漳平进行再次调查,定名为"福建槐猪",分为细骨型(桂林乡、永福镇)、粗骨型(双洋镇),漳平为主产地之一。漳平槐猪个体较小,属早熟脂肪型。它具有早熟易肥、骨细肉嫩、味美、屠宰率高、性情温驯、耐粗饲等特点。全身被黑色毛,头短而宽,耳小竖立稍向前倾,额部有明显横行皱纹,体躯短,胸宽而深,背宽下凹,腹大下垂,臀部丰满。成年母猪卧系,体侧呈方形。槐

猪：双洋、赤水一带所育槐猪良种，易肥、早熟、肉嫩骨细，出肉率高，为邻近诸县农民所喜爱。历史上，每逢圩日，西洋、小陶、新桥、永春、安溪等地农民、猪贩都赶来双洋采购猪苗。

13. 芦芝桂花柚

芦芝桂花柚是福建省柚类中的一个优良品种，系省定地方名果。漳平市芦芝乡种植桂花柚已有400多年的历史。芦芝桂花柚果实为倒卵圆形，它有早熟、皮薄、核小、肉质脆、色鲜红、耐储运、产量高等优点。1995年11月，在广西桂林举办的全国第四届柚类品牌评比中，荣获"金杯奖"。1998年，漳平市种植面积达到2994亩，在芦芝乡建立了两个芦芝桂花柚生产基地。近年来，种植面积有所扩大。

14. 青仁乌豆

漳平青仁乌大豆据说是于新中国成立前由漳平新桥农民从漳州某中药店买到少量种子试种繁殖培育而成的，1956年被列为全国名贵大豆良种。该品种蛋白质含量高、营养丰富，食用滋补保健，具有清肝明目、清热解毒等功效，故又名"清凉乌"，可入药，在《本草纲目》中仅用乌豆作单方治病的处方就达59条之多，涉及内科、妇科、外科、五官科以及药物中毒等，用途广泛，通常作为清凉性滋补强壮药来应用，也可制作凉茶，还是很好的食品佐料，如青仁乌豆炖猪脚是餐桌上的一道美味保健佳肴。

15. 明姜

漳平明姜于清乾隆年间问世，至今已有200多年的历史。它采用肥硕的生姜，一般采用城关顶郊鸟坑一带种植的"胖姜"作原料，要求每年在白露前后十天挖掘的生姜为佳，色泽洁白，没有纤维。这种食品性温祛寒，有通神除秽、化痰消积、健胃润肺的功能。它通常是宴饮馈赠的好茶料，颇受顾客欢迎。19世纪中叶，经华侨携带出国，由于味美可口，颇负声誉，最高年产达八至十万斤。制法是先将生姜刮皮洗净，漂水时用箩筐盛装盖上篾筛，压上大石头；放进流动的清水处，浸漂两三天。再切片煮熟，用白糖加工蜜饯而成。

三、风味食品

1. 鲤鱼焖萝卜丝

鲤鱼焖萝卜丝是漳平的特色美食，其特色主要体现在搭配上。主料就鲤鱼、萝卜两种，另备生姜、葱等辅料。制作相对较为简单，先将鲤鱼去膛洗净，萝卜去皮切丝，生姜切片备用。接着往锅里加适量油，将鱼整条入锅，煎一会儿后加入适量热水，再放入萝卜丝、姜片，煮5~10分钟后，加入盐、味精，出锅装盘，洒上少许葱花。该美食的特点是汤浓味美、鱼肉鲜嫩、菜丝甜脆，有消除积滞、化痰清热、下气宽中、解毒之功效。

2. 炒魔芋

魔芋是芋类中特殊的一种，生长在永福农家田间地头，其茎头与普通芋头相差无几,但芋叶呈碎花状,且叶及茎秆带有虎斑纹,芋棵比普通芋矮小。永福的魔芋不能单纯用于蒸熟煮烂食用,而是制作成块冻后炒食。据说,这种民间食品只有永福百姓才会制作。制作时,取魔芋头,用水冲洗净后,将适量的白碱水在锅里烧沸,把魔芋头倒入锅中煮熟,捞出芋头,剥弃皮后,将芋头捣成泥状,捣时要加入大量的白碱水,直到芋泥发胀成一团似发酵过的白面便可。然后,将芋泥倒入蒸笼中,置于锅里蒸煮半个小时,其时芋泥已变成一笼又软又韧富有弹性呈赭色的"粿冻"了。待这笼"粿冻"稍凉,即可持刀切成块状,然后放入盛满清水的桶里,浸一夜,次日即可炒食。在清水桶里抓几块浸过的魔芋,切成薄条,放在热锅中,将魔芋片的水分烤干,至魔芋片发黄卷缩时,即装盘备用,然后用五花肉下锅油炸,待锅中肉变热,便将装盘备用的魔芋片佐于酱油、五香粉等倒入锅中小炒,配以蒜叶或芹菜梗,炒出来的魔芋鲜嫩无比,美味可口,是上等的酒菜、配饭的佳肴。

3. 萝卜糕

萝卜糕又名菜头粿,因当地人称萝卜味菜头而得名,是漳平百姓喜爱的传统食品。制作时,先把切好的肉和萝卜丝加点盐、酱油炒熟,再把大米浸泡后磨成米浆,然后把炒好的肉和萝卜丝放到米浆去搅拌均匀,将其放入蒸笼蒸熟。食用时切成方薄块,入油锅煎至金黄色,外酥里嫩,香气四溢。菜头与"彩头"谐音,象征"好彩头"。

4. 米浆粿

米浆粿是漳平市的传统风味小吃。米浆果的历史悠久,制作工艺世代流传,影响非常广泛制作时,先将浸泡透的大米磨成浆,然后用专用工具在大锅中蒸制,蒸熟一层再加一层,如此循环反复。每层浆量要均匀,火候要恰当。由于它可逐层剥离,形似糕点,故又称(千层糕)。食时切成小方块,蘸以蒜蓉醋、辣酱、卤汁等,口感爽滑,别有情趣且不觉腻,风味独特。米浆粿也叫层层糕,糕与高谐音,寓意蒸蒸日上。该美食的特点是可一层一层剥着食用,每层厚度均匀,富有韧性,蘸上佐料食用,入口香滑嫩爽。亦可制作成粿条或粿团,寓意长长久久、团团圆圆。

5. 拱桥番鸭汤

拱桥番鸭是以漳平拱桥一带所产农家番鸭为主料番鸭,以石菇为辅料加工制作的风味美食。加工时,先将番鸭处理干净,切块,石菇放入冷水中浸泡5分钟后洗净。接着在炖锅中加入清水,旺火烧开后放入番鸭、石菇,然后改用中火煲3小时,起锅前加少许盐、味精。该美食的特点是汤鲜味美、肉嫩纯香,具有润肺、明目、清火、消暑的功效。

参考文献

郑丰稔总纂、郭义山校点:民国《龙岩县志》,福建省龙岩市新罗区地方志编纂委员会整理重印,2003年5月。

龙岩市(今新罗区)地方志编纂委员会编:《龙岩市志》,北京:中国科技出版社,1993年。

龙岩市(新罗区)地方志编纂委员会:《龙岩市志》,北京:中国科学技术出版社,1993年。

龙岩市新罗区地方志编纂委员会编:《龙岩新罗区志》,北京:方志出版社,2008年。

福建省龙岩市新罗区旅游产业发展委员会编:《龙岩新罗旅游集成》,北京:国际文化出版社,2001年。

张惟编:《龙川古韵》,厦门:鹭江出版社,2011年。

永定县地方志编纂委员会编:《永定县志》,北京:中国科学技术出版社,1994年。

余德辉主编:《永定客家土楼故事风情集》,北京:作家出版社,2001年。

胡大新:《永定客家土楼研究》,北京:中央文献出版社,2006年。

王耀龙、陈金山编著:《福建土楼、客家美食——传统菜精粹》,北京:经济日报出版社,2009年。

陈大富编:《土楼古韵》,厦门:鹭江出版社,2011年。

上杭县地方志编纂委员会重印:民国《上杭县志》,2004年。

上杭县志编纂委员会编:《上杭县志》,福州:福建人民出版社,1993年。

上杭客家联谊会编:《上杭客家》各期。

福建省上杭县旅游局编印:《多彩上杭》,2009年4月。

丘复主纂:民国《武平县志》,福建省武平县志编纂委员会整理出版,1986年12月。

福建省武平县县志编纂委员会编:《武平县志》,北京:中国大百科全书出版社,1993年。

福建武平县地方志编纂委员会编:《武平县志》,北京:方志出版社,2007年。

邓升贵主编:《仙佛之乡——岩前》,中共岩前镇委员会、岩前镇人民政府编,2010年12月。

林善珂主编:《梁野古韵》,北京:社会科学文献出版社,2012年。

钟茂富:《从野花野草到致富"香饽饽"的嬗变》,《闽西日报》2011年5月23日,第2版。

钟茂富:《武平规模生产珍稀物种金线莲》,《闽西日报》2012年7月8日,第2版。
长汀县地方志编纂委员会编:《长汀县志》,北京:三联书店,1993年。
《中国历史文化名城词典》(三编),上海:上海辞书出版社,2000年。
李文生、张鸿祥主编:《吃在汀州》,北京:中国言实出版社,2000年。
长汀县地方志编纂委员会编:《长汀县志》(1988—2003),北京:中华书局,2006年。
康模生:《名城、首府、圣地——长汀》,北京:作家出版社,2011年。
连城县地方志编纂委员会编:《连城县志》,北京:群众出版社,1993年。
连城县客家学研究会编:《连城客家情》(5),1999年9月。
邓金坤编著:《连城宣纸》,北京:经济科学出版社,2008年。
江炳兴:《根艺奇观——中国·冠豸山根雕艺术》,北京:文化艺术出版社,2009年。
连城客家研究联谊会编:《连城客家美食文化》,厦门:鹭江出版社,2010年。
漳平市地方志编纂委员会整理:《漳平县志》,据清道光十年版、民国二十四年铅印本校注重印,2002年。
福建省漳平市地方志编纂委员会编:《漳平县志》,北京:三联书店,1995年12月。
漳平市妇联、漳平市旅游局、漳平市烹饪协会编:《漳平风味美食》,2008年10月。
.政协福建省龙岩市(即新罗区)委员会文史资料工作组编:《龙岩文史资料》各期。
政协永定县委员会文史资料编辑室编:《永定文史资料》各期。
政协福建省上杭县文史资料编辑室编:《上杭文史资料》各期。
政协福建省武平县委员会文史资料委员会主编:《武平文史资料》各期。
政协福建省长汀县委员会文史资料编辑室:《长汀文史资料》各期。
政协连城县委员会文史组编:《连城文史资料》各期。
政协福建省漳平县委员会文史组编印:《漳平文史资料》各期。

跋

自 2011 年春天接到省委统战部通知,开始安排书稿写作,至今已过去两年整,掩上书稿,窗外不觉已是残冬,又一轮回即将开始。

闽西是一块充满希望的土地,汀江和九龙江以其甘甜的乳汁滋润了一代又一代中原汉民干渴的心田,洗去他们一路的征尘,抹平他们的战争创伤,让他们能在此世外桃源般的环境中创业、繁衍、开枝散叶,这也造就了闽西人勇于挑战困难,不断开拓的精神,可以说闽西的精神就是创业的精神,一座座码头、一条条驿道、一幢幢土楼记录下了闽西人创业的艰辛;闽西也是一块红色的热土,南方的红壤吸引着中华最优秀的子弟到此写下鸿篇、创下伟业,张九龄、朱熹、宋慈、文天祥、王阳明、毛泽东、周恩来、朱德、邓子恢等闪耀人类星河的人物均在此留下足迹,邹学圣、胡子春、胡文虎等商业巨子于此出发,红色中国也在此孕育并积累出长征万里的力量,这是闽西人开放兼容、海纳百川精神的写照,可以说闽西精神就是开放的精神,延向中原的驿道、伸入大海的河流、万商云集的城邑均证明了山区的脉搏一直与世界共鸣;闽西是一块和谐的土地,中原汉家古韵与闽越土著文化相互交融,道教、佛教、基督教以及各种地方信仰同时并存,家与族在一个个山坳的土楼群里达到完美统一,这是闽西人讲求孝弟和睦、求同共进精神的体现,可以说闽西精神就是和谐互助的精神。而走四方的闽西商人恰是这些精神的重要践行者,商人重利而创业万方、货通四海,商人重义而交往天下、寄迹五洲,商人重和而聚族创富、造福桑梓。正因为有了这些精神和商人们的努力,闽西才由落后的闽蛮荒之地迅速进入文明社会,才在僻居一隅的山区存留和再造出独具特色的客家文化、河洛文化,这种精神也使我们写作组的同志深受洗礼并最终作文成书。

闽西自宋以来,地方市场和商业活动不断发展,南宋及明、清地方商业已发展到较高水平,出现了区域性商业中心和部分有影响的商人。但由于南宋以后,闽西战乱较多,尤其是近代以来,太平天国运动、国民党政府对苏区的破坏、"文化大革命"时期的破四旧等运动,史料大多遗失或毁于战火,少量幸存的史料又由于历史上对商业活动与商人的轻视,加上闽西因地狭而大商人少的原因,有关商的记载极少。接受任务以来,我们写作组的同志一方面深入城乡开展调查,另一方面全力搜集有限的文献,最终使书稿得以完成。但受限于资料和研究水平,本书写得比较粗糙。虽然书稿已成,但对闽西商史的研究只能说是刚刚开始,本书也只是起到抛砖引玉的作用。

本书的分工情况如下:蔡立雄提出书稿的整体设想、章节安排并进行最终统稿;第一章由蔡立雄编写,第二章由董雨城、黄建劲、蔡立雄编写,第三章由张强、张胆编写,第四章由杨玉凤编写,第五章由张雪英、林秋柏编写,第六章由赖蔚英、侯明亮编写,第七章由丁培荣、刘昊编写,第八章由俞如先编写。

在写作过程中,龙岩学院李泽彧校长、原党委书记李金莲同志一直关心本书的写作并为写作组提供了良好的工作条件,龙岩市委统战部江春祥科长始终无怨无悔地提供外联及后勤保障,龙岩市方志办、工商联、博物馆及各县统战部为写作提供了大量帮助,马先富、邱荣洲、郭义山等先生在资料方面对写作给予了支持,福建省教育学院的黄家骅教授、福建省社会科学院的罗肇前研究员、福州大学闽商文化研究院的苏文菁教授对本书写作进行了指导,三明学院李应春教授、莆田市委党校的蔡天新教授对书稿提出了建设性的意见,厦门大学出版社的韩轲轲编辑对书稿进行了精心的校对。在此,我代表写作组对上述机构和同志表示感谢。

本书系福建省委统战部、龙岩市委统战部委托项目——《闽商发展史》(龙岩卷)的研究成果,也是福建省软科学项目——福建革命老区内源性可持续发展研究(2011R0072),福建省教育厅A类研究项目——海峡西岸经济区多中心城市形成与发展趋势研究(JA09254S),海西重点项目——龙岩市经济增长源泉与质量研究(JBS10206),龙岩市科技局项目——龙岩市水土流失治理的技术与制度支持研究(2013LY64)的阶段性成果。

蔡立雄
2013年10月18日

图书在版编目(CIP)数据

闽西商史/蔡立雄主编. —厦门:厦门大学出版社,2014.5
ISBN 978-7-5615-5107-3

Ⅰ.①闽⋯ Ⅱ.①蔡⋯ Ⅲ.①商业史-福建省 Ⅳ.①F729

中国版本图书馆 CIP 数据核字(2014)第 109447 号

厦门大学出版社出版发行

(地址:厦门市软件园二期望海路 39 号 邮编:361008)
http://www.xmupress.com
xmup @ xmupress.com

厦门集大印刷厂印刷

2014 年 5 月第 1 版 2014 年 5 月第 1 次印刷
开本:787×1092 1/16 印张:25 插页:2
字数:505 千字 印数:1~2 300 册
定价:62.00 元

本书如有印装质量问题请直接寄承印厂调换